T O T C
TYNDALE OLD TESTAMENT COMMENTARIES

틴데일 구약주석 시리즈 20

이사야

폴 D. 웨그너 지음 | 김영곤 옮김

기독교문서선교회

기독교문서선교회(Christian Literature Center: 약칭 CLC)는 1941년 영국 콜체스터에서 켄 아담스에 의해 시작되었으며 국제 본부는 미국의 필라델피아에 있습니다.

국제 CLC는 59개 나라에서 180개의 본부를 두고, 약 650여 명의 선교사들이 이동도서차량 40대를 이용하여 문서 보급에 힘쓰고 있으며 이메일 주문을 통해 130여 국으로 책을 공급하고 있습니다.

한국 CLC는 청교도적 복음주의 신학과 신앙서적을 출판하는 문서선교 기관으로서, 한 영혼이라도 구원되길 소망하면서 주님이 오시는 그날까지 최선을 다할 것입니다.

TYNDALE OLD TESTAMENT COMMENTARIES

ISAIAH

Written by
Paul D. Wegner

Translated by
Younggon Kim

Copyright © 2021 by Paul D. Wegner,

Originally published in English under the title as
ISAIAH(Tyndale Old Testament Commentary Series)
by Inter-Varsity Press.
Translated and used by the permission of Inter-Varsity Press
Norton Street, Nottingham, United Kingdom.

All rights reserved

License arranged through rMaeng2, Seoul, Korea.

Korean Edition
Copyright ⓒ 2024 by Christian Literature Center
Seoul, Korea

추천사 1

이 한 영 박사
아신대학교 구약학 교수

    틴데일 주석 시리즈는 각 책이 학문과 경건을 겸비한 저자들에 의해 저술되었기에 복음주의적 국내외 목회자와 신학생들에게 꾸준히 사랑을 받아 온 주석 가운데 하나이다. 오랫동안 설교자들의 서재를 지켜 온 이 시리즈가 금번에 미국의 신진 학자들을 중심으로 새롭게 저술되어 출판된 것을 축하한다.

    특히, 이 시리즈가 기독교문서선교회(CLC)를 통해 우리말로 번역되어 한국 교회의 설교 강단을 더욱 풍요롭게 할 수 있게 되었다.

    이 시리즈는 문맥, 주석, 의미라는 세 가지 큰 틀로 구성되어 있어서 책 전체의 구성은 물론 원문에 근거한 각 문단의 주석을 통해 얻어진 신학적 메시지를 제공하고 있기 때문에 신학생들은 물론 목회 현장에서 고군분투하며 설교를 감당하는 목회자들에게 큰 유익이 될 것이라고 믿는다.

    본서는 미국 서부 캘리포니아주의 명문 게이트웨이신학교(Gateway Seminary)에서 구약학 교수로 섬기는 폴 D. 웨그너(Paul D. Wegner) 박사에 의해 저술되었다.

그는 『구약 본문비평 교과서』(*A Student's Guide to Textual Criticism of the Bible: Its History, Methods and Results*)를 쓸 정도의 해박한 히브리어 지식을 가지고 있을 뿐만 아니라, 『설교자들의 원문 사용을 돕기 위한 책』(*Using Old Testament Hebrew in Preaching: A Guide for Students and Pastors*)을 저술하기도 한 목회자적 열정을 소유한 학자이다.

우리말로 번역된 이사야 주석이 이미 여러 권 있지만, 최근의 성경신학적 연구가 반영된 웨그너 박사의 『이사야』는 목회자가 서재에 꼭 비치해 두고 설교와 성경공부를 위해 자주 꺼내 보아야 할 좋은 참고서라고 생각한다.

2021년에 미국 IVP에서 출판된 웨그너 박사의 주석서 『이사야』가 김영곤 목사에 의해 우리말로 번역된 것을 기쁘게 생각한다. 그는 미국의 인터내셔널신학교(International Theological Seminary)에서 신학 석사 학위를 마치고 귀국하여 한국의 ACTS에서 구약 박사 과정을 공부했을 뿐만 아니라 국내외 여러 신학교에서 히브리어를 비롯한 고전어를 꾸준히 강의해 온 경험이 있다.

저자의 해박한 히브리어 실력이 주석 곳곳에 배여 있어서 번역이 쉽지 않은 책인데, 학문적 열정과 다양한 목회적 경험을 갖춘 꼼꼼한 성격의 소유자인 번역자의 손에 의해 이 주석이 우리말로 빛을 보게 된 것을 감사하게 생각하면서 기쁘게 추천한다.

시리즈 서문

시리즈 편집자, 데이비드 G. 퍼스(David G. Firth)
시리즈 컨설턴트, 트렘퍼 롱맨 3세(Tremper Longman III)

틴데일 구약주석(Tyndale Old Testament Commentaries)을 완전히 개정한다는 것은 이 주석이 1960년대 중반에 첫 번째 책을 출판한 이래로 중요한 역할을 해 오고 있다는 것을 의미한다. 당시 이 주석은 경전으로서의 성경 본문을 중요하게 여기며, 학문적 논쟁의 사소한 부분도 놓치지 않으면서, 가능하면 모든 해석적 문제를 다루려는 주석 집필을 대표했고, 지금까지도 그렇다.

틴데일 주석의 목적은 고대 근동으로부터 온 새로운 발견들과 비평적 학문 분야의 모델들과 마주하고 있는 세대의 독자들에게 성경 본문을 설명하는 것이었다.

이 과정에서 틴데일 주석은 구약성경이 단순한 고대 세계로부터 전해진 일반적인 책이 아니라는 것을 분명히 했다. 비록 원저자들이 주석 방법론에서는 서로 달랐을지라도, 구약성경이 오늘 우리를 위한 하나님의 말씀으로 서 있다는 확신으로 그들은 연합되어 있었다.

세계 많은 곳에서 이 주석이 계속 사용되고 있는 것으로 보아 원래의 저작들이 틴데일 주석이 추구해 온 본래의 목적을 성취했다는 것은 분명하다. 틴데일 주석 시리즈의 핵심 요소 중 하나는 주석이 성경 본문에 대한 최근의 이해를 제공해야 한다는 것이었다.

바로 이 점이 새로 주석 개정을 요구하는 이유이다. 20세기 초반의 독자들이 마주하던 질문들과 21세기 독자들이 마주 대하는 질문은 같을 수가 없다. 고대 근동으로부터 온 발견들은 구약의 이해에 새로운 빛을 계속해서 던져 주고 있다.

주석의 강조점이 현저히 달라졌다. 초기의 주석 목표가 여전히 옳을지라도, 본문 연구를 위한 오늘날의 필요는 전체 주석이 새롭게 개정되기를 요구한다.

이 개정은 단순히 옛것을 대체하기 위해 새로운 주석을 집필하는 문제가 아니다. 우리는 또한 언어학으로부터 온 한 가지 중요한 강조점을 반영하기 위해 이 주석의 형식을 개정할 기회도 갖게 되었다. 그것은 본문들이 개개의 절들과 같은 짧은 단편들로서보다는 좀 더 큰 단위(block)로 소통한다는 것이다. 이런 이유로 본문의 각 부분을 다룰 때 세 개의 영역을 포함한다.

첫째, '문맥'에 관한 짧은 설명이 제공되는데, 이는 다루는 본문을 전체 책의 문학적 배경 속에 위치시킬 뿐 아니라, 해석에 결정적 역할을 하는 역사적 문제에도 주목하게 한다.

둘째, 전통적인 구조인 '주석'이 따라오는데, 그것은 다루는 본문의 다양한 문제에 대한 석의를 제공한다.

셋째, '의미'에 대한 짧은 주석이 주어지는데, 그것은 다루는 본문의 핵심적인 신학적 주제를 강조하면서 책 안에서 의사소통하려고 하는 메시지를 제공한다.

우리의 기도는 이 새로 개정된 주석들이 계속해서 틴데일 주석의 값진 유산이 되며 본문 안에서 알려지신 하나님에 대한 증인이 되는 것이다.

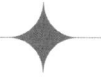

저자 서문

폴 D. 웨그너(Paul D. Wegner) 박사
Gateway Seminary 구약학 교수

이사야서를 본격적으로 연구하면서 이 책에 대한 깊은 감사와 존경심을 갖게 된 것은 필자가 박사 과정을 시작할 무렵이었다. 하나님이 이사야서를 사용하여 영감을 주시고, 혼란스럽게도 하지만, 희망을 주시는 방식은 참으로 놀라웠다. 역사 전반에 걸쳐 각 세대는 이 책 안에서 희망과 격려를 발견했다.

오늘날의 독자가 이 책과의 지속적 연관성을 이해하도록 돕는 것이 이 주석에서 바라는 바이다. 이사야서는 그것을 연구하는 사람들에게 많은 도전을 제시한다.

이사야서의 저자는 여러 명인가?
이사야서의 어떤 구절이 서사이고 어떤 구절이 예언인가?
신약의 저자들은 자주 이사야서를 인용하는데, 그들은 이사야서를 자신들의 역사적 상황에 어떻게 적용했나?

이런 질문들과 함께 다른 질문들은 이 책을 훨씬 더 흥미롭게 하는 역할을 한다. 이사야서는 긴 책이지만, 결코 따분하거나 지루하지 않다. 수면 아래 숨어 있는 그 보석은 항상 우리를 더 깊이 파고들도록 초대하고 격려한다.

　이 주석은 대중적인 NIV 번역을 사용했으며, 필요한 경우 문구를 약간 수정했다. 이사야서는 긴 책이므로 그 구조를 잘 이해하는 것이 중요한데, 이것이 우리가 이사야서를 이해하는 데 영향을 미칠 것이다. 특히, 이 책 어디에 분명한 이음새가 있는지를 살펴보는 데 시간을 할애할 것이다.

　이사야는 종종 왕과 그의 백성을 직접 겨냥한 메시지를 전한 탁월한 선지자이다. 그는 권력이나 거짓 신들에 대해 잘못된 믿음을 바로 잡는 데 지치지 않았다. 이것은 오늘날 우리에게 여전히 필요한 메시지이다.

　6장에서 하나님의 거룩함과 영광에 대한 이사야의 비전은 그의 메시지와 예언에 영구적으로 영향을 미쳤다. 이사야의 비전이 하나님에 대한 우리의 잘못된 이해를 바로 잡게 해 주며, 이 놀라운 책을 쓰도록 이사야에게 영감을 주신 세상의 주권적 창조자를 향해 우리의 눈을 뜨게 해 주시기를 기도한다.

역자 서문

김 영 곤 목사
국제사이버신학대학원 외래교수, 은혜성경아카데미 대표

본서는 유수한 역사와 전통을 자랑하는 영국의 명문 런던대학교 킹스 칼리지(Kings College, University of London)에서 1991년에 박사 학위를 마친 후 여러 신학교에서 구약을 가르쳤으며, 지금은 미국 캘리포니아의 명문 게이트웨이신학교(Gateway Seminary) 교수로 봉직하는 폴 D. 웨그너(Paul D. Wegner) 박사에 의해 저술되었다.

본문비평에 관련된 책을 저술했을 정도로 히브리어 구문, 본문비평 그리고 히브리어 수사법 등에 대한 그의 해박한 지식이 본문 주석에 잘 반영되었다. 아울러 히브리어 사전과 콘코던스를 방불하게 할 정도로 각 절을 히브리어 본문에 근거하여 주석한 데서 하나님의 말씀에 대한 그의 열정을 엿볼 수 있다.

또한, 그는 독자들의 본문 이해를 돕기 위해 고대 근동의 자료들을 사용할 뿐만 아니라 보수적 학자들의 견해는 물론 때로는 비평적 학자들의 견해를 과감하게 소개하면서도 동의하기 어려운 경우에는 왜 그런지 학문적 근거를 정당하게 제시했다.

특히, 일부 학자들이 어색하게 이차적으로 추가되었다고 생각하는 이음새들(① 이스라엘이 심판받을 것이다. ② 의로운 남은 자가 구원받을 것이다.

③ 악인이 징벌받을 것이다. ④ 시온이 구속받을 것이다)에 관련된 그의 창의적 견해가 돋보인다.

그는 이 이음새들이 본서의 통일성에 필수적인 것으로서 두 가지 핵심 목적을 제공한다고 생각한다. 즉, 그것들이 이사야서의 주요 주제들을 요약하며, 그 주제들을 더 자세히 설명하는 다음 섹션에 연결하는 기능을 한다고 주장한다.

이사야서는 신약성경 기자들에 의해 가장 많이 인용된 선지서로 복음적 내용을 많이 담고 있어서 '구약의 복음'이라고도 불린다. 분량 면에서나 문체 면에서 그리고 신학적 주제에 있어서 "선지 문학의 중심부"라고 불릴 만하다.

이스라엘 역사 가운데 가장 위태로운 시기에 하나님은 이사야를 당신의 메신저로 사용하셨다. 하나님은 절망적 상황 속에서도 자신을 위해 의로운 남은 자를 남겨 두셔서 열방을 하나님께로 이끄는 도구로 그들을 사용하실 것이다. 이와 같은 이사야서의 메시지는 종종 암울한 현실의 벽을 맞닥뜨리는 오늘날 우리 그리스도인에게도 여전히 유효하다.

본서는 틴데일 구약주석 시리즈의 기본 틀을 따라 간략한 서론과 내용 분해 이후에 '문맥', '주석', '의미'를 따라서 집필되었기에 설교자는 물론 성도들도 각 섹션을 성경 본문과 함께 순서대로 정독해 나간다면 큰 유익을 얻게 될 것이다.

본서를 번역할 수 있도록 허락해 주신 기독교문서선교회(CLC)의 대표 박영호 목사님과 직원 모든 분께 감사드린다. 거친 1차 번역을 읽기 쉽게 매끄러운 글이 되도록 비판적 조언을 서슴지 않은 아내에게도 감사한다. 무엇보다 부족한 자에게 본서를 번역할 수 있도록 지혜와 명철을 주신 하나님께 모든 영광을 돌린다.

수원 은혜성경아카데미 연구실에서

ISAIAH

약어표

AB	Anchor Bible
ABD	*Anchor Bible Dictionary*, ed. D. N. Freedman, 6 vols. (New York: Doubleday, 1992)
AJSL	*American Journal of Semitic Languages and Literatures*
ANEP	*The Ancient Near East in Pictures Relating to the Old Testament*, ed. J. B. Pritchard, 2nd edn(Princeton, NJ: Princeton University Press, 1969)
ANET	*The Ancient Near East Texts Relating to the Old Testament*, ed. J. B. Pritchard, 3rd edn (Princeton, NJ: Princeton University Press, 1969)
AOAT	Alter Orient und Altes Testament
ARAB	*Ancient Records of Assyria and Babylonia*, ed. D. D. Luckenbill, 2 vols. (Chicago: University of Chicago Press, 1926)
b.	Babylonian Talmud
BAR	*Biblical Archaeologist Review*
BDB	F. Brown, S. R. Driver and C. A. Briggs, *The Brown–Driver–Briggs Hebrew and English Lexicon*(1907; Peabody, MA: Hendrickson, 1998)
BETL	Bibliotheca Ephemeridum Theologicarum Lovaniensium
BHS	*Biblia Hebraica Stuttgartensia*, ed. K. Elliger and W. Rudolph (Stuttgart: Deutsche Bibelgesellschaft, 1983)
BZAW	Beihefte zur Zeitschrift für die alttestamentliche Wissenschaft

CC	Continental Commentaries
ConBOT	Coniectanea Biblica: Old Testament Series
EAEHL	*Encyclopedia of Archaeological Excavations in the Holy Land*, ed. M. Avi-Yonah, 4 vols. (Englewood Cliffs, NJ: Prentice-Hall, 1976)
ExpTim	*Expository Times*
FOTL	Forms of the Old Testament Literature
ft	feet
GKC	*Gesenius' Hebrew Grammar*, ed. E. Kautzsch, tr. A. E. Cowley, 2nd edn (Oxford: Clarendon, 1910)
HALOT	*The Hebrew and Aramaic Lexicon of the Old Testament*, ed. L. Koehler, W. Baumgartner and J. J. Stamm, tr. and ed. under the supervision of M. E. J. Richardson, 5 vols. (Leiden: Brill, 1994–2000)
Herodotus, *Hist.*	Herodotus, *The Histories*
HKAT	Handkommentar zum Alten Testament
HTR	*Harvard Theological Review*
IBD	*The Illustrated Bible Dictionary*, ed. J. D. Douglas and N. Hillyer, 3 vols. (Downers Grove, IL: InterVarsity Press, 1998)
ICC	International Critical Commentary
IEJ	*Israel Exploration Journal*
Int	*Interpretation*
JAOS	*Journal of the American Oriental Society*
JBL	*Journal of Biblical Literature*
JETS	*Journal of the Evangelical Theological Society*
Josephus, *Ant.*	Josephus, *The Antiquities of the Jews*
JSOT	*Journal for the Study of the Old Testament*
JSOTSup	Journal for the Study of the Old Testament: Supplement Series
JSS	*Journal of Semitic Studies*
JTS	*Journal of Theological Studies*
KHC	Kurzer Hand-Commentar zum Alten Testament
LCL	Loeb Classical Library

lit.	literally
m.	metres
NAC	New American Commentary
NCBC	New Century Bible Commentary
NICOT	New International Commentary on the Old Testament
NIDOTTE	*New International Dictionary of Old Testament Theology and Exegesis*, ed. W. A. VanGemeren, 5 vols. (Grand Rapids: Zondervan, 1997)
OTE	*Old Testament Essays*
OTL	Old Testament Library
OTS	*Oudtestamentische Studien*
SBL	Society of Biblical Literature
SBLSymS	Society of Biblical Literature Symposium Series
SBT	Studies in Biblical Theology
TBü	Theologische Bücherei
TOTC	Tyndale Old Testament Commentaries
VT	*Vetus Testamentum*
VTSup	Supplements to Vetus Testamentum
WBC	Westminster Bible Companion
Williams	R. J. Williams, *Williams' Hebrew Syntax: An Outline*, 3rd edn, revised and expanded by J. C. Beckman (Toronto: University of Toronto Press, 2007)
ZAW	*Zeitschrift fur die alttestamentliche Wissenschaft*
ZBK	Zürcher Bibelkommentare

Texts and Bible versions

1QIsa[a]	The Great Isaiah Scroll: the first copy of the book of Isaiah found in Cave 1
1QIsa[b]	The second copy of the book of Isaiah found in Cave 1
esv	Scripture quotations from the ESV Bible (The Holy Bible, English Standard Version), copyright © 2001 by Crossway, a publishing ministry of Good News Publishers. Used by permission. All rights reserved.
kjv	Scripture quotations from the Authorized Version of the

	Bible (The King James Bible), the rights in which are vested in the Crown, reproduced by permission of the Crown's Patentee, Cambridge University Press.
lxx	Septuagint
Meg.	Megillah
MT	Masoretic Text
NASB	Scripture quotations from the NEW AMERICAN STANDARD BIBLE®, Copyright © 1960, 1962, 1963, 1968, 1971, 1972, 1973, 1975, 1977, 1995 by The Lockman Foundation. Used by permission.
NEB	Scripture quotations from the New English Bible, copyright © The Delegates of the Oxford University Press and The Syndics of Cambridge University Press, 1961, 1970. Used by permission.
NIV	New International Version, 2011
NRSV	Scripture quotations from the New Revised Standard Version of the Bible, Anglicized Edition, copyright © 1989, 1995 by the Division of Christian Education of the National Council of the Churches of Christ in the USA. Used by permission. All rights reserved.
NT	New Testament
OT	Old Testament
Vulg.	Latin Vulgate

용어 설명

겹 양식(diptych pattern): 두 개의 대조적이면서도 보충적인 단위들을 포함하는 문학적 구조

교차대구법(chiasm): 평행하는 절들이나 구들이 역순으로 반복되는 대칭 문학의 특징. 즉, a-b-b'-a'(예: 사 1:18; 7:15-16)

두운(alliterations): 비교적 가까이 있는 단어들에서 첫 문자를 반복하는 것 (예: 사 28:10, 13)

립 신탁(*rib* oracle): 법정에서 일어나는 방식과 유사하게 어떤 사건을 변론하는 신탁(예:사 1:2-20)

묵시 문학(apocalyptic literature): 현재 세상이 멸망하고 그 뒤를 잇는 종말의 때에 대한 저자의 환상을 자세히 설명하는 문학. 종종 하늘의 메신저가 저자를 계시함

생략(ellipsis): 문맥으로 결정해야만 하는 단어나 단어들을 누락시키는 수사법

극단법(merism): 한 영역의 상반된 두 끝을 사용하여 그 사이의 모든 것을 진술함(예: 사 1:2; 사 7:11)

음위전환(音位轉換; metathesis): 필사자의 실수로 인해 자리가 뒤바뀐 두 글자를 의미하는 본문비평 용어(예: 38:11의 '하델'[*ḥādel*; 문자적으로 '중단']은 '할레드'[*ḥāled*; 세상]로 읽어야 함)

이사일의(二詞一意; hendiadys): '그리고'로 연결된 두 단어가 하나의 생각을 나타내는 수사법으로 종종 강조에 사용됨(예: 사 30:7)

제유법(synecdoche): 어떤 것의 일부가 전체를 혹은 전체가 일부를 나타내는 비유적 표현(예: 사 18:7에서 '여호와의 이름'이 여호와를 나타내는 경우)

중복오사(dittography): 의도하지 않은 어떤 문자나 단어를 실수로 중복하여 필사하는 것을 가리키는 본문비평 용어

중심교차대구법(palistrophe): 핵심적 중심부를 둘러싸고 확장되는 대칭법 즉, a-b-c-d-c'-b'-a'(사 1:21-26; 5-12)

케레 독법(qērê reading): 히브리어 본문에 기록된 것 대신에 읽는 방식(히브리어 본문의 잘못된 단어나 상스러운 단어 등을 정정하여 읽는 방식으로 본문의 난외 주에 표기됨-역주)

케티브 독법(kĕthib reading): 히브리어 본문에 기록된 대로 읽는 방식

피봇 평행법(pivot parallelism): 하나의 평행 단위를 끝내면서 동시에 다음 단위를 시작하는 단어나 구를 가리키는 수사법

계단 평행법(stair-step parallelism): 비슷한 어구로 각각의 새로운 단위를 시작한 다음, 앞에 나오는 또 다른 단위를 덧붙이는 수사법(예: 사 25:9)

환유법(metonymy): 어떤 것의 속성 대신 다른 낱말을 사용하는 수사법(예: 51:5에서 '힘'대신 '팔')

참고 문헌

Ackroyd, P. R. (1978), 'Isaiah I – XII: Presentation of a Prophet', in *Congress Volume: Göttingen 1977*, VTSup 29 (Leiden: Brill), pp. 16–48.

—— (1982), 'Isaiah 36 – 39: Structure and Function', in W. C. Delsman et al. (eds.), *Von Kanaan bis Kerala: Festschrift für Prof. Mag. Dr. J. P. M. van der Ploeg O.P. zur Vollendung des siebzigsten Lebensjahres am 4. Juli 19*, AOAT 211 (Kevelaer: Verlag Butzon & Bercker; Neukirchen-Vluyn: Neukirchener Verlag), pp. 3–21.

Adams, L. L. and A. C. Rincher (1973), 'The Popular View of the Isaiah Problem in Light of Statistical Style Analysis', *Computer Studies* 4: 149–157.

Allen, L. C. (1976), *The Books of Joel, Obadiah, Jonah and Micah*, NICOT (Grand Rapids: Eerdmans).

Alt, A. (1953), 'Jesaja 8,23 – 9:6: Befreiungsnacht und Krönungstag', in *Kleine Schriften zur Geschichte des Volkes Israel*, 2 vols. (Munich: Beck), pp. 206–225.

Anderson, G. W. (1962), 'Isaiah XXIV – XXVII Reconsidered', in *Congress Volume: Bonn 1962*, VTSup 9 (Leiden: Brill), pp. 118–126.

Avigad, N. (1953), 'The Epitaph of a Royal Steward from Siloam Village', *IEJ* 3: 137–153.

Barthélemy, D. (ed.) (1986), *Critique textuelle de l'Ancien Testament*, Orbis Biblicus et Orientalis 50.2 (Göttingen: Vandenhoeck & Ruprecht, 1986).

Beardslee, J. W. (1903), *Outlines of an Introduction to the Old Testament* (Chicago: Fleming H. Revell).

Beckwith, R. (2008), *The Old Testament Canon in the New Testament Church and Its Background in Early Judaism* (Eugene, OR: Wipf and Stock).

Beuken, W. A. M. (1989), 'Servant and Herald of Good Tidings: Isaiah 61 as an Interpretation of 40 – 55', in J. Vermeylen (ed.), *The Book of Isaiah*, BETL 81 (Leuven: Peeters), pp. 411–442.

—— (1992), 'Isaiah 34: Lament in Isaianic Context', *OTE* 5: 78–102.

Blenkinsopp, J. (2000), *Isaiah 1 – 39*, AB 19 (New York: Doubleday).

—— (2002), *Isaiah 40 – 55*, AB 20 (New York: Doubleday).

—— (2003), *Isaiah 56 – 66*, AB 21 (New York: Doubleday).

Bright, J. (2000), *A History of Israel*, 4th edn (Louisville / London: Westminster John Knox).

Brownlee, W. H. (1964), *The Meaning of the Qumran Scrolls for the Bible* (New York: Oxford University Press).

Budde, K. (1928), *Jesaja's Erleben: Eine gemeinverständliche Auslegung der Denkschrift der Propheten (Kap 6,1 – 9,6)* (Gotha: L. Klotz, 1928).

Calvin, J. (1850), *Commentary on the Book of the Prophet Isaiah*, tr. W. Pringle, 4 vols. (Edinburgh: Calvin Translation Society; repr. Grand Rapids: Eerdmans, 1948).

Cannon, W. W. (1929), 'Isaiah 61, 1–3 an Ebed-Jahweh Poem', *ZAW* 47: 284–288.

Chafer, L. S. (1948), *Systematic Theology*, 10 vols. (Dallas: Dallas Seminary Press).

Charlesworth, J. H. (1992), 'Pseudepigrapha, OT', in *ABD* 5.539.

Childs, B. S. (1967), *Isaiah and the Assyrian Crisis*, SBT 2.3 (London: SCM; Naperville, IL: Allenson).

—— (2001), *Isaiah*, OTL (Louisville: Westminster/Knox).

Clements, R. E. (1980a), *Isaiah 1 – 39*, NCBC (Grand Rapids: Eerdmans).

—— (1980b), *Isaiah and the Deliverance of Jerusalem: A Study of the Interpretation of Prophecy in the Old Testament* (Sheffield: JSOT).

—— (1980c), 'The Prophecies of Isaiah and the Fall of Jerusalem', *VT* 30: 421–436.

—— (1982), 'The Unity of the Book of Isaiah', *Int* 36: 117–129.

Cline, E. H. (2005), *Jerusalem Besieged: From Ancient Canaan to Modern Israel* (Ann Arbor, MI: University of Michigan).
Coggins, R. J. (1978–9), 'The Problem of Isa. 24 – 27', *ExpTim* 90: 328–333.
Davidson, A. B. (1903), *Old Testament Prophecy* (Edinburgh: T&T Clark).
Delitzsch, F. (1980), *Commentary on the Old Testament*, vol. 7: *Isaiah*, tr. J. Martin (Edinburgh: T&T Clark).
Dillard, R. B. and T. Longman (2006), *An Introduction to the Old Testament*, 2nd edn (Grand Rapids: Zondervan).
Döderlein, J. C. (1775), *Esaias* (Norimbergae et Altdorfi: Apud Georg. Petr. Monath).
Driver, S. R. (1913), *Introduction to the Literature of the Old Testament*, 9th edn (New York: Scribner's).
Duhm, B. (1922; orig. 1892), *Das Buch Jesaja*, 4th edn, HKAT 3.1 (Göttingen: Vandenhoeck & Ruprecht).
Eichhorn, J. G. (1780–3), *Einleitung ins Alte Testament*, 5 vols. (Leipzig: Weibmanns, Erden und Reich).
Emerton, J. A. (1969), 'Some Linguistic and Historical Problems in Isaiah 8:23', *JSS* 14: 151–175.
—— (1977), 'A Textual Problem in Isaiah 25:2', *ZAW* 89: 64–73.
—— (2001), 'Some Difficult Words in Isaiah 28:10 and 13', in A. Rapoport-Albert and G. Greenberg (eds.), *Biblical Hebrew, Biblical Essays: Essays in Memory of Michael P. Weitzman*, JSOTSup 333 (Sheffield: Sheffield Academic Press), pp. 39–56.
Erlandsson, S. (1970), *The Burden of Babylon*, ConBOT 4 (Lund: Gleerup).
Finkelstein, I. et al. (2013), 'Has King David's Palace in Jerusalem Been Found?', *Tel Aviv* 34.2: 142–164.
Firth, D. G. and P. D. Wegner (2011), *Presence, Power and Promise: The Role of the Spirit of God in the Old Testament* (Nottingham: Apollos).
Fleming, W. B. (1915), *The History of Tyre*, Columbia University Oriental Studies 10 (Lancaster, PA: Columbia University Press).
Goldingay, J. and D. Payne (2006), *Isaiah 40 – 55: A Critical and Exegetical Commentary*, vol. 1, ICC (London: T&T Clark).

Gottwald, N. K. (1958), 'Immanuel as the Prophet's Son', *VT* 8: 36–47.
Grudem, W. (2020), *Systematic Theology: An Introduction to Bible Doctrine* 2nd edn (London: Inter-Varsity Press; Grand Rapids: Zondervan).
Harrison, R. K. (1969), *Introduction to the Old Testament* (Grand Rapids: Eerdmans).
Hess, R. S. (2007), *Israelite Religions: An Archaeological and Biblical Survey* (Grand Rapids: Baker).
Hoffmeier, J. (1999), *Israel in Egypt: The Evidence for the Authenticity of the Exodus Tradition* (Oxford: Oxford University Press).
—— (2003), 'Egypt's Role in the Events of 701 BC in Jerusalem: A Rejoinder to J. J. M. Roberts', in A. G. Vaughn and A. F. Killebrew (eds.), *Jerusalem in Bible and Archaeology: The First Temple Period*, SBLSymS 18 (Atlanta: Society of Biblical Literature), pp. 219–234.
Holladay, J. (1970), 'Assyrian Statecraft and the Prophets of Israel', *HTR* 63: 29–51.
Kaiser, O. (1983), *Isaiah 1 – 12*, tr. J. Bowdon, OTL, 2nd edn (Philadelphia: Westminster).
Kaiser, W. C. and P. D. Wegner (2016), *A History of Israel: From Bronze Age through the Jewish Wars*, rev. edn (Nashville: B&H Academic).
Ladd, G. E. (1959), *The Gospel of the Kingdom: Scriptural Studies in the Kingdom of God* (Grand Rapids: Eerdmans).
LaSor, W. S., D. A. Hubbard and F. W. Bush (1996), *Old Testament Survey: The Message, Form, and Background of the Old Testament*, 2nd edn (Grand Rapids: Eerdmans).
Lobell, J. A. and E. Powell (2010), 'Sacrificial Dogs', *Archaeology* 63.5 (Sept.–Oct.): 26–35.
Machinist, P. (1982), 'Assyria and Its Image in the First Isaiah', *JAOS* 103: 719–737.
McKenzie, J. L. (1968), *Second Isaiah*, AB 20 (Garden City, NJ: Doubleday).
Marti, K. (1900), *Das Buch Jesaja*, KHC 10 (Tübingen: Mohr).
Montgomery, J. A. and H. S. Gehman (1951), *A Critical and Exegetical Commentary on the Books of Kings*, ICC (Edinburgh: T&T Clark).

Motyer, J. A. (1993), *The Prophecy of Isaiah: An Introduction and Commentary* (Leicester: Inter-Varsity Press; Downers Grove, IL: InterVarsity Press).

—— (1999), *The Prophecy of Isaiah: An Introduction and Commentary*, TOTC (Leicester: Inter-Varsity Press; Downers Grove, IL: InterVarsity Press).

Muilenburg, J. (1956), 'The Book of Isaiah, Chapters 40–66', in G. A. Buttrick et al. (eds.), *The Interpreter's Bible*, vol. 5 (Nashville: Abingdon), pp. 381–776.

Oswalt, J. N. (1986), *The Book of Isaiah Chapters 1–39*, NICOT (Grand Rapids: Eerdmans).

—— (1998), *The Book of Isaiah Chapters 40–66*, NICOT (Grand Rapids: Eerdmans).

Oulton, J. E. L. (tr.) (1942), Eusebius of Caesarea, *Ecclesiastical History*, LCL, 2 vols. (Cambridge, MA: Harvard University Press).

Pope, M. (1952), 'Isaiah 34 in Relation to Isaiah 35, 40 – 66', *JBL* 71: 235–243.

Posner, R. (1963), 'The Use and Abuse of Stylistic Statistics', *Archivum Linguisticum* 15: 111–139.

Radday, Y. T. (1973), *The Unity of Isaiah in the Light of Statistical Linguistics* (Hildesheim: H. A. Gerstenberg).

Rendtorff, R. (1991), 'The Book of Isaiah: A Complex Unity; Synchronic and Diachronic Reading', in E. H. Lovering, Jr (ed.), *SBL 1991 Seminar Papers*, 30 (Atlanta: Scholars Press), pp. 8–20.

Ridderbos, J. (1986), *Isaiah*, tr. J. Vriend, Bible Student's Commentary (Grand Rapids: Zondervan).

Roberto, M. (2013), *Why Great Leaders Don't Take Yes for an Answer*, 2nd edn (Upper Saddle River, NJ: FT Press).

Roberts, J. J. M. (1979), 'A Christian Perspective on Prophetic Prediction', *Int* 33: 240–253.

—— (2015), *First Isaiah: A Commentary*, Hermeneia (Minneapolis: Fortress).

Rowley, H. H. (1965), 'The Servant of the Lord in Light of Three Decades of Criticism', in *The Servant of the Lord* (Oxford: Blackwell), pp. 7–20.

Saggs, H. W. F. (1959), 'A Lexical Consideration for the Date of Deutero-Isaiah', *JTS* 10.1: 84–87.

Sasson, J. M. (1976), 'Isaiah LXVI 3–4a', *VT* 26: 199–207.
Schaff, P. and H. Wace (eds.) (1991), *A Select Library of Nicene and Post-Nicene Fathers of the Christian Church*, 2nd series, 14 vols. (Grand Rapids: Eerdmans).
Schneider, T. (1991), 'Six Biblical Signatures: Seals and Seal Impressions of Six Biblical Personages Recovered', *BAR* 17.4 (July/Aug.): 26–33.
Scott, R. B. Y. (1933), 'The Relation of Chapter 35 to Deutero-Isaiah', *AJSL* 52: 178–191.
—— (1952), 'Isaiah XXI 1–10: The Inside of a Prophet's Mind', *VT* 2: 278–282.
Seitz, C. R. (1991), *Zion's Final Destiny: The Development of the Book of Isaiah; A Reassessment of Isaiah 36 – 39* (Minneapolis: Fortress).
—— (1993a), 'Account A and the Annals of Sennacherib: A Reassessment', *JSOT* 58: 47–57.
—— (1993b), *Isaiah 1 – 39*, Interpretation: A Bible Commentary for Teaching and Preaching (Louisville: Westminster/John Knox).
Smelik, K. A. D. (1986), 'Distortion of the Old Testament Prophecy: The Purpose of Isaiah XXXVI and XXXVII', *OTS* 24: 70–92.
Smith, G. V. (2007), *Isaiah 1 – 39*, NAC 15a (Nashville: Broadman & Holman).
—— (2009), *Isaiah 40 – 66*, NAC 15b (Nashville: Broadman & Holman).
Snaith, N. (1944–5), 'The So-called Servant Songs', *ExpTim* 56: 79–81.
Stade, B. (1886), 'Miscellen: Anmerkungen zu 2 Kö. 15 – 21', *ZAW* 6: 156–192.
Sweeney, M. A. (1988), *Isaiah 1 – 4 and the Post-Exilic Understanding of the Isaianic Tradition*, BZAW 171 (Berlin: de Gruyter).
—— (1996), *Isaiah 1 – 39 with an Introduction to Prophetic Literature*, FOTL 16 (Grand Rapids/Cambridge: Eerdmans).
Thiele, E. R. (1994), *Mysterious Numbers of the Hebrew Kings*, rev. edn (Grand Rapids: Kregel).
Thompson, J. A. (1980), *The Book of Jeremiah*, NICOT (Grand Rapids: Eerdmans).
Watson, W. G. E. (1994), *Classical Hebrew Poetry* (Sheffield: JSOT Press).

Watts, J. D. W. (2005a), *Isaiah 1 – 33*, WBC 24, rev. edn (Waco: Word).
—— (2005b), *Isaiah 34 – 66*, WBC 25, rev. edn (Waco: Word).
Wegner, P. D. (1991), 'Another Look at Isaiah viii 23b', *VT* 41: 481–484.
—— (1992a), *An Examination of Kingship and Messianic Expectation in Isaiah 1 – 35* (Lewiston, NY: Edwin Mellen).
—— (1992b), 'A Re-examination of Isaiah ix 1–6', *VT* 42: 103–112.
—— (2006), *A Student's Guide to Textual Criticism of the Bible* (Downers Grove, IL: InterVarsity Press).
—— (2010), 'Seams in the Book of Isaiah: Looking for Answers', in R. Heskett and B. Irwin (eds.), *The Bible as a Human Witness to Divine Revelation: Hearing the Word of God through Historically Dissimilar Traditions*, Library of Hebrew Bible/Old Testament Studies 469 (New York/London: T&T Clark), pp. 62–94.
—— (2011), 'How Many Virgin Births Are in the Bible? (Isaiah 7:14): A Prophetic Pattern Approach', *JETS* 54.3: 467–484.
Westermann, C. (1967), *Basic Forms of Prophetic Speech*, tr. H. White (Philadelphia: Westminster; repr. 1991).
—— (1969), *Isaiah 40 – 66*, OTL (Philadelphia: Westminster).
Whybray, R. N. (1975), *Isaiah 40 – 66*, NCBC (Grand Rapids: Eerdmans).
Wildberger, H. (1991), *Isaiah 1 – 12: A Commentary*, tr. T. H. Trapp, CC (Minneapolis: Fortress).
—— (1997), *Isaiah 13 – 27: A Commentary*, tr. T. H. Trapp, CC (Minneapolis: Fortress).
—— (2002), *Isaiah 28 – 39: A Commentary*, tr. T. H. Trapp, CC (Minneapolis: Fortress).
Wilken, R. L. (2007), *Isaiah Interpreted by Early Christian and Medieval Commentators*, The Church's Bible (Grand Rapids: Eerdmans).
Williamson, H. G. M. (1978), '"The Sure Mercies of David": Subjective or Objective Genitive?', *JSS* 23: 31–49.
—— (1986), 'Isaiah 40,20: A Case of Not Seeing the Wood for the Trees', *Biblica* 67.1: 1–20.
—— (1994), *The Book Called Isaiah: Deutero-Isaiah's Role in Composition and Redaction* (Oxford: Clarendon).

—— (2003), 'Isaiah 1 and the Covenant Lawsuit', in
A. D. H. Mayes and R. B. Salters (eds.), *Covenant as Context: Essays in Honour of E. W. Nicholson* (Oxford: Oxford University Press), pp. 393–406.

—— (2006, 2018), *A Critical and Exegetical Commentary on Isaiah 1 – 27*, 3 vols. ICC (London: T&T Clark).

—— (2009), 'Recent Issues in the Study of Isaiah', in D. G. Firth and H. G. M. Williamson (eds.), *Interpreting Isaiah* (Nottingham: Apollos; Downers Grove, IL: InterVarsity Press), pp. 21–29.

Yadin, Y. (1972), *Hazor*, Schweich Lectures, 1970 (London: Oxford University Press).

Young, E. J. (1965–72), *The Book of Isaiah*, vols. 1–3 (Grand Rapids: Eerdmans).

Zimmerli, W. (1950), 'Zur Sprache Tritojesaja', *Schweizerische theologische Umschau* 20: 110–122; repr. (1963) in *Gottes Offenbarung: Gesammelte Aufsätze zum Alten Testament*, TBü 19 (Munich: Chr. Kaiser Verlag), pp. 217–233.

목차

추천사 (이한영 박사/아신대학교 구약학 교수) ·················· 5

시리즈 서문 ··· 7

저자 서문 ··· 9

역자 서문 ·· 11

약어표 ··· 14

용어 설명 ··· 18

참고 문헌 ··· 20

◆ 서론

1. 이사야서의 성격 ··· 34

2. 기원, 연대 및 특징 ··· 35

3. 역사적 배경 및 상황 ······································ 37

4. 신학 및 목적 ·· 44

5. 정경적 상황 ··· 47

6. 문학적 이슈 ··· 49

7. 구조 ··· 50

8. 양식 ··· 70

9. 통일성/저자 ··· 71

10. 텍스트 이슈 ··· 85

◆ 본문 주석

I. 정죄(1:1-39:8) ··· 98

1. 도입(1:1-31) ··· 99

1) 이스라엘, 이유를 들음(1:1-9)·································· 100
2) 하나님은 그들의 인위적 예배를 경멸하심(1:10-15) ············ 105
3) 하나님은 참된 회개를 요구하심(1:16-20)······················· 108
4) 시온이 구속받을 것임; '신실한 성읍' 중심교차대구법(1:21-26)110
5) 남은 자가 구원받을 것임; 이음새(1:27-31)······················· 112

2. 유다와 이스라엘에 대한 신탁(2:1-12:6)···················· 116

1) 예루살렘의 현재와 미래의 대조(2:1-4:6)······················· 117
2) 그분의 백성을 회복하기 위한 하나님의 계획(5:1-12:6) ········ 142

3. 심판과 회복의 신탁(13:1-39:8)······························· 214

1) 이방 나라들에 대한 신탁 ······································ 215
2) 심판에 대한 하나님의 목적(소위 '작은 묵시', 24:1-27:13) ····· 290
3) 유다에 관한 예언들: 심판과 회복 신탁들(28:1-33:24) ·········· 321
4) 다가오는 심판과 회복(34:1-35:10)······························ 382
5) 이사야 서사; 이음새(36:1-39:8)································ 393

II. 위로(40:1-66:24) ·· 433

1. 구원의 약속(40:1-48:22) ··· 433

1) 포로들을 위한 위로의 메시지(40:1-31) ···························· 434
2) 하나님이 행하신 구원의 예(41:1-29) ································ 446
3) 하나님이 그분의 구원 계획을 설명하심(42:1-44:5) ············ 458
4) 참하나님은 사람들에 의해 창조될 수 없음(44:6-23) ··········· 481
5) 여호와가 주권자이심(44:24-45:7) ···································· 488
6) 참하나님은 창조주이심(45:8-17) ····································· 495
7) 하나님이 자신의 계획을 더 자세히 설명하심(45:18-25) ······ 500
8) 하나님이 징벌하신 예: 바벨론의 신들 vs 이스라엘의 하나님
   (46:1-47:15) ·· 505
9) 신실하지 못한 이스라엘을 꾸중하시지만, 그래도 구원을 약속하심
   (48:1-22) ·· 515

2. 시온이 여호와의 종을 통해 회복된다(49:1-57:21) ············ 525

1) 시온을 회복하실 하나님(49:1-26) ···································· 526
2) 이스라엘의 불순종(50:1-11) ·· 537
3) 하나님이 구원을 가져오심(51:1-53:12) ····························· 542
4) 시온의 영광스러운 미래(54:1-17) ···································· 571
5) 하나님의 은혜로우신 자비(55:1-56:8) ······························ 577
6) 악한 지도자들에게는 희망이 없음(56:9-57:21) ·················· 588

3. 시온의 영광(58:1-66:24) ································· **598**

  1) 참회개의 요청(58:1-14) ·· 599

  2) 하나님이 구원을 가져오실 것임(59:1-21) ················ 605

  3) 시온의 구속(60:1-62:12) ······································ 615

  4) 열방에 대한 여호와의 보복의 날(63:1-6) ··············· 635

  5) 공동 애가: 하나님이 큰 자비를 베풀어 주시길 구함(63:7-64:12)·· 639

  6) 하나님의 궁극적 계획이 그 자신에게 영광을 가져올 것임; 이음새

    (65:1-66:24) ·· 650

ISAIA

서론

1. 이사야서의 성격

이사야서는 선지서들 중에서 확실히 가장 중요한 책이며, "선지 문학의 중심부"라고 일컬어져 왔다(Lasor, hubbard, Bush 1996: 276). 예순여섯 장 안에는 많은 주제와 예언과 약속의 토대가 들어 있다. 이 책은 하나님이 선택하신 종들을 통해 이스라엘 나라를 자신에게 돌아오도록 인도하고자 하셨던 그분의 심판과 약속이 흥미롭게 조합된 것이다.

주전 8세기 이스라엘 백성은 하나님께로 돌아갈 희망이 거의 없었지만, 그렇다고 이사야의 임무가 완전히 절망적인 것도 아니었다. 이사야는 하나님이 전적으로 그분께 헌신했던 남은 유대인들과 이방인들 모두를 포함한 회복된 나라를 다스리실 때를 내다보았기 때문이다.

이사야서는 전반부 서른아홉 장과 후반부 스물일곱 장으로 구성되어 각각 신구약 성경의 권수에 대응하는 구약성경으로 때때로 간주된다. 또한, 이사야서 일부는 신약 요한계시록의 주제들을 포함하고 있어서 종종 "작은 묵시록"(사 24-27장)이라고 불린다(표 0.1을 보라).

이사야서의 주된 목적은 신학적이다. 이스라엘 사람들이 잘못된 길에서 돌이키기를 바라는 마음으로 그들에게 하나님의 메시지를 선포하는 것이다.

이사야서	
이사야 1-39장	이사야 40-66장
구약 39권	신약 27권
작은 묵시록(24-27장)	요한계시록

[표 0.1] 이사야서

이 책은 반운문체(semi-poetry)로 기록되었으며, 유대 나라와 관련된 문제들을 주전 8세기부터 계속 다룬다. 이사야서는 신약성경 기자들에 의해 가장 많이(적어도 69회) 인용된 선지서인데, 그들은 이사야서가 신약 교회와 지속적 관련이 있다고 생각했다.

이사야서는 남은 자(사 10:20-22 등)와 미래 구원자에 관해 말하는 가장 초기의 책들 가운데 하나인데, 이 남은 자와 미래 구원자는 '메시아'(사 9:1-7 등) 개념으로 발전한다.

2. 기원, 연대 및 특징

1) 기원

신탁 그 자체 말고도 역대하 26:22은 이사야가 웃시야의 "행적"(문자적으로 말씀들)을 기록했다고 말하는데, 이것으로 볼 때 그는 왕실 서기관이었을 수 있다.

2) 연대

만약 이사야가 주전 8세기 말에서 7세기 초 사이에 살았다면, 그는 이스라엘 역사상 가장 격동의 시기 가운데 살았던 인물이다. 이사야 6:1에 따르면, 이사야는 주전 약 739년, "웃시야왕이 죽던 해에" 하나님의 대언자(God's spokesperson)로 소명을 받았다.

이 책에 언급된 가장 후대의 특별한 역사적 사건은 에살핫돈(Esarhaddon)의 즉위이다(주전 681년경; 사 37:38). 만약 이사야가 정말로 이 사건을 기록했다면, 이사야의 사역 기간은 확실히 주전 740년에서 주전 680년 사이이다. 로버츠(Roberts)는 이 60년이란 긴 사역 기간을 고려할 때, 사역 기간이 현저하게 짧았던 다른 선지자들의 사역과 같은 동질성(homogeneity)을 기대해서는 안 된다고 주장한다(2015:12).

전승에 의하면, 이사야는 므낫세왕의 치세 기간에 톱에 잘려 두 동강 나서 처형당했다고 하지만(『이사야의 순교』[Martyrdom of Isaiah], 제5장; 또한,

히 11:37이 그럴듯한 배경임), 이것은 의심할 여지 없이 지어낸 이야기이다.

3) 특징

또한, 유대 전승에 의하면 이사야는 웃시야의 사촌 혹은 아마샤의 조카였다고 한다(b. Meg. 10b). 그는 아마 예루살렘 혹은 그 근처에 살았기 때문에 필요하면 왕(7:3)과 제사장(8:2)에게 쉽게 맞설 수 있었을 것이다.

특별한 예언을 위해 가시적 상징(visible signs)으로서 자녀들을 출산하도록 하나님이 이사야의 아내를 사용하셨다는 의미에서 그녀는 여선지자(8:3)라고 불렸다. 이사야에게는 적어도 두 자녀가 있었는데, 스알-야숩("남은 자가 돌아올 것이다", 7:3)과 마헬-살랄-하스-바스("노략이 곧 있을 것이다, 약탈자가 속히 온다", 8:1-4)이다. 어떤 학자는 임마누엘("하나님이 우리와 함께", 7:14)이 또 다른 아들의 이름이었다고 주장한다(Gottwald 1958:36-37).

이사야는 이스라엘 역사 가운데 위태로운 시기에 선지자로 소명 받았던 준비된 메신저였다. 지도자들이 이스라엘을 하나님에게서 멀어지도록 이끌고 있을 때 앗수르 군대는 이스라엘을 향해 진군하고 있었다. 이스라엘은 회개하지 않은 채로 남아 있었기 때문에 이사야는 하나님의 메신저로서 그 자신의 무가치함과 함께 그의 예언들이 종종 좌절되는 것(6:9-13)을 느꼈다.

그 선지자의 한 줄기 희망은 하나님 자신을 위해 열방의 빛으로 섬길, 그리고 열방을 하나님께로 인도할 의로운 남은 자들을 하나님이 남겨 두셨다는 것을 아는 지식에 달려 있다.

3. 역사적 배경 및 상황

이사야서는 이사야의 생애와 포로 후기(주전 539년 이후) 모두의 역사적 상황에 밀접하게 연관되어 있다. 주전 834년부터 주전 745년까지 앗수르의 팽창이 극적으로 둔화했는데, 이것은 유대와 이스라엘로 하여금 솔로몬의 시대 이래로 경험해 보지 못한 번영을 누리게 했다.

그러나 재개된 번영은 두 나라를 무사안일주의에 빠뜨렸다(사 2:6-8). 그들은 하나님이 그들의 종교의식을 기뻐하신다고 생각했지만, 이것은 그 경우와 거리가 멀었다. 그들의 부는 가난한 자들의 희생을 통해 얻어졌으며, 성적 난잡함은 만연했고, 그 땅에서의 바알 숭배는 증가하고 있었다.

앗수르 팽창주의의 일시적 소강 상태는 디글랏-빌레셀 3세(Tiglath-pileser III)가 즉위하면서 갑자기 끝나게 되었다(주전 745-727년; 왕하 15:19의 불[Pul]). 그가 서쪽으로 영토를 확장하고자 했을 때 그 여정에 놓인 레바논, 이스라엘, 유다와 같은 약소국들은 싸우거나 항복하고 매년 엄청난 조공을 바쳐야만 했다.

앗수르의 영토는 마침내 페르시아만에서 지중해까지 이르렀는데, 여기에는 메소포타미아 분지의 풍부한 토양과 유프라테스강을 따라가는 무역로가 포함된다.

그 제국은 살만에셀 5세(Shalmaneser V, 주전 727-722년)로부터 아슈르바니팔(Ashurbanipal, 주전 669-633년)까지 계속되는 왕들의 치하에서 번성했는데, 그 왕들의 사후에 그 나라는 급격히 쇠퇴했다. 이사야는 앗수르의 마지막 중흥기에 예언 사역을 감당했다.

1) 아람-에브라임 전쟁(주전 733-732년)

디글랏-빌레셀 3세 치하에서 앗수르가 끊임없이 서쪽을 압박했을 때 르손(아람 왕)과 베가(이스라엘 왕)는 이에 저항하기 위해 동맹을 맺었다.

아람과 이스라엘은 군사력을 키우기 위해 유다의 아하스왕에게 협력을 요청했다. 아하스가 그것을 거절하자 그 동맹국들은 그를 폐위시키고 (아마도 두로와 동맹 관계인) 다브엘의 아들을 즉위시키려고 했다(지도 0.2를 보라).

아하스는 앗수르에 도움을 요청하며, 그 대가로 막대한 조공을 보냈다. 이에 디글랏-빌레셀은 아주 흔쾌히 협조했는데, 오스왈트(Oswalt)는 이 상황을 다음과 같이 묘사했다.

> 쥐 한 마리가 다른 쥐를 대항하려고 고양이에게 도움을 요청했으나 결국 그 고양이만 승자가 된 꼴이다.

디글랏-빌레셀은 주전 733-732년에 다메섹을 공격하려고 이 지역으로 돌아왔고, 이스라엘과 아람 동맹군에 맞서 싸워 마침내 유다를 구해냈다. 주전 732년경 디글랏-빌레셀은 다메섹을 멸망시키고 반란을 평정했으며, 베가는 그 직후 암살당했다(왕하 15:30). 아하스는 목표를 달성했지만 엄청난 대가를 치러야만 했다.

2) 사마리아의 멸망(주전 722/21년)

주전 727년에 디글랏-빌레셀 3세가 사망한 후 몇 번의 반란이 일어났는데, 그 가운데 하나는 이스라엘의 왕 호세아가 주도한 것이었다. 이에 살만에셀은 사마리아에 군대를 보내서 대응했다. 호세아는 재빨리 애굽에 조공을 바쳤음에도 불구하고, 그 자체의 복잡한 문제에 휩싸여 있었던 애굽의 도움을 받지 못한 채 싸워야 했다.

마침내 살만에셀은 호세아를 투옥하고 3년간 사마리아를 포위하여 패배시켰다.

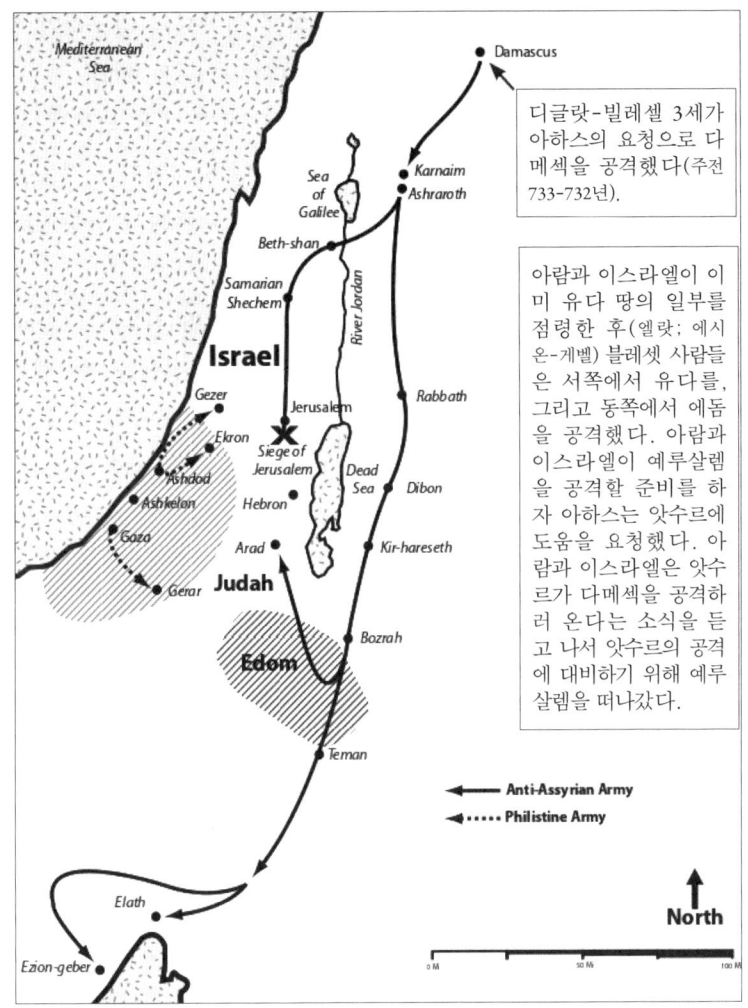

[지도 0.2] 아람-에브라임 전쟁

3) 산헤립의 침공(주전 701년)

므로닥-발라단(바벨론; 때때로 메로닥-발라단[Merodach-baladan]이라 불림)은 앗수르에 대항하여 히스기야에게 도움을 요청하려고 유다로 특별한 여행을 했던 것으로 보인다(사 39장). 히스기야는 동의했고 유다, 블레셋, 에돔, 모압, 애굽이 함께 동맹을 결정하도록 도왔다. 산헤립은 예상보다 더 강력함을 입증했다. 동맹군을 만나기 위해 서쪽으로 진군하기 전에 바벨론을 정복하고 동쪽 국경을 확보한 것이다(지도 0.3을 보라).

산헤립은 그의 군대를 지중해 연안으로 진군시킨 다음 남쪽의 시돈, 두로와 다른 성읍들을 포위했다. 그 후에 그는 남쪽 지역의 도시들을 점령하기 위한 내륙으로의 이동 전에, 해안을 따라 계속해서 남쪽으로 에그론과 아스글론의 블레셋 요새들을 향해 나갔다.

예루살렘 점령에 대한 중요한 논의가 있었다(Childs 1967; Clements 1980b). 산헤립의 연대기(Sennacherib's annals)는 그가 그 성읍을 점령했다는 것을 암시하지만 확실하게 언급하지는 않는다. 그러나 성경 본문은 그 사건에 대해 상당히 다른 설명을 제공한다(특히, 왕하 18-19장; 사 36-37장; *ANET* 288을 보라).

따라서 일부 학자는 성경 기록에 의문을 제기하며 그것을 두 개의 개별 이야기로 분리하도록 제안한다(A=왕하 18:14-16; B=왕하 18:17-19:37). 첫째 부분(A)은 예루살렘이 항복하고 계속해서 조공을 바친다는 앗수르의 기록과 상당히 유사하지만, 둘째 부분(B)은 패배를 거룩한 승리로 바꾼 편집비평적 활동이다.

차일즈는 둘째 부분에 두 개의 층이 존재한다고 믿지만(B1과 B2; 2001; 262-264), 클레멘츠는 그것이 후대의 미드라쉬적 확장(midrashic expansion)이라고 주장한다(1980b). 브라이트(Bright)는 하나의 단일 사건을 성경이 여러 해에 걸쳐 분리된 한 시리즈의 사건으로 기록한다고 주장한다(2000; 298-309).

더 복잡한 두 가지 다른 상황이 존재한다.

첫째, 앗수르의 정책과 산헤립의 관행과는 다르게 히스기야가 반란의 주요 지지자가 된 후에도 왕좌를 유지했다는 것이다.

둘째, 요새 성읍인 라기스의 정복을 묘사한 부조들이 니느웨에 있는 산헤립의 궁전을 장식한다는 것이다(131).[1] 예루살렘 역시 정복당했다면,

---

1) 라기스의 함락을 묘사하는 라기스의 암각 부조는 런던의 대영박물관(British Museum)

덜 중요한 요새 성읍 대신에 이스라엘의 수도 점령이 그의 궁궐 벽에 묘사되었을 가능성이 더 크다(Smith 2007: 32-33을 보라).

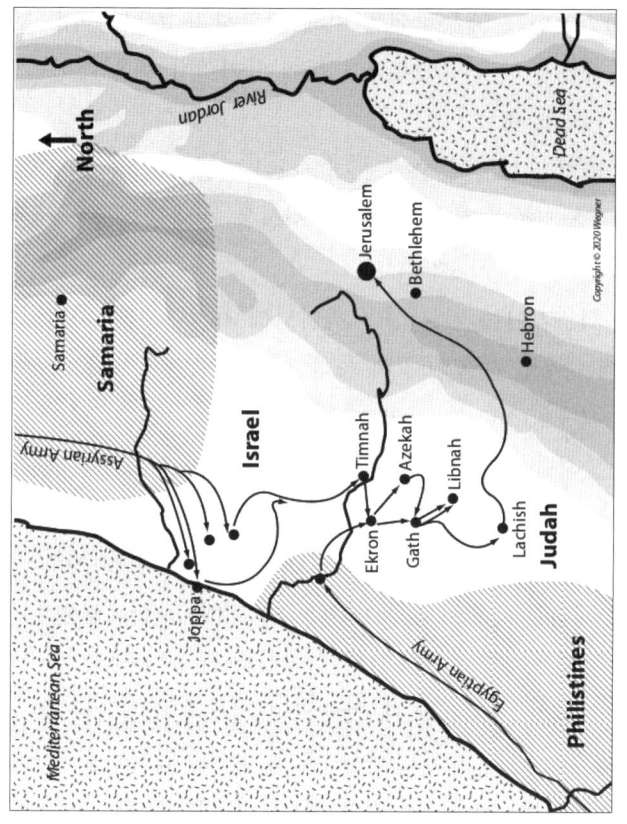

[지도 0.3] 주전 701년 산헤립의 침공

우리의 견해로는, 성경의 설명과 산헤립 연대기의 설명이 조화를 이룰 수 있다.

첫째, 산헤립이 유다 공격을 시작한 후 히스기야는 굴복하여 산헤립에게 조공을 바친다(왕하 18:14-16; *ANET* 288).

에 보관되어 있다.

둘째, 산헤립은 유다가 이미 보낸 그 조공에 더하여 무조건적인 항복을 받아 내기 위해 그의 사자들을 한 차례 예루살렘으로 보낸다(왕하 18:17-37; 사 36:2-22).

셋째, 히스기야는 예루살렘을 위해 기도하라고 이사야를 보냈다. 그리고 하나님은 산헤립이 앗수르로 돌아가 거기서 죽을 것이라고 응답하셨다(왕하 19:1-7; 사 37:1-7).

넷째, 산헤립은 애굽이 그에게 대항하여 진군하고 있다는 소식을 듣고 히스기야의 완전한 항복을 요구하는 서신을 가진 전령들을 예루살렘으로 보냈다(왕하 19:8-13; 사 37:8-13).

다섯째, 히스기야는 이 서신을 하나님께 가져가는데, 하나님은 산헤립이 그 성에 아무런 해를 끼치지 못하고 그가 왔던 길로 돌아갈 것이라고 응답하신다(왕하 19:14-34; 사 37:14-35).

여섯째, 산헤립은 엘테게(Eltekeh)에서 디르하가가 이끄는 애굽을 패배시키고(왕하 19:9; 사 37:9), 그의 군대를 예루살렘으로 이동시킨다.

일곱째, 하나님은 그분의 천사를 보내 185,000명의 앗수르 군인들을 죽이셨고, 산헤립은 앗수르로 돌아간다. 이 패배 후 산헤립은 다시는 서쪽으로 진군하지 못했고 주전 681년에 죽었다(사 37:36-38).

이런 사건들을 이야기할 때 앗수르의 기록과 성경 기록은 매우 다른 두 가지 목적을 가지고 있다. 앗수르의 기록은 업적들을 강조하고 좌절들을 배제함으로써 왕을 높이려고 했다. 이것은 왜 라기스에서 상당수의 포로 포획과 약탈자에 대해서는 기념하고 185,000명의 앗수르 군인들의 죽음에 대해서는 침묵했는지에 대한 이유를 설명해 준다. 그러나 그 서사에 대한 성경적 설명은 여호와의 보호와 승리에 주목하게 한다.[2]

---

2) 헤로도투스(HeroHerodotus 2.141)는 산헤립이 애굽 북쪽 국경에 있는 펠루시움(Pelusium)시로 진군했는데, 거기서 들쥐들이 병사들의 활시위를 갉아 먹은 것이 패배의 원인이 되었다고 기록하고 있다. 그러나 왕실 연대기에 따르면, 산헤립은 애굽에 간 적이 없으므로 그것은 성경 기록을 수정한 것일 수 있다.

4) 바벨론에 의한 예루살렘의 멸망(주전 605-586년)

바벨론은 주전 612년에 앗수르로 진군하여 니느웨를 파괴했지만, 앗수르의 최종적 패배를 확보하기 위해서는 두 차례의 전투가 더 필요했다(주전 609년 하란[Haran] 전투; 주전 605년 갈그미스[Carchemish] 전투). 이 마지막 전투 직후 느부갓네살의 아버지 나보폴라사르(Nabopolassar)가 사망했고, 느부갓네살은 바벨론으로 돌아가 왕위에 올랐다. 그 후에 그는 잠재적 반란을 평정하고 유다를 복종시키기 위해 예루살렘으로 돌아왔다.

당시 유다 왕 여호야김은 애굽 대신 바벨론에 충성함으로써 왕좌를 보존하고 예루살렘의 멸망을 피할 수 있었다. 그러나 약 3년 후 여호야김은 반란을 일으켜 다시 한번 애굽과 동맹을 맺었다. 느부갓네살은 예루살렘을 포위하기 위해 돌아왔지만 여호야김은 느부갓네살이 도착하기 전에 죽었고, 그의 아들 여호야긴이 왕위에 올랐다. 느부갓네살은 곧 여호야긴을 사로잡고 시드기야를 그 자리에 세웠다.

시드기야가 결국 반란을 일으켰을 때(주전 588년경), 바벨론은 유다를 더 모질게 다루어 예루살렘과 성전을 파괴하고(주전 586년) 많은 주민을 추방했다. 이 사건으로 이스라엘 사람들은 낙담하여 하나님이 여전히 그들을 돌보신다는 것을 의심하게 되었다. 이사야서는 사람들이 바벨론에 의해 추방될 것이지만(사 39:6-7) 남은 자들은 나중에 이스라엘로 돌아올 것이라고 경고한다.

5) 바벨론에서의 포로 귀환(주전 538년경)

바벨론제국이 점차 쇠퇴하여 그 수도 바벨론은 주전 539년에 바사제국(Persian Empire)에 의해 정복되었다. 앗수르와 바벨론의 이전 통치자들은 사람들을 통제하는 수단으로 추방을 사용했다. 그러나 바사 왕 고레스의 외교 정책은 정반대였다.

그는 피지배국 백성들이 그들의 고국으로 돌아가서 제국의 자금을 사용하여 그들의 신전들을 재건하도록 허락함으로써 그들이 새로운 통치자에게 더 잘 순응할 것이라고 생각했다(스 1:1-4; *ANET* 316).

그 결과 왕족 스룹바벨과 대제사장 여호수아가 바벨론에서 거의 5만 명의 포로들을 이끌고 이스라엘로 돌아왔다(스 2:64-65을 보라). 귀환한 포로들은 적어도 처음에는 바벨론으로 끌려가도록 했던 잘못들을 먼저 스스로 정화하고 여호와께 드리는 합당한 예배를 회복하도록 동기부여를 받았다.

그러나 성전 재건은 생각했던 것보다 훨씬 더 어려운 일이었다. 2, 3년 만에 기초가 놓였지만, 그 프로젝트에 참여하지 못해서 분노한 '그 땅 백성'이 그 일을 방해했다. 낙담한 귀환자들은 성전 건축을 중단하고 생존을 위해 그들 자신의 개인적인 일에 관심을 돌렸다.

약 16년 후(주전 520년경) 하나님은 두 선지자, 학개와 스가랴를 보내 성전 재건 공사를 재개하도록 사람들을 격려하셨다. 마침내 주전 516/515년경 성전이 완공되었지만, 솔로몬의 성전만큼 장엄하지는 않았다(스 3:12; 학 2:3).

4. 신학 및 목적

이사야(예샤야후[*yĕšaʻyāhu*])라는 이름은 (여호수아와 예수라는 이름처럼) '여호와는 구원이다'라는 뜻으로 이 책의 핵심 주제들 가운데 하나이다. 이 책에서 하나님은 이스라엘의 "구원자"라고 반복적으로 언급된다(44:6, 24 등). 이사야서의 주된 목적은 이스라엘 사람들이 그들의 악에서 돌이켜 하나님께 돌아와 열방의 빛이 되도록 격려하는 것이다.

이사야는 이 책의 또 다른 핵심 주제인, 하나님을 "거룩한 자"라는 이름으로 스물다섯 번이나 부른다(표 0.4.를 보라). 이사야는 '거룩하다. 구별되다, 분리되다'라는 뜻을 가진 "카도쉬"(*qādoš*)라는 단어를 사용하여 이스라엘의 악이 하나님에게서 그들을 얼마나 멀어지게 했는지를 강조한다.

이스라엘의 거룩한 자
사 1-39장 사 1:4; 5:19, 24; 10:20; 12:6; 17:7; 29:19; 20:11, 12, 15; 31:1; 37:23
사 40-66장 사 41:14, 16, 20; 43:3, 14; 45:11; 47:4; 48:17; 49:7; 54:5; 55:5; 60:9, 14

[표 0.4] 이스라엘의 거룩한 자

1) 자신의 목적을 이루시는 하나님

이사야서는 하나님을 따를 뿐만 아니라 다른 사람들을 하나님께로 인도할 거룩한 남은 자가 나타날 때까지 이스라엘이 심판받고 정화되는 모습을 묘사한다. 모든 나라를 그분께 이끌기 위해 그분의 백성을 사용하시고자 하는 하나님의 계획은 단순하지만 정말로 믿기 어렵다.

2) 악인을 심판하시는 하나님

이 책 전체에는 악인에 대한 심판의 메시지가 분명히 드러난다(예, 1:28-31; 4:6). 스랍들이 "거룩하다 거룩하다 거룩하다 만군의 여호와여"라고 외쳤을 때(6:1-3) 이사야는 그 자신과 민족의 죄를 깊이 깨달았다. 하나님의 의는 심판이 요구되었지만, 이 심판은 또한 "거룩한 씨"라고 불리는 의로운 남은 자를 자신을 위해 얻으려는 하나님의 의도이기도 했다(6:13).

3) 여호와를 알기 원하는 열방(우주적 탄원)

이사야서 전체에서 여호와는 이스라엘의 하나님과 구원자로 분명하게 묘사되지만, 그분은 다른 나라에서도 남은 자들을 이끌어내실 수 있다. 이것은 아마도 이스라엘이 듣고 싶지 않았던 메시지였을 것이다. 이사야서에서 가장 눈에 띄는 구절 중 하나는 하나님이 열방의 백성과 개인적으로 관계를 맺으시며, 모든 사람이 하나님에 의해 창조되었다는 것이다.

4) 남은 자

하나님은 믿음이나 순종을 강요하지는 않으신다. 설령 한 나라가 그분에게서 떠나가기로 작정할지라도 자신에게 순종하는 남은 자들과 함께 일하심으로써 그분의 약속들을 성취하실 수 있다(10:22-22을 보라). 이스라엘 역사상 때때로 이 남은 자들은 "참외밭의 원두막"(1:8-9)이나 "땅의 그루터기"(6:13)로 비유된다. 그러나 그들은 하나님의 약속들을 바탕으로 유익을 얻게 될 자들이다(61:3-7).

5) 여호와의 종

"종"이라는 단어는 이사야서에서 다양한 대상을 나타낸다.

- 이스라엘 나라(41:8-9; 44:1-2, 21 등)
- 이사야(20:3; 44:26)
- 남은 자(41:8-9; 43:10; 48:20)
- 고난받는 종(49:5-7; 50:5-10; 42:13-53:12)

이 책의 후반부에서 여호와의 종은 하나님의 사자(messenger)이자 그분의 백성을 구원하기 위해 사용될 사람으로서의 특별한 의미가 있다.

'여호와의 종'이란 개념은 궁극적으로 이스라엘의 능력을 초월한다. 그들은 결코 그 나라의 죄를 제거할 수 없고 하나님께 순종하며 살 수 없기 때문이다. 그러므로 하나님은 생명을 내주어 그 민족을 정화하고 그들을 하나님께 돌아오도록 자신의 '고난받는 종'인 메시아를 보내셔야 했다(52:15; 53:4-12).

5. 정경적 상황

이사야서는 전통적으로 구약 정경(Old Testament canon)의 필수적인 부분이었으며, 선지자의 성격 및 신적 권위를 암시하는 수많은 직접적 진술에 근거하여 즉각적으로 권위 있게 받아들여졌다(예, "이스라엘의 전능자가 말씀하시되"[1:24], "주 만군의 여호와 내가 말하였느니라"[3:15]).

그것의 정경성에 대한 다른 증거는 초기 유대 전통(b. *Baba Bathra* 14b; Sirach 48:24), 쿰란 자료와 초대 교회 교부들의 저술(Origen[주후 184-254경], Eusebius[*Ecclesiastical History* 6.25.1-2], Oulton, 1942: 2.72-74], Athanasius[주후 296-373경]: Schaff and Wace, 1991; 4.551-559) 등에 나타난다.

현재까지 21개의 이사야서 사본들이 쿰란(Qumran)에서 발견되었는데, 이것은 성경 가운데 세 번째로 많은 쿰란 사본이며(시편 40개, 신명기 30개) 선지서 가운데서는 가장 많은 수의 사본이다. 사본의 개수 자체가 그 책의 권위에 대한 증거는 아니지만, 그 개수는 쿰란 공동체에 있어서 그 책의 중요성을 나타낸다.

거의 완전하게 보존된 두루마리인 1QIsa^{a}의 기록 시기는 주전 100년경이거나 혹은 그 이전까지 거슬러 올라가는데, 그에 비해 거의 비슷한 시기에 기록된 1QIsa^{b}는 잘 보존되어 있지 않다.

1) 정경에서의 위치

구약의 현대 정경들과 많은 초기 정경(예를 들면, 마소라 본문, 칠십인역, 제롬; 표 0.5를 보라)은 일반적으로 이사야서를 후선지서(사, 렘, 애, 겔) 중에서 맨 앞에 배치한다. 바티칸 사본(Vaticanus)과 알렉산드리아 사본(Alexandrinus)은 소선지서를 이사야서 앞에 배치한다. 마찬가지로 주후 367년 알렉산드리아의 주교였던 아타나시우스도 이사야서 앞에 소선지서를 배열했다(Schaff and Wace 1991: 4.551-552).

그러나 로저 벡위드(Roger Beckwith)가 지적한 바와 같이 정경 순서의 안정성은 "비교적 현대적인 현상이며 인쇄술 발명에 많은 영향받았다"(2008:181).

본문	순서	연대
일반적 순서: 마소라 본문, 칠십인역, 제롬, 요세푸스, 불가타 등	사, 렘, 애, 겔	주전 350년-주후 5세기
바벨론 탈무드 바바 바트라 14b	렘, 겔, 사	주후 6세기(그러나 아마도 초기 자료 포함됨)
사르디스(Sardis)의 감독 멜리토(Melito)	사, 렘, 12소선지서, 단, 겔	주후 170년경
오리겐	사, 렘(애가 포함), 단, 겔	주후 185-254년

[표 0.5] 책 순서

2) 나머지 정경과의 관계

연대적으로나 주제적으로 이사야서와 가장 가까운 책은 미가서인데, 두 책은 심지어 매우 비슷한 구절을 공유하고 있다-이사야 2:2-4과 미가 4:1-3. 이 두 구절(약 삼십 개의 히브리어 문자)은 한 구절이 다른 구절을 베꼈을 것이다. 아마도 더 큰 가능성은 제3의 자료를 각각 베꼈을 수 있다는 것이다.

신약성경은 대략 69회 정도 이사야서를 인용하는데, 대부분 마소라 본문과 칠십인역에 나오는 것과 동일한 표현이 반영된다(예, 롬 9:29; 히 2:13a).

6. 문학적 이슈

지난 수십 년 동안 학자들은 구약 본문의 최종 형태를 꾸준히 연구해 왔는데, 이사야서도 예외는 아니다. 많은 학자가 이 책을 한 명의 저자가 썼든, 여러 명의 저자가 썼든, 혹은 편집되었든 간에 이 책이 통시적 메시지를 전달한다는 것을 깨달았다.

1) 예언

일부 학자는 예언이 어떤 동시대의 역사적 사건에 의해 야기된다고 주장하지만, 우리는 이 한계가 너무 제한적이라고 생각한다. 예언 신탁은 때로는 ('앞서 말하는'[forth-telling]) 그 당시의 역사적 사건들을 나타내기도 하고, 때로는 ('미리 말하는'[foretelling]) 먼 미래의 사건들을 나타내기도 한다. 성경의 예언은 두 가지 유형을 모두 포함할 만큼 광범위하다.

단기 예언(예, 사 7-8장)은 선지자의 진위를 파악하는 역할을 했다. 장기 예언(예, 사 40-66장)은 여호와의 주권을 확인할 뿐만 아니라 하나님의 백성을 격려하고 그분의 뜻을 알리는 역할을 했다. 선지자는 앞으로 일어날 일을 나라에 알리기 위해 미래의 사건들을 예언할 책임이 있었다. 선지자의 인간적 능력을 넘어서서 미래를 내다보는 이러한 예견들은 하나님을 높이는 데도 기여했다.

2) 문학적 기교

이 책에는 교차대구법(chiasms, 예, 1:18; 7:15-16), 중심교차대구법(palistrophes, 예, 1:21-26; 5-12) 극단법(merisms, 예, 1:2; 7:11), 립 신탁(oracles; '소송 신탁'을 의미함-역주, 예, 1:2-20), 언어유희(wordplays, 예, 5:7)와 같은 다양한 문학적 기법이 나타난다. 이러한 문학적 장치들은 그 책의 메시지를 강조하고 독자에게 흥미를 더하기 위해 사용된다.

3) 장르

예언 자료에는 운문 자료(poetic material)에 산문 자료(narrative material)가 산발적으로 섞여 있으며 종종 선지자를 통한 하나님의 직접적인 담화(discourse)가 포함된다. 하나님과 이사야 중 때때로 누가 말하는지 정확히 파악하기 어렵지만, 어떤 의미에서든 그 결과는 같다. 그것은 하나님의 메시지가 선포된다는 것이다.

4) 선집

어떤 학자는 이 책이 기본적으로 연대순이라고 이야기하지만(예, Watts 2005a 등), 이 책은 이사야 저작의 선집(anthology; 즉, 모음집)으로 이해하는 것이 가장 좋다. 이 책의 배열은 선지자의 생애를 통한 연대순의 흐름이 아닌 특정 주제를 강조하기 위한 것이다.

7. 구조

버나드 둠(Bernhard Duhm)이 1892년 이사야 주석을 출판한 이래 이사야 40-66장을 제2 이사야(40-55장)와 제3 이사야(56-66장)로 나누는 것이 보편화되어 왔다. 그러나 이 주장은 더 이상 예전처럼 널리 받아들여지지 않는다(Williamson 2009:21). 우리는 이사야서의 중요한 구조를 다음과 같이 제안할 것이다(또한, Wegner 2010: 62-64를 보라).

1) 이 책의 서론과 결론

많은 학자가 1장을 이사야서 전체에 대한 서론으로 간주하며, 이 책의 메시지를 통합하려고 그것을 나중에 추가했다고 종종 주장한다. 우리는 이사야 1장과 65-66장에서 어휘와 주제가 수미상관(inclusio)을 이룬다고 주장하는 사람들의 의견에 동의한다(Sweeney 1988: 97-98 등).

65-66장이 이 책의 서론에서와 같은 사고의 흐름을 따라가더라도, 1장의 주제에 대해 훨씬 더 자세히 논의하는 것은 분명하다. 그들은 하나님이 이 책 전체에 걸쳐 그분의 계획을 어떻게 이루셨는지 강조한다.

완고하고 패역한 나라는 엄하게 징벌받을 것이다. 겸손하게 회개하는 남은 자들만이 살아남아 예루살렘으로 돌아와 하나님의 보호를 받을 것이다. 계속해서 하나님께 패역한 자들(즉, 악인들)은 징벌받을 것이다.

2) 책의 배열

(1) 서론

일반적으로 이사야서에는 세 개의 서론이 있다고 생각되는데, 그것은 어떤 유형의 편집 활동이 반영된 것으로 보인다. 각각의 서론마다 이사야의 정식 이름인 "아모스의 아들 이사야"가 언급되기 때문에 학자들은 이 책이 한동안 개별적으로 돌아다니던 여러 자료로부터 편집되었다고 믿는다(유사한 구조를 가진 슥 1:1, 7; 7:1을 보라). 이것은 적어도 요한 칼빈(John Calvin)까지 거슬러 올라가는 견해이다(1850 1.xxxii). 그러나 이 책의 형태가 포로기 이전 시기에 형성되었다는 몇 가지 증거가 있다.

- 전통적으로 8세기 선지자로 여겨졌던 아모스와 미가의 서론들이 이사야서의 표현과 유사하다.
- 단지 포로 이전의 선지자들만이 그들이 어떻게 예언을 받았는지를 묘사하기 위해 "하자"(ḥāza, '보다' 또는 '상상하다')라는 단어를 사용하는데(암 1:1; 미 1:1; 합 1:1), 이것은 이사야가 각 서론에서 사용한 용어이다.
- 오직 이사야, 오바댜, 나훔만이 그들의 서론에서 "하존"(ḥāzon, '계시', '묵시')이라고 부르는데, 오바댜와 나훔은 일반적으로 포로 이전 선지

자로 간주된다.

(2) 후렴구

또한, 세 개의 서론에 대응하는 세 개의 후렴구(48:22; 57:21; 66:24)가 있는데, 이것은 이 책의 두 번째 부분을 나누는 것처럼 보인다. 이런 후렴구가 현대 학자들의 일반적인 구분과 일치하지 않는다는 것은 흥미로운 일이다.

(3) 책 구분

전통적으로 이사야서 39장과 40장 사이에 주된 구분이 확인되었지만, 최근 몇 년 동안 일부 학자는 35장과 36장 사이(Clements 1980a: 277-280; Childs 2001: 260-266 등) 또는 37장과 38장 사이(Motyer 1993: 287-288)의 구분을 제안했다.

39장에는 주전 701년보다 조금 앞서 바벨론 왕 무로닥-발라단이 히스기야를 방문한 후 예루살렘의 부(wealth)가 그의 후손들 일부와 함께 바벨론으로 옮겨질 것이라는 말을 히스기야가 들었다는 것이 기록되어 있다. 그러나 다음 장인 이사야 40장의 문맥은 약 150년 동안의 시간을 뛰어넘는 것으로 보인다. 그리고 주전 539/538년경 바벨론에서 돌아온 남은 자들을 묘사한다.

(4) 이음새들

이 책을 하나로 묶는 이음새들을 각 섹션의 끝에서 식별할 수 있다. 어떤 학자들은 그 이음새들이 어색하게 2차적으로 추가되었다고 생각하지만, 우리는 그 이음새들이 이 책의 통일성에 필수적인 것으로서 두 가지 핵심적인 목적을 제공한다고 생각한다.

첫째, 이 책의 주요 주제들을 요약하는 것이다.

둘째, 그 주제들을 더 자세히 설명하는 다음 단락에 연결하는 것이다(표 0.6을 보라).

이사야서의 전체 구조						
첫째 서론 1:1	둘째 서론 2:1	셋째 서론 13:1	주요 역사 단절 39장과 40장 사이 (150년)	첫째 후렴구 48:22	둘째 후렴구 57:21	셋째 후렴구 66:24
이음새: 1:27-31	이음새: 4:2-6	이음새: 36-39		이음새: 48:17-22	이음새: 57:14-21	이음새: 65-66

[표 0.6] 이사야서의 구조

(5) 이 책의 섹션들

① 첫 번째 섹션(1장)

첫째 서론 1:1은 "아모스의 아들 이사야"가 본 "계시"(ḥāzon)를 소개하며, 이스라엘이 하나님에게서 떠나 방황함으로 마땅히 받아야 할 징벌에 대해서 묘사한다(표 0.7을 보라). 이 장의 절정은 예루살렘이 "의의 성읍, 신실한 고을"이라고 불릴 때이지만, 이 섹션은 악인에 대한 심판으로 끝난다.

왜 이 장은 하나님이 예루살렘을 회복하시는 절정에 이르렀다가 다시 심판에 빠져들었을까?

마지막 27-31절이 이 단위의 주요 주제를 요약하는 이음새를 형성한다고 생각한다.

- 이스라엘이 심판받을 것이다(1:28-31)
- 의로운 남은 자가 구원을 받을 것이다(1:27)
- 악인이 징벌받을 것이다(1:28-31)
- 시온이 구속받을 것이다(1:27)

이 이음새는 이런 주요 주제들을 더 자세히 반복하는 2-12장으로 연결된다. 심판은 1:31과 66:24에서 모두 꺼지지 않는 불로 묘사된다.

② 두 번째 섹션(2-12장)

둘째 서론의 표현(2:1)은 미가서와 아모스서의 서론과 매우 일치한다. 2-12장은 두 개의 개별 단위로 구성된다.

첫째 단위(사 2-4장)는 이스라엘의 영광스러운 미래로 시작하고 끝나지만(예, 2:1-4; 4:2-6), 중간 부분(2:5-4:1)에는 여호와께서 제거하셔야 할 현재의 악이 나타난다(4:4; 표 0.8을 보라).

둘째 단위는 5-12장을 구성하는 중심교차대구법(palistrophe)이다. 5-12장은 비난받아 마땅한 이스라엘의 상태를 묘사하는 포도원의 노래(5:1-7)

1장
첫째 서론(1:1)

"유다 왕 웃시야와 요담과 아하스와 히스기야 시대에 아모스의 아들 이사야가 유다와 예루살렘에 관하여 본 계시라"

이스라엘, 이름을 듣다	하나님은 충분히 하셨다	시온의 구속받을 것이다 '신실한 성읍' 중심교차대구법 살인자들이 그곳에 산다(21절) 은이 찌꺼기가 된다(22절) 모든 사람이 부패한다(23절) **정점: 여호와께서 선언하신다(24절)** 하나님의 원수들이 멸망한다(25절) 재판가가 세워진다(26절) 신실한 성읍(26절)	이름새: 1:27-31 1. 이스라엘이 심판받을 것이다(28-31절) 2. 의문은 남은 자가 구원받을 것이다(27절) 3. 악인이 정벌받을 것이다(28-31절) 4. 시온이 구속받을 것이다(27절)
1:1-9	1:10-15	1:21-26	1:27-31

[표 0.7] 이사야 1장의 구조

로 시작하고 감사의 노래(12:1-6)로 끝난다. 여기서 이스라엘은 하나님의 위대한 구원을 찬양한다(Wegner 1992a: 88-89).

이 중심교차대구법은 다음과 같이 구성된다.

A: 포도원의 노래(5:1-7)
  B: 6개의 화 신탁(5:8-23)
    C: 들린 손 신탁(5:24-30)
  절정:D: 이사야의 회고록(6:1-9:7)
    C′: 4개의 들린 손 신탁(9:8-10:4)
  B′: 화 신탁(10:5-11:16)
A′: 감사의 노래(12:1-6)

이 중심교차대구법은 화 신탁과 들린 손 신탁에서 그려진 징벌을 통해 큰 구원을 가져오시는 하나님을 묘사한다. 이 주제는 하나님이 불을 사용하여 그들의 찌꺼기를 제거하고(1:25), 그들의 오물을 씻어 낼 것이라고(4:4) 말씀하신 선행 구절들을 떠오르게 한다. 중심교차대구법의 중심에는 하나님의 질문이 담긴 이사야의 회고록이 있다.

하나님은 "내가 누구를 보낼꼬"라고 물으시고, 이에 이사야가 "내가 여기 있나이다. 나를 보내소서"라고 대답한다. 이사야의 회고록은 계속해서 하나님이 어떻게 그분의 백성을 구원하실 것인지 설명한다.

이 구조가 맞는 것이라면, 이사야서의 이음새 이론에 대한 두 가지 중요한 문제가 제기된다.

첫째, 서론(2:1)은 이 섹션이 12장까지 계속된다는 것을 나타내지만, 이미 언급한 바와 같이 이 섹션 안에는 두 개의 분명한 단위가 있다.

둘째, 12장 끝에는 이음새가 나타나지 않는다.

이사야 12장은 하나님이 가져오신 놀라운 구원에 대해 하나님께 감사하는 '감사의 노래'이다. 그러나 여기에는 첫째 이음새(1:27-31)에서처럼 심판받게 될 이스라엘이나 살아남게 될 남은 자에 대한 언급이 없다.

문제를 더욱 악화시키는 것은 12장의 마지막 부분에서 예상할 수 있는 이음새가 4:2-6에서 대신 나타난다는 것이다. 이 구절들은 이 단위의 주요 주제를 요약하고(즉, 이스라엘이 심판받을 것이다, 4:4; 의로운 남은 자가 구원을 받을 것이다, 4:2-3; 악인이 징벌받을 것이다, 4:4; 시온이 구속받을 것이다, 4:5-6), 이런 개념들을 더 자세히 설명하는 다음 섹션으로 연결하는 역할을 한다.

만약 2:2-4과 4:2-6을 함께 이해해야 한다면, 열방은 이스라엘의 하나님에 대해 듣기 위해 시온으로 나와야 할 것이다. 따라서 독자는 다음 섹션에서 하나님이 이스라엘뿐만 아니라 남은 자가 나오게 될 열방까지 정화하실 것을 기대하게 된다.

그러나 왜 2-4장이 5-12과 함께 하나의 섹션을 구성하는가?

그 답은 이사야 2-4장의 중앙 부분에 있는 것 같다. 3:13 앞까지는 이스라엘 지도자들의 죄가 묘사되지만, 13절에서는 그(여호와)는 그 백성들의 지도자들을 심판하기 위해 일어서신다. 지도자들에 대한 하나님의 비난은 두 개의 평행 단위를 이룬다.

> 포도원을 망친(삼킨) 자는 너희이며
> 가난한 자에게서 탈취한 물건이 너희의 집에 있도다(사 3:14).
> 어찌하여 너희가 내 백성을 짓밟으며
> 가난한 자의 얼굴에 맷돌질하느냐(사 3:15).

이 비난은 "주 만군의 여호와 내가 말하였느니라"라는 어구로 끝난다. 이어서 새로운 섹션, "시온의 딸들"에 대한 징벌을 계속해서 묘사한다.

13-15절에서 절정에 이른다. 하나님이 그분의 백성에게 쏟아부으실 심판들은 먼저 지도자들과 고관들(2:5-3:12)에 초점을 맞추고 다음에는 시온의 딸들(3:16-4:1)에게로 향한다.

하나님의 선언 중에는 지도자들이 하나님의 포도원을 망쳤다(바아르 [bāʻar], 문자적으로 '불태웠다' 혹은 '삼켰다')는 끔찍한 비난이 들어 있다(3:14).

이 표현은 포도원 주인이 자신의 포도원을 "헐어"버리겠다(bā'ar)고 말한 5:5에 나타난다.

'포도원을 삼킨다'라는 이 용어는 이사야서의 다른 곳에서는 사용되지 않는다. 그러므로 5-12장은 지도자들이 어떻게 포도원을 삼켰는지 그리고 하나님이 그에 대해 무엇을 하실 것인지에 대한 자세한 묘사라고 생각한다. 다음 섹션의 시작인 포도원의 노래에 대한 연결로서 "포도원을 삼킨(NIV, '망친') 자는 너희이며"(3:14)라는 어구를 사용한다. 저자는 이스라엘의 영광스러운 미래(2:2-4; 4:2-6) 안에 현재 상황(2:5-4:1)을 캡슐처럼 감춰 놓는다.

따라서 이것은 저자가 이미 구상한 생각의 흐름을 방해하는 것이 아니라 오히려 저자가 그런 구조를 만들려고 선택한 것이다. 즉, 징벌과 포도원 회복을 묘사하는 중심교차대구법(사 5-12장)을 사용하여 하나님의 계획이 더 진전되고 있음을 보여 주려고 그 연결고리를 만든 것이다(27:2-5 참조).

이사야 회고록(6:1-9)은 중심교차대구법(5-12장)의 중심 부분이다. 왜냐하면, 하나님이 그분의 백성들을 심판하기 위해 일어나실 때(3:13) 이사야를 첫 번째 증인으로 부르실 것이기 때문이다. 이사야는 하나님의 백성들에게 경외심을 불러일으킬 만한 계획을 설명하는 하나님의 대언자가 될 것이다.

③ 세 번째 섹션(13-39장)

셋째 서론(13:1)은 순서상은 아니더라도 표현에 있어서 이사야가 신탁(맛사[maśśā'])을 보았던(하자[ḥāza]) 것을 제외하고는 둘째 서론과 유사하다.

다른 선지서들(렘 46-51장; 겔 25-32장; 암 1:3-2:6)에서 나타나는 것과 유사한 열방에 대한 일련의 신탁들이 나온다. 이 섹션의 길이에 관해 약간의 불일치가 있지만, 이사야 13-39장은 이전의 각각 섹션들에서 나타난 것과 같은 중심교차대구법이 등장한다(표 0.9를 보라).

서론 59

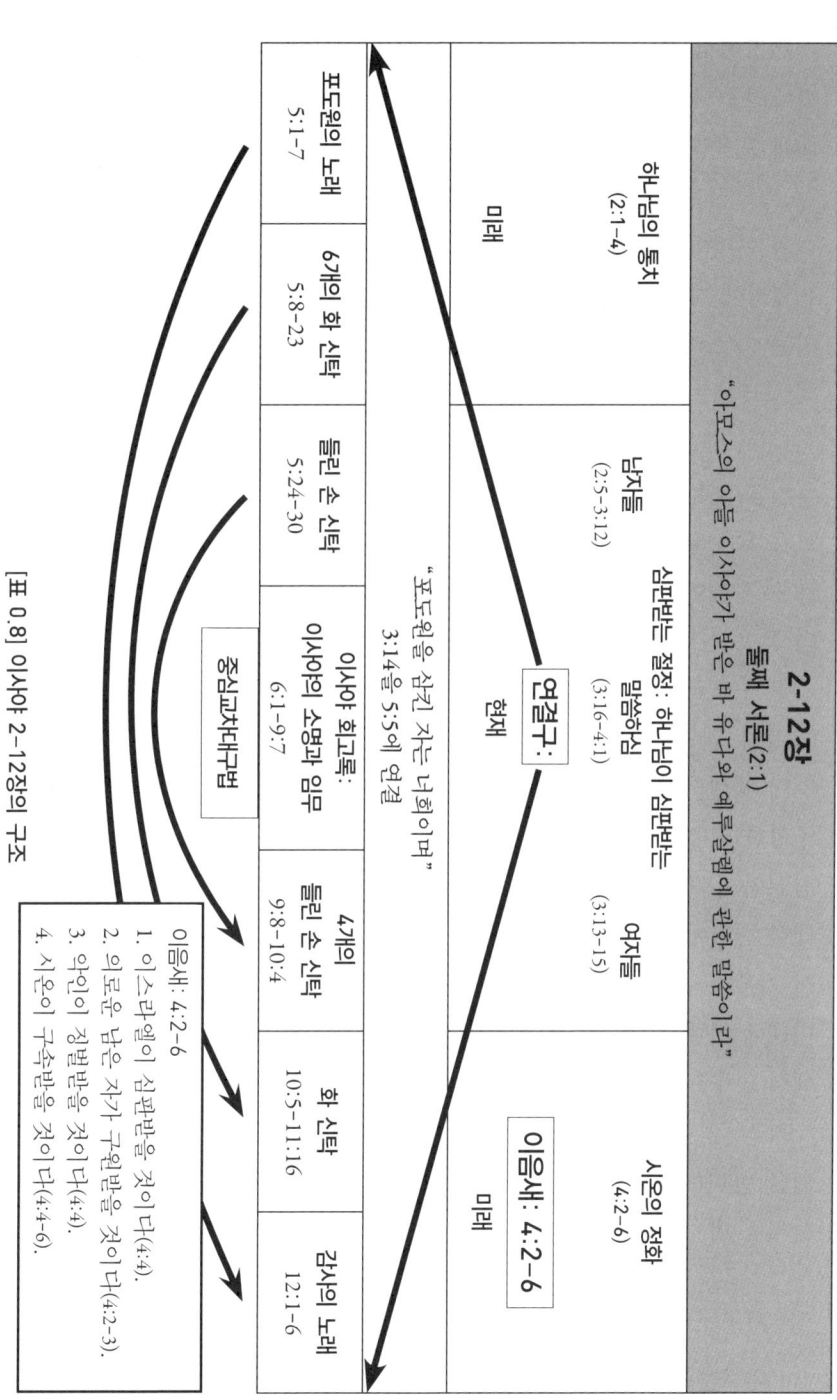

[표 0.8] 이사야 2-12장의 구조

39장에서 바벨론에 의해 히스기야의 자손이 사로잡히고 소유가 옮겨질 것이라고 한 이사야의 메시지는 이사야 40-66장에서 일어나는 사건들에 대해 문을 열어 준다.

㉮ 이사야 13-23장//이사야 36-39장
열방에 대한 신탁들(13-23장)은 아주 뚜렷한 단위이다. 하나님의 메시지는 이스라엘의 이웃들에 대한 심판 가운데 하나이지만, 그것들 가운데 몇몇에는 이스라엘처럼 남은 자들이 하나님께 돌아온다는 내용이 나온다(예: 구스, 18:7; 애굽, 19:19-25; 두로, 23:17-18).

앗수르를 직접 겨냥한, 가장 짧은 신탁(14:24-27[28?])은 이미 일어난 것으로 묘사되는데(24절, 문자적으로 '그래서 그것이 발생했다'), 아마도 10:24-28로 되돌아가서 주전 701년 전후의 사건들을 진술하는 것으로 보인다. 이 짧은 신탁은 또한 나머지 모든 부분에 대한 근거를 제공하기 때문에 가장 두드러진다. 하나님의 백성을 대적하는 나라마다 징벌받을 것이다(26절).

이 섹션의 마지막 단위는 이사야의 서사(36-39장)라고 알려진 부분을 구성한다. 그것은 주전 701년 전후의 사건을 매우 자세하게 설명하며, 중심교차대구법 구조 안에서 열방에 대한 신탁과 대칭을 이룬다. 열방에 대한 신탁에서 간략하게 강조된 앗수르의 멸망에 관한 주제는 36-39장에서 자세히 설명된다. 만약 어떤 나라가 이스라엘을 해롭게 한 것에 대해 미래에 하나님이 내리실 심판에 대한 증거를 원한다면, 이사야 서사 안에서 앗수르가 징벌받는 자세한 모습을 통해 발견할 수 있을 것이다.

가장 큰 이음새(36-39장)는 이 책의 두 주요 섹션을 연결하는 다리 역할을 한다(Seitz 1991: 6-9; Sweeney 1996: 42, 454-511 등). 이것은 다른 이음새들처럼 네 가지 핵심 주제를 포함한다.

- 이스라엘이 심판받는다(36-37; 39:5-7).
- 의로운 남은 자가 구원받는다(37:4, 31-32).

- 악인이 징벌받을 것이다(36:1-20; 37:36-38; 39:5-7).
- 시온이 구속받을 것이다(37:22, 29-38).

㈏ 이사야 24-27장//이사야 34-35장

이사야 24-27장은 때때로 "작은 묵시록"이라고 불린다. 확실히 과장된 것이다(Wildberger 2002: 317). 그러나 그것은 신약의 요한계시록과 유사한 용어들로 세상의 멸망을 묘사한다. 여러 학자가 지적한 바와 같이 이사야 24-27장은 열방에 대한 신탁들 뒤에 나오는데, 그 이유는 하나님에 의한 그들의 멸망을 묘사한 후에 "보라 여호와께서 땅을 공허하게 하시며"(24:1)로 시작하는 이 단락이 전개되기 때문이다.

24-27장에 나오는 이 미래 시간의 요소들은 34-35장에 계속되며, 두 섹션을 연결한다. 이사야 27장은 하나님이 그분의 자녀(즉, 남은 자)를 모으시는 동안 열방을 '타작'(문자적으로 '때리는 것')하는 것으로 끝난다. 이사야 34장은 열방에 대한 심판의 주제를 고른 다음 35장에서는 이것을 최종적 하나님 나라에 대한 설명과 결합한다. 이 최종적 나라는 11:6-8과 65:26을 연상시키는 것으로, 야생의 맹수들 앞에서도 사람들이 안전하게 지내는(35:9) 환희와 기쁨의 장소가 될 것이다.

학자들은 34-35장(Beuken; 1992: 78-102의 연구 이후 종종 '겹 양식'[diptych pattern]이라고 불림)과 선행하는 자료(6장; 13장; 24장; 27장) 및 뒤이어 나오는 자료(40장; 43장; 51장; 62장; 65장) 사이의 강한 연관성을 강조하고자 했다. 우리는 24-27장의 주제들과 34-35장에서 더 발전되는 주제들은 13-39장의 중심교차대구법에서 평행 단위들로 간주되어야 한다고 생각한다.

㈐ 이사야 28-33장

이 중심교차대구법의 중간 단위는 회복 신탁들과 짝을 이루는 아홉 개의 화 신탁들로 구성된다(표 0.9를 보라). 이 신탁들은 주로 주전 701년의 상황에서 일어난 사건들과 관련이 있다. 그것들의 핵심 주제는 악인은

13-39장
셋째 사론(13:1)
"아모스의 아들 이사야가 바빌론에 대하여 받은 경고라"

열방에 대한 신탁	작은 묵시록	회복이 뒤따르는 화 신탁		최후 심판과 회복	이사야 서사
바빌론 앗수르 블레셋 모압 다메섹 (아람/시리아) 에티오피아 (구스) 애굽 바빌론 유다 두로	환난(24:1-23) 큰 연회(25:6-8) 큰 전투 (25:9-26:10) 리워야단의 패배 (27:1)	심판	회복	큰 전투(34장) 누구미치런 말린 하늘(34:4) 여호와의 보복하 시는 날(34:8) 하나님의 통치 (35장)	산헤립의 예루살 렘 침공(36장) 히스기야의 기도 (37장) 앗수르의 멸망 (37장) 히스기야의 병 (38장) 바빌론 사절단 방문(39장)
		1. 화(취한 자들)(28:1-4)	1. 회복(28:5-6)		
		2. 화(지도자들)(28:7-15)	2. 회복(28:16-17)		
		3. 화(지도자들)(28:18-22)	3. 회복(28:23-29)		
		4. 화(아리엘 등)(29:1-4)	4. 회복(29:5-8)		
		5. 화(신지자들)(29:9-16)	5. 회복(29:17-24)		
		6. 화(반역자들)(30:1-17)	6. 회복(30:18-33)		
		7. 화(불신자들)(31:1-3)	7. 회복(31:4-32:8)		
		8. 화(여인들)(32:9-14)	8. 회복(32:15-20)		
		9. 화(파괴자들)(33:1)	9. 회복(33:2-24)		
13-23장	24-27장	28-33장		34-35장	36-39장

중심교차대구법

이름새: 36-39장

이름새: 4:2-6
1. 이스라엘이 심판받는다(36-37; 39:5-7).
2. 이도운 남은 자가 구원받는다(37:4, 31-32).
3. 악인이 정별받을 것이다 (36:1-20; 37:36-38; 39:5-7).
4. 시온이 구속받을 것이다(37:22, 29-38).

[표 0.9] 이사야 13-39장의 구조

징벌받을 것이지만, 의로운 남은 자는 보호받는다는 것이다. 이사야서의 각 주요 섹션에서 발견되는 것과 동일한 메시지이다. 이 화-회복 신탁들의 단위는 하나님의 보호, 번영, 건강이 시온에 부어지고(33:17-24a) 하나님의 백성의 죄악이 용서받는 것으로(33:24b) 끝난다.

④ 네 번째 섹션(40-48장)

1-39장에서 주로 다룬 앗수르 정복 시기로부터 40장에서는 바벨론 포로 귀환 시기(주전 539/538년)로 이동한다. 그러나 이사야의 두 섹션 사이에는 놀라운 상관관계가 있다. 이 관계에 대한 가장 설득력 있는 의견 중 하나는 저자가 40-48장에서 '전기(former)/후기(latter)'라는 용어를 사용하여, 하나님의 후기 사역을 전기 사역의 성취로 묘사한다는 것이다(42:9, 46:9 등; 표 0.10을 보라).

이사야 40-66장에는 반복된 후렴구인 "여호와께서 말씀하시되 악인에게는 평강이 없다"(또는 약간의 변형, 48:22, 57:21)와 대단원(finale; 66:24)으로 식별되는 두 차례의 큰 휴지(breaks)가 있다. 이런 후렴구는 이사야 40-66장을 거의 동일한 세 섹션(각각 아홉 장)으로 나누는데, 이것은 이 책의 첫 부분에 있는 세 개의 서론과 대칭을 이룬다.

이 중심교차대구법의 중심 단위인 이사야 44:24-45:7은 하나님이 유일한 하나님임을 자처하며(45:5-7) 우상은 결코 이스라엘을 구원할 수 없음을 분명히 한다. 이사야서의 다른 열두 개의 구절 역시 우상은 이 위대한 구원에 결코 영향을 미치지 못한다고 주장한다. 중심 구절인 이사야 44:24-45:7 앞에 여섯 개(40:18-20; 41:5-7; 41:21-24; 41:29; 42:17; 44:9-20) 그리고 뒤에 여섯 개(45:16; 45:20-21; 46:1-2; 46:5-7; 47:12-15; 48:5)가 나타난다. 여호와가 유일한 참하나님이시라는 궁극적 증거는 그분이 이방 왕 고레스를 사용하여 그분의 백성을 구원하실 수 있다는 것이다.

이 섹션의 7개 구절은 고레스를 통한 이 위대한 구원에 대해 말한다. 44:28에 1개, 그 앞에 세 개(41:2-4; 41:25-26; 42:1-9), 뒤에 세 개(45:13; 46:11; 48:14-15). 고레스는 48장 이후 이 책의 나머지 부분에서 다시 언급되지 않는다.

우리는 이사야 48:17-22이 이음새 역할을 한다고 믿는다. 이 이음새는 "여호와께서 말씀하시되"(아마르 아도나이 [āmar yĕhwâ])라는 어구로 시작하고 끝나며 다른 이음새들과 유사한 핵심 요소들을 포함한다.

- 이스라엘이 심판받았다(48:17-19).
- 이스라엘이 구원을 받을 것이다(48:20-21).
- 악인이 징벌받을 것이다(48:22).

그러나 역사적 배경이 다르기에 책의 후반부와 전반부의 이음새 사이에는 두 가지 결정적인 차이가 있다.

첫째, 그 나라에 대한 징벌이 이미 발생한 것으로 보인다.

둘째, 이 시점에서 참 이스라엘만 남아 있기 때문에 남은 자는 더 이상 강조되지 않는다. 이스라엘을 구원하시려는 하나님의 계획은 그들이 바벨론을 떠나 다음 단락에서 묘사되는 이상적인 종을 준비하라는 지시를 받음으로써 여전히 계속된다.

⑤ 다섯 번째 섹션(49-57장)

버나드 둠(Bernhard Duhm) 이후로 학자들은 소위 제2 이사야서(Second; 또는 두 번째 이사야서[Deutero-Isaiah])의 끝부분이라고 간주하는 55장 이후에 휴지(break)가 있다고 일반적으로 생각했다. 그러나 이것은 57장 끝에 있는 명백한 후렴구를 간과한 것이다.

이 섹션에는 소위 종의 노래 세 개와 48:22과 유사한 "내 하나님의 말씀에 악인에게는 평강이 없다 하셨느니라"라는 마지막 후렴구가 포함되어 있다. 이 섹션의 종의 노래들에서 가장 중요한 발전은 두 번째 종의 노래(즉, 49:1-6)에서 그 종의 정체성이 이스라엘에서 메시아로 바뀐다는 것과 마지막 종의 노래(즉, 52:13-53:12)에서 그 종의 대속적 죽음에 대한 자세한 설명이 있다는 것이다.

서론 65

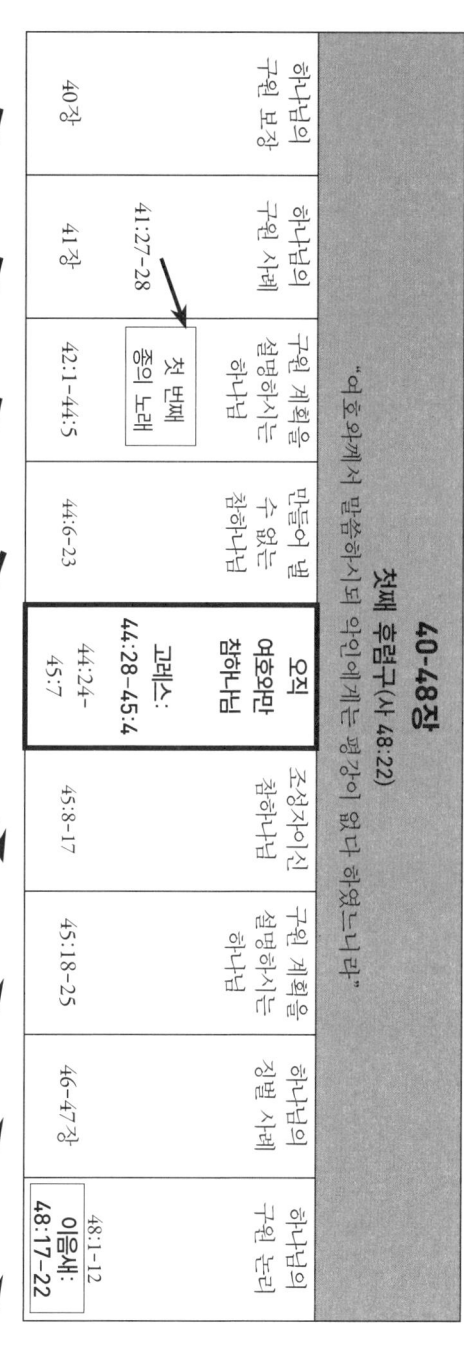

[표 0.10] 이사야 40-48장의 구조

이사야 49-57장은 시온의 영광스러운 미래(54장)와 하나님의 은혜로운 자비(55-56장)로 절정을 이루지만, 다시 한번 악인에 대한 징벌로 끝난다(사 57장; 표 0.11을 보라).

이 섹션은 이사야 57:13로 끝날 수도 있지만, 그 구절은 하나님의 구원에 대한 더 자세한 내용이 부족하다(누가 왜 구원받는지에 관한 내용). 이런 질문들을 다루는 57:15-21의 이음새는 "지극히 존귀하며 … 거룩하다 이름하는 이가 이와 같이 말씀하시되"라는 도입구로 시작하며, "내 하나님의 말씀에 악인에게는 평강이 없다 하셨느니라"라는 후렴으로 끝난다. 이것은 다른 이음새들과 동일한 주제들을 포함한다.

- 이스라엘이 심판받았다(16-17절).
- 이스라엘이 구원을 받을 것이다(18-19절).
- 악인이 징벌받을 것이다(17, 20-21절).

다시 말하자면 그 나라에 대한 징벌은 이미 이뤄진 것으로 보이며(17절), 이제는 그들을 고쳐야 할 때이다(18-19절). 이 이음새에는 회개에 대한 힌트가 제시되어 있다. 즉, 하나님은 "통회하고"(문자적으로 '으깨다') "마음이 겸손한" 자와 함께 있겠다고 하신다(15절). 이는 자신들의 죄악을 진심으로 뉘우치는 사람들을 암시한다. 명확하지 않은 이 어구(즉, '…한 자'[the one who is])는 남은 자가 이스라엘 사람들만이 아닌 더 많은 사람을 포함할 가능성을 열어 준다.

⑥ **여섯 번째 섹션(58-66장)**

이 섹션은 때때로 다섯 번째 종의 노래(61:1-3)라고 불리는 것을 포함하고 있으며 특히, 길고 자세한 악인의 심판에 대한 설명으로 끝난다(66:24). 그 구조는 표 0.12에 묘사되어 있다.

이사야서의 마지막 섹션은 이스라엘의 참된 회개에 대한 요청으로 시작하고(58장), 죄에 대한 국가적 고백이 뒤따라 나온다(59장). 이 고백으로 하

49-57장
둘째 후렴구: 사 57:21
"내 하나님의 말씀에 악인에게는 평강이 없다 하셨느니라"

하나님이 시온을 회복할 것임	이스라엘의 불순종	하나님의 구원 도래	시온의 영광스러운 미래	하나님의 영광스러운 잔치	악한 지도자들의 소망 없음
제2종의 노래 (49:1-13) 하나님이 가까이 하신다(49:14-23) 하나님이 할 수 있다 (49:24-26)	도입 50:2 제3종의 노래 (50:4-11)	도입 51:18 제4종의 노래 (52:13-53:12) 들으라(51:1-3) 주의하라(51:4-8) 깨어라(51:9-11) **나는 네 하나님이라** (51:12-16) 스스로 깨어라 (51:17-23) 깨어라(52:1-6)	고통받는 자: 내가 너를 다시 세울 것이다 (54:11-17)	목마른 자는 다 오라 (55:1-5)	심판(56:9-57:13a) 하나님의 피난처 (평강) (57:13b-19) 악인에게 평강이 없음(57:20-21)
49장	50장	51:1-53:12	54장	55:1-56:8	56:9-57:21

이음새: **57:15-21**

이음새: 1. 이스라엘이 심판받았다(57:16-17).
2. 이스라엘이 구원받을 것이다(57:18-19).
3. 악인이 정벌받을 것이다(57:17, 20-21).

[표 0.11] 이사야서 49-57장의 구조

나님은 시온을 구원하시는데(60-62장), 여기에는 이사야 63장에 나오는 (에돔으로 묘사되는) 원수의 멸망과 그분의 백성의 회복(65-66장)이 포함된다.

이 책의 마지막 이음새(즉, 65-66장)는 24절에서 드러난 '악인에게는 평강이 없다'라는 주제에 대한 확장된 후렴구, "그들이 나가서 내게 패역한 자들의 시체들을 볼 것이라 … 모든 혈육에게 가증함이 되리라"로 마무리된다. 이 이음새는 다른 이음새들과 유사한 주제로 책 전체를 마무리한다.

- 이스라엘이 심판받았다(65:1-7, 11-15; 66:3-6).
- 이스라엘이 구원받을 것이다(65:8-15, 17-25; 66:7-14a, 18-23).
- 악인이 징벌받을 것이다(65:6-7, 11-15; 66:3-6, 14b-17, 24).

회복에서 오는 새로운 기쁨이 징벌의 고통을 훨씬 능가하기 때문에 그 나라의 징벌이 암시될 뿐이다. 하나님은 다시금 겸손하고 심령에 통회하며 그분의 말씀을 듣고 떠는 자들에게 은혜를 베풀 것이라고 하심으로써 의로운 남은 자의 순종을 강조하신다(66:2). 그러나 이 이음새에서 가장 흥미로운 발전은 의로운 남은 자가 이스라엘뿐만 아니라 열방으로부터 나올 것이라는 점이다(66:19-21). 1장에서 시작하여 1:27-28에서 요약된 메시지는 이 마지막 이음새에서 실현되었다(66:23-24).

3) 결론

지난 100년 동안 이사야서는 일반적으로 더 작은 단위들로 나누어져 왔다. 반대로 우리는 저자가 세 개의 서론과 세 개의 후렴구로 통일된 책의 전체 구조를 만들었다고 생각한다. 이런 구상은 이 책이 어떻게 구성되었는지에 대한 오래되고 케케묵은 가정 때문에 간과되었을 수 있다.

서론 69

58-66장				
셋째 후렴구: 사 66:24 "그 벌레가 죽지 아니하며"				
진정한 회개의 요청	고백 후에 하나님이 구원하러 오심 도움: 하나님의 구원 도래 59:15b-16	시온의 영광스럽게 됨 여호와의 영이 내게 내리셨으니 (61:1-3)	여호와의 보복의 날	하나님의 큰 열망
58장	59장	60-62장	63:1-6	63:7-64:12
				하나님의 응답: 그분의 궁극적 계획
				65-66장
				이름새: 65-66장

이름새: 1. 이스라엘이 심판받았다(65:1-7, 11-15; 66:3-6).
2. 이스라엘이 구원받을 것이다(65:8-15, 17-25; 66:7,7-14a, 18-23).
3. 악인이 징벌받을 것이다(65:6-7, 11-15;66:3-6, 14b-17, 24).

[표 0.12] 이사야서 58-66장의 구조

8. 양식

저자는 때때로 해설자를 사용하여 장면을 설정하고 인물을 소개하지만, 이 책의 대부분은 시적 양식이다. 많은 신탁이 1인칭으로 기록되었지만, 때때로 하나님이 말씀하시는지 선지자가 말하는지 결정하기 어려울 수 있다.

1) 등장 인물 묘사

우리는 이 책에서 다양한 인물에 대해 배우는 것보다 그분의 백성을 향해 아주 오래 참으시고 자비로우신 하나님에 대해 훨씬 더 많이 배운다. 이것은 회개하지 않는 이스라엘에게 주시는 하나님의 중요한 경고에 집중하도록 의도된 것이다.

2) 언어

이사야서의 언어와 양식은 성경에 있는 다른 선지서들과 일치한다(예: 립[rib] 신탁, 1장; 계시, 6장; 언약 용어, 24:5; 33:8 등). 언어유희(5:7), 두운(28:10, 13), 교차대구법(7:15-16), 봉투 구조(2-4장), 절정 및 반복 평행(1:3, 8), 신탁을 시작하는 단어들의 반복(주로 책의 후반부에서: 29:1; 51:9, 17; 52:1, 11 등)과 같은 많은 예가 있다. 구약에 한 번만 나오는 약 1,300개의 단어들 중 201개가 이사야서에 나온다.

3) 화법

이사야서 전반부의 준엄한 화법과 어조는 하나님에 대한 이스라엘의 반역과 그 결과들로 임박한 심판에 대한 반복적 묘사를 통해 만들어진다. 그런데 책의 후반부에서는 하나님의 구원 및 바벨론에서 그분의 백성을 회복시킬 것이라는 기대를 통해 낙관론이 재점화되기 때문에 화법이 상당히 밝아진다. 심판을 통해 우리는 새 하늘과 새 땅에 대한 희망 그리고 열방으로부터 사람들을 이끄는 새 예루살렘에 대한 희망을 엿볼 수 있다.

4) 긴장

이 책은 주로 의로우신 하나님과 자신의 길을 선택한 한 나라 사이의 긴장감으로 가득 차 있다. 그 긴장감은 이스라엘의 죄된 상태와 안일함과 임박한 심판의 대조된 묘사들로 인해 고조된다.

9. 통일성/저자

이것은 역사적으로 이사야서와 관련하여 가장 논쟁의 여지가 있는 이슈 가운데 하나였다. 화이브레이(Whybray)가 비평적 입장을 간결하게 요약한다.

> 현재 가장 보수적인 학자들을 제외한 모든 학자는 1775년에 되더라인(Döderlein)이 제시한 가설을 받아들이는데, 그것은 이미 12세기에 이븐 에즈라(Even Ezra)가 예견했던 것이다. 그 가설은 40-66장에 포함된 예언들은 8세기 선지자 이사야의 말이 아니라 후대의 것이라는 점이다. 56-66장과 40-55장을 동등하게 구분해야 한다는 둠(1892년)의 추가 가설을 모두 동의하는 것은 아니지만 매우 널리 받아들여졌다(1975: 20).

학계의 이러한 방향은 그것들이 이 책의 더 큰 메시지와 어떻게 관련이 있는지에 대해서 거의 고려하지 않고 책을 더 작은 단위로 나누도록 이끌었다.

피터 애크로이드(Peter Ackroyd)의 "선지자의 발표"(1978: 16-48) 개념이 성경 연구에 대한 방향 전환에 영향을 미쳤다. 이 접근 방식을 통해 편집자는 한 단락 안에서뿐만 아니라 여러 단락에 걸쳐 자료를 구성하여 본문의 통일된 메시지를 표현하게 되었다.

크리스토퍼 자이츠(Christopher Seitz)는 다음과 같이 말했다.

> 애크로이드는 역사적 선지자에게 그다지 관심이 없고 … '그가 우리에게 제시한' 선지자에게 관심이 있다(Seitz 1993b: 22).

이러한 발전은 성경 안에서 더 큰 편집 층을 보여 주려고 한 편집비평에 토대를 제공했다. 클레멘츠(clements)는 이 방법론을 이사야서에 적용한, 영향력 있는 논문인 〈이사야서의 통일성〉(The Unity of the Book of Isaiah, 1982)에서 이사야서의 통일성은 적어도 4회의 분명한 편집으로 이루어졌다고 주장했다. 그것은 주전 8세기(포로기 전), 주전 7세기(요시야 시대: 요시야왕, 주전 641/640-609년), 포로기, 포로 후기이다.

차일즈(Childs)는 다음과 같이 설명한다.

> 전기 양식 비평가들은 본문이 만들어진 시기를 구전 단계 안에서 알아보려는 경향이 있었지만, 후기 양식 비평가들은 기록된 본문을 재해석하는 계속적 과정을 발견하고자 했다(2001: 2).

이 학자들은 본문이 다양한 역사적 영향들과 상호 작용하면서 계속 발전했다고 주장한다.

대부분 정경비평 및 편집비평으로 인해 최근에는 본문의 편집적 통일성을 논의하는 새로운 관심이 더 많이 생겨났다.

윌리엄슨(Williamson)은 이 연구의 방향을 다음과 같이 요약한다.

지난 20년 동안 이사야서 연구 중에서 가장 주목할 만한 발전은 이 책의 통일성을 재발견한 것이다. … 그러나 이것은 학자들이 이 책 전부가 한 개인에 의해 쓰였다는 견해로 되돌아갔다는 것을 의미하는 것은 아니다. 그 입장은 여전히 수시로 옹호되지만, 전체적인 문학적 통일성에 관한 견해는 많은 사람의 손을 통해 2세기 혹은 그 이상에 걸친 이 책의 성장사에 대한 (때로는 상당히 급진적인) 분석과 연결되었다고 보는 것이 더 정상적이다(2009: 21).

이사야서의 이음새를 고려할 때 이 책은 시간이 지남에 따라 현재의 형태로 성장한 여러 편집자의 산물일 가능성은 적어 보인다. 그러나 그 구조는 주전 8세기 선지자가 기록했든지 혹은 바벨론 포로 귀환 후 어느 시점에 기록되었거나 편집되었다는 가능성을 허락한다.

다른 포로기 이전 선지자들과 비슷한 서론(1:1; 2:1; 13:1)의 표현과 구조는 8세기 저자일 가능성을 지지해 준다. 그러나 이사야 40-66장의 역사적 상황은 이스라엘 백성이 바벨론에서 귀환한 후의 시기를 암시한다. 특히, 바사 왕 고레스가 언급되는데(45:1), 그는 약 150년 후에 살았던 사람이다.

이 책 자체는 예언의 놀라운 본질을 인정하며, 피조물을 만드신 여호와 하나님이 미래도 알고 통제하시므로 사람들이 그분을 신뢰할 수 있다고 주장함으로써 이것을 설명한다. 따라서 이 딜레마의 핵심은 단순히 문학적 문제가 아니라 신학적 문제다.

이스라엘의 하나님은 미래를 알고 통제하실 수 있는가?

1) 이사야서의 복수 저자에 관한 논쟁

어떤 학자들은 유대인 학자 이븐 에즈라(Ibn Ezra, 주후 1092-1167년)가 이 책의 이사야 저작에 의문을 제기한 최초의 사람 중 한 명이라고 주장했다. 그러나 이것은 논쟁의 여지가 있다. 분명히 주후 18세기에 이르러 이성주의적 사고의 영향을 받은 학자들은 두 번째 이사야서(즉, 제2 이사야서[제2 저자의 자료]) 개념을 진지하게 고려하기 시작했다.

18세기 말엽 되더라인(J. C. Döderlein, 1775년)과 아이크호론(J. G. Eichhorn; 1780-3년) 그리고 19세기에 둠(B. Duhm)과 마티(K. Marti)는 다음과 같이 발전된 의견을 제시했다.

첫째, 40-55장은 주전 538년 고레스의 해방 칙령 이전에 바벨론에서 제2 이사야서로 구성되었다.

둘째, 세 번째 이사야서(즉, 제3 이사야서[제3 저자의 자료])는 56-66장인데, 대부분은 주전 538년 이후 어느 시기에 이스라엘에서 기록된 것이다.

또 다른 학자들은 원이사야서의 핵심 내용(original Isaianic core)이 다양한 편집자/교정자에 의해 다시 작업되고 보강되었다고 주장한다(Clements 1980a: 3-8; Rendtorf 1991:8-20).

일반적으로 이사야서의 복수 저자에 관한 논쟁은 다음과 같다.

(1) 역사적 상황

① 포로 기간을 암시하는 사건들

40-48장은 주전 539년 이후에 바벨론에서 귀환한 이스라엘 사람들을 다루었으며 주전 8세기에 이스라엘에 사는 사람들과는 거의 관련이 없었을 것이다. 드라이버(S. R. Driver)는 이 책의 기록 시기를 주전 549년에서 538년 사이로 본다. 왜냐하면, 바벨론이 당하는 것은 아직 미래에 있고 메대(Medes)와 바사(Persians)의 동맹이 이미 일어난 것으로 보이기 때문이다(예: 41:25, "북방[메대]에서 … 해 돋는 곳[바사]에서")(1913: 236-244).

본문은 또한 영원히 석방되지 못한다는 절망감으로 인해(40:27; 49:14, 24) 멸망당하여 황폐한 예루살렘(44:26b; 58:12; 61:4; 64:10-11), 폐허가 된 지 오래된 성전(58:12; 61:4, "오래 황폐된 곳들"), 바벨론 포로가 된 유대 민족(47:6; 48:20)을 묘사한다.

이런 사건들을 고려할 때 학자들은 일반적으로 이사야가 그렇게 장황한 미래지향적 관점을 가지고 미래에 한 세기가 넘도록 사람들에게 연설했을 가능성이 거의 없다고 주장한다. 따라서 그들은 바벨론 포로는 예언된(predicted) 것이 아니라 가정된(presupposed) 것이라고 결론짓는다.

② 고레스가 언급됨

어떤 학자들은 바사 왕 고레스가 그가 살았던 것보다 약 150년 전쯤에 정확하게 이름으로 언급된 것(44:28; 45:1)뿐만 아니라 바벨론이 권력을 잡기 거의 100년 전에 대제국으로 언급된 것(43:14; 47:1, 5; 48:14, 20)은 성경의 나머지 부분에서 유사한 경우가 없다고 주장한다(그러나 미 5:2을 보라).

③ 바벨론에 대한 인식

바벨론과 그 나라의 신들에 대한 자세한 언급은 저자가 포로 기간이나 그 후에 바벨론에서 글을 쓰고 있었다는 것을 몇몇 학자에게 암시한다. 때때로 바벨론에서의 귀환과 같은 특정한 사건들조차도 이미 일어난 것처럼 과거형으로 언급한다.

(2) 독특한 문체, 주제, 어휘

학자들은 이 책의 여러 부분에서 어휘와 문체의 차이들을 지적해 왔다(이러한 문제에 대해 잘 요약한 Driver 1913: 238-246를 보라). 이사야 40-66장에는 반복적으로 나오지만, 이사야 1-39장에는 나오지 않는다고 주장하는 단어들이나 어구들은 다음과 같다.

- 선택하다: 바하르[bāḥar](41:8, 9; 43:10; 44:1, 2 등); 그러나 1:29; 7:15, 16; 14:1을 보라.
- 찬양하다: 테힐라[tĕhillâ]; 할랄[hālal](42:8, 10, 12; 43:21; 48:9; 60:6, 18 등); 그러나 38:18을 보라.

- **쏘다, 솟아오르다**: 차마흐(*ṣāmaḥ*, 44:4; 55:10; 61:11a 등), 그러나 명사형이 4:2에 나타난다.
- **탈출하다**: 파차흐(*pāṣaḥ*, '노래 속으로', 44:23; 49:13; 52:9; 54:1; 55:12), 그러나 14:7을 보라.
- **기쁨**: 헤페츠(*ḥēpeṣ*, 44:28; 46:10; 48:14; 53:10 등), 그러나 이 단어의 동사형이 1:11과 13:17에서 나온다.
- **선한 뜻, (하나님의) 수락**: 라촌(*rāṣôn*, 49:8; 56:7; 58:5; 60:7, 10; 61:2).
- **즐거워하다**: 소스(*śôś*, 61:10; 62:5; 64:5; 65:18, 19; 66:10, 14), 그러나 35:1을 보라.
- "나는 여호와라 나 외에 다른 이가 없느니라"(45:5, 6, 18, 21, 22).
- "나는 처음이요 나는 마지막이라"(44:6; 48:12).

그러나 이사야 40-66장에 나타난 고유한 용어들 가운데 오직 세 개(위의 6, 8, 9번을 보라-역주)만 이 책의 전반부에서 발견되지 않는다. 이 세 개 가운데 마지막 두 어구(즉, "나는 여호와라 나 외에는 다른 이가 없느니라"와 "나는 처음이요 나는 마지막이라")는 이 섹션의 연대를 따르기보다는 이사야서 후반부의 내용에 따라서 더 많이 나타나는지도 모른다.

이사야 40-48장은 다음과 같은 문체적 특징들로 묘사된다고 한다.

- 설교자의 간절한 열정을 나타내는 단어의 중복(40:1; 43:11, 25 등). 이런 유형의 반복은 1-39장에서는 드물지만, 29:1에서 볼 수 있다.
- 문장 구조의 차이; 예를 들어, 관계사가 이사야서의 이전 장들(chapters)에서보다 훨씬 더 자주 생략된다.
- 이사야 40-66장에는 훨씬 더 유동적인 양식, 따뜻하고 간절한 수사법이 나타나며 선지자는 종종 서정적인 긴장감(42:10-11; 44:23 등)에 빠진다(Beardslee 1903: 78).
- 학자들은 40-66장에서의 문학 양식이 성읍들과 자연의 의인화, 개인과 나라의 운명에 대한 극적인 묘사인 반면, 이사야 1-39장은

매우 간결하고 압축적이라고 주장한다.

컴퓨터 분석을 사용하여 이사야서의 문체과 언어를 평가한 래데이(Y. Radday)는 이 책이 통일성이 없다고 결론지었다(1973: 274-277). 또한, 그의 연구는 또한 이사야서 후반부에 대해 일반적으로 추정되는 것과는 다른 구분(40-48장, 49-66장)을 제안했다. 이는 다른 많은 학자의 제2 이사야서 신학에 대한 견해를 바꿔놓았다. 이후에 다른 문학적 기준을 사용한 아담스(L. L. Adams)와 린처(A. C. Rincher)는 이 책이 통일성이 있다고 결론지었다(1973: 149-157).

이렇게 상충되는 결과는 방법론의 차이, 제한된 히브리어 어휘 조사, 복잡한 언어를 분석하기 위한 알고리즘 개발에 내재된 어려움들에 기인한 것일 수 있다. 따라서 컴퓨터 분석은 여기서 거의 도움이 되지 않는다.

(3) 신학적 개념

이사야서를 적어도 두 부분으로 나누는 또 다른 근거는 신학적 개념들과 관련이 있다.

- 이사야 1-39장은 하나님의 위엄에 대해 말하고, 이사야 40-66장은 그의 유일성과 영원성에 대해 말한다.
- 이사야서의 전반부의 남은 자는 예루살렘에 남겨진 사람들을 가리키고, 반면 후반부에서는 포로에서 이스라엘로 귀환한 유대인들이 남은 자를 형성한다. 그러나 예루살렘에 남겨진 자들이 남은 자라고 말하는 것은 남은 자의 정체성에 대한 오해이다(렘 24장 참조).
- 이사야 1-39장의 메시아적 왕은 이사야 40-66장에서 종의 개념으로 대체되지만, 이런 개념들은 단순히 동일한 미래의 구원자에 대한 두 가지 측면일 수 있다.

(4) 저자가 가정한 상황

1900년대 초 드라이버는 이사야서의 단일 저자에 반대하는 가장 강력한 주장 가운데 하나를 제안했다.

> 현재의 예언에는 포로에 대한 '예견'(prediction)이 없다. 포로는 여전히 미래에 있을 사건이기 때문에 아직 알려지지 않는다. 그것은 '가정된'(presupposed) 것이며, 단지 그것으로부터의 '해방'(release)만이 '예견된'(predicted) 것이다. 따라서 (예레미야서와 에스겔서를 가지고) 유추해 보자면, 저자는 자신이 그렇게 가정하고 계속해서 암시하는 그 상황 속에서 살게 되었을 것이다(Driver 1913: 237).

그의 주장은 상당한 비중을 차지하지만, 다음과 같은 일부 증거가 그것을 반대한다.

첫째, 본문 자체의 최종 형태는 그것이 주전 8세기 선지자 이사야에 의해 쓰였다는 것을 암시한다. 다른 선지자는 언급되지 않는다. 이 책이 권위 있는 것으로 간주되는 한 가지 이유는 이사야가 저자이기 때문이다 (Beckwith의 가명으로[pseudonymous] 쓴 본문의 기만성에 대한 논증, 2008: 354와 Harrison 1969: 764-795를 보라).

둘째, 익명의 저자에 대한 어떤 힌트도 없이 그가 주전 8세기 선지자의 작품에 참여할 수 있었다고 말하는 것은 이례적으로 보일 것이다. 이것은 이사야서의 후반부가 매우 다른 양식과 상황을 반영하기 때문에 특히 그렇다. 일반적으로 가명의 작품은 원저자의 문체와 내용을 모방하려고 한다.

셋째, 이사야가 귀환을 예언했다는 인상을 주기 위해 저자가 포로 귀환의 성취를 추가했다고 한 것에 현혹될 수 있을 것이다. 만약 정말로 이사야가 이런 사건을 예언하지 않았다면, 이것은 심지어 하나님의 성품에도 악영향을 미칠 것이다. 왜냐하면, 하나님은 41:21-24에서 자신만이 미래를 예언할 수 있다고 암시적으로 주장하기 때문이다.

넷째, 이사야 40-66장에서 이스라엘 사람들이 포로 생활에서 직면하게 될 문제에 대해 자세히 설명하고 있지만, 그 설명 가운데 일부는 포로 이전 시기에 더 잘 들어맞는다. 아래의 '이사야서의 단일 저자에 대한 논쟁'에 대한 토론을 보라.

다섯째, 포로가 왜 가정되었다고 하는지에 대한 중요한 이유가 있다. 이사야 39:5-7은 이스라엘 민족이 포로로 잡혀가는 것과 그 파급 효과를 분명하게 예언하지만, 40-66장에서 이사야의 목적은 회복의 기간을 묘사하는 것이다. 이 회복에 대해 생생하게 묘사하기 위하여 이사야는 그들이 구원받게 될 포로 생활의 모습을 그릴 필요가 있었다.

또한, 드라이버가 '유추하여'(from analogy) 자신의 주장을 적용함으로써 일관성이 없다는 점을 지적해야 한다. 그의 논리에 따르면, 2천 년 설정을 전제로 한 오경은 그 시기에 나온 것이어야만 한다. 그러나 그는 자료비평(즉, JEPD 자료들)을 주장하며 그것들이 후대에 쓰였다고 한다.

2) 이사야서의 단일 저자에 관한 논쟁

전통적으로 이 책의 단일 저자에 대한 논쟁은 주로 다음 자료들에서 비롯되었다.

첫째, 초기 유대 자료들(b. *Baba Bathra* 15a는 히스기야와 그의 신하들이 이사야서를 "썼다"[그러나 이것은 아마도 '편집했다' 또는 '편찬했다'를 의미함]고 하고, 요세푸스는 "모세를 따르는 선지자들이 그 당시에 발생한 일을 13권의 책에 기록했다"고 말한다, 1.8).

둘째, 기독교 자료들(요한이 이사야 53:1과 6:10을 인용하면서 "이는 선지자 이사야의 말씀을 이루려 하심이라"와 "이사야가 다시 일렀으되"라고 소개한 요한복음 12:38-41을 보라). 표 0.13은 이 책이 이사야가 쓴 것이라고 믿었던 초대 교회 교부들 가운데 일부를 보여 준다.

가이사랴의 유세비우스(Eusebius of Caesarea)	주후 260/265-339/340년경
제롬(Jerome)	주후 347-420년경
힙포의 어거스틴(Augustine of Hippo)	주후 345-430년경
요한 크리소스톰(John Chrysostom)	주후 349-407년경
알렉산드리아의 키릴(Cyril of Alexandria)	주후 376-444년경
세비야의 이시도르(Isidore of Seville)	주후 560년-636년경

[표 0.13] 교부들과 이사야서

이미 언급했듯이 지난 20년 동안 가장 흥미로운 발전 중 하나는 많은 학자가 이사야서의 문학적 또는 편집적 통일성을 주장하고 있다는 것이다. 비록 단일 저자가 여전히 진지하게 고려되지 않고 있지만(Williamson 2009: 21), 적어도 완전체로서의 본문의 의미에 대해서 질문을 시작하는 것은 가능하다.

(1) 신학적 이유

전통적으로 이사야 40-66장은 이스라엘 나라의 미래와 관련하여 다음과 같이 그들을 격려하기 위해 주어진 하나님의 계시로 이해해 왔다.

첫째, 이스라엘이 역경을 겪을지라도 하나님은 궁극적으로 그들에게 하신 약속들을 지키실 것이다.

둘째, 하나님은 무슨 일이 일어나고 있는지 아시고 역경 중에서도 그들을 보호하실 것이다. 하나님이 자신을 다른 모든 신과 구별하기 위해 선택하신 한 가지 측면은 미래를 결정하는 능력인데, 이것은 다른 어떤 신도 할 수 없는 것이다(41:21-24을 보라).

윌리엄슨이 제2 이사야서를 강하게 주장하면서 하나님이 미래를 예언하실 수 있다는 데 의문을 품지 않는다는 것은 아이러니한 일이다. 대신에 그는 이렇게 주장한다. 선지자가 과거에 예언한 일이 정확하게 성취되었다고 주장한다면, 그것은 "예언의 다양성을 전제한 것이고 또한 그 예언이 성취된 후에 화자 자신이 거기 있어야만 할 것이다"(1994: 2). 예컨대, 하나님은 이스라엘 민족에게 말씀하시기를 이 예언된 사건이 성취된 후에 그들이 하나님의 증인이 될 것이라고 하신다(43:10, 12; 44:8-9).

만약 하나님이 단지 개인에게 말씀하신다면, 윌리엄슨이 맞을 것이다. 그러나 하나님은 한 나라에 말씀하고 계신다. 그 나라에서 초창기 예언들을 처음에 들었던 사람들과 나중에 그 예언들이 정확하게 성취되었는지 확인하는 사람들이 같은 사람들일 필요는 없다. 이사야가 처음에 했던 예언들은 그 나라 사람들에게 계속 전해졌을 것이고, 그 나라의 미래 세대는 그 예언들이 성취되는 것을 확인할 수 있었을 것이다.

이사야 41:15-20은 예측 예언(predictive prophecy)에 대한 우리의 주장을 더 설명하는 데 도움이 될 수 있다. 15-16절은 하나님이 "산들을 쳐서 부스러기로 만들", "날카로운 새 타작기"를 만드셨다고 주장하지만, 이것은 아직 확살하게 일어나지 않았다. 20절은 그것이 성취될 때 모든 열방이 그것을 성취하신 이가 하나님이라는 것을 알고 그로부터 배우게 될 것이라고 말한다. 이사야서의 원청취자들은 이것이 성취되는 것을 보지 못했지만, 성취되었을 때 살아 있는 이스라엘 사람들은 이 성취를 확인하고 하나님이 하신 일을 알게 될 것이다.

(2) 유사 표현 및 어구

일부 학자는 책 전체에서 비슷한 표현을 근거로 단일 저자를 주장했다(예: "이스라엘의 거룩한 자"라는 표제). 그러나 합리적으로 편집자가 이사야의 어휘와 표현 방식을 모방했다고 주장할 수도 있다. 또한 '이사야 학파'가 이사야의 아이디어를 계속 살렸다고 제안되었지만, 이에 대한 증거는 의외로 거의 없다.

클레멘츠가 지적했듯이 왜 이사야 주변에 학파가 형성되고 다른 선지자는 없었는가?(1980: 434-435)

비슷한 어휘/어구들을 사용하여 단일 저자를 주장하는 것이 빈약해 보이는 것처럼, (위에서 논의한 바와 같이) 이 책의 다양한 부분에 나타나는 독특한 어휘가 복수 저자를 가리킨다는 주장 역시 불충분하다. 저자는 메시지 내용에 따라 다른 표현을 사용하거나 시간이 지남에 따라 새로운 어휘 및 문학 양식을 채택할 수 있다(Roberts의 주의, 2015: 12를 보라).

이사야는 또한 그의 후기 저술에서 (예레미야서에서 바룩과 같은) 대필자를 사용할 수 있었는데, 이는 표현과 양식에 대한 상당한 차이를 설명할 수 있다.

(3) 포로기 이전 다른 선지자들과의 유사점

앞에서 언급했듯이 이사야서의 표제는 포로기 이전의 다른 책들의 표제와 그 표현과 구조가 유사하다. 또한, 이사야서의 몇몇 구절은 일반적으로 주전 8세기 선지자로 간주되는 저자가 쓴 미가서와 밀접한 관련이 있다(사 2:4-6//미 4:1-4; 사 41:15//미 4:13a; 사 48:2//미 3:11b 등을 보라).

학자들은 또한 미가서 일부분의 연대에 의문을 제기하지만, 우리는 포로기 이전 자료라는 중요한 증거를 보여 주는 구절만 사용하려고 한다(Allen 1976:241-253). 이러한 유사점들은 이사야서의 전반부에만 국한되지 않는다는 것에 주목하라.

(4) 이 책의 정경성

전통적으로 이사야서의 저자는 유대인(요세푸스, 바벨론 탈무드) 증인과 기독교인(마 1:23; 요 12:38-41 등) 증인이라는 두 부류에 의해 가정되었다. 정경성의 두 가지 중요한 기준은 그 책을 선지자가 썼느냐와 그것이 하나님에게서 왔느냐이다.

현대 학자들은 다른 저자들이나 편집자들이 선지자의 저술 권위를 위태롭게 하지 않고도 그것에 내용을 추가할 가능성을 기꺼이 받아들이지만(Charlesworth 1992: 5.539), 그렇지 않다는 증거가 있다(Beckwith 2008: 351-354). 이런 논쟁들에도 불구하고 이사야서의 정경성에 대한 어떤 심각한 질문도 없었는데, 그 이유는 주로 이사야서와 관련된 선지자의 중요성 때문이다.

(5) 예언의 본질

현대의 많은 학자가 일반적으로 성경의 예언이 그것을 처음 받은 사람들의 행동을 교정하기 위한 것이라고 주장한다. 이것이 예언의 목적 중 하나라는 데는 동의하지만(즉, '앞서 말하기', 신 18:18-22), 우리는 예언을 그렇게 좁게 제한하지 않는다.

하박국 2:2-3과 이사야 30:8은 예언의 또 다른 목적이 미래의 사건들에 대해 증인이 되는 것이라고 제안한다. 우리는 예측 예언(predictive prophecy)이 한 나라와도 중요한 관련성을 가질 수 있다고 믿는다.

이사야 40-66장의 경우, 이스라엘 사람들이 바벨론 포로로 끌려가더라도 하나님은 이스라엘을 멸망시키지 않으신다는 소망을 주신다(Oswalt 1986: 46-49). 현대 학자들에게 가장 어려운 문제 중 하나는 고레스가 태어나기 약 150년 전에 그의 이름이 구체적으로 언급된다는 것이다. 그러나 이런 예언의 전례가 없는 것은 아니다. 메시아의 출생지인 베들레헴은 예수님이 탄생하기 약 700년 전에 이미 소개되었다(미 5:2; 마2:6).

(6) 이사야서의 내용

이사야 40-66장의 몇 가지 개념은 포로기 상황이 아닌 포로기 이전 상황에 적합하다.

첫째, 새 포도주(아시스[*āsîs*])에 사용된 용어는 포도로 만들어진 것으로 보이지만, 바벨론의 포도주는 아마도 대추야자로 만들어졌을 것이다.

둘째, 52:4에 언급된 이스라엘의 압제자들이 애굽과 앗수르이고 바벨론이 아니라는 것이 이상해 보인다.

셋째, 애굽과 구스는 45:14에서 평행 단위들로 나타나지만, 프삼틱 1세(Psamtik I)가 주전 656년에 데베(Thebes)를 장악하고 주전 610년에 사망한 직후 둘 사이의 모든 관계는 끊어졌다.

넷째, 45:14에 언급된 스바(Sabeans)는 카리브일 와타르(Karib'il Watar) 치하(주전 620-610년)에서 절정에 이르렀으며 그 이후로는 거의 알려지지 않는다.

다섯째, 57:5-7에 언급된 우상 숭배는 분명히 포로기 이전의 가나안 사람들의 것이며, 포로기 이후에는 증거가 거의 없는 우상 숭배의 한 형태이다. 어떤 사람들은 이사야 40-55장의 우상 숭배가 이스라엘 사람들이 매혹되었던 바벨론의 우상 숭배를 가리킨다고 주장했다. 그러나 고전적인 우상 숭배 구절인 44:14에 언급된 나무는 바벨론에서 자연적으로 자라지 않는다(41:19 및 55:13을 보라).

여섯째, 바벨론 우상 숭배(마술, 주문, 점술가 등)에 일반적으로 사용되는 용어들은 이사야 40-55장의 우상 숭배(새긴 형상들, 녹여서 부은 형상들 등)에는 일반적으로 사용되지 않는다.

모티어(Motyer)는 또한 일부 표현은 바벨론 배경이 아닌 블레셋 배경에 적합하다고 주장한다.

> 우상 숭배자는 조각하기 위해 나무를 자르러 숲으로 나가지만(44:14), 바벨론에서는 불가능하다. 그 나무들은 블레셋 사람들이 잘 아는 것이다. 기름은 서아시아의 기름이다(41:19; 55:13). 풍경과 기후(산, 숲, 바다, 눈 그리고 관개시설이 아닌 비로 개간된 땅)는 서쪽의 것이다(Motyer 1999: 32).

(7) 신약의 증거

몇몇 신약의 저자들은 이사야서의 여러 부분을 인용하고 그 말씀이 선지자 이사야의 말씀임을 인정한다. 어떤 구절들은 단순히 이사야의 이름이 담긴 책을 언급하지만, 또 다른 구절들은 이보다 더 많은 것을 암시한다. 예컨대, 사도행전 28:25에는 "바울이 이르되 … 성령이 선지자 이사야를 통해 말씀하신 것"(또한, 롬 9:29의 "이사야가 미리 말한 바"와 마 1:22의 "이 모든 일이 된 것은 주께서 선지자로 하신 말씀을 이루려 하심이니" 등을 보라)이라고 기록되어 있다.

(8) 쿰란의 증거

쿰란 이사야 두루마리(1QIsa^a)는 39장과 40장 사이에 단절된 증거를 제공하지 않는다. 그러나 33장과 34장 사이에는 세 줄의 작은 공간이 있다. 브라운리(W. H. Brownlee)는 이사야서의 길이가 한 개의 두루마리로 부족해서 33장과 34장 사이에서 두 부분으로 나뉘었다고 주장한다(Brownlee 1964 : 247-259). 그러나 쿰란 이사야 두루마리(1QIsa^a)는 한 개의 두루마리에 전체 책이 다 들어간다. 이 구분은 문학적 기원보다는 문학적 균형(각 부분에 대략 같은 수의 단어가 포함됨)을 반영한 것일 수 있다.

3) 결론

스미스(Smith)가 올바르게 관찰했듯이, 이사야든 또는 서기관이든 누가 기록했는지를 확실히 아는 것이 중요하지 않다(Smith 2007 : 43). 이사야서의 서론은 이사야가 환상을 보았음을 암시하지만, 그가 반드시 그 모든 것들을 기록했다고 생각할 필요는 없다(b. *Baba Bathra* 15a를 보라). 그러나 이사야는 왕실 서기관이었기 때문에 읽기와 쓰기에 능숙했을 것이다(대하 26:22). 또한, 연대기는 나중에 이 책을 "선지자 이사야의 환상"(대하 32:32)이라고 언급한다.

10. 텍스트 이슈

이사야서의 본문은 상당히 잘 보존되어 있으며, 비교할 수 있는 많은 사본과 역본이 있다. 주요 증거에는 칠십인역(LXX), 탈굼(Targum), 몇몇 쿰란 두루마리(예: 1QIsa^a, 1QIsa^b)가 포함된다. 본문이 다소 모호하거나 손상된 본문이 반영된 것으로 보이는 곳이 몇 군데 있지만, 다른 구약의 책들과 비교해 볼 때 현저히 적다.

ISAIA

본문 주석

내용 분해

◆ **본문 주석**

I. 정죄(1:1-39:8)

1. 도입(1:1-31)

    1) 이스라엘, 이유를 들음(1:1-9)
      (1) 표제
      (2) 하나님이 이스라엘을 비난하심(1:2-4)
      (3) 이스라엘은 징벌을 받고도 깨닫지 못했음(1:5-9)

    2) 하나님은 그들의 인위적 예배를 경멸하심(1:10-15)
    3) 하나님은 참된 회개를 요구하심(1:16-20)
    4) 시온이 구속될 것임; '신실한 성읍'교차대칭구조(1:21-26)
    5) 남은 자가 구원받을 것임; 이음새(1:27-31)

2. 유다와 이스라엘에 대한 신탁(2:1-12:6)

    1) 예루살렘의 현재와 미래의 대조(2:1-4:6)
      (1) 미래의 예루살렘은 열방을 참하나님께로 인도할 것임(2:1-4)

(2) 현재의 예루살렘은 심각한 죄로 가득하고 좋은 지도자가 없음: 시온은 정화될 필요가 있음(2:5-4:1)

　① 이스라엘에 대한 권고(2:5-11)

　② 하나님이 모든 교만함과 사악함에 대항하심(2:12-22)

　③ 미래의 무정부 상태(3:1-12)

　④ 여호와께서 지도자들에게 심판을 선언하심(3:13-15)

　⑤ 예루살렘의 교만한 여인들도 심판 아래 있음(3:16-4:1)

　⑥ 미래 예루살렘의 영화; 이음새(4:2-6)

2) 그분의 백성을 회복하기 위한 하나님의 계획(5:1-12:6)

(1) 포도원의 노래(5:1-7)

(2) 그의 나라에 선언된 6가지 화(5:8-23)

　① 집과 땅을 사는 자들에게 화로다(5:8-10)

　② 쾌락과 술을 사랑하는 자들에게 화로다(5:11-17)

　③ 거짓말에 속는 자들에게 화로다(5:18-19)

　④ 진리를 왜곡하는 자들에게 화로다(5:20)

　⑤ 자신을 영리하다고 생각하는 자들에게 화로다(5:21)

　⑥ 술 취한자들과 사기꾼들에게 화로다(5:22-23)

(3) 심판이 다가오고 있음: 들어 올린 손 신탁(5;24-30)

(4) 이사야 회고록: 하나님이 유다를 위해 그분의 선지자를 부르심(6:1-9:7)

　① 이사야의 소명과 임무(6:1-13)

　② 이사야의 첫째 징조(7:1-25)

　③ 이사야의 둘째 징조(8:1-9:7)

(5) 하나님이 그분의 징벌을 묘사하심: 들어 올린 손 신탁(9:8-10:4)

　① 하나님이 오만한 이스라엘을 징벌하실 것임(9:8-12)

　② 하나님이 지도자들과 거짓 선지자들을 멸하실 것임(9:13-17)

　③ 사악함이 불처럼 이스라엘을 삼킴(9:18-21)

　④ 악한 지도자들에게 화로다(10:1-4)

(6) 화 신탁(10:5-11:16)
    ① 하나님이 앗수르도 심판하실 것임(10:5-34)
    ② 하나님이 구원을 약속하심(11:1-16)
  (7) 감사의 노래(12:1-6)

3. 심판과 회복의 신탁(13:1-39:8)

  1) 이방 나라들에 대한 신탁
    (1) 바벨론(13:1-14:23)
    (2) 앗수르(14:24-27)
    (3) 블레셋(14:28-32)
    (4) 모압(15:1-16:14)
    (5) 아람(구 시리아)과 에브라임(17:1-14)
    (6) 구스(18:1-7)
    (7) 애굽(19:1-20:6)
    (8) 해변 광야, 바벨론(21:1-10)
    (9) 에돔(21:11-12)
    (10) 아라비아(21:13-17)
    (11) 환상의 골짜기(22:1-25)
    (12) 두로(23:1-18)

  2) 심판에 대한 하나님의 목적(소위 '작은 묵시', 24:1-27:13)
    (1) 열방에 대한 심판(24:1-23)
    (2) 하나님의 백성을 위한 구원(25:1-12)
    (3) 신뢰의 노래(26:1-21)
    (4) 세상으로 퍼져가는 이스라엘의 구원(27:1-13)

3) 유다에 관한 예언: 심판과 회복 신탁(28:1-33:24)
  (1) 첫 번째 심판-회복 주기: 에브라임의 술 취한 자들에 대한 화(28:1-4); 그분의 백성 중 남은 자를 위한 구원(28:5-6)
    ① 심판 신탁(28:1-4)
    ② 회복 신탁(28:5-6)
  (2) 두 번째 심판-회복 주기: 영적 지도자들에 대한 징벌(28:7-15); 남은 자를 위한 구 원(28:16-17)
    ① 심판 신탁(28:7-15)
    ② 회복 신탁(28:16-17)
  (3) 세 번째 심판-회복 주기: 유다의 정치 지도자들에 대한 징벌(28:18-22); 지혜로운 농부의 비유로 묘사된 남은 자를 위한 구원(28:23-29)
    ① 심판 신탁(28:18-22)
    ② 회복 신탁(28:23-29)
  (4) 네 번째 심판-회복 주기: 아리엘에 대한 징벌(예: 예루살렘; 29:1-4); 또한 원수들 로부터의 아리엘 구원(29:5-8)
    ① 심판 신탁(29:1-4)
    ② 회복 신탁(29:5-8)
  (5) 다섯 번째 심판-회복 주기: 눈먼 나라에 대한 심판(29:9-16); 이스라엘의 거듭남(29:17-24)
    ① 심판 신탁(29:9-16)
    ② 회복 신탁(29:17-24)
  (6) 여섯 번째 심판-회복 주기: 패역한 자녀들에 대한 화(30:1-17), 그러나 하나님이 구원의 날을 가져올 것임(3:18-33)
    ① 심판 신탁(30:1-17)
    ② 회복 신탁(30:18-33)
  (7) 일곱 번째 심판-회복 주기: 믿음이 없는 나라에 대한 화(31:1-3), 그러나 하나님은 예루살렘을 보호하고 이스라엘을 다스릴 의로운 왕을 세우실 것임(31:4-32:8)

① 심판 신탁(31:1-3)
② 회복 신탁(31:4-32:8)
(8) 여덟 번째 심판-회복 주기: 안일한 여인들에 대한 심판(32:9-14)과 미래에 약속된 축복(32:15-20)
① 심판 신탁(32:9-14)
② 회복 신탁(32:15-20)
(9) 아홉 번째 심판-회복 주기: 파괴자에 대한 심판(33:1)과 남은 자를 위한 회복(33:2-24)
① 심판 신탁(33:1)
② 회복 신탁(33:2-24)

4) 다가오는 심판과 회복(34:1-35:10)
 (1) 여호와의 보복의 날(34:1-17)
 (2) 시온의 미래에 대한 축복(35:1-10)

5) 이사야 서사; 이음새(36:1-39:8)
 (1) 예루살렘의 구원(36:1-37:38)
 (2) 히스기야의 질병과 치유(38:1-22)
 (3) 바벨론의 사절단(39:1-8)

II. 위로(40:1-66:24)

1. 구원의 약속(40:1-48:22)

1) 포로들을 위한 위로의 메시지(40:1-31)
   (1) 남은 자와 함께 귀환하시는 하나님에 대한 선언
   (2) 하나님은 그분의 택한 백성을 기꺼이 회복시키고 고국으로 데려오실 수 있음(40:12-31)
      ① 하나님의 위대하심(40:12-17, 첫째 논쟁 신탁)
      ② 하나님께 대적할 자가 없음(40:18-26, 둘째 논쟁 신탁)
      ③ 하나님이 그분의 백성을 돌보심(40:27-31, 셋째 논쟁 신탁)

2) 하나님이 행하신 구원의 예(41:1-29)
   (1) 하나님은 이스라엘을 귀환시키기 위해 고레스를 사용하실 것임(41:1-4, 첫째 재판 연설)
   (2) 하나님이 놀라운 구원을 가져오실 것임(41:5-16)
   (3) 포로들의 귀향 행진(41:17-20)
   (4) 하나님의 마지막 주장: 그분은 미래를 예언하시기 때문에 참하나님이심(41:21-29, 둘째 재판 연설)

3) 하나님이 그분의 구원계획을 설명하심(42:1-44:5)
   (1) 첫 번째 종의 노래(42:1-9)
      ① 종에 대한 설명(42:1-4)
      ② 종이 하나님의 위대하심을 드러내는 데 사용됨(42:5-9)
   (2) 두 개의 구원 신탁(42:10-44:5)
      ① 첫 번째 구원 신탁(42:10-43:13)
      ② 두 번째 구원 신탁(43:14:44:5)

4) 참하나님은 사람들에 의해 창조될 수 없음(44:6-23)
   (1) 우상이 아닌 여호와(44:6-8)
   (2) 우상 숭배의 무익함(44:9-20)
   (3) 이스라엘아, 깨어나라(44:21-23)

5) 여호와가 주권자이심(44:24-45:7)
   (1) 사람들이 예루살렘에 거주할 것임(44:24-28)
   (2) 하나님은 고레스를 사용하여 그분의 백성을 구원하심(45:1-7)

6) 참하나님은 창조주이심(45:8-17)
   (1) 하나님의 지극한 능력(45:8-13)
   (2) 여호와께서 자신이 참하나님임을 입증하셨기 때문에 지혜로운 사람들이 그분께 돌아올 것임(45:14-17)

7) 하나님이 자신의 계획을 더 자세히 설명하심(45:18-25)

8) 하나님이 징벌하신 예: 바벨론의 신들 vs. 이스라엘의 하나님(46:1-47:15)
   (1) 바벨론 신들의 예(46:1-4)
   (2) 여호와와 비교할 자가 없음(46:5-13)
   (3) 바벨론에 관한 조롱의 노래(47:1-15)

9) 신실하지 못한 이스라엘을 꾸중하시지만, 그래도 구원을 약속하심(48:1-22)
   (1) 이스라엘의 완고함(48:1-11)
   (2) 구원의 약속(48:12-16)
   (3) 회한과 회복의 메시지; 이음새(48:17-22, 후렴구: "여호와께서 말씀하시되 악인 에게는 평강이 없다 하셨느니라")

2. 시온이 여호와의 종을 통해 회복됨(49:1-57:21)

1) 시온을 회복하실 하나님(49:1-26)
   (1) 두 번째 종의 노래(49:1-13)
      ① 여호와의 종은 열방의 빛(49:1-6)
      ② 종에 관한 두 개의 추가 신탁(49:7-13)
   (2) 시온의 회복(49:14-21)
      ① 하나님은 그분의 백성 이스라엘을 잊지 않으셨음(49:14-21)
      ② 여호와께서 시온의 자녀들을 회복시키셨음(49:22-26)

2) 이스라엘의 불순종(50:1-11)
   (1) 여호와께서는 이스라엘을 거부하지 않으셨지만, 이스라엘은 여호와를 거부했음(50:1-3)
   (2) 세 번째 종의 노래(50:4-11)

3) 하나님이 구원을 가져오심(51:1-53:12)
   (1) 여호와께서 시온에 위로를 가져오실 것임(51:1-16)
      ① 너의 과거를 보라(51:1-3)
      ② 하나님의 약속을 기억하라(51:4-6)
      ③ 하나님의 성품을 기억하라(51:7-8)
      ④ 너의 구속자를 신뢰하라(51:9-16)
   (2) 여호와께서 그분의 백성을 구원하심(51:17-52:12)
      ① 여호와의 진노의 잔이 누그러졌음(51:17-23)
      ② 구원을 위해 준비하라(52:1-12)
   (3) 네 번째 종의 노래: 여호와의 종이 굴욕을 당한 후 높임을 받음(52:13-53:12)

4) 시온의 영광스러운 미래(54:1-17)

　　(1) 시온과 맺은 여호와의 평화 언약(54:1-17)

　　(2) 새 예루살렘(54:11-17)

　5) 하나님의 은혜로우신 자비(55:1-56:8)

　　(1) 여호와께서 영원한 언약을 제시하심(55:1-5)

　　(2) 진지한 초대(55:6-13)

　　(3) 하나님의 참된 백성(56:1-8)

　6) 악한 지도자들에게는 희망이 없음(56:9-57:21)

　　(1) 이스라엘 민족의 죄(56:9-57:14)

　　(2) 여호와께서 겸손한 자를 구원하실 것임(57:15-21); 이음새(57:15-21, 후렴구: "네 하나님의 말씀에 악인에게는 평강이 없다 하셨느니라")

3. 시온의 영광(58:1-66:24)

　1) 참 회개의 요청(58:1-14)

　2) 하나님이 구원을 가져오실 것임(59:1-21)

　　(1) 이스라엘의 죄가 그들을 하나님에게서 멀어지게 했음(59:1-8)

　　(2) 그들의 죄에 대한 인정(59:9-15a)

　　(3) 하나님이 그 나라의 남은 자를 구원하기로 결정하심(59:15b-21)

　3) 시온의 구속(60:1-62:12)

　　(1) 시온의 미래 영광(60:1-22)

　　　① 시온의 물리적 회복 선언(60:1-9)

　　　② 시온의 정치적 회복 선언(60:10-14)

　　　③ 시온의 영적 회복 선언(60:15-22)

(2) 고통받는 사람들을 위한 좋은 소식(61:1-11)
　　　　① 선지자의 소명과 메시지(61:1-3)
　　　　② 그들의 구원에 대한 설명(61:4-9)
　　　　③ 감사의 노래(61:10-11)
　　(3) 시온에 대한 변호(62:1-12)
　　　　① 선지자가 시온의 회복을 계속 간구하심(62:1-7)
　　　　② 예루살렘에 대한 여호와의 약속이 맹세로 확인됨(62:8-9)
　　　　③ 하나님의 구원을 위한 준비(62:10-12)

4) 열방에 대한 여호와의 보복의 날(63:1-6)

5) 공동 애가: 하나님이 큰 자비를 베풀어 주시길 구함(63:7-64:12)
　　(1) 도입: 과거에 그분의 백성에게 베푸신 은혜로운 행위에 대한 여호와의 역사적 설명 (63:7-14)
　　(2) 여호와께 도움을 청하는 호소
　　　　① 여호와와 이스라엘과의 부자 관계를 기초로 한 호소(63:15-17)
　　　　② 그분의 성전과 백성에 대한 사랑을 기초로 한 호소(63:18-19)
　　　　③ 하나님의 명성을 기초로 한 호소(64:1-5)
　　　　④ 죄의 고백(64:6-7)
　　　　⑤ 마지막 호소(64:8-12)

6) 하나님의 궁극적 계획이 그 자신에게 영광을 가져올 것임: 이음새(65:1-66:24)
　　(1) 하나님이 그분의 남은 자를 보존하실 것임(65:1-25)
　　　　① 패역한 이스라엘이 징벌받을 것임(65:1-7)
　　　　② 하나님이 구원을 가져오실 것임(65:8-16)
　　　　③ 의인의 축복: 새 하늘과 새 땅(65:17-25)
　　(2) 여호와께서는 그분의 피조물을 주권적으로 인도하심(66:1-24)
　　　　① 하나님이 피조물을 부르시지만, 그들은 거의 응답하지 않음(66:1-6)
　　　　② 여호와께서 남은 자를 구원하심(66:7-24)

I. 정죄(1:1-39:8)

    20세기 말 이사야서 학자들의 주된 목표는 가능한 한 이 책의 진본인 부분들과 나중에 2차로 추가된 부분들을 구별하는 것이었다. 그런데 서기관들로부터 유일하게 전수된 특정한 본문, 즉 일반적으로 마소라 본문으로 간주되는 본문의 최종 형태에 대한 중요성으로 최근 몇 년 동안에 학자들의 관심이 바뀌었다(Childs 2001: 16).

    이 책이 언제, 누구에 의해 편집되었는지 대해서는 계속해서 의견이 불일치하고 있지만, 우리는 이 책의 최종 형태에 이미 나타난 세 개의 서론(1:1; 2:1; 13:1)이 1-39장의 주요 단락들을 구분하는 표시라고 생각한다.

    이사야서의 구조는 연대기적이라기보다 주제적이다. 예를 들어, 이사야의 소명은 6장까지 나타나지 않는다. 1-39장의 주요 주제/메시지는 세 개의 주요 단락에서 각각 반복되며, 반복될 때마다 더 자세하게 설명된다.

    임박한 징벌들에 대한 빈번한 메시지는 '이스라엘이 과연 회개할 것인가'라는 질문을 제기한다. 대답은 제한적으로 '예'이다. 이사야가 예상했던 것보다 훨씬 더 먼 미래의 어느 날에 남은 자가 회개하고 신실하게 하나님을 섬길 것이다.

1. 도입(1:1-31)

1장의 내용과 2장의 시작 부분에 있는 둘째 서론(2:1)은 1장이 책 전체의 서론 역할을 한다는 것을 시사한다(Roberts 2015: 11 등). 구조적으로 1장은 하나님이 죄지은 이스라엘을 공식적으로 고소하고 죄를 입증하는 "언약 소송"과 유사하다(Williamson 2003: 393-406).

이스라엘의 끊임없는 패역은 하나님의 징벌을 촉발한다. 그 땅이 너무나도 황폐했다. 7-9절은 이런 사건들이 주전 701년경 앗수르가 그 땅의 대부분을 파괴했을 때 발생했고, 하나님이 예루살렘을 살리기 위해 개입하실 때까지 계속되었음을 암시한다.

간략한 도입 표제(1:1)에 이어 여호와는 이스라엘을 법정에 불러 그들에 대해 제기된 사건을 들으신다. 하나님 자신이 그들의 배은망덕한 행실을 증언하신 것처럼 하늘과 땅이 그들에 대한 증인으로 채택된다. 예루살렘에 대한 하나님의 회복을 묘사하는 중심교차대구법에서 그 절정에 도달한다. 이제 하나님이 행동하시고 그 나라의 죄를 정화할 때이다. 이후에 이 섹션은 하나님의 전체적인 계획을 요약하는 이음새로 끝난다(27-31절; 표 0.7을 보라).

몇몇 학자는 27-31절의 이음새가 26절 절정 이후의 위치한 것이 어색해 보이기 때문에 대체로 포로기 후에 삽입된 것이라고 제안했다. 그러나 우리는 27-31절이 반복되는 주제들과 함께 책을 연결하는 이음새들 가운데 하나를 형성한다고 주장한다.

- 이스라엘이 심판받을 것이다(징벌받는 자들을 언급하는 "너희"[복수]; 28-31절).
- 의로운 남은 자(즉, "그 돌아온 자들")가 구원받을 것이다(27절).
- 악인이 징벌받을 것이다(28-31절).

- 시온[1]이 구속받을 것이다(27절; 이 책의 '서론'에 나오는 이음새에 대한 논의를 보라).

이음새는 또한 독자가 또 다른 서론(2:1)으로 시작하는 다음 섹션을 준비하게 한다.

1) 이스라엘, 이유를 들음(1:1-9)

문맥

여호와는 이스라엘을 애굽에서 구원해 내서 광야에서 보호하고 약속의 땅으로 인도하셨기 때문에 그 나라에 더 많은 것을 기대할 권리가 있다. 그러나 그들은 감사하는 대신 거짓 신들을 좇으며 하나님에게서 등을 돌렸다. 그러므로 하나님은 그들이 자신에게로 돌아오게 하려고 그들을 징벌하실 것이다. 그러나 그들은 여호와의 다가오심을 거부하고, 심지어 더 큰 징벌받게 될 것이다.

이사야의 반운문체(semi-poetical style)는 그가 말하는 요점들을 이해하는 데 도움이 된다.

주석

(1) 표제

⟨1⟩ 이 표제에는 제목, 저자 그리고 연대가 포함되어 있다. 이 책은 아모스(아모츠[*'āmôṣ*]; 선지자 아모스[*'āmôṣ*]가 아님)의 아들 이사야가 본 계시(하존

---

1) "시온"(사 47회; 렘 17회; 애 15회; 미 9회; 시 28회)은 일반적으로 이스라엘의 종교적 수도를 지칭하며, 정치적 수도인 예루살렘과 대조된다.

[*ḥāzôn*], NIV, 비전[vision])라고 불린다. "이사야"(예샤야후[*yěšaʿyāhû*])라는 이름은 '여호와²⁾는 (나의) 구원이다' 또는 '여호와께서 구원하셨다'라는 뜻이다(Williamson 2006:12). 이 이름이 이 책의 상황에 잘 맞아떨어지지만, 왜 그에게 이런 이름이 주어졌는지는 결코 알 수 없다. 유대인 전통에 따르면 이사야의 아버지인 아모스는 웃시야(Uzziah)의 아버지인 아사랴(Azariah)왕의 형제였다(*Pesiqta de Rab Kahana* 117b; b. Meg. 10b 등).

계시는 꿈이나 무아 지경을 통해 주어진 신적 의사소통이지만, 이 단어는 일반적으로 예언적 계시를 나타낼 수도 있다. 이사야서에서 유일한 공식적 환상은 6장에 나타난다. 1장에서의 환상은 "유다와 예루살렘"에 관한 것이라고 말하는데, 이것은 그 장에서 언급되는 순서를 반영하고 있다.

이 구절은 이스라엘 역사상 매우 격동적인 시간에 펼쳐진 이사야의 환상을 담고 있다. 이 책의 뒷부분에 있는 일부 구절은 북부 왕국을 언급하지만, 1장은 주전 722년에 사마리아가 멸망한 이후에 작성되었을 것이기에 유다의 왕들만 나열한다(웃시야, 주전 792/791-739년; 요담, 주전 740/739-732/731년; 아하스, 주전 735-716/15년; 히스기야, 주전 729/28-687/86년).

그 나라는 주전 8세기에 정치적으로 강해졌고, 북왕국의 여로보암 2세(Jeroboam II, 주전 793-753년)와 남왕국의 웃시야(주전 792/791-739) 통치하에 번영했다. 그러나 세기말에 이스라엘은 앗수르에 점령되었고(주전 722년), 얼마 지나지 않아 산헤립(Sennacherib, 주전 701년)에 의해 유다는 거의 멸망당했다. 이 중요한 시기에 이사야는 하나님의 선지자로 부름을 받았다.

---

2) 야(*Yah*)는 여호와(*Yahweh*)의 축약형이고 엘(*El*)은 엘로힘(*Elohim*)의 축약형이다. 둘 다 일반적으로 이름들에 사용된다.

(2) 하나님이 이스라엘을 비난하심(1:2-4)

〈2-4〉 이 혐의는 특히, 타락한 나라 이스라엘에 대한 것이다. 주전 722년경 북왕국이 앗수르로 추방되었음에도 이사야는 이스라엘이라는 용어를 사용하여 나라 전체를 나타낸다는 점에 주목하라. 어떤 구절이 특별히 북왕국 또는 남왕국이라고 명확하게 언급하지 않는 한 우리는 이사야가 쓴 이 용어를 사용할 것이다.

법적 용어(즉, 듣다, 귀 기울이다, 거역하다, 버리다)와 혐의의 개인적 측면(즉, 이스라엘은 여호와께서 은혜롭게 베푸신 자비들을 거부했음)은 이 구절이 "언약 소송"(covenant lawsuit) 신탁임을 암시한다(신 32:1-43과 같이; Williamson 2003: 393-406).

하늘과 땅(2절)이라는 용어는 '피조물 전체'에 대한 일반적인 극단법 (merism)이며, 새로운 피조물을 지칭하는 책의 마지막 부분(65:17; 66:1, 22)에서도 또한 반영된다. 원고인 하나님이 피고인 이스라엘을 기소할 준비가 되셨기 때문에(키 [*kî*]) 하늘과 땅이 증인으로서 듣기 위해 소환된다. 하늘과 땅은 창조 이후 하나님의 수많은 행위를 모두 보았기에 공정하고 신뢰할 수 있는 증인들로 간주되었다.

그 나라는 하늘과 땅과의 특별한 관계에도 불구하고 여호와에게서 돌아섰다(2절; 출 4:22을 보라). NIV에서 하나님은 이스라엘의 '양육'을 묘사하기 위해 두 단어(개역개정은 한 단어 양육하였거늘로 번역함-역주), 즉 길렀다(reared, 가달 [*gādal*])와 키웠다(brought them up, 룸 [*rûm*])를 사용하신다. 그 단어들은 이스라엘이 자라게 되었을 때까지 하나님이 보살피고 양육하셨다는 의미를 전달한다.

하나님이 이스라엘을 보호하고 양육하셨음에도 불구하고 그들은 여전히 하나님께 패역했다. 윌리엄슨(Williamson)은 부모의 권위에 대한 거부는 "가족 단위가 후원(support)의 주요 수단인 사회에서 큰 사회적 중요성이 있다"라고 지적한다(2006: 33).

이사야는 우둔한 동물들조차 이스라엘보다 더 많은 감사를 표현한다고 선언한다. 그 대조는 놀랍다. 알 것이라고 기대하지 않았던 동물들은 알건마는, 대조적으로 알아야만 하는 이스라엘은 알지 못하고라고 한다. 하나님은 자신이 지금까지 이스라엘을 돌보시는 이라는 것을 그들이 깨닫지 못하는것에 슬퍼하신다.

구유에서 길들인 가축들을 계속 돌보는 것은 그 가축들과 그것들의 주인 사이에 어떤 유대감이나 애착을 형성하게 했다. 반면 하나님이 이스라엘을 끊임없이 보살피시는 것은 점점 더 멸시만 불러일으켰다.

이사야는 하늘과 땅 앞에서 백성들의 죄를 선언하면서(2절) 비탄과 슬픔에 젖어 화로다(4절)라고 외친다. 4절의 여러 혹독한 표현들은 완고한 이스라엘의 마음을 강조한다. 범죄한 나라(문자적으로 '죄인들의 나라'), 허물 진 백성(문자적으로 '무거운 죄악'), 행악의 종자, 부패한 자식, 여호와를 버리며, 이스라엘의 거룩하신 이를 멀리하고.

하나님이 그들을 위해 얼마나 많은 일을 하셨는가에 비추어 볼 때 이스라엘의 거룩하신 이를 멀리했던 그들은 멸시받을 만하다. 그 백성들은 여호와를 멀리하고 물러갔기에 의도적이고 완고한 선택을 한 것이다.

이스라엘의 거룩하신 이(4절)라는 이름은 이사야서에서 여호와의 거룩함을 강조하는 독특한 칭호로, 이스라엘의 사악함과는 대조적이다(여호와가 이스라엘의 하나님이실지라도; 표 0.4를 보라).

(3) 이스라엘은 징벌받고도 깨닫지 못했음(1:5-9)

〈5-9〉 하나님은 기근, 가뭄, 전쟁 및 궁극적으로 포로 추방을 의미하는 '매 맞는' 징벌을 받는 변덕스러운 그분의 자녀, 이스라엘을 생생한 이미지를 통해 언급한다. 발바닥에서 머리까지/성한 곳이 없이('아무것도 건강하지 않음'; 6절). 그러나 자녀들(NIV)은 여전히 순종하기를 거부하고 계속해서 패역한다. 제멋대로인 자신의 자녀들에게 지친 안쓰러운 아버지로 묘사된 하나님은 그들에게 너희가 어찌하여 매를 더 맞으려고 … 하느냐(문자적으로 '더 벌 받을 곳이 어디에 있느냐?', 5절)라고 호소하신다.

이스라엘은 의학적 치료를 받지 못한 **상한 것과 터진 것과 새로 맞은**(문자적으로 '신선한') 흔적뿐인 불쌍한 모습이다. 이 이미지들은 전쟁으로 폐허가 된 땅에서 겪는 황폐함에 대한 적절한 묘사이다. 비록 하나님이 배은망덕하고 사악한 자신의 나라를 벌주는 것이 의롭다고 하더라도, 그분은 자녀들이 계속 죄를 짓고 그 결과로 심판받는 것을 보고 마음 아파하시는 사랑이 가득한 아버지이다.

7-9절은 이 이미지 뒤에 있는 현실로 넘어간다. 이방인이 이스라엘의 성읍들을 불태워 황폐하게 했다. 이는 하나님이 예루살렘을 구원하기 위해 개입하시기 전인 주전 701년에 앗수르가 유다를 향해 진군하여 46개의 '견고한' 성읍들을 파괴했을 때와 일치한다(왕하 18:1-19:35; 지도 0.3을 보라).

예루살렘은 **포도원** 위에 높이 튀어나온 **망대** 또는 **참외밭**(미크샤[*miqšâ*]; NIV, 오이밭) 위에 솟아오른 **원두막**에 비유된다. 예루살렘에 대한 명칭인 **딸 시온**(8절)은 여호와와 가까운 관계가 있음을 강조한다. 또한, 그곳이 황폐한 그들 자신을 발견하는 곳이기에 슬픈 대조를 이룬다. 그러나 그들은 여전히 **만군의 여호와**(하나님의 주권을 강조하는 이름; '만군'은 '하늘의 군대'를 의미함; NIV, 전능하신 여호와[Lord Almighty])의 은혜로 살아 있다.

이스라엘은 그들과 비교되는 불행한 성읍인 소돔과 고모라(창 19:24-25을 보라)와는 달리 전적인 멸망(9절)에서 간신히 생존한 남은 자(생존자)로 묘사된다.

의미

하나님은 자녀들에게 퇴짜 맞은 사랑이 많은 아버지로 묘사된다. 상황은 하나님이 자신의 나라를 위해 모든 노력을 기울이셨다는 사실에 의해 더욱 복잡해진다. 이사야는 그 나라 역사상 가장 어려운 시기에 거의 성공을 거두지 못하면서도 신실하게 예언했다. 이사야의 청중은 우리

세대와 매우 유사하다. 그들은 마음이 완고하고 하나님의 일을 알지 못한다. 그러나 하나님의 궁극적인 목표는 계속된다. 그분은 언젠가 자신을 위해 의로운 남은 자를 얻게 되실 것이다.

예루살렘이 산헤립(Sennacherib)의 침략에서 기적적으로 구원받은 것은 놀라운 하나님의 은혜를 보여 준다. 그들은 소돔과 고모라보다 더 나은 대접을 받을 자격이 없었다. 그러나 그들은 받을 자격이 있는 것, 바로 그 '은혜'에 있어서는 제한을 받지 않았다. 이 은혜롭고 자비로우신 하나님이 우리가 섬기는 바로 그 하나님이다.

2) 하나님은 그들의 인위적 예배를 경멸하심(1:10-15)

문맥

이스라엘의 징벌에 대한 슬픈 비유 후에 하나님은 그들의 예배마저 자신에게 얼마나 혐오스러운지 설명하신다. 사람들은 율법의 의식을 부지런히 지키는 것이 하나님을 기쁘시게 한다고 생각했지만 사실상 그것은 하나님을 화나게 했다. 그들은 내적으로는 타락한 마음을 품은 채 외적으로만 종교의식을 계속 지켰기 때문이다. 다른 선지자들도 그들의 예배에 대해 비슷한 비난을 했다. 예레미야 7:2-12, 21-34; 호세아 6:4-11; 아모스 4:4-5; 5:14-25; 미가 6:6-8.

희생 제물에 관한 하나님의 율법들은 그분과 그분의 백성들의 밀접한 관계를 가로막는 죄를 제거하기 위한 것이다. 여기에 있는 표현과 이미지는 사람들로부터 분노와 불신을 불러일으켰을 것이다. 분명히 그들은 수치스러운 소돔과 고모라와 비교되어서는 안 되었다. 역사적으로 이사야는 이스라엘의 부패와 사악함의 측면에서 그들을 소돔과 고모라와 동등하게 생각한 최초의 선지자이다.

주석

〈10-11〉 선지자의 날카로운 책망이 이스라엘의 주의를 끌어야만 한다. 너희 소돔의 관원들아 여호와의 말씀을 들을지어다 너희 고모라의 백성아 우리 하나님의 법에 귀를 기울일지어다. 수 세기 동안 소돔과 고모라는 그들의 사악함과 방탕함 때문에 비난을 받았다(신 29:23을 보라). 이제 이사야는 이스라엘이 그들의 죄들 때문에 비슷한 징벌을 받아야 한다고 지적한다. 이스라엘의 죄들은 이사야가 묘사하는 비참한 상황을 볼 수 없게 했다.

그들의 엄청난 양의 **제물**(숫양의 번제와 살진 짐승의 기름, 수송아지나 어린양이나 숫염소의 피)이 진정한 마음 자세를 대신할 수 없다. 하나님은 마음이 없는 그들의 예배를 기뻐하지 않으신다(11절).

〈12-15〉 그들이 드린 예배의 외적 모습에서는 진정한 예배에 대한 마음 자세가 부족했다(29:13을 보라). 너희가 내 앞에 보이러 오니(12절)라는 어구는 연례 순례(출 23:14-17을 보라)뿐만 아니라 그들의 여러 축제를 의미한다. 월삭, 안식일, 대회, 성회(13절). 하나님이 이것을 누가 너희에게 요구하였느냐(문자적으로 '이것을 너희의 손에서 찾다')라고 물으실 때 이스라엘 백성은 분명히 "당신이 그랬습니다"라고 대답했을 것이다.

그러나 그들의 행동에는 가장 중요한 요소인 회개하는 마음이 빠져 있다(시 51:16-17을 보라). 회개하는 마음이 없는 그들의 예배는 단지 내(하나님의) **마당만 밟을 뿐**이다. 이것은 '하나님의 영광과 영예를 무의미하게 밟아버리는 것'에 대한 비유적 표현이다.

하나님은 그들에게 **헛된 제물**(NIV, 무의미한 제물)을 다시 가져오지 말라고 하셨다. 하나님을 기쁘시게 하기 위한 그들의 **분향**(레 6:15을 보라)조차도 **가증히 여기는 바**(문자적으로 '혐오')가 되었다. 이것은 역겨움과 혐오를 뜻하는 가장 강력한 단어들 가운데 하나이다(신 7:25을 보라).

하나님이 요구하셨던 의식들(observances)이 **무가치한 성회들**(NIV, 문자적으로 '부당함과 성회', 13절)이 되어 버려서 이제 그분은 참는 데 지치셨다(암

5:21-24을 보라). 실제로 하나님은 지치실 수 없다. 이것은 무의미한 예배의 반복이나 그분의 영광을 멸시하는 것을 더는 참지 않으시겠다는 것에 대한 의인화된 표현이다. 그들의 행위들은 하나님을 짓누른다고 표현된다. 그것들은 **무거운 짐**(토라흐[*tōraḥ*]; 2회; 신 1:12을 보라, 14절)이다. 이것은 비슷한 소리를 내는 '율법'(토라[*tōrâ*])에 대한 언어유희이다.

기도의 전형적인 자세인, **너희가 손**(문자적으로 '손바닥')**을 펼 때에**(하나님을 향해 손바닥을 벌릴 때) **여호와께서 더 이상 듣지 않으실 것이다**(문자적으로 '그분의 눈을 감추다', 15절). 이교도들이 말을 많이 해서 신들을 달래 줄 수 있다고 생각한 것처럼 그들이 많이 기도하더라도 아무런 효과가 없을 것이다.

다음 어구가 그 이유를 설명한다. 그들의 **손에 피**(다밈[*dāmîm*], 문자적으로 '피흘림')**가 가득함이라**. 이것은 그들의 무가치한 희생 제물의 피 또는 그들의 폭력적인 범죄로 인해 변호조차 받지 못하는 약한 희생자들의 피를 가리킬 수 있다(16-17절). 이 구절에서 **피**로 번역된 단어의 복수형은 '잔인하게 흘린 피'를 의미한다.

의미

무의미한 종교의식은 그것의 핵심을 속이는 것이다. 하나님은 우리 마음의 가장 깊은 곳에 있는 생각들과 욕망들을 아시기 때문이다. 하나님을 속이려고 하는 것은 어리석은 일이다. 하나님은 참된 예배에 최우선 순위를 두신다.

첫째, 회개에 합당한 마음 자세가 없는 종교적 행위(하나님이 정하셨음에도 불구하고)는 열납되지 않는 예배이다.

둘째, 죄악 된 행실이나 행함이 없는 것(예: 억압받는 자를 돕지 않음)은 우리의 예배를 부정하는 것이다. 마찬가지로 야고보는 진실한 믿음의 개념을 발전시킨다(약 2:18b). 즉, 진정한 예배에는 마음의 제사와 올바른 행위 모두가 수반된다.

하나님은 이사야 시대에 그랬던 것처럼 오늘날에도 마음이 없는 예배를 미워하신다.

3) 하나님은 참된 회개를 요구하심(1:16-20)

`문맥`

그들이 종교적 형식을 외적이고 공허하게 준수한다는 것을 아신 하나님은 이제 문제의 근원으로 시선을 돌리신다. 참된 예배의 행위로서 회개하는 것과 가난하고 억압받는 사람들을 위해 정의를 추구하는 것이 필요하다는 것이다.

〈16-17〉 하나님은 사람들이 죄를 품고 살면서 위선적 예배를 드리는 것 때문에 피곤하다고 선언하셨다. 참된 회개의 과정은 16-17절에 나와 있다. 너희는 **스스로 씻으며 스스로 깨끗하게 하여**(즉, '더러움' 또는 죄에 대한 인식이 암시됨) 죄에서 돌이키고 행악을 그치고 선행을 배우라(16b-17a절). 참된 회개는 행악을 그치고 씻으며 깨끗하게 해서(16절) 죄를 제거하는 부정적인 측면과 선행을 배우고(17절) 억압받고/변호 받지 못하는 사람들을 위해 정의를 구하는 긍정적인 측면을 모두 가지고 있다(출 22:22-24을 보라).

정의를 구하며라는 어구는 그것을 의도적으로 추구하는 것이며, 자연스럽게 그것이 발생하지는 않는다는 것을 의미한다. **학대받는 자를 도와주며**(문자적으로 '무자비한 자를 올곧게 한다'; NIV, 억압받는 자를 변호하며)라는 어구는 억압하는 자를 '곧은 길 혹은 의로운 길'로 인도하는 것을 의미한다. **고아를 위하여 신원하며 과부를 위하여 변호하라**고 한 것은 정의에 대한 적극적 표현이다. 하나님의 백성은 그들의 관대함과 유익함을 드러내야만 했다(신 24:17-22을 보라). 그들의 모범적 사랑과 공정함이 다른 나라들 앞에서 하나님의 본성을 나타내기 때문이다.

⟨18-20⟩ 1장의 이 수사학적 절정에서 여호와는 회개를 강력하게 요청하신 후에 새로운 시작을 제시한다. 하나님은 **지금 오라**(NIV)라고 긴급하게 요청하면서 유다에게 **문제를 해결하기**(NIV, 문자적으로 '계산하다, 중재하다') 위해 와서 자신을 만나라고 요구하신다. 하나님의 제안은 너무 좋게 들린다. **주홍과 진홍**(톨라[*tôlā*ʿ], '붉은색 염료가 나오는 벌레', 2회; 애 4:5을 보라)처럼 지울 수 없는 죄의 얼룩이 눈이나 양털처럼 새하얀색으로 바뀔 수 있다.

이 생생한 예에서 하나님의 용서는 그들이 즐겨 순종을 하도록 요구한다. 앞의 예에서 나오는 동사들은 가상적 의미로 이해해야 한다. 사람들은 선택할 권리가 있는데, 이는 언어유희(밑줄 친 단어들)로 강조된다.

그 선택은 하나님의 율법에 <u>순종하여</u> **땅의 아름다운 소산을 먹든지**(19절), 아니면 <u>불순종하여</u> **칼에**(즉, 전쟁; 20절) <u>삼켜지는</u> 것이다. 쉬운 선택처럼 보이지만 이것은 지대한 영향을 미치는 결과를 가져온다.

이 구절들 안에는 하나님의 주권과 인간의 책임 사이에 미묘한 균형이 있다. 하나님은 그들이 회개하기를 바라시지만 그렇게 하라고 강요하지는 않으신다. **귀를 기울일지어다**라는 준엄한 부르심(10절)으로 시작하는 이 섹션은 **여호와의 입의 말씀이니라**(20절)라는 하나님의 확실한 판결로 끝난다.

의미

이스라엘 백성들은 명확하게 선택할 수 있다. 그들은 회개하고 하나님께로 돌아감으로써 용서와 복을 받을 수도 있고, 아니면 계속되는 패역으로 더 많은 징벌을 받을 수도 있다. 우주의 주권자이신 하나님은 이스라엘이 자신의 길을 바꾸어야만 하며 그렇지 않으면 징벌이 뒤따를 것이라고 하신다. 선택은 쉬워 보이지만, 우리가 죄에서 벗어나는 것은 결코 대가 없이 될 수 없다.

4) 시온이 구속받을 것임; '신실한 성읍' 중심교차대구법(1:21-26)

문맥

21-26절은 중심교차대구법을 사용하여 예루살렘의 비참한 상태에 대한 애가로 시작한다. 그 중앙에서(24a절) 주 만군의 여호와 이스라엘의 전능자는 더 참지 않겠다고 선언하신다. 이제 여호와께서 나서서 그 나라를 죄에서 정화하실 때이다. 이 중심교차대구법은 예루살렘이 다시 한번 신실한 고을이라고 불릴 것이라는 선언으로 끝난다.

주석

⟨21-23⟩ 중심교차대구법의 첫마디인 어찌하여는 예루살렘의 비참한 상태를 한탄하는 애가로 이어진다. 예루살렘은 **살인자들**과 **도둑(들)**에 둘러싸인 창기이다(21, 23절). 히브리어에서 성읍이나 나라를 여인으로 의인화하는 것은 드문 일이 아니다. 성읍이나 나라가 거주민들을 낳는다고 생각했기 때문이다(1:8을 보라). 성읍을 의롭거나 악하게 만드는 것은 바로 그 성읍 주민들의 행동이다.

21절의 극명한 대비는 그 성읍이 어느 정도 몰락했는지를 묘사하고 있다. 신실한 성읍은 이제 창기가 되었다. 그 성읍의 **고관들**은 한때 정의가 거기에 충만했지만. 이제 **도둑**(들)과 **살인자**들이 되었다. 23절은 단순히 왕이 아니라 고관들을 비판한다는 것에 주목하라. 이는 사악함이 그 모든 지도자에게 스며들었음을 암시한다.

네 은은 찌꺼기가 되었고라는 22절의 이미지는 예루살렘이 불순물들(찌꺼기의 복수형은 많은 불순물을 암시함)에 의해 어떻게 무가치하게 되었는지를 묘사한다. 예루살렘의 무가치함은 **희석되어**(문자적으로 '약해진'; 즉, 의도한 효과가 없는) **맛없는 포도주**의 은유로 묘사된다.

그 나라의 통치자들이 사회의 약자인 고아와 과부를 더 이상 신원하지 못하도록 탐욕이 어떻게 그들을 타락시켰는지를 23절이 묘사한다. 그들은 패역하여 도둑과 짝하며 다 뇌물을 사랑하며 예물을 구하고(문자적으로 '보상을 구하는 자들')라고 일컬어진다. 하나님에게서 멀리 떠나 방황하는 그 지도자들은 사회적 약자를 변호할 만한 동기가 거의 없었다. 돈은 영향력과 권력을 살 수는 있지만, 사회에 큰 대가를 치러야 한다.

⟨24-26⟩ 24절은 중심교차대구법의 중앙에서 경첩(a hinge)으로 기능한다. 하나님이 변화를 가져올 것이기 때문에 행동도 곧 바뀌실 것이다(그러므로라는 신호를 보냄). 하나님에 대한 세 가지 호칭, 곧 주, 만군의 여호와 이스라엘의 전능자는 이러한 변화에 영향을 미치는 그분의 능력을 강조한다. 둘째와 셋째 호칭은 하나님의 능력과 이스라엘과의 관계를 강조한다. 누가 감히 하늘의 군대를 통치하는 이런 능력의 하나님을 거역할 수 있겠는가.

24절의 슬프다(NIV, 아[Ah]!)로 시작하는 도입부는 이스라엘을 향한 것이다. 그들은 하나님의 정화 대상이 될 것이다. 이것은 자신의 원수들을 치려고 분노에 휩싸여 복수심이 불타는 하나님이 아닌, 수년 동안 백성들의 죄에 대한 분노를 참아 오신 정의로우신 하나님을 드러낸다.

이제는 정결하게 할 때가 되었다. 하나님이 (그분의 분노로) 보응하실(나함[nḥam], '나의 원수들에게서 만족이나 위안을 얻는 것') 것이다. 이 동사는 다음 동사인 보복하리라(나캄[nāqam])와 소리 및 의미가 매우 유사하다.

두 어구는 철저한 정화를 나타낸다. 내가 네 찌꺼기를 청결하게 하며와 네 혼잡물(문자적으로 '구분들')을 다 제하여 버리라. 제련 과정의 높은 열이 금속을 정화하기 위해 찌꺼기를 제거하는 것처럼, 하나님은 고난을 통해 자기 백성을 정화하실 것이다.

25절의 두 번째 어구에 나오는 캅보르(kabbōr, NIV, 철저히)라는 단어는 여러 가지로 번역될 수 있다.

첫째, 잿물 청소의 철저함과 비교하기 위한 '잿물처럼'

둘째, 제련 과정에서 사용된 잿물을 가리키기 위한 '잿물처럼'

셋째, NIV 읽기에 반영된 '정결함처럼'

히브리어 본문의 '정결함'에 붙은 정관사 때문에 이 세 번째 번역이 더 바람직해 보인다.

하나님은 고관들을 지혜와 성실로 새롭게 함으로써 그분의 백성들이 점차로 멸망해 가는 것을 막으실 것이다. 이 심오한 반전 과정은 이 부분에서 반복되는 어휘로 강조된다. 이 부분 서두(21절)의 부패한 성읍은 이 부분의 마지막에서 의의 성읍, 신실한 고을로 회복되었다. 여기서 그 강조점은 전적으로 하나님 중심적(theocentric)이다. 하나님은 이런 정화를 성취하는 분이시다(Childs 2001: 21).

의미

중심교차대구법은 책의 첫 부분에서 되풀이되는 주제를 요약한다. 하나님은 고통의 도가니를 사용하여 그분의 자녀들을 정결하게 하신다. 제련의 강렬한 열기와 같은 정련 과정은 견디기 힘들 것이며, 예루살렘에 상당한 피해를 줄 것이다.

그러나 성공적으로 통과한 사람들은 죄에서 깨끗해지고 의로워질 것이다. 더 이상 정의 대신 뇌물을 구하지 않고, 소외된 자들의 사건을 변호하는 변호인들과 재판관들로 말미암아 사회가 다시 회복될 것이다. 이것은 오직 하나님만이 일으키실 수 있는 변화이다.

5) 남은 자가 구원받을 것임; 이음새(1:27-31)

문맥

27-31절은 1장의 내용을 강조하며 이 책을 연결하는 첫 번째 이음새를 형성한다. 각 이음새에는 다음과 같은 주제가 포함된다.

- 이스라엘이 심판받을 것이다(벌을 받는 사람들을 언급하는 복수형 너희를 주의하라, 28-31절).
- 남은 자(NIV, 회개하는 자들)가 구원받을 것이다(27절).
- 악인이 징벌받을 것이다(28-31절).
- 시온이 구속받을 것이다(27절).

이 이음새들은 다음 섹션에서 더 자세한 설명을 들을 수 있도록 독자를 준비시킨다.

주석

⟨27-31⟩ 중심교차대구법에서 묘사된 신실한 성읍의 회복이 이 이음새에서 반복된다. **시온은 정의로 그리고 공의로**(문자적으로 '때문에') **구속함을 받을 것이다.** 하나님은 시온을 징벌하려고 이용했던 자들에게서 그를 도로 사실 것이다(문자적으로 '몸값을 치르다, 갚다').

누구의 정의로 시온을 구원할 것인지에 대한 여러 견해가 있다. 시온 거주자들의 의(Roberts 2015:31), 하나님의 의(Childs 2001: 22), 또는 둘 모두의 의(Oswalt 1986:110). 문맥은 확실히 하나님의 의를 선호한다. **구속함을 받으리라**는 동사는 시온이 그 행위를 받는다는 수동적인 의미를 암시한다. 개념적으로도 하나님이 회개하는 자들을 구원하시는 것이 회개하는 자들이 그들 자신을 구원하는 것보다 더 합리적이다.

그러나 하나님은 그분의 백성의 남은 자(즉, NIV, 회개하는 자들; 문자적으로 '돌아오는 자들')만 보존하실 것임이 분명하다. **여호와를 거역한 나머지 백성**(패역한 자와 죄인, 28절)**은 패망하고**(문자적으로 '함께 짓밟히고') **멸망할 것이다**(문자적으로 '그들이 끝나게 될 것이다').

29절은 이 **죄인들**이 자신들이 섬기는 거짓 신들이 그들을 구원할 수 없다는 것을 깨닫게 될 때를 말하고 있다. 따라서 그들(이스라엘 자신의 죄를 강조하는 너희)은 그들이 심은 상수리나무와 동산(즉, 세련된 산당들)을 부끄러워할 것이다.

오스왈트(1986:111)는 '부끄러워하다'라는 말이 구약성경에서 잘못된 믿음을 가진 사람에게 일반적으로 사용되었다고 지적한다. 이스라엘 사람들은 나무를 만드신 이에 대한 믿음을 내버리고 나무를 믿는 어리석은 선택을 했다.

그들의 이교도적 숭배에서 나온 세 가지 이미지는 그들의 패망을 묘사하기 위해 사용되었다.

첫째, 그들의 거룩한 동산에 있는 상수리나무와 대조적으로 **잎사귀 마른 상수리나무**

둘째, 그들이 경배했던 물이 가득한 동산과 대조적으로 **물 없는 동산**

셋째, 그들의 이교도적인 나무 우상들과는 대조적으로 **불타 버릴 나무(삼오리기)**.

이사야서에서 나무의 멸망은 사악한 자의 멸망을 나타내는 일반적인 이미지이다(10:33-34을 보라).

31절은 이음새의 정점에 도달하는데, 여기서 강한 자는 불타서 사라지는 삼오라기처럼 연약한 자로 묘사된다. **삼오리기**로 번역된 단어(네오레트 [nĕ'ōret], 2회; 삿 16:9을 보라)는 쓸모없고 불타기 쉬운 아마에서 빗질해 낸 가느다란 가닥을 가리킨다. 강한 자로 묘사된 악인은 하나님이 주관하시는 이 멸망을 피하지 못할 것이다. 아무도 그 불을 끌 사람이 없으리라(66:24을 보라).

이 이음새는 21-26절의 중심교차대구법에서 그랬던 것처럼 미래에 있을 정화를 예견한다. 이것은 1:27에 언급된 시온의 회복을 훨씬 더 자세히 설명하고 독자에게 2-12장을 준비하게 한다.

[부록: 바알 숭배]

바알 숭배는 산꼭대기에 조성된 동산에서 자주 행해졌다. 폭풍의 신인 바알은 땅을 비옥하게 하도록 잘 달래 주어야 하는 중요한 신이었다. 가나안 사람들은 종교의식을 통해 바알과 아세라(즉, 다산의 신들)를 조종하여 땅을 비옥하게 할 수 있다고 믿었다(왕상 14:23을 보라).

따라서 높은 곳에 무성한 동산을 조성하여 나무들(예: 상수리 나무들)을 심었다. 어떤 나무들은 겨울에 죽은 것처럼 보였다가 봄에 다시 살아나기 때문에 다산 제의를 위해 인기가 있었다. 그들은 또한 다산의 여신들을 닮은 아세라 목상을 손쉽게 조각했다. 그처럼 건조한 땅에서는 농작물을 재배하기 위해 비가 필요했기 때문에 사람들은 계속해서 여호와와 바알을 함께 섬기는 혼합주의 예배의 유혹을 받았다.

의미

1장의 주요 초점은 여호와 그리고 이스라엘을 자신에게로 되돌리려는 그분의 계획에 있다. 그분의 백성들은 마치 순종하는 것처럼 계속 희생제물을 바치고 엄숙한 성회로 모이지만 그들의 예배는 여호와와 바알 모두를 달래려고 하는 혼합주의 예배이다.

그 나라는 역사 속에서 이루신 하나님의 전능한 행동들(애굽에서 그들을 구원하시고 젖과 꿀이 흐르는 땅으로 인도하신 것)을 얼마나 빨리 잊어버렸는가. 우리가 하나님께 시선을 두지 않고 더 작고 부족한 것들에 대한 믿음에 두는 것은 얼마나 쉬운가.

그럼에도 불구하고 하나님의 계획은 좌절되지 않는다. 이스라엘이 반역의 열매로 고통을 거둔 것은 사실이다. 그러나 이스라엘의 남은 자들이 있을 것이다. 즉, 새로운 헌신과 새로운 의로 하나님을 섬길 자들이 있을 것이다.

2. 유다와 이스라엘에 대한 신탁(2:1-12:6)

이사야 2-12장은 두 개의 작은 단위, 즉 2-4장과 5-12장으로 구성되는데, 1장에 언급된 하나님이 이스라엘을 구원하시는 방법을 각각 더 자세히 설명한다.

이사야 1장은 이스라엘을 회복하기 위한 하나님의 계획을 간략하게 설명한다. 이어지는 2-4장은 미래의 영광스러운 시온으로 시작하고(2:1-4) 끝나는(4:2-6) 흥미로운 봉투 구조(inclusio)를 통해 훨씬 더 풍성하게 그 주제를 발전시킨다. 회복된 시온에 대한 이 두 대칭 사이에는 이스라엘의 현재 상태만이 아니라 그들을 의로운 나라로 변화시키는 데 필요한 정화의 심판에 대한 묘사가 들어가 있다. 그 과정은 생각했던 것보다 훨씬 더 오래 걸리고 고통스러울 것이다.

중간 단위(2:5-4:1)는 이스라엘의 악한 지도자들을 위해 하나님이 작정하신 네 가지 결과로 시작되는데, 각각 히브리어 단어 키(*ki*)('때문에'; 2:6, 12; 3:1, 8절)로 시작한다. 그 절정은 이사야 3:13에 이르러 여호와께서 자신의 포도원을 약탈하고 가난한 자들을 짓밟는 죄를 지은 그의 백성의 장로들과 고관들을 심판하기 위해 일어나실 때이다(14-15절). 그리고 하나님은 남자 지도자들(2:6-3:12)과 같은 징벌을 받게 될 유다의 여자들(3:16-4:1)을 심판하신다.

5-12장은 일반적으로 '이사야 전기'(또는 '회고록'[Denkschrift])라고 불리는 부분의 중앙에서 긴 중심교차대구법을 형성한다. 이사야의 소명과 사명으로 그 회고록은 시작된다. 그는 이스라엘을 위한 하나님의 계획을 그들에게 알리는 하나님의 주된 대리인이다.

이 두 섹션은 연결 단어인 바아르(*bā'ar*, 문자적으로 '불타다 또는 삼키다')로 연결된다. 내 포도원을 삼킨(바아르) 자는 너희이며(3:14); 그리고 포도원의 노래에서 하나님은 그 울타리를 걷어 먹힘을 당하게 하며(바아르)(5:5; 표 0.8을 보라). 이것들은 이사야서에서 포도원이 바아르된다고 말하는 유일한 두 가지 예이다.

저자는 여호와께서 그 나라를 어떻게 회복할 것인지를 더 설명하기 위해 2-4장의 봉투 구조(inclusio)를 중단하는 대신, 그 구조를 끝낸 다음에 연결 단어 바아르를 하나님의 회복 계획을 설명하는 다음 섹션에 연결한다(5-12장). 따라서 이사야 4장 끝(2-6절)에 나오는 이음새는 열방이 이스라엘의 하나님에 대해 배우기 위해 시온으로 올라갈 때를 말한다. 이어서 13-39장은 하나님께 순종하는 다국적인 남은 자가 나오게 될 여러 다른 나라들에 대한 심판을 설명한다.

1) 예루살렘의 현재와 미래의 대조(2:1-4:6)

학자들은 일반적으로 이사야 2-4장이 이사야서의 최종 형태 안에 있는 한 단위라는 데 동의하지만, 장르들, 화자들 및 주제적 문제의 차이로 인해 그것의 더 작은 단위들의 관계에 대해 의견일치가 많이 이뤄지지 않는다(Williamson, 2006:238).

그럼에도 불구하고 하나님은 궁극적으로 그분의 백성을 회복시키실 것이며(2:1-4; 4:2-6), 그분의 포도원을 망친 책임이 있는 이스라엘의 장로들과 고관들을 사로잡을 것이다. 이 일이 어떻게 일어나는지는 다음 섹션인 5-12장에서 더 자세히 설명된다.

(1) 미래의 예루살렘은 열방을 참하나님께로 인도할 것임(2:1-4)

문맥

많은 학자가 이사야 2:1-4이 포로기 이후 추가된 것이라고 주장한다. 그러나 포로기 이전 연대를 나타내는 몇 가지 표지가 있다. 이 구절은 확실히 미래의 회복을 기대하지만, 그 회복은 후대 종말론적 사고에서 종종 발견되는 것처럼 현재 세계의 파괴와 재창조가 아닌 갱신으로 보인다. 포로기 이전 책이라고 생각되는 미가 4:1-3에는 이사야 2:1-4과 거의 같은 표현이 나온다(이 책의 '서론'을 보라). 이사야 2:2-4과 4:2-6이 시온 신학에서 비롯된 것이고(그럴듯해 보이듯이) 야곱의 족속(2:5)과/또는 '야곱의 집'(2:6)이 북왕국을 가리킨다면, 이 두 단락은 북왕국이 멸망했을 때인 주전 722년 이전에 기록되었을 수 있다.

신학적으로 이사야 2:2-4과 4:2-6이 하나님이 아직 이스라엘을 멸망시키지 않으셨다는 희망과 격려를 제공했을 것이라는 데는 의심의 여지가 없다. 그러나 주전 586년의 멸망 이후보다 주전 701년(따라서 포로기 이전 연대)에 기적적으로 예루살렘이 구원받은 이후에 그 희망은 더 쉽게 생겨났을 것이다.

주석

〈1〉 아모스의 아들 이사야가 받은 메시지라고 말하는 이 새로운 서론은 대개 2-4장 또는 2-12장에 대한 편집비평적 제목으로 간주하며, 일반적으로 1:1의 서론보다 후대의 것으로 생각한다. 이 도입부의 표현은 이사야가 본 계시(하존[ḥāzôn], 1:1) 대신에 말씀(핟다바르[haddābār])이라고 말하는 것을 제외하고는 1:1의 표현과 유사하다. 그리고 이 '말씀'이 언제 주어졌는지에 대한 언급은 없다.

여기에서 이사야의 전체 이름(아모스의 아들 이사야)이 반복되는 것은 다소 드물기는 하지만 스가랴서 1:1과 1:7(또한, 7:1을 보라)의 도입부와 유사하다. 이 말씀은 밀접하게 연결된 유다와 예루살렘(1:1과 같은 이름의 순서)의 운명에 관한 것이다.

〈2-3〉 2-4장의 '봉투 구조'(inclusio) 패턴은 시온의 미래 영광에 대한 설명으로 시작하여 말일에(또는 '미래의 날에')라는 핵심 어구로 무대 설정을 하면서 시온의 미래 영광에 대한 설명을 시작한다.

이 신탁(2:2-4)은 여호와의 산(문자적으로 '집', 즉 시온)을 두 개의 평행 어구 모든 산꼭대기에 굳게 설 것이요와 모든 작은 산 위에 뛰어나리니로 묘사한다. 고대 근동에서 산이나 작은 산(NIV, 언덕)은 신들의 거처로 간주되었다. 시온은 여호와의 주요 거처였다(시 48:1-3을 보라). 1:21-26의 주제인 신실한 성읍을 되새김으로써 여호와와 그분의 길에 대해 배우기 위해(3절) **만방이 그리로**(2절; 즉, 시온산) 모여들 것이라고 한다.

시온산은 해발 2,510피트에 위치하므로 만방이 그리로 모여들 것이라(문자적으로 '흐르다')라고 말하는 것은 중력이라는 자연법칙을 무시하는 것이다. 그 문자적 의미는 각 나라의 사람들이 시온으로 걸어 올라간다는 것을 암시하지만, 그것은 아마도 시온의 중요성과 권위에 대한 묘사로서 비유적으로 읽어야 할 것이다.

여호와와 그분의 길에 대해 배우려는 관심은 이스라엘 사람들에게 국한되지 않으며 오히려 **만방**(2절)과 **많은 백성**(3절)이 시온으로 이끌려 나올 것이다. 다음 어구, 그가 그의 길을 우리에게 가르칠 것이라는 표현은 지속적 행동을 나타내기 때문에 문자적으로 읽으면 '그리고 그분이 우리에게 그분의 길을 가르치고 있을 것이다'이다. 이 가르침은 하나님에게서 직접 나오며, 열방이 그분께 인도되어 순종하기(그 길로 행하리라)를 원하신다는 점에 주목하라.

이스라엘은 열방을 하나님께 인도할 등불 역할을 해야 하지만(출 19:5-6을 보라), 이사야의 생애 동안에 이스라엘은 이 역할에 크게 실패한다. 여호와께서 **시온에서 통치하실 것**이며 그분의 **율법**(토라[*tôrâ*]) 또는 '교훈'이 거기에서 나올 것이다. 시온이라는 이름의 사용은 열방에 선포될 유대 나라의 종교적 측면을 강조한다. **토라**라는 단어는 열방으로 하여금 도덕적이고 올바른 삶을 사는 방법을 알게 하는 하나님의 정의와 가르침을 암시한다.

〈4〉 4절은 만방과 많은 백성이 여호와의 주권을 인정하고 그분의 길을 배움으로써 자신의 통치가 정당하다는 하나님의 주장을 묘사한다. 여호와께서 **판결하시니**(NIV, 분쟁을 해결하고) 우주적 평화가 이어질 것이다(11:6-9을 보라).

이 나라와 저 나라가 다시는 칼을 들고 서로 치지 아니할 것이기 때문에 무기가 더 유용한 도구로 만들어질 것이다. 사람들은 그들의 칼을 쳐서 보습(쟁기 앞의 날카로운 칼날)을 만들고, 그들의 창을 쳐서 낫(포도나무를 잘라내는 데 사용되는 갈고리 칼날)을 만들 것이다. 이 전쟁 무기는 영구적으로 용도가 변경될 것이며, 이것은 요엘 3:10에 나오는 이미지의 반전이다.

이것은 분명히 비유적 언어로 많은 나라에 평화와 복을 가져오게 될 예루살렘의 특별한 역할을 묘사한다. 9:1-7, 11:1-9, 32:1-8에는 평화의 왕국이 나타난다. 그러나 그 구절들이 하나님의 대리자로서 다스리는 다윗가의 왕을 묘사하는 반면 이 구절(2:4)은 하나님의 통치를 강조한다. 2:4과 4:2-6에 나타난 미래는 신약의 요한계시록에 묘사된 것과 같다(계 20-22장을 보라).

의미

이 둘째 서론은 하나님의 특별한 거처인 시온과 함께 세상 열방을 하나님의 영광스러운 계획을 그리는 비전 속으로 인도한다(시 87, 93편 등을 보라). 이스라엘의 위대한 지혜와 평화의 하나님에 대해 알기 원하는 열방이 시온으로 이끌릴 것이다. 그분은 공의롭게 다스리실 것이며, 열방은 그분의 심판을 기꺼이 받아들여 그분의 왕국 전체에 평화와 안녕을 가져올 것이다. 신약은 그 미래를 아주 유사하게 그린다(계 20-22장). 하나님은 평화, 정의, 안녕으로 의로운 나라를 다스리실 것이다.

(2) 현재의 예루살렘은 심각한 죄로 가득하고 좋은 지도자가 없다. 시온은 정화될 필요가 있음(2:5-4:1)

여기 이사야 2-4장의 봉투 구조 패턴에서 이스라엘의 영광스러운 미래는 이스라엘의 비참한 현재 상태로 바뀐다(2:5-4:1; 표 0.8을 보라). 묘사의 첫 부분(2:5-3:12)에는 각각 히브리어 키(*ki*, '때문에'; 2:6, 12; 3:1, 8)로 시작하는 네 개의 섹션이 있으며, 각 섹션은 이스라엘이 하나님을 떠남으로써 겪게 되는 경험을 묘사한다.

이스라엘의 징벌을 선언하는 화 신탁이 뒤따르고(3:11-12), 여호와께서 그분의 나라와 다투기 위해 일어나신다(3:13). 법정 장면에서 하나님은 먼저 이스라엘의 지도자들에게 그리고 나서 이스라엘의 여인들에게 유죄 판결을 내리신다(3:16-4:1). 지도자들에 대한 여호와의 판결 핵심부에서 하나님은 그들이 다음 섹션(5-12장)에 다시 나타나는 주제인 '(하나님의) 포도원'을 삼켰다(바아르[bāʿar])라고 선언하신다.

많은 학자가 이사야 2:5-22이 이 책에서 제일 손상된 본문이라고 말하는 둠(Duhm)의 견해에 동의한다. 그 이유는 단어나 어구가 누락된 것 같은 구절(5절을 보라), 느닷없이 등장하는 구절(5, 9, 13-16, 18절 등), 편집적 재구성으로 보이는 구절(18, 2021, 22절)이 나오기 때문이다. 그럼에도 불구하고 이렇게 제안된 손상된 본문에 대한 사본적 증거가 거의 없으며 마소라 본문은 현재 상태 그대로 타당하다. 따라서 우리는 본문을 있는 그대로 읽어야 한다는 오스왈트(Oswalt)의 견해에 동의한다(1986: 121).

윌리엄슨(2006: 207)은 적어도 그 섹션의 일부분이 교차대구법(엄밀히 말해서 중심교차대구법)을 구성한다고 주장한다.

A 바위틈에 들어가며 진토에 숨어 (2:10)
    B 눈이 높은 자가 낮아지며 (2:11)
        C [중간 핵심] 모든 교만한 자와 거만한 자와 자고한 자에게 (2:12-16)
    B´ 자고한 자는 굴복되며 (2:17)
A´ 암혈과 토굴로 들어가서 (2:19)

이 단락의 강조점은 두 가지이다.
첫째, 하나님은 인간의 교만과 자만심을 정죄하신다.
둘째, 여호와의 날에 심판을 쏟아부으실 것이다.

① 이스라엘에 대한 권고(2:5-11)

문맥

이스라엘이 맞이할 놀라운 미래의 희망(2:2-4)에 대한 묘사는 그런 희망으로 살아가라는 일종의 권고이다. 우리가 여호와의 빛에 행하자(2:5). 저자는 이 권고에 자신을 포함시킨다(우리가 … 하자).

야곱의 족속이라는 어구는 북왕국을 가리킬 수도 있지만(9:8을 보라), 온 나라를 가리킬 가능성이 더 크다. 왜냐하면, 3:1에서 남유다 왕국이 하나님에 의해 정화되기 때문이다. 이 어구는 여기서 강조된 위치에 있을 뿐만 아니라, 다음 구절에서도 반복되어 그들의 관심을 사로잡고 그들의 큰 특권을 일깨워 준다.

주석

〈5〉 5절을 시작하는 권고는 저자가 이스라엘이 그들의 행동에 합당한 다가오는 심판을 피할 수 있기를 희망했다는 것이다. 그러나 앞 섹션에서 미래의 희망에 대한 언급이 어떤 식으로든 그들의 현재 행동을 용납한 것은 아님을 암시한다. 어떤 것이든지 간에 그것은 그들의 과실을 가중시켰다.

일부 학자는 갑작스럽게 등장한 5절은 뭔가 누락되었을 것이라고 하지만, 5절이 앞부분과 뒷부분 모두를 바라보며 두 섹션을 연결한다고 (2001: 31) 생각한 차일즈의 관찰은 올바르다. 우리가 여호와의 빛(오르['ôr])에 행하자라는 것은 그들이 걷고 있었던 어둠과 사악함에 등을 돌리는 돌이킴을 의미한다. 하나님의 빛 가운데 행한다는 개념에는 그분이 주신 율법만이 아니라 그 의로운 지시를 따를 때 결과적으로 얻게 될 모든 복이 수반된다.

⟨6-7⟩ 2:6, 12; 3:1, 8의 히브리어 불변화사 키(*ki*, '때문에')는 하나님을 떠난 네 가지 결과를 소개한다. 첫 번째 결과는 이스라엘의 죄가 그들의 하나님과의 불화를 초래했다는 것이다. 주께서 주의 백성을 버리셨음은(키 [*kî*]). 2인칭 단수 형태는 이스라엘과 하나님의 직접 관계를 강조한다. 그들은 당신의(하나님 자신의) 백성(NIV)이다.

이스라엘이 다른 나라들의 죄를 받아들였다는 것은 6-11절의 범죄 목록을 통해 알 수 있다(신 18:9-14을 보라). 6b절은 이런 세 가지 죄를 나열한다.

- 그들에게 동방 풍속이 가득하며(문자적으로 '그들에게 동방으로 가득하며'). 어떤 학자들은 동방으로를 '점쟁이들'(코세밈 [*qōsĕmîm*])로 번역하지만, 이 읽기는 사본적 증거가 거의 없어서 상당한 수정이 필요하다. 이것은 그들이 동방의 생각이나 관습에 강하게 영향을 받았다는 것이다(아간이 [동방의] 시날에서 만든 아름다운 외투를 갈망했다는 수 7:21을 보라).
- 그들 블레셋 사람들같이 점을 치며(문자적으로 '그리고 블레셋 사람과 같은 점쟁이들'; 왕하 1:2을 보라). 점쟁이들은 신과 소통하는 것으로 생각되었다. 따라서 이 강한 힘을 가진 무리의 사람들은 이스라엘에서 불법적인 자들로 간주되었다(신 18:10-14).
- 그들은 이방인과 더불어 손을 잡아(문자적으로 '그들이 외국인들의 아들들을 껴안는다').

그들의 돈과 보물이 증가함에 따라 (신 17:16-17의 금지를 보라) 그들의 죄악도 증가했다. 하나님은 돈, 말, 병거가 올바르게 사용된다면 그것들을 반대하지 않으신다. 그러나 이스라엘은 하나님으로부터 눈을 떼고 강력한 외국들과의 동맹을 통해 보호를 받으려 했다.

⟨8⟩ 이스라엘과 유다는 여로보암 2세(왕하 14:25)와 웃시야(대하 26:5-16) 통치 때 특히 번영했지만, 그들의 영적 상태는 극도로 타락했다. 8절은 그 땅에는 우상(엘릴림[*ĕlîlîm*], '가치 없는 것들')도 가득하므로 그들이 자기 손으로 짓고라고 묘사한다(44:10-17을 보라). 여기에 하나님(엘로힘[*ĕlōhîm*])과 인간의 손으로 만든 것을 믿는 것에 대한 공허함을 드러내는 우상(엘릴림[*ĕlîlîm*])이라는 말 사이에 언어유희가 있다.

⟨9-11⟩ 이스라엘은 인간의 지혜에 따라 자신을 위대하게 만들 모든 것을 가지고 있었지만, 그것은 모두 교만으로 이어졌다. 그러므로 하나님은 그들을 겸손하게 만드실 것이다(9-11절).

9절에서 '인간'을 의미하는 두 단어는 일반적인 의미의 '인류'(아담[*ʾādām*])와 개인(이쉬[*îš*])으로 나뉜다. 9절과 11절은 유사한 어휘를 사용하여 모든 인류(아담/이쉬, 복수형)는 낮아지며, 굴복되고라고 말한다. 이것은 징벌의 날에 **여호와께서 홀로 높임을 받으시리라**와 대조적이다.

학자들은 9절의 마지막 어구, **그들을 용서하지 마옵소서**를 놓고 고군분투하고 있다. 이 어법은 일시적인 금지를 암시한다(Williams § 186); 다시 말해서, 그들의 죄들이 공의를 요구하기 때문에 이 시점에서 하나님이 용서를 보류하신다는 저자의 갈망을 나타낸다.

10절은 아무 소용이 없겠지만, 사람들이 언덕에 있는 동굴에 숨거나 땅에 구멍을 뚫음으로써 하나님의 강한 능력("그 광대하심의 영광")을 피하려고 할 것이라고 지적한다(19-21절; 계 6:15-17을 보라). **그날에**(11절)는 여호와의 날을 예상하는데, 그때 사람들은 도망하여 하나님에게서 숨으려 하지만 실패할 것이다(암 9:2-4을 보라). 결국에 그들은 멸망할 것이며, 인간의 교만과 오만은 과거의 일이 될 것이며, 여호와만이 홀로 높임을 받을 것이다. 여호와는 진정으로 마땅히 그것을 받을 자격이 있는 분이시다.

의미

이스라엘은 그들의 하나님에게서 멀리 떠났지만, 이사야는 그들에게 돌아올 기회를 제공한다(5절). 그들은 말, 병거, 은, 금, 이방 신들로 땅을 가득 채움으로써 그들의 안전을 위해 하나님이 아닌 그 모든 것을 의지했다. 하나님은 오직 자신만이 높임을 받으셔야 한다는 것을 그들이 깨달을 수 있도록 친히 그들을 낮추시고 징벌하실 것이다.

② 하나님이 모든 교만함과 사악함에 대항하심(2:12-22)

문맥

'때문에'(키[*ki*])라는 단어는 하나님을 떠난 두 번째 결과를 소개한다. 심판의 날이 있을 것이다. 이 섹션은 9-11절에 묘사된 **여호와의 날**(문자적으로 '주께 속한 날')이 시적으로 확장된 것이다. 그날에 여호와의 위엄에 어리석게 도전하는 자(모든 교만한 자와 거만한 자와 자고한 자)들이 벌을 받고 오직 하나님만이 높임을 받으실 것이다.

주석

〈12-16〉 여기에 있는 이미지는 인간의 자랑스럽고 오만한 사고방식을 은유적으로 표현한 것으로 하늘을 향해 뻗어 나가는 장대한 모습이 특징이다. 레바논의 높고 높은 모든 백향목과 바산의 모든 상수리나무와 모든 높은 산과 높은 돛이 달린 다시스의 모든 배.

보응하고 심판하시는 만군의 여호와의 날이 임하여 여호와께 패역하고 자신들의 길을 선택한 모든 교만한 자들은 낮아질 것이다. 다른 구절에서 일반적으로 여호와의 날이라고 하는 이날은 하나님의 심판의 날이다. 심판하시는 그분의 권위는 **만군의 여호와**라는 칭호에 의해 강조된다.

⟨17-21⟩ 하나님에게는 적수들이 없다(17절). 교만(갑후트[gabhût, 2회]; 2:11을 보라)의 죄는 인간이 하나님 없이 살아가면서 스스로 자신의 삶을 통제하고자 하는 시도로 이사야서에서 그려진다. 이 두 섹션에서 자고한 자는 굴복되며 교만한 자는 낮아질 것이라는 경고가 4회(2:9, 11, 12, 17) 반복됨으로써 하나님이 홀로 높임을 받으실 것이라는 점이 분명하게 드러난다.

그날에(17, 20절)는 12절에 언급된 심판의 날을 의미한다. 18절의 강조 구조는 우상이 더 이상 이스라엘 어디에도 존재하지 않을 것(문자적으로 '그 우상들이 완전히 사라진다')이라는 점을 강조한다. 10, 19, 21절은 비슷하다. 한때 자고하고 교만했던 자들은 **여호와의 위엄과 그 광대하심의 영광**을 피하려고 **암혈**3)과 **토굴**로 도망할 것이다.

여호와께서 땅을 진동시키시려고 일어나실 때라는 어구(19, 21절)는 인류의 토대와 사람들 그리고 그들이 의지해 왔던 것들을 무너지게 한다는 것을 의미하는 비유적 표현이다. 이 '진동'은 또한 궁극적인 여호와의 날을 내다보게 한다(계 6:12, 15-17).

20절의 앞뒤에 있는 19절과 21절은 봉투 구조를 형성하면서 사람들이 여호와의 날에 어떻게 자신들의 **우상들**(엘릴림[*ĕlilim*], 문자적으로 '무가치한 것들')을 버리는지 묘사한다. 그래서 그것들이 땅을 진동시킬 수 있는 주권적인 하나님에 비해 얼마나 중요하지 않은지 확인하게 된다. 참하나님이 일어나실 때 우상들은 그것들이 속해 있는 곳으로 던져질 것이다. 그곳은 **두더지들**(라흐포르페로트[lahpōrpērôt], 오직 이곳에서만 사용됨)과 **박쥐들**(아탈레핌['*ăṭallēpim*], 3회; 레 11:19을 보라)이 있는 곳이다.

⟨22⟩ 여호와의 날에 대한 이 무서운 그림을 바탕으로, 여호와께서는 단 한 번의 숨결을 내쉬며(문자적으로 '그의 호흡은 코에 있나니') 죽는 인생을 의지하지 말라고 말씀하신다. 셈할 가치가 어디 있느냐. 선지자는 그들에게 우선순위를 조정하도록 도전하고 있다. 이스라엘이 안전하게 살고 영광

---

3) 이스라엘에는 오늘날 1,200개가 넘는 등록된 동굴이 있다.

스러운 미래가 성취되는 것은 인간을 향한 소망을 통해서가 아닌 전능하신 하나님을 향한 소망을 통해서이다.

의미

하나님은 자신에게 필적할 자가 아무도 없다는 것을 이스라엘 백성에게 일깨우기 위해 높고 자고한 것들의 이미지들을 사용하신다. 그분은 모든 것을 낮아지게 하실 수 있다. 여호와의 날이 오면, 인류는 하나님의 권능과 위엄을 분명히 볼 것이고 그분에게서 도망치려 할 것이다.

이 섹션은 선지자가 호흡조차 불확실한 인간에 대한 두려움을 멈추고, 대신에 우주를 통제하시는 하나님께 의지하라고 이스라엘 사람들에게 요구할 때 절정에 이른다. 하나님이 그분의 왕좌에 좌정하실 때 권세와 권위에 대해 경외심을 불러 일으킬 만한 바른 시각을 갖게 될 것이다.

③ 미래의 무정부 상태(3:1-12)

문맥

3장의 구조는 이사야서의 전반부에서 가장 어려운 구조 가운데 하나로 이 문제에 대한 다양한 논쟁으로 끌어간다. 1절을 시작하는 키(*ki*, 때문에)가 이전 장에서부터 계속되어 하나님을 떠난 세 번째 결과를 소개한다. 하나님은 그들이 의뢰하며 의지하는 것을 제거하실 것이다.

이 구절에서는 인간의 힘과 업적을 신뢰하는 것이 어리석다는 주제가 계속된다. 1-7절은 임박한 미래의 행동을 자세히 설명하고, 8절은 이스라엘의 현재 상태에 초점을 맞춘다.

주석

⟨1-3⟩ 보라(키(*ki*, 때문에) 주 만군의 여호와께서 예루살렘과 유다가 의뢰하며 의지하는 것을 제하여 버리시되. 이 주권적 주님은 만군의 주(그분의 능력을 강조하기 위해 이사야서에서 11회 사용됨) 여호와이시다. 예루살렘과 유다(앞서 나오는 1:1과 2:1에서 2회 역순으로 언급됨)에 대한 하나님의 세부적 심판이 더욱 구체화된다. 그들의 죄 때문에 (2:6-9을 보라) 여호와께서 유다가 의뢰하며 의지하는 것을 전부 제하여 버리려고 하신다.

의뢰하는 것(마쉐엔[*mašʿēn*], 이 구절에만 나옴)이라는 단어는 그들을 지탱해 주는 모든 양식과 … 모든 물을 가리킨다. 의지하는 것(마쉐에나[*mašʿēnâ*], 오직 여기에만 나옴)이라는 단어는 군대, 정치 및 종교 지도자와 숙련된 장인을 포함한 나라를 지탱하는 구조나 근간을 가리킨다. 중요한 점은 모든 관습적인 지도와 조언이 더 이상 사람들에게 유용하지 않아 광범위한 혼란을 초래한다는 것이다. 여기에 왕에 대한 언급이 없다는 것이 흥미롭다.

신통치 않은데도 백성들이 자신들을 인도해 달라고 구했던 복술자(2절)와 능란한 요술자(종종 '뱀을 매혹하는 자들', 3절)를 하나님이 제하여 버리신다. 이것이 바로 앗수르 사람들과 바벨론 사람들이 나라를 정복할 때 했던 일이다. 그들은 잠재적인 위협을 가하거나 반역을 일으킬 수 있는 모든 사람을 제거했다(왕하 24:14-17을 보라).

⟨4-5⟩ 여기의 이미지는 소위 '불안정한 사회'(*ANET* 441-445)라고 불리는 것인데, 이 사회에서는 자격 없는 사람들이 오히려 자격이 있는 사람들을 지배한다. 나이 든 사람에게 지혜와 명예 그리고 잘 이끌어 갈 수 있는 능력이 있다고 생각하는 문화에서(레 19:32을 보라), 되레 소년들(나아르[*naʿar*])과 아이들(문자적으로 '변덕스러운 장난꾸러기')이 이 나라를 다스린다. 나아르(*naʿar*)라는 단어는 생후 약 3개월(출 2:6)에서 약 30세의 성인 남성(렘 1:6)까지 다양한 계층을 지칭한다. 요점은 이 지도자들이 경험이

없고 변덕스럽고 일관성이 없고 또는 폭압적이고 악의적이어서 더 나빠질 수도 있다는 것이다.

5절에서 강조된 폭정은 하나님이 내리시는 징벌의 한 부분일 뿐이다. 또 다른 부분은 일반적인 격변이나 무정부 상태(문자적으로 '사람과 사람이 서로 대항함')이다. 사람들은 자신이 원하거나 필요로 하는 것을 갖기 위해 다른 사람들을 억압할 정도로 이기적이다. 사회적 규범은 산산조각이 날 것이다. 아이가 노인의 자리를 빼앗을 것이고, 비천한 자(니클레[niqleh], 문자적으로 '가볍게 생각되는 자')가 존귀한 자(니크바드[nikbād], 효과를 위해서 유사하게 들리는 이 두 단어가 사용됨)에게 대항하여 일어날 것이다.

⟨6-7⟩ 권력에서 쫓겨난 사람들이 남겨둔 공허함 속에서, 특별한 자격이 없는 어떤 자들은 사소한 이유, 예컨대 공개석상에서 입을 수 있는 겉옷을 가지고 있다는 이유로 다스리라는 강요를 받을 것이다. 윌리엄슨은 겉옷을 가진 그 사람이 '엄청난 헌신'(2006:250)과 유사한 가치가 있는 무엇인가로 하나님의 징벌을 간신히 면했다고 관찰한다. 그럼에도 불구하고 강조점은 그의 무능함에 있다.

6절은 아이러니하다. 강요받은 자들은 폐허(막셀라[makšēlâ] 2회; 슥 1:3을 보라)를 책임지고(문자적으로 '네 손 아래에', 권력이나 권위의 의미) 싶어 하지 않으며, 상황을 해결할 자원도 없다(나는 고치는 자가 되지 아니하겠노라/내 집에는 양식도 없고 의복도 없으니, 7절). 오직 하나님만이 회복하실 수 있다.

폐허는 주전 722년 앗수르에 의한 이스라엘 멸망, 그 이후 주전 701년 유다(예루살렘을 제외한 전부)의 멸망 또는 주전 586년 바벨론 사람들에 의한 유다의 멸망에 대한 묘사일 수 있다(비록 마지막의 경우가 가능성이 작다고 해도 정복한 바벨론 사람들이 이스라엘의 차기 지도자들을 선택했기 때문에).

⟨8-9⟩ 키(ki, '때문에', 8절)는 하나님을 떠난 네 번째 결과를 소개한다. 예루살렘과 유다(1절과 같은 순서)가 멸망하였고 … 그들이 재앙을 자취하였도다(9절). 이 그림은 곤두박질쳐 바닥에 누워 있는 사람의 모습이다. 이 멸망의

이유는 모두에게 분명할 것이다. 그들의 언어[문자적으로 '혀']와 행위가 그들의 하나님을 거역한(문자적으로 '[그들이] 그분의 영광의 눈을 범했다') 것이다.

9절은 학카라트(*hakkārat*, 여기에만 나옴)로 시작되는데, 이것은 카라(*kārâ*; 불확실하지만 '모습, 외모'라는 뜻)에서 나온 단어로 안색(즉, 어떤 유형의 표정, NIV, NASB, ESV)으로 번역되었다. 그러나 '학카라트'는 공통적인 북서부 셈어 어근 '카라트'(*kārat*, '자르다')에서 유래했을 가능성이 더 크다. 따라서 이것은 불리한 증거가 될 그들의 얼굴의 '상처'를 의미한다. 이것은 바알을 달래기 위해 얼굴을 베어 상처를 내는 것(왕상 18:28을 보라)을 가리키거나 여호와에 대한 분노 또는 혐오감을 가시적으로 표현하는 입들(즉, 그들의 얼굴에 베인 상처)을 가리킬 수 있다.

불리하게 증거하며(문자적으로 '그들에 대항하여 대답하다')와 **그들의 죄를 말해 주고**(문자적으로 '선언하다')는 어느 쪽이든 아마도 그들의 죄를 기소하는 법적 용어일 것이다. 예루살렘은 여호와에 대해 고의적 거부를 보여 줌으로써 자신의 불경건함을 뻔뻔하게 과시했다.

그들의 영혼에 화가 있을진저라는 어구는 6절에 나오는 그 지도자들에 대한 언급일 가능성이 아주 크다. 즉, 그 지도자들은 자신들에게 닥칠 운명을 마땅히 받아들이고, 그 자신들만이 책망받아야 할 자들이다(그들이 재앙을 자취하였도다).

<10-12> 10절에서 생각의 흐름에 갑작스러운 변화가 있는데, 이는 일반적인 지혜를 말하는 것일 수 있다. 이것은 하나님이 의인을 악인과 같은 방식으로 대하지 않으신다는 것을 확인시켜 주는 역할을 하는데, 적어도 그 개념은 소돔과 고모라에 대해 하나님과 논쟁했던 아브라함의 때까지 거슬러 올라간다(창 18:20-32).

경건하지 못함과 사악함을 징벌하지 않고 갈 수는 없다. 그러나 하나님은 의롭고 공평한 이이시기 때문에 의인에 대한 희망은 여전히 남아 있다. 심지어 행악자들을 징벌하시는 동안에조차 하나님은 의로운 자들을 보호하실 수 있다. **의인에게 복이 있으리라/그들은 그들의 행위를 먹을 것**

임이요. 마찬가지로 악인들 또한 자신들의 악의 열매를 거두게 될 것이다. 그의 손으로 행한 대로 그가 보응(문자적으로 '악, 재앙')을 받을 것임이니라.

12절에서는 이 악한 지도자들에 대해 더 자세히 설명한다.

- 내 백성을 학대하는 자는 아이요
- 다스리는 자는 여자들이라
- 네 인도자들이 너를 유혹하여
- 네가 다닐 길을 어지럽히니라

아이(문자적으로 '어린이처럼 행동하다')와 여자들은 둘 다 경험이 부족해서 지도자로서 과잉과 남용에 빠지기 쉽다. 아이가 그들의 백성을 학대하는 자라고 말할 때 이것은 일반적으로 한 나라가 자기보다 못한 나라 위에 군림하는 말로 사용된다. 다스리는 자는 여자들이라라는 어구는 지배를 암시한다. 이것은 아달랴의 무자비한 통치의 슬픈 결과를 생각나게 한다(왕하 11:1-20).

다닐 길(버데렠 오레호테카; wĕderek ʾōrehōteykā, 문자적으로 '네 길의 방향', 12절)이라는 두 단어의 독특한 조합은 사람들이 걸어야 할 경건한 길을 가리킨다. 그들로 길을 잃게 하고(타아[tāʿâ]) 그들을 혼란스럽게 하는(발라[bālaʿ]) 경건하지 못한 지도자들과는 반대된다. 이처럼 쌍으로 나오는 동일한 동사를 28:7에서도 찾아볼 수 있다.

의미

하나님은 이스라엘의 허울뿐인 안전과 질서를 제거하시기 위해 강대국 앗수르를 사용하실 것이다. 그럼으로써 그 백성들은 하나님만이 신뢰해야 할 유일한 분이라는 것을 알게 될 것이다. 그들은 어리석게도 종종 자신들을 타락하게 했던 이웃 나라들과 동맹을 맺음으로써 보호받고자 했다. 안전은 오직 전능하신 하나님을 자기편으로 삼는 데서 온다.

오래 참으시는 하나님의 인내심으로 인해 이스라엘은 징벌을 피할 것이라고 믿었다. 죄에 대한 그들의 무감각은 지도자들로 하여금 대담하게 죄를 짓도록 이끌었다. 지도자들이 나라를 죄로 인도할 때 하나님이 그들에게 더 많은 책임을 지운다는 사실을 깨닫지 못했다. 그러나 하나님은 복을 받을 의인과 벌을 받을 악인을 구별하실 것이다.

④ 여호와께서 지도자들에게 심판을 선언하심(3:13-15)

문맥

이제 2:5-3:12의 절정에 이르렀다. 하나님은 그들의 임무를 너무 잔인하고 부패하게 수행한 지도자들을 심판하기 위해 서 계신다. 하나님은 그들에게 반드시 책임을 물으셔야만 한다(시 82편을 보라).

주석

⟨13-15⟩ 여호와께서는 그간에 많이 인내하셨지만, 이제 그분이 심판하실 시간이다. 여호와께서 변론하여 일어나시며 백성들을 심판하려고 서시도다. 백성들이라는 용어가 종종 여러 나라를 지칭하지만, 이 문맥에서는 그분의 나라 안에 있는 특정한 집단의 사람들을 가리킬 가능성이 가장 크다. 검사와 판사 역할을 하는 하나님은 종교와 정치 지도자들 모두를 가리키는 용어인 장로들과 고관들에 대한 고소를 선언하신다.

첫 번째 혐의는 엄중하다. 그들은 내 포도원을 파괴했다(NIV, 문자적으로 '삼켰다', 14b절). 하나님은 그분의 포도원을 지키고 보호하고 돌보도록 이 지도자들을 선택하셨다. 그런데 그들은 그것을 짓밟고 파괴했다(5:1-7을 보라). 많은 사람이 가지치기와 그것과 관련된 일에 대한 직접적인 지식을 가지고 있을 것이다. 여기서 포도원은 하나님이 양육하고 가지치기를 하신 사람들을 나타낸다. 이 포도원은 하나님이 그것을 돌보도록 임명하신 바로 그 지도자들에 의해 파괴되었다.

두 번째로 그와 같이 해를 끼친다는 혐의는 **가난한 자에게서 탈취한 물건**(게젤라[gĕzēlâ], 일반적으로 전쟁에서 빼앗은 것이지만, 여기서는 그들 자신의 백성에 빼앗은 것)**이 너희의 집에 있도다**이다(14c절). 그들은 그것을 심지어 숨기려고도 하지 않았다.

그들은 가난하고 도움이 필요한 사람들을 보호하는 대신 탈취하면서 자신을 부하게 하려고 그들의 직권을 남용했다. 여호와께서는 지도자들에게 열정적으로 질문하신다(15절).

무엇이 그들로 하여금 하나님의 백성을 그런 방식으로 대할 수 있다고 생각하게 했는가?

그들은 어떻게 그렇게 잔인하게 **내 백성을 짓밟으며 [흙 속에서] 가난한 자의 얼굴에 맷돌질하느냐**(잠 22:22-23을 보라) 이 이미지는 포도주를 만들기 위해 짓이겨지는 포도처럼 그들의 지도자들에 의해 짓밟히는 백성들에 대한 묘사로 포도원 주제를 계속 이어 간다. 그러나 하나님은 지도자들이 아랫사람들을 이런 식으로 대하라고 하신 적이 결코 없으시다.

이 구절은 3:1에서 사용된 것과 같은 어구인 **주 만군의 여호와가 말하였느니라**로 끝난다. 이 칭호는 '모든 만군의 주권자'인 하나님이 홀로 모든 것의 주인이기 때문에 지도자들을 심판할 모든 권리를 가지고 있다는 사실을 강조한다. 하나님의 말씀과 선지자의 말 사이에는 흥미롭게 겹쳐지는 부분이 있다.

13절의 시작 부분에서 선지자가 말한 다음 14절 중간에서 하나님이 말씀하신다. 이러한 인칭의 변화는 선지서, 특별히 분명한 하나님의 대언자이며 종종 하나님의 직접적인 말씀을 전하는 이사야에서는 드문 일이 아니다.

의미

하나님은 이 사악한 지도자들의 부패와 냉담함을 용납하지 않으실 것이다. 그 증거는 분명하다. 지도자들은 비참한 가난 속에서 허우적거리는 가난한 사람들로부터 빼앗은 약탈품들을 그들의 집에 쌓아 두었다. 지도자들은 자신들을 그 자리에 앉히시고, 그들이 어떻게 그들의 직무를 관리하느냐에 대한 책임을 묻는 것이 바로 하나님이라는 것을 잊어버렸다.

이 구절의 절정에서 우리는 하나님이 심판하고 징벌을 내리실 준비가 되어 있다는 것을 알 수 있다. 이 모습은 탐욕과 권력이 우리의 삶을 지배하는 것을 막아야만 한다는 것을 깨닫게 해 준다.

⑤ **예루살렘의 교만한 여인들도 심판 아래 있음**(3:16-4:1)

문맥

이 섹션은 일반적으로 독립적인 신탁으로 생각되지만, 문맥에 잘 들어맞으며 이스라엘 사람들에 대한 이전의 심판 신탁을 반영한다. 교만한 시온의 딸들(NIV, 시온의 여인들=예루살렘의 부유한 여인들)에 대한 이 심판 신탁은 3:16에서 하나님의 고소로 시작되며, 하나님이 하고자 하시는 일에 대한 3인칭 설명으로 이어진다.

주석

⟨16-17⟩ 시온의 딸들이라는 명칭은 2:5의 야곱의 족속이라는 어구에 대응된다. 앞서 언급한 남자들보다 나을 것이 없었던 이 이스라엘 여인들의 교만한 태도(가바[gābah], '높다, 높이다')는 네 개의 어구로 묘사된다.

- **교만하여 늘인 목**(다른 사람에게 깊은 인상을 주고자 하는 사람에 대한 생생한 표현)
- **정을 통하는**(메샄케로트[*mĕśaqqĕrôt*], 오직 여기에만 나옴) **눈으로**(눈 화장이나 눈짓을 암시함)
- **아기작 거려**(문자적으로 '고상한 발걸음이나 경쾌한 걸음걸이')
- **발로는 쟁쟁한 소리를 낸다**(아카스['*ākas*], 오직 여기에만 나옴)

이 여인들은 사회 지도자들의 관심을 끌고 영향력을 행사하기 위해 그들의 외모, 장식, 선정적인 동작을 뻔뻔하게 이용했다.

16-17절의 문법은 두 구절 사이의 인과 관계를 나타낸다. 다시 말해서, 그들이 받는 징벌은 적절할 것이다. 사람들이 그들을 볼 때, 그들은 깜짝 놀라거나 기절할 것이다. 하나님은 그 여인들을 **상처투성이**(NIV, 싶 파흐[*sippaḥ*], 여기에만 나옴; 개역개정은 정수리에 딱지로 번역-역주)로 만들 것이며, 그들의 두피(문자적으로 '이마')를 대머리로 만들 것이다. 이것은 수치와 굴욕의 보편적 상징이다.

〈18-24〉 그날에 화려한 장신구들이 제거될 것이다. 발목 고리, 머리의 망사(오직 여기에만 나옴), 반달 장식(삿 8:21을 보라)과 귀고리, 팔목 고리(오직 여기에만 나옴), 얼굴 가리개(오직 여기에만 나옴), 화관 등. 일부 장신구의 정확한 성격은 알려지지 않았지만, 문맥상 모든 것이 여인들을 더 매력적으로 보이게 하려고 사용되었음을 시사한다.

징벌의 가혹함을 강조하기 위해 24절부터 혐오스러운 다섯 가지 예를 든다.

- 썩은 냄새가 향기를 대신하고
- 노끈이 띠를 대신하고
- 대머리가 숱한 머리털(미크쉐[*miqšeh*], 초기는 화려한 금속 작품을 의미했지만 [출 25:18을 보라], 후기에는 어떤 유형의 예술적 기교를 의미했음)을 대신하고

- 굵은 베옷이 화려한 옷(오직 여기에만 나옴)을 대신하고
- 수치스러운 흔적(오직 여기에만 나옴)이 아름다움을 대신할 것이며

첫 번째 예의 향기는 연고와 치료제에 사용되는 기분 좋게 하는 신선한 향이 나는 발삼나무(전나무의 일종)에서 추출한 수액을 의미한다. 그 여인들의 냄새, 상처들, 대머리 반점들 및 베옷은 다른 사람들에게 혐오감을 줄 것이다.

24절의 마지막 어구 읽기는 문제가 있다. NIV는 키($k\hat{\imath}$)라는 단어를 낙인 찍음(branding; 개역개정은 수치스러운 흔적-역주)으로 읽는다. 그러나 여기에는 두 가지 어려움이 있다.

첫째, 그 어구의 단어 순서를 바꾸어야 한다.
둘째, 그 단어가 이런 의미로 사용된 다른 예가 없다.

그 어구의 끝에 어떤 단어가 누락되었거나(1QIsa^{a}는 '부끄러움'으로 읽음) 혹은 키가 이전 목록을 요약(예: 아름다움 대신 이 모든 것)하는 데 사용된 것이다. 굴욕은 하나님 대신 사람들의 부와 영향력을 신뢰하는 자들에게 알맞은 결과이다. 클레멘츠(Clements)는 일반적으로 포로로 추방된 사람들이 이런 유형들의 반전을 경험했을 것이라고 지적한다(1980a: 51). 최후의 일격은 전투에서 장정들이 학살되고, 여인들이 보호와 도움을 받지 못한 채로 남겨지는 것이다.

〈25-26〉 25절의 평행 단위들은 큰 황폐함을 전달한다. 너희의 장정은 칼에 … 망할 것이며(전투의 일반적 표현), 심지어 그 나라의 강한 용사도 전란에 죽을 것이다. 그 성문은 슬퍼하며(아나[$'\bar{a}n\hat{a}$]) 곡할 것이요(아발[$'\bar{a}bal$]), 여기서 이 두 동사는 매우 의미가 유사하다. 우는 이유는 성읍이 황폐했기 때문이다. '입구'(openings)라는 용어는 '성문'을 가리키는 일반적인 용어가 아니다. 성읍에 대한 다양한 형태의 입구를 위한 일반적인 용어일 수도 있고 혹은 벽 자체에 입구가 있음을 의미할 수도 있다.

시온은 히브리어 본문에서 이름으로 언급되지는 않았지만, 아마도 여

기에서는 하나님께 혹독한 징벌을 받은 자녀들을 두고 우는 여인으로 그려졌을 것이다. 자녀가 없다는 것은 고대 근동에서 심각한 저주였다. 자녀들은 노부모를 위해 노동과 보호와 돌봄을 제공하고 그들의 사후에도 부모에 대한 기억을 살아 있게 하는 존재이기 때문이다(시 127:3을 보라).

이 징벌은 그 성읍에 큰 고통을 줄 것이다. 일반적인 상황에서는 그 성읍의 남자들이 성문 주변으로 모여들 것이지만, 이 구절들에서는 예루살렘의 성문이 죽은 남편에 대한 상실감으로 주저앉아 슬퍼하고 있는 젊은 여인으로 그려진다.

⟨4:1⟩ 4:1에서의 장 구분은 안타깝다. 이 구절은 (마소라 본문이 여기에서 장을 나누기는 하지만) 4장의 회복보다 3장의 저주에 더 가깝다. 1절은 3:25-26에 묘사된 대로 장정들의 전사로 인해 초래되는 자연스러운 결과이다. 그날에 일곱 여자가 한 남자를 붙잡고. 일곱을 반드시 문자 그대로 받아들일 필요는 없다, 오히려 그것은 그 상황의 '전면적' 혹은 '완전한' 혹독함을 나타내는 숫자이다(*ANET* 659, 세파이어[*Sefire*] 조약 저주편을 보라).

이 여인들은 끔찍한 상태에 있다. 자녀가 없거나 과부이기에 절망에 빠진 그들은 **한 남자를 붙잡고** 독신과 불임이라는 오명에서 벗어나기 위해 간절히 결혼(다만 당신의 이름으로 우리를 부르게 하여는 결혼을 의미함)을 요구하게 될 것이다(Williamson 2006:229을 보라).

여인들은 그에게 떡과 옷(출 21:10을 보라)을 포함한 삶의 필수품을 제공해야 하는 남편의 관습적 책임도 요구하지 않고, **우리가 수치를 면하게 하라**(문자적으로 '우리의 책망을 거두어라')고 애원한다. 이스라엘 여인들이 겪게 될 굴욕과 절망적인 상황은 그들이 한때 익숙했던 자부심과 풍부함과는 거리가 멀다. 수치를 피하는 것은 많은 문화권에서 강력한 동기부여로 작용한다.

의미

이스라엘의 남자 지도자들이 권력과 탐욕으로 타락하여 비천해진 것처럼(2:5-3:12), 이제 이 나라의 교만한 여인들도 마찬가지로 굴욕을 당하게 될 것이다(3:16-4:1). 여인들이 자랑스러워했던 모든 것(부, 번영, 아름다움, 사치)이 사라질 것이다. 누더기를 입고 대머리가 되고 볼품이 없게 된 이 여인들은 궁핍해질 것이고, 수치를 없애 줄 남편이 없을 것이다.

하나님은 무작정 사람들을 존대하시는 분이 아니다. 남자들과 여자들 모두 그들의 자만과 부패의 결과를 경험하게 될 것이다. 하나님은 범죄에 합당하게 징벌하신다. 그들이 가장 갈망했던 것들은 없어질 것이다.

⑥ 미래 예루살렘의 영화; 이음새(4:2-6)

문맥

이 섹션은 봉투 구조의 끝부분에 위치한다. 이 봉투 구조에는 하나님의 백성 가운데 믿는 남은 자를 위한 영화로운 미래에 대한 두 가지 묘사(2:1-4; 4:2-6) 사이에, 죄악으로 가득 찬 그 나라의 상태를 설명하는 한 단위가 강한 대조로 놓여 있다.

이 섹션의 내용은 이스라엘의 슬픈 상황을 묘사한 바로 앞 구절에 대한 신학적 성찰이다. 만약 정의롭고 공의로우신 하나님이 자신의 백성을 위해 계획을 세우셨다면, 그분은 그들이 올바른 위치로 회복될 수 있도록 그 나라를 정화하셔야만 한다. 봉투 구조의 전체 스타일은 그 단위 안에 몇몇 평행 어구가 있음에도 불구하고 일부 사람이 제안했듯이 시적이지는 않다.

이 구절은 본질상 종말론적이지만, 나중에 나타날 종말론적 요소(예: 현재 세계 질서의 파괴 및 새로운 질서의 설정)를 포함하지는 않는다. 그러므로 하나님이 세우실 의로운 왕국에 대한 상황을 성취해 가는 희망이 포로기 이후 시대에 사라진 것이 아니다. 그것은 1-4장에서 강조된 이스라엘의 사악함을 정화하는 것이다.

이사야 4:2-6은 1:27-31의 초기 이음새와 같은 요소를 가진 또 다른 이음새다.

- 이스라엘이 심판받을 것이다(4:4).
- 남은 자가 구원받을 것이다(4:2-3).
- 악인이 징벌받을 것이다(4:4).
- 시온이 구속받을 것이다(4:4-6).

이 이음새는 다음과 같이 이후 섹션(사 13-39)을 준비한다. 하나님은 이스라엘을 정화하시고 그들에게서 믿는 남은 자를 데려오실 뿐만 아니라 열방도 이스라엘의 하나님께 이끌리어 믿는 남은 자가 그들에게서도 일어날 것이다(특히, 19:24-25을 보라).

주석

⟨2⟩ 그날에라는 어구는 미래의 어떤 시간을 의미하는데, 이것 말일에(2:2)라는 어구에 의해 더 분명하게 명시된다. 예루살렘의 최종적 모습은 이사야 1장에 언급되었듯이 단지 정화될 뿐만 아니라 구원받아 영광스러운 성읍으로 변모하는 것이다. 그날에(미래의) **여호와의 싹**(체마흐[ṣemaḥ], '싹, 성장')이 아름답고 영화로울 것이요(2a절).

이 구절에서 탈굼은 가지를 메시아로 해석한다. 그러나 이 문맥에서 여호와의 싹이라는 어구는 다음 어구인 그 땅의 소산과 평행을 이룬다. 문자적 의미로 읽어 보라. 싹은 이스라엘의 남은 자가 이 구원의 때에 즐길 수 있는 농산물의 풍성함을 뜻한다(Williamson 2006:306-309을 보라).

또는 그것은 은유적 의미로서 그 땅의 소산은 이스라엘의 남은 자에게 긍지와 영광을 가져올 열방으로부터 모여들게 될 남은 자로 이해될 수도 있다. 즉, 열방에서 모여든 이 남은 자는 이스라엘로 와서 **생존한 자**(문자적으로 '피난한 자')의 수를 늘어나게 할 것이다.

〈3-4〉시온에 남아 있는 자라는 어구와 그것의 평행 어구는 그 나라가 죄를 대대적으로 정화한 후에도 남아 있게 될 자를 가리킨다. 이 사람들은 마침내 하나님의 성품을 보여 주고(레 19:2) **거룩하다 칭함**을 얻을 것이다(3절). 하나님이 구원하기로 작정하신 자들은 **예루살렘 안에 생존한 자 중 기록된**(더 좋은 번역은 '평생 기록된') **모든 사람**이다.

4절은 3절에 암시된 정화를 묘사하며, 그 정화 이후에 하나님이 오셔서 시온산에 거하실 것이다. 실제로 이스라엘 역사 전반에 걸쳐 몇 번의 정화가 있을 것이지만(예를 들어, 주전 701년과 586년), 이 구절은 **시온의 딸들의 더러움**(4절)을 궁극적으로 씻기실 것에 대해 말한다. 이 시온은 하나님이 임재하심으로 막을 내릴 것이다. 따라서 그것은 오직 마지막 날들에 일어날 일에 대한 종말론적 진술이다.

시온 딸들의 더러움(초아[*sô'â*], '배설물'[36:12을 보라] 또는 '구토'[28:8을 보라])은 3:16-4:1로 거슬러 올라간다. **피**(NIV, 핏자국; 문자적으로 '유혈'[복수])라는 단어는 2:5-3:12에 언급된 지도자들의 죄를 가리킨다. 그러나 이 어구는 시온이 **심판하는 영과 소멸하는 영**(4절)에 의해 정화된다는 의미로 이해되어야 한다. 둘 다 필요하다. 하나님의 공의는 그들의 죄 때문에 쏟아져 나오는 심판을 요구하고, 불은 정화를 묘사한다. 하나님의 능력이 정화(즉, 심판의 영과 소멸하는 영)를 수행할 것이다.

〈5-6〉이 철저한 정화로 인해 이제 하나님의 임재가 예루살렘 안에 나타나게 된다. **여호와께서 온**(문자적으로 '전 방면에 걸친') **시온산과 … 구름과 연기 … 화염의 빛을 만드시고**는 출애굽을 연상시키는 하나님의 임재를 나타내는 용어들이다(출 13:21-22을 보라). 그러나 출애굽에서와는 달리 이것들은 하나님이 시온을 보호하시는 영구적인 상징들로 보인다.

집회라는 단어는 오경에서 20회 사용되었는데, 여호와 앞에서 희생과 제물을 드리는 거룩한 모임이나 소집을 가리킨다. 이 회복된 예루살렘에서 일상생활의 상태들은 근본적으로 달라서 여호와께서 모든 위험으로부터 보호해 주신다.

덮개(후파[*huppâ*; 현대 유대인 결혼식에서 덮는 것을 가리킬 때 사용된 용어], 5절)와 **초막**(6절)이 더위와 **풍우** 같은 요소들로부터 그 주민들을 보호하기 위해 시온을 덮을 것이다. 6절은 시편 91:1을 반영한다. 지존자의 은밀한 곳에 거주하는 자는 두려워할 것이 없다.

의미

이 섹션은 이스라엘을 위한 하나님의 영광스러운 계획을 나타낸다. 이사야 시대에 그 나라는 자신이 받은 큰 특권에 상응하는 삶을 살지 못했다. 좋은 소식은 언젠가 하나님이 그 나라를 정화하고 의로운 남은 자들이 나타나서 하나님이 통치하고 보호하시는 시온에 살게 된다는 것이다. 2장에서 언급했듯이, 우리는 래드(G. E. Ladd; 1959)가 제안한 것처럼 이 정화와 회복의 때가 그리스도의 천년왕국 시기(계 20:1-7)에 가장 적합하다고 믿는다.

이스라엘을 향한 하나님의 목표 중 하나는 그들이 다음과 같은 방식으로 살아가는 것이었다. 즉, 그들을 바라보는 열방이 이스라엘을 보호하고 지켜 주신 하나님께 나아오도록 살아가는 것이었다(출 19:5-6을 보라). 그렇지만 이스라엘의 죄 때문에 하나님은 계속해서 그들에게 심판과 징벌을 쏟아부으셨다. 그 결과 그분의 백성을 계속해서 징벌하시는 하나님께 나온 나라는 거의 없었다.

그러나 희망이 있다. 이 섹션은 이스라엘이 열방의 빛으로서 본래의 소명을 성취할 때를 묘사한다. 열방은 하나님의 말씀을 듣기 위해 시온으로 모여들 것이다. 이 회복은 이스라엘의 가까운 장래에 이루어지지 않고 마지막 날에 실현될 것이다.

2) 그분의 백성을 회복하기 위한 하나님의 계획(5:1-12:6)

문맥

이 섹션(5-12장)의 연대와 구조는 많은 논쟁이 있었다. 그러나 이 장들이 이스라엘 나라를 위한 하나님의 계획을 보다 완전하게 설명하는 중심교차대구법을 형성한다는 것이 우리의 견해이다(표 0.8을 보라). 이 나라는 일련의 정화와 구원의 과정을 거쳐 최종적으로 회복될 것이다.

이 구조의 중심에는 이른바 '회고록'(Denkschrift, 또는 '이사야 전기', 6:1-9:7)이 있는데, 이는 일찍이 부데(K. Budde; 1928)가 주장한 고전적 견해이다. 이 섹션은 아람-에브라임 전쟁(주전 733-732년)의 사건을 설명하는 역사적 연대기(이사야가 웃시야의 서기관이었을 때 기록했을 가능성이 있음; 대하 25:22을 보라)처럼 보이는 7장을 제외하고는 주로 1인칭으로 기록되었다.

일부 사람은 '회고록' 이론에 의문을 제기했지만, 우리는 이것이 중심교차대구법의 초점이라고 생각하며, 이는 그 나라에 관해 하나님이 계획하신 근거와 그 계획을 그 나라에 알리려는 이사야의 소명을 설명하는 역할을 한다.

이사야가 이 메시지에 대해 그 나라가 어느 때까지 눈이 멀고 귀가 막히게 될 것인지 묻자(6:11), 하나님은 성읍들이 멸망하고 땅에 사람이 살지 않게 될 때까지라고 응답하신다. 그는 또한 두 번의 파멸이 있을 것인데, 이것이 **거룩한 씨**(즉, 의로운 남은 자)를 낳게 될 것이라고 설명한다.

(1) 포도원의 노래(5:1-7)

문맥

이 노래는 포도원들과 적은 소출에 대한 실망을 잘 아는 독자들에게 강한 공감을 불러일으키도록 세심하게 구성된 사법적 비유이다. 그것은 청중을 끌어들이고 좌절한 포도원 주인에 대한 동정심을 일으킨다(예: 저자는 간청의 불변화사 나[*na*ʾ] ['내가 지금 기도한다']를 3회 사용함: 1, 3, 5절). 결국, 예상하지 못한 반전으로, 이 노래에서 **악당들**이라고 고소당하는 청중에게 평결이 내려진다.

주석

⟨1⟩ 그 노래는 배경(1a절)에 대한 간략한 소개가 먼저 나온다. 노래하는 자를 포도원 주인과 친밀한 사람으로 소개하면서 **내가 사랑하는 자**(이 문맥에서는 '가까운 친구')라고 부른다.

그 포도원은 **기름진 산**(문자적으로 '기름진 아들의 뿔'; 땅에서 튀어나온 산 중턱에 대해 비유적으로 '뿔'이 사용된 경우)에 조성되었다. 산 중턱에는 종종 계단식으로 포도원이나 다른 작물을 심는 밭을 만들었다. **기름진**(문자적으로 '기름진[기름의] 아들')이란 단어는 생산성이 '높다'라는 의미이다.

⟨2-3⟩ 풍작을 위해 비용을 아끼지 않고 필요한 모든 것을 제공한 포도원 주인은 **기름진 산**을 선택해서, **땅을 파**(아작[*ʾāzaq*], 여기에만 나옴), 돌을 제하고, **극상품 포도나무**(소렉[*sōrēq*])를 심었도다. 보호하기 위해 망대를 세웠고, 포도주 생산을 위해 **또**(문자적으로 '그리고 심지어') 그 안에 술틀을 팠도다(수로나 배관으로 연결된 두 개의 돌로 된 통은 포도주 통으로 사용됨; 으깬 포도가 위쪽 통에서 아래쪽 통으로 흘러내림). '그리고 심지어'라는 단어는 공동 포도 압착기가 아마도 더 일반적이었다는 점으로 볼 때 포도주 통은 사치스러웠다는 것을 암시한다.

소렉(*sōrēq*, 2회)이란 단어는 선택된 식물을 의미하며 진한 붉은 색을 나타낼 수도 있고 또는 좋은 포도 생산지로 알려진 소렉 골짜기를 나타낼 수도 있다. 많은 시간과 자원을 투자했는데 포도원에서 쓸모없고 신맛이 나는 포도들(베우쉼[*bĕʾušîm*, 2회]) 또는 '썩고 냄새나는' 포도들(바아쉬[*bāʾaš*])만 열릴 때 주인은 몹시 실망하게 된다.

3절의 이제(NIV, 그리고 지금)라는 단어를 사용함으로 이 노래는 법적 성격을 띠게 되고 포도원 주인은 자신을 대변하는 변화를 보인다. 독자들은 잘못된 포도원 사건을 판단하는 데 적극적으로 참여하게 된다. 이것은 마치 성읍의 장로들이 분쟁을 해결하도록 부름을 받았을 때와 비슷하다(신 22:15-18을 보라).

주인이 제시한 증거를 들은 후에, 그는 그들에게 나와 내 포도원 사이에서 사리를 판단하라라고 요청한다. 그리고 덧붙여 내가 내 포도원을 위하여 행한 것 외에 무엇을 더할 것이 있으랴(4절)라고 말한다.

⟨4-6⟩ 저자는 포도원 주인의 분노와 좌절에 대해 청중이 공감할 수 있도록 돕는다. 분명히 주인은 포도원의 서글픈 상태에 책임이 없다는 것이다. 그 책임은 포도원 자체가 져야만 한다. 두 번째 이제(NIV, 그리고 지금, 5절)라는 단어는 결정이 내려졌음을 알려 준다. 그것의 운명을 결정하는 것은 주인의 특권이다. 그는 내내 시간과 돈과 에너지를 투자해 온 자이기 때문이다(앞장서서 이스라엘을 자기 백성으로 부르고 그들을 먹이신 하나님과 유사함).

보호를 제거하는 것으로 심판은 즉시 시작된다. 내가 그 울타리를 걷어 먹힘을 당하게 하며(지속적이거나 반복적인 행동을 암시하는 부정사) 그 담을 헐어 짓밟히게 할 것이요. 울타리(메숙카[*měsukkâ*], 여기에만 나옴)라는 단어는 아마도 가시덤불의 일종일 것이다. 울타리와 벽을 제거함으로써 양과 염소가 포도원을 짓밟고 삼키고(바에르[*bāʿēr*]) 그것을 찔레와 가시에 적당한 황무지(NIV, 6절; 바타[*bātâ*], 여기에만 나옴)로 만들 것이다.

찔레와 가시는 쓸모없고 낭비되는 장소(7:23-25을 보라)를 나타내기 위해 이사야서에서 계속 사용되는 어구이다. 포도원 주인의 분노가 절정에 달했을 때 그는 구름에게 명하여 그 위에 비를 내리지 못하게 하리라라고 한다(6b절). 이는 그분의 분노에 대한 단순한 표현이거나 혹은 그분이 평범한 포도원 주인이 아니라는 암시를 주는 저주이다.

〈7〉 7절의 교차대구법에서 포도원 주인과 포도원의 정체성을 깨닫게 될 때 심판은 급선회(키[*ki*, '때문에']로 시작함)하게 된다.

A (키[*kî*]) 만군의 여호와의 포도원
    B 이스라엘 족속이요
    B′ 유다 사람이라
A′ 그가 기뻐하시는 나무는

이 시는 비슷한 소리가 나는 쌍으로 된 단어들을 특징으로 하는 두 개의 놀라운 언어유희로 끝난다. 하나님은 농부가 풍성한 농작물을 기다리듯이 **정의**(미슈파트[*mišpāṭ*])를 기다리셨지만, 그 대신에 **포학**(미슈파흐[*miśpāḥ*], 여기에만 나옴)을 발견하셨다(Wildberger 1991:172-173을 보라). 평행 단위에서 그분은 **공의**(체다카[*ṣĕdāqâ*])를 기다리셨지만, 그 대신에 **부르짖음**(체아카[*ṣĕ'āqâ*])을 발견하셨다.

이 노래는 청중을 사로잡기 위한 것이었다. 나단의 비유로 인해 다윗왕이 무의식적으로 자신을 정죄한 것처럼(삼하 12:1-10), 이 노래를 객관적으로 듣는 사람은 주인이 포도원을 파괴하는 것이 아주 정당하다고 말할 것이다. 이 장의 나머지 부분에 나오는 화 신탁들은 포도원에 약속된 심판의 직접적 결과이다.

의미

이 노래는 이스라엘의 상태를 설득력 있게 묘사한다. 하나님은 자신이 선택한 백성(즉, 포도원)에게 특혜를 주셨지만, 그들은 여전히 그분을 반역했다(즉, 정의 대신 포학, 공의 대신 고통스러운 부르짖음의 들포도[NIV, 나쁜 열매]를 맺음). 몇 세기 만에 이스라엘은 경건한 다윗왕이 이끄는 강력한 나라에서 약하고 경건하지 않은 왕 아하스가 이끄는 분열된 나라로 변했다. 몹시 실망한 하나님은 유다로부터 자신의 보호를 거두어들이고 그들이 이방인들에 의해 짓밟히고 멸망하도록 내버려 두실 것이다. 이 비유는 끔찍한 곤경에 처한 이스라엘을 일깨우기 위한 것이다(마 21:33-46과 유사).

(2) 그의 나라에 선언된 여섯 가지 화(5:8-23)

문맥

이스라엘의 여로보암 2세(주전 793-753년)와 유다의 웃시야(주전 792/791-739년) 치세 기간에 두 나라는 상당한 성장과 번영을 경험했지만, 이것은 이사야 5장에 묘사된 도덕적 타락을 초래했다. 그러나 디글랏빌레셋 3세(주전 745-727년)가 앗수르의 왕으로 등극하면서 이 번영은 끝이 났다.

중심교차대구법의 두 번째 단위는 하나님이 그분의 나라에 쏟아부으실 징벌을 묘사한다. 이 '무가치한 포도'는 하나님을 따르는 대신에 탐욕(8-10절), 방탕(11-17절), 오만(18-19절), 왜곡(20-21절), 불의(22-23절) 등을 추구했다. 여호와는 궁극적으로 그 나라를 자신에게 되돌리기 위해 극단의 조치를 하시겠지만, 짧은 시간에 효과가 나타나지는 않을 것이다.

화 신탁은 일반적으로 어떤 사람이나 나라에 대한 심판을 선언한다(Oswalt는 그것이 애가와 협박의 결합이라고 주장함, 1986:157). 이곳의 화 신탁은 1:5-6의 패역한 자녀를 연상시키는데, 그들은 계속해서 징벌받지만 왜 또는 어떻게 그것을 멈추게 하는지를 알지 못한다(암 5:18-24; 6:1-8의 화 신탁을 보라).

본문 주석 | I. 정죄(1:1-39:8) 147

주석

① 집과 땅을 사는 자들에게 화로다(5:8-10)

〈8-10〉 이 화는 이웃의 재산을 흡수하여 큰 경작지를 축적한 사람들을 향한 것임을 의미한다(문자적으로 '가옥에 가옥을 이으며 전토에 전토를 더하여'). 이 부유한 지주들은 종종 부당한 수단들(미 2:1-5을 보라)을 통해 너무 많은 토지를 획득했다. 그래서 그들의 가장 가까운 이웃들조차 멀리 떨어져 있었다. 그들은 마치 그 땅 가운데에서 홀로 사는 것 같았다(이 외로움은 하나님의 심판임을 암시함, 8절).

본래 땅은 각 사람이 생계를 유지할 수 있도록 지파들 사이에 고르게 나누어져야 했다(민 33:54을 보라). 토지 소유권은 희년에 원래 소유자들에게 반환되어야 했다(레 25:23-28을 보라). 따라서 하나님의 백성은 자신들을 땅의 진정한 주인이신 만군의 여호와의 임시 소작인들로 여겨야만 했다.

9절은 이 부유한 지주들에게 쏟아부어야 할 심판을 맹세로 강하게 선언한다. 그들의 멋진 가옥들이 황폐하게 될 것인데, 이것은 부유한 지주들이 앗수르와 바벨론 포로 기간에 추방될 때 일어날 일이다. 심판은 10절에서 극히 적은 수확량으로 계속된다.

- 열흘 갈이 포도원(아마도 10쌍의 소가 하루에 쟁기질할 수 있는 땅)에 겨우 포도주 한 바트(약 22리터)가 나겠고
- 한 호멜(약 160킬로그램)[4]의 종자를 뿌려도 간신히 한 에바(약 16 킬로그램)가 나리라.

---

4) 한 호멜은 원래 당나귀 한 마리가 운반할 수 있는 곡물의 양이었다(Williamson 2006: 355).

땅을 일구는 사람들은 그처럼 빈약한 소출로 오래 살아남을 수 없을 것이다. 이는 하나님이 그분의 복을 제거하셨다는 분명한 신호이다 (레 26:14-20을 보라).

② 쾌락과 술을 사랑하는 자들에게 화로다(5:11-17)

⟨11-12⟩ 두 번째 화 신탁은 부자들과 관계된 것인데, 가난한 사람들을 희생시키면서 호화로운 잔치를 벌이는 그들의 생활 방식은 하나님을 모욕하는 것이었다. 그들은 **아침에 일찍이 일어나**(즉, 이것은 들어 본 적도 없음; 행 2:15을 보라) … **밤이 깊도록 술을 마시고 취한**(문자적으로 '강한 술을 쫓아가다') 채 시간을 보냈다.

11절의 언어유희는 이러한 생활 방식에서 벗어나기가 얼마나 어려운지를 나타낸다. 처음에는 그들이 독한 술을 '쫓아갔지만', 이제는 포도주가 그들을 '열렬히 쫓아간다.'

술과 방종은 모두 그들의 영적 감수성을 약하게 만들었다. 쾌락에 대한 열망이 증가함에 따라 하나님에 대한 그들의 욕구와 열정은 감소한다. **여호와께서 행하시는 일에 관심을 두지 아니하며** 안타깝게도 오늘날 우리도 이스라엘 사람들이 그랬던 것처럼 하나님의 행동들을 잊어버리기 쉽다.

⟨13-14⟩ **그러므로**는 하나님에게서 돌아서고 그분의 인도에 주의를 기울이지 않는 것에 대한 논리적 결과를 나타낸다. **내 백성이 무지함으로 말미암아 사로잡힐 것이요**. 레위기 20:22에 따르면 불순종의 결과는 땅이 [그들을] 토할 것이라는 것이다.

13절의 후반부는 명확하지 않다. **그들의 귀한 자는 굶주릴 것이요**(문자적으로 '그것의 영광은 기근의 남자들[이다]')에서 오스왈트(Oswalt)는 '남자들'(메테[mětê])을 '낭비'(메제[mězê], 신 32:24을 보라)로 바꾸어 그 어구를 "기근으로 낭비"라고 번역한다(1986:156). 그러나 역본들과 1QIsa[a] 에 따라 기근의 남자들(메테 라아브[mĕtê rāʿāb])이라는 구절을 기근으로 죽어 가고 있다(메테 라아브[mētẹ rāʿāb]=모음만 바꾼 무트[mût]의 분사)로 읽는 것이 바람직하다. 그래서 그 평행 단위들은 그들의 귀한 자는 굶주릴 것이요/무리는 목마를 것이라로 번역되었다.

굶주림과 목마름은 빈곤의 일반적인 이미지이지만, 여기서 이 두 가지는 이 구절의 첫 부분에서 암시하는 영적 양식의 부족을 의미할 수도 있다. 11-12절과 13절 사이에는 직접적인 인과 관계가 있다. 그들은 하나님의 경고를 무시했기 때문에 포로로 끌려갈 것이다.

14절에서 이 철저한 파괴는 의인화된 스올(즉, 구약에서 죽은 자의 장소)이 욕심을 크게 내어 한량없이 그 입을 벌린즉으로 묘사된다. 이 마지막 어구를 통해 파괴가 얼마나 철저하게 이뤄지는지 알 수 있다. 예루살렘의 모든 거주자의 기쁨과 즐거움 즉, 그들의 호화로움과 그들의 많은 무리와 그들의 떠드는 것과 그중에서 즐거워하는 자는 스올의 구덩이에 빠져 곧 잊힐 것이다.

〈15-17〉 그 나라는 낮아지고 그 모든 거민은 평등하게 될 것이다. 즉, 아담(ʾādām, '인류'[모든 인간])과 이쉬(ʾîš, 사람[특정 인간])라는 용어를 사용하여 포괄적 의미를 전달한다 (2:9, 11, 17을 보라). 이 낮아짐은 사실상 앗수르 사람들과 바벨론 사람들의 대규모 공격의 결과로 일어난 것이다.

16절을 시작하는 접속사는 15절과 16절 사이의 분명한 대조를 표시한다. 하나님은 이 악한 사람들을 징벌하시고 그로 인해 자신이 거룩하신 그리고 공의로우신 재판장임을 증명하실 것이다. 그래서 만군의 여호와는 정의로우시므로 높임을 받으시며라고 진술한다(16절). 주전 722년 사마리아와 주전 587년 예루살렘에서 포로로 잡혀간 자들은 하나님의 무력함이 아니라 오히려 그분의 거룩하심과 공의로우심을 나타냈다.

그들이 포로로 잡혀간 후에 유목민의 양들은 자기 초장에 있는 것같이(케도브람[kĕdobrām], 2회; 미 2:12을 보라) 풀을 먹을 것이다. 이는 이스라엘 사람들이 포로로 끌려가지만 그것들은 이스라엘에서 편히 쉬고 있다는 것을 의미한다. 그러나 평행 어구인 유리하는 자들(NIV, 양들)이 부자의 버려진 밭에서 먹으리라는 번역하기가 더 어렵다.

우리는 메힘(*mēḥîm*, 2회; 시 66:15을 보라) 가림(*gārim*)이라는 어구를 동격의 두 명사(즉, "외국인들의 살찐 가축들", Williams § 70)로 읽을 것을 제안한다. 그러므로 "외국인들의 살찐 가축들이 폐허 속에서 먹게 될 것이다"라고 읽어야 한다. 이렇게 하는 것이 본문을 가장 적게 수정하고, 이전 어구와도 평행을 이루며, 교차대구법을 형성한다.

③ 거짓말에 속는 자들에게 화로다(5:18-19)

〈18-19〉 세 번째 화는 죄에 얽매여서 어디를 가든지 그것에 끌려다니는 몰염치한 조롱자들에 대한 것이다. '죄악'과 '죄'라는 단어는 이사야서에서 일반적으로 짝을 이루는 단어들이다(6:7을 보라). 거짓으로 끈을 삼아 죄악을 끌며 수레 줄로 함같이 죄악을 끄는 자는 화 있을진저.

로버츠(Roberts)는 이사야의 청중이 "대부분 사람이 정직한 일에 쏟는 것보다 죄를 짓는 데 더 많이 노력을 기울인다"는 것을 관찰했다(2015:82).

사람들은 반복해서 하나님께 행동하시라고 도전하면서, 이사야의 예언을 담대하게 조롱한다. 그는 자기의 일을 속히 이루여 … 이스라엘의 거룩한 이는 자기의 계획을 속히 이루어. 이스라엘의 거룩한 이이신 하나님의 별명을 경멸적으로 사용하는 것은 그들이 그분의 성품에 대해 얼마나 오해하고 있는 것인지를 보여 준다. 그들은 예루살렘이 침략당하지 않을 것이라고 확신하고 하나님의 심판에 관한 이사야의 경고를 고의로 무시했다.

이사야는 역설적으로 6:9에서 그들의 조롱 섞인 도전을 보다(라아[*rāʾâ*]와 알다(야다[*yādaʿ*])라는 한 쌍의 단어로 바꾸어 표현한다. 보기는 보아도(*rāʾâ*) 알지(야다[*yādaʿ*] 못하리라. 뒤따르는 세 개의 화 신탁은 사실상 그들의 조롱에 대한 이사야의 반응이다.

④ 진리를 왜곡하는 자들에게 화로다(5:20)

〈20〉 네 번째 화는 사실상 하나님의 도덕규범을 다시 쓰고 있는 자들에게 주어진다. 악은 선하다 하며 선은 악하다 하며. 세 개의 정반대 단어들의 쌍(악/선, 흑암/광명, 쓴 것/단 것)은 사람들이 하나님의 표준에서 얼마나 멀리 돌아섰는지를 전달한다.

그들은 단순히 악한 상태에 머물러 있는 것에 만족하지 않는다. 다른 사람들이 그들의 사악함을 따르도록 설득하면서 하나님의 명령은 악하지만, 그들이 짓고 싶은 죄는 선하다고 말한다. 즉, 자신들을 정당화하려는 것이다. 죄의 의미를 재정의하여 그것을 자기 입맛에 맞도록 바꾸는 모습은 오늘날 우리에게서도 여전히 나타난다.

⑤ 자신을 영리하다고 생각하는 자들에게 화로다(5:21)

〈21〉 20절과 연결되는 다섯 번째 화는 하나님의 징벌을 피하려고 자신의 지혜에 의존하는(스스로 지혜롭다고 하며) 사람들을 향한 것이다. 그들은 훌륭한 기술과 지혜가 있다는 것을 나타내기 위해 아주 강력하게 추진된 정부 정책들을 신뢰했다. 그러나 자신들이 생각했던 것만큼 영리하지 않다는 것을 그들은 너무 늦게 알게 될 것이다.

저자는 현명한 사람과 빈(*bin*, '분별하다')이라는 일반적으로 쌍을 이루는 단어를 고소로 바꾼다. 그들은 오직 **스스로 지혜롭다고**(*bin*) 하며 스스로(문자적으로 '그들의 얼굴 앞에서') **명철하다** 하는 자들로 그 의미는 그들이 진정한 지혜나 통찰력이 없다는 것이다.

⑥ 술 취한 자들과 사기꾼들에게 화로다(5:22-23)

〈22-23〉 여섯 번째 화는 정의롭지 않은 지도자들에 대한 것이다. 일반적으로 군대 지도자들에게 사용되는 용감하며와 잘 빚는 자들이라는 용어는 포도주를 마시기에그리고 독주를 빚는데 탁월한 사람들에게 적용된다. 이 음료들은 고대 근동에서 흔히 볼 수 있듯이 물과 혼합하는 것이 아니라 향신료나 다른 더 강력한 알코올 액체들과 혼합했다.

과도한 음주는 정의감을 무디게 하고 돈에 대한 욕심을 높임으로써 그들은 뇌물로 말미암아 악인은 의롭다고 하고 의인에게서 그 공의를 빼앗는다(문자적으로 '그들은 의인들의 의로움을 외면한다').

카이저(Kaiser)는 "정의의 공적 부패와 공정한 대우의 확실성을 제거하는 것만큼 국가와 사회에 대한 신뢰를 더 깊이 흔드는 것은 없다"(1983:102-103년)라고 지적한다. 하나님의 '포도원'이 '신 포도들'로 가득 찬 것은 놀랄 일이 아니다. 지도자들은 자신들의 지위를 이용하여 나라를 타락하게 했다.

의미

주전 8세기 말에 이스라엘은 이미 믿을 수 없을 정도로 타락했다. 거듭되는 경고가 그들을 회개의 길로 인도하는 데 거의 도움이 되지 않았다. 그러나 하나님은 자기 백성을 너무 사랑해서 그들이 죄를 계속 짓도록 허락하지 않으신다(히 12:6을 보라). 그러므로 그분은 더 가혹한 징벌을 경고하면서 다음 섹션에서 더 많은 압력을 가하실 것이다.

(3) 심판이 다가오고 있음: 들어 올린 손 신탁(5:24-30)

문맥

5장은 포도원의 노래(5:1-7)로 시작하여 이스라엘을 **들포도**(NIV, 나쁜 열매)로 묘사하고 그 뒤를 이어 그들에게 선포된 화가 이어진다(5:8-23). 여기 5:24-30에서는 징벌에 대한 묘사가 훨씬 더 분명하다.

24-30절은 '들어 올린 손 신탁'(이사야에게서만 발견되는 신탁의 한 유형)을 형성한다. 이스라엘은 하나님이 이미 내리신 징벌에 대해 아직 회개로 응답하지 않았기 때문에 하나님은 여전히 손을 뻗어 계속 징벌을 내릴 준비가 되어 있다고 경고하신다.

9:12, 17, 21; 10:4에 나타나는 이 후렴구는 중심교차대구법 안에서 평행 단위들을 표시하는 역할을 한다(표 0.8을 보라). 과도기적인 24절은 8-23절을 25-30절에 연결한다. 즉, 그것은 8-23절이 초래한 심판(이로 말미암아)을 요약하고 25-30절에서 계속되는 심판의 이유를 선언한다.

주석

⟨24⟩ 이로 말미암아라는 단어는 선행하는 신탁에 묘사된 행동의 결과를 나타낸다. 그들에 대한 징벌은 두 가지로 비유된다.

첫째, 그루터기와 마른 풀(하쉬[ḥăšaš], 2회; 33:11을 보라)을 즉각적으로 완전히 소멸시키는 불(문자적으로 '불의 혀' [오직 여기에만 나오는 어구])

둘째, 식물의 뿌리와 꽃(즉, 식물 전체를 묘사하는 극단법)을 모두 망치는 부패(마크[māq], 2회; 3:24).

이 구절의 후반부는 전반부와 평행인데, 그들이 받는 징벌의 모습과 하나님의 율법을 경멸적으로 거부하는 모습을 연결한다.

⟨25⟩ 이 두 번째 그러므로(첫 번째 그러므로는 이로 말미암아[24절]로 번역됨-역주)는 그들의 지속적인 불순종의 결과를 더욱 명확하게 한다. 그 결과로 이미 하나의 고통스러운 파동(아마도 아람-에브라임 전쟁)을 초래했다. 이것(25절)에도 불구하고 이스라엘은 계속해서 하나님의 율법들을 거부했다.

그러므로 하나님의 손은 징벌하기 위해 다시 내려올 준비가 되어 있다. 그의 노가 돌아서지 아니하였고/그의 손이 여전히 펼쳐져 있느니라(25b절). 흔들리는 산과 거리(문자적으로 '광활한 공간') 가운데에 분토(수하[sûḥâ], 여기에만 나옴)같이 흩어져 있는 시체의 이미지는 전쟁, 기근 또는 지진의 결과일 수 있다.

⟨26⟩ 징벌에도 불구하고 이스라엘은 여전히 회개하기를 거부했다. 그래서 여호와께서는 유다를 계속해서 징벌하기 위해 앗수르(먼 나라들)에게 신호를 보내는 기치(네스[nês], '기준')를 세우신다. 주전 8세기에 세계를 지배하게 된 앗수르 사람들은 하나님의 손안에 있는 무자비하고 효과적인 도구였다. 앗수르 군대는 많은 나라로 구성되었는데, 전시에는 정복한 나라의 용병들과 징집병들을 모두 활용했다. 이런 일이 주전 722년과 701년에 모두 일어났다.

앗수르는 위대하고 무자비했지만, 단지 하나님이 불러 그들이 온다는 것을 알 수 있다. 그들의 속도는 **빨리**라는 형용사에 의해 강조된다. 열방의 움직임을 주권적으로 통제하시는 여호와의 이 이미지는 이사야서의 핵심 주제이다(열방에 대한 신탁을 보라). 앗수르 사람들은 유다에게 도달하기 위해 500마일 이상을 진군할 것이다. 그러나 그들은 이미 그 방향으로 제국을 확장하는 과정에 있었기 때문에 이스라엘 정복을 당연히 열망했을 것이다.

⟨27-29⟩ 이 구절들은 전문적이고 잘 훈련된 앗수르 군대의 맹렬함과 강인함을 생생하게 묘사하고 있다. 그중에 곤 핍하여 넘어지는 자도 없을 것이며 조는 자나 자는 자도 없을 것이며 그들의 들메끈은 끊어지지 아니하며/그들의 화살은 날카롭고 모든 활은 당겨졌으며.

이것들 가운데 어느 하나라도 준비가 되어 있지 않으면 전쟁에서 치명적일 수 있다. 앗수르 사람들은 실제로 전투 준비가 잘 되어 있었다. 이와는 대조적으로 이스라엘 군대의 대부분은 전쟁이 일어났을 때 징집되어 훈련되지 않은 민병대였다.

앗수르의 말들과 병거들은 그들이 적진에 빠르게 침투할 수 있게 도와주었다. **부싯돌**처럼 단단한 말의 발굽은 행군을 견딜 수 있을 뿐만 아니라 전투 중에 병사들을 짓밟을 수도 있었다. 앗수르의 병거 바퀴들은 회오리바람처럼 빠르게 회전했다. 먹이를 움켜 가져가는 사자들의 이미지(29절)처럼 앗수르는 반란을 일으키거나 조공을 거부한 사람들을 추방하는 것으로 잘 알려져 있다.

⟨30⟩ 앗수르 군대의 파괴력은 비유적인 용어들로 그려진다. 이 파괴력은 땅을 덮고 바다 물결 소리같이 **부르짖으며**, 흑암과 고난을 가져온다. 이 이미지에는 문자 그대로 해석하는 측면도 있다. 그들의 움직임은 상당한 소음을 일으키고 그들의 거대한 군대가 예루살렘으로 내려올 때 먼지구름을 일으켰을 것이다. 그리고 공격 후에 심지어 하늘은 밝은 대낮임에도 불구하고 불타는 성읍에서 올라오는 연기(아리핌['*ăripîm*], '연기구름', 오직 여기에만 나옴)로 어두워졌을 것이다. 29-30절에 따르면, 이스라엘이 한때 누렸던 부와 영광은 이제 사라질 것이다.

의미

이 들어 올린 손 신탁은 이사야서 전체에서 중요하다. 그것 안에서 우리는 이스라엘에 대한 하나님의 놀라운 관용과 인내를 보게 된다. 하나님은 이스라엘을 향해 여러 번 경고하고 돌아올 시간을 주셨지만, 그들은 거부하고 고의적 불순종으로 일관한다. 하나님이 그들을 징벌하실 때 그것은 계획된 것이며 그들을 구속하기 위한 것이다. 여호와는 참으로 은혜로운 하나님이시다.

(4) 이사야 회고록: 하나님이 유다를 위해 그분의 선지자를 부르심(6:1-9:7)

학자들은 이사야 6:1-9:7이 이사야의 '회고록'(Denkschrift) 또는 '전기'(memoir)라고 제안해 왔다. 그 이유는 그 자료의 많은 부분이 1인칭 단수로 기록되어 있고(6:1, 5 등을 보라), 성경 기록에 따르면 이사야가 그의 사역을 수행한 시기가 주전 8세기 말이기 때문이다(표 0.8을 보라). 7장의 3인칭 형태는 왕실 연대기에서 가져온 자료를 반영한 것일 수 있으며, 아마도 이사야 자신이 기록했거나 적어도 수집했을 것이다. 나중에 추가된 것들로 보이는 부분은 실제로는 이사야가 이 사건들을 더 예언적으로 정교하게 설명한 것이다.

이러한 문제가 아니더라도 이사야 6:1-9:7은 의심할 여지 없이 이사야 5-12장 중심교차대구법의 중앙에 있다. 이사야 1장과 2-4장이 하나님이 이스라엘 나라의 놀라운 회복을 이루실 것이라고 알려 주는 것처럼, 우리는 여기에서 다가오는 심판을 피하고 하나님께 순종하라는 권고와 구원의 메시지를 전하기 위해 하나님이 이사야를 사용하실 것임을 알게 된다.

① 이사야의 소명과 임무(6:1-13)

문맥

역사적으로 이 장은 유다 민족의 삶에서 결정적인 전환점에 있다. 웃시야의 긴 통치(주전 792/791-739년경) 아래 이 나라는 번영했지만, 아하스의 시대(주전 735-715년경)에 앗수르의 속국이 되었다. 도덕적으로나 정치적으로 이 나라는 비참한 쇠퇴를 경험했다. 하나님은 이 어려운 시기에 이사야를 이 나라에 선지자적 목소리로 보내신다.

이사야는 6장에서 그의 소명과 임무를 부여받는데, 이것은 이사야 전기의 나머지 부분에 대한 토대가 된다(표 6.1을 보라).

인물	참조	구성 요소
모세	출 3:1-4:17	1. 소명 2. 거절한 이유 3. 극복한 이유(때때로 이적으로) 4. 하나님의 대언자로서 임명됨
여호수아	수 1장	
이사야	사 6장	
예레미야	렘 1:4-19	
에스겔	겔 1-3장	

[표 6.1] 소명 서사

이사야서 6장의 소명 서사에는 심판 신탁의 요소도 포함되어 있다. 하나님은 이사야에게 이스라엘 나라가 받게 될 가혹한 징벌에 대해 다시 알려 주신다. 북왕국은 이사야가 사는 동안 앗수르에 포로로 끌려갈 것이고, 남왕국은 주전 701년에 앗수르가 잔인하게 정복할 것이다. 대부분의 소명 서사는 책의 초반부에 나타난다.

그러나 6장에 이사야의 소명을 배치한 것은 책의 메시지와 중심교차대구법의 기능을 더 부각한다. 선지자 이사야의 소명은 바로 중심교차대구법의 핵심이며 이사야는 궁극적으로 이스라엘을 하나님께로 돌아오게 하려는 하나님의 계획 가운데 일부가 될 것이다.

주석

〈1〉 이사야의 소명은 **웃시야왕이 죽던 해**(주전 약 739년)로 거슬러 올라간다. 이사야는 인간 왕권의 중요한 전환기(웃시야에서 요담으로)에 진정한 왕에 대한 환상을 보았다. 웃시야는 그의 대부분의 생애에 강하고 능력 있는 왕이었지만, 말년에 이르러 무분별한 행동으로 인해 큰 대가를 치르게 되었다(대하 26:19).

하나님은 징벌하심으로 그분이 진정한 왕이심을 강렬하게 상기시켜 주셨다. 하나님의 이름들(주[1절], 만군의 여호와[NIV, 전능하신 여호와, 3, 5절]과 높이 들린 보좌에 앉으셨는데로 묘사된 하나님에 대한 환상(1b-4절)은 모든 피조물에 대한 진정한 주권자로서의 그분의 왕권과 능력을 강조한다.

그의 옷자락은 성전에 가득하였고라는 어구는 하나님의 왕복이 하늘 성전을 가득 채웠다는 것인지 아니면 땅의 성전까지 뻗어 있었다는 것인지 확실하지 않다(후자는 이 땅에 대한 하나님의 주권과 밀접한 관련이 있음). 성전에 대한 두 가지 용어가 여기에 사용되었다. 하헤칼(*hahekāl*, 성전, 1절)과 합바이트(*habbayit*, 그 집, 4절) 둘 다 하나님의 거처에 대한 일반 용어이다.

이것은 구약성경에서 보기 드물게 천국을 묘사한 모습 중 하나이다(욥 1-2장[위치는 불확실하지만, 천국으로 추정됨]; 왕상 22:19-23, 슥 3장을 보라). 이 장면에서 일반적으로 하나님이 임재하시는 자리를 나타내는 법궤보다 보좌(민 7:89을 보라)라는 용어를 사용했다는 것이 흥미롭다. 그러나 '보좌'라는 용어가 하나님의 주권을 더 잘 나타낸다고 생각한다.

⟨2-3⟩ 적어도 두 세라핌(*seraphim*, 문자적으로 '불타는 자들'; *ANEP* 212-213, 358을 보라)이 여호와를 모시고 서서(하나님이 좌정해 계신다면 그 스랍들은 그 뒤에 서 있을 것이다) 그분을 번갈아(문자적으로 '그리고 이것이 이것을 불렀다') 찬양하고 있다. 그들은 계속해서 하나님의 거룩하심을 선포하는데(삼중 반복은 완전성 또는 강조를 나타냄), 하나님은 이사야가 바로 이 하나님의 거룩하심을 이해하기를 원하셨다.

하나님의 참본성은 거룩하시며 그분은 자기 백성이 거룩하기를 바라신다(레 19:2을 보라). 거룩은 악에서 분리됨을 가리키는데, 이것은 이사야서에서 강조된 하나님의 성품이다. 하나님의 율법들은 거룩함이 무엇인지에 대한 기준을 정해 준다.

하나님의 영광이 온 땅에 충만하다. 창조 자체가 하나님의 영광을 드러내며(시 19:1을 보라), 그 영광의 일부가 그분의 거룩하심이다. 그런데 사람들은 그분의 거룩하심의 아주 적은 부분만 볼 수 있다(5절을 보라). 하나님의 영광은 이스라엘을 심판하실 때도 드러날 것이다. 그분은 거룩하시기에 이스라엘의 사악함을 반드시 징벌하실 것이다.

스랍들이 여섯 날개를 사용하는 모습을 세밀하게 묘사한 것조차도 우리에게 통찰력을 준다(계 4:8을 보라). 그들이 그 둘로는 자기의 얼굴을 가리었고라는 하늘에 있는 천사들도 하나님의 거룩하심을 바라볼 자격이 없음을 시사한다(출 33:18-23을 보라). 그 둘로는 자기의 발[5]을 가리었고는 아마도 겸손하기 위해 온몸을 덮었다는 의미일 것이다.

〈4-5〉 성전에 연기가 충만한지라 스랍들의 합창 소리가 성전의 문설주와 문지방(문자적으로 '문지방의 터')을 흔들었는데, 이 연기는 하나님의 임재에 대한 일반적 표현이다(왕상 8:10-13을 보라). 이사야는 완전히 다른 차원의 실재를 보게 된다. 즉, 하나님의 관점이다.

하나님의 임재가 성전에 가득 찰 때 이사야는 그분의 영광에 압도되고 자신의 무가치함을 깨달으며 **화로다 나여 망하게 되었도다**(문자적으로 '나는 침묵한다[멍청하다]')라고 말한다. 그는 또한 완전하게 거룩하신 하나님 앞에서 자신의 거룩하지 않음을 뼈저리게 깨달으며 **나는 입술이 부정한 사람이요 나는 입술이 부정한 백성 중에 거주하면서**라고 부르짖는다.

이것은 일반적인 죄악을 인정하는 것일 뿐만 아니라 하나님의 영광을 선포할 수 있었던 스랍들과는 대조적으로 이사야는 하나님의 목적을 위해 자기 입을 사용하는 것이 부적합함을 느낀다는 것을 암시한다. 우리도 하나님이 누구인지에 대한 진정한 모습을 알게 될 때 그와 같은 깊은 무가치함을 느껴야 한다.

〈6-7〉 이사야는 자신이 처한 상황이 절망적이라고 느끼지만, 하나님은 은혜 가운데 스랍 중의 하나를 보내 제단에서 취한 **핀 숯**(리츠파[riṣpâ], 이 의미로 한번 사용됨; 왕상 19:6의 남성형을 보라)으로 이사야의 입술을 정결하게 하신다. 이사야에게 **부젓가락**(멜카하임[melqāḥayim], 6회; 참조 대하 4:21을

---

5) '발'은 생식기에 대한 완곡어법(삼상 24:3; 사 7:20)이거나 부분이 전체를 나타내는 제유법일 수 있다.

보라)으로 옮겨진 뜨거운 숯은 이 책의 다른 곳에 나오는 불과 화염처럼(4:4을 보라) 정결함을 상징한다. 이사야의 악(문자적으로 '죄악')이 **제하여졌고 그의 죄가 사하여졌느니라**(키페르[kipper], '덮다').

이사야의 입술을 정결하게 하기 위해서는 하나님이 임재하신 곳에서 무엇인가를 가져와야 한다는 것을 주목하라; 분명히 이것은 완전한 정화를 상징한다. 그의 죄는 방해가 되었지만, 일단 깨끗해진 그는 자유롭게 하나님이 필요로 하시는 사자가 되었다. 이사야는 결코 하나님의 대변자로서의 관점을 잃지 않았다.

⟨8-10⟩ 마지막으로 여호와께서 사자를 찾으면서 말씀하신다. **누가 우리를 위하여 갈꼬**. 하나님에 대한 복수 대명사는 구약에서 세 번 더 나온다(창 1:26; 3:22; 11:7; 표 6.2를 보라).

이 문맥에서 하나님은 천사들에게 말씀하시는 것으로 보이는데, 그분은 자신의 명령을 이루기 위해 자주 천사들을 보내신다(시 103:20을 보라). 하나님은(내가) 보내는 일을 하시지만, 이사야는 그들 모두(즉, 천사들)를 대신해 보냄을 받는다는 것에 주목하라.

이사야는 이처럼 중요하지만 어려운 일에 자원할 수 있다. 그는 이스라엘 사람들 가운데 살면서 계속해서 그들에게 하나님의 메시지를 알리고 상기시킬 수 있으므로 이 역할에 천사보다 더 적합하다. 이사야가 열성적으로 하나님의 대언자가 되고자 하는 의지는 그의 빠른 응답에서 알 수 있다. **내가 여기 있나이다 나를 보내소서**(문자적으로 '나를 보라').

이 복수형은 그간에 다양한 방식으로 설명되었다.
1. 신적 복수형: 하나님은 삼위일체의 다른 위격에게 말씀하신다.
2. 천상의 궁전: 하나님은 천사들에게 말씀하신다.
3. 장엄의 복수형: 하나님은 단수형으로 말하기에는 너무 위대하시므로 복수형이 사용된다.
4. 문법적 복수형: 여호와(아도나이 ['ădōnāy])는 복수형이므로 문법적으로 복수형을 취해야 한다.
5. 숙고의 복수형: 자기 자신 안에서 숙고하시는 하나님.

[표 6.2] 하나님에 대한 복수 대명사들

하나님이 이사야에게 이 백성에게 이르기를이라고 명령하실 때는 '내 백성에게 이르기를'이라고 말씀하실 때의 따뜻함이 느껴지지 않는다. 하나님이 이미 그들의 마음이 일부 완악해졌음을 알고 계신다는 것을 암시한다. 이사야의 메시지는 실제로 그들의 마음을 더욱 강퍅하게 할 것이다.

듣기는 들어도(문자적으로 '계속 듣다') **깨닫지 못할 것이요**(문자적으로 '그러나 너희가 이해하지 못할 것이다', 일시적 금지) **보기는 보아도**(문자적으로 '계속 보다') **알지 못 하리라**(문자적으로 '그러나 너희가 알지 못할 것이다', 일시적 금지). 여기서 말하는 의미는 그들이 결코 이해할 능력이 없다는 것이 아니라 이사야의 메시지를 들어도 그 순간 그들이 이해하지 못한다는 것이다. 이사야에게 주신 하나님의 메시지는 9-10절의 중심교차대구법에서 이사야의 메시지와 그것의 결과 사이의 대조를 강조한다.

듣기는 들어도
        깨닫지 못할 것이요
보기는 보아도
        알지 못하리라
A 이 백성의 마음을 둔하게 하며
    B 그들의 귀가 막히고
        C 그들의 눈이 감기게 하라
염려하건대
        C′ 그들이 눈으로 보고
    B′ 귀로 듣고
A′ 마음으로 깨닫고
다시 돌아와 고침을 받을까 하노라.

하나님은 그들의 회개를 원하심에도 불구하고 그 누구에게도 그분의 뜻을 강요하지는 않으신다. 이 경우, 이스라엘의 죄는 그들을 하나님께로 인도하는 것이 아니라 그분에게서 멀어지게 할 것이다. 하나님은 마음을 완악하게 하여 자신을 대적한 바로를 사용하여 자기 능력을 나타내시고 자신의 이름이 온 천하에 **전파되게**(출 9:16) 하셨다. 이처럼 이스라엘의 완악한 마음도 일부 사람들이 마침내 하나님께 돌아올 때까지 한동안 쓰임 받을 것이다.

〈11-12〉 하나님의 마지막 말씀인 이 단호한 메시지를 이사야는 받아들이지 못하고 어느 때까지니이까라고 묻는다. 이 질문은 선지자가 그분의 백성을 염려하고 있다는 것을 보여 준다. 하나님은 **성읍들은 황폐하여 주민이 없을 때까지**라고 대답하신다. 그들의 완악한 마음 때문에 이스라엘은 그 땅에서 추방될 것이다(신 29:25-28을 보라). 이것은 북왕국의 경우 주전 722년에, 남왕국의 경우 주전 586년에 성취되었다.

〈13〉 6장 끝부분에서 우리는 하나님이 보호하는 울타리를 없애고 포도원을 파괴하시는 포도원 노래의 성취를 본다. 13절은 이 멸망의 순서를 자세히 설명한다.

첫 번째 멸망 후에 그중에 십분의 일이 아직 남아 있을지라도(이것은 유다에 해당한다. 즉, 주전 722년 북왕국이 포로로 잡혀간 후 그 땅에 남아 있던 한 지파), 이어서 두 번째 멸망이 뒤따를 것이다. 이것도 황폐하게(문자적으로 '불타기 위해') 될 것이나. 이것은 주전 586년의 바벨론 포로를 의미한다. 두 번째 멸망 후에 그루터기(맞체베트[*maṣṣebet*], 3회; 삼하 18:18을 보라)가 남게 될 것이다.

이사야는 독자들이 이 이미지를 이해할 수 있도록 이스라엘에서 가장 흔한 두 나무인, 베어 버리면 그루터기가 남는 밤나무와 상수리나무에 비유한다. 이 그루터기를 거룩한 씨라고 부르는데, 이것은 하나님이 보호하신 의로운 남은 자를 가리킨다. 그래서 이 나라는 큰 벌을 받아야 마땅하지만, 그렇다고 희망이 완전히 사라진 것은 아니다.

의미

이사야가 하나님을 대신하여 기꺼이 예언한 후에 하나님은 그 선지자에게 이스라엘에 대한 자신의 계획을 알려 주신다. 그 나라가 이제까지 하나님을 멸시한 것처럼 이사야도 멸시할 것이다. 그의 메시지들은 실제로 그 나라를 더욱 완악하게 하는 효과를 가져올 것이다. 그러나 이러한 이스라엘의 완악한 마음이 하나님의 계획을 좌절시키지는 못할 것이다. 참으로 의로운 남은 자가 그 나라에서 나올 것이다.

이사야와 미가 시대(미 2:12을 보라)에 하나님은 의로운 남은 자와 함께 일하기로 작정하셨다. 기꺼이 그분을 섬기고자 하는 자들. 하나님은 이 개념을 구약의 나머지 부분을 거쳐서 신약으로까지 계속 발전시키셨다. 오늘날 신자들은 구약에서 시작된 이 의로운 남은 자의 연속이다.

② 이사야의 첫째 징조(7:1-25)

문맥

이사야 7:1-17은 이사야에게 사명이 주어질 때 받았던 메시지를 더 자세히 설명한다. 처음 두 신탁은 주전 733-732년의 아람-에브라임 전쟁(개요를 보라)과 이사야 자녀들의 상징적인 이름들과 밀접하게 연관되어 있다. 이사야의 자녀들 이름은 스알야숩(7:3)과 마헬살랄하스바스(8:1)이며, 아마도 임마누엘(7:14)도 거기에 포함될 것이다.

이사야 7장은 아람과 에브라임이 동맹을 맺어 유다를 위협하는 상황을 설명한 후 아람과 이스라엘이 패배할 것이라고 확언한다. 우리는 아하스가 여호와에게서 오는 징조를 거절할 때 유다가 앗수르에게 징벌받을 것을 알게 된다(즉, 주전 701년의 사건들).

이 섹션의 중요한 주제는 하나님에 대한 신뢰이다. 유다가 하나님을 의지한다면 그들은 성공할 것이다. 그러나 자신의 힘이나 동맹국의 힘을 의지한다면 비참하게 실패할 것이다.

주석

㉮ 아하스왕에게 보낸 이사야의 메시지(7:1-9)

⟨1-2⟩ 이 신탁의 배경은 아하스가 시리아 왕 르신과 이스라엘 왕 베가의 공격을 대비하고 있었던 아람-에브라임 전쟁(주전 733-732년) 직전이다(왕하 16:5-19을 보라). 그 당시 아버지와 공동 섭정을 시작한 지 얼마 안 된 아하스는(주전 735년경) 아직 젊고 경험이 부족했다.

1절은 시간을 뛰어넘어 독자에게 결과를 미리 알려 준다. 하나님은 이미 모든 것을 통제하고 계셨다. 베가와 르신은 예루살렘을 함락시키고자 하는 그들의 목표를 달성하지 못할 것이다(즉, 예루살렘을 … 능히 이기지 못하니라, 직역하면 '그녀를 대항하여 싸울 수 없음').

우리는 아하스가 아직 앗수르에게 도움을 요청하지 않았다고 가정한다. 만약 도움을 요청했다면 뒤따르는 징조는 필요하지 않았을 것이다. 비록 100여 년 후에 바벨론이 앗수르를 정복할 때까지 이스라엘이 앗수르의 지배하에 있게 되었을지라도 아하스는 언젠가는 앗수르에게 도움을 요청했을 것이다.

베가와 르신이 유다를 공격할 준비를 하고 있었기 때문에 아하스와 다윗의 온 족속이 겁에 질려 있었다(왕의 마음과 그의 백성 마음[누아⟨*nûa*⟩]이 … 흔들렸더라). 그들은 예루살렘에서 진군하면 하룻길도 안 되는 거리(약 12마일, 지도 0.2를 보라)인, 에브라임의 고지대에 군대를 주둔시켰다.

아람은 유다보다 훨씬 강력했다. 그래서 아람은 이스라엘을 꼭두각시로 여기며 이스라엘과 그 주변의 땅을 대부분 정복했다. 인간적으로 말하면, 아하스는 마땅히 두려워할 수밖에 없었다.

⟨3-4⟩ 이사야는 그의 아들 스알야숩(문자적으로 '남은 자가 돌아올 것이다')과 함께 하나님의 메시지를 전하려고 아하스왕을 만났다. 그 아들의 이름이 가진 정확한 의미와 그것이 어떻게 아하스와 관련이 있는지 언급되지 않았지만, 그는 어떤 식으로든 아하스에게 징조의 역할을 하는 것 같다. 그 아이의 이름은 긍정적인 징조('적어도 남은 자가 돌아올 것이다')일 수도 있고 또는 부정적인 징조('오직 남은 자만이 돌아올 것이다')일 수도 있다.

그 모호함은 의도적일 수 있으며 아하스의 반응에 따라 달라질 수 있다. 그들은 성읍 밖 **윗못 수도** 끝에서 아하스왕을 만났다. 그는 아마도 연합군의 공격을 대비하려고 취약한 물 공급을 확인하고 있었을 것이다. 그 못은 **세탁 자의 밭 큰길**(문자적으로 '고속도로' = '높은 도로')에 있다고 한다. 아하스는 연합군이 단지 연기 나는 두 부지깽이에 불과하니 **두려워하지 말며 낙심하지 말라**(문자적으로 '네 마음을 약하게 하지 말라')는 말을 듣는다. 이 이미지는 그들의 힘이 소멸하고 있다는 것을 암시한다. 이 문단에서 베가는 이스라엘의 왕위를 찬탈하기 위해 합법적인 통치자인 브가히야를 죽였기 때문에(왕하 15:25) 르말리야의 아들이라고 세 번이나 경멸적으로 언급된다.

⟨5-6⟩ 연합군은 악한 꾀로 너(즉, 아하스)를 대적했다. 베가는 더 강력한 나라인 아람과 동맹을 맺어 앗수르에 대항하는 그들의 쿠데타에 아하스가 가담하도록 압박했다. 만약 아하스가 거절했다면, 그들은 그 대신 알려지지 않은 다브엘의 아들을 왕으로 삼았을 것이다. '하나님은 선하시다'(타브엘)라는 의미의 이 이름을 히브리어로는 '선한 것이 전혀 없다'(타브 알)로 읽는다. 이 언어유희는 다브엘[6]에 대한 저자의 경멸을 보여 준다.

⟨7-9⟩ 하나님은 이런 일이 절대 일어나지 않을 것이라고 아하스를 확신시키기 위해 '영구적 금지'를 사용하신다. 그런데도 인간의 관점에서 상황이 절망적으로 보였기 때문에 하나님의 메시지를 믿기 위해서는 믿음이 필요했다. 연합군의 계획이 성공하지 못하는 이유(키(ki), '때문에', 8절 서두)는 그 계획이 베가와 르신이라는 두 사람에 의해 만들어졌기 때문이다.

저자는 또한 어떤 나라는 그 나라의 지도자만큼 강하다는 것과 하나님은 사람에 불과한 두 왕을 분명히 다스리실 수 있다는 것을 아하스가 깨닫도록 우회적으로 말한다(2:22 참고; 표 7.1을 보라).

---

[6] 로버츠(Roberts)는 그 이름이 투바일(Tubail)이어야 한다고 생각한다(= 잇토발[*Ittoba'l*], 두로의 왕; 2015 : 111).

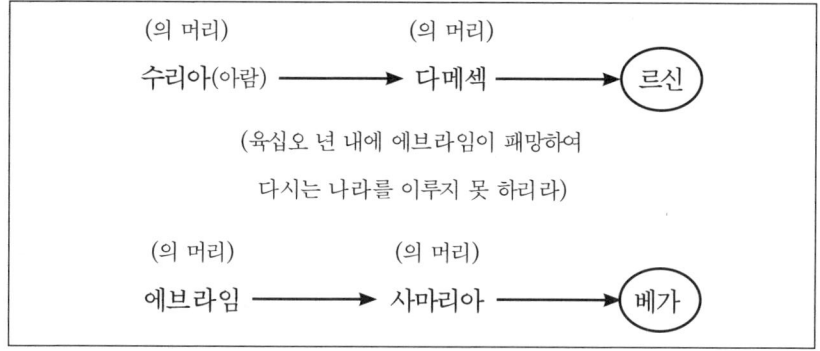

[표 7.1] 7장 7-9절의 우회적으로 말하기

아하스의 믿음에 관해서는 잘 알려지지 않았지만, 9절에는 그의 믿음과 그 나라의 믿음을 북돋우기 위해 **아만**(ʼāman, 믿다)이란 단어를 사용한 흥미로운 언어유희가 나타난다. 만일 너희(복수)가 굳게 **믿지**(아만[ʼāman], 히필 형태) 아니하면 너희(복수)는 굳게 **서지**(아만[ʼāman], 니팔 형태) **못하리라**.

육십오 년 내에 에브라임이 패망하여 다시는 나라를 이루지 못할 것이며라는 어구를 해석하는 데에는 두 가지 어려운 문제가 있다.

첫째, 이 예언 후 불과 약 2-3년 만에 이스라엘 군대와 함께 다메섹이 주전 732년에 정복되었다.

둘째, 이스라엘은 그 예언 후 약 12년 혹은 13년 후인 주전 722년에 정복되어 추방당했다.

어떤 사람들은 65년이 아닌 6과 5를 더한 11년이 훨씬 더 합리적인 추정치라고 제안하지만, 이것은 본문의 상당한 재구성이 필요할 것이다.

학자들 대부분은 이 어구가 주전 670년(즉, 아람 에브라임 전쟁 후 65년, 스 4:2을 보라) 에살핫돈에 의한 뒤늦은 추방을 의미한다고 생각한다. 이렇게 하면 본문은 그대로 유지되지만, 이사야의 사고의 흐름을 따르지 않기 때문에 일부 번역판에서는 이 어구를 괄호 안에 넣는다. 이 어구는 주전 670년 이후 필사자가 여백에 처음 추가한 후 나중에 본문 안에 포함되었을 것이라는 이론이 가장 그럴듯하다.

㈏ 두 번째 메시지(7:10-17)

〈10-11〉 여호와께서 또 아하스에게 말씀하여. 이사야는 하나님을 대신하여 직접 말하면서 아하스에게 네 하나님 여호와께 한 징조를 구할 기회를 준다고 말한다. 그 징조는 깊은 데에서부터 높은 데까지(양쪽 사이에 있는 모든 것을 포함하는 극단법) 무엇이든지 될 수 있다. 징조는 자연적 발생이거나(출 3:12) 초자연적 발생일 수 있다(출 4:7-8). 하나님은 아하스가 앗수르에 도움을 청하는 대신 하나님이 그들을 구원하신다는 것을 믿는지 알아보려고 부르신 것이다.

〈12-13〉 아하스는 자신의 거짓된 믿음을 참믿음으로 가장한 채 징조를 구하라는 제안을 거절한다. 나는 여호와를 시험하지 아니하겠나이다. 아이러니하게도 아하스는 징조 구하기를 거부함으로써 믿음 없는 자신의 태도를 보일 뿐만 아니라 주님의 인내를 시험하기도 한다. 이사야가 노골적으로 믿음 없음을 드러내는 아하스에게 화를 내는 것은 당연하다.

선지자는 (아하스가 대표하는) 다윗의 집이 사람을 괴롭히고서라고 말하는데, 이것은 베가와 르신의 침공 위협 중에 우유부단했던 아하스의 모습을 보여 주는 것일 수 있다. 그러나 지금 그는 하나님의 제안을 거부함으로써 나의 하나님을 괴롭히려하고 있다(13절). 아하스가 그의 불신을 드러냈기 때문에 이제는 아하스의 하나님이 아닌 이사야의 하나님(나의 하나님)이라는 것을 주목하라.

〈14〉 여호와께서는 아하스의 믿음을 격려하기 위해서가 아니라 하나님의 신실하심을 확증하기 위해 징조를 주실 것이다. 아하스와 온 나라(14절의 너희)를 향한 징조는 긍정적인 측면과 부정적인 측면을 모두 가지고 있다. 반가운 소식은 아람-에브라임 동맹이 곧 파기된다는 것이다(14-16절). 그러나 앗수르도 유다를 공격할 것이다(주전 701년; 17절). 따라서 징조(즉, 아이 임마누엘)는 온 나라에 하나님의 메시지와 그것의 결과를 생각나게 해 줄 것이다.

출생에 대한 일반적인 소개 방식으로(창 16:11을 보라) 아하스는 **처녀**(알마[*'almâ*], '젊은 여자')가 잉태하여 아들을 낳을 것이요 그의 이름을 임마누엘이라 하리라라는 말을 듣는다. 알마(*'almâ*)라는 단어 앞에 붙은 정관사는 이 사람이 특별한 여인임을 암시한다. 임마누엘이라는 이름은 '하나님이 우리와 함께 계신다'(임['*im*]='함께'가 선호됨, 마 1:23을 보라)를 의미하거나, '하나님이 우리를 반대하신다'(임['*im*]='반대', 시 94:16을 보라)를 의미한다. 여기서 그 모호함은 의도적일 수 있다.

[부록: 젊은 여자(알마[*'almâ*])와 처녀(베툴라[*bĕtûlâ*])]

알마(*'almâ*, '젊은 여자')는 아마도 결혼하지 않은 처녀를 의미했을 것이기에(신 22:23-24에 따르면 미혼인데 처녀가 아닌 젊은 여인은 돌로 쳐 죽임을 당했음) 이 단어들에는 의미가 상당히 중복되는 부분이 있다. 그러나 나이든 여인도 여전히 처녀일 수 있기에 차이점 또한 있다.

알마(*'almâ*)와 베툴라(*bĕtûlâ*)는 어느 정도 중복되지만 두 가지 분명히 다른 뉘앙스가 있다. 알마는 '젊음'을 강조하고 베툴라는 '처녀성'을 강조한다.

몇몇 다른 구절은 **젊은**이라는 단어를 베툴라라는 단어 앞에 덧붙인다. 왜냐하면, 이것은 어떤 것을 구체적으로 표현하기 위해서거나 젊음이라는 개념이 필수적으로 베툴라라는 단어에 포함되어 있지 않기 때문이다. 그러나 '젊은 알마'라는 문구는 절대 나오지 않는다.

대부분 문자적으로 번역한 성경에서는 이사야 7:14의 알마만 유일하게 '처녀'로 읽는다(NASB, ESV, KJV를 보라). 이 구절은 또한 알마가 임신했음을 알려 준다(하라[*hārâ*]는 아마도 '임신한 상태'를 암시하는 서술적 용법의 형용사일 것이다. Williams § 75). 따라서 '**처녀**'를 의미하는 추가 수식어가 없는 알마는 예외적이라고 할 수 있다.

알마와 아이의 정체성에 관한 많은 의견 가운데 두 가지가 가장 그럴듯하다.

> **첫째**, 왕비 또는 왕실 후견인/아하스의 아이
> **둘째**, 선지자의 아내/선지자의 아들
> 중요한 점은 그 징조가 아하스와 이스라엘 나라에게 의미가 있다는 것이다.
> 이사야 8:8에 따르면 임마누엘은 주전 701년에 유다 땅에 살았다. **임마누엘이여 그[앗수르]가 펴는 날개가 네 땅에 가득하리라**(즉, 네 땅은 유다를 가리킴).

[신약의 이사야 7:14 사용]

> 이사야 7:14이 마태복음 1:22-23에서 어떻게 성취되었는지에 대한 다양한 견해가 있다. 우리는 이사야 7:14의 '예언 양식'(prophetic pattern)을 마태가 가져온 후 더불어 헬라어 플레로오(*plēroō*, '충만하게 하다, 채우다, 완성하다')를 사용하여 의미를 더 풍성하게 만든다고 생각한다(마 2:15, 17, 23 등을 보라). 이사야 7:14은 문맥상 아하스와 이스라엘 집에 대한 징조로 충분히 이해될 수 있지만, 마태는 젊은 여자가 임마누엘이라는 아들을 낳는 이 양식을 예수님께 적용함으로써 더 많은 의미를 부여한다(Wegner 2011: 467-484을 보라).

⟨15-16⟩ 15절을 시작하는 주어인 **그는** 방금 언급한 아들을 가리킨다(14절); 따라서 15-17절은 교차대구법으로 구성된 징조에 대한 더 자세한 설명이다.

15 A 엉긴 젖과 꿀을 먹을 것이라
       B 그가 악을 버리며 선을 택할 줄을 알 때
       B′ 대저 이 아이가 악을 버리며 선을 택할 줄 알기 전에
  A′ 네가 미워하는 두 왕의 땅이 황폐하게 되리라

가운데 두 단위(B, B′)는 히브리어로 거의 동일하다. 교차대구법의 첫 번째와 마지막 단위(A, A′) 또한 평행 개념을 나타낸다. 네(즉, 아하스[단수형])가 미워하는 두 왕(즉, 아람[Syria] 이스라엘)의 땅이 황폐하게 될 때 그 아이가 엉긴 젖과 꿀을 먹으리라. 이에 유다에 사는 그 아이는 아람과 이스라엘이 멸망한 후에도 스스로 살아남을 수 있을 것이다. 주전 735년에 아람과 이스라엘의 침공으로 곡식 수확은 중단되었지만, 엉긴 젖과 꿀은 여전히 어렵지 않게 얻을 수 있었다(또한, 22절을 보라).

16절은 그 아이가 악(문자적으로 '나쁜 것')을 버리며 선(문자적으로 '좋은 것')을 택할 수 있을 때 아람과 이스라엘이 멸망할 것이라고 단언한다. 이 어구들은 그 아이의 생애 가운데서 다양한 때를 의미할 수 있다. 그러나 이 징조 일부분이 언제 성취되었는지는 비교적 확인하기 쉽다.

- 16절: 네가 미워하는 두 왕의 땅이 황폐하게 되리라=다메섹이 정복되고 이스라엘 군대의 대부분이 죽거나 포로가 된 아람-에브라임 전쟁(주전 733-732년경).
- 16절: 주전 722년에 두 나라는 앗수르에 멸망했다.
- 17절: 앗수르 왕이 유다에 올 것이다(주전 701년).

만약 이 신탁이 주전 735/734년경인 아람-에브라임 전쟁이 시작되기 직전에 주어졌다면, 그 아이는 주전 732년에 앗수르에 의해 연합군이 패배했을 때 대략 두세 살이었을 것이다. 그는 이 나이에 그 환경에서 좋은 것과 해로운(즉, '나쁜') 것을 구별하기 시작할 것이다.

역사적으로 주전 701년에 이 징조에 설명된 모든 것이 성취되었다. 이 때쯤이면 그 아이는 선악 간에 도덕적 분별이 가능한 성인(약 34-35세)이 되었을 것이다. 아하스는 이 아이가 태어나는 것을 보면서 나머지 징조가 이루어질 것을 알았을 것이다.

⟨17⟩ 아하스가 자신의 부족한 믿음을 드러낸 후에 전적으로 긍정적인 징조를 기대한다는 것은 말이 안 된다. 실제로는 그것이 훨씬 더 나쁜 결과를 가져왔을 수 있다. 에브라임은 사악한 르호보암왕 치하에서(주전 약 931년) 유다로부터 분리되었다(즉, 왕국의 분열). 그런데 이 사건만큼이나 심각한 타격이 그 나라에 가해졌다. 그것은 주전 701년에 일어난 훨씬 더 파괴적이었던 앗수르 왕 산헤립의 침공이었을 것이다.

직접 목적어(유다-역주)를 동사로부터 가능한 한 멀리 배치한 17절의 구문은 앗수르 왕이 오는 것에 대한 두려움을 부각한다. 따라서 아하스는 보호를 요청하는 바로 그것이 오히려 멸망을 가져올 것이라고 경고받는다.

의미

은혜로운 하나님은 아하스가 그분을 신뢰할 기회들을 여러 번 주시지만, 아하스가 거절했기 때문에 아하스와 다윗의 집에 주어진 징조에는 긍정적 요소와 부정적 요소가 모두 포함되어 있다. 유다를 향한 아람과 이스라엘의 즉각적인 공격 위협은 그들이 앗수르에게 정복될 때 사라질 것이다. 그러나 하나님은 나중에 앗수르를 사용하여 유다도 징벌하실 것이다(주전 701년).

하나님을 향한 아하스의 부족한 믿음은 결코 회복될 수 없는 파괴적인 길로 유다를 이끌었다. 그때부터 유다는 항상 복종하는 위치에 있었을 것이다. 믿음의 결핍은 때때로 영구적으로 비참한 결과를 초래할 수 있다.

㉰ 이사야의 추가 설명(7:18-25)

문맥

17절에서 징벌의 주제가 계속되는데, 여기서 네 개의 단위(18, 20, 21, 23절)는 각각 주전 701년에 앗수르 사람들이 유다를 치러 왔을 때 디르하가, 에티오피아/구스의 왕(왕하 19:9; 사 37:9; *ANET* 287을 보라)의 도움에도 불구하고 유다의 비옥한 땅이 철저히 파괴되었음을 묘사한다. 그날에라는 어구는 많은 학자가 제안하는 것처럼 새로운 신탁을 나타내지 않는다. 그것은 단순히 이전에 설명한 사건의 새로운 측면이나 관점을 이야기한다.

주석

〈18-19〉 그날에는 앞 절들에서 언급된 심판을 가리킨다. 이 첫 번째 단위(18-19절)에서 여호와께서는 애굽을 나타내는 **파리**(즉, 말파리나 사슴파리와 같은 끊임없이 무는 파리)와 앗수르를 나타내는 벌을 땅으로 침투하도록 **부르시리니**[7] 라고 하신다(5:26 참조). 둘 다 떼를 지어 사는 해충이지만 벌이 더 위험하다(신 1:44을 보라). 그들의 광대한 군대가 유다에 범람하여 거친 골짜기(밭토트[*battōt*], 여기에서만 나옴)와 가시나무 울타리(나아추침[*naʿăṣûṣîm*], 여기에서만 나옴)와 모든 초장(나할롤[*nahălōl*], 여기에서만 나옴)에 침투할 것이다.

이스라엘은 불모지까지 파리와 벌이 가득한 매우 거칠고 금지된 땅으로 묘사된다. 파리들은 나일강 끝(18절을 보라)에서 나왔으며, 아마도 그

---

7) 주석가들은 일반적으로 꿀벌들을 부르기 위해 휘파람을 부는 양봉가를 언급한다(Cyril of Alexandria, Commentarius im Isaiam prophetam을 보라; 또한, Virgil, *Georgics*, 4.64을 보라).

곳은 NIV가 암시하는 것처럼 '이집트의 나일 삼각주'가 아닌 청나일과 백나일이 만나는 수단(Sudan)의 하르툼(Khartoum) 근처 지역일 것이다. 이것은 디르하가가 왔던 지역(즉, 구스)에 해당한다. 예오르(*yĕ'ōr*)라는 단어는 구약에서 일반적으로 나일강을 나타낸다. 18절에 있는 그것의 복수형은 훨씬 드물게 나타난다(64회 중 14회).

〈20〉 두 번째 단위는 앗수르를 하수(즉, 유프라테스) 저쪽에서 세내어 온 삭도로 묘사한다. 유다의 모든 털이 머리부터 은밀한 부분(문자적으로 '발의 털', 생식기에 대한 완곡한 표현, 삿 3:24을 보라)까지 그리고 수염까지 깎였다는 사실에서 유다를 완전히 파괴하여 굴욕을 주려는 앗수르의 욕망이 드러난다.

여호와께서 일하시기 위해 단지 앗수르를 '임차'하거나 '고용'하신다는 사실(겔 29:19-20에서 바벨론에 대해 사용된 유사한 용어를 보라)은 하나님과 이스라엘과의 특별한 관계와는 현저한 대조를 이룬다. 역사적으로 앗수르 사람들(즉, 산헤립)의 '깨끗하게 밀어버림'(clean shave)을 당한 사람은 히스기야였다.

〈21-22〉 세 번째 단위는 유다의 인구가 줄어드는 것을 생생하게 묘사한다. 풍요롭게 살기는커녕 그 땅에 변변치 않게 남은 자들은 그들의 필요를 간신히 채울 뿐 그 이상 얻을 수 있는 것은 아무것도 없었다. 한 어린 암소와 두 양(촌[*ṣō'n*], '양' 또는 '염소', 여기서는 염소; 레 1:10을 보라)은 그 땅 가운데에 남아 있는 자가 엉긴 젖과 꿀을 먹을 만큼 충분히 공급할 것이다.

삭도(20절)가 사람들과 들판을 황폐하게 할 것이므로 남아 있는 소수는 자연에서 얻을 수 있는 꿀과 그들의 가축들에게서 짜내는 우유로 만든 엉긴 젖으로 살아남아야 한다(하루에 소 한 마리와 염소 두 마리에게서 약 26리터의 우유를 짤 수 있다. 이것은 대가족이 충분히 먹을 수 있는 양이다).

〈23-25〉 마지막 단위는 5장 포도원의 노래를 암시하면서 철저하게 황폐해 가는 유다의 모습을 계속해서 설명한다. 한때 풍요로워서 **천 그루에 은 천 개의 가치가 있는 포도나무**(각각 은 한 세겔의 가치가 있는 고품질 포도나무임을 암시함)가 재배되었던 땅이 다시 황무지가 될 것이다.

몇몇 구절은 그 땅이 얼마나 쓸모없고 비생산적으로 변화될 것인지를 강조한다. **찔레**(샤미르[*šāmîr*], 이사야서에서만 이 의미로 나타남)와 가시(샤이트[*šayit*], 가시덤불의 일반적인 용어)는 각 절에서 반복된다. **화살과 활을 가진 사냥꾼**이 야생 동물을 사냥하기 위해 거기로 갈 것이다. 경작할 땅을 찾는 사람들은 찔레와 가시 때문에 두려워서 그곳을 피할 것이다. 그곳은 사람이 아니라 소 떼와 양 떼가 돌아다니기에만 적합할 것이다.

이스라엘이 그들의 하나님께 순종했더라면 얼마나 좋았을까!

의미

이 섹션에서 이사야 7:17에 언급된 여호와께서 그분의 백성에게 내리실 징벌에 대해 자세히 설명한다. 하나님은 앗수르 사람들을 사용하여 그 악한 나라를 징벌하실 것이며, 그 백성들을 철저하게 멸하고 땅을 파괴하실 것이다.

아하스가 믿음이 부족하여 앗수르 사람들에게 도움을 청했기 때문에 이스라엘은 주전 701년부터 이스라엘이 다시 한번 독립하게 된 주후 1947년까지 나라를 잃어버리게 되었다. 아하스와 그의 나라는 하나님을 전적으로 신뢰하지 못했기 때문에 값비싼 대가를 치러야만 했다.

③ 이사야의 둘째 징조(8:1-9:7)

㉮ 극적 신탁(8:1-15)

문맥

이 섹션 역시 7장의 대부분이 그랬던 것처럼 아람-에브라임 전쟁(주전 733-732년)을 둘러싼 사건들을 언급한다. 이 두 장에 나타난 징조가 얼마나 비슷한지 흥미롭다. 일부 학자가 두 신탁이 같은 아이를 지칭한다고 결론 내리기 때문이다(Oswalt 1986 : 213).

그러나 7장에서는 아마도 다메섹의 함락이 아이가 태어난 지 약 3년 후로 여겨지지만, 8장에서는 아이가 태어난 지 약 1년 후(즉, 그가 내 아빠, 엄마라고 말할 수 있기 전)로 언급된다. 그러므로 두 아이가 서로 다른 아이임을 짐작할 수 있다. 만약 다메섹의 함락이 아이가 태어난 지 약 1년 후라면, 북왕국은 이미 아람-에브라임 전쟁(주전 733-732)에 참여했을 것이므로 이 징조의 주된 목적은 유다에게 경고하는 것이다.

8장은 징조로 시작하고(1-4절) 이어서 그것을 설명한다(5-8절). 7장에서처럼 그 징조에는 긍정적인 요소(3-4절)와 부정적인 요소(5-8절)가 모두 포함되어 있다. 이 단락의 마지막 부분은 6:11-13에서 이미 언급했던 멸망에 대해 더 자세히 설명한다.

주석

⟨1-2⟩ 이사야는 큰 **서판**(길라욘[*gillayôn*], 2회; 3:23을 보라; 아마도 '점토판', '구리거울' 또는 '파피루스 조각')을 가지고 오라는 말을 들었다. 그 서판은 증인들이 쉽게 볼 수 있을 만큼 크고 봉인할 수 있는 것이었다. 아마도 파피루스 조각일 가능성이 가장 크다(8:16; *ANEP* 265를 보라). 이사야는 그 위에 **보통 필기구**(문자적으로 '사람의 철필'; 개역개정은 통용 문자-역주)로 쓰라

(NIV)는 말을 들었다. 그 당시의 **보통 필기구**는 철필이나 갈대였을 것이다. 그러나 여기서는 필기구가 아닌 단순히 '글쓰기'(writing)를 의미했을 수도 있다.

두 부분으로 된 이름 **마헬살랄하스바스**(3절을 보라)는 먼저 북왕국과 이어서 유다까지 계속되는 징벌이 다가오고 있다는 징조가 된다. 두 명의 진실한 증인은 이 징조를 확증해야 한다. **제사장 우리야**(왕하 16:10-16을 보라)와 **여베레갸의 아들 스가랴**(아마도 아하스의 장인; 왕하 18:2을 보라).

일단 징조가 성취되었다면, 그들은 8장의 사건들에 나타난 하나님의 능력을 목격한 증인들이 되었을 것이다. 그러므로 그 신탁이 '사건 이후에' 예언되었다고 주장하는 것은 불가능할 것이다. 확실한 것은 이런 이사야 시대의 생각이 지금과 비슷하다는 것이다.

〈3-4〉 이어서 이사야는 여선지자(즉, 그의 아내이며, 그 나라에 대한 메시지 안에서 중요한 역할을 감당하므로 여선지자라고 불림)와 사랑을 나누었고(문자적으로 '가까이 이끌었다'). 그녀는 아들을 낳았다. 이사야는 그 아들에게 **마헬살랄하스바스**('노략이 곧 [있으리라]'; '약탈이 속히 [임하리라]')라고 이름을 지어 주었다. 4절은 그 이름의 의미를 이렇게 설명한다.

이는 이 아이가 내 아빠, 내 엄마라 부를 줄 알기 전에 다메섹의 재물과 사마리아의 노략질 물이 앗수르 왕 앞에 옮겨질 것임이라(디글랏 빌레셋 3세; *ANET* 283을 보라). 아마도 여기의 이 사람은 아하스가 동맹을 맺었던 바로 그 왕일 것이다.

〈5-8〉 3-4절에서 언급한 징벌을 묘사하기 위해 5-15절은 홍수 이미지(6-7절)를 사용하여 별도의 신탁을 형성한다. 이 징벌은 **천천히 흐르는 [그] 실로아 물을 버린 이 백성**(즉, 북왕국)에게 내려질 것이다. 히브리어 실로아(*Shiloah*)는 '보냄을 받았다'라는 의미이며, 헬라어로는 실로암(*Siloam*)이라고 한다(요 9:7-11을 보라). 그것은 왕궁 근처의 연못(브레카트 핫셀라흐[*bĕrēkat haššelaḥ*], 느 3:15)이거나, 또는 기혼 샘에서 흘러나와 만들어진 웅덩이일 가능성이 있다. 아마도 후자일 가능성이 좀 더 크다. 어느 쪽이든 그것은 **실로아**가 유다에 있다는 것을 말해 준다.

북왕국은 이방 세력과 동맹을 맺고 유다를 배반한 잘못이 있다. 이스라엘은 르신(즉, 아람 왕)과 르말리야의 아들(즉. 베가)을 기뻐한다. 저자는 그의 이름 대신 베가의 혈통을 말함으로써 베가가 이스라엘 왕좌의 합법적 상속자가 아님을 강조하고 있다.

그러므로(문자적으로 '그러므로 이제 보라', 7절)는 이스라엘에 대한 심판의 메시지가 시작됨을 알려 주는데, 여기에는 언어유희가 사용되었다. 그들은 **천천히 흐르는 실로아 물을 버렸기 때문에**(즉, 유다 대신에 이방 세력과 동맹을 맺기로 했기 때문에) **흉용하고 창일한 큰 하수**(즉, 앗수르)에 씻겨 나갈 것이다. 기혼 샘(즉, 실로아)은 유다에게 중요한 물 공급원이지만(연간 최대 120만 입방피트), 거대한 유브라데강(연간 9900억 입방피트)에 비하면 아무것도 아니다.

두 개의 히브리어 형용사 '흉용하다'와 '창일하다'로 묘사되는 강력한 유브라데강은 이스라엘과 유다를 모두 '침몰시키고' 정복하게 될 강한 앗수르 군대를 묘사하는 강렬한 이미지이다(8절). **목에까지 미치리라**(즉, 위험한 수준, 8절)라는 어구는 하나님이 기적적으로 수도인 예루살렘을 구원하시기 전에 앗수르가 유다의 거의 모든 땅을 멸망시킨 주전 701년의 사건들을 잘 묘사한 것이다(36:1-37:37을 보라).

임마누엘이여 그가 펴는 날개가 네 땅에 가득하리라라는 어구에서처럼 앗수르는 또한 펼친 날개를 가진 새로 묘사된다. 다시 말해서, 앗수르는 그 나라 전체에 영향을 미칠 것이다. 이 선언은 앗수르가 멸망해 갈 때 **임마누엘**이 그가 태어났던 유다 땅에서 계속 살았을 것을 암시한다.

〈9-10〉 **열방을 향해 허리를 동이라**(NIV, 전투를 준비하라)라고 말하는 명령은 바로 앞부분과 자연스럽게 연결되지 않는다. 9절은 다음과 같이 평행 단위로 구성되어 있다.

A	B	C
함성을 질러보아라.[8]	너희 민족들아	그러나 끝내 패망하리라
A´	B´	
들을지어다	너희 먼 나라 백성들아	

                                                     C´

                    너희 허리를 동이라 그러나 끝내 패망하리라
                    너희 허리에 띠를 띠라 그러나 끝내 패망하리라

  그 메시지는 분명하다. 유다를 대적하여 치러 가는 나라들은 산산이 부서질 것이다. 10절은 더 나아가 아무리 신중하게 세운다고 할지라도 하나님의 백성을 대적하여 세운 계획은 끝내 서지 못할 것이라고 설명한다.

  이것은 아람-에브라임 연합군의 계획이거나 주전 701년에 앗수르가 감행할 뒤늦은 공격을 가리킬 수 있다. 이 둘 다 임박한 상황 가운데 있다. 하나님은 유다를 보호하실 것이기에 둘 중 어느 계획도 성공하지 못했을 것이다(임마누엘['*immānû 'ēl*], 하나님이 우리와 함께 계신다. 즉, 우리를 보호하실 것이다, 10b; 따라서 7:14의 의미는 긍정적임).

  끝내 시행되지 못하리라는 어구는 7:7에서 **연합군의 계획이 서지 못하며**라는 설명과 비슷하다. 이 어구들은 아마도 예루살렘이 구원받을 것이라는 저자의 확신을 표현한 것 같다.

  〈11-13〉 많은 학자가 의문을 제기할지라도 11-15절에는 생각의 흐름이 있는 것으로 보인다. 이사야는 백성들의 그릇된 생각에 대해 말하면서 그들이 하나님의 말씀을 듣지 않으면 어려움에 직면할 것이라고 경고한다.

---

8) 로우(*rô 'û*)의 의미는 불확실하지만, 더우(*dē 'û*, '귀 기울이다': 칠십인역과 평행 단위를 보라)의 변형일 가능성이 가장 크다.

9-10절과 연결된 11절의 '때문에'(키[kî])는 다른 단위의 시작을 알려 준다. 하나님은 이사야에게 이 백성의 길로 가지 말 것을 강력하게 권고하신다(즉, 강한 손으로 내게 알려 주시며, 11절). 이사야서에서 하나님이 이런 식으로 말씀하신 것은 여기밖에 없다. 이스라엘 사람들의 그릇된 논리의 함정에 빠지지 않도록 이사야는 하나님의 계획 가운데 강해지고 믿음으로 행동할 필요가 있었다.

12-13절은 두 절이 서로를 거울로 비춰 주는 것처럼, 이사야와 그를 따르는 자들(즉, 2인칭 복수형)에게 두려워하거나 놀라지 말아야 할 대상과 두려워해야 할 대상을 설명한다. 백성들은 임박한 심판에 대한 이사야의 메시지를 반역적인 음모로 여겼을 것이다. 그들은 **만군의 여호와를 두려워하는** 대신에 강력한 다른 나라들을 두려워했다. 그러나 하나님은 그런 위협으로부터 그들을 보호하실 수 있는 유일한 분이시다.

⟨14-15⟩ 그가 성소가 되시리라라는 어구는 앞 절의 생각을 완성한다. 하나님은 자신을 경외하는 자들에게 그분의 보호 아래 있을 수 있는 '성소'가 되실 것이다(NASB). 14b절의 평행 구조는 다음과 같이 나타낼 수 있다.

이스라엘의 두 집에는 걸림돌과
걸려 넘어지는 반석이 되실 것이며
예루살렘 주민에게는 함정과
올무가 되시리니

이스라엘과 유다는 모두 하나님을 의지하지 않았기 때문에 걸려서 결국 넘어질 것이다. 함정/올무의 이미지는 사람들이 그것에서 벗어날 수 없음을 암시한다.

15절은 14절에 나오는 동일한 단어를 많이 사용하여 하향하는 과정을 묘사한다. 걸려, 넘어질 것이며, 부러질 것이며, 덫에 걸려, 잡힐 것이니라. 왜냐하면, 많은 사람이 그로 말미암아 걸려 넘어질 것이며, 믿음을 가진 남은 자들은 참으로 적을 것이기 때문이다.

의미

하나님은 긍정적인 요소와 부정적인 요소를 모두 포함하는 **마헬살랄하스바스**라는 또 다른 징조를 주신다. 아람과 이스라엘의 긴밀한 관계에서 나오는 문제는 곧 해결될 것이지만, 더 큰 문제는 이스라엘과 유다가 모두 앗수르 사람들에게 정복당한다는 것이다.

하나님은 이스라엘의 두 집이 회개하면 피할 수 있도록 임박한 징벌을 경고하시며 다시 한번 자비와 긍휼을 보여 주셨다. 그들이 하나님을 신뢰하기만 한다면 그분은 진정으로 그들의 안식처가 될 수 있는 유일한 분이시다. 우리도 역시 거짓 성소들 안에 숨어서 우리의 진정한 성소가 아닌 다른 것들을 의지하려는 경향이 있다.

㈏ 이사야의 추가 설명(8:16-9:7)

㈀ 이사야가 하나님의 징벌을 기다림(8:16-22)

문맥

어떤 학자들은 8:16-22과 앞에 나오는 단위(11-15절) 사이에 큰 틈이 있다고 생각하지만, 징조와 그것에 대한 설명에서부터 그것을 봉인하고 그것이 일어날 때까지 기다리는 행위까지 자연스럽게 진행된다. 19절에 나오는 1인칭에서 2인칭과 3인칭으로의 변경은 문맥에 따른 것이며 나중에 추가된 내용을 나타내는 것은 아니다.

이사야와 그분의 자녀들은 어두운 시기에 사람들이 하나님께로 돌아오도록 돕는 **징조와 예표**의 역할을 한다. 그러나 6:9-10에서 말한 것처럼, 이스라엘의 마음은 계속해서 완악할 것이고 그들은 하나님이 곧 그분의 말씀을 지키신다는 것을 알게 될 것이다. 이 섹션은 9:1-7로 이어지며 이스라엘의 완악한 마음에 대한 하나님의 응답을 끌어낸다. 그리고 여기서 하나님은 구원자를 보내신다.

주석

⟨16-18⟩ 하나님의 메시지가 선포된 후 이사야는 그것이 성취되기를 기다린다. **증거의 말씀은 싸매져야 하며 내**(이사야의) **제자들 가운데서 봉인되어야 한다.** 룻기 4:7에서 '증명'(테우다[*tĕ'ûdâ*; 3회])이라는 단어는 법적 거래를 상징적으로 확인하는 물리적 방법을 의미한다. 그러므로 **마헬살랄하스바스**에 관해 기록된 예언은 그것이 성취되어 개봉될 때까지 우리야와 스가랴가 봉인하고 증언해야 했다(8:2-4).

이 단기 예언이 성취되는 것을 확인함으로써 이사야의 장기 예언들도 또한 이뤄진다는 것을 알 수 있고 이것은 그가 참예언자라는 증거가 된다.

율법(토라[*tôrâ*])은 이사야가 그의 **제자들**(문자적으로 '배우는 자', 즉 2절에서 징조의 의미를 들은 사람들)에게 준 문서이고 이것은 예언적 설명을 담고 있다. 일부 학자들이 제안해 온 것처럼 이사야 학파(Isaianic school)에 대해 말해 주는 증거는 거의 없다(Clements 1980a: 4를 보라).

이제 이사야는 여호와께서 그 나라를 향하여 그분의 얼굴을 돌리시기를 (희망 중에) 기다릴 것이다(17절). 그분의 **얼굴을 가리시는** 하나님의 이미지는 그 백성들이 더 이상 그분의 보호와 인도를 기대할 수 없다는 것을 나타낸다. 이 기다림의 기간 동안 이사야('여호와는 구원이시다')와 **마헬살랄하스바스**('노략이 곧 [있으리라]'; '약탈이 속히 [임하리라]')와 **스알야숩**('남은 자가 돌아오리라')이 그 나라에 대한 **징조와 예표**(문자적으로 '경이로움')로 서게 될 것이다.

하나님은 여전히 시온에서 백성들과 함께 거하신다는 사실을 주목하라. 그분은 이스라엘의 악함에도 불구하고 요동하지 않으셨다. 하나님이 복을 내리고 보호해 주시려고 그분의 나라를 향해 자기 얼굴을 돌리실 바로 그때를 이사야는 기대하며 심지어 간절히 기다린다.

〈19-20〉 19-22절은 그 나라에 큰 고난과 위기가 닥쳐왔음을 말한다. 어떤 **사람이**(문자적으로 '그들') 그들의 고통을 줄이려면 어떻게 신들을 달래야 하는지 그 방법을 알기 위해 이사야와 그분의 자녀들(복수형, '너희')에게 왔다. 그리고 그들에게 **신접한 자와 마술사**(둘 다 죽은 자와 대화할 수 있다고 생각함; 삼하 28:13을 보라)에게 물어 달라고 요청하면, 이사야는 이미 그들에게 주셨던 하나님의 **율법**(토라[tôrâ])과 증거의 말씀(테우다[tĕ'ûdâ])으로 그들을 되돌려보내야 한다(16절). 이것들은 유일하게 권위 있는 신적 계시이다.

만약 그들이 하나님이 이 사건들을 이미 예언하셨다는 것을 알았다면, 아마도 그들은 도움을 받고자 하나님께로 돌이켰을 것이다. 그러나 **만약**(NIV, 임-로['im-lō], 조건문) 그들이 여호와의 메시지에 귀 기울이지 않는다면, 피할 길은 전혀 없을 것이다(아침[샤하르[šāhar] 빛을 보지 못하고, 즉 '구원').

〈21-22〉 그 나라가 엄청난 징벌을 견디는 동안에 그 백성들은 이 땅으로(문자적으로 '그것을 통해') 헤매며 곤고하며 **굶주릴 것이라**. 그 후 그들을 이 위기에 빠뜨린 자기의 왕을 저주하고 위기에서 구원하지 못한 자기의 하나님을 저주할 것이다. 사람들은 고난의 원인이 자신에게 있음에도 불구하고 하나님을 원망하려는 경향이 있다.

21절의 히브리어 본문의 마지막 구절인 **위를 쳐다보거나**는 번역하기 어렵다. '이제 그들(문자적으로 '그')이 위쪽으로 돌아갈 것이다'(즉, 그들은 죽는다). 또는 '신실하지 못한 행동들로 돌아갈 것이다'(즉, 그들은 하나님을 모독한다)라는 두 해석 모두 문맥에 적합하지만, 첫 번째 해석이 22절의 진행 상황에 더 잘 어울리는 것으로 보인다.

그들은 곤고하며 굶주릴 것이고, 그들의 왕과 그들의 신을 저주하며 결국 죽게 될 것이다. 그중 일부 사람들은 **심한 흑암 가운데로 쫓겨 들어 갈** 것인데, 이것은 그들이 포로로 잡혀갈 것이라는 의미이다.

> 의미

이스라엘 사람들의 마음은 너무 완고해져서 하나님보다 세상의 거의 모든 것으로부터 계시를 구하려고 한다. 그들의 끊임없는 반역은 단지 하나님의 계속되는 징벌의 공의를 확인시켜 줄 뿐이다. 우리가 하나님에게서 멀어질수록, 우리는 그것이 설령 잘못되었다는 것을 알더라도 우리 입맛에 더 맞는 '계시'를 절실하게 찾게 된다.

ⓒ 미래의 구원(9:1-7)

> 문맥

이 단락은 6:1-9:7까지 나오는 이사야서 회고록의 절정이며, 구원받을 의로운 남은 자(또는 거룩한 씨)를 가리키는 6:13b의 성취이다. 그 나라가 징벌받는 동안에 외면하신 하나님은 이제 자기 백성들을 회복시키기 위해 그분의 얼굴을 그들을 향해 돌이키신다.

저자는 사건들이 발생한 때를 매우 이해하지 못한 채 징벌 이후 회복이라는 순서로만 파악하고 있다. 이사야 9:1-7은 이전 상황에 대한 완전한 반전을 묘사하며, 종종 이 대조를 강조하기 위해 같은(또는 매우 유사한) 단어를 사용한다.

먼저 북왕국이 **무겁게 멘 멍에**(즉, 앗수르)로부터 해방된 것(9:4)을 언급한다. 그 후 우리는 다윗(즉, 남왕국)의 보좌에 앉아 있는 미래의 구원자를 본다. 그분은 평화의 왕국을 세우실 분이다(9:7). 이 섹션은 극적인 진술로 끝난다. 만군의 여호와의 열심이 이를 이루시리라.

그러므로 선지자는 그 나라를 완전한 구원으로 이끄는 앗수르의 놀라운 패배(즉, 주전 701년 앗수르의 신적 패배)를 바라본다. 그러나 이 구원은 이사야가 깨닫는 것보다 훨씬 더 먼 미래일 것이다. 이것은 이사야가 동시대의 사건들에 비추어 미래의 사건들을 내다보게 하는 '예언적 관점'(prophetic perspective)의 한 예이다.

주석

⟨1⟩[9] 많은 학자가 앞뒤의 두 단락을 연결하는 1절을 후기 편집자가 편집비평적으로 추가했다고 생각한다. 그러나 우리는 그것이 저자 자신이 직접 추가한 것이라는 알트(Alt; 1953: 206-255)의 견해에 동의한다(마 4:14-16을 보라). 주전 734년에서 주전 722년경에 있었던 앗수르의 침략이 그 배경일 가능성이 매우 크다.

그런데도(키[*kî*]) 전에 고통받던 자들에게는(문자적으로 '그녀를 위해') 흑암이 없으리로다. 키(*kî*)는 이전에 발생했던 것과 현재 일어나고 있는 것 사이에 대조를 나타낸다. 9:1의 어휘는 대조를 강조하기 위해 8:22의 어휘(특히, 희귀 단어들)를 필수적으로 반영한다. 마웁(*mā'ûp*, 흑암, 22절에만 나옴)/무압(*mû'āp*, 흑암, 9:1에만 나옴), 그리고 추카(*ṣûqâ*, 고통, 3회 나옴, 22절)/무사크(*mûsāq*, 고통, 2회; 9:1). 이 대조는 1b절의 반의 평행법(antithetic parallelism)에서 계속된다. 또한, 1b절은 이어지는 시(2-7절)로의 분명한 전환 역할을 한다.

1절에서 일반적으로 여성 명사로 취급되는 때라는 단어와 남성 형용사 이전 사이의 성의 일치(18:7을 보라)가 이뤄지지 않아 중요한 번역 문제가 발생한다(Emerton 1969 : 151-175를 보라). 그러나 이사야서 자체에서도 때 에트[*'ēt*])라는 명사의 남성형이 나타난다(13:22을 보라). 또한, 명사와 형

---

[9] 한 문학 단위의 중간에서 장 구분이 부실하게 되어 있다. 마소라 본문에서는 8:23으로 표시되지만, 영어 번역에서는 9:1로 표시된다(개역개정도 9:1-역주).

용사에 붙는 정관사는 형용사가 명사를 수식하고 있음을 알려 준다. 그러므로 우리는 그 절의 이 부분에서 사용된 평행 단위들은 아래와 같이 번역되어야 한다고 믿는다.

전에(문자적으로 '이전 때에 따르면')
    (그[하나님] 가) 스불론 땅과 납달리 땅이 멸시를 당하게 하셨더니
후에는(문자적으로 '이후 때에 따르면')
    (그[하나님]가) 해변 길과 요단 저쪽 이방의 갈릴리를 영화롭게 하셨느니라

하나님이 **납달리와 스불론** 땅(즉, 북왕국의 두 주요 지파)을 멸시하신 '이전 때'와 하나님이 **해변 길과 요단 저쪽 이방의 갈릴리를 영화롭게** 하실 '이후 때'는 대조를 이룬다(알트에 따르면 주전 732년 이후에 북왕국의 대부분은 이 세 개의 앗수르 행정 중심지로 분할되었다. 1953:206-225). 그러므로 이 지역들은 지리적으로 겹치는 부분들이 있다.

아람-에브라임 전쟁(주전 733-732년)부터 이스라엘이 포로로 잡혀간 주전 722/721년까지 멸시받는 북왕국의 고통은 계속된다. 주전 722/721년 이후의 북왕국에 대해서는 알려진 바가 거의 없다. 그러나 가장 그럴듯한 이해는 구원을 위해 메시아이신 예수가 이 지역에서 나오셨다는 것이다. 그분은 그 나라에 의와 평화를 가져올 구원자이셨다(Wegner 1992a: 152-177). 마태복음 4:12-17은 이 단락을 확실히 이런 방식으로 이해했다.

〈2-3〉 저자는 하나님이 이 지역에 가져오실 구원을 알려 주는 (메시아의) 탄생과 대관식의 두 요소를 모두 포함한 구원 신탁(2-7절)을 시로 표현하여 전달한다. 여기서 백성은 최소한 북왕국을 가리킨다. 그러나 이 시가 끝날 무렵(7절) 그 아이는 다윗의 왕좌에 앉을 것이기 때문에 유다도 역시 그들과 같이 회복될 것이다.

심각한 곤경에 처한 자들(흑암에, 사망의 그늘 진 땅에[찰마벳, ṣalmāwet, 문자적으로 '죽음의 그림자', 대중적인 민속 어원학에서는 그것이 아마도 찰⟨ṣal, '그림자'⟩과 마벳⟨māwet, '죽음'⟩에서 유래되었다고 주장함])은 어두운 땅에 비치는 큰 빛과 같은 구원을 경험할 것이다(58:8, 10). 이 문맥에서 빛은 하나님의 구원 행위를 가리킨다.

우리는 3절에서 그 나라를 창성하게 하고(문자적으로 '증가시키다', 아마도 인구 증가를 의미함) 이 지역에 즐거움을 가져오실 여호와를 보게 된다. 또한, 그 지역의 가장 행복한 시절을 비유로 표현한다. 즉, 양식이 풍족한 추수 때와 전투에서 승리한 후 전리품을 나눌 때이다.

⟨4⟩ 4-7절에서 이사야는 이 큰 기쁨에 대한 세 가지 이유를 제시하는데, 각각은 이는(키[kî])으로 시작한다. NIV는 두 번만 사용한다(4, 6절; 개역개정도 두 번-역주). 첫 번째 이유는 압제자들로부터 구원받기 때문이다. 즉, 그들이 무겁게 멘 멍에(문자적으로 '그의[즉, 그 나라] 짐의 멍에'; 10:27을 보라)를 깨뜨리는 것으로 묘사된다. 앗수르 왕들은 그들의 봉신들에게 지운 무거운 짐(멍에, 조공, 강제 노동 및 세금을 의미함)을 자랑스럽게 여겼다(*ANET* 287-288).

여기에서 이 멍에를 꺾는 것으로 묘사된 승리는 기드온 시대에 미디안을 패배시킨 것과 유사하다. 그 당시 하나님은 단 300명의 군인으로 이스라엘을 구원하셨다(삿 7장). 또한, 이것과 가장 유사한 역사적 사건은 주전 701년에 있었다. 그것은 여호와의 천사가 하룻밤에 185,000명의 앗수르 전사들을 전멸시킨 사건이었다(왕하 19:35//사 37:36을 보라).

⟨5⟩ 이 큰 기쁨의 두 번째 이유는 평화의 시대를 말해 주는, 전투 장비가 파괴되었기 때문이다. 군인들의 신(boot)인 세온(sĕ'ôn)이라는 단어는 여기에서만 나오지만, 아마도 앗수르의 전투화를 가리키며, 앗수르 군대와의 관련성을 강조하는 것 같다. 일반적으로 군화와 군복은 전리품으로 탈취하여 재사용했지만(삼상 31:8), 여기서는 그 군사 장비들이 파괴되

었다. 저자는 매우 비유적인 언어를 사용하거나 아직 성취되지 않은 평화롭고 안전한 시대를 언급하고 있다.

〈6-7〉 기쁨의 세 번째 이유(키[*kî*])는 한 아기가 태어났기 때문이다. 그는 이스라엘 나라를 다스릴 것이지만 결코 '왕'이라고 불리지 않는다. 아마도 이사야가 하나님만을 참왕으로 생각하기 때문일 것이다(6:5). 또한, 그의 어깨에는 **정사**(함미스라[*hammiśrâ,*], 2회; 6-7을 보라)를 메었고라는 어구는 그의 정당한 통치권을 의미하며, 왕의 홀이 종종 그의 어깨에 놓였다는 사실에서 비롯된 것일 수 있다.

그는 어떤 식으로든 그와 관련된 기대나 소망을 담은 이름(단수형)을 얻게 될 것이다. 마치 전쟁 때 왕이 전략가로부터 조언을 받는 것처럼 **기묘자**(모사)라는 첫 번째 호칭은 위대한 지혜와 능력을 부여받는다.

두 번째 호칭인 **엘 깁보르**(*'El gibbôr*), 전능하신 하나님은 10:21에서 여호와를 지칭하는 용어로 사용된다.

9:6에 묘사된 것처럼, 전능하신 하나님이 어떻게 태어날 수 있단 말인가?

세 번째 호칭인 **아비아드**(*'ăbî 'ad*), 영존하시는 아버지는 세 가지로, 즉 자녀의 본성(즉, '내 아버지는 영원 [하시다]'), 그분의 역할(즉, '영원의 아버지'), 그분의 통치 기간(즉, '영원한 아버지')으로 이해할 수 있다.

네 번째 호칭인 **샤르 샬롬**(*śar šālôm*), 평강의 왕에서 **샤르**(*śar*)는 이스라엘의 왕에게 사용된 적이 없으며, 오히려 왕의 권위 아래 있는 지도자들에게 사용된다(삼상 17:55을 보라). **평강**은 왕실 이데올로기의 특징이며(미 5:5을 보라), 또한 전 역사에 걸쳐 통치할 때 바라는 모든 왕의 일반적 소망이기도 했다(시 122:7).

우리는 여기 나오는 그 이름들을 교차대구법 구조를 형성하는 두 개의 평행 단위로 나눌 것을 제안한다. 각각은 다음과 같이 하나의 신적 성격을 가진 요소(즉, 하나님에 대한 이름)를 포함한다.

그리고 그분의 이름이 불릴 것이다.

기묘자(모사)[는] 전능하신 하나님[이시다]
    (신적 성격을 가진 요소)
영존하시는 아버지[는] 평강의 왕[이시다]
    (신적 성격을 가진 요소)

이에 대한 해석은 **마헬살랄하스바스**(노략이 곧 [있으리라]'; '약탈이 속히 [임하리라])라는 이름의 평행구조와 유사하고, 그 이름이 단수형이며, 마소라가 그 이름의 중간에 주요 악센트를 찍고, 신적 성격을 가진 이름의 일반적 번역(예, '이사야'의 이름은 '여호와께서 구원하신다'를 의미함. 그의 이름은 하나님에 관한 무엇인가를 말하지만, 그가 하나님이라고 말하지는 않음. Wegner 1992b: 103-112을 보라)이라는 점에 의해 지지를 받는다.

이 문맥에서 그 이름은 하나님이 그분의 나라를 구원하려는 놀라운 계획을 가진 **기묘자**(모사)이심을 강조한다(1-6절). 그분은 무궁한 평강을 가져올 이이시므로 **평강의 왕**이시다(7절). 진정한 **기묘자**(모사)이자 왕이신 여호와는 이스라엘 나라를 수치와 패배로 인도한 비열한 모사들, 통치자들과 대조를 이룬다.

그의 정사(함미세라[*hammiśĕrâ*]) … **의 더함**[10]**이 끝이 없을 것이다**(7절). 그리고 그것은 정의, 공의, 평화로 특징지어진다. 저자는 지금 이후로 영원히라고 말하면서 이 아이의 통치가 끝없는 미래로 확장될 것이라고 이해한다. 그는 최후의 왕이자 다윗 가의 이상적 군주가 될 것이다. **만군의 여호와의 열심이 이를 이루시리라**라고 했기 때문에 독자들은 이 일이 실현될 것이라고 확신한다. 이 어구는 이 섹션(즉, 9:1-7)과 이사야 회고록(즉, 6:1-9:7) 모두를 끝내는 역할을 한다.

---

10) 마소라 학자들은 레마르베[*lĕmarbēh*]라는 단어에 어미형 멤(*mêm*)을 붙여 '그들에게 정사(정부)는 위대할 것이다'라고 읽어야 한다고 믿었다.

의미

이 단락은 이스라엘이 앗수르에게 하나님의 놀라운 구원을 받은 것과 평화와 정의의 왕국 건설을 묘사한다. 그 왕국은 다윗 가의 왕에 의해 다스려질 것이며 그의 통치는 끝없는 미래로 확장될 것이다(무궁하며).

8세기 선지자인 아모스(9:11-15), 호세아(3:5), 미가(5:1-6) 역시 이스라엘을 다스릴 통치자(종종 다윗 가의 왕)로 인해 구원이 절정에 달하는 것을 묘사했다. 그의 통치는 상상할 수 없을 정도로 무궁하다.

우리는 이 단락이 주전 701년 하나님이 예루살렘을 구원하신 사건과 왕실의 이데올로기를 결합하여 그 나라를 앗수르의 속박에서 해방할 '미래 구원자'라는 개념을 낳았다고 생각한다. 이 개념은 시간이 지남에 따라 메시아에 대한 전통적 개념으로 점차로 발전했을 것이다. 이 시점에서 '미래의 구원자'라는 개념은 훗날에 발전된 종말론적 요소들과 상관없이 목적론적 의도를 갖는다.

(5) 하나님이 그분의 징벌을 묘사하심: 들어 올린 손 신탁(9:8-10:4)

문맥

중심교차대구법의 전반부에는 '들어 올린 손 신탁'이 단지 하나이지만(표 0.8을 보라), 후반부에는 네 개가 있다(즉, 9:12b, 17b, 21b; 10:4b). 이 신탁들은 먼저 재산(9:9-10), 지도자들(9:14-17), 백성들 자신(9:19-21) 그리고 마침내 앗수르 사람들이 와서 그 백성들을 포로로 잡아가는(10:3) 것까지 심판의 점진적 과정을 보여 준다. 이사야 9:21은 멸망이 므낫세와 에브라임의 분쟁으로 인해 이스라엘에서 시작하여 유다에게까지 진행될 것이라고 알려 준다.

주석

① 하나님이 오만한 이스라엘을 징벌하실 것임(9:8-12)

⟨8-9⟩ 북왕국(즉, 야곱/이스라엘)은 여호와께 징벌받았지만, 회개하고 하나님께로 돌이키지 않는다. 그 대신에 백성들은 그것이 어느 때보다 자신들을 더 강하게 만들어 줄 단지 작은 좌절에 불과하다고 자만한다. 야곱에게 말씀을 보내시며라는 어구는 이스라엘에게 임하게 될 심판에 관한 것이다. 이것은 가혹한 결과를 암시한다.

9절에서 모든 백성 … 이 알 것이어늘(즉, 그들이 이 징벌을 받을 것이다)이라고 했지만, 교만하고 완악한(문자적으로 '위대함') 마음으로 그들은 계속해서 하나님께 반역할 것이다. 하나님을 배척한 그들의 완악함은 그들이 진노하시는 하나님께 저돌적으로 대항하게 했다.

⟨10-12⟩ 이스라엘 백성은 징벌받고 가옥은 파괴되었지만, 이전보다 훨씬 더 잘 재건할 수 있다고 교만하게 말한다. 그들은 햇볕에 구운 값싼 진흙으로 된 벽돌 대신에 일반적으로 훌륭하고 값비싼 건축물을 위해 남겨 두었던 다듬은(문자적으로 '잘라낸') 돌을 사용할 것이다(왕상 5:17 참조). 이전에 일반 뽕나무로 지은 건물은 매우 귀한 백향목으로 다시 건축될 것이다(참조 왕상 10:27).

어떤 사람들은 르신의 대적들이라는 어구를 수정하려 하거나 르신이라는 이름을 아예 없애려고 했다. 그러나 그것이 앗수르를 가리키는 말인 줄 안다면 그 어구는 수정할 필요가 없다. 이들은 또한 유다를 치러 왔던 르신(즉, 주격적 속격)에게 속한 대적들일 가능성도 있다(왕하 16:6 참조).

징벌은 아람 사람(즉, 시리아)과 블레셋 사람(왕하 18:8을 보라) 모두를 통해 이루어질 것이다. 이스라엘은 그들 땅의 일부분을 집어삼킬 적들(동쪽[문자적으로 '앞']과 서쪽[문자적으로 '뒤'])에 둘러싸여 있을 것이다. 이 징벌들은 백성을 회개하도록 만들지 못했다. 따라서 그럴지라도 여호와의 진노가 돌아서지 아니하며/그의 손이 여전히 펴져 있으리라라는 후렴이 그들에게 이루어질 것이다.

② 하나님이 지도자들과 거짓 선지자들을 멸하실 것임(9:13-17)

〈13-16〉 이 구절들은 들어 올린 손 신탁의 목적을 반복해서 말한다. 이스라엘 백성은 여전히 여호와께로 돌아오지 않으므로 여호와는 계속해서 그들을 징벌하셔야만 한다.

머리/꼬리와 종려나무 가지/갈대의 이미지들은 이스라엘의 모든 지도자가 하루 사이에 끊어진다는 것을 나타내는 극단법(merism)이다. 이 이미지들은 사회의 지도자들을 생생하게 묘사한다. 장로 또는 존귀한 자(문자적으로 '얼굴이 들린 사람'= '머리/종려나무 가지'), 거짓말을 가르치는 선지자(꼬리/갈대). 이사야는 거짓 선지자를 가장 비천한 자로 여기는데, 그들이 하나님을 대변하는 척하지만 실제로는 많은 사람을 그분에게서 멀어지게 만들기 때문이다.

그 나라의 지도자들은 그들을 더욱 죄 가운데로 이끌었다. 빈약한 지도력이 부패한 백성을 낳는다. 16절 안에는 몇 가지 흥미로운 반전이 있다. 백성을 인도하는 자가 그들을 미혹하니, 인도받는 자들이 멸망을 당하는도다(문자적으로 '삼켜진다'). 그 백성은 손쉬운 먹잇감이다.

〈17〉 이 구절은 결론을 형성한다. 그러므로 주께서 그들의 장정들(즉, 나라의 유산에 의존하는 자들)은 물론 그들의 고아와 과부(즉, 하나님이 특별히 책임지는 자들)조차도 기뻐하지 않으실 것이다. 왜냐하면, 그들 모두 경건하지 아니하며, 악을 행하며, 망령되이 말하기 때문이다. 그러므로 그의 손이 여전히 펴져 있으리라라는 엄숙한 후렴구로 경고한다.

③ 사악함이 불처럼 이스라엘을 삼킴(9:18-21)

〈18-20〉 악행은 상대적으로 작고 하찮은 찔레와 가시를 태우는 불로 묘사된다. 그것은 급격히 증가하여 온 땅을 태우고 우뚝 솟은 연기 기둥만 남긴다. 이것은 작은 규모로 시작된 악행이 어떻게 급격히 증가하여 사회로 퍼져나갈 수 있는지에 대한 가슴 아픈 그림이다. 어느 시점에선가는 마침내 하나님의 인내심이 바닥날 수밖에 없다. 따라서 그분의 공의는 반드시 실현되어야만 한다.

그때 타락한 사람은 누가 다쳤는지 전혀 신경 쓰지 않는다. 심지어 친구들과 친척들도 착취당한다(사람이 자기 형제를 아끼지 아니하며). 악인은 결코 만족함이 없을 것이다. 이스라엘은 심지어 그들의 자손(NIV, 문자적으로 '팔'[zĕrô'ô, 제로오]이지만 NIV의 자손[제로오〈zĕr'ô〉]이 아마 맞을 것임)의 고기를 먹을 것이다. 이것은 인육을 먹는 모습을 의미할 수 있지만(왕하 6:28-29을 보라), 그가 형제임에도 불구하고 남의 땅과 재물을 삼켜 버린다는 비유적 의미일 가능성이 더 크다.

〈21〉 에브라임과 므낫세는 요셉의 후손인 형제 지파임에도 불구하고 서로를 공격한다. 그들은 단지 유다를 공격하기 위해 서로 싸우는 것을 잠시 멈출 뿐이다(예: 아람-에브라임 전쟁). 죽음의 종소리처럼 후렴구가 다시 한번 울린다. 그의 손이 여전히 펴져 있으리라.

④ 악한 지도자들에게 화로다(10:1-4)

〈1-2〉 1절 첫 부분의 화로다(NIV; 개역개정은 화 있을 진저[2절 끝부분]-역주)라는 말 뒤에, 비난받아 마땅한 이 통치자들은 불의한 법령을 만들고 불의한(문자적으로 '고통스러운, 힘든') 말을 기록한다. 오스왈트(Oswalt)는 인간의 자만심에 대한 최종 징후는 억압하는 것이라고 말한다(1986:258).

이 통치자들은 그들의 보호가 필요한 사회의 가장 취약한 사람들(가난하고 억압받는 자들, 과부들, 고아들)을 먹잇감으로 삼는다. 부자는 그들의 토지들과 재산을 탈취하기 위해 법체계를 조작했다(즉, '박탈'과 '약탈'이라는 용어; NASB 참조); 그들은 사실상 자국민에게 전쟁을 선포한 것이다.

〈3-4〉 벌하시는 날(문자적으로 '방문의 날'=징벌)에 그들이 다른 사람을 대했던 것처럼 그들도 똑같이 취급될 것이다. 하나님은 그들을 돕지 않으실 것이다. 너희의 영화를 어느 곳에 두려느냐라는 질문은 그들의 자손들도 죽임을 당한다는 것을 암시한다. 멀리서 오는 환난은 앗수르 사람들에게 당하는 징벌을 가리킨다. 포로로 잡혀감.

가장 존귀하게 여겨지던 사람들(즉, 가난한 자들을 약탈한 부자)은 포로로 잡혀가지만, 가난한 사람들(앗수르에 위협이 되지 않는 사람들)은 대개 그 땅에 남겨져 부자가 그들에게서 빼앗은 사유지에서 일하게 되었다. 그러나 그들은 여전히 조공을 바치고 앗수르의 통치에 복종해야만 했다.

아무것도 남지 않을 것이다(NIV). 즉, 대다수의 이스라엘 사람은 포로로 잡혀가거나(문자적으로 '그가 죄수들 대신 절했다') 죽임을 당할 것이다. 두 가지 모두 암울한 선택이다. 하나님이 진노를 쏟으실 때 부와 지위와 권력은 아무 의미가 없다. 다시 엄숙한 후렴구가 울려 퍼진다. 그의 손이 여전히 펴져 있으리라.

의미

들어 올린 손 신탁은 하나님이 합당하다고 생각하신 만큼만 징벌하신다는 것을 분명히 한다. 만약 이스라엘이 회개하면 그분은 언제든지 멈추실 수 있다. 그 나라가 전적으로 사악하며, 심지어 가난하고 권리를 박탈당한 자들조차도 하나님께 도움을 청하기는커녕 오히려 거부한 것은 부끄러운 일이다. 지도자들과 재판관들이 공의를 세우지 않으면, 사회는 점차로 무너져 버릴 것이다. 하나님은 공평하고 오래 참으시지만, 언젠가는 그분의 공의가 반드시 집행되어야만 한다.

(6) 화 신탁(10:5-11:16)

① 하나님이 앗수르도 심판하실 것임(10:5-34)

문맥

이 화 신탁은 중심교차대구법의 전반부에 있는 6개의 화(5:8-23)와 대칭을 이룬다(표 0.8을 보라). 차이점은 이전 신탁은 이스라엘 나라에 대한 것이지만, 이 신탁(10:5-11:16)은 이스라엘을 황폐하게 한 앗수르 사람들에 대한 것이다. 이스라엘이 죄 가운데 방황함으로 교만해져서 하나님과의 관계를 이용하여 이익만 취했던 것처럼, 앗수르 사람들도 교만해져서 하나님이 그들에게 허용하신 경계들을 넘어섰다. 결국, 두 나라는 모두 징벌받게 될 것이다.

앗수르의 전성기였던 주전 701년 이전에 주어진 이 신탁은 곧 일어날 징벌을 묘사한다. 이사야 10:5-34는 세 개의 작은 섹션으로 구성된다.

- 5-19절: 하나님이 궁극적으로 앗수르를 통제의 도구로 사용하실 것이라고 말한다.
- 20-27절: 이스라엘의 남은 자가 구원을 받을 것이라고 선언한다.
- 28-34절: 앗수르의 멸망을 묘사한다.

몇몇 학자는 이 단락의 통일성에 의문을 제기한다. 그러나 대부분의 어색한 부분은 저자가 담화 양식(discourse style)을 직접 선택하고, 운문체로 기록된 곳 여기저기에 설명을 첨가했기 때문이다.

주석

㉮ 앗수르 심판의 이유(10:5-14)

〈5-6〉 이 화 신탁에는 하나님의 진노의 막대기라고 불리는 앗수르 사람들에 관한 긍정적 요소와 부정적 요소가 모두 포함되어 있다.

내가 그를 보내어 경건하지 아니한 나라를 치게 하며라는 어구는 여호와께서 죄로 가득한 자기 백성(이스라엘과 유다 모두)을 징벌하시기 위해 앗수르를 도구로 사용하신다는 것을 알려 준다. 보내어라는 미완료 형태는 반복적 행동을 암시한다. 하나님은 주전 733-732년, 722년, 701년의 최소한 세 차례 사건을 언급하면서 제멋대로인 이스라엘에 앗수르 사람들을 반복해서 보내셨다.

하나님은 역사를 움직이시는 분이다. 모든 피조물의 주권자이신 여호와께서 허락하지 않으시면 어떤 나라라도 아무것도 할 수 없다. 이것은 5:26의 말씀대로 먼 나라들이 이스라엘에 최소한으로 징벌을 가한 것이다.

5b절에서 일반적으로는 결코 나뉠 수 없는 **몽둥이는 내 분노**(the club of my wrath)라는 연계형 사슬이 **그 손의**(it is in their hands)라는 명료한 어구에 의해 분리되었다(번역본에는 잘 나타나지 않지만, 히브리어 본문에는 내 분노[자미]와 몽둥이[맛테]라는 연계형 사슬로 된 두 단어 사이에 그 손의[베야담]란 단어가 끼어들어 가 있음-역주).

이 특이한 구문은 하나님의 진노가 앗수르라는 수단을 통해 쏟아지고 있음을 강조한다. 이스라엘의 노골적인 반역에 대해 하나님이 **진노**하시는 것은 정당하다. 또한, 하나님은 부당한 대우를 받으시는 것에 대해 그분의 **분노**를 표출하신다.

하나님이 자신이 선택한 백성 이스라엘을 경건하지 아니한 나라라고 부르신 것과 또한 더 경건하지 않은 나라인 앗수르를 사용하여 이스라엘을 정복하게 하시고 그들로 굴욕을 당하게 하신 것은 아이러니하다.

쳐서 탈취하며 노략하게 하며라는 어구는 이사야의 아들 마헬살랄하스바스(노략이 곧 [있으리라]'; '약탈이 속히 [임하리라])를 연상시킨다. 그의 이름이 이 사건을 예언했다.

⟨7-9⟩ 앗수르의 목표는 단순히 이스라엘만을 **짓밟게**(6절) 하는 것이 아니라 이스라엘과 함께 다른 많은 나라까지 멸망시키고 전멸시키는 것이었다(문자적으로 '적지 않은 나라들을 잘라내다', 7절). 교만한 앗수르 때문에 하나님의 인내는 그 한계를 넘어섰다. 앗수르 왕이 그의 **고관들**이 다른 나라의 왕들보다 더 강하다고 주장하는 8절에서 그의 교만함이 적나라하게 드러난다. 이것은 히브리어 **사라이**(śāray, '고관들')이 앗수르어 샤르루(왕)처럼 들린다는 점에서 언어유희일 수 있다.

이스라엘을 향한 공격이 시작되기 전에 언급되는 앗수르의 승리 목록은 인상적이다. **갈로**(주전 738년, 아마도 아카드어 '콜라니'[Kullâni]나 '칼네'[Kalneh]), **갈그미스**(주전 717년), **하맛**(주전 720년), **아르밧**(주전 738년과 주전 720년), **사마리아**(주전 722년), **다메섹**(주전 732년). 앗수르 사람들은 패배한 한 나라가 다른 어떤 나라처럼 되었다고 생각한다(즉, 하맛은 아르밧과 같지 아니하며/사마리아는 다메섹과 같지 아니하냐).

⟨10-11⟩ 앗수르 왕이 자신의 주장을 펼칠 때, **카아쉐르**(ka'ăšer, '…것처럼')라는 단어로 각각의 이유를 설명한다. **내 손이 이미 우상을 섬기는 나라들에 미쳤나니**(문자적으로 '찾았다'), 그리고 **내가 사마리아와 그의 우상들에게 행함같이**. 그 후 그는 **내가 … 예루살렘과 그의 우상들에게 행하지 못하겠느냐**라고 결론을 내린다. 예루살렘에도 우상들이 있음을 주목하라.

가장 강한 신을 섬기는 나라가 승리한다는 것이 고대 근동의 일반적인 추론이었다. 앗수르는 유다와 동일한 하나님을 섬기는 사마리아(주전 722년)를 이미 물리쳤다(11절). 앗수르 사람들의 또 다른 추론은 수많은 신전, 우상들, 조각한 신상들을 만들어 그들의 신을 숭배하는 나라는 전쟁이 일어날 때 이 신들에게서 더 큰 도움을 받게 된다는 것이다(*ANET* 316

을 보라). 그래서 성전이 하나뿐인 유다의 하나님은 힘이나 중요성이 거의 없었을 것이다. 바로 이런 앗수르 사람들의 교만은 신성모독이다.

⟨12-14⟩ 이 구절이 3인칭으로 시작하여(주께서 주의 일을 … 다 행하신 후에- 유다에 완전한 심판을 내리실 때) 갑자기 1인칭으로 바뀌기 때문에(NIV, 내가 앗수르 왕을 벌할 것이다, 12절), 본문을 일부 수정할 필요가 있어 보인다. NIV는 그분이 말씀하실 것이다(he will say)라는 어구를 본문에 추가하여 이 문제를 해결한다(개역개정은 12절에서 인칭의 변화가 없음-역주). 그리고 뒤이어 오만한 나라 앗수르에 대한 징벌이(문자적으로 '내가 방문할 것이다') 언급된다.

13-14절은 앗수르 왕이 말한 것처럼 기록되었다. 그는 자신의 큰 힘(내 손의 힘)과 지혜로 부유한 세계 강국을 만들었다고 자랑한다(산헤립이 그의 세 번째 진군에 대해 자랑스럽게 설명하는 것을 보라, *ANET* 287). 그러나 하나님은 앗수르를 통제하시고 멸망시키는 권세를 가진 참주권자이시다.

열국의 경계선을 걷어치웠고라는 말은 아마도 앗수르 제국이 열방을 정복하고 그 경계를 재구성하면서 성장한 것을 의미할 것이다. 오만한 앗수르 왕은 나라를 정복하는 것이 **내버린 알을 줍는 것**처럼 쉽다고 자랑한다. 어떤 나라든 날개를 치거나 입을 벌리거나 지저귀는 것이 있을 수 있었겠지만, 결국에는 쉽게 정복당했다(예: 아람과 이스라엘).

13절에서 앗수르 사람은 자신이 **용감한 자**(the Mighty One)처럼 위에 거주한 자들을 낮추었으며라고 말한다. 여기에 정관사를 포함함으로써 그는 자기 자신을 신의 경지로 높인다(1:24, 49:26 등에 나온 여호와에 대한 설명과 유사함).

㈏ 스스로 자랑하는 나라에 대한 심판(10:15-19)

〈15-19〉 하나님의 주권을 이해하기 위해 저자는 두 가지 수사학적 질문을 던지고 이어서 부조리함에 대한 두 가지 진술한다.

'자신을 영화롭게 하는' 도끼인가 혹은 '자신을 위대하게 만드는'(즉, 무생물인 도구가 그것을 휘두르는 사람보다 더 크다고 자랑함) 톱(맛소르[*maśśôr*], 오직 여기에만 나옴)인가?

마찬가지로 막대가 그것을 쥐고 있는 사람을 통제할 수 있다고 생각하는 것도 어리석은 일이다. 이 시점에서 하나님은 열방을 진정으로 다스리는 자가 바로 자신임을 보여 주기 위해 개입하신다.

그러므로(16절)라는 단어는 하나님의 도구인 앗수르에 대한 심판으로의 전환을 알려 준다. **주 만군의 여호와**라는 이름은 모든 열방을 다스리시는 하나님의 권세와 능력을 강조한다. 이 징벌(16, 19절)은 하나님이 앗수르의 건장한(문자적으로 '살찐') 자들을 **파리하게 하는 질병**(문자적으로는 '날씬함')을 보내시고, 그들의 **영화**(NIV, 화려함, 왕하 19:35 37; 사 37:36-38) 아래에 **불이 붙는 것 같이** 만든 주전 701년의 사건들에 해당한다.

열(즉, 불, 불꽃)은 전염병의 증상이며, 파리하게 하는 질병은 들쥐에 의해 퍼진 전염병을 의미할 수 있다(헤로도투스, 『역사』〈*Hist.*〉 2.141을 보라). 어떤 사람들은 히스기야의 종기가 이 재앙으로 인해 발생했을 수도 있다고 추측한다(사 38장).

이스라엘의 빛이시며 **그의 거룩하신 이**인 하나님은 문자적으로든, '빨리'라는 뜻의 비유적 의미에서든지 간에 **하루 사이에** 앗수르의 군대(즉, 그의 가시와 찔레, 17절)를 멸하실 것이다. **병자가 점점 쇠약하여**(문자적으로 '녹아내리다')라는 어구의 특이한 표현은 '죽을 정도로 약해지는 것'을 묘사한다. 앗수르 군인들은 너무 수가 희소하여 **아이**(즉, 아직 많은 수를 알기에는 너무 어린 자)라도 그 수를 기록할 수 있을 것이다(19절).

㉰ 이스라엘과 유다 모두는 간신히 남은 자로 축소될 것임(10:20-27)

이사야 10:20-27은 두 단위로 나뉜다.

- 20-23절: 이스라엘의 멸망이 하나님께로 돌아올 남은 자를 낳게 될 것이라고 선언한다(6:13을 보라).
- 24-27절: 그 백성이 기드온 시대에 수많은 미디안 사람에게서 구원받은 것처럼, 또 모세 시대에 이집트에서 구원받은 것처럼 이 남은 자도 앗수르에서 구원받을 것이라고 단언한다.

남은(쉐아르[*šĕ'ār*], 19절)이라는 단어를 표상으로 내걸어 한껏 고양된 저자는 7:3에서 사용된 징조인 스알야숩(쉐아르야숩[*šĕ'ār yāšûb*], '남은 자가 돌아올 것이다')의 주제로 돌아간다.

〈20-23〉 막 언급한 앗수르가 패망한 바로 그날에(20절) 하나님의 징벌에서 살아남았던 이스라엘의 남은 자는 마음의 변화를 경험하게 된다. 그들은 다시는 자기를 친 자(즉, 앗수르, 10:5-19)를 의지하지 아니하고 대신에 이스라엘의 거룩하신 이 여호와를 진실하게 의지할 것이다(표 0.4를 보라).
 이전 족장들의 예언을 생각해 보면, 이스라엘은 바다의 모래같이 많지만(창 22:17을 보라), 결국, 남은 자가 능하신 하나님(엘 기보르[*'ēl gibbôr*]; 9:6을 보라)께로 돌아올 것이다. 이 남은 자를 낳은 멸망(킬라욘[*killāyôn*, 2회]; 신 28:65, 눈을 쇠하게 하고를 보라)은 완전하고 그리고 의로운(NASB)으로 표현되며, 온 세계를 휩쓸고 지나간다.
 이 구절들은 이사야 7장과 8장에 주어진 두 가지 징조의 결과를 설명한다. 예루살렘만 남는다(주전 701년에 성취됨). 그리고 남은 자가 하나님께로 돌아올 것이다(미래적 성취).

〈24-25〉 24절을 시작하는 그러므로라는 단어는 결정 또는 결론을 나타낸다. 여호와께서 이스라엘의 종교 수도인 시온에 남아 있는 자들에게 그들을 내 백성들이라고 부르며, 애굽이 한 것처럼 … 너를 칠지라도 그(즉, 앗수르)를 두려워하지 말라고 위로하신다(출 1:8-22). 좋은 소식은 이스라엘의 징벌에는 시간적 제한이 있다는 것이다. 내가 오래지 아니하여 네게는 분을 그치고 그들(앗수르)은 내(하나님의) 진노로 멸하리라(타블리트[*tablit*], 여기에만 나옴).

〈26-27〉 하나님은 앗수르를 사용하여 그분의 나라를 정화한 후, 이제 앗수르를 징벌하려고 하신다. 주권과 권세를 강조하는 이름을 가진 만군의 여호와께서는 자신이 앗수르를 멸망시킬 수 있다고 예루살렘 백성에게 용기를 북돋우신다. 그분은 이전에 기적적으로 원수들을 멸망시키셨던 두 사건을 상기시켜 주신다.

첫째, 기드온 시대에 채찍을 들어 그[앗수르 사람들]를 치시되 … 미디안을 쳐 죽이신 것 같이(26절) 하셨다.

둘째, 모세가 그의 지팡이를 내리쳤을 때 추격하던 애굽 사람들을 갈대 바다[11]의 물에 모두 빠져 죽게 하셨다. 두 이미지 모두 철저한 패배를 의미한다.

노예의 표시인 짐과 멍에가 네(즉, 남은 자의) 목에서 벗어지되라고 하셨다(27절). 앗수르의 지배에 대한 부담감은 주전 701년에 다소 줄어들었지만, 바벨론 사람들이 그들의 권력을 빼앗을 때까지 완전히 없어진 것은 아니다. 특이한 이미지(기름진 까닭에[문자적으로 '비만 때문에']/멍에가 부러 지지리라)는 앗수르가 지운 멍에가 이스라엘의 힘과 풍요로 인해 깨뜨려진다는 것을 의미한다.

---

11) 전통적으로 '홍해'(Red Sea)로 인식되었으며 그것의 문자적 이름은 '갈대 바다'(Reed Sea)이다. 그것은 역사의 다른 시점에서 다른 위치를 언급했을 수도 있다(Hoffmeier 1999: 214).

어떤 학자들은 27절의 마지막 히브리어 단어 **샤멘**(šāmen, 기름진)을 **림몬**(rimmôn)이나 **쇼메론**(šōměrôn, '사마리아')으로 수정하여 다음 절(28절)에 덧붙일 것을 제안한다('림몬이나 사마리아에서 그가 아얏에 이르러').

그러나 이러한 수정 사항에 대한 사본적 증거는 없다. 27절의 첫 부분은 그것이 희망적 진술임을 의미한다. 누가 봐도 그 문맥은 하나님의 도구인 앗수르가 징벌받아 멸망한다는 것이다. 반면에 그분의 백성인 소중한 남은 자는 복을 받게 될 것이다.

㉔ 예루살렘을 향한 앗수르의 진군 그리고 앗수르의 멸망(10:28-34)

〈28-29〉 이사야 10:28-34은 이전 문맥과 자연스럽게 연결되지 않는 부분이다. 그래서 그(NIV, 그들)가 누구를 가리키는 것인지에 대한 많은 논쟁이 있었다. 28절을 시작하는 그(NIV, 그들)는 아마도 앗수르 사람들일 것이며, 27절에서 그의(NIV, 그들의) 짐과 그의(NIV, 그들의) 멍에에서도 그들을 의미할 것이다. 그러나 앗수르가 예루살렘을 향해 북쪽에서 진격해 왔던 경로와 주전 701년에 예루살렘으로 가는 앗수르의 남서쪽 행군의 경로가 일치하지 않는다.

그래서 우리는 이 단락이 라기스 전투에서 보급품이 고갈된 앗수르 군대가 주전 701년에 예루살렘 공격을 준비하기 병력을 증원하고 보급품을 나르는 행군을 의미한다고 생각한다. 그 군대는 베냐민 고원을 통해 진군하여 유다의 더 작은 요새(아얏, 미그론)를 차지하지만, 요새 도시인 미스바와 더 강력한 요새 도시인 기브온, 라마, 기브아를 통과할 것이다.

이 경로는 벧엘에서 예루살렘으로 가는 일반적인 길 대신 와디 에스수웨닛(Wadi Es-Suwenit)을 통해 더 험준한 길을 따른다(표 10.1, Childs 2001: 96을 보라). 그러나 이 부분을 어떻게 읽든 결과는 분명하다. 만군의 여호와께서 앗수르 사람들(장대한 자, 33절)을 찍어 내실 것이다.

⟨30-32⟩ 아니야(*'ăniyâ*; NIV, 가난한, 30절; 개역개정은 가련하다-역주)라는 단어의 의미는 다소 불확실하다. 우리는 언어유희(51:21을 보라)를 살려서 마소라 본문의 독법대로 **가련하다 … 아나돗이여**(아니야 아나토트[*'ăniyâ 'ănātôt*]-역주)라고 읽는 것이 좋다고 생각한다. 다른 독법들은 증거가 충분하지 않기 때문이다. 예루살렘으로 들어가는 마지막 관문인 **놉**은 북쪽으로 불과 1마일 거리에 있으며, 예루살렘(지금의 스코푸스[Scopus]산)을 내려다보고 있다.

앗수르 사람(즉, 왕 혹은 책임자)은 그 성읍을 내려다보며 그곳을 곧 파괴할 것이기에, 마치 '시온의 딸(문자적으로 '시온의 집', 다른 곳에서는 나오지 않음)을 멀리 보내려고' 하듯이 경멸을 담은 몸짓으로 예루살렘을 향해 손을 흔든다(NIV, 그들은 주먹을 흔든다- 아마도 반대로 손을 흔드는 것 같다). 여기에 나온 종교적 수도인 **시온**과 정치적 수도인 **예루살렘**은 구별되는 평행 용어들이다.

⟨33-34⟩ **보라**라는 단어는 절정의 사건을 나타낸다. 여호와께서 장대한 자로 묘사된 앗수르 군대를 무찌르기 위해 개입하신다. 그들은 **혁혁한 위력**(무서운 힘이나 크고 우레와 같은 충돌을 의미함)으로 인해 무너질 것이다(15-19절을 보라).

34절의 평행 어구는 극단법(merism)을 이룬다. 키 작은 **숲**(NIV, 덤불)에서부터 우뚝 솟은 **레바논의 백향목**에 이르기까지 모든 것(겔 31:3을 보라)을 만군의 여호와께서 쓰러뜨릴 것이다. 여기에는 언어유희가 있다. 자신을 **압비르**(*'abbîr*, 용감한 자)라고 칭한 앗수르 사람은 진정한 **앗디르**(*'addîr*, 권능 있는 자)이심을 스스로 증명하신 하나님 앞에서는 아무것도 아니다. 여기에 묘사된 앗수르의 황폐함은 다음 절(11:1)에 있는 이스라엘에서 돋아날 새로운 싹과 현저한 대조를 이룬다.

의미

앗수르는 이스라엘을 심판하기 위해 단지 하나님이 사용하신 도구일 뿐이다. 그들이 이스라엘을 가혹하게 다뤄서 하나님이 정하신 한계를 넘어설 때 '징벌하는 자를 벌하기 위해' 하나님이 개입하실 것이다. 이것은 하나님의 주권 아래에서 일하는 인간이 짊어져야 할 책임을 보여 주는 흥미로운 예이다.

이 섹션에서 묘사된 파괴는 오만한 산헤립이 예루살렘을 함락하지 못하고 집으로 돌아가게 된 사건, 다시 말해서, 주전 701년에 앗수르가 굴욕을 당했던 역사적 사건과 유사하다. 자신을 하나님보다 높이는 교만한 마음은 큰 대가를 치르게 된다. 이 섹션(10:5-34)은 이스라엘에게 용기를 주는 역할을 해야 한다. 아무리 앗수르 사람들이 강력하다고 할지라도 하나님의 전체적인 계획은 절대로 좌절되지 않을 것이다.

본문 주석 | I. 정죄(1:1-39:8) 205

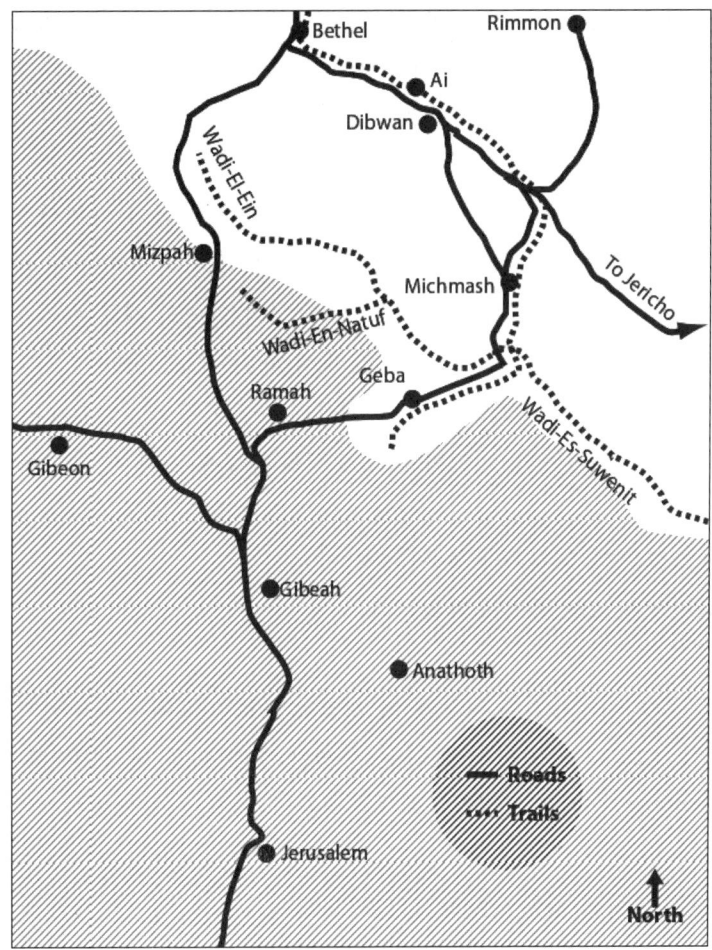

[표 10.1] 앗수르 사람들의 진군

② 하나님이 구원을 약속하심(11:1-16)

문맥

앗수르 군대는 멸절되지만 이스라엘에는 새로운 싹이 다시 돋아날 것이다. 이전 단락(9:1-7)에서 살펴보았듯이, 하나님은 미래에 왕가의 아들을 사용하여 자기 백성을 회복하고 이 땅에 공의와 정의를 가져오실 것이다. 이 단락은 다윗 계열 통치자의 성격과 그가 가져올 왕국의 유형에 관해 훨씬 더 자세한 내용을 제공한다. 다윗 언약(삼하 7:8-17)은 유다의 왕들이 다윗의 가계에서 나올 것이고 그의 왕위가 영원히 견고할 것이라고 확언했다.

그러므로 왕위가 영원히 계속되기 위해서는 메시아가 다윗의 가계에서 나오는 것이 중요했다(마 1:1-17을 보라). 신약은 이 구원자를 예수 그리스도로 이해하며(롬 15:12을 보라), 이 평화와 안녕의 시대는 미래의 천년(왕국)의 모습을 그린 것일 수도 있다(계 20:4-6; Ladd 1959).

이사야 11장은 일반적으로 1-9절과 11-16절의 두 섹션으로 나뉘는데, 10절에 의해 연결된다. 이사야 11:1-9은 두 부분으로 더 세분화된다.

- 1-5절은 이 통치자의 성품을 나타낸다.
- 6-9절은 그의 통치를 언급한다.

많은 학자가 6-9절에 나오는 이 개념이 포로 이후에 기록되었다고 추정했다. 그러나 자연의 조화라는 주제는 주전 이천 년 전반기로 거슬러 올라가는 수메르 문헌인 〈엔키와 닝후르삭〉(Enki and Ninḥursag)에 나타난다(*ANET* 37-41).

1-9절은 시적 평행 단위로 그 통치자에 관해 설명한다. 그런데 그 통치자에 의해 시작된 사건들은 산문 부분(10-16절)에서 더 자세히 다뤄진다. 두 가지 신탁이 있는데, 둘 다 그날에라는 어구로 시작된다.

첫 번째 신탁은 열방(복수형)이 **이새의 뿌리**를 찾아올 것이라고 하고(10절). 두 번째 신탁은 온 세상에 흩어진 이스라엘의 남은 자가 그 땅으로 돌아올 것이라고 예언한다(11-12절).

주석

㉮ 이새의 줄기에서 나온 싹(11:1-9)

⟨1⟩ 평행 단위들은 다윗의 가계로부터 샘솟는 희망을 설명한다. 이새의 줄기(게자[*geza'*];, 3회; 40:24을 보라)에서 한 싹(호테르[*hōṭer*], 2회; '식물이나 나무의 새로운 성장'; 잠 14:3, '채찍질하다'[문자적으로 '그의 등에 막대기가 있다'])이 나며 그 뿌리에서 한 가지(네체르[*nēṣer*], 4회; 60:21을 보라)가 나서 결실할 것이요.

다윗의 가족 중 누군가가 살아 있는 한, 미래의 통치자에 대한 희망은 사라지지 않는다. 이것은 앞서 9:6-7에서 살펴본 주제이다. 이새와의 관계는 다윗의 겸손한 시작을 강조하며, 아마도 그 구원자가 다윗보다 앞서 있음을 강조한다.

차일즈(Childs)는 '줄기'(그루터기)의 이미지가 멸망한 아하스의 사악한 집을 의미한다고 믿는다(2001: 102). 클레멘츠(Clements)(1982: 122)와 또 다른 학자들은 그것이 바벨론 포로(주전 586년)로 끌려가 멸망한 다윗의 나라를 묘사한 것이 더 정확하다고 믿는다. 그러나 이와 비슷한 나무 이미지가 10:33-34에서는 비록 앗수르가 그들의 제국을 잘 통치하고 있었을지라도 하나님이 앗수르 군대를 패배시킨 것을 묘사하기 위해 사용되었다.

따라서 이 이미지는 주전 701년에 앗수르가 이스라엘에 가한 징벌을 설명하는 것일 수 있다. 그때는 물이 목에까지 차올랐을 때(8:8)이거나 또는 예루살렘이 참외밭의 원두막같이 보였을 때(1:8)일 것이다.

우리는 그것이 주전 701년의 사건을 나타낸다고 본다. 그때 유다에 남아 있는 것은 예루살렘이 전부였다(목에까지 미치나, 8:8). 그리고 예루살렘이 구원받은 것은 아마도 그 나라에 회복의 희망을 주었을 것이다.

파라(*pārâ*, 결실할 것이요)라는 말은 생산적이고 풍성한 복을 받는다는 것을 의미한다. 그러므로 파라흐(*pāraḥ*, '싹이 나다')로 수정해야 할 필요는 없다.

⟨2-3⟩ 2-5절은 이 다윗 가계 통치자의 특징을 묘사한다. 그 위에 여호와의 영 … 이 강림하시리니(2절). 구약에서 하나님의 영은 왕들(삼상 10:6), 지도자들(신 34:9), 선지자들(민 24:2), 사사들(삿 3:10)에게 임하여 그들이 어떤 역할이나 임무를 수행하거나 예언을 할 수 있게 하셨다(Firth와 Wegner 2011: 15-21).

이 왕이 여호와의 영으로부터 받는 것을 세 쌍의 단어로 나열한다. 지혜와 총명, 모략과 재능, 지식과 여호와를 경외. 지혜는 종종 기술이나 경험, 슬기로움과 관련이 있다(*NIDOTTE* 2.133을 보라).

총명은 통찰력, 분별력 또는 바른 판단력이다(*NIDOTTE* 1.653을 보라). 현명한 모략은 신중한 계획이나 행동 방침을 결정하는 데 도움이 되는 조언이며, 전투에 참여하거나 어려운 결정들을 내릴 때 매우 중요하다(*NIDOTTE* 2.490을 보라). 여호와를 경외하는 것은 하나님과 그분의 주권에 대한 진정한 경외심이며, 앞에 언급한 다른 다섯 가지 성품의 기초가 된다.

그가 여호와를 경외함으로 즐거움을 삼을 것이며(라바흐[*rāwaḥ*]는 아마도 루아흐[*rûaḥ*, 영]의 언어유희일 것임)라는 어구는 그가 여호와의 인도를 받는 것을 기뻐한다는 것을 뜻한다. 오스왈트(Oswalt)는 인간 사사들은 타고난 능력에 의존하는 것 외에는 더 좋은 방법이 없지만, 이 왕은 진리를 분별하기 위해 눈에 보이는 것 이상을 볼 것이라고 주장한다(1986: 280-281).

⟨4-5⟩ 4절은 두 개의 이중 조끼 모양(doublets)을 띠고 있는데, 첫 번째는 그의 공정함을 설명하고, 두 번째는 그의 판단력을 설명한다. 그는 공의롭게 판단할 것이고, 그의 호의에 대한 대가를 지불할 여유가 없는 가난한 자와 겸손한 자를 위해 공정한 결정을 내릴 것이다.

세상의 겸손한 자라는 어구는 그의 통치가 이스라엘을 넘어서 확장된다는 것을 암시할 수도 있다. 그의 권위는 그가 악인에 대한 심판과 그에 따른 징벌을 내리기 위해 단지 말만 하면(그의 입술의 기운) 될 정도이다.

'허리끈'(속옷) 또는 허리띠(belt)를 의미하는 띠(sash)는 그의 본질적인 성품들인 공의와 성실을 나타낸다. 가난하고 고통받는 자들을 위해 진리와 정의를 수호하는 것은 고대 근동 전역에서 일반적으로 당연하게 생각되는 일이었지만(*ANET* 161-197) 거의 실행되지 않았다. 확실히 이사야 시대의 왕들은 여기에 묘사된 성품을 드러내지 못했지만, 그 백성들은 언젠가 공정하고 의로운 왕이 올 것이라고 고대하고 있었다.

⟨6-9⟩ 이 왕은 모든 피조물에 영향을 미치는 평화의 왕국으로 안내한다. 이중 조끼 모양은 서로 평화롭게 지내는 천적들의 모습을 묘사한다. 이리와 어린양, 표범과 어린 염소, 송아지와 어린 사자. 이전에는 위험했던 이 야생 동물이 안전하고 온순한 동물로 변한 것은 어린아이가 겁없이 그들을 이끈다는 사실에서 알 수 있다.

동물 왕국의 이 평화는 사람들에게까지 확대될 것이다. 젖 먹는 아이(유아)나 젖 뗀 어린아이(어린아이)가 코브라나 독사(짚오니[*ṣip 'ônî*], 4회; 59:5을 보라)의 구멍(후르[*hur*], 2회; 42:22을 보라)에서 장난하며 놀 수 있게 된다. 사랑하는 부모라면 누구라도 크게 안심할 수 있을 정도로 말이다. 이처럼 평화롭고 안전한 모습은 낙원 시대(창 1-2장) 이후로는 나타나지 않는다.

9절에 요약된 평화와 조화가 내 거룩한 산 모든 곳(적어도 시온을 의미함, 66:20)에 있게 되는데, 이것은 물이 바다를 덮음같이 여호와를 아는 지식이 땅에 충만하게 될 것이라는 사실에 기인한다. 그 이미지는 이 통치자가 가져오는 평화와 안전이 세상을 어떻게 바꿀 것인지를 알려 준다.

㉯ 하나님의 백성 중에서 남은 자가 돌아올 것임(11:10-16)

⟨10⟩ 그날에라는 어구는 미래에 이 평화의 왕국이 세워지고 열방이 이새의 뿌리에 대해 더 많이 알게 될 때를 내다본다. 다윗이 나온 이새의 가계는 다시 한번 그의 나라를 하나 되게 하고, 그 나라가 세상의 주목을 받게 할 또 다른 다윗 후손(Davidide)을 낳을 것이다(삼하 7:8-17; 마 1:1-17에 있는 예수의 계보를 보라).

그 통치자가 다윗의 가계에서 나왔다는 것은 놀랄 만한 일이 아니지만, 그가 이스라엘 밖의 만민이나 열방을 위한 기치(네스[nēs], '집합 지점'이라는 의미의 '기준')가 되어야 한다는 것은 놀라운 일이다. 열방이 자발적으로 이 다윗 후손에게 복종하기 위해 그에게 모여들 것이며(문자적으로 '추구하다'), 1-9절에 이미 설명한 것처럼, 그가 거한 곳(즉, 이스라엘)이 영화로우리라.

⟨11-12⟩ 미래에(그날에) 주께서 다시 손을 펴사 그의 남은 백성을 … 돌아오게 하실 것이라. 돌아오게(카나[qānâ], '얻다, 사다'; 출 15:16에서 하나님이 처음으로 그분의 백성을 얻으셨을 때 사용됨)라는 동사는 그의 남은 백성을 되사오는 비용을 강조한다.

하나님이 그분의 남은 자를 처음으로 회복하셨을 때는 아마도 그들이 바벨론에서 돌아왔을 때일 것이다. 그러나 두 번째 귀환은 나침반의 네 지점에서 모두 이뤄질 것이다.

북쪽(즉, 앗수르, [아람]의 하맛)에서, 남쪽(애굽은 세 부분으로 나뉜다. 하애굽=나일강 삼각주, 상애굽[문자적으로 바드로스=나일 계곡], 구스=먼 남쪽 지역[누비아 또는 에티오피아])에서, 동쪽(엘람=바벨론의 동쪽; 바벨론[문자적으로 시나르⟨šinʿār⟩, 시날=바벨론의 초기 이름])에서, 서쪽(바다 섬들[the islands of the Mediterranean])에서. 창세기 10:10에 따르면, 시날(8회)은 티그리스강과 유프라데강 사이의 평야이다.

⟨13-14⟩ 아람-에브라임 전쟁(주전 734-732년)은 이스라엘과 유다 사이에 심각한 긴장을 발생시켰다. 그러나 13절은 에브라임(즉, 북왕국이 에브라임 산지로 축소됨)과 유다 사이에 더 이상 적대감이 없게 될 미래의 날을 묘사한다. 그들은 함께 그들의 적들(14절, 서쪽[문자적으로 '바다 쪽']의 블레셋 사람들과 동방[동쪽, 문자적으로 '앞쪽']의 에돔, 모압, 암몬)을 다스릴 것이다. 이것은 이사야서에서 동방 백성(NIV, 동쪽의 아들들)이라는 어구가 등장하는 유일한 구절이다.

주전 8세기에 있었던 유다의 적들은 미래에 있을 이 다윗 후손의 왕국의 적들을 예표한다. 그러나 그의 통치는 지금까지의 어떤 이스라엘 왕이 이룬 것보다 훨씬 더 큰 평화와 번영을 가져올 것이다.

⟨15-16⟩ 모세가 갈대 바다를 쳐서 이스라엘 백성을 건너게 하신 것처럼, 하나님은 강바닥을 마르게 하셔서 그분의 남은 자가 쉽게 건널 수 있도록 다시 **애굽 해만**(문자적으로 '애굽 바다의 혀', 갈대 바다의 모양을 의미함)**과 유브라데 하수**(문자적으로 '그 강')를 치실 것이다.

뜨거운 바람(바얌[$ba\,'y\bar{a}m$], 여기에서만 나옴)은 주요 수역을 **일곱 갈래**로 나눈다. 일곱은 충만함이나 완전함을 의미한다. 이 **큰길**('높은 길', 도시에 있는 길로는 한 번도 사용되지 않음)로 애굽과 심지어 앗수르에서조차 남은 자가 돌아올 것이다. 이것은 이스라엘의 출애굽에 비유된다(출 12:33-41).

의미

하나님의 새로운 구원자는 이스라엘의 과거 통치자들과 달리 공의와 정의로 통치하고, 뇌물을 받지 않으며, 그의 나라에 평화와 안전을 가져올 것이다. 이는 원창조(original creation)에서의 낙원 이후로 무엇과도 비교할 수 없는 때이다.

이사야 4:2-6과 9:1-7도 회복과 평화의 시대를 묘사하지만, 이 섹션은 왕의 성품과 그에 따른 평화와 안전을 더 많이 강조한다. 오직 절대적으로 평화로운 환경에서만 진정한 정의와 안전이 이뤄질 수 있다. 이 미래의 구원자가 통치하는 동안에 하나님은 땅끝에서 그분의 남은 자를 모아 적들과 싸워 승리하게 해서 세계 평화의 시대를 여실 것이다.

(7) 감사의 노래(12:1-6)

문맥

의로운 남은 자의 감사 노래인 이 중심교차대구법의 마지막 단위는 중심교차대구법의 시작 부분에 나타난 불의한 포도원에 관한 슬픈 노래(5:1-7)의 놀라운 반전이다(표 0.8을 보라). 이 시는 시편에 나오는 감사의 노래(시편 65, 67편을 보라)와 매우 유사한데, 두 섹션으로 나뉘며 각 섹션은 그날에라는 어구로 시작한다(1-3, 4-6절). 다른 시편들과 마찬가지로 2인칭 단수형과 복수형 사이를 오간다.

차일즈(2001:107)는 이것이 종말론적 찬송이지만, 주전 701년의 구원이 또한 이런 유형의 희망을 키웠을 것이라고 주장한다(6절을 보라, 이스라엘의 거룩하신 이가 너희 중에서 크심이니라).

주석

⟨1-3⟩ 그날에는 이전 섹션에서 언급한 구원의 날을 의미한다. 네가 말하기를이라는 어구는 이스라엘의 남은 자든지 의인화된 나라이든지 간에 하나님이 행하신 모든 위대한 일 때문에 그분을 찬양한다는 것을 나타낸다. 이 노래에 나오는 몇몇 어구들은 다른 감사의 노래들에서도 흔히 볼 수 있다(예, 내가 주께 찬송하리이다[시 138:1; 145:2]; 하나님[엘(’*ēl*)]은 나의 구원이시라[시 27:9; 62:2]; 여호와께 감사[또는 '찬송']하라[시 7:17; 9:1]).

전에는 내게 노하셨사오나라는 어구는 감사의 노래들에 꼭 필요한 부분으로, 이 노래에서 하나님이 그 나라에 내리셨던 고통을 유일하게 표현한 부분이다. 징벌은 정결한 이스라엘의 남은 자를 얻어 내는 데 효과적이다. 하나님의 진노가 이제는 **돌아섰고**, 더 이상 두려워할 이유가 없다(2절). 저자는 하나님이 임하여서 구원하실 것이라고 굳게 믿는다.

3절에서 이 노래는 2인칭 복수들로 바뀐다. 하나님은 그분의 나라를 구원하여 그분의 위대하심과 공의를 나타내셨으므로, 이제 그들은 하나님을 기꺼이 섬길 것이다. 하나님의 **구원의 우물들**에서 물을 길어 올리는 것은 끊임없이 흐르며 풍요로운 구원의 원천이 그분의 백성에게 항상 열려 있다는 것을 암시한다.

〈4-6〉 4절을 시작하는 **그날에는** 하나님이 이스라엘의 남은 자를 돌아오게 하셔서 그분이 마땅히 받으셔야 할 **감사**(NIV, 찬양)를 받으시게 될 때를 가리킨다. 여호와의 **이름**(이름은 그분의 성품을 나타냄)은 그분의 위대한 행동으로 말미암아 찬양을 받을 것이다. 하나님의 전능하신 사역을 사람들에게 상기시킴으로써 그들은 하나님께 감사하게 될 것이다. 왜냐하면, 이 놀라운 하나님은 그들의 무력한 신들과 대조가 되기 때문이다.

남은 자는 **여호와를 찬송**하며, 그들의 말과 감정을 표현하여 그들의 하나님께 경배해야 한다. 하나님이 행하신 극히 아름다운 일을 선포함으로써 이스라엘이 의도했던 대로 여호와를 위한 증인이 될 수 있도록 그분이 허락하셨다. 여호와는 **시온**에 좌정하신다. 그러나 더 중요한 것은 하나님이 그들 중에서 거함으로써 그들을 보호하신다는 것이다.

그 노래(12장)와 주요 부분(4-6절)이 **이스라엘의 거룩하신 이**라는 어구로 끝나는 데에는 그럴 만한 이유가 있다. 거룩함은 하나님을 인류와 구별되게 하는 속성이고, 하나님이 이스라엘 안에서 그리고 이스라엘을 위해서 행하신 모든 것의 토대가 되기 때문이다.

의미

이 마지막 노래는 이처럼 놀라운 구원을 가져오신 여호와께 합당한 찬양이다. 이스라엘은 마침내 하나님에게서 나오는 구원의 빛을 열방에 가져올 것이다. 하나님이 그분의 백성을 위해 행하신 일을 열방이 듣게 될 때 그들 역시 이 위대하고 놀라운 하나님을 섬기기를 원할 것이다.

3. 심판과 회복의 신탁(13:1-39:8)

이 신탁의 배치는 의도적이며, 또 다른 중심교차대구법의 일부를 형성한다(이사야 13-39장, 표 0.9를 보라). 이 섹션에 나타난 서론은 이제 이사야서에서 세 번째이며(즉, 1:1; 2:1; 13:1), 각각은 주요 문학 단위를 나타낸다.

첫 번째 섹션인 '열방에 대한 신탁들'(13-23장)은 주로 여러 나라에 대한 심판 신탁을 담고 있다(렘 46-51장; 겔 25-32장; 암 1-2장; 습 2:4-15과 유사). 이사야 시대에 이스라엘의 주된 적이었던 앗수르에 관한 서너 절의 짧은 신탁은 오직 하나뿐이다.

그러나 앗수르에 대한 이 신탁의 핵심에는 다음과 같은 말이 있다. 이것은 온 세상을 향하여 정한 경영이며(14:26)라는 어구는 하나님의 백성(즉, 이스라엘)을 대적하는 자는 누구든지 앗수르 사람들과 유사한 취급을 받을 것이라는 의미이다(14:24을 보라, 문자적으로 '이렇게 되었다'). 앗수르에게 일어난 일에 대한 훨씬 더 자세한 논의는 36-39장의 이사야 서사(Isaianic Narratives)에서 찾을 수 있으며, 이 두 섹션(14:24-27과 36-39장)이 서로 관련이 있다고 생각한다.

우리는 24-27장(때때로 '작은 묵시'라고 불림)과 34-35장이 둘 다 훗날에 일어날 사건들에 대해 말하고 있으며, 중심교차대구법에서 서로 대칭되는 단위들이라고 생각한다. 중심교차대구법의 중간 섹션(28-33장)에는 아홉 개의 화 신탁이 포함되어 있으며, 그 가운데 일부는 주전 701년경의 사건을 설명한다. 각각은 회복에 대한 설명으로 이어진다. 따라서 이사야 1-39장에서 세 개의 주요 섹션은 각각이 중심교차대구법을 이루고, 또 이 세 개의 주요 섹션이 하나로 모여서 커다란 중심교차대구법을 이룬다.

1) 이방 나라들에 대한 신탁

열방에 대한 이 신탁들(맛사[*maśśā'*])은 하나님이 이스라엘만이 아니라 모든 나라를 다스리고 있음을 확인시켜 준다. 이 신탁들에서 언급된 아홉 나라들(즉, 바벨론, 앗수르, 블레셋, 모압, 다메섹[아람/시리아], 에티오피아[구스], 애굽, 유다, 두로)은 모두 하나님의 나라인 이스라엘을 괴롭혔기 때문에 그분께 징벌받을 것이다. 그러나 이스라엘조차도 환상의 골짜기 신탁 안에 포함된다(22:1).

(1) 바벨론(13:1-14:23)

문맥

이 섹션은 가운데 위치한 '이스라엘에 관한 서사 단위'(즉, 14:1-4a절)가 앞뒤에 있는 두 개의 시적인 신탁을 연결해 준다. 이스라엘이 고난을 겪고 나서 다시 안식을 누리는 미래의 그날에 백성들은 바벨론 왕을 조롱할 것이다(14:4). 두 신탁 모두 시적이고 비유적인 언어로 바벨론에 의한 멸망과 바벨론 자체에 대한 멸망을 묘사한다.

[부록: 바벨론]

주전 626년 11월 나보폴라사르(Nabopolassar)가 바벨론의 왕으로 즉위하자 바벨론은 두각을 나타내기 시작한다. 그는 즉시 엘람과 화해했고, 엘람은 그 후 바벨론과 연합하여 앗수르에 대항했다. 앗수르는 점차로 약해졌고, 전투는 주전 612년 여름 니느웨가 약탈당할 때까지 계속되었다. 바벨론은 뛰어난 군사 지도자 느부갓네살(주전 605-562년)의 지휘 아래 고대 근동에서 탁월한 강대국이 되었다.

주전 605년에 느부갓네살은 유다의 충성을 확인하기 위해 예루살렘으로 진군했고, 다니엘과 그의 친구들(단 1장을 보라)을 포함하여 재능이 뛰어난 자들 가운데 일부를 데려다가 바벨론제국의 지도자 훈련을 시켰다. 유다의 왕 여호야김은 바벨론의 신하가 되었고, 그 기간은 바로느고 2세에게 충성하여 바벨론에 반역할 때까지 몇 년 동안 지속되었다(왕하 24:1). 느부갓네살은 주전 597년에 반역한 그 왕을 징벌하기 위해 예루살렘으로 돌아왔다.

그러나 여호야김은 그가 도착하기 전에 이미 죽었고, 그의 아들 여호야긴은 3년 동안 그곳을 포위한 바벨론의 공격을 견디다가 결국 포로가 되었다. 여호야긴을 대신해 왕으로 즉위하게 된 시드기야는 (ANET 564) 약 11년 동안 바벨론을 섬겼으며 그 후에 그도 반란을 일으켰다. 충분히 참을 만큼 참았던 느부갓네살은 바벨론의 정책대로 주전 586년에 그 성읍을 멸망시키고 백성을 포로로 끌고 가기 위해 마침내 다시 돌아왔다(렘 52장을 보라).

주석

〈1-3〉 이사야서의 셋째 서론은 하나님이 바벨론의 멸망을 시작하신다는 신탁(맛사[*maśśā'*])을 소개한다(2-3절, ANET 315-316). 이 일은 이사야 생애 한 세기 후에 일어날 사건이다. 여기서 맛사는 선지자가 특정한 메시지를 예언할 때까지 그가 짊어지는 '짐'이라는 비유적 의미로 사용되었다(렘 20:7-9을 보라).

군대를 소집하라는 지시가 있었다. **민둥산 위에 기치**(네스[*nēs*], '기준'=군대가 집결할 신호, 1절)를 세우고 소리를 높여 그들을 부르며 손을 흔들어(10:32을 보라). **민둥산**(문자적으로 '헐벗은 언덕'[니슈페, *nišpeh*], 2회; 욥 33:21을 보라])이라는 어구는 바벨론의 북동쪽에 있는 언덕을 의미하는 것일 수 있다.

이 군대들은 그들을 정복하기 위해 **존귀한 자의 문**에 들어갈 것이다. 하나님의 군대들은 **내가 거룩하게 구별한 자들**(즉, 특정한 임무를 위해 구별됨), **나의 위엄을 기뻐하는 용사들**(문자적으로 '나의 기뻐하는 자부심')이라고 불린다. 그분의 용사들은 바벨론에 '하나님의 진노'를 쏟아붓고 있지만, 왜 그렇게 하는지 11절에서야 그 이유를 알려 준다. 그들(바벨론)은 사악하고 오만하며 무자비하기 때문이다.

⟨4-5⟩ 만군의 여호와께서 많은 나라(먼 나라)에서 큰 군대를 소집하여 바벨론 온 땅을 멸하려 함이로다. 무리의 소리와 백성의 소리는 불필요한 대칭처럼 보이지만 평행 단위에 잘 들어맞는다. 하나님은 이 나라들을 그의 진노의 병기로 사용하여 바벨론을 징벌하실 것이다. 하나님의 백성이 포로로 끌려갔을 때 바벨론이 그들을 가혹하게 다루었기 때문이다.

하나님이 진노하시는 것은 정당하고, 그분은 더 이상 참지 않으실 것이다. 온 땅은 그 영향을 받게 될 것이다. 하나님은 주전 539년에 고레스와 메대 바사제국(Medo-Persian Empire)을 통해 바벨론에 대한 이 심판을 집행하셨다.

⟨6-10⟩ 이 여호와의 날 곧 전능자(샤다이 [šadday])에게서 멸망(쇼드[šōd])이 임하는 날에 통곡하는 소리가 들릴 것이다. 여기에는 언어유희가 있다. 쇼드(멸망)라는 단어는 샤다이(전능자)와 동일한 히브리어 문자들에서 파생되었다. 창대한 바사 군대의 모습은 바벨론 사람들에게 극도의 두려움을 불러일으킬 것이다. 모든 손의 힘이 풀리고 각 사람의 마음이 녹을 것이라. 백성을 옭아맬 괴로움과 슬픔(8절)은 해산이 임박한 여자(문자적으로 '고통에 몸부림치다')의 고통에 비유된다. 그들은 충격과 공포로 서로 보고 놀라며 얼굴이 불꽃 같으리라(문자적으로 '그들의 얼굴들은 불꽃들의 얼굴', 큰 불안을 나타냄). 로버츠(Roberts)는 이 어구를 "그들의 얼굴이 공포로 창백해진다"라고 번역했는데, 그것은 아마도 불꽃의 색깔 때문일 것이다(2015:196).

하나님은 그분이 심판하시는 여호와의 날은 맹렬히 노하는 날이라고 표현하신다. 바벨론 사람들이 하나님이 택하신 소중한 백성을 괴롭혔기 때문에, 그는 그들의 땅을 황폐하게 하며 바벨론 사람들('죄인들'이라고 부름)을 멸망시킬 것이다(9절).

빛을 내지 않는 하늘의 별들과 별 무리가 그 빛을 내지 아니하며라는 어구는 바벨론의 점성술사를 비유적으로 지칭한 것일 수 있다. 그들은 천체를 보고 의미를 분별하는 능력이 있다고 알려졌기 때문이다. 그들은 해와 달이 빛(즉, 징조들)을 내지 않기 때문에 의미를 분별할 능력이 없을 것이다.

〈11-12〉 여기에서 선지자는 세상의 사악함 때문에 하나님이 온 세상 곳곳에 징벌을 내리시며 오만하고 거만한 모든 자를 낮추실 때인, 더 먼 미래를 내다본다(2:12-22을 보라). 오빌의 금보다 사람이 더 희귀할 정도로 아주 광범위하게 파괴될 것이다. 오빌의 금은 순도로 유명하지만(왕상 9:26-28을 보라), 오빌의 정확한 위치는 알려지지 않았다.

〈13-16〉 하늘과 땅의 징조는 하나님의 크신 진노를 나타낼 것이다. 하늘을 진동시키며/땅을 흔들어. 만군의 여호와는 하나님의 주권과 바벨론을 징벌하실 수 있는 그분의 권리를 강조하신다. 쫓긴 노루와 목자 없는 양(14절)에 대한 은유는 바벨론 사람들이 도망가면 안전할 것이라고 잘못 생각하여 본향으로 도망할 때의 공포와 혼란을 전달한다.

전쟁의 처참한 잔혹함으로 포로가 된 자들은 죽임을 당할 것이고, 그들의 어린아이들은 … 메어침을 당하겠고(즉, 그들이 예루살렘을 파괴했을 때 이스라엘의 아이들에게 했던 것처럼 잔인하게 다룸; 시 137:8-9을 보라), 그들의 집은 노략질당하겠고 그들의 아내는 욕을 당하리라. 메어침을 당하겠고(dashed to pieces)라는 동사(릿테쉬[*riṭṭēš*], 6회; 호 13:16을 보라)는 어린 자녀들이 무자비하게 학살하는 것을 강조한다.

〈17-18〉 하나님은 메대와 바사를 사용하여 바벨론을 멸망시키실 것이다. 은을 돌아보지 아니하며/금을 기뻐하지 아니하는 메대 사람이라는 묘사는 모호하다. 그들이 공격한 것은 약탈하려는 욕심 때문이 아닐 수도 있고 또는 그들의 맹공격을 금과 은을 주는 것으로 멈추게 할 수 없다는 의미일 수도 있다. 고레스의 정복 사건들을 고려할 때 둘 다 사실일 수 있다.

무자비한 바사 사람들은 여자들과 어린아이들에게 자비를 베풀지 않을 것이다. **활로 청년을 쏘아 죽이며**라는 어구를 강조하기 위해 전반절과 후반절의 주어를 다르게 했다(히브리어 구문에서 전반절의 주어는 '활들'이고 후반절의 주어는 '메대 사람'이다.-역주)

〈19-22〉 그들의 신들에게 감동을 주려고 세워진 바벨론성(*ANET* 68-69)은 그 아름다움과 화려함으로 유명했다. 바벨론의 공중정원(The Hanging Gardens)은 고대 세계 7대 불가사의 중 하나이다. 그런데도, 그 성은 **열국의 영광이요 갈대아 사람의 자랑하는 노리개**(19절)의 상태에서 추락했을 것이다. 선지자는 그것의 완전한 멸망을 약 700년 전에 있었던 소돔과 고모라의 멸망(창 18-19장)에 비유했다.

이것은 하나님이 성읍을 멸망시키는 모습을 묘사한 고전적인 그림이다. 바벨론은 결코 재건되지 못할 것이다. 바벨론의 파괴된 요새들과 궁궐에는 야생 동물들(부르짖는 짐승(jackals, 오힘[*'ōhîm*], 여기에만 나옴)[12], 타조[owls, 베노트 야아나〈*benôt ya'ănâ*〉, 직역하면 '타조의 딸들'), 들양(goats), 승냥이(hyenas)가 거주할 것이다.

마소라 독법의 알마노트(*'almānôt*, '과부들')는 아르마노트(*'armānôt*, 거점들, 요새들, 개역개정은 궁성, 22절-역주)로 읽어야 한다. 왜냐하면, 공통 방언의 상호 교환('l'에서 'r'로) 현상이 언어들 사이에서 일어나기 때문이다.

이 동물들 가운데 일부는 정확하게 식별하기 어렵지만, 모두 사막 동물이다. **들양이 … 뛸 것이요**(라카드[*rāqad*], 9회)라는 어구는 그것들이 장난치거나 노는 모습을 표현한 것이다.

이 섹션은 멸망이 임박했다는 충격적인 선언으로 끝난다. **그의 때가 가까우며**(문자적으로 '그녀의 때가 가깝다') **그의 날이 오래지 아니하리라**(문자적으로 '펼쳤다'). 알렉산더 대왕의 죽음 이후, 바벨론은 이전 구절들에

---

12) 이것들은 재칼들(탄님[*tannîm*])이나 부엉이들(타흐마스[*tahmās*])를 위한 일반적인 단어들이 아니다.

서 설명한 대로 마침내 버려지고, 사람이 살지 않는 곳이 되었다(Roberts 2015:199). 바벨론 일부가 재건되었지만, 오늘날 아직도 많은 부분이 여전히 폐허로 남아 있다.

⟨**14장 1-4a**⟩ 바벨론에 대한 이 신탁의 한가운데에 (운문으로 편집된 NIV와는 반대로) 산문으로 기록된 이스라엘을 향한 회복의 약속이 있다. 많은 학자가 운문으로 된 두 개의 신탁(13:1-22; 14:4b-23)을 연결하려고 포로기 이후에 이 산문 부분(14:1-4a))을 삽입했다고 생각한다.

그러나 이사야는 포로로 끌려가게 된 것이 이스라엘을 향한 마지막 예언이 아니었다고 여겼다. 그는 적어도 이스라엘 사람들 가운데 일부(남은 자)가 여호와께 돌아올 것이라고 믿었을 것이다(6:11-13을 보라).

1절을 시작하는 키(*ki*, '그러나')는 이전 섹션과 강한 대조를 나타낸다(히브리어 원문에만 있음-역주): 바벨론에 다시는 사람이 거주하지 않을 것이다. 그러나 **이스라엘은** 그들의 땅으로 돌아갈 것이다(문자적으로 '정착하다').

그들의 귀환은 여호와께서 그들을 다시 그 땅에 정착시키심으로써 보여 주신 **긍휼**에 기초한다. 이것은 하나님이 그들을 그 땅에서 떠나가도록 허락하셨던 이전 시간이 있었음을 암시한다(즉, 주전 586년).

나그네(문자적으로 '체류자들')는 자발적으로 이스라엘에 합류하여 그들에게 예속될 것이다. 따라서 **포로로 잡혔던 자들**(captives)이 궁극적으로 **포로로 삼는 자들**(captors)이 된다. 그들의 포로 생활(슬픔, 곤고, 수고하는 고역으로 묘사됨)이 끝나는 날에 그들은 바벨론 왕을 조롱(문자적으로 '잠언, 비유'; 이 문맥에서는 '조롱의 노래')하는 노래를 부를 것이다.

⟨4b-6⟩ 이 노래(NIV, 조롱)는 거의 비슷한 길이의 네 섹션으로 구성된다.

- 4b-8절: 바벨론 왕의 죽음에 대한 기쁨
- 9-11절: 스올의 멸망에 대한 놀라움
- 12-15절: 그의 교만
- 16-20절: 그의 궁극적인 치욕

감탄사 **어찌**(에크[*ēk*])는 애가에서 흔히 사용된다(4, 12절). 애가 운율(단위당 3분의 2비트)은 이 노래 전반에 걸쳐 일관되게 나타난다. 그러나 애통해하는 대신 바벨론의 멸망에 대해 크게 기뻐한다.

또한, 그처럼 강한 왕이 무너졌다는 사실은 놀랍다. 왜냐하면, 여호와께서 **압제하던 자와 강포**(마드헤바[*madhēbâ*], 여기에만 나옴; 일반적으로 학자들은 정방형 문자에서 비슷하게 보이는 히브리어 문자를 약간 바꾸어 그것을 마르헤바[*marhēbâ*], '분노'로 수정함)가 더 이상 없도록 보장하실 것이기 때문이다. 여호와께서 악인의 몽둥이와 통치자의 규를 꺾으셨도다.

6절은 통제할 수 없는 바벨론의 잔인함을 묘사하는데, 그들은 적들에게 필요 이상으로 징벌을 가했다. 그들은 분노에 사로잡혀 **여러 민족을 치되/치기를 마지아니하였고**. 이 평행 어구는 그 억압을 막을 자 없었더니(문자적으로 '거둬들이지 않는 징벌')로 그 잔인함을 나타낸다.

⟨7-11⟩ 공포의 바벨론 통치가 끝이 나고, 전 세계(문자적으로 '온 땅')는 안도의 한숨을 쉬며 기쁨의 함성을 질렀다. 나무들도 더 이상 베어지지 않게 된 것을 기뻐한다. 바벨론이 건축을 위해 더 이상 레바논의 백향목을 요구하지 않을 것이기 때문이다(*ANET* 306-307). 스올(죽은 자의 왕국; 9절)은 세상을 떠난(레파임[*rĕpā'îm*], '그늘들') 지도자들(알투데['*attûdê*], 문자적으로 '숫염소', 바벨론 사람들이 죽인 많은 사람)을 왕좌에서 일으켜 세워(NIV) 그를 만나게 한다. 이 왕좌들은 아마도 그들이 한때 차지했던 '권력의 왕좌들'을

상징할 것이다.

불사신처럼 보이게 만드는 막강한 힘을 가졌던 바벨론 왕이 실제로는 죽을 수밖에 없는 존재이며 자신들처럼 연약하게 된 사실을 스올의 왕들은 기뻐한다. 너도 우리같이 … 되었느냐(님샬타[nimšaltā])는 아마도 '지배하다' 또는 '닮다'를 의미하는 단어 마샬(māšal)에 대한 언어유희일 것이다. 연약해져서 죽은 자같이 된 그 통치자는 이제 지상에서 일어나는 일에 영향을 미칠 수 없다.

바벨론 왕의 모든 찬란한 영광과 (그의) 비파(네발[nēbāl]=하프 또는 현악기의 일종, 11절)의 소리(헴야[hemyâ], 여기에만 나옴)도 무덤으로 들어가고 곧 잊힐 것이다. 왕의 몸이 쇠약해지는 모습을 끔찍하게 묘사하고 있다. 한때 무적처럼 보였던 그가 이제는 구더기(림마[rimmâ], 7회; 욥 25:6을 보라)와 지렁이(톨레아[tôlē'â], 8회)의 먹이가 되었다. 그래서 아무리 막강한 힘을 가졌던 사람일지라도 모든 이를 평등하게 만드는 죽음에 직면하게 된다는 것을 알 수 있다.

〈12-14〉 이 구절들은 이 위대한 왕의 몰락(문자적으로 '땅에 파묻힌')에 다시 초점을 맞추면서 놀람이나 불신을 표현한다. 너 아침의 아들 계명성이여/어찌 그리 하늘에서 떨어졌으며. 칠십인역(LXX)과 라틴어역(Vulgate)은 계명성(문자적으로 '빛나는 것')을 '루시퍼'(Lucifer)라고 읽는다. 흠정역(KJV)이 그 이름(루시퍼)을 가져왔고 그것은 사탄의 대중적 명칭이 되었다.

그러나 계명성과 아침의 아들이라는 평행용어는 때때로 '새벽 별'(morning star)이라고도 불리는 금성을 가리킬 가능성이 가장 크다. 왜냐하면, 이른 아침에 떠서 완전한 타원형 궤도를 돌지 않고 하늘에서 떨어지는 것처럼 보이기 때문이다. 바벨론의 수호신인 마르둑은 하늘에서 목성을 이끌고 그 목성은 다른 별들과 행성들을 인도한다고 믿어졌다.

그와 비슷하게 열방을 정복하여(열국을 엎은) 하늘과 북극(차폰[ṣāpôn], 북쪽, 13절) 집회의 산 위에 올랐던 바벨론 왕이 땅에 내던져졌다(문자적으로 '잘라내다', 겔 28:16-18을 보라).

12절은 또한 만신전에서 쫓겨난 열등한 신들이 등장하는 가나안 신화를 암시할 수도 있다(우가릿에서 발견된 가나안 신화의 일부에서 평행처럼 보이는 것이 있지만 직접적인 평행은 아님).

바벨론 왕의 교만한 야망들은 13-14절에서 모두가 볼 수 있도록 적나라하게 드러난다.

- **내가 하늘**(즉, 신들의 거처)**에 올라갈 것이다.**
- **내가 하나님**(엘[*'ēl*], 엘로힘의 단축형이고 고대 근동 전역에서 신을 가리키는 일반적 이름)**의 뭇별 위에**(그가 '하나님의 위에'라고 말하지 않았음을 주의하라)/**내 자리**(즉, '명예의 자리' 또는 '왕좌')**를 높이리라.** 별들은 다른 지도자 또는 열등한 신들을 나타낸다.
- **내가 북극 집회의 산 위에 앉으리라**라는 어구에서 그는 자신의 위상을 마치 북극(=북쪽 시리아의 제벨 아크라[Jebel Aqral])처럼 높다고 생각했다. 이 문맥에서 그는 자신이 신들과 함께 앉을 것이라고 자랑한다.
- **내가 가장 높은**(마모테[*bāmote*], 문자적으로 '뒷/높은 곳') **구름에 올라갈 것이다**(하늘의 구름 위에 신들이 거주함). 바벨론 사람들의 욕망은 시날에 망대를 쌓으려 한 자들의 욕망과 비슷하다(자, 성읍과 탑을 건설하여 그 꼭대기를 하늘에 닿게 하여, 창 11:4).
- **내가 지극히 높은 이**(엘욘[*'elyôn*])**와 같아지리라.** 바벨론의 만신전에는 신들 위에서 그들을 다스리는 한 신이 있었다. 그 바벨론 사람(왕)은 때가 되면 이 가장 높은 신에 필적할 수 있다고 주장한다. '엘 엘욘'이라는 이름은 구약성경에서 여호와의 주권을 강조하기 위해 자주 사용되었다(창 14:19-20을 보라).

이것은 자신의 힘과 능력으로 바벨론을 위대하게 만들었다고 자랑해서 하나님께 징계를 받은 느부갓네살에 대한 묘사일 수 있다(단 4:29-33). 그러나 성경 기록을 보면 하나님은 바벨론 왕의 교만과 오만함을 직접 나서서 징계하신 적이 없다. 즉, 느부갓네살 대신에 나보니두스에게

19-21절이 성취된 것으로 보이기 때문에 한 명 이상의 바벨론 왕의 특성을 정리한 것일 수 있다.

[부록: 사탄의 타락]

일부 학자는 12-14절이 단순한 인간의 능력 너머의 행동들을 묘사하기 때문에 그 구절이 사탄의 타락을 의미한다고 주장해 왔다. 그러나 이런 이해는 분명히 인간 왕을 분명히 가리키는 문맥에서 혼란을 이 구절들을 제거할 것을 요구한다(16절을 보라). 고대 근동에서 신은 인간보다 약간 더 강력하다고 생각했다. 그러므로 바벨론 왕이 신들과 경쟁하고 심지어 가장 높은 신을 대신할 수도 있다는 것은 합리적이다.

사탄(*sāṭān*, '적대자')이라는 단어는 구약에서 33회 등장한다. 그러나 이 단어는 일반적으로 적대적 행위를 강조하며 고유명사가 아니다. 특정 대적이 하나님의 사자들 가운데 한 명을 비난하는 세 구절이 있다. 그것들 가운데 처음 두 곳에서는 **사탄**(즉, '적대자', 욥기 1-2장, 슥 3:1-2)이라는 단어에 앞에 정관사가 붙는다.

그러나 역대상 21:1에 나오는 이 단어에는 정관사가 붙지 않는다. 이것은 주전 400년경에 **사탄**이 고유명사가 되었음을 암시한다. 따라서 특정한 대적이 하나님의 백성을 고발한다는 개념은 구약이 끝날 무렵 이스라엘 사람들이 발전시켰을 것이다.

이것이 동일한 주체가 매번 고소한다는 가능성을 배제하는 것은 아니다. 단순히 그들이 나중에까지 이 개념을 제대로 이해하지 못했다는 것을 의미한다. 신약성경은 사탄에 대해 훨씬 더 많은 계시를 제공한다(예, 고후 11:14; 엡 2:2; 벧전 5:8).

〈15-17〉 바벨론 왕의 자랑에도 불구하고, 성경 본문은 그가 다른 사람과 마찬가지로 죽어서 스올에 들어갈 것이라고 강조한다. 그러나 이제 네가 스올 곧 구덩이 맨 밑에 떨어짐을 당하리로다.

신들이 거하는 곳인 **북극 집회의 산 위에**(13절) 올라가는 대신 **구덩이 맨 밑**(문자적으로 '가장 멀리 떨어진 곳')으로 내려가게 될 것이다(15절). 거기에서도 세상을 떠난 다른 영들이 이렇게 물을 것이다. 이 **사람**(하이쉬[hāʾîš]) 이 땅을 진동시키며 … 아니냐. 다른 왕들은 그분을 신이 아닌 사람으로 생각한다는 점을 주의하라.

바벨론 사람들은 성읍들을 파괴하고 다른 나라들의 인구를 감소시켰으며(문자적으로 '세상을 광야처럼 만들었다') 포로 된 백성을 다른 바벨론 소유지로 추방했다(사로잡힌 자들을 집으로 놓아 보내지 아니하던, 문자적으로 '집을 향해 열지 않았던 그의 죄수들'이라는 어구로 표시됨). 그러나 그는 이전의 어떤 권세와 영향력도 무덤 너머로 가져갈 수 없었기 때문에 스올에 있는 다른 사람들보다 나을 것이 없다.

〈18-21〉 왕들은 일반적으로 왕실의 **무덤**(문자적으로 '집')을 세우거나 그들이 **안치될**(NIV, 문자적으로 '영광 가운데 눕다. *ANET* 505를 보라') 가족묘를 영예롭게 꾸몄다. 그러나 바벨론 왕은 **가증한 나뭇가지**(문자적으로 '가증한 싹', 22:15-23을 보라)같이 무덤에서 내쫓길 것이다.

무덤들은 일반적으로 고대 근동 사회에서 보호되었고 해를 입지 않았다. 심지어 적들조차도 일반적으로 영예롭게 매장되었다(왕하 9:34). 그러나 바벨론 왕은 그렇지 못했다. 사람들은 그의 죽음을 특별하게 생각하지 않았다. 대신 그의 죽은 몸은 시체 더미에 던져졌고(즉, '죽은 자의 옷을 입었다'), 결국, 구덩이 바닥에 떨어졌다(돌 구덩이는 구덩이의 바닥을 암시함, 19절).

앞의 어구(가증한 나뭇가지 같고)와 평행을 이루는 **밟힌 시체와 같도다**라는 어구는 사후의 굴욕을 암시한다. 그 왕은 다른 나라들을 파괴한 것에 대해 징벌받을 뿐만 아니라, 자신의 나라를 망하게 한 것에 대해서도 징벌받는다(네 백성을 죽였으므로라는 말은 아마도 왕이 군대를 전쟁에 내보내서 그들이 죽게 된 것을 의미함). 일반적으로 죽은 자들은 조상들과 함께 쉬는 복을 받는다. 그러나 그는 조상들과 함께 쉬지 못하는 깊은 굴욕으로 고통당할 것이다(창 15:15을 보라).

20절은 저주로 끝난다. 악을 행하는 자들의 후손은/영원히 이름이 불리지 아니하리로다. 바벨론 왕의 자녀들은 좋은 이름과 땅을 상속받는 대신에 죽임을 당할 것이다. 그의 후손들 가운데 그 누구도 그들의 조상들이 한 것처럼 더 많은 성읍을 건설하도록(즉, 바벨론제국을 확장하기 위해) 남아 있지 못할 것이다. 바사는 이 예언을 성취했다. 고대 근동에서는 불운한 왕조의 종말에 대한 기억을 잊기 위해 종종 사원들, 궁궐들 그리고 건축물을 파괴했다.

〈22-23〉 바벨론에 대한 그 조롱은 만군의 여호와께서 그들의 멸망을 단호하게 선포하는 것으로 끝난다. 내가 일어나 그들을 쳐서 이름과 남은 자와 아들과 후손을 바벨론에서 끊으리라.

그들을 쳐서라는 어구에서 복수 대명사는 여러 바벨론 왕이나 그의 백성을 가리킨다. 그들이 확실하게 멸망한다는 것이 이 구절들에서 세 번 강조된다(여호와의 말이니라, 22a절, 22b절, 23b절). 시작 부분과 끝부분에 나오는 만군의 여호와의 말이니라라는 어구는 봉투 구조를 형성한다(22-23절).

또한, 파괴는 이례적으로 철저하게 이루어질 것이다. 바벨론의 이름('평판, 명성')은 모든 남은 자. 아들(닌[*nin*], 3회 창 21:23을 보라), 후손(네케드[*neked*], 3회; 욥 18:19을 보라)과 함께 전부 사라질 것이다.

그곳은 고슴도치(킾포드[*qippôd*], 3회; 아마도 '올빼미' 또는 '고슴도치'?; 34:11을 보라)가 사는 곳과 물웅덩이(아그메-마임[*agmê*[8회]-*māyim*], '진흙 웅덩이')가 될 것이다. 마치 먼지를 쓸어버리듯이 멸망의 빗자루(마트아테[*maṭʾāṭē*], 여기에만 나옴)로 그곳을 완전히 쓸어버릴 것이다.

바벨론의 마지막 왕인 나보니두스가 고레스에 의해 왕좌에서 물러나게 되었을 때(*ANET* 315-316) 거리에서 바벨론 사람들이 소리 지르는 야유를 듣는 수모를 겪으면서 이러한 파괴와 굴욕이 시작되었다. 그러나 그 나라는 알렉산더 대왕이 죽을 때까지 매우 멸망하지는 않았다.

의미

다른 백성들을 교만과 오만과 잔인함으로 다룬 것 때문에 하나님은 바벨론 왕들에게 그 책임을 지울 것이라는 사실을 분명히 하셨다. 바벨론은 철저히 파괴되어 더 이상 사람이 살지 않을 것이다. 바벨론이 백성들을 추방했던 것처럼 바벨론 왕도 자기 땅에서 추방될 것이다. 그의 조상들과 함께 무덤에 안치되는, 마지막 안식처의 복조차 그에게는 보류되었다. 하나님은 자기 백성을 징계하기 위해 이 악한 사람들을 선택하여 도구로 사용하시지만, 궁극적으로는 그들에게도 벌을 주신다.

(2) 앗수르(14:24-27)

문맥

19세기 학문의 지배적인 견해는 이사야 14:24-27이 10:5-15의 앗수르 섹션에 연결되어야 한다는 것이었다. 그런데 20세기에 어떤 학자들은 그것을 요시야 편집의 일부로 간주하기 시작했다(Clements 1980a: 146). 일부 학자는 또한 앗수르에 대한 이 메시지에 제목이 없으므로 바벨론에 대한 이전 신탁의 일부라고 주장한다.

그러나 열방에 대한 신탁(13-2장)에서 제목이 없는 신탁의 또 다른 예들이 있다(사 18장; 20장; 21:16-17; 22:15-25). 이 짧은 신탁은 당시 이스라엘의 적이었던 앗수르에 대한 것이기도 하지만, 다른 모든 열방에 대한 심판의 근거도 제공한다(26절).

주석

⟨24-25⟩ 만군의 여호와는 이제 24-25절에서 자신이 선언한 것이 참되다는 것을 맹세로 확증한다. 맹세 공식은 고대 근동에서 가장 강력한 보증 수단들 가운데 하나로 간주되었다. 본문은 앗수르 사람들을 징벌하려는 하나님의 계획이 말씀하신 대로 성취되었음을 암시한다. 내가 생각한 것이 반드시(카아세르[ka'ăšer], '그대로') 되며(문자적으로 '그것이 그렇게 일어났다')/내가 경영한 것을 반드시 이루리라(24절).

25절은 앗수르의 멸망을 묘사한다.

- 내가 앗수르를 나의 땅에서 파하며
- 내가 그것을 짓밟으리니
- 그의 멍에가 이스라엘에게서 떠나고(9:4을 보라)
- 그의 짐이 그들의 어깨에서 벗어질 것이라

앗수르 압제의 멍에는 주전 701년에 하나님이 산헤립을 징벌하며 예루살렘 변방에서 그의 군사들 185,000명을 전멸시키셨을 때(왕하 19장; 사 37:36을 보라) 완화되었지만, 주전 605년 바벨론의 손에 앗수르가 멸망할 때까지 완전히 제거되지 않았을 것이다.

⟨26-27⟩ 이 구절들은 하나님의 백성을 해치려고 하는 어떤 나라라도 앗수르처럼 징벌받을 것이라는 의미이다. 하나님의 심판은 온 땅에 이루어질 것이며 결코 좌절될 수 없다. 하나님이 한번 행동하겠다고 작정하시면, 아무도 하나님의 '펼치신 손'(편 손)을 철회시킬 수 없다. 이 어구(편 손)는 다른 심판에 사용된 것과 유사한 표현이다(5:25을 보라).

의미

우리는 하나님이 멸망에 관해 약속한 것조차도 지키신다는 것을 배운다. 앗수르 사람들이 쉽게 정복할 수 있다고 생각했던 바로 그 작은 땅에서 그들은 하나님께 패배하게 되었다. 이 문맥은 독자들이 앗수르에 대한 징벌을 목격하고 확인할 수 있었음을 보여 준다. 또한, 우리는 자기 백성을 해치려고 하는 모든 나라를 하나님이 심판하신다는 그분의 주권적인 계획에 대해서도 알게 된다.

(3) 블레셋(14:28-32)

문맥

28절이 앞의 신탁을 끝내는 것인지 아니면 다음 신탁을 소개하는 것인지는 불분명하다. 예언적 신탁이 일반적으로 선포 시기를 알려 주는 정보만 있는 것이 아님을 고려할 때, 우리는 그것을 하나님이 블레셋의 멸망에 대해 미리 경고하는 다음 신탁(29-32절)에 대한 소개로 본다.

이 신탁의 연대와 시기에 관한 논쟁으로 인해 많은 학자가 본문을 상당히 수정할 것을 제안했지만, 이 본문 자체는 다양한 고대 역본들 사이에서 꽤 안정되어 있다고 평가받으므로 본문을 그대로 유지하는 것이 좋다.

[부록: 블레셋]

블레셋 사람들은 하나님이 원래 이스라엘에 주셨던 땅인 팔레스타인의 남서쪽 구석에 거주했는데, 이스라엘은 이 지역을 장악하는 데 어려움을 겪었다. 블레셋을 구성하는 다섯 성읍(The Pentapolis; 즉, 지배적인 다섯 도시)은 가자, 아스글론, 아스돗, 에그론, 가드였다.

다수의 해양 민족이 이 지역에 정착했는데, 대부분은 애굽 사람들에게 격퇴당한 후 주전 1200년경에 에게해 주변 지역에서 애굽과 가나안 사이의 지역으로 이주했다. 분열 왕국 기간에 여러 차례 블레셋과 이스라엘 사이에 국경 분쟁이 있었는데, 아하스 통치 기간에는 그 분쟁이 더 심각했다(9:8-12).

주석

〈28-30〉 이 예언은 아하스왕이 죽던 해에 임했는데, 아마도 주전 715년 경이었을 것이다(왕하 16:19-20; 틸레[Thiele] 1994:133-138). 일반적으로 열방에 대한 신탁의 도입 구에는 날짜가 포함되어 있지 않기 때문에 이 날짜가 의미가 있다고 가정할 수 있다. 블레셋 사람들은 아하스의 통치 초기에 이스라엘을 자주 습격했지만(대하 28:18), 사르곤 2세(Sargon II)가 주전 711년경에 블레셋을 앗수르의 완전한 속국으로 만들면서 이러한 공격들은 중단되었다.

블레셋 사람들(쿨렉[kullēk], 문자적으로 '너희 모두', 아마도 그들이 한 그룹[즉, 다섯 성읍]이 되어 통치했기 때문에)은 너를 친 막대기가 부러졌다고(즉, 아하스의 죽음) 기뻐하지 말라는 말을 들었다. 아하스가 그의 통치 초기에 다메섹, 아람(시리아), 에돔, 블레셋에 대항하기 위해서 앗수르(즉, 디글랏 빌레셋 3세)에 도움을 요청했기 때문에(대하 28:5-18; ANET 283을 보라) 그들에게 그의 죽음은 반가운 소식이었을 것이다.

그러나 하나님은 뱀(즉, 아하스)의 뿌리('자손'을 나타내는 비유, 즉, 히스기야)에서는 독사(체파[ṣepa`], '독사 또는 독을 품은 뱀의 한 종류', 여기에만 나옴; 즉, 히스기야의 반역으로 산헤립이 침공하게 될 것임, ANET 287-288)가 나겠고/그의 열매는 날아다니는(NIV, 재빨리 움직이] 불 뱀(NIV, 독이 있는; 즉, 에살핫돈, ANET 291)이 되리라고 경고하신다.

점점 더 위험해지는 동물들의 이미지는 아하스가 죽었기 때문에 그들이 잠깐 숨을 돌리게 된다는 의미를 전달한다. 궁극적으로는 앗수르 사람들이 블레셋에게 훨씬 더 큰 피해를 줄 것이다.

30절의 두 어구는 이 시점에서 아하스의 통치 아래 분투하고 있던 이스라엘에 더 나은 미래가 올 것이라는 희망을 준다. 가난한 자의 장자(NIV, 가난한 자들 가운데 가장 가난한 자)는 먹겠고 궁핍한 자는 편안히 누우려니와. 이스라엘이 지금 겪고 있는 고난은 멸망당해야만 할 강력한 블레셋 사람들과 대조된다(내가 네 뿌리[즉, '블레셋 사람들의 자손']를 기근으로 죽일 것이요). 시간이 지나면 블레셋 사람들은 멸망하여 생존자들이 하나도 남지 않겠지만(30절), 반면 (이스라엘의) 남은 자는 언젠가 이스라엘로 돌아오게 될 것이다.

〈31-32〉 이 구절들은 주전 711년에 앗수르에 대항한 아스돗, 가드, 아스두딤무(Asdudimmu)의 반역이 실패했다고 말해 준다(ANET 286-287). 통곡하는 성문과 성읍의 이미지는 멸망을 의미한다. 성읍의 성문들은 전투에서 승리하기 위해 점령해야 할 중요한 목표였으며, 그 과정에서 종종 많은 사람이 죽게 되었다.

슬피 울지어다라는 동사는 애가에서 일반적으로 나온다. 다시 한번, 블레셋 사람들은 멸망이 임박했다는 경고를 받는다(문자적으로 '너 블레셋이여 다[쿨렉〈$kull\bar{e}k$〉 소멸하리라').

연기(NIV, 연기의 구름)가 북방에서 오는데라는 어구는 진군하는 큰 군대가 일으키는 먼지구름이나 그 여파로 인해 타오르는 성읍의 연기를 가리킨다. 앗수르 사람들은 효율적이고 잘 훈련된 군대로 묘사된다. 그 대열에서 벗어난 자가 없느니라(문자적으로 '그의 약속된 장소에 한 사람도 분리되지 않는'; 5:26-30을 보라). 발길을 돌릴 곳이 없는 블레셋의 사신들(즉, 그 나라 사신들에게/어떻게 대답하겠느냐)과 달리, 시온은 여호와의 보호를 받을 것이며 고통받는 이스라엘 사람들을 위한 피난처가 될 것이다(32절; 4:2-6을 보라).

[부록: 시온신학]

시온신학의 핵심 개념은 하나님이 시온에 성전을 세우셨기 때문에 그곳을 보호하신다는 것이다. 처음에 이 긍정적인 개념은 그분의 백성이 하나님을 신뢰하도록 용기를 북돋워 주었다(시 46편, 48편 등을 보라). 그러나 시온신학은 점차 왜곡되어 예레미야 시대에 이르러 백성들은 단순히 하나님의 성전이 그들 가운데 있기에 그들이 어떻게 살든지 하나님이 보호해 주실 것이라고 믿었다(렘 7:2-7). 바벨론 포로는 이러한 왜곡된 생각이 잘못되었음을 증명했다.

의미

블레셋 사람들은 원수인 아하스가 죽은 후 더 나은 날이 오기를 바랐지만, 하나님은 그들의 기쁨이 근거가 없는 것이라고 하신다. 앗수르가 유다보다 훨씬 더 큰 피해를 줄 것이다. 그들은 돌아갈 곳이 없고 생존자들도 없을 것이다. 그와 반대로 이스라엘은 진정한 주권자이신 여호와의 보호를 받을 것이다.

(4) 모압(15:1-16:14)

문맥

모압(사 15-16장)은 하나님의 무서운 징벌을 받게 될 네 번째 나라다. 여기에는 희망이 거의 없다. 오직 파괴와 재앙에 대한 분명한 메시지만 있을 뿐이다. 이것을 모압은 구원받고 이스라엘은 영원히 멸망될 것이라고 주장한 메사 비문(Mesha Inscription)과 비교해 보라(ANET 320).

이 징벌은 성격상 일반적으로 행해지는 징벌과 비슷하고, 모압의 지리와 역사에 대해서는 거의 알려지지 않았기 때문에 이 신탁의 연대는 논쟁의 여지가 있다. 그러나 그 시기는 사르곤이 모압 사람들을 징벌하러 가기 전에 그의 제국을 통합했던 주전 715년에서 711년 사이일 것이다 (*ANET* 287을 보라).

학자들은 일반적으로 이 신탁을 네 부분으로 나눌 수 있다는 데 동의한다.

- 15:1-9: 모압에 대한 최근의 공격에 관련된 애가
- 16:1 5: 모압의 도망자들을 보호하라는 예언적 명령
- 16:6-12: 모압의 교만 때문에 더 슬퍼진 애가
- 16:13-14: 곧 닥칠 모압에 대한 심판의 선포

[부록: 모압]

성경에 나오는 역사에 따르면, 모압 족속은 롯과 그의 장녀 사이의 근친상간 관계에서 유래했다(창 19:37). 그들은 일반적으로 아르논과 세렛 강 사이의 사해 동쪽에 자리를 잡았지만, 종종 이러한 경계들을 넘어 그들의 영역을 확장했다. 불분명한 그들의 동쪽 경계는 아마도 아라비아사막까지의 경작지를 포함했을 것이며, 총면적은 약 900제곱마일이다.

모세는 모압 사람들을 공격하지 말라는 경고를 받았다. 모압은 골육지친이었고 하나님이 그들에게 그들의 땅을 주셨기 때문이다(신 2:9). 그러나 모압 사람들은 출애굽 하는 동안 이스라엘 백성이 그들의 땅을 통과하는 것을 거부했기 때문에 그들은 결코 하나님의 총회의 일원이 될 수 없었다(신 23:3-6). 이스라엘의 몇몇 왕(예, 다윗, 오므리)이 에돔의 일부를 지배했지만, 아합이 죽은 후 모압은 해방되었다.

여호사밧과 에돔 왕의 도움으로, 여호람은 모압을 징벌하고 통치권을 되찾았다(왕하 1:1, 3:4-27). 앗수르 사람들은 모압을 정복하여 디글랏 빌레셀 3세, 산헤립, 에살핫돈, 아슈르바니팔(Ashurbanipal)의 통치하에서 조공을 바치라고 강요했다.

모압에 대한 이 신탁이 가치 있는 것은 다음의 두 가지 중요한 이

유 때문이다.
  첫째, 느부갓네살은 예루살렘 정복을 돕기 위해 모압의 용병들을 이용했다(왕하 24:2).
  둘째, 에스겔 25:8에서 이스라엘이 다른 나라들과 다를 바 없다고 말하며 모압 사람들은 이스라엘의 하나님을 조롱했다(즉, 하나님과 이스라엘 사이의 특별한 관계를 부인함).

주석

〈1-3〉 모압에 대한 이 긴 신탁은 주요 성읍들을 재빠르게(하룻밤에) 정복하는 것을 묘사한다. 알(아마도 아로엘), 기르, 디본, 느보, 메드바.

마소라 본문에서 모압이란 이름이 각 성읍 이름 뒤에 붙어 있는 것은 이례적이므로 오스왈트는 모압을 바로 다음 동사에 연결한다(예, '모압 알이 망하여 황폐할 것이며' → '알이 망하여 **모압**이 황폐할 것이며'; 1986: 334). 이것은 문맥상 이해가 되지만, 마소라 본문의 첫 번째 어구의 악센트들과 두 번째 어구의 마켑(maqqeph)은 이렇게 읽는 것을 분명히 반대한다. 동일한 두 용어가 모압의 주요 성읍들인 알과 기르에 사용되었다. 그것들은 **망하여 황폐할 것이라**(문자적으로 '잘라내다').

2절의 문법은 어색하지만, 다음과 같이 읽어야 할 것 같다. 그(즉, 모압)는 울기 위해 성전(문자적으로 '그 집', 개역개정은 바잇-역주), 디본(산당), 높은 곳에 올라갔다(따라서 울어야 할 세 곳을 나타냄).

NIV의 디본이 그 신전으로 올라간다라는 번역은 불가능해 보인다. 디본 앞에 와우(wāw)가 있어서 그것을 주어로 사용할 수 없기 때문이다. 그 멸망은 메사의 도성인 **디본**에서 시작하여 먼 북쪽에 자리한 **느보와 메드바**까지 이어졌다. 모압의 방어 요새는 높은 산 위에 세워졌는데, 느보산의 요새는 그 가운데 하나였다(*ANET* 320을 보라).

애통에 대한 징조들이 많이 있다. 각각 머리카락을 밀고 각각 수염을 깎았으며 … 굵은 베로 몸을 동였으며. 이러한 징조들은 어디에서나 볼 수 있다.

거리에서는 … 지붕과 넓은 곳에는 모든 사람이 고통스러워하며 통곡하고 울 것이다(문자적으로 '울면서 쓰러지다').

⟨4-5⟩ 이 구절들은 이 멸망으로 인한 두려움과 고통을 강조한다. 울음은 훨씬 더 많은 모압의 성읍들, 즉 먼 북쪽에 있는 헤스본과 엘르알레에서부터 동쪽 국경 근처에 있는 야하스까지 확장된다. 강해 보이던 모압의 군사들은 소리를 지르며 두려워 떨고 있다. 모압이 얼마나 고통스럽게 멸망해 가는지 저자 자신도 그 고통을 느끼고 있다. 모압의 파괴는 대단히 광범위하게 일어난다.

생존자들은 남쪽으로 소알, 에글랏, 슬리시야, 루힛, 호로나임까지 멀리 도망가면서 슬퍼하고 있다. 소알은 사해의 남서쪽에 있었으며, 아마도 에돔 땅이었을 것이다. 그러나 다른 성읍들은 알려지지 않았다.

⟨6-7⟩ 6, 8, 9절을 시작하는 키(*ki*, '때문에')는 저자가 모압의 불행에 대해 슬퍼하는 이유를 설명한다. 첫 번째 이유는 니므림 물이 마르고/풀이 시들었기 때문이다. 그런데도 이것이 가뭄 때문이었는지 혹은 진군하는 군대나 피난민을 지나치게 다룬 것 때문인지는 알 수 없다.

'순수한 물'을 뜻하는 니므림(*nimrim*)이라는 단어는 이사야 15:6과 예레미야 48:34에만 나오는데, 둘 다 모압에 대한 신탁이다. 그것은 사해의 남동쪽 해안에 있는 '와디 누메이라'(Wadi Numeira)를 가리키는데, 이곳의 물은 말라서(문자적으로 '황폐한') 청정한 것이 없다고 한다.

모압 사람들의 풍부함(이트라[*yitrâ*], 2회; 렘 48:36을 보라)은 침략군에 의해 버드나무 시내를 건너(7절) 옮겨졌다. 이 와디의 위치는 불확실하다. 그것은 사해의 남쪽 끝에 있는 '와디엘-헤사'(*Wadiel-Ḥesâ*)일 것이다.

⟨8-9⟩ 고통에 대한 두 번째 이유(키[*ki*]로 표시됨)는 파괴가 모압 전역, 심지어 국경 근처의 성읍들인 에글라임과 브엘엘림(문자적으로 '영웅들의 우물', 정확한 위치는 알 수 없음)까지 퍼졌기 때문이다. 디몬(9절)이라는 단어

는 여기에서만 나타나는데, 아마도 디본을 의미할 것이다(2절 주석을 보라). 디몬(Dimon)으로 철자를 약간 변경하면 디몬의 물에는 피가 가득함이로다라 는 어구에서 담(dām, 피)에 대한 언어유희가 만들어진다.

이것은 이 애가의 끝부분에 잘 들어맞는다. 9절의 중요한 메시지는 징벌이 끝나지 않았다는 것이다. 내가 디몬에 재앙을 더 내리되. 모압에 도피한 자와 그 땅에 남은 자는 사자(lion)를 만날 것이다. 여기서 사자는 바벨론 사람들이나 앗수르 사람들에 대한 비유이다.

〈16장 1-2〉 앞의 애가에 대한 명백한 응답인 이 장은 딸 시온으로 망명하기 위해 모압에서 파견된 사절단이 이스라엘에 협상을 요청하는 것처럼 보인다. 저자는 먼저 도피하는 모압 사람들에(1절), 이어서 이스라엘 사람들에게(3b-4절) 조언하는 것처럼 보인다.

저자는 이스라엘과 평화를 이루고 또한, 이스라엘의 통치자를 달래는 것을 모압이 원한다면 어린양(NIV에는 복수형)을 제물(NIV는 조공[tribute]이라고 읽음)로 보내라고 말한다(왕하 3:4을 보라). 조공은 종종 페트라(Petra)와 관련된 셀라(문자적으로 '험준한 바위' 또는 '절벽')에서 왔으며, 광야를 지나 시온산으로(문자적으로 '시온 딸의 언덕으로 ') 보내진다.

모압 사람들은 떠다니는 새(문자적으로 '도망가는 새들')/보금자리에서 흩어진 새 새끼로 그려진다. 이 이미지는 페트라의 절벽에 살면서 스스로가 안전하다고 생각했던 그들의 연약함을 묘사한다. 그들은 이스라엘로 가는 길에 아르논 나루(마바로트[maʿbārōt], 8회; 수 2:7을 보라, 즉, 그들의 북쪽 경계에 있음)를 지나갈 것이다.

〈3-5〉 쫓겨난 자들은 이스라엘에 피난처를 요청한다. 방도를 베풀며(문자적으로 '[우리에게] 조언을 가져오다'), 공의로 판결(페릴라[pēlilâ], 여기에만 나옴)하며. 그들이 원하는 것은 그들을 숨겨 주고, 배신당하지(문자적으로 '덮여 있지 않은') 않도록 긍정적인 도움을 달라는 제안이다. 그렇게 되면 그들은 밝은 정오의 태양(문자적으로 '두 정오 사이', 3절) 아래 시원한 그늘처럼 상쾌하게 될 것이라고 말한다.

선지자(또는 하나님)는 이스라엘 사람들을 향해 피난민들에게 안식처(문자적으로 '그들이 당신과 함께 머물게 하라')를 주며, 앗수르를 의미할 수 있는 멸절하는 자(소데드[šôdēd])에게서 피할 곳(문자적으로 '은신처')을 주라고 말한다. 그들이 그렇게 해야 하는 이유(키[kî], 4b절)는 세 개의 평행 어구로 설명되어 있다. 왜냐하면, 그들의 토색하는 자(함메츠[hammēṣ], 여기에서만 나옴)가 망했고(아페스['āpēs], 문자적으로 '끝났다. 5회), 멸절하는 자(쇼드[šōd]가 그쳤고[문자적으로 '멈췄다']), 압제하는 자(로메스[romēs])가 이 땅에서 멸절했기 때문이다.

이 어구들 각각은 하나님이 주권적으로 허락하신 징벌이 이제 끝났다는 것을 분명히 한다. 따라서 모압 사람들이 환란 가운데서 이스라엘에 요청했던 것보다 이스라엘은 그들을 향해 훨씬 더 후하게 손을 내밀어야 한다(민 22-25장을 보라).

이스라엘이 모압 피난민에게 은혜로운 손을 내밀어야 하는 이유 가운데 하나는 그들도 긍휼히 여김을 받을 자들이기 때문이다. 모압에서 일어나고 있는 멸망과 시온에 다윗 가계(다윗의 장막에)의 통치자가 세워지는 것 사이에 대조가 그려진다. 저자는 보호받기 위해 이스라엘의 품으로 달려온 모압 사람들도 이 다윗 가계의 통치자가 이스라엘에 가져온 정의와 공의를 추구할 때를 기대한다.

여기서 말하는 때의 특징은 다른 메시아 구절들에서도 사용된 용어들이 모여 있다는 것이다. 인자(NIV, 사랑), 충실, 공의, 정의(9:7; 11:1-9 등을 보라). 저자는 다시 현재 상황을 지나 미래에 의로운 왕이 다윗의 왕위에 좌정하여 다스리며, 열방이 이스라엘 안에서 공의와 정의를 찾으러 올 미래를 바라본다(일반적으로 '예언적 관점'으로 알려짐).

〈6-8〉 이스라엘 사람들은 모압 사람들이 도움을 받을 자격이 없다고 항의한다. 우리(이스라엘)는 모압의 교만, 거만, 헛된 자랑을 들었다. 모압의 교만과 거만은 그들이 페트라의 절벽에서 살면서도 안전하다고 잘못 생각하는 것을 의미할 수 있다. 그러나 그들의 **자랑이 헛되도다**(문자적으로 '그의 나태한 말이 그렇지 않다'). 이스라엘이 교만과 거만을 없애기 위해 징벌받아야만 하듯이 모압도 반드시 비슷한 징벌을 받아야 한다. 그러므로 모압이 모압을 위하여 통곡하되 다 통곡하며/길하레셋 건포도 떡을 위하여 그들이 슬퍼하며 심히 근심하리니(7절).

그들의 신 그모스에게 바치는 **건포도 떡**(아쉬샤[*ǎšîšâ*], 5회; 호 3:1; 즉, 건포도를 눌러서 만든 맛있는 음식)을 만들기 위해 포도를 공급했던 길하레셋의 포도원은 이제 사라졌고, 헤스본의 밭과 십마의 포도원도 사라졌다. 길하레셋(문자적으로 '토기의 성읍')과 십마의 포도원은 광대했다. 전에는 그 가지가 아셀에 미쳐/광야에 이르고 … 바다(아마도 사해)를 건넜다.

그 **싹**(쉘루호트[*šĕluḥôt*], '덩굴손'은 여기에만 나옴)이 자라서/바다를 건넜더니(문자적으로 '그것들이 바다를 건너갔다')라는 어구는 포도주와 건포도가 모압에서 유다로 수출되었음을 암시한다. 또 가능성은 적지만 그 바다는 지중해였을지도 모른다. 저자가 **열국의 주권자들**이라고 부른 모압의 원수들은 광대하고 비옥한 포도원들을 모두 짓밟았다.

〈9-10〉 일반적으로 추수를 축하할 때 기쁨과 환호성을 지르지만(9:3을 보라), 여기서 그렇게 하지 않는 이유는 막 추수를 시작하려던 결정적 시기(즉, 여름 실과[NIV, 익은 열매]를 거두는 8월 초부터 9월 말까지)에 모압이 침략을 당했기 때문이다.

모압의 황폐가 너무 광범위하고 고통스러워서 심지어 하나님도 눈물을 흘리신다. 내 **눈물로 너를 적시리니**(문자적으로 '나는 울음을 울 것이다'='쓴 울음'). 히브리어 본문의 **아라야벡**(*ǎrayyāwek*)이라는 단어는 그 의미가 불확실하므로 아마도 그 문자들 가운데 일부를 바꾸어서 '아라바엑'(*ǎrawwāyek*), '내 눈물로 너를 적실 것이다'로 읽어야 할 것 같다.

10절은 하나님이 1인칭으로 말씀하신다는 것을 알려 준다. 오직 그분만이 즐거운 소리를 그치게 하였음이라. 이 두 구절은 하나님의 두 가지 측면을 강조한다.

첫째, 그분의 사랑(내가 야셀의 울음처럼 울리라, 9절)
둘째, 징벌을 내리시는 그분의 주권(이는 내가 즐거운 소리를 그치게 하였음 이라, 10절).

〈11-12〉 하나님 역시 모압의 우상 숭배에 대해 슬퍼하신다. 그분의 마음(문자적으로 '내장')은 슬픈 선율을 연주하는 수금같이 모압을 위해 슬퍼하신다(11절). 모압은 그 산당이나 자기 성소에서 끊임없이 자신을 그들의 신들에게 바쳤다. 그들의 예배는 쓸모없고 무자비했다. 모압은 그들의 신 그모스를 달래기 위해 춤, 절단/자해 및 기타 광적 행동을 포함한 반복적인 이교 의식을 행함으로 그들 자신이 지쳐 있었다. 그러나 이 모든 것은 소용이 없었다. 유일하시고 참되신 여호와 하나님께 돌아오는 것을 거부했기 때문이다.

〈13-14〉 오래 전부터(메아즈[mēʾāz]) … 하신이란 말은 이전에 모압에 대한 신탁이 있었음을 암시하며, 차일즈(2001: 132)가 제안하는 것처럼 이 구절들이 모압에 대한 신탁을 재해석한 것은 아니다. 그들은 이러한 사건들이 확실히 곧 일어날 것이라고 한다. 품군의 정한 해와 같이 삼 년 내에 모압의 영화와 그 큰 무리가 능욕을 당하여 그 큰 인구는 작고(문자적으로 '소수') 힘없는 남은 자로 축소되었다. 그 남은 수가 심히 적어 보잘것없이 되리라.

의미

모압은 이스라엘의 하나님과 여러 차례 관계를 형성했지만, 여호와께로 돌아오기를 거부했다. 모압의 부와 번영은 백성을 교만하게 만들고 참되신 하나님을 보지 못하도록 눈멀게 했다. 그들이 여호와를 거부하며 지나치게 교만하고 오만했기 때문에(16:6) 징벌과 그에 따른 수치가 그들에게 생각보다 훨씬 더 가까이 다가와 있다. 그들은 잘못된 신을 선택해서 받게 되는 수치와 징벌을 곧 느끼게 될 것이다.

(5) 아람(옛 시리아)과 에브라임(17:1-14)

문맥

유다의 남쪽 적들인 블레셋과 모압의 신탁을 다룬 후에, 열방에 대한 다섯 번째 신탁은 이제 북쪽에 있는 두 적인 아람과 에브라임에게 향한다(즉, 북왕국은 에브라임의 고지대로 줄어듦). 열방에 대한 대부분의 신탁(13-23장)이 나라들을 향하고 있는 반면에 이 신탁은 아람의 수도인 다메섹 성읍을 향하고 있다. 이 시기에 아람은 북왕국을 크게 제압했다. 그리고 이때 다메섹에 대한 신탁이 있었다.

구스 신탁에 대한 별도의 제목이 없기에 17장(아람을 향함)과 18장(구스를 향함)에 대해 상당한 논의가 있었다. 그러나 학자들 대부분은 그것들을 별개의 신탁으로 정의한다(Clements 1980a: 163; Wildberger 1997: 211-212).

[부록: 아람(다메섹)]

> 시리아(아람)는 북쪽으로 유브라데강, 서쪽으로 지중해, 동쪽으로 시리아 사막, 남쪽으로 이스라엘과 경계를 이루고 있었다. 이 지역의 역사는 구석기 시대로 거슬러 올라가지만, 주전 733-732년 아람-에브라임 전쟁을 겪으면서 지역은 이사야서에서 중요한 역할을 하게 되었다(서론의 '아람-에브라임 전쟁'을 보라). 주전 732년 디글랏 빌레셀 3세(주전 745-727)는 다메섹을 파괴하고 그 백성의 대부분을 앗수르의 포로로 끌고 갔다. 그 이후 그리스와 로마 시대까지 그 역사에 대해서는 거의 알려진 바가 없다.

주석

⟨1-3⟩ 이 신탁은 일반적인 제목인 경고(맛사[*maśśā*'])로 시작한다. 그리고 이 신탁은 다메섹이 곧 파괴되어 무너진 더미(메이[*měʿî*], 여기에만 나옴)가 될 것이라고 선포한다. 1절에서 성읍을로 번역된 메이르(*měʿîr*)와 무너진으로 번역된 메이(*měʿî*) 사이에 언어유희가 있다. 이 신탁은 다메섹이 파괴되고 그 백성들이 포로로 끌려간 아람-에브라임 전쟁 기간에 성취되었다(*ANET* 283).

아로엘의 성읍들이 버림을 당하리니라는 표현을 불 때 그 파괴는 수도(다메섹)보다 아로엘의 성읍들에 더 큰 영향을 미쳤을 것이다. 그러나 아로엘로 알려진 아람의 성읍/지역에 대한 기록은 현재까지는 없다. 아로엘의 성읍들(아레 아로에르[*ʿārê ʿărōʿēr*])이라는 어구는 동일한 히브리어 자음으로 된 아레(*ʿārê*) 와아로에르(*ʿărōʿēr*)의 언어유희이다. 그 성읍들은 양 떼를 위한 목초지 외에는 가치가 거의 없을 것이며, 양 떼는 그들을 쫓아낼 사람이 없기에(문자적으로 '그들을 두렵게 할 자가 아무도 없다'; NIV, 2절) 안전하게 풀을 뜯을 것이다.

에브라임은 다메섹(의) 나라(문자적으로 '주권'; NIV, 왕권[royal power])인 아람과 같은 운명을 겪을 것이다(에브람의 요새 … 가 멸절하여), 이것은 그들이 동맹을 맺었음을 암시한다. 주전 732년 다메섹을 정복한 앗수르는 두 나라에서 군인들을 내쫓거나 죽였다. 이 심판은 만군의 여호와에게서 나온다. 그분은 필요하다면 언제든지 이방 나라를 불러내 사용할 능력과 권세를 갖고 계신다.

⟨4-6⟩ 아람과 이스라엘을 향한 결과는 본질적으로 연결되기 때문에 그 날에(=징벌의 때) 아람의 영광이 시든다는 것은 또한 야곱의 영광이 쇠하게(달랄[*dālal*], '낮아졌다', 8회; 4절) 된다는 것을 의미할 것이다. 앞의 어구와 평행을 이루는 4b절은 이스라엘의 점진적인 쇠퇴를 더 잘 설명한다. 그의 살진(미슈만[*mišmān*], 4회) 몸이 파리하리니(라자[*rāzâ*], '기름기가 없게 하다', 2

회; 습 2:11을 보라).

야곱의 시들어 가는 영광은 **추수하는 자**('추수하는 사람' 또는 '수확하는 사람'을 의미하는 코체르[qōṣēr]는 '추수'를 의미하는 카치르[qāṣîr]에 모음을 다시 찍은 것임)가 추수를 끝낸 후의 밭에 비유된다. 추수를 막 끝내서 밭이 텅 빈 것처럼 이스라엘의 인구도 감소할 것이다. 예루살렘 남동쪽에 자리한 부유하고 생산적인 **르바임 골짜기**(문자적으로 '죽은 영들') 지역은 이스라엘과 빈번하게 교전하던 블레셋 사람들에게 자주 점령되었다.

이스라엘은 심한 고통을 겪었지만, 완전히 멸망하지는 않았다. 나무를 흔드는 가장 일반적인 수확 방법으로 **감람나무를 흔들**(노켚[nōqep], 2회)면 그 후에 주울 것이 남는 것처럼 남은 자는 그 땅에 남아 있을 것이기 때문이다. 이것은 앗수르가 다메섹과 이스라엘 군대를 멸망시킨 주전 732년의 사건을 정확하게 묘사하고 있다.

〈7-8〉 다시 등장하는 그날에라는 어구는 방금 언급한 심판(즉, 아람-에브라임 전쟁)의 날을 가리킨다. 이 전쟁은 이스라엘 백성(문자적으로 '그 사람')으로 하여금 유일하고 참되신 하나님을 **바라보게**(문자적으로 '존중하다') 만들 것이다.

여기서 하나님은 이스라엘의 거룩하신 이와 자기를 지으신 이라는 어구로 표현된다. 그들의 거짓 신들이 그들을 돕지 못했다는 것은 아주 명백하다. 그래서 그들은 **자기 손으로 만든 제단**(함만[ḥammān], 8회)을 바라보지 아니하며 자기 손가락으로 지은 아세라나 태양상을 보지 아니할 것이다.

다산 제의들은 종종 바알 숭배와 결부되었는데, 거기에는 아세라를 상징하는 목상들이 있었다. 아세라는 바알의 아내로 어머니 신(a mother-goddess)이었다. 이스라엘 사람들은 이것들을 찍거나 불태워야만 했다(신 12:3을 보라).

〈9-10〉 이 구절들은 징벌에 대한 묘사로 되돌아간다. 그날에 그(NIV, 그들의; 문자적으로 '그의'=동맹을 맺어서 연합된 아람과 이스라엘) **견고한 성읍들**(문자적으로 '요새 성읍들')이 버린 바 된 … 황폐하리니. 이 구절의 중간 부분은 해석하기 정말로 어렵다. BHS는 수풀 속의 처소(하호레쉬[*haḥōreš*; 3회] 베하아미르[*wĕhāāmîr*, 여기에만 나옴])라는 어구를 사본적 근거도 없이 '히위 사람들과 아모리 사람들'로 수정할 것을 제안한다.

그러나 다음과 같이 번역하는 것이 좋을 것 같다. '그날에 그의 견고한 성읍들이 이스라엘 자손들 앞에서 버려진 숲이 우거진 높은 곳들(wooded heights)과 나무 꼭대기들 같을 것이다'. 비록 이스라엘이나 아람이 유다의 성읍들을 점령해 왔던 것이 더 일반적이라 할지라도, 이 마지막 어구는 유다가 이스라엘이나 아람의 성읍들을 몇 차례 점령했을 때를 생각나게 한다(예, 왕상 15:22).

나라들은 일반적으로 여성형으로 언급되기에 10-11절의 문맥에서 네(여성 단수형)가 가리키는 대상은 북왕국이다. 선지자는 그들이 **구원자이신 여호와**를 버린 것과 과거에 매우 여러 번 그들을 구원했던 **네 능력의 반석**(10절, 시 31:3을 보라; NIV에는 반석, 너의 요새로 번역됨. 그러나 필자는 '반석, [그들]의 요새'라고 함-역주)에서 돌아섰음을 상기시켜 준다. 그 결과 하나님은 추수 때에 복을 내리지 않으실 것이다.

10절의 마지막 부분은 해석하기 어렵지만, 문맥은 다음과 같은 두 가지 부정적인 행동들을 암시한다.

첫째, **기뻐하는**(NIV, 최고의) **나무**(오직 여기에만 나오지만, 아마도 다른 신들에게 바쳐지는 고품질의 식물일 것임)를 심는 것

둘째, **이방의 나무 가지**(NIV, 수입된 포도나무; 문자적으로 '외국의 싹들', 아마도 이방 신들에게 바친 나무들)를 심는 것

〈11-14〉 이스라엘은 식물이 자라는(테삭세기[*tĕśagśēgî*], '네가 그것을 자라게 하다', 여기서만 나옴) 동안 조심스럽게 돌보고 보호한다. 그러나 추수하는 것은 **근심**(NIV, 질병)과 **심한**(아누스['*ānûš*], 8회) **슬픔**(케에브[*kĕ'ēb*]; NIV, 고통, 7회)의 날과 같이 암울할 것이다.

추수의 무더기(네드[*nēd*], '무더기', 6회; 개역개정은 농작물-역주)에 대한 또

다른 해석은 그들이 질병과 심한 고통을 가져올 죄를 엄청나게 많이 수확할 것이라는 뜻이다. 아무튼 하나님이 농작물이 자라도록 축복하지 않았다는 의미이거나 추수 전에 멸망이 온다는 의미이다.

저자는 12절에서 아람으로 시작하여 나중에는 이스라엘이 많은 나라에 정복될 것이라고 강조한다. 앗수르 사람들은 다른 나라에서 용병을 고용했다. 따라서 그들은 강력하고 무자비한 적이 되었다. 그들은 **큰 물이 몰려옴**(NIV, 포효, 샤온[*šaôn*], 이 부분과 다음 절에서만 사용됨)같이 범람하여 그 나라들을 집어삼키는 큰 파도로 묘사된다.

13절의 첫 번째 어구(열방이 … 같이 하나)는 12절의 마지막 어구(열방이 … 충돌하였도다)와 유사하다. 그러나 유일한 차이점은 12절에서 사용한 **캅브림**(*kabbirim*, '큰', '강력한') 대신에 13절에서는 더 일반적인 단어인 **랍빔** (*rabbim*, '많은')을 사용했다는 것이다. 이 의도적인 반복은 하나님이 열방 (문자적으로 '그')을 꾸짖어서 그들(문자적으로 '그')이 멀리 도망하게 될 때의 모습을 그린 13절의 두 번째 어구(산에서 … 티끌 같을 것이라)와 대조를 이루어 적절한 균형을 형성한다.

이어서 앗수르의 궁극적인 몰락이 묘사된다. 바벨론 사람들이 니느웨를 정복한(주전 612년) 후에 앗수르 사람들이 하란을 거쳐(주전 609년) 마침내 갈그미스로 도망치던(주전 605년) 모습은 바람에 날리는 겨나 티끌(NIV, 잡초[tumble-weed]; 갈갈[*galgal*]) 같았다(13절). 고대에 타작마당(a threshing-floor)으로 사용하기에 가장 좋은 위치는 산꼭대기에 있었다.

그곳에서 바람이 불 때면 곡식에서 겨를 날려 보낼 수 있었다. 갈갈이라는 단어(NIV, 잡초, 2회; 시 83:14을 보라)는 때때로 **회오리바람**(whirlwind, BDB를 보라)으로 번역되는데, '바퀴' 또는 '구르는 것'이라는 개념을 전달한다. 그들의 마지막 멸망은 백 년이 지나야 닥칠 것이지만, 그 일이 닥치는 순간 그것은 순식간에 일어날 것이다. 저녁에 두려움을 당하고 아침이 오기 전에 그들이 없어졌나니(*ANET* 304-305).

이 신탁의 대부분은 3인칭으로 전달된다. 그러나 마지막에는 1인칭 복수로 바꾸어 이스라엘을 **강탈한** 자들이 모두 똑같은 결과를 초래할 것이라고 단호히 선포한다. 이사야는 1인칭을 사용하여 자신을 하나님의 백성 안에 포함한다.

하나님의 보호하심에 대한, 이 얼마나 놀라운 믿음의 표현인가!

의미

주전 9세기와 8세기 대부분의 기간 아람은 반복적으로 이스라엘을 공격했고 때때로 유다를 침략했다. 그리고 주전 8세기 중반에 이르러 이스라엘 사람들은 유다를 공격하기 위해 그들과 동맹을 맺었다. 그러나 결국에는 하나님이 앗수르 사람들을 사용하여 그분의 백성을 해치려는 아람과 북왕국을 징벌하셨다. 사실상 14절은 그분의 백성을 해치는 자에게는 그와 같은 징벌이 임한다는 것을 보여 준다. 이사야의 다른 신탁들처럼 하나님께 돌아온 자들 가운데 소수의 남은 자는 보존되고 그들의 원수들은 징벌받을 것이라는 사실에 한 가닥 희망이 보인다.

(6) 구스(18:1-7)

문맥

14:24-27 그리고 14:28-32과 마찬가지로, 이 새로운 신탁(18장)이 도입구 없이 시작되는 것은 이례적인 일이다. 17장과 구스에 대한 이 여섯 번째 신탁은 둘 다 주전 701년의 사건들을 언급하기 때문에 아마도 이 둘은 연결되어 있을 것이다. 이사야 17장은 처음에 아람-에브라임 전쟁(주전 733-732년)으로 시작하지만, 히스기야가 애굽과 구스의 바로(pharaoh)인 디르하가에게 도움을 요청했던(왕하 19:9; 사 37:9) 주전 701년에 앗수르가 멸망함으로 끝난다(13-14절).

18장은 또한 구스를 주전 701년의 사건들과 연결한다. 이 선언에는 구스가 포함된 것은 아마도 하나님이 이스라엘을 징벌하기 위해 보내신 앗수르에 대항하여 구스가 애굽-이스라엘 연합군을 돕는 역할을 했기 때문일 것이다.

[부록: 구스]

> 구스는 고전 작가들이 '에티오피아'라고 부르는 누비아(Nubia) 혹은 수단(Sudan) 북부의 땅이었다. 처음에 그곳은 나일강의 두 번째와 세 번째 폭포 사이에 있는 지역(*IBD* 1.349)을 의미했지만, 나중에 일반적으로 누비아 전체 지역을 가리키는 이름으로 사용되었다.
> 주전 8세기 후반, 특히 이사야의 생애 동안에 있었던 25번째 '에티오피아' 왕조는 애굽과 구스로 구성되었다(*IBD* 1.350). 주전 660년 이후, 구스는 애굽으로부터 다시 독립했지만 때때로 애굽 군대에 용병으로 고용되었다.

주석

〈1-2〉 날개 치는 소리 나는 땅이라는 어구는 아마도 길가에 있는 거의 모든 초목을 삼킬 수 있는 해충인 메뚜기들이 있음을 가리킬 것이다(욜 1:4을 보라). 메뚜기 재앙은 청나일강과 백나일강이 발원하는 구스의 강 건너편인 남쪽에서부터 사막을 가로질러 오면서 자주 발생했다.

이 신탁은 2절에서 갑자기 바뀐다. 즉, 갈대 배를 물에 띄우고/그 사자를 수로로 보내며(*ANEP* 109)라는 구스에 대한 일반적인 설명으로부터 사절들이 도움을 청하기 위해 속히 구스로 내려가라는 명령으로 바뀐다. 민첩한 사절들아 … 장대하고 준수한 백성(즉, 구스 사람들) … 에게로 가라. 여기서 구스 사람들은 네 어구로 묘사된다.

- 그들은 장대하고 준수한(NIV, 피부가 매끈한) 백성이었다. 장대한(문자적으로 '끌어당긴 자들')은 상당히 일반적으로 사용되는 단어이다. 그러나 그것은 이 단락(2, 7절)에서만 유일하게 사람을 가리키는 말로 사용되

었다. 준수한이라는 단어는 피부가 매끄럽다는 의미이다(즉, '머리카락과 수염이 모두 없는').
- 그들은 **시초부터**(NIV, 멀고 넓은) **두려움이 되며**(문자적으로 '자신과 외부로부터 두려워하는')라고 표현된다.
- 그들은 **강성하여**(NIV, 이상한 말을 하는[카브-카브⟨qaw-qaw⟩], 여기와 28:10-13에 나타남; 아마도 이해할 수 없는 외국어처럼 들리는 의미 없는 단어인 의성어일 것임) **대적을 밟는**(NIV, 공격적인; 문자적으로 '짓밟는', 3회; 22:5을 보라) 백성이었다.
- 그들의 나라는 강들(즉, 청나일과 백나일)이 흘러 나누인 나라였다.

⟨3-6⟩ 선지자에게(내게, 4절) 주어진 그 메시지는 구스 너머에 있는 지역들에 관한 것으로 **세상**(테벨[tēbēl], 3절)의 모든 거민에게까지 확장된다. 하나님은 산들 위에 **기치**(네스[nēs])가 세워지고(5:26을 보라) 나팔이 울릴 때를 온 세상이 지켜보기를 원하신다. 모든 사람은 하나님이 구스에 징벌을 쏟아붓는 것을 보게 될 것이다.

이 징벌은 두 개의 인과절(causal clauses)로 묘사된다(키[kî], 4-5절).

첫째, 주권자 하나님이 나의(그분의) 처소에서 어떤 방해도 받지 않고 모든 상황을 지켜보고 계시므로 그것은 확실하게 행해질 것이다(4절). 하나님의 감찰은 그것의 강렬함을 강조하는 **쬐이는**(차흐[ṣaḥ], 3회; 렘 4:11을 보라) 일광과 그것의 신속함을 강조하는 **가을 더위에 운무**(NIV, 추수 열기 속에 이슬의 구름)로 묘사된다. 또한, 두 이미지에서 하나님의 감찰은 그분이 갑자기 행동하실 때가 되어서야 간신히 알아차릴 수 있음을 알게 해 준다.

둘째, 그것은 막대한 큰 피해를 줄 것이다. 포도가 아직 덜 익었을(**보세르**[boser], 5회) 때 즉, 수확 직전으로 묘사되는 필연적인 시간에 하나님이 심판(즉, 그 나라를 가지치기하는 이미지)의 인을 치기 위해 개입하실 것이다. 그분이 **낫**(마즈메라[mazmērâ], 4회; 2:4)으로 그 **연한 가지**(잘잘(zalzal), 여기에만 나옴)를 베며/**퍼진 가지**(네티샤[nĕṭîšâ], 3회; 렘 5:10)를 찍어 버려서(타자즈[tāzaz], 여기에만 나옴).

너무 많은 사람이 죽어서 그들의 시체가 매장되지 못한 채 남아 있을 것이다. 산의 독수리들(즉, 맹금류)과 땅의 들짐승들이 여름부터 겨울까지 그들의 남은 사체를 먹을 것이다. 이것은 파괴의 규모를 생생하게 묘사해 준다. 주전 701년에 앗수르와 싸우기 위해 구스와 동맹을 맺으려던 이스라엘의 계획은 실패로 끝났고, 구스에게는 치명적인 결과를 초래했다(*ANET* 287-288을 보라).

〈7〉이 구절은 구스 사람들에게 도움을 요청한 이스라엘 사람들에 관한 2절과 평행을 이룬다. 두 구절 모두 네 개의 어구로 된 설명에서 간접적으로 구스 사람들을 언급한다.

그때는 2절에서 도움을 청하기 위해 사자들을 파견한 때를 가리킬지도 모른다. 따라서 구스 사람들이 실제로 그들을 도우러 온다는 것을 의미할 수 있다. 그러나 그것은 백성을 정화하고 남은 자를 나오게 할 구스의 멸망에 대한 미래의 때를 의미할 가능성이 더 크다(이스라엘 사람들에게 일어난 일과 유사함).

저자는 가까운 미래에 멸망이 있을 뿐만 아니라 구스 사람들의 남은 자가 만군의 여호와의 이름을 두신 곳 시온산('여호와의 이름을 두신 곳'은 소유권을 나타냄)으로 예물(샤이[*šay*], '[경의의] 예물', 3회; 시 76:11을 보라)을 가져올 회복의 때로 인도하는 먼 미래까지 바라본다. 이사야서의 다른 곳(2:1-4, 4:1-6)에서 본 것처럼, 하나님을 경외하며 그분을 예배하기 위해 열방으로부터 남은 자가 시온산으로 온다(시온신학의 궁극적인 성취).

의미

유다는 도움을 청하기 위해 사자들을 구스로 보냈다. 그러나 그들은 거의 도움이 되지 않았다. 디르하가와 그의 군대는 앗수르에게 철저히 패배했다(주전 701년). 이스라엘은 도움을 받기 위해 애굽을 의지하기보다, 역사를 감찰하고 이 모든 사건을 전적으로 다스리는 참되신 그 하나님을 의지해야만 했었다.

또한, 구스와 같은 강대국들이 언젠가 이스라엘의 전능하신 하나님에 대해 배우기 위해 예루살렘으로 올 때인 먼 미래에 하나님의 주권은 훨씬 더 잘 드러나게 될 것이다. 이것은 하나님과 그분의 성도들이 모든 나라를 다스리는 천년왕국(계 20:1-6)을 말하는 것일 수 있다.

(7) 애굽(19:1-20:6)

문맥

일곱 번째 신탁은 고대 국가인 애굽을 향한 것인데, 그들의 역사는 이스라엘과 상당한 부분이 겹쳐 있다. 처음에 하나님은 그분의 백성을 보호하기 위해 애굽을 사용하셨지만, 나중에 애굽은 이스라엘을 약탈하기도 하고 지배하기도 했다.

하나님이 애굽 사람들에게 그분의 큰 권능과 능력을 나타내셨음에도 불구하고(특히, 이스라엘 백성이 출애굽 하는 동안) 그들은 여호와를 거부하고 그들의 많은 신을 섬기기로 작정해서 스스로 멸망했다. 그러나 이 신탁은 미래에 애굽으로부터 남은 자가 여호와께 경배하러 온다는 것을 확언한다.

애굽에 대한 신탁(19:1-20:6)의 저자와 연대는 주전 7세기와 8세기의 애굽 연대기가 불확실하기에 논쟁의 여지가 있다. 이 시기에 대한 로버츠([Roberts, 2015:252-253)와 호프마이어(Hoffmeier, 2003:219-234)의 면밀한 연구는 이 단락이 이사야의 생애에 잘 들어맞는다고 말해 준다.

잔인한 주인과 포악한 왕(4절)의 정체도 마찬가지로 판별하기 어렵다. 이것의 정체는 에티오피아 피앙([Piankhy, 주전 715년)에서 안티오쿠스 에피파네스(Antiochus Epiphanes, 주전 170년)에 이르기까지 다양하게 제시된다. 그러나 그것은 단순히 애굽의 멸망에 대한 은유적 묘사일 수도 있다.

학자들은 일반적으로 애굽을 향한 이 신탁이 최소한 세 부분으로 구성되어 있다는 데 동의한다. 19:1-15; 19:16-25; 20:1-6.

첫 번째 섹션(19:1-15)은 다시 거의 똑같은 분량의 세 부분으로 구성된다.

- 1-4절: 애굽 백성에게 하나님이 내리신 심판의 결과
- 5-10절: 애굽 땅에 하나님이 내리신 심판의 결과
- 11-15절: 인간의 지혜를 따라간 것의 결과들

두 번째 섹션(19:16-25)은 하나님의 심판 이후에 그 땅이 회복되는 것을 묘사하는 그날에로 시작하는 짧은 다섯 개의 선언으로 구성된다. 마지막 섹션(20:1-6)은 애굽과 에티오피아에 대한 별도의 신탁으로 주전 713-711년경에 앗수르가 그들을 정복하는 것을 묘사한다.

[부록: 애굽]

아프리카에서 가장 인구가 많은 나라 가운데 하나인 애굽은 5천 년이 넘는 장구하고 영광스러운 역사가 있다. 인구의 99퍼센트가 애굽의 유일한 경작지이자 부와 번영의 원천인 나일강 5마일 이내에 살고 있다.

애굽의 제3 중간기(주전 1069-332년경)는 대체로 쇠퇴기 가운데 하나였는데, 그 과정에서 쇠퇴가 멈췄던 몇 번의 시기가 있었다. 이 기간에 애굽과 이스라엘 사이에는 몇 차례의 중요한 협상이 있었다.

첫째, 바로 소(pharaoh So, 아마도 오소르콘 4세[Osorkon IV], 주전 730-715년)는 강력한 앗수르 사람들에 맞선 호세아에게 거의 도움이 되지 않았다.

둘째, 경험이 부족한 바로 세빗쿠(pharaoh Shebitku)는 주전 701년에 히스기야가 앗수르와 싸우는 것을 돕기 위해 동생 디르하가를 보냈지만, 곧 패배했다.

> 셋째, 유다는 느고 2세(Neco II, 주전610-595년경)와 큰 대결을 벌였지만, 곧 그는 바벨론 사람들에게 패배했다.
> 넷째, 시드기야가 바벨론에 반역하여 애굽에 도움을 요청했을 때, 호프라(Hophra, 주전 589-570년경)가 그를 도왔지만 결국에는 느부갓네살에게 패배했다. 그 후 호프라는 예루살렘을 정복당하도록 내버려 둔 채 후퇴했다.

주석

〈1-2〉 1-25절은 애굽에 관한 경고(맛사[*maśśā*], '신탁')이다. 1-15절은 운문이며 16-25절은 산문이다. 애굽의 일반적인 이름(미츠라임[*miṣrayim*])은 상애굽과 하애굽의 삼각주 지역인 '두 개의 땅'을 가리키는 쌍수 어미(dual ending)를 갖고 있다(더 드문 단수 형태로 나오는 6절의 마초르[*māṣôr*]를 보라). 감탄사 힌네(*binnēh*)는 독자에게 예상치 못한 것을 소개하는 데 사용된다. 보라(힌네) 여호와께서 빠른 구름[13]을 타고 애굽에 임하시리니라는 어구는 자연에 대한 그분의 주권을 나타낸다(신 33:26을 보라).

이 어구는 애굽의 태양신 라(Ra)가 그에게 바쳐진 값비싼 애굽 말들을 탔다는 것과 의도적으로 대조하는 것일 수 있다. 여호와는 진정한 주권자이시므로 애굽의 우상들을 떨게 하며, 애굽인의 마음이 그 속에서 녹게 만드신다.

이사야의 생애 동안 애굽은 정치적인 약점을 불러일으킨 내부 분쟁으로 인해 하향곡선을 그리며 소용돌이에 빠져들었다. 그래서 구스는 지도자 샤바카(*Shabaka*, 주전 716-702년) 치하에서 애굽을 통치할 수 있었다. 나라가 나라를 칠(수크[*sûk*], 2회; 9:11을 보라) 것이며라는 어구는 내부 분쟁에 대한 언급일 수 있다. 내부 분쟁은 애굽에게 새로운 것이 아니었지만, 하나님이 이렇게 직접 개입하신 대립은 사회의 모든 계층에 영향을 미

---

13) 폭풍의 신 바알은 또한 '구름을 탄 자'라는 칭호를 받았다.

쳤다. 형제, 이웃, 성읍, 나라(2절).

〈3-4〉 애굽 사람들이 계속 약해짐에 따라 그 애굽인의 정신이 그 속에서 **쇠약할 것**(문자적으로 '그들의 영혼들이 비워질 것이다'[바카크〈*bāqaq*〉, 7회; 24:3을 보라])이다. 이것은 두려움, 우울, 낙담을 암시한다. 필사적으로 그들은 그들의 **우상들**(엘릴림['*ĕlilim*], '무가치함')과 세상을 떠난 영혼들(잇팀['*iṭṭim*], 여기에만 나옴)을 부르지만, 이것들은 모두 아무 소용이 없다. 3절 끝에 있는 두 단어는 죽은 자와 소통하는 사람들에 관한 것이다. **하오봇**(*hā'ōbôt*, 여기에만 나옴, '주술사, 영매자', 개역개정에는 **신접한 자**-역주), **하읻드오님**(*hayyiddĕ'ōnîm*, '점쟁이들, 신접한 자들', 개역개정에는 **요술객**-역주).

하나님은 그의 계획을 … **깨뜨리리니**(문자적으로 '그들의 계획들을 삼키다', 3절), **잔인한 주인**(문자적으로 '가혹한 주인')과 **포학한 왕**에게 그들을 넘겨줄 것이다(4절). 이것은 아마도 주전 664/663년에 데베를 정복하고 그 나라를 지배했던 앗수르 왕 아슈르바니팔(Ashurbanipal, 주전 669-633년경)을 의미할 것이다(*ANET* 295). 여기서 아이러니한 점이 있다는 것을 주목하라. 이스라엘을 노예로 만든 나라는 **잔인한 주인**에게서 비슷한 대우를 받을 것이다.

주 만군의 여호와라는 말이 이 예언의 정확성을 확증한다. 그분은 심지어 천상의 군대까지도 주권적으로 다스리신다. 하나님을 향한 이 호칭은 애굽 사람들에게 매우 설득력이 있어야만 했다. 왜냐하면, 태양신 라(Ra)도 천상의 군대에 속한 주요 신들 가운데 하나였기 때문이다.

〈5-8〉 1인칭 대명사들은 5절부터 새로운 이미지가 등장하면서 중단된다. 일부 학자는 이 이미지가 새로운 신탁의 시작을 알려 준다고 말한다. 더 간단한 견해는 이 구절들이 1-4절에 언급된 멸망의 결과와 애굽에 대한 끔찍한 결과(6절)를 단지 더 자세히 묘사할 뿐이라는 것이다. 6절은 **애굽**의 단수형 **마초르**(*māṣôr*, 30회; 쌍수형 어미로 681회)를 사용한다. 여기서 애굽은 아마도 주로 나일 삼각주(Nile Delta)를 의미할 것이다.

애굽의 강물(NIV, 개울들)은 가뭄으로 물이 유입되지 않은 나일강 자체의 지류들이나 관개 수로들을 나타낸다. 나일강의 물 부족은 죽어 가는 나일 가까운 곳 나일 언덕의 초장([아로트[*'ārôt*, '갈대들', 여기에만 나옴]), 시들어 가는 곡식 밭, 물고기를 잡지 못하는 어부들(다야김[*dayyāgim*, 이 철자는 여기에만 나옴; 렘 16:16의 다바김[*dawwāgim*]을 보라)을 포함한 애굽의 전역에 영향을 미칠 것이다.

애굽의 연간 강우량은 0.1인치에서 0.2인치에 불과한 극히 적은 양이므로 작물을 기르기 위해서는 관개시설이 필요하다. 매년 범람하는 나일강은 농작물이 자랄 수 있도록 인근 농지에 풍부한 토사층을 형성한다. 그러나 나일강(얌[*yām*]; 문자적으로 '바다', 5절; 평행 단위에 나하르[*nāhār*], '강, 시내'가 있음)의 수위가 낮을(나샤트[*nāšat*], '고갈되었다' 또는 '말랐다', 4회; 렘 18:14을 보라) 때는 밭에 물을 댈 방법이 없다.

수초들(갈대와 부들)이 죽어 가면서(카말[*qāmal*], '시들다, 말라죽다', 2회; 33:9을 보라), 강들에서는 진흙과 썩어 가는 물고기들과 식물들의 악취가 날(베헤에즈니후{*wĕhe'ezniḥû*}, 여기에만 나옴) 것이다. 낚시(학카[*ḥakkâ*], 3회; 합 1:15을 보라)나 그물(믹보레트[*mikmōret*], 3회; 합 1:16; ANEP 34를 보라)로 물고기를 잡던 어부들은 더 이상 나일강에서 그들의 생계를 꾸릴 수 없어서 슬퍼할 것이다.

〈9-10〉세마포(호라이[*hôrāy*], '하얀 것, 여기에만 나옴)를 만드는 자와 베 짜는(사릭[*śārîq*, 여기에만 나옴]) 자들조차 **수치를 당할 것**(NIV, 절망할 것)이다. 애굽의 주요 산업들(농업, 어업, 섬유업[샤토테하, *šātōteyhā*, 〈애굽의〉 기둥들]; NIV 10절에서처럼 노동자들[workers]이 아님)은 짓밟히고 그 산업에 종사하는 사람들은 **마음에 근심할**(아그메[*agmê*], '슬픈', 여기에만 나옴) 것이다.

[부록: 아마]

아마(flax)는 세계에서 가장 오래된 재배 작물 가운데 하나이다. 식물의 내피 또는 껍질에서 나오는 섬유들은 면보다 강하지만 탄력성

> 이 적다. 부드러운 고품질 섬유들은 따뜻한 기후에서 자주 착용하는 직물인 아마포 생산에 사용된다. 코서(courser) 섬유들은 노끈과 밧줄을 만드는 데 사용된다. 아마의 씨(flaxseed)는 영양 보충제 및 아마씨 기름 생산에 사용된다.

〈11-13〉 '확실히'를 뜻하는 아크('ak, NIV에서는 …밖에 없는[nothing but]으로 번역됨; 개역개정에는 없음-역주)는 강조 불변화사(emphatic particle)이다. 이것으로 시작하는 새로운 단위는 가뭄의 영향들로부터 애굽 지도자들에게로 초점을 이동한다.

소안(타니스[Tanis])은 하애굽의 수도이자 동쪽에서 온 여행자들이 만나는 나일강 삼각주의 첫 번째 주요 성읍이었다. 이 소안의 방백은 어리석었고 뛰어난 지혜로 알려진 나라(왕상 4:30을 보라)에서 온 바로의 … 모사는 '우둔하다'(바아르[bāʿar] 7회; 렘 10:8을 보라)고 일컬어진다.

선지자는 이 지도자들이 하나님의 명확한 심판을 깨닫지도 못하면서 바로에게 나는 **지혜로운 자들의 자손**(벤[ben], '아들')이라/나는 옛 왕들[문자적으로 '앞의 왕들']의 후예(벤⟨ben⟩, '아들')이라라고 말한다는 사실에 놀라워한다. 지혜로운 자들의 자손이라는 어구는 육체적 후손을 의미하는 것이 아니라 지혜로운 자들로 이루어진 단체(guild)의 구성원들을 가리킨다(왕하 2:3의 선지자들의 아들들[sons of the prophets], ESV).

소안과 **놉**(NIV, 멤피스[Memphis], 상애굽의 수도)의 방백들은 이 멸망을 예견할 수도 없었고 피할 수도 없었다(문자적으로 '그들이 어리석게 행동하여 … 그들이 속았다', 13절). **모퉁잇돌**이 되어야 할 지도자들(즉, 애굽의 닻들)은 오히려 그들의 나라가 길을 잃고 방황하도록 만들었다.

〈14-15〉 이 지도자들이 거짓 신들을 따르기로 작정했기 때문에 광범위한 혼란(어지러운[이브임⟨ʿiwʿîm⟩, 여기에만 나옴] 마음)이 시작된다. 여호와께서는 한때 교만했던 애굽이 술 취한 자들이 온통 토하는 것처럼(문자적으로 '토하면서 비틀거리다'[키⟨qî⟩, 3회; 28:8을 보라]) 한심하게 비틀거리며 돌아다니도록 허용하신다.

이 심판의 영향은 애굽의 **머리와 키 큰 종려나무 가지**(캎파[*kappa*], 4회=가장 높은 지도자들)로부터 그것의 **꼬리와 키 작은 갈대들**(아그몬[*'agmôn*], 5회=가장 낮은 계층의 사람들)에 이르기까지 모든 사람에게 미칠 것이다. 신왕국 시대(the New Kingdom period, 주전 1550-1069년) 이후로 애굽은 결코 다시 위대한 전성기를 누리지 못했다.

〈16-17〉 이 장의 마지막 부분(16-25절)은 운문체(poetry)에서 산문체(prose)로 바뀌며, 애굽에 대한 심판으로부터 구원에 이르기까지 진행되는 다섯 가지 선포가 모두 그날에라는 어구로 시작한다. 이 선포의 사건이 순차적인지 아닌지 그 여부를 결정하는 것은 어렵다.

하나님의 심판의 날에(그날에) 애굽 사람들은 **부녀**(NIV, 약자들)와 같을 것이며, 두려움에 사로잡힐 것이다(떨며 두려워할 것이며). 하나님이 단지 그들을 향해 손을 흔들기만(NIV, 위로 올리다) 해도 심판이 시작될 것이다(앗수르가 예루살렘을 향해 손을 흔드는 10:32을 보라). 하나님의 칭호에 주목하라. 그분은 천군들(heavenly hosts)에 명령할 수 있는 권세를 가지신 **만군의 여호와**이시다.

유다 땅조차도 애굽에게 두려움(학가[*ḥāggā'*], 여기에만 나타남)의 대상이 될 것이다. 왜냐하면, 그들이 애굽에 불리한 계획을 갖고 계신(문자적으로 '그는 그녀[애굽]에 대항하여 조언하고 있다') 하나님을 섬기기 때문이다. 애굽 사람들은 출애굽 직전에 그랬던 것처럼(출 12:31-33) 이스라엘 사람들(또는 그들의 하나님)을 다시 한번 두려워한다.

〈18〉 그날에로 시작하는 두 번째 선포는 긍정적 메시지를 담고 있다. 애굽의 다섯 성읍은 히브리어(문자적으로 '가나안의 입술'; 이 어구는 여기에만 나옴, 개역개정에는 가나안 방언-역주)를 말하며 **만군의 여호와**께 충성을 맹세할 것이다. 그런데 그 성읍들이 애굽의 신들에게 바치던 충성을 **만군의 여호와**께 바친다는 의미인지, 아니면 그 성읍들이 애굽으로 끌려간 유대인들의 포로 공동체의 성읍들(아마도 믹돌[Migdol], 다바네스[Tahpanhes], 놉[Memphis], 바드로스[Pathros], 엘레판틴[Elephantine;]; 렘 44:1을 보라; *ANET* 491)을 의미하는 것인지는 불확실하다.

애굽의 성읍들 모두가 여호와를 경배할 정도로 아주 극적으로 변할 가능성이 희박하므로 후자가 더 적합해 보인다. 애굽에 30,000여 개의 성읍 가운데 이런 다섯 성읍이 있다는 사실(Oswalt 1986:376)은 또한 다음에 나오는 여러 신탁의 주제인 남은 자의 개념을 가리킨다.

NIV에서 마지막 어구인 **태양**(헤레스[*heres*]=헬리오폴리스[Heliopolis]; 개역개정은 **멸망**-역주)의 성읍은 몇몇 증거본문(예: 1QIsa^a, 15개의 히브리어 사본들, 탈굼[아람어 역], 불가타[라틴어역])에 나타난다. 그런데 마소라 본문은 헤레스(*heres*, 태양)가 아닌 헤레스(*heres*, 멸망)로 읽는다. 히브리어 정방형 문자에서 헤트(*ḥeth*)를 헤(*hē*)로 변경하는 것은 사소한 것이지만, 마소라 독법인 '멸망의 성읍'이 아마도 원문일 것이다.

왜냐하면, 이것이 문맥에 잘 맞고 더 어려운 읽기('어려운 읽기가 원문에 더 가깝다'라는 본문비평의 원리를 적용한 것임-역주)이기 때문이다(즉, 서기관이 그것을 '태양의 성읍'에서 '멸망의 성읍'으로 변경하는 것보다 그것을 '태양의 성읍'[=헬리오폴리스]으로 기록했을 가능성이 더 크다는 의미임). '멸망의 성읍'은 상애굽의 수도인 데베(주전 664/63년에 아슈르바니팔에 의해 파괴됨, 나 3:8을 보라) 또는 하애굽의 수도인 놉(Memphis; 주전 671년 에살핫돈[Esarhaddon]과 주전 664년 아슈르바니팔에 의해 함락됨)을 가리킬 수 있다.

〈19-22〉 그날에로 시작하는 다소 긴 이 세 번째 선포는 애굽 땅 중앙에 **제단**이 세워지고, 그 변경에 여호와께 바치는 **기둥**(NIV, 기념비)이 세워질 때를 설명한다. 이것들이 애굽 땅에서 여호와께 **징조와 증거**가 될 것이다.

어떤 학자들은 그 제단이 레온토폴리스(Leontopolis), 혹은 주전 410년경에 유대 성전이 있었던 엘레판틴(Elephantine], *ANET* 491-492)에 있었다고 주장한다. 그러나 애굽이 아직 하나님에 대한 헌신을 나타내지 않았기 때문에, 레온토폴리스 혹은 엘레판틴에 있는 그 제단은 미래에 있을 더욱 완전한 완성(a fuller completion)을 기대하는 부분적 성취(a partial fulfilment)일 뿐이다.

20절은 애굽이 여호와께 부르짖을 때 그분이 구원자(구원자이자 보호자)를 보내실 때를 묘사한다. 이것은 애굽 전체를 연합하여 안정과 번영을 가져온 프삼메티쿠스 1세(Psammetichus I, 주전 664-610년)에 의해 처음 성취되었을 것이다. 애굽을 **압박하는 자들**은 누비아 사람들, 리비아 사람들, 앗수르 사람들이었다. 프삼메티쿠스는 그의 통치 기간에 앗수르로부터 애굽의 독립을 쟁취했다. 그러나 그는 애굽 사람들을 여호와께 인도하지 않았다. 따라서 이 단어들은 궁극적으로 미래의 구원자를 고대하게 만든다.

이 선포의 마지막 부분(21-22절)은 애굽에 대한 하나님의 징벌을 설명한다(여호와께서 애굽을 치실지라도). NIV는 출애굽을 연상시키는 **역병으로**(with a plague)라는 어구를 추가하지만, 마소라 본문은 단순히 애굽을 **치시는**(striking)이라고 읽는다.

이 징벌에는 또한 구속적 요소가 있다. 여호와께서 그들을 **치시고는 고치실** 것이기 때문이다. 하나님이 이스라엘을 다루신 것처럼 하나님은 애굽을 징벌한 후 나중에 고쳐 주실 것이다. 애굽은 **제물**(많은 종류의 희생 제물을 의미하는 일반적 용어)과 **예물**(문자적으로 '선물, 예물'; NIV, 소제)을 드리고, 서원한 것을 지킴으로써(문자적으로 '실행함') 회개와 하나님께 대한 충성을 나타낼 것이다. 여호와의 징벌에 대한 애굽 사람들의 반응은 그들과 여호와의 관계가 시작되었음을 알려 주는 영적 치유를 경험할 것임을 암시한다.

〈23〉 마지막으로 남은 두 개의 선포는 신탁을 절정에 이르게 한다. 그 날에로 시작하는 네 번째 선포는 애굽과 앗수르를 하나님의 왕국에 포함하시려는 그의 계획을 설명한다(2:2-4을 보라).

대로(주변 풍경보다 높게 있는 도로일 가능성이 있음)가 애굽에서 앗수르까지 이어지며, 두 나라 사이의 자유로운 접근과 화합을 촉진함으로써 유일하고 참되신 하나님을 함께 **경배**(문자적으로 '봉사')할 것이다. 이 구절이 기본적으로 중요한 이유는 하나님 나라 안에서의 화합과 선의를 강조하기 때문이다.

〈24-25〉 그날에로 시작하는 다섯 번째 선포에는 이스라엘, 애굽, 앗수르로 구성되는 하나님의 미래 왕국에 대한 네 번째 선포의 주제가 계속된다. 하나님의 계획은 이사야 시대에 알려진 세상을 회복시키는 것뿐만 아니라, 이 나라들을 사용하여 온 땅을 축복하는 것까지도 포함한다(창 12:3을 보라).

한때 이스라엘에만 국한되었던 용어가 이제는 애굽과 앗수르에도 적용된다. 내 백성 애굽이여, 내 손으로 지은 앗수르여, 나의 기업 이스라엘이여. 이스라엘이 하나님의 계시를 받은 최초의 통로였기 때문에 **나의 기업**이라는 어구는 이스라엘에 그대로 유지된다(출 19:56을 보라).

이 나라들 각각은 서로 대등하다. 이 나라들 각각은 하나님과의 관계에 따라 그로부터 특별한 대우를 받는다. 역사를 통틀어 이스라엘은 하나님을 종종 자기들만의 하나님으로 독차지하기를 원했지만, 하나님의 계획은 그보다 훨씬 더 크다.

〈20장 1-2〉 제목 없는 이 신탁은 애굽과 구스(이사야의 생애 대부분 동안 이 두 나라는 동맹을 맺었음)에 관한 것이라는 점에서 이전 신탁과 같은 시기이고 서로 연결되어 있다. 주전 714년에 에티오피아의 바로 샤바코(Ethiopian pharaoh Shabako)가 상애굽과 하애굽을 통합했다. 그 직후에 그는 어리석게도 자신의 힘을 강화하기 시작했던 앗수르의 사르곤 2세(Sargon II)에 대항하여 반란을 일으켰다.

이 신탁의 배경은 아마도 주전 713-711년경일 것이다. 그때 사르곤은 아스돗(Ashdod)에서 블레셋 사람들을 무찌르기 위해 그의 최고 사령관(타르탄[*tartān*]; 개역개정은 다르단-역주)을 보냈다(*ANET* 286). 타르탄이라는 단어는 왕 다음으로 가장 높은 지위에 있는 최고 관리를 가리키는 앗수르어에서 비롯된 차용어(loanword)이다(왕하 18:17을 보라).

어떤 학자들은 1절을 나중에 추가한 것으로 여기는데, 그 이유는 이어지는 구절의 징조가 아스돗이 아니라 애굽과 구스를 가리키기 때문이다(1절).

그러나 2절의 배경이 되는 그것(1절)은 이전의 사건들과 연결된다. 그 때 여호와께서 아모스의 아들 이사야에게(문자적으로 '…의 손에 의해') 말씀하여(구약에서 이사야를 언급한 32회 가운데 '아모스의 아들 이사야'란 표현은 13회 나옴). 따라서 우리는 아스돗의 함락이 그들과 같은 운명을 겪게 될 애굽과 구스에 대한 징조의 역할을 해야 한다고 믿는다.

이사야는 네 허리에서 베를 끄르고(문자적으로 '열거나 풀다')라는 말을 듣는다. 베(즉, 거친 황마 천)는 애도의 표시로 입었다. 그것을 끄른다(벗는다)는 것은 애도의 때가 지났고, 곧 포로(벗은 몸과 벗은 발로 표현됨, 2절)로 끌려가게 됨을 암시한다.

⟨3-4⟩ 이사야가 삼 년 동안 굴욕적으로(즉, 벗은 몸과 벗은 발[야헵⟨yāḥēp⟩, 5회; 삼하 15:30을 보라]로) 다닌 것이다.

이는 세 가지 중 하나로 해석된다.

첫째, 애굽과 구스의 굴욕이 3년 안에 일어난다는 것을 의미한다(이것이 선호됨).

둘째, 그것이 3년 동안 계속된다는 것을 의미한다(즉, 앗수르에 포로로 끌려가는 데 걸리는 시간).

셋째, 굴욕의 분량이 '채워진'(complete) 정도를 비유적으로 언급한 것이다.

아무튼 그 징조의 목적은 그것이 확실히 일어날 것이며(즉, 징조, 오트['ôt]와 예표, 모펫[môpēt]에 대한 이유), 앗수르에 항복함으로써 애굽과 구스에 멸망을 피할 기회를 주는 것이다.

징벌은 철저하게 이뤄지고, 남녀노소 모두에게 영향을 미치며 굴욕스러울 것이다(그들은 '볼기[쉐트⟨šēt⟩, 4회; 삼하 10:4을 보라]까지 벗겨질 것[하수

파이⟨ḥāśupay⟩]'이다). 하수파이(ḥāśupay)라는 단어는 철자 오류일 가능성이 있어 보이므로 같은 의미인 하수페(ḥāśûpê)로 읽어야 한다.

예레미야와 에스겔과 같이 선지자들은 상징 행동(symbolic actions)을 하도록 요구받았음에도 불구하고, 이 책에서 이사야의 상징 행동은 드물게 나온다. 어떤 학자들은 4절의 마지막 어구인 **애굽의 수치**(문자적으로 '애굽의 벌거벗음')가 그 구절의 끝에 어색하게 배치되었다고 생각한다. 우리는 그것이 이전 진술들의 요약이라고 주장한다.

⟨5-6⟩ 그들이 바라던 구스(NIV, 구스를 믿었던 자들; 문자적으로 '구스로부터 그들의 희망[맙바트⟨mabbāṭ⟩, 3회; 슥 9:5을 보라]이 [나온다]')와 자랑하던 애굽(문자적으로 '그들의 영화가 애굽으로부터 [나온다]')이 똑같이 수치를 당할 것이다. 이 해변의 주민은 블레셋과 유다를 의미한다. 그들은 애굽/구스에 대한 자신들의 희망이 얼마나 잘못된 것인지 깨닫게 될 것이다. 우리가 어찌 능히 피하리요(ANET 287-288을 보라).

그 잘못된 희망은 주전 711년에 아스돗이 애굽에 의존하려 했던 것이나 주전 701년에 히스기야가 구스와 동맹을 맺으려 했던 것을 가리킨다. 둘 다 비참한 결과를 가져왔다는 것이 입증되었다. 오직 하나님만이 참된 도움과 희망을 주실 수 있다.

의미

애굽 (과 구스)를 향한 신탁은 다가오는 재앙에 대해 경고한다. 그러나 하나님의 뜻은 사르곤 2세와 산헤립이 애굽을 파괴하도록 하는 것이다. 그리고 그 파괴를 통해 그들이 여호와께로 돌아오게 하는 것이다. 첫 번째 신탁에는 애굽이 어떻게 하나님께로 돌아올 것인지를 설명하는 **그날**에로 시작하는 다섯 개의 선포가 포함되어 있다.

하나님은 그들을 구하기 위해 한 '구원자'(아마도 프삼메티쿠스 1세)를 보내실 것이다. 그러나 이 구원은 저자가 바라보는 구원과 비교하면 미약하다. 저자가 말하는 구원은 애굽의 적인 앗수르조차 언젠가 애굽과 함께 여호와를 섬기게 될 때 이뤄지는 것이다.

선지자는 프삼메티쿠스 1세 통치하에서 애굽이 구원받는 것과 더 먼 미래에 있을 하나님의 궁극적인 구원을 함께 내다보고 있을지도 모른다. 미래에 있을 그 구원의 날에는 역사적으로 맹렬한 원수지간이었던 나라들이 하나님의 왕국에 포함될 것이다. 이스라엘, 애굽, 앗수르.

두 번째 신탁은 범위가 훨씬 더 제한적이다. 도움을 받으려고 애굽(구스)에 의존하는 모든 자에게 징조를 준다. 주전 713-711년에 아수르에 아스돗이 패배한 것처럼 그들은 패배할 것이다.

이스라엘이 아스돗의 실수에서 교훈을 얻었더라면 얼마나 좋았을까!

(8) 해변 광야, 바벨론(21:1-10)

문맥

열방에 대한 여덟 번째 신탁(21:1-10)은 운문체(poetic)이고 더 모호하다. 비록 그 나라가 해변 광야라고 불리지만, 이 신탁은 바벨론을 향한 것이다(2, 9절을 보라). 바다를 항해하는 큰 배로 유명했던 바벨론은 이제 황무지가 되었다. 이 신탁의 시작 부분에 있는 세부 사항에서는 모호하게 표현되지만, 9절에서는 함락되었도다. 바벨론이여라고 분명하게 표현된다.

바벨론은 아수르에 여러 번 패배했다. 스미스(Smith 2007: 369-370), 로버츠(Roberts 2015: 274-275) 및 다른 학자들은 그 파괴는 주전 710년, 702년 혹은 689년에 앗수르가 바벨론을 패배시킨 것으로 말한다. 따라서 그들은 이사야 저작권(Isaianic authorship)을 지지한다.

그러나 2절과 9절은 주전 539년에 바사 사람들이 이뤄낸 최종 멸망을 가리키는 것으로 보인다. 이것은 다른 학자들이 포로기 이후 연대를 제안하게 만든다(Clements 1980a: 177; Wildberger 1997: 310-314). 2절은 주전 539년에 바벨론이 멸망한 것을 암시하는 것처럼 보인다.

그러나 우리는 이사야의 예언적 역할에 근거하여 여전히 이사야 저작권을 주장한다. 이사야는 바벨론이 일으킬 위험한 일들을 경고한다. 또한, 그들이 다른 사람들에게 가할 고통을 하나님이 끝내기로 작정하셨다고 경고한다(2절); 이 끝이 9절에 나온다.

10절의 두 어구는 이 신탁이 포로로 있는 하나님의 남은 자들을 격려하기 위해 기록되었음을 암시한다. 내가 짓밟은 너여, 내가 타작한 너여, 내가 이스라엘의 하나님 만군의 여호와께 들은 대로 너희에게 전하였노라. 그러나 하나님의 백성이 짓밟혔던 때도 있었고, 격려해 줄 필요가 있었던 때도 있었다(예, 주전 722년, 주전 701년 이전).

어떤 학자들은 10절이 바벨론에 적용된다고 제안했다(Scott 1952: 278-282을 보라). 그러나 이 구절에서 하나님이 자신을 이스라엘의 하나님이라고 특별히 강조하면서 바벨론을 내 백성(NIV)이라고 부르실 것 같지는 않다. 또한, 9절에서 마병 대들은 바벨론에서 온 것이다. 따라서 8절의 파수꾼들은 다른 어떤 곳에 있어야만 한다(아마도 여기가 아닌 바벨론 전쟁터 근처일 것임-역주).

그러나 10절에서 그 신탁은 앗수르에 대항하는 바벨론을 의지하지 말라고 유다에게 말해 주는 경고라고 할 수 있다. 속이는 자는 속이고 약탈하는 자는 약탈하도다(2절)라고 말해진 바벨론은 징벌받을 것이기 때문이다.

주석

⟨1-2⟩ 학자들은 1절에서 해변 광야(미드바르[*midbar*], '황무지, 사막')라는 애매모호한 표현에 대해 몇 가지 수정할 것을 제안해 왔다. 이 어구는 남부 메소포타미아에 대한 언어유희였을 것이다. 왜냐하면, 해변 왕조(Sealand Dynasty)가 이 지역에 있었거나 혹은 그들의 많은 신이 쓸모가 없다는 의미에서 종교적 광야(Oswalt 1986:391을 보라)였기 때문이다.

바벨론(즉, 광야)은 잘 알려진 네게브 사막의 폭풍우들과 같은 폭풍우들을 일으킨다. 이것들은 앗수르가 바벨론을 다스렸을 때 앗수르에 대항한 바벨론의 끈질긴 반역을 나타낸다. 따라서 바벨론은 두려운 땅으로 불린다.

이사야는 바벨론이 그들의 사악함을 끊임없이 드러냈기 때문에 이 혹독한(문자적으로 '가혹한, 극심한') 묵시를 받았다. 속이는 자(합보게드[habbôgēd], NIV, 배신자)는 속이고(보게드[bôgēd], NIV, 배신하다) 약탈하는 자(핫쇼데드[haššôdēd], '파괴자'])는 약탈하도다(쇼데드[šôdēd], '파괴하다').

극심한 고통을 준 바벨론은 마땅히 받아야 할 징벌을 받을 것이다. 하나님은 엘람(Elam)과 메대(Media)(둘 다 주전 539년에 바사[Persia]에 합병됨)가 바벨론에 그분의 징벌을 쏟아붓게 하실 것이다. 이로써 바벨론이 일으킨 모든 탄식이 끝날 것이다.

<3-5> 극심한 심판에 대한 이 혹독한 묵시는 선지자 자신에게 영향을 미치며, 그에게 출산의 고통만큼이나 가혹한 떨림(할할라[ḥalḥālâ], 4회)과 육체적 고통(치림[ṣîrîm], 4회; 13:8을 보라)을 가져온다. 선지자는 비슷하게 소리 나는 두 단어로 자신의 고뇌를 설명한다. NIV는 내가 듣는 것으로(문자적으로 '듣기 때문에') 비틀거리고(나아베티[naʿăwêtî], '내가 방해받다') 내가 보는 것(문자적으로 '보기 때문에')으로 혼란스럽다(닙할티[nibhaltî], '내가 두렵다'). (개역개정은 내가 괴로워서 듣지 못하며 놀라서 보지 못하도다-역주).

그의 마음은 깜짝 놀라고 공포(팔라추트[pallaṣût], 4회)에 사로잡힌다. 선지자는 빛(서광)을 갈망했지만, 그 대신 두려움으로 가득 차 있다. 우리가 알 수 있듯이, 선지자들은 그들이 전한 메시지들에 영향을 받지 않고 초연한 상태를 유지하는 비인격적인 메신저들이 아니었다.

5절에 나오는 먹고 마시는 준비는 전쟁을 위한 의례적인 관습이었다. 긴박한 느낌 속에서 갑작스럽게 무기를 준비하라는 소리가 들린다. 이것은 다니엘 5장에 나오는 벨사살과 그의 귀족들이 잔치를 벌이고 있었을 때 바사 사람들이 그 성읍을 포위하고 있었던 사건과 잘 연결된다.

방패에 기름을 바를지어다라는 명령은 의례적 목적(즉, 헌신 행위)을 위한 것이거나 전투를 준비하기 위한 것일 수 있다(삼하 1:21을 보라). 고대에는 적들의 칼들과 창들을 잘 막아 내도록 가죽, 껍질, 청동 또는 다른 금속들로 만든 방패들을 조절하거나 기름으로 미끄럽게 만들었다.

〈6-8〉 그 신탁은 주께서 내게(즉, 선지자) **이르시되**(강조하기 위해 '이르시되' 앞에 '코[*kōh*], '이렇게'가 있음)라는 말씀으로 그 초점을 유다에게로 옮긴다. **주**(아도나이[*ădōnāy*], 지상의 사건을 통제할 수 있는 그분의 권리를 강조하는 이름)는 선지자에게 출전해야 할 징후들(즉, 병거들, 마병들 등)을 살펴보기 위한 **파수꾼**(함찹페[*ḥamṣappeh*], '망보는 자', 11절에서 사용된 파수꾼('지키는 자')과는 다름)을 세우라고 지시하신다. 크세노폰(Xenophon)은 바사 군대가 두 사람씩(two by two) 행군했고 당나귀들과 낙타들을 사용했다고 말한다(*Cyropaedia* 1.6, 10; 4.3-5 등).

일단 징후들이 보이면 파수꾼은 경계를 강화해야 한다(문자적으로 '그리고 그는 주의력[케쉡〈*qešeb*〉, 4회; 7절]을 갖고 주의를 기울여야 한다'). 많은 학자가 8절에서 이사야를 파수꾼으로 이해한다. 8절의 시작 부분에 있는 마소라 독법 바이크라 아르예(*wayyiqrāʾ ʾaryēh*, 그리고 그 사자가 부르짖었다)라는 어구는 아마도 다음 둘 가운데 하나일 것이다.

첫째, 두 개의 문자가 손상되었다고 가정하여 '그리고 망보는 자가 외쳤다'(바이크라 하로에[*wayyiqrāʾ hārōʾeh*], 선호되는 읽기; 대부분의 영어 번역본에 나타남)

둘째, 단 하나의 문자만 손상되었다고 가정하여 '그리고 그가 불렀다. 내가 보여 줄 것이다'(바이크라 아르에[*wayyiqrāʾ ʾarʾeh*]).

선지자의 대답은 그의 경계심과 조급함을 강조해서 표현한다. 내가 낮에 늘 망대에 서 있었고(문자적으로 '내가 종일 계속 서 있었다') **밤이 새도록**(문자적으로 '모든 밤') **파수하는 곳**(문자적으로 '나의 지킴')에 있었더니. 이 마지막 어구의 반대되는 개념(낮과 밤-역주)의 구문은 강조를 위한 것이다.

〈9-10〉 파수꾼이 그토록 간절히 기다리던 징후가 실제로 나타났다. NIV, 한 무리의 말 떼와 함께 병거를 탄 한 사람(또는 한 대의 병거와 기마병 한 쌍)이 여기로 오는 것을 보라(문자적으로 '보라 이것이 오고 있다', 개역개정은 보소서 마병 대가 쌍쌍이 오나이다-역주). 이 작은 규모의 사절단은 바벨론의 패배 소식을 가지고 바벨론에서 돌아오고 있다(9절).

레켑 이쉬 체메드 파라쉼(rekeb ʾîš ṣemed pārāšîm, 문자적으로 '말 두 마리가 끄는 일인용 병거 한 대', 이 어구로만 나옴)이라는 어구는 '한 무리의 말 떼와 함께 병거를 탄 한 사람'을 의미할 가능성이 가장 크다. 즉, 한 전령이 바벨론을 이긴 승리의 소식을 전하고 있다.

확실하게 누구인지 알 수 없는 어떤 사람이 대답했다(아마도 병거 안에 있는 그 사람일 것임). **함락되었도다. 함락되었도다**(확실함을 전달하기 위해 반복됨) **바벨론이여 그들이 조각한 신상들이 다 부서져 땅에 떨어졌도다**, 이것은 그들이 패배했다는 확실한 증거이다(ANET 315-316을 보라). 그 후 이사야는 이 좋은 소식을 **타작마당**(문자적으로 '내 타작한[것][메두샤티〈mĕdušâ〉, 여기에만 나오며 짓밟힌 백성을 암시함]과 내 타작마당의 아들')에서 **짓밟힌**(NIV; 개역개정은 내가 짓밟은 너여, 내가 타작한 너여-역주) 그분의 백성에게 전한다.

이 슬픈 그림은 크게 패배하여 바벨론으로 끌려갔던 이스라엘 사람들에 관한 것이다. 그러나 곡식을 타작마당에서 부수어 그 껍질을 풀어 바람에 날리듯 바벨론 사람들(즉, 타작마당)은 이스라엘을 황폐하게 했고 그 백성을 포로로 끌고 갔다. 이와 같은 바벨론 사람들의 행동들로 말미암아 일부 이스라엘 사람들은 불순종(즉, 껍질)을 회개하여 의로운 남은 자를 형성하게 되었다.

바벨론을 향한 이 심판 신탁은 하나님이 주시는 지속적인 희망의 메시지였다. 이 메시지는 하나님이 이스라엘에 해를 끼친 자들을 징벌하신다는 것을 이스라엘 사람들이 기억하고 용기를 얻도록 주신 것이다.

의미

비록 세부 내용은 거의 없지만, 이사야는 하나님이 자기 백성을 가혹하게 대우한 바벨론 사람들에게 보응하실 미래의 때를 바라본다. 왜냐하면, 주권자 하나님은 각 나라가 자신들의 행동에 책임을 지게 하시기 때문이다. 그러나 하나님은 또한 이스라엘을 징벌하신 것(즉, NIV, 타작마당에서 짓밟힌 내 백성; 문자적으로 '내 타작한 [것]과 내 타작마당의 아들')에 대해 전적인 책임을 지며, 그로 인해 의로운 남은 자가 나올 것을 아신다. 오늘날에조차 하나님은 그분의 백성과 다른 나라들을 대적한 나라들을 향해 계속해서 그들의 행동에 대해 책임지라고 하신다.

(9) 에돔(21:11-12)

문맥

이 아홉 번째 신탁은 짧고 애매모호하다. 21:1의 베일에 싸인 제목과 유사하게, 이 예언을 시작하는 부분에 나오는 '두마'('침묵')라는 단어는 대부분 에돔에 대한 간접적인 언급이라고 생각한다(그 평행 어구는 세일에서이다. 아마도 에돔에 있는 세일산 일 것임).

또한, 바벨론을 향한 예언과 유사하게 파수꾼이 경계를 서고 있다(21:6을 보라). 바벨론과 에돔을 향한 이 두 신탁은 앞뒤로 나란히 놓일 수 있다. 왜냐하면, 앗수르에 대항하여 바벨론이 에돔과 아라비아 모두에게 지원을 요청했기 때문이다. 특히, 앗수르의 사르곤이 주전 710년에 바벨론의 므로닥발라단을 격퇴하기 직전에 요청했다.

예루살렘이 바벨론에 함락된 것을 에돔 사람들이 기뻐했고(시 137:7), 그들이 무고한 이스라엘 사람들을 죽였기 때문에 여러 선지자는 그들에 대한 심판을 선포했다(예: 겔 25:12-14; 35:15; 욜 3:19).

[부록: 에돔(문자적으로 '두마')]

이전에 '세일'이라고 불렸던 에돔(창 32:3을 보라)은 와디 제렛(Wadi Zered)에서 아카바만(Gulf of Aqaba)까지 뻗어 있는 험준한 산악 지역이었다. 에서의 후손들은 그 지역 주민들과 결혼하여 에돔 사람들로 알려지게 되었다.

이스라엘은 일반적으로 에돔과의 빈번한 교전에서 승리했다(삼하 8:14을 보라). 그러나 베가, 르신, 에돔 연합군이 침략하는 동안 유다에서 포로들이 끌려갔는데, 이 사건을 배경으로 신탁이 선포된다. 주전 736년 이후, 에돔은 앗수르, 바벨론 그리고 마침내 나바테아 사람들(Nabateans)의 속국이 되었다.

주석

〈11-12〉 **두마**(문자적으로 '침묵')를 향한 이 신탁의 선포는 이사야 21:1 그리고 22:1과 마찬가지로 베일에 가려져 있다. **사람이**(우리는 누군지 알지 못함) 세일에서 나(이사야, 그 파수꾼)를 부른다. 그는 성읍의 수호자인 그 **파수꾼**(쇼메르[*šōmēr*], '지키는 자', 6절을 보라)을 계속해서 부르면서(즉, 분사) 밤이 얼마나 남았는지(문자적으로 '밤으로부터 무엇')를 묻는다. 그 질문의 반복은 질문자가 강조하고 있음을 전달한다. 밤이라는 단어는 여기서 '심판'에 대한 비유적 의미로 사용되었을 가능성이 크다.

파수꾼의 희망적인 반응은 아침 '빛'에 해당하는 구원이 오고 있다는 것이다. **아침이 오나니**. 그러나 곧바로 뒤따라 나오는 **밤도 오리라**는 어구는 다가오는 더 큰 심판에 대해 예기치 못한 경고이다.

파수꾼은 **네가 물으려거든 물으라**(바아[*bāʿâ*], 2회; 옵 1:6을 보라, '약탈했다', 문자적으로 '찾아냈다') **너희는 돌아올지니라**(문자적으로 '돌아가다 그리고 오다', 이사일의[hendiadys])라고 말하면서 질문자를 초대한다. **돌아올지니라**라는 어구는 '돌아가다'와 '오다'라는 두 개의 정형 동사(finite verb)를 연결한 것이다.

차일즈(Childs)는 다음과 같이 주장한다. 그 파수꾼은 그 사건들이 언제 일어날지 아직 알지 못하기 때문에 그는 언제 시간이 더 명확해질지 돌아와서 물으라고 질문자를 초대한다(2001:153). 그러나 그것은 그들의 행동에 따라 추가적 심판이 더해질 수도 있다는 의미일 가능성이 더 크다.

언급된 구원은 앗수르를 약화해 패배하게 만든 바벨론이 주전 736년 경부터 에돔이 제한적인 자유를 되찾도록 허용한 것일 수 있다. 이 자유는 오래가지 못했다. 선지자가 예언했던 대로 밤이 오고 있었다. 느부갓네살(Nebuchadnezzar)의 통치 제5년에 그는 암몬과 에돔을 합병했다(요세푸스[Josephus], *Ant*. 10.181). 나보니두스(Nabonidus)는 주전 553년경 에돔을 공격했다. 나중에 나바테아 사람들이 에돔을 침략하여 나라 전체를 장악했다.

의미

에돔에 대한 하나님의 메시지는 이스라엘이 바벨론의 포로로 끌려갔을 때(주전 586년; 시 137:7) 그들이 그것을 기뻐했기 때문에 심판의 거센 파도를 한 번 이상 겪게 된다는 것이다. 그들의 조상 에서로 인해 이스라엘과 관련되어 있다는 점을 고려하면 그들이 기뻐하는 모습은 더 혐오스러운 것이다. 적어도 에돔은 이스라엘이 바벨론의 정복 아래 어려움을 겪고 있을 때 이스라엘을 향해 동정심을 보였어야만 했다.

에돔은 여호와를 경배하고 공경하는 데 소홀했다. 특히, 에서가 아브라함과 이삭과 야곱에게 주어진 약속을 알고 있었다는 사실에 비추어 볼 때 더욱 그렇다.

(10) 아라비아(21:13-17)

문맥

열 번째 신탁은 아라비아에 대한 것이다. 이 신탁은 아라비아의 주민들에게 전쟁에서 도망치는 자들을 위해 식량을 제공하라고 요청하고 그들 역시 곧 패배할 것이라고 경고한다. 이 신탁이 아라비아(아랍['*ărab*], 2회)를 가리키는 것인지 약간의 의문이 있지만, 드단(알 울라[*Al Ula*], 홍해 북동편의 요충지인 성읍), 데마(타이마[*Tayma*], 두마[*Dumah*])에서 남서쪽으로 200마일 떨어진 주요 거점 성읍)와 게달(아라비아사막의 북서편에 있는 지역)이라는 지명들은 모두 아라비아반도에 위치한다.

이 신탁에는 두 개의 단위가 포함된다.

- 13-15절: 전쟁에서 도망친 군인들에게 도움을 주라는 요청
- 16-17절: 게달의 멸망에 대한 예언

[부록: 아라비아]

> 아라비아반도(Arabian Peninsula)는 크게 아라비아사막과 서쪽 경계를 따라 있는 산등성이로 구성된다. 아라비아 일부는 특정 작물을 재배하기 위한 강우량이 충분하지만, 그 지역의 대부분은 그 양이 아주 적다. 유목민들과 사막 거주자들은 수천 년 동안 거의 변화를 겪지 않고 살아남았지만, 역사상 정착지의 대부분은 아라비아반도의 남서쪽과 북서쪽 구석에 자리 잡고 있다.
>
> 솔로몬의 통치 기간에 아랍 족속들과의 무역이 이루어졌는데, 특히 홍해의 에시온 게벨(Ezion-geber)에 있는 항구에서 흔하게 이루어졌다. 히스기야 시대에 아랍 족속들은 산헤립에 맞서 예루살렘 방어를 돕기 위해 용병으로 고용되었다(Taylor Prism 3.31). 요시야 시대에 아랍 사람들은 무역업자로서 두각을 나타내고 있었다(겔 27:20-21).

주석

⟨13-15⟩ 아라비아(아랍['*ărāb*])에 대한 이 신탁(맛사[*maśśā'*])은 데마 땅의 주민들과 드단 대상들에게 도피하는 자를 위해 떡과 물을 가져오라고 명령한다. 이 드단 대상들은 드단과 대마가 위치한 아라비아사막 서쪽 부분의 수풀에 진을 치고 있었다. **바야아르**(*bayya'ar*, 수풀에서)와 **바랍**(*ba'rāb*, 아라비아) 사이에 재미있는 언어유희가 있다.

15절에 나오는 네 개의 이미지는 이 피난민들이 전쟁의 참화를 피해 도망치고 있음을 강조한다. 그들이 칼날(문자적으로 '칼들', 일반적으로 전쟁을 의미함)을 피하며 뺀 칼(문자적으로 '던져진 칼')과 당긴 활(활 쏘는 것을 의미함)과 전쟁의 어려움(문자적으로 '전쟁의 압박')에서 도망하였음이니라. 전쟁 때에 피난민들은 종종 제국의 변두리로 도망쳤다. 따라서 데마는 네푸드(Nefud)사막에 들어가기 전에 물과 음식을 얻기 위한 중요한 거점이 되었을 것이다. 꼭 필요한 경우를 제외하고는 위험을 감수할 사람은 거의 없었을 것이다.

⟨16-17⟩ 하나님은 선지자에게 아랍 사람들조차 하나님이 계획한 심판을 피할 수 없을 것이라고 알려 준다. 품군의 정한 기한(문자적으로 '고용된 노동자의 연수')같이 (즉, 필요 이상으로 비굴해지지 않도록 꼼꼼하게 품삯이 계산될 것임) 일 년 내(문자적으로 '일 년이 아직 안 된')에 게달의 영광이 다 쇠멸하리니. 여기에 언어유희가 있다. 게달의 영광(카보드[kābôd], 16절)이 전쟁의 어려움(코베드[kōbed], 15절)으로 떨어질 것이다.

게달 자손 중 활 가진 용사의 남은 수(NIV, 생존자들)가 적으리라(17절). 아라비아는 이 멸망이 이스라엘의 하나님 여호와의 말씀이기 때문에 확실하다는 것을 알아야 한다. 여호와께서 말씀하시면 그것은 이루어질 것이다.

의미

하나님은 아직 멸망하지 않은 다른 나라를 향해 그분의 주권을 보여 주신다. 아랍 족속들이 징벌받았던 이유는 성경에 거의 나와 있지 않다. 그러나 하나님을 섬기지 않았다는 것만으로도 충분한 이유가 될 것이다.

(11) 환상의 골짜기(22:1-25)

문맥

열방을 향한 열한 번째 신탁은 아직은 베일에 싸여 있다. 이번에는 선지자 자기 백성인 환상의 골짜기를 향해 선포하기 시작한다(8-10절을 보라). 그것은 두 가지 분명한 메시지를 담고 있다. 유다에 대한 징벌(1-14절), 셉나에 대한 구체적인 징벌(15-25절). 학자들은 일반적으로 이 신탁에 대한 역사적 배경을 다음 세 가지 가운데 하나라고 주장한다.

- 주전 711년 사르곤의 원정(Oswalt 1986: 408)
- 주전 703년 므로닥 발라단의 원정(Roberts 2015: 286-287)
- 주전 701년에 산헤립의 침공으로 시작하여 유다의 몰락으로 이어진 일련의 사건들(Wildberger 1997: 357-358)

이 산헤립의 침공은 이스라엘의 마음을 더욱 강퍅하게 만들었고(12-14절) 마침내 주전 586년에 유다의 최종 멸망까지 초래했다. 세 번째가 예언적 관점(prophetic perspective)에 비추어 볼 때 가장 의미가 있다(즉, 선지자는 미래의 어떤 시점에서 일어날 사건들을 볼 것이다).
1-11절은 하나님의 징벌이 내려지는 두 시기를 묘사하는 것으로 보인다.

- 앗수르 사람들이 유다를 공격했던 주전 701년(5-11절)
- 바벨론 사람들이 예루살렘을 파괴하고 그 백성을 추방했던 주전 586년(1-3절)

두 번째 징벌이 먼저 묘사된다. 예루살렘 백성들은 격변기에 있다. 시드기야와 그 성읍의 지도자들은 도망쳤지만, 나중에 느부갓네살에게 포로로 붙잡히게 되었다(3절; 렘 52:7-11을 보라).

이 신탁(NIV, 예언)에 관련된 자들 즉, 하나님의 택한 백성이 눈이 멀어(blind) 그에 대한 반역의 결과를 예견하지 못할 때, 이 신탁이 '환상(vision)의 골짜기'를 향하고 있다는 것은 아이러니하다.

셉나에 관한 메시지(15-25절)는 개인적 차원에서 이것을 설명한다. 그 청지기는 예루살렘 주민(21절)의 아버지가 되어야 할 의무를 이행하는 대신에 개인적 권력 강화를 위해 그의 직분을 이용했다. 하나님은 나라들과 개인들의 행위를 보시고 그들 모두에게 책임을 물으신다.

[부록: 예루살렘]

> 유대 고지대의 산등성이에 있는 옛 예루살렘(즉, 다윗 도성)은 삼면이 계곡으로 둘러싸여 있다. 동쪽으로는 기드론 계곡(Kidron Valley), 남쪽으로는 힌놈 계곡(Hinnom Valley), 서쪽으로는 두루 계곡(Tyropoean Valley, 이 마지막 계곡은 오랜 세월에 걸쳐 돌무더기로 채워졌음). 다윗 도성으로 알려진 곳은 거의 해발 2,490피트(760미터)에 있다.
>
> 오늘날 예루살렘은 세 주요 종교의 성지이다. 유대교, 기독교, 이슬람교. 그곳의 역사는 수천 년에 걸쳐 있으며, 점령 연대는 적어도 주전 4000년으로 거슬러 올라갈 것이다. 예루살렘은 23번 포위당하고 44번 함락되고 두 번 파괴되었다(Cline 2005:2). 다윗은 주전 1000년경에 여부스 사람들로부터 그것을 빼앗아서 통일 왕국의 수도로 공포했다. 왕국이 분열되고 나서 예루살렘은 주전 586년에 바벨론에 의해 멸망될 때까지 유다의 수도로 남아 있었다.

주석

⟨1-3⟩ 경고(맛사[*maśśā*'], '신탁'; NIV, 예언)는 예루살렘에 대한 간접적인 언급(9-10절을 보라)인 환상의 골짜기(1, 5절)에 대한 것이다. 그 성읍은 소란하며(문자적으로 '소음들') 떠들던 성, 즐거워하던(알리자[*'allîzâ*], '기뻐하는', 7

회; 23:7을 보라) **고을로 묘사되어 있지만, 처음에는 그 이유가 불분명하다**(NIV, 무엇이 지금 너를 괴롭히느냐…?; 문자적으로 '무엇이 네게 지금'; 개역개정은 네가 지붕에 올라감은 어찌함인고-역주).

사람들은 주변 지역에서 무슨 일이 일어나고 있는지 살펴보기 위해 옥상으로 올라간다. 전투가 벌어지고 있다는 것은 의심의 여지가 없지만, 이스라엘 사람들은 전투에서 죽지 않았다. 대신에 **너의 관원들도 다 함께 도망하였다가 활을 버리고 결박을 당했다**(3절).

전쟁 중에 **관원들**(케치나익[qĕṣînayik, 12회; 권위 있는 사람을 가리키는 일반적 용어])이 그 성읍을 떠난 바로 그 시점은 주전 586년이었다. 즉, 바벨론 왕 느부갓네살이 그 성을 함락시키기 직전에 시드기야와 그의 신하들이 예루살렘에서 아라바(Arabah)로 도피했다(렘 39:3-7을 보라).

3절은 교차대구법 구조로 배열되어 있다(문자적 번역).

A 너희 관원들 모두 함께 도망갔다.
　　B 활 없이(민[min]) 그들이 붙잡혔다(강조하기 위한 어순).
　　B′ 발각된 너희 모두 함께 결박됐다.
A′ 멀리 떨어진 곳으로(민[min]) 그들이 도망갔다(강조하기 위한 어순).

이 구조는 도망간 사람들의 결과를 명확하게 묘사해 주고 심지어 그 묘사를 더 강화시켜 준다. 그들은 예루살렘에서 멀리 도망치려 했지만 사로잡혀 결박당했다.

⟨4-5⟩ 미래에 있을 이 심판 신탁을 받은 결과(그러므로) 그 선지자는 위로를 받을 수 없었다(문자적으로 '나를 위로하려고 서두르지 말라'). 그는 **내 딸 백성**(NIV, 내 백성)이 **패망하였으므로** 말미암아 '심하게 운다'(문자적으로 '울음으로 나를 쓰게[bitter] 하라'). 여기에는 위로가 없다. 그 나라는 그들의 사악함 때문에 징벌받고 멸망하게 될 것이다.

히브리어 본문에서 5절을 시작하는 단어 **키**(*kî*, 문자적으로 '때문에')는 선지자의 고통에 대한 이유를 설명한다. 주 만군의 여호와께서 환상의 골짜기에 소란(메후마[mĕhûmâ], '공황')과 **밟힘**(메부사[mĕbûsâ], '정복')과 혼란(NIV, 공포[메부카⟨mĕbûkâ⟩])의 날을 가져오신다. 비슷하게 들리는 단어들을 사용해서 의미를 강조한다.

이제 우리는 그 환상의 제목이 주는 목적을 알게 된다. 그것은 심판의 환상이다. 이 구절(5절)의 나머지 부분에는 두 개의 희귀한 단어가 포함되어 있다. **성벽**(키르[qir], 굵은 글씨체의 문자들은 언어유희일 수 있음)의 **무너뜨림**(메카르카르[mĕqarqar], 2회)과 **산악**('그 산'= 아마도 모리아산[대하 3:1], 여호와께서 거주하시는 시온산으로 알려짐)에 **사무쳐 부르짖는**(쇼아[šôaʻ], 여기에만 나옴) 소리.

⟨6-7⟩ 엘람 사람은 화살통(아슈파[ʾašpâ], 6회; 49:2을 보라)을 메었고 전쟁을 위해 **병거 탄 자와 마병**(NIV, 말들; 문자적으로 '병거들, 사람['보병']으로도 읽힐 수 있음] 및 기마병들'-군대의 기본 단위들)을 준비한다. **기르 사람은 방패를 드러냈다**(문자적으로 '노출하다. 즉, 방패 집에서 꺼내다'). 두 상황 모두 전쟁을 위한 여호와의 날을 준비하고 있다.

바벨론의 동쪽에 있는 엘람은 산헤립과 아슈르바니팔에 의해 정복되었고, 그들은 포로들을 앗수르 군대로 징집했다(*ARAB* 2.234를 보라). 나중에 바벨론 사람들은 그들과 동맹하여 앗수르 사람들과 싸우는 것을 돕게 했다. 엘람 사람들이 유다에게 대항하여 바벨론과 싸웠을 가능성이 없으므로 이 단락은 앗수르 시대에 더 잘 들어맞는다.

기르의 위치는 불확실하지만, 문맥에서 주어진 평행법(6절)을 감안할 때 그것이 엘람 일부라고 가정할 수 있다. 또한, 앗수르 사람들은 아람의 포로들을 기르로 보냈는데(왕하 16:9), 엘람이 앗수르와 동맹을 맺었다면 허락했었을 것이다.

예루살렘을 둘러싼 골짜기들의 평평한 지역들을 앗수르의 병거들이 가득 채울 것이다. 병거는 네 아름다운 골짜기에 가득하였고. 마병은 성문에 정렬 되었도다(문자적으로 '고정된 위치를 차지했다'). 앗수르 사람들은 성읍을 포위하고 있는 동안 식량과 물 공급이 바닥나고 주민들이 항복할 준비가 될 때까지 누구도 들어오거나 나가는 것을 허락하지 않았다고 알려져 있다.

⟨8-11⟩ 8-11절은 하나님을 의지하지 않고 그들 스스로 보호하려는 백성들의 노력을 교차대구법으로 묘사한다(문자적 번역).

A 그리고 그가 유다의 방어 물(마삭[māsak], '덮은 것')을 벗기매
   B 그날에 네가 수풀 곳간의 무기들을 바라보았고,
      C (1) 그리고 너희가 다윗 성의 무너진 곳(바키아[bāqia'], 2회; 암 6:11을 보라) 이 많은 것을 보았다.
         (2) 그리고 너희가 아랫못의 물들을 모았다(왕하 20:20을 보라).
      C′(1) 그다음에 예루살렘의 집들을 계수하며 그 집들을 헐어 성벽을 견고하게 하고
         (2) 그리고 너희가 또 옛 못의 물을 위하여 두 성벽 사이에 저수지(미크바[miqwâ], 오직 여기에만 나옴])를 만들었다.
   B′ 그러나 너희가 그것[즉, 수풀 곳간]을 만들었던 그를 의지하지도 않았고,
A′ 그것을 오래전부터 계획했던 그를 숙고하지도 않았다.

무너진 성벽에 대한 수리(C 행)는 C′ 행에 더 자세히 설명되어 있다. 집들은 돌을 성벽에 사용할 수 있도록 헐어 버렸다. 마찬가지로 사람들은 두 성벽 사이에 저수지를 만들었기 때문에(C′ 행) 물을 모을 수 있었다(C 행).

그(NIV, 주)가 그의 보호를 벗기매 그들은 다음과 같이 자신의 힘을 의지했다.

첫째, **수풀 곳간**(NIV, 궁궐; 문자적으로 '집', 즉, 솔로몬이 무기고로 지은 건물, 왕상 7:2)의 **병기를 비축함으로써**

둘째, 허물어진 예루살렘 성벽 여러 곳을 수리함으로써

셋째, **옛 못**(즉, 실로암못)에 물을 저축함으로써

8절의 단수형 네가는 전쟁에 나가기로 한 왕을 가리킨다. 9-11절은 그 나라를 언급하기 위해 2인칭 복수형을 사용한다.

그날에(8절)는 하나님이 징벌하시는 날(5절)을 의미하는데, 문맥상 '허물어진' 예루살렘 성벽의 많은 곳이 수리되었던 주전 701년이다. 산헤립이 침공하기 전에 오늘날 '히스기야의 터널'로 알려진 두 성벽 사이에 저수지는 약 3분의 1마일의 단단한 암석을 뚫고 성벽 바깥의 기혼 샘에서 그 안의 실로암못으로 물이 흐를 수 있도록 했다(*ANEP* 275, 744). 히스기야 시대에 예루살렘에는 두 개의 성벽이 있었다.

첫째, 시온산 주위의 옛 여부스 사람들의 성벽

둘째, 예루살렘의 서쪽 언덕을 둘러싸고 있는 히스기야의 확장된 성벽('넓은 성벽'으로 알려짐, 1970년에 나만 아비가드[Nahman Abigad]가 현대 예루살렘의 유대인 지역에서 발견함[*EAEHL* 2.586]).

히스기야와 예루살렘의 지도자들은 이 일을 옛적부터 경영하신(문자적으로 '형성했다') 이와 이(이 3인칭 단수 대명사는 아마도 예루살렘을 징벌할 계획을 의미할 것임)를 행하신 이인 하나님을 신뢰하기보다 오히려 자신들의 기발한 재주를 의지하기 시작했다. 마침내 주전 701년의 어느 시점에서 히스기야는 하나님 외에는 돌아갈 곳이 어디에도 없다는 것을 깨달았다(왕하 19:1-4//사 37:1-4을 보라).

〈12-14〉 그날에(즉, 5, 8절에 언급된 것과 같은 날, 말하자면 주전 701년) 하나님은 앗수르 연합군에 의한 징벌과 자신이 분명히 행한 구원이 자기 백성에게 감사와 회개를 불러일으킬 것이라고 기대하셨다. 하나님은 울고, 통곡하고, 그들의 **머리털을 뜯고**(문자적으로 '대머리를 만들다'), **굵은 베를 입는 것**(욘 3:5-9에 나오는 니느웨의 행위들을 보라)과 같은 회개의 징조를 보기를 원하셨다.

그런데 그들의 행동은 정반대였다. NIV, 그러나 보라(see, 문자적으로 '그러나 보라[beholed], 놀라움을 나타냄; 개역개정에는 없음-역주), 너희가 기뻐하며 즐거워하여 소를 죽이고 양을 잡아 고기를 먹고 포도주를 마시면서 내일 죽으리니 먹고 마시자 하는도다(밑줄 친 형태들은 계속적이거나 반복적인 행동을 암시함). 그들의 배은망덕함과 뿌리 깊은 죄는 다음과 같은 그들의 반응으로 증명된다. 너희 … 내일 죽으리니(잠재적) 먹고 마시자 하는도다[14].

그러나 죽으리니라는 동사('may'가 없는 NIV는 미래[future]의 의미로, 'may'가 있는 NASB는 잠재적[potential] 의미로 번역함)를 어떻게 번역하든 결과는 같다. 그들은 회개함으로 이 큰 구원을 주신 하나님께 감사하는 대신에 그분의 큰 자비로우신 행동을 무시한다. 그들의 태도는 '내일은 다 끝날지도 모르니까 오늘은 최대한 즐기자'이다(쾌락주의[hedonism]의 극치).

그들의 태도는 완악한 마음과 하나님을 향한 완전한 불손함을 보여준다(6:9-10을 보라). 14절에서 선지자를 통해 주시는 하나님의 응답(만군의 여호와께서 친히 내 귀에 들려)이 그토록 강력한 것은 놀라운 일이 아니다. 이 죄악(sin, 문자적으로 '죄'[guilt])은 너희가 죽기까지(문자적으로 '확실히 …까지') 용서하지 못하리라.

이러한 하나님의 엄숙한 선언은 일반적인 구약의 맹세 공식(Old Testament oath formula)에 의해 확인된다(14절). 14절에 나오는 복수 대명사 너희가 (죽기까지)는 13절에 나오는 사람들을 가리키는데, 로버츠는 이 사람들은 엘리트 지도자들이라고 주장한다(2015: 290). 그러나 예루살렘의 모든 사악한 주민일 가능성이 더 크다.

그들이 살아 있는 동안 이 죄악을 용서받지 못한다면, 미래에도 분명히 용서받지 못할 것이다. 이것이 마태복음 12:31-32에 해당하는 '구약의 용서받을 수 없는 죄'(unpardonable in of the Old Testament)이다. 예루살렘 사람들은 마음이 완악하여 하나님이 기적적으로 그들을 구원하셨다는 것을 알면서도 그들은 하나님께 대한 감사와 경외심으로 반응하지 않고 그것을 단지 행운으로 치부했다. 명백한 자비 앞에서 이러한 유형의 배은망덕은 하나님의 징벌을 받아 마땅하다.

---

14) 마소라 본문은 너희가 … 하는도다(you say)를 포함하지 않지만, 문맥이 그것을 제안한다. 그래서 다른 역본들은 그것이 있다고 가정한다.

⟨15-16⟩ 15-25절은 여전히 주전 701년을 배경으로 하는 새로운 섹션을 포함하고 있다. 여기서 하나님은 그(셉나)의 오만과 건방짐에 대해 맹렬하게 책망하시려고 이사야를 그 국고를 맡고 왕궁(문자적으로 '집') 맡은 자(NIV, 청지기[steward], 소켄[sōkēn], 여기에만 나옴)인 셉나[15]에게 보내신다. 셉나의 건방짐은 다음 두 개의 질문에 암시된다. 네가 여기와 무슨 관계가 있느냐(NIV, 네가 여기서 무엇을 하느냐?)/여기에 누가 있기에(NIV, 누가 너에게 허가해 주었기에) ….

이사야가 이렇게 훈계한 것은 셉나가 눈에 띄는 곳에 바위를 깎은 무덤을 스스로 만들었기 때문(키[kî])일 것이다. 그런 무덤들은 일반적으로 가족무덤이었지만, 그의 무덤은 자신만을 위한 것으로 보인다(16절). 그것은 높은 곳에와 반석(문자적으로 '절벽')에 위치한다. 다시 말해서, 그는 자기에게 어떤 권리도 없는, 눈에 띄는 장소에 무덤을 만들어 자신을 기념하려고 했다.

셉나는 나라의 위급한 상황에 관심을 두는 대신 그가 죽었을 때 자신을 기념할 방법을 찾는다. 셉나는 그가 만든 무덤에 결코 묻히지 못했다. 그 무덤이 있을 만한 위치에 대해서는 아비가드(Avigad 1953:137-153면을 보라).

⟨17-19⟩ 셉나의 무분별함의 결과는 그가 이 영예로운 곳에 매장되는 대신 이방 땅으로 옮겨진다는 것이다. NIV의 주의하라(beware, 힌네[hinnēh], '보라'[behold], 개역개정에는 없음-역주, 17절)라는 경고는 셉나에 관한 암울한 예언에 그가 주의를 기울이도록 하기 위한 것이다.

여호와가 너를 단단히 결박하고(문자적으로 '너를 계속 붙잡아') 장사같이 세게 던지되 반드시 너를 모질게 감싸서(차냎[ṣānap], 이 구절에서 3회 사용됨) 공(두르[dûr], 2회)같이 광막한 곳(문자적으로 '손들이 넓은 땅'=바벨론; NIV, 넓은 나라

---

15) 셉나(šebna')는 세바니야(Shebanijah, '하나님이 가까이 왔다': HALOT 4.1395-1396)의 축약형일 수 있다. 성경 본문에서 이 이름에 대한 철자의 변형이 있다(예, 쉡나[šebnâ], 왕하 18:18], 그러나 병행 구절은 쉡나[šebna', 사 36:3]로 읽음)

[a large country])에 던질 것이라.

섭나는 그 땅에서 죽을 것이며 그의 재물은 아무 소용이 없을 것이다. 이 시대에 조상들과 함께 매장되지 못하는 것은 큰 저주로 여겨졌다. 네(셉나) 영광의 수레(NIV, 네가 그토록 자랑스러워했던 병거들)도 이방 땅으로 옮겨질 것이다. 이것은 산헤립이 셉나를 포함한 히스기야의 정예 부대가 그를 떠나 니느웨에 이르렀다고 주장했을 때 성취되었을 것이다(*ANET* 288).

그의 패배는 셉나의 주인의 집에 수치를 가져왔을 것이다. 하나님은 셉나를 쫓아내며라고 말씀하셨는데, 이것은 그가 관직에서 강제로 쫓겨났음을 의미한다. 쫓아내며(하답[*hādap*], '밀치다, 밀어내다')는 평행 어구인 낮추리니(하라스[*hāras*], '내던지다, 무너뜨리다')와 비슷한 의미이다.

〈20-21〉 그날에(즉, 셉나가 몰락한 날에) 하나님은 그의 종 엘리아김을 불러(즉, '임무를 위해 부르다')내실 것이다. 그의 아버지 힐기야는 요시야 시대(주전 641-609년경)의 대제사장이었다. 힐기야의 존재는 점토 관인(clay bulla) 한 개와 인장(seals) 두 개에 의해 확인되었다(Schneider 1991:32-33).

21절에 사용된 용어들은 하나님의 권위가 셉나에게서 엘리아김으로 옮겨졌음을 암시한다.

- 네(셉나의) 옷(겉옷, 튜닉 [tunic])을 그(즉, 엘리아김)에게 입히며
- 네 띠(아브넷['*abnēṭ*], '허리띠', 9회; 레 16:4을 보라)를 그에게 띠워 힘 있게 하고
- 네 정권을 그의 손에 맡기리니(NIV, 네 권위를 그에 넘기다).

특별한 옷과 띠가 이 고위층의 지도력과 관련되었을 수 있다.

셉나에서 엘리아김으로의 이 권한 이전은 랍사게가 예루살렘으로 처음 진군하기 전에 일어났다(왕하 18:18//사 36:3을 보라). 그 후 예루살렘에 셉나가 있었다는 증거는 없다. 엘리아김은 셉나와 달리 예루살렘 주민과 유다의 집의 아버지가 될 것이다. 그는 진정한 아버지로서 그 백성들을 지

도하고, 보호하고, 인도할 것이다.

⟨22-23⟩ 하나님은 특별한 권위로 엘리아김을 영화롭게 하실 것이다. 먼저 하나님은 다윗의 집의 열쇠를 그의 어깨에 두실 것이다. 열쇠라는 단어는 사사기 3:25과 역대상 9:27에 나오는데, 둘 다 문자 그대로 열쇠를 의미한다. 그러나 여기 22절에서의 열쇠는 아마도 그의 능력과 권위에 대한 상징일 것이다(마 16:19을 보라). 이것은 그가 열면 닫을 자가 없겠고 닫으면 열 자가 없으리라라는 다음 어구에 의해 명확해진다. 권위의 무게는 일반적으로 어깨에 짊어지는 것으로 묘사된다(9:6을 보라).

그리고 엘리아김은 못에 비유된다. 못(야테드[yātēd], '장막 못')이 단단한 곳(문자적으로 '믿을 수 있는 곳')에 박힘같이 그를 견고하게 하리니. 이것은 그가 나라의 안정과 그의 가문의 명예를 가져온다는 뜻이다. 엘리아김은 그의 주인에게 수치를 가져온 셉나(18절)와 달리 그의 아버지(문자 그대로 그의 아버지이거나 또는 왕에 대한 상징적 의미)의 집에 영광의 보좌를 세울 것이다. 엘리아김이 재임하는 동안에 하나님은 그 나라를 구원하실 것이다 (주전 701년).

⟨24-25⟩ 지혜와 공의와 정의를 나타내는 신하가 나라 전체를 영화롭게 하여 그 나라를 다스리는 권세(즉, 셉나가 한때 가졌던 지위)를 받게 될 것이다. 계속해서 장막 못 이미지를 사용하여 24절이 말한다. 그의 아버지 집의 모든 영광이 그 위에 걸리리니. 다음 어구들은 이 영화로움의 정도를 강조하는데, 여기에는 다음과 같은 것이 포함된다.

첫째, 그 후손과 족속(이 용어들은 왕의 직계 후손뿐만 아니라 다른 후손까지 나타냄)이 되는 모든 사람

둘째, 작은 그릇(문자적으로 '작은 모든 그릇')으로 묘사된 궁궐에 있는 나머지 사람들. 종지(악가노트['aggānôt], 3회; 출 24:6)로부터 모든 항아리까지라는 명료한 어구는 여기에 그들 모두가 포함됨을 강조한다. 엘리아김은 모든 것을 책임지고 그 모든 사람을 영화롭게 할 것이다.

그러나 이 영화로운 기간은 한계가 있을 것이다. 단단한 못이 삭으리니(문자적으로 '떠나다') 그 나라는 엄청난 타격을 입고 고통당할 때(그날에)가 올 것이기 때문이다. 그 못이 부러져(문자적으로 '둘로 잘리다') 떨어지므로 그 위에 걸린 물건(맛사[*maśśa*], '짐'])이 부서지리라.

못에 걸려 있는 짐은 그 나라의 무게를 나타낸다. 그것이 떨어질 때 또한 나라 전체가 항복할 것이다. 주전 586년 바벨론 포로를 둘러싼 사건들은 단단한 곳에서 뽑혀 나갔던 그 나라의 몰락과 일치한다. 이 심판은 그 구절의 시작과 끝에서 강조된 여호와에 의해 선언되었기 때문에 확실하다(여호와께서 이르시되, 25a절; 여호와의 말이니라, 25b절).

의미

환상 골짜기(예루살렘)에 대한 이 심판 신탁은 이스라엘 역사에서 두 가지 중요한 사건과 관련이 있다(5-14절, 주전 701년; 1-4절, 주전 586년). 첫 번째 사건(즉, 주전 701년)은 두 번째 사건(즉, 주전 586년)을 위한 무대를 설정한다.

첫 번째 사건 이후에도 이스라엘 사람들은 그들을 구원하시는 하나님을 믿지 않았을 뿐만 아니라, 하나님이 그들을 구원함으로 크신 자비를 베푸신 후에도 실제로는 그를 조롱했다(즉, 내일 죽을지도 모르니 먹고 마시자). 그 결과 하나님은 그들이 이 죄를 용서받지 못할 것이라고 맹세하셨다. 완악하고 감사가 없는 그들의 마음 때문에 하나님은 그들을 심판하실 것이다.

셉나와 엘리야김에 관한 신탁의 두 번째 부분은 동일한 메시지를 묘사한다. 하나님은 셉나 마음의 완악함(즉, 주로 교만과 오만) 때문에 그를 제거하고, 그 나라를 안정시키고 영화롭게 할 엘리야김으로 교체하실 것이다. 그런데도 유다의 멸망은 반드시 다가올 것이다.

하나님의 인자와 자비를 알지 못하여 그분을 조롱하는 것은 하나님이 간과하실 수 없는 통탄할 만한 죄이다. 이러한 종류의 마음의 완악함은 로마서 1:18-32에서 언급한 것처럼 하나님이 악인에게 정당하게 그분의 진노를 쏟아부을 때까지 악인을 그들의 계략에 내버려 두신다는 것을 의미한다.

(12) 두로(23:1-18)

문맥

고대 근동의 먼 동쪽 가장자리에 있는 바벨론에서 시작된 열방에 대한 신탁들은 이제 이 마지막 신탁에서 고대 세계에서 먼 서쪽 가장자리에 있는 상업 도시인 두로로 향한다. 이 신탁은 두 개의 주요 섹션으로 나뉜다.

- 1-14절: 두로의 멸망
- 15-18절: 두로의 회복

첫 번째 섹션은 두로가 멸망되었다는 선포로 시작되며(1-7절), 그들의 교만이 이 멸망을 초래했다는 여호와의 확증(8-14절)으로 이어진다.

두 번째 섹션에서 **칠십 년 동안** 두로는 잊혀진 상태에 있을 것이며(15, 17절), 그 후에 여호와께서 '방문하여'(17절) 그들의 무역을 회복시키실 것이다(15-18절). 그의 방문으로 또한 그들은 부를 회복할 것이며 **여호와께 구별될**(NIV, 문자적으로 '거룩하다'; 개역개정은 거룩히 여호와께 돌리고-역주, 18절) 것이다.

두로의 부가 기꺼이 여호와께 바쳐졌는지 아니면 여호와께서 그것을 몰수했는지는 분명하지 않다. 어느 쪽이든 하나님을 예배하는 자들(즉, 여호와 앞에 사는 자)은 그것으로부터 큰 유익을 얻을 것이다.

[부록: 두로]

페니키아 사람들의 이 고대 주요 항구는 두 부분으로 구성되었다. 이 지역의 상업 중심지였던 한 섬 그리고 그 섬에 목재, 물, 기타 필요 물품을 공급한 우슈(Ushu; '옛 두로')의 본토 교외 지역이다. 두로의 섬에는 두 개의 항만 시설이 있었는데, 하나는 북쪽 해안에 있었고 다른 하나는 남쪽에 있었다. 두로의 해상 무역은 지중해 전역에서 두로에게 막대한 부를 가져다주었고, 그것은 여러 나라의 부러움을 샀다.

천년 전환기의 전후에 페니키아 해안에 대한 애굽의 장악력이 약해졌다. 따라서 두로는 다윗왕과 솔로몬왕으로 더불어 강한 유대 관계를 맺고, 그들의 건축 활동들에 필요한 많은 자원을 공급하는 독립된 성읍이 되었다(왕상 5:1-12을 보라).

몇몇 왕이 두로를 정복하려 했으나 실패했다. 주전 722년 사르곤 2세(Sargon II), 주전 664년 아슈르바니팔(Ashurbanipal), 주전 587-574년경 12년 동안 포위했던 느부갓네살 2세(Nebuchadnezzar II)가 그들이다.

알렉산더 대왕(Alexander the Great)은 두로의 본토 성읍을 파괴한 후 그 섬의 요새까지 돌무더기로 다리를 놓아 마침내 주전 332년 7월에 두로 전체를 점령했다. 그 성읍은 셀류시드(Seleucid) 왕조의 후원 아래 어느 정도 회복되었지만, 초기 고대 세계에서 누렸던 힘과 권위를 결코 다시는 되찾지 못했다.

주석

⟨1-2⟩ 열한 번째이며 마지막인 이 신탁은 두로의 멸망을 묘사하는 공동 애가(communal lament)이다. 다시스의 배들은 두로의 큰 무역선(왕상 10:22을 보라)을 의미한다. 그 무역선은 다시스에서 금, 은, 철, 주석, 납을 포함한 매우 다양한 자원을 싣고(겔 27:12) 두로에 있는 고향 항구로 돌아온다. 다시스의 위치는 확실하지 않지만, 아마도 서바나(Spain) 서부 해안에 있

었을 것이다.

배들은 슬피 부르짖을지어다 두로가 황무하여/집이 없고 들어갈 곳(NIV, 항구)이 없음이요라는 말을 듣는다. 이것은 주전 332년에 알렉산더 대왕에 의해 초래된 철저한 멸망에 대한 그림이다. 상선들은 두로가 있기 전에 상인들의 마지막 종착지였던 깃딤 땅(NIV, 키프로스[Cyprus] 땅)에서 두로가 멸망했다는 소식을 듣는다.

너희 해변(NIV, 섬) 주민들아 잠잠하라(다만[dāmam], 4회; 2절)라는 어구는 주요한 무역 동업자를 잃어버리고 슬퍼했을 시돈(해안에서 22마일 더 위쪽에 위치함) 상인들에 대한 언급이다. 두 성읍 모두 해상 무역업자들(문자적으로 '바다를 건너는 자들')에 의해 크게 부유해졌다.

도치된 히브리어 구문에서는 강조하기 위해 동사를 2절 끝에 배치하고 다음과 같이 읽는다. '시돈의 상인들(문자적으로 '돌아다니는 자들')이 계속해서 바다를 건너서(즉, 분사) 너를 채운다'. 즉, 상인들은 끊임없이 시돈을 채우고 있었다.

〈3-4〉 두로와 시돈이 어떻게 채워졌는지에 대한 묘사는 교차대구법 구조로 된 3절에서 계속된다.

A 큰(문자적으로 '많은')물(즉, 지중해)로
    B 시홀(아마도 나일; 렘 2:18을 보라)의 곡식
    B´ 곧 나일(예오르[yĕ'ōr])의 추수
A´ 두로의 수익이었다(NIV; 개역개정은 수송하여 들였으니 - 역주)

다음 어구는 두로의 영향력 있는 지위를 포착한다. 두로는 열국의 시장이 되었도다. 여기에 쉬호르(šiḥōr, 시홀)와 세하르(sĕḥar, 6회; 시장) 사이에 언어유희가 있다. 수익(NIV, 테부아[tĕbû'â])이라는 단어는 어근 보(bô', '오다, 가다')와 관련이 있으며, '가져왔던'(brought in) 것을 의미한다. 두로가 지중해 시장을 완전히 장악했기 때문에 두로는 '무역'과 동의어(synonymous)가

되었다(즉, 두로는 열국의 시장이 되었도다, 3b절).

선지자는 두로 때문에 시돈에게 **부끄러워할지어다**라고 말한다. 왜냐하면(키[*kiî*]), 바다의 요새인 두로가 시돈에서 그와 같은 해상 기술을 가진 자녀를 양육하여 성공을 재현할 수 없었기 때문이다(즉, 나는 산고를 겪지 못하였으며 출산하지 못하였으며). 두로와 같은 성읍은 어디에도 없었다.

바다의 요새(4, 11, 14절)는 바다 위로 높이 솟아 있는 두로의 섬을 묘사하는데, 150피트 높이의 절벽과 섬 자체의 위치 때문에 거의 접근할 수 없었다.

〈5-7〉 두로가 멸망했다는 소식이 전해지면서 애굽에서 다시스까지, 즉 지중해 이 끝에서 다른 끝까지 **고통받고** '울부짖게' 될 것이다. 애굽과 다시스는 그들의 경제가 해운업에 크게 의존하고 있었기 때문에 가장 큰 타격을 입었을 것이다. **고통받으리로다**(힐[*hîl*], 출산할 때처럼 '고통에 몸부림치다')라는 강한 느낌을 주는 단어는 하나님에 대한 두려움(예, 시 96:9)이나 임박한 전쟁 소식(예, 겔 30:16)을 설명하는 데 또한 사용된다.

수사학적 질문(이것이 … 너희 희락의 … 성읍이냐)은 이 강력하고 부유한 성읍, 누구나 기억할 수 있을 정도로 오랫동안 존재했던(즉, 옛날에 건설된 … 성, 문자적으로 '앞의 날들부터') 성읍이 이제 사라질 수 있다는 것에 대한 다른 나라들의 놀라움을 표현한다. 두로는 오랜 역사 동안 다른 나라들에 상당한 영향을 미쳐 왔다. 두로는 이 영향력과 무역 관계를 다른 나라들을 발전시키는 데 사용했다. 한번 무역 관계가 수립되면 많은 나라, 심지어는 **먼 지방**까지도 부유해졌다.

〈8-9〉 이 섹션은 모든 사람이 당연히 물어봤을 법한 질문에 대한 대답을 시작한다. **두로에 대하여 누가 이 일을 정하였느냐**. 두로의 이전 명예와 위엄은 세 가지 어구로 설명된다.

- 면류관을 씌우던 자요(문자적으로 '왕관[아타르⟨*ʿāṭar*⟩, 7회]이 주어지게 하는 자')
- 그 상인들은 고관들이요
- 그 무역상들은 세상에서 존귀한 자들이었던

해상 무역 상인들이 항상 귀하게 존경받는 것은 아니었지만, 두로의 **상인들**(소하레[*sōḥăreyh*], 직역하면 '그녀의 돌아다니는 자들')과 **무역상들**(킨아네하[*kinʿānêhā*], 여기에만 나옴)[16]은 부와 권력을 가진 **고관들**처럼 세상에서 가장 존귀한(NIV, 유명한[renowned]) 지도자들 가운데 속해 있었다.

그러한 강력한 상업 나라의 몰락을 계획할 수 있었던 유일한 이는 만군의 여호와이시다(9절). 이 여호와는 그분의 주권을 나타내는 하나님의 이름이다. 그분은 두로의 **영화**, 즉 그들이 자랑스러워하며 세상이 영광스럽게 여겼던 것을 멸시하신다(문자적으로 '더럽히다'). 그분께는 맞설 자들이 없을 것이며, 두로도 예외가 아니다.

⟨10-11⟩ 10절의 의미는 희귀한 단어 메자흐(*mēzaḥ*)가 어떻게 번역되는지에 따라 크게 달라진다. 애굽 단어 마다흐(*mdḥ*)에서 유래한 **항구**(NIV; 개역개정에는 없음-역주) 또는 **속박함**(NASB. '통제').

항구라고 읽는 학자들은 두로에는 더 이상 음식을 수입할 만한 항구가 없기에 두로 사람들은 애굽 사람들처럼 땅에서 일해야(즉, 동사 '아바르'[*ʿābar*, 건너다]를 '아바드'[*ʿābad*, ⟨땅에서⟩ 일하다']로 수정함)만 할 것이라고 제안한다. 그러나 수정을 뒷받침할 만한 증거 본문들이 거의 없고(즉, 1QIsa^a, 칠십인역), 시편 109:19에 메자흐(*mēzaḥ*)에 대한 명확한 의미가 있으므로 '속박함'(통제)으로 읽는 것이 좋다. 그것은 심판이 두로에 임하고 있고 더 이상 유보되지 않는다는 것을 확인시켜 준다.

---

16) 단수형은 '가나안'(Canaan)이라는 이름으로, 아마도 이곳이 상인들의 땅이었다는 것을 암시한다.

두로는 그 상인들의 활동이 가족과 같은 두 성읍 모두에게 이익이 되었기 때문에 **딸 다시스**라고 불린다(두로가 시돈의 딸이라고 불린 12절을 보라).

하나님이 징벌과 관련된 행동으로 바다 위에 그의 손을 펴시면, 이에 대한 반응으로 **열방**(NIV, 왕국들)은 두려워 떤다(11절). 페니키아 사람들(Phoenicians)이 지배했던 그 바다를 자신의 명령에 따라 사용할 수 있는 하나님이 궁극적으로 통제하신다. 하나님의 명령은 때때로 피난처로 사용되는 용어(25:4을 보라)인 두로의 **견고한 성들**(마우즈네하[ma'uzneyhā])[17]을 파괴하라는 것이다.

그 견고한 성들은 섬의 요새와 본토의 요새를 모두 포함했으며, 지중해 주변의 요새들까지도 포함했을 것이다. 두로는 **가나안**(NIV, 페니키아[Phoenicia, 8절에서 무역상들을 뜻하는 단어인 케나안[kĕna'an])에 있다고 한다. 애굽 사람들은 아람, 페니키아, 팔레스타인 전체 지역을 가나안이라고 불렀다.

⟨12-14⟩ 두로에 대한 판결이 확정되었다. 멸망이 확실하다. 두로는 결코 다시 번성하지 못할 것이다(문자적으로 '네가 결코 다시 증가하지 못할 것이다'). 선지자는 두로가 시돈의 짓밟힌 처녀(즉, '처녀'는 섬세하게 다루어져야만 했다. 47:1을 보라) 딸이 될 미래를 상상한다. **학대받은**(NIV, 짓밟힌)이란 단어는 '억압당한, 착취당한, 약탈당한'을 암시하며 심지어 '강간당한'을 암시하기도 한다. 두로가 **깃딤**(킷팀[kittiyim]; NIV, 키프로스[Cyprus], 1절을 보라)으로 도망치더라도 **평안**(즉, 보호)을 얻지 못하리라.

13절은 두로의 멸망을 앗수르가 바벨론을 멸망시켰던 일에 비유한다. 그들이 **망대**(바힌[baḥin], 여기에만 나옴)를 세우고, 궁전을 헐어(NIV, 요새들을 발

---

17) 마소라 본문은 마우즈네하(māʻuzneyhā)로 읽는데, 이것은 아마도 마우즈제하([māʻuzzeyhā], '그녀의 요새들')를 잘못 읽은 것으로 보인다. 1QIsaᵃ가 이 읽기를 확증하는 것 같다.

가볍겼다; 아라르['ārar], 4회), 황무(맢팔라[mappālâ], 3회)하게 하였느니라.

이 구절은 이 단락의 의미와 시기를 결정하는 데 중요하다. 두로는 바벨론 사람들(문자적으로 '갈대아 사람들', 주전 850년경에 바벨론으로 이주하여 신바벨론 시대에 메소포타미아 하부 지역을 지배한 서부 셈족 사람들)이 앗수르에 대항하여 자신을 도울 수 있다고 생각했다. 그러나 하나님은 앗수르를 이용하여 바벨론을 거의 진멸시키려는(즉, 그 백성이 없어졌나니[NIV, 셀 수 없다]) 다른 계획들을 가지고 계셨다.

앗수르의 공격이 끝날 무렵 바벨론은 단지 들짐승(치임[ṣiyim], 6회; 사막 생물들)만이 살 수 있는 땅이 되었다. 이것은 주전 689년에 있었던 산헤립의 광범위한 공격에 대한 언급일 가능성이 가장 크다. 그 공격으로 바벨론의 성벽들, 신전들, 궁궐들이 파괴되고 그 잔해들이 바다에 던져졌다(Erlandsson 1970: 89-91). 바벨론 사람들이 도와줄 것이라는 두로의 모든 희망은 무너져 버렸다.

두로의 멸망은 14절에서 다시 포착된다. 1절에 나오는 두로와 14절에 나오는 그와 유사한 단어들이 봉투 구조를 형성한다. 다시스의 배들아 너희는 슬피 부르짖으라(남성 복수) 너희의 견고한 성(두로)이 파괴되었느니라. 1-14절에 설명된 두로의 멸망에는 아마도 주전 586년 느부갓네살에서부터 시작하여 주전 332년 알렉산더 대왕(Alexander the Great)에 의한 마지막 멸망까지 다양한 파괴의 모습들이 포함될 것이다.

⟨15-18⟩ 그날부터라는 어구는 이전 구절의 심판으로부터 가나안 사람들(Phoenicians)을을 위한 회복의 시간으로 옮겨 가는 신탁의 새로운 섹션을 알려 준다. 두로는 칠십 년 동안 잊어버린바 될 것인데(15, 17절), 이것은 한 왕의 연한에 비유되는 기간이다(예, 느부갓네살은 72년 동안 살았던 것으로 생각됨[주전 634-562년]). 칠십 년은 아마도 그들이 바벨론에 의해 지배될 기간(즉, 대략 주전 612년에서 주전 539년까지 73년)에 해당할 것이다.

유다가 70년 동안 바벨론 포로 생활을 한 것과(예, 렘 25:11-12) 두로가 70년 동안 잊힌다는 것 사이의 유사점은 의도적이며, 하나님을 무시한 두 나라 사이의 연결점을 끌어낸다. 두로를 포위한 이후, 바벨론의 왕들은 두로의 많은 무역 물품을 그들의 나라로 가져갔기 때문에 성읍에서는 대공황이 일어났다(Fleming 1915:43-48).

칠십 년이 찬 후에 두로는 기생의 노래같이 될 것이라(15절)라는 어구에 나오는 그 노래의 가사는 16절에 나와 있는데 그 당시에 틀림없이 유행했을 것이다. 두로의 수금 연주와 노래 솜씨는 음녀를 다시 연상하게 했다. 마찬가지로 70년 후에 **여호와께서 두로를 돌보시리니**(문자적으로 '방문하다'), 여호와는 두로가 이전에 했던 '수익성 좋은 사업'으로 돌아가도록(문자적으로 '그녀의 창녀 수입과 그녀의 매춘으로 돌아감') 허락하실 것이다.

그러나 이번에는 비록 두로 자신이 여호와를 섬기지는 않을지라도 그 수익이 여호와를 위해 사용될 것이다(문자적으로 '거룩하게 될 것이다'). 그 무역한 것이 여호와 앞에 사는 자가 배불리 먹을 양식(문자적으로 '만족하게 먹음'), **잘 입을**(NIV, 좋은[아틱⟨ātiq⟩, 여기에만 나옴) **옷감**(문자적으로 '덮을 것들', 18절)이 되리라.

두로의 상황은 바사 시대(Persian period)에 극적으로 개선되었다. 두로의 왕실 보물들과 숲들은 예루살렘의 성벽(느 2:8)과 성전 및 모든 기물(스 6:8-12)을 만드는 데 사용되었다.

의미

두로는 적어도 다윗과 솔로몬 시대부터 여호와를 알았지만(대상 2:11-12을 보라), 다른 신들을 따르기로 작정한 교만하고 부유하며 강력한 상업 도시였다. 그 결과 하나님은 두로가 세상에서 자신의 높은 지위로부터 추락하는 경험을 하게 될 것이라고 경고하신다. 이사야 2:11-22에서 하나님이 교만하고 오만한 자들에게 심판의 날을 약속하신 것처럼, 두로는 멸망하여 칠십 년 동안 잊힐 것이다. 오직 하나님만이 높아지시고 영광을 받으셔야(NIV) 한다(6:1).

2) 심판에 대한 하나님의 목적(소위 '작은 묵시', 24:1-27:13)

이사야서 24-27장은 열방에 대한 신탁 이후에 잘 위치했다. 신탁에 언급된 나라들의 멸망이 그 당시 알려진 세계의 많은 곳을 황폐하게 만들었고 악에 대한 하나님의 승리를 보여 주었다. 이처럼 24:1도 역시 미래에 있을 멸망에 대한 선포로 시작하지만, 훨씬 더 규모가 크다. 보라 여호와께서 땅을 공허하게 하시며.

24-27장은 또한 미래에 열방들 사이에서 이스라엘이 해야 할 역할을 보여 준다. 델리취(Delitzsch, 1980:423)는 24-27장을 열방들에 대한 신탁의 피날레로 간주한다(13-23장).

이사야 24-27장은 '작은 묵시록'(Little Apocalypse)으로 말해져 왔지만, 학자들 대부분은 기교적 의미(technical sense)에서 묵시적 자료(apocalyptic material)가 아니라는 데 동의한다(Anderson 1962: 123). 그것에는 새 하늘과 새 땅의 도래로 인한 현 세상의 멸망에 대한 언급이 없기 때문이다. 그러나 현시대의 상황 안에서 먼 미래의 사건들을 논한다는 점에서, 묵시문학의 초기 형태일 가능성이 있기에 종말론적 자료의 범주에 속한다.

이사야 13-39장의 전체 구조에서(표 0.9를 보라), 24-27장은 34-35장과 균형을 이루고 있다. 둘 다 하나님의 심판이 뒤따를 미래의 때에 대해 말하고 있으며, 34-35장은 24-27장에서 시작된 심판에 대한 완전한 설명을 제공한다. 이사야 24장(멸망을 말함)에서 25장(회복을 말함)은 이사야 34-35장과 유사한 겹양식(diptych)일 가능성이 있다. 한 가지 중요한 차이점은 이사야 24-25장은 26-27장에 나오는 네 개의 그날에로 시작하는 신탁에 의해 더 자세히 설명된다는 점이다(26:1; 27:1; 27:2; 27:12).

명확한 역사적 지표들이 없기에 이 섹션의 연대와 저자에 대해 다양한 의견이 있다. 앗수르와 애굽에 대한 언급(27:13)은 더 이른 연대를 암시한다. 어떤 사람들은 부활에 대한 일반적 언급(25:8; 26:19)이 늦은 연대를 암시할 수 있다고 생각한다. 그러나 전적으로 신학적 개념에 근거하여 어떤 구절의 연대를 측정하는 것은 어렵다(Coggins 1978-9: 328-333; Roberts

2015: 306-307을 보라).

24-27장의 주요 주제는 하나님이 그분의 모든 원수를 이기시고 그분의 백성을 위해 싸우신다는 것이다. 24장은 온 땅을 쓸어버리는 멸망(즉, 보라 여호와께서 땅을 공허하게 하시며, 1절)과 시온산 위에 하나님의 영광스러운 통치를 세우실 것(즉, 만군의 여호와께서 시온산에서 왕이 되시고 영광을 나타낼 것이라, 23절)을 대조한다.

25-26장은 세상의 성읍들/나라들을 파괴하면서도 시온을 구원하시는 하나님께 드리는 찬양의 노래들이다. 27장은 리워야단(즉, 원초적인 악, 신약에서 사탄으로 나타남)에 대한 하나님의 징벌로 시작하여, 알려진 세계(예, 앗수르에서 애굽까지)에 흩어져 있는 믿는 남은 자에 대한 하나님의 보호와 구원으로 끝맺는다.

(1) 열방에 대한 심판(24:1-23)

문맥

24장은 열방을 향한 신탁들에 속해 있는 개별 나라들에 대한 심판(13-23장)으로부터 하나님께 대항하여 반역하는 온 세상(테벨[tēbēl], 4절)에 대한 심판으로 옮겨 간다. 24:5에 따르면 그들이 율법을 범하며/… 영원한 언약(즉, 피조물과 맺은 하나님의 언약; 창 9:4-6을 보라)을 깨뜨렸기 때문에 온 땅이 오염되었다. 이런 비난들은 하나님이 이스라엘에게 주신 율법의 구체적인 규정들에 관한 것이 아니라, 양심과 백성의 마음에 기록된 율법의 요구들에 관한 것이다(롬 2:14-15). 그러므로 세상을 향한 하나님의 징벌은 공의롭지만, 남은 자를 보존하는 데는 자비로우시다.

이 장은 일반적으로 1-13절과 14-23절의 두 개의 큰 섹션으로 나눌 수 있지만, 다음의 네 부분으로 나누는 것이 더 좋다.

- 1-6절: 남은 자가 적도다라는 어구로 끝나는 땅의 징벌에 대한 산문체(그것을 운문체로 보는 NIV와는 다름)의 묘사
- 7-16a절: 남은 소수에 대한 더 자세한 설명으로 끝나는 운문체의 묘사
- 16b-20절: 다시는 일어서지 못하리라로 끝나며, 심판을 피할 수 없음을 강조하는 두 번째 운문체 부분
- 21-23절: 시온산에서 다스리시는 전능하신 하나님의 통치에 뒤따르는 심판의 포괄성(즉, 높은 데에서 높은 군대를 벌하시며 땅에서 땅의 왕들을 벌하시니)에 관한 세 번째 운문체 부분

주석

⟨1-2⟩ 감탄사 보라(힌네[*hinnēh*])는 다가오는 여호와의 심판 선언으로 독자의 주의를 끌기 위해 사용된다. 여호와는 땅을 공허하게 하고 계신다. 분사들은 이 파괴의 급박함을 묘사한다. 여호와께서 온 땅에 심각한 타격을 입히실 것이다.

땅을 공허하게(NIV, 황폐하다; 바카크[*bāqaq*], 6회) 하시며, 황폐하게(NIV, '파괴하다'; 발라크[*bālaq*], 2회; 나 2:10, '벗긴', 문자적으로 '파괴한') 하시며, 지면을 뒤집어엎으시고(아바['*āwâ*], '비틀다'), 그 주민을 흩으시리니.

처음 두 동사는 소리와 의미가 비슷한 언어유희이다. 지면을 뒤집어엎으시고라는 특이한 어구로 된 비유적 묘사는 지표면에 손상을 입히거나 그것이 갈라져서 사람들로 피하게 만드는 지진을 암시할 수 있다.

그 이미지는 종교적(제사장)이고 사회적인(종/상전과 여종/여주인) 구조들까지 전복되는 격변과 혼돈의 시기를 완벽하게 묘사한다. 파괴는 상반된 것을 아주 동등하게 만드는 자이다('톱시 터비 세계'[Topsy Turvy World], *ANET* 445를 보라).

2절의 마지막 두 어구는 비슷하게 들리는 단어들 사이의 언어유희이기도 하다. 빌려주는 자(라바[*lāwâ*]의 히필형 분사; '빌리게 하는 자'])와 빌리는 자(라바[*lāwâ*]의 칼형 분사)가 같을 것이며/이자를 받는 자(나샤[*nāšā'*])와 이자를 내

는 자(나샤[*nāśā*], '그에 의해 채무자가 되는 것'])가 같을 것이라.

⟨3-5⟩ 1절의 메시지는 3절에서 반복되는데, 그 어조는 더 많이 강조되어 있다(온전히 공허하게 되고 온전히 황무하게 되리라). 이 시점까지도 독자는 그것이 어떻게 일어날 것인지를 듣지 못했다. 그러나 **여호와께서** 이 말씀 하셨기 때문에(키[*kî*]) 그것은 일어나고야 말 것이다.

4절에서 비슷하게 소리가 나는 단어들과 반복되는 단어들은 죽음의 종소리처럼 울리면서 땅의 황폐함을 묘사한다. **땅이 슬퍼하고**(아블라[*ābĕlâ*], '애곡하다'; NIV, 바싹 마르고) **쇠잔하며**(나블라[*nābĕlâ*]) **세계가 쇠약하고**(움랄루[*'umlālû*]) **쇠잔하며**(나블라[*nābĕlâ*]) **세상 백성 중에 높은 자가 쇠약하며**(움랄루[*'umlālû*]; NIV, 하늘이 땅과 함께 쇠약하며).

이 마지막 구의 번역은 다음 모음을 어떻게 읽느냐에 달려 있다. 즉, 하늘(문자적으로 '높은')이 땅과 함께(임[*'im*]=전치사) 쇠약하며(NIV) 또는 땅의 높은 백성(암[*'am*]=백성)이 쇠약하며(NASB)이다. NIV 번역은 범세계적 징벌의 문맥을 고려할 때 아마도 선호될 수 있을 것이다.

땅이 말라 가고 있다는 것을 표현한 세 개의 평행 어구는 모두 바알교(Baalism, 즉, 비를 통제한다고 생각되는 가나안 신[Canaanite deity])에 대한 비난일 수 있다. 이스라엘은 오랜 역사에 걸쳐 가뭄에(즉, 슬퍼하고[NIV, 바싹 마르고], 쇠잔하며, 쇠약하고) 지속해서 시달렸기 때문에 반복해서 이 바알교에 미혹되었다. 3절은 오직 여호와만이 자연을 주관하신다는 것을 분명히 한다.

1-4절에 있는 평행 어구들은 일반적으로 멸망되는 모습이나 세 가지 각기 다른 재앙을 암시하는 것으로 이해될 수 있다. 지진(1절, 지면을 뒤집어엎으시고), 전쟁(3절, 온전히 황무하게 되리라), 가뭄(4절, 땅이 슬퍼하고 쇠잔하며). 이어서 5절은 이 심판의 이유를 제시한다. **땅이 또한 그 주민 아래서 더럽게 되었으니**(하납[*ḥânap*], '오염된', 8회). 이 더러움은 다음 세 어구에서 설명된다.

- 그들이 율법을 범하며(문자적으로 '건너가다')
- 율례를 어기며(문자적으로 '고쳤다')
- 영원한 언약을 깨뜨렸음이라

이 동사들은 의미가 비슷하지만, 궁극적으로 언약이 깨질 때까지 진전되는 것처럼 보인다. 세 번째 어구는 노아 언약(창 9:1-17)을 언급할 가능성이 가장 크며, 이 언약은 다음과 같이 단순하다.

첫째, 고기는 그 생명 되는 피째 먹지 말 것이다(창 9:4).
둘째, 살인자는 살려두지 않았다(창 9:5-6).
이 기본적 명령은 이스라엘 민족이 존재하기 이전에 있었고 모든 창조물에 대한 기준이 되었다.

〈6〉 저주들은 일반적으로 언약과 관련이 있다. 언약이 파기되면 반드시 징벌이 따른다(신 27-28장을 보라). 노아 시대의 홍수와 같이(창 6-9장), 땅은 거민들의 사악함으로 말미암아 다시 고통을 당한다. 저주(알라['ālâ])는 두 부분으로 나뉘는데, 둘 다 그러므로(therefore, 개역개정에는 1회만 나옴-역주)로 시작된다.

- 저주가 땅을 삼켰고/그중에 사는 자들이 정죄함을 당하였고
- 땅의 주민이 불타서(하라[ḥārâ, '뜨거워지다']/남은 자가 적도다(미자르[mizār, 4회; 이사야서에 모두 나옴]).

이 평행 어구들의 이미지는 정화를 묘사한다. 땅이 '소멸한' 후 남겨진 적은 수의 사람들이 인류(에노스['ĕnôš])의 정화된 남은 자(문자적으로 '소수')를 형성한다.

〈7-9〉 1-6절의 징벌에 대한 산문체의 묘사는 이제 운문체의 애가(7-20절)로 바뀐다. 계속해서 새 포도즙이 슬퍼하고(아발['ābal]) 포도나무가 쇠잔하

며(아말[*'āmal*])라는 어구로 계속해서 가뭄이라는 주제를 표현한다(4절). 일반적으로 수확기에 동반되던 축하 행사는 그쳤다. 즐겁던 자(문자적으로 '마음이 기쁜 모든 자', 즉 마음껏 술에 취하여 행복한 축하객들)는 이제 탄식한다.

기쁨의 모든 외적 표현이 중단되었다. 소고치는 기쁨(*ANEP* 211을 보라), 즐거워하는 자(알리짐['*allizim*], 7회; 이사야서에서 5회)의 소리, 수금(키노르[*kinnôr*]=거문고, 하프; *ANEP* 205-209) 타는 기쁨, 노래들. 일반적으로 축하 그리고 기쁨과 연관되던 포도주와 독주(쉐카르[*šēkār*]=독한 음료, NIV, 맥주)가 아무런 즐거움도 주지 않는다. 그것들은 중요한 재료들이 부족하다는 것을 씁쓸하게 상기시켜 준다.

〈10-12〉 약탈을 당한(토후[*tōhû*], 19회; 이사야서에 11회) 성읍(문자적으로 '공허의 성읍')이 허물어지고, 모든 집은 버려지거나(NASB) 안전을 위해서 안으로 들어가지 못하도록 판자를 대고 못질해서 막아버렸다(NIV). 성문들도 파괴되었다(쉐이야[*šĕ'iyâ*]는 여기에만 나오며, 12a절의 황무하고[즉, '폐허']와 평행을 이룸; NIV, 산산조각이 났다). 많은 사람이 이 성읍을 확인해 보려고 했지만, 본문 자체가 의도적으로 모호하다.

표 24.1에서 볼 수 있듯이 7-12절의 평행 어구들 안에 그 개념들을 강조하기 위한 흥미로운 반복이 나타난다.

그 성읍에 거주하는 소수의 거주민이 포도주가 없으므로 부르짖는데, 이것은 생활필수품들이 고갈되었다는 표시이다. 온 땅에 걸쳐 모든 즐거움이 사라졌다(아레바['*ārĕbâ*], '저녁이 되다', 2회; 삿 19:9을 보라). 이 한 성읍에서 일어난 일은 온 세상을 절망에 빠뜨렸다(땅의 기쁨이 소멸하였도다. 11절).

7-10절	11-12절
7절: 새 포도즙(티로쉬[tîrôš])이 슬퍼하고, 마음이 즐겁던(사메아흐[śāmēaḥ]) 자가 탄식하며	11a절: 포도주(야인[yayin])가 없으므로 부르짖으며, 모든 즐거움-(심하[śimḥâ])이 사라졌으며
8절: 소고치는 기쁨(메소스[meśôś], 2회)이 그치고	11b절: 기쁨(메소스[meśôś])이 소멸되었도다
10절: 약탈을 당한(토후[tōhû]) 성읍(키르야[qiryāh])이 허물어지고	12절: 성읍(이르 [ʿîr])이 황무하고([샴마[šammâ]) 성문이 파괴되었느니라

[표 24.1] 이사야 24:7-12의 평행 어구들

⟨13-16a⟩ 7-12절은 이러한 끔찍한 사건들을 과거의 사건들로 설명하지만, 13절은 그것이 아직 미래임을 확인시켜 준다. 그래서(문자적으로 '따라서') 그것이 있을 것이다(NIV; 개역개정은 이러한 일이 있으리니-역주). 이렇게 땅이 황폐해진 후 이어서 남은 자가 남아 있을 것이라는 주제로 돌아간다. 두 개의 이미지는 얼마나 적은 수의 사람들이 남아서 땅 전역에 흩어져 있는지를 강조한다. 수확(노켚[nōqep], '치는 것', 2회) 후 나무에 남은 감람나무 열매 몇 개와 포도를 거둔 후에 남은(올렐로트[ʿôlēlôt], 6회]) 포도 몇 개.

그런데도 소수의 남은 자가 있어서 **땅끝**(문자적으로 '맨 끝', 16절)에서부터(서쪽[NIV, 문자적으로 '바다'; 개역개정은 바다-역주, 14절]과 동쪽[NIV, 문자적으로 '빛의 지역'; 개역개정은 동방 -역주] 그리고 바다 모든 섬으로부터) 하나님의 위엄(14절)과 정의로 인하여 하나님께 영광을 돌리는(즉, 의로우신 이에게 영광을 돌리세, 16a절) 그들의 음성이 들려온다.

⟨16b-20⟩ 이 시점에서 남은 자가 하나님께 드리는 찬양이 이사야로 말미암아 그를 둘러싼 세상의 불의를 이겨낼 수 있게 한다. 그러나 나는 이르기를 나는 쇠잔하였고(라지-리[rāzî-lî], 여기에만 나옴]) 나는 쇠잔하였으니/내

게 화가 있도다. 강조하기 위해 첫 번째 부분이 반복된다. 두 번째 부분은 이사야가 하나님의 거룩하심을 보면서 자신의 무가치함을 깨달은 후의 반응과 비슷하다(6:5).

선고를 내릴 때 의사봉(gavel)을 두드리는 것처럼, 이사야는 세상 사람들의 배신에 대항하여 반복적으로 외친다. <u>배신자들은 배신하고</u>(바가드[bāgad])/<u>배신자들이 크게 배신하였도다</u>. 이사야가 사용한 정죄의 단어들(밑줄 친 단어) 다섯 개는 각각 바가드(bgd)라는 어근에서 파생되었다. 이 반복은 불길한 어조를 더 강조한다.

선지자는 다시 한번 세상 사람들을 기다리고 있는 징벌의 필연성을 본다. 그는 언어유희를 사용하여 탈출구가 없다고 선언한다. 두려움(파하드[paḥad])과 함정(파하트[paḥat])과 올무(파흐[paḥ])(17절)만이 기다리고 있다. 이어서 하나님은 사악한 인간성에 맞서 자연을 전복시키면서 하늘의 수문 (NIV, 문자적으로 '높음들', 창 7:11, 8:2에서 하나님이 홍수로 땅을 처음 멸망시키실 때 사용된 용어)을 여시고 땅의 기초를 진동하게 하신다.

이 멸망에 대한 세부 묘사들(19절)은 대격변의 지진을 생각나게 한다. 땅이 깨지고 깨지며/땅이 갈라지고 갈리지며/땅이 흔들리고 흔들리며(이 구문은 강조를 나타냄; Williams § 205).

땅이 죄의 무게에 짓눌려 끊임없이 요동하고(다시 그 구문이 강조됨) 요동하고 취한 자(쉬코르[šikôr], '강한 음료'라는 뜻의 쉐코르[šēkor]와 자음이 같음)와 같이 비틀비틀하거나 바람 앞에 원두막(캄멜루나[kammĕlûnâ], 2회)같이 흔들린다. 그 위의 죄악(NIV, 그것이 반역한 죄)이 너무 커서 결국 땅이 무너져 버린다면, 결코 일어나지 못할 것이다. 최고조에 이른 심판의 결과이다.

<21-23> 세상의 마지막 몰락에 대한 구체적 내용이 이제 제시된다. 그 날에(즉, 징벌의 날) 하나님은 위에 있는 높은 군대(NIV, 하늘에 있는 능력들, 문자적으로 '높음의 주인', 아마도 마귀의 군대를 의미함; 단 10:13, 엡 6:12을 보라)와 땅에 있는 모든 악인을 대표하는 땅의 왕들(NIV, 땅 아래의 왕들)을 포함한 모든 사악함에 징벌을 내리실 것이다. 이 극단법(merism)은 징벌의 전적

인 포괄성을 표현한다. 그것은 위로는 하늘에서부터 아래로는 땅까지 확장될 것이다.

그들이 죄수가 깊은 옥(보르[bôr], '구덩이, 수조; NIV, 지하 감옥)에 모임같이 모이게 되고, 여러 날 후에 형벌을 받으리라(문자적으로 '방문하다'; 즉, 종말론적 심판). 이 옥은 악인이 심판을 기다리는 스올(Sheol)을 가리키거나 혹은 천년왕국 동안에 사탄이 결박될 무저갱(계 20장)을 가리킬 수 있다.

달(문자적으로 '하얀 것', 3회; 보름달을 의미할 가능성이 있음)이 수치를 당하고(하파르[hāpar]) 해(문자적으로 '뜨거운 것')가 부끄러워하리니(보쉬[bôš]). 매우 유사하고 비유적인 언어에 대해서는 요엘 2:31과 마태복음 24:29에 있는 주의 날 이전의 심판에 대한 설명을 보라.

이 용어들은 해(쉐메쉬[šemeš])와 달(야레아흐[yārēah])을 비신화화(demythologize)하는 데 사용되었을 수 있다. 해와 달은 하늘에서 가장 밝은 빛들이기 때문에 고대 근동에서 종종 신으로 숭배되었다. 따라서 그 이미지는 하나님의 영광 앞에서 움츠러드는 모습을 나타낸다.

다시 한번 선지자는 만군의 여호와(천군을 다스리는 자)께서 시온산과 예루살렘에서 왕이 되시고 그 장로들 앞에서 영광을 나타내실 것을 본다. 장로들이라는 단어에 붙은 접미사는 '그분의(하나님의) 장로' 또는 '그것의(예루살렘의) 장로'로 읽을 수 있다. 어느 쪽이든 그들은 하나님이 예루살렘에서 통치하시는 대로 섬기게 될 것이다. 마찬가지로 요한계시록은 장로들이 하나님의 보좌에 둘러앉아 그분을 경배할 때를 제시한다(계 4:4을 보라).

땅의 완전히 황폐한 땅을 묘사하는 것으로 시작하는 24장은 이제 모든 피조물이 한 분이신 참하나님의 주권과 위대한 영광(NIV)을 인정하는 모습으로 끝난다(23절).

의미

인류의 죄와 패역으로 더럽혀진 땅은 철저하게 정화할 필요가 있다. 하나님의 공의는 이 세상에 만연한 악이 똑같이 만연한 징벌에 직면할 것을 요구한다. 이 장이 시작될 때 혼돈과 황폐함이 이 세상을 지배하지만 이것은 일시적일 뿐이다. 선지자는 하나님이 마침내 그분의 의로운 보좌인 시온을 다스리실 때를 바라본다. 그 누구도 하나님이 왜 죄를 허용하시는지를 더 이상 의문을 제기하지 않을 것이다. 죄가 제거되고 악인들은 구덩이에 모일 것이기 때문이다.

학자들은 이 장에 묘사된 사건이 요한계시록에 기록된 미래의 사건, 특히 요한계시록 4-18장에 언급된 환난과 요한계시록 20-22장에 나오는 하나님의 궁극적인 통치에 해당한다고 오랫동안 생각해 왔다.

(2) 하나님의 백성을 위한 구원(25:1-12)

문맥

25장에서 하나님의 위대하심을 찬양하는 노래는 24장에서 설명한 황폐함의 이미지를 종종 담고 있다(24:10/25:2과 24:16 a/25:3을 보라).

더 나아가 이것이 24:16에 언급된 찬양의 노래들 가운데 하나일 가능성이 있을까?

24장의 심판들에 대한 응답으로 운문체로 된 이 장은 찬양 노래의 일반적인 형식을 따른다. 그리고 하나님을 찬양하는 세 가지 구체적인 이유를 설명하는데, 각각 키(*ki*)라는 단어로 시작한다.

- 그는 기사를 … 행하셨음이기 때문이다(1절).
- 그는 영원히 건설되지 못할 성읍들을 황폐하게 하여 열방이 그를 경외하게 하셨기 때문이다(2-3절).
- 그는 빈궁한 자와 가난한 자의 피난처가 되셔서 포악한 자로부터 그들을 보호하셨기 때문이다(4-5절).

이 노래의 두 번째 부분(6-8절)은 여호와의 주권적인 통치 아래 있는 세상에서 살아가는 것의 이로운 점을 설명한다. 마지막 부분(9-12절)은 하나님의 백성이 그들의 적들(모압으로 대표됨)에게서 구원받은 경험의 기쁨에 관해 이야기한다.

주석

⟨1-3⟩ 1절은 여호와를 향한 개인적인 헌신의 선언으로 시작한다. **여호와여 주는 나의 하나님이시라**. 하나님은 이스라엘 나라 전체와 관련되어 있지만, 각 개인은 그분께 개인적으로 헌신해야 할 필요가 있다. 각 사람은 하나님께 중요하다. 시인이 하나님을 찬양하는 첫 번째 이유(키 [*ki*], '때문에')는 그분이 **기사를 … 행하셨음**이기 때문이다. 이 어구는 일반적으로 성경에서 오직 하나님만이 하실 수 있는 뛰어난 행위를 표현한다(출 15:11을 보라).

저자의 관점을 판단하는 것은 어렵다. 즉, 그가 하나님이 하신 일을 되돌아보고 있는 것인지 아니면 하나님이 하실 일을 예언적으로 말하는 것인지 판단하기 어렵다. 그러나 만약 이 장이 이전 장에서 성취된 사건들에 관한 찬양의 노래라면, 그것들은 예언적 완료(prophetic perfect)의 용어들로 묘사된 미래의 사건들이다(즉, 저자의 마음속에서는 이미 성취된 사건들; Williams § 165).

이 경이로움은 **옛적에 계획되었으며**(문자적으로 '먼 [시간]으로부터') **신실하게**(문자적으로 '최고의 신실함과 함께') 완성될 것이다. 우상과 달리 하나님이 행하시는 것은 믿을 수 있다. 그것뿐만 아니라 하나님의 행위들에는 거룩한 목적도 있다. 사악한 자들의 잔재주는 그분을 놀라게 하거나 방해할 수 없다.

시인이 찬양하도록 만드는 두 번째 이유(키 [*ki*], 2절)는 아무리 잘 요새화된 성읍이라도 하나님의 징벌을 피할 수 없기 때문이다(24:10을 보라). 어떤 학자들은 **주께서 성읍을 돌무더기로 만드시며**(문자적으로 '당신이 성읍에서 무더기로 만들었다')라는 읽기가 히브리어 본문에서 어색하게 표현되었다고 주장한다(Emerton 1977:64-73). 그러나 전치사 민(*min*)은 강조를 위한 민으로 읽을 가능성이 더 크기에(Williams § 325) 다음과 같이 번역된다. 당신은 **성읍조차 (폐허의) 돌무더기로** 만들었다. 또한, 이 구절에는 교차대구법(chiasm)이 사용되었다.

A *kî śamtā mē'îr laggāl*(키 삼타[동사] 메이르 라갈, 주께서 성읍을 돌무더기로 만드시며)
  B *qiryâ bĕṣûrâ lĕmappēlâ*(키라 베추라 레맙펠라, 견고한 성읍을 황폐하게 하시며)
    B´ *'armôn zārîm*(아르몬 자림, 외인의 궁성이 성읍이 되지 못하게 하사)
A´ *mē'îr lĕ'ôlām lō' yibbāneh*(메이르 레올람로 입바네[동사], 영원히 건설되지 못하게 하셨으므로)

요새화된 성읍들(문자적으로 '접근할 수 없는 작은 성읍')과 **외인의 궁성**(문자적으로 '이방인의 성채')이 파괴될 것이다(맙팔라[*mappālâ*], '폐허들[로]', 3회; 이사야서에만 모두 나옴). **외인의 궁성**은 사사 시대에 다스렸던 모압 왕 에글론(Eglon)이 이스라엘을 패배시키고 여리고 성벽 안쪽에 자신을 위해 건축한 궁궐과 유사한 어떤 것을 가리킬 수 있다(삿 3:13-14). 이 성읍들은 파괴될 것이며 결코 다시는 재건되거나 하나님을 대적하기 위해 일어서지 못할 것이다.

3절은 앞 절의 자연스러운 결과(즉, 그러므로)를 나타낸다. 포학한 나라들조차도 하나님의 권세와 능력에 견줄 수 없음을 깨닫고 하나님을 **경외하리라**. 포학한 나라들의 성읍(3절)과 **외인의 궁성**(2절)이라는 어구들은 같은 대상을 가리키는 용어들이다. 그것들은 하나님의 능력을 보았을 것이므로 그분을 영화롭게 할 것이다.

〈**4-5**〉 찬양의 마지막 이유(키[*kî*], 4절)는 하나님이 무력한 자들을 도우시기 때문이다. 하나님은 강력한 요새 성읍들을 파괴하실 수 있는 자이시다. 그러나 우리는 이제 그분의 자비로우신 면도 볼 수 있다. 하나님은 종종 찬송 시에서 **피난처**(즉, '안전한 곳')로 언급된다(시 46:1을 보라). 그분은 빈궁한 자와 가난한 자를 위험으로부터 지켜 주시고(폭풍[제렘〈zerem〉, 10회; 이사야서에서 8회] 중의 피난처) 그들에게 안전과 보호(폭양을 피하는 그늘)를 제공하신다.

포학한 자의 기세는 성벽을 치는 폭풍(문자적으로 '벽의 폭풍우처럼')과 같은 파괴적 능력이 있는 잔혹한 적의 힘을 나타낸다. 몇몇 학자가 이 어구의 어색함에 주목하면서 연계형이 일반적으로 적대적 관계를 나타내지 않기 때문에 '…의'(of) 대신에 '…대항하여'(against)로 해석한다. 그러나 이러한 유형의 번역을 제안하는 것으로 보이는 열방을 향한 신탁의 제목들에 사용된 연계형을 보라(15:1 등을 보라). 또 다른 학자들은 '벽'을 의미하는 키르(qir)를 '겨울'(즉, '겨울의 비같이')을 의미하는 코르(qor)로 수정할 것을 제안한다.

또는 키르를 일반명사가 아닌 고유명사(즉, '키르〈Kir〉의 폭풍[들]', 키르는 연간 강우량이 약 12인치인 모압의 성읍)로 읽을 것을 제안한다. 이러한 수정은 매우 창의적이기는 하지만 불필요하다.

그 생각은 하나님이 그분의 적들을 얼마나 쉽게 정복하시는지를 묘사하는 이미지로 5절에서 계속된다. 태양의 타오르는 열기를 멈추게 하는 **구름으로 가림같이**. 하나님이 자기 백성을 보호하실 것이므로 무자비한 자들에게는 승리를 위한 축하가 없다. NIV, 무자비한 자의 노래가 고요해진다(문자적으로 '그는 포학한 자의 노래를 낮춘다[humble]').

이곳이 아나('ānâ)가 '고요해지다'를 의미하는 유일한 곳이지만, 그 의미는 분명하다. 기쁨이 그 사람의 노래에서 제거된다. 평행 어구에 있는 동사 카나(kāna')에도 '낮아지다'(to be humble)라는 의미가 있다는 것은 흥미롭다(5절의 두 동사 그치게 하시며[카나〈kāna'〉]와 낮추시리다[아나〈'ānâ〉] 평행임-역주)

〈6-8〉 이 찬양하는 노래의 본론은 여호와께서 이 산(즉, 시온산)에서 그분의 남은 자에게 보이실 풍성한 공급과 보호를 묘사한다. 6절에서 여호와께서는 구속받은 공동체를 위해 풍성한 잔치(미슈테 쉐마님[mištēh šĕmānîm], '기름진 잔치'= 풍성한 음식)를 베풀어 주신다. 그 잔치는 하나님 왕국의 부유함과 넓이를 말해 준다.

첫째, 그 잔치에는 가장 좋은 것만 제공된다. **기름진 것**(문자적으로 '골수가 가득한 지방', '메무하임[mĕmuḥāyim]이라는 쌍수형은 여기에만 나옴)과 **오래 저장하였던 포도주**(문자적으로 포도주의 '찌꺼기들[즉, 불순물들]이 제거된')는 최상급을 의미한다. **메무하임**(mĕmuḥāyim, 고기)이란 단어는 문장의 마지막 단어인 **메주카킴**(mĕzuqqāqîm, 포도주)에 대한 언어유희로 선택되었을 수 있다.

둘째, 그 잔치는 만민을 위하여 충분하다. 만민은 하나님이 열방을 정화하실 때 살아남은 '여러 나라에서 온 남은 자'(multinational remnant)이다(사 24장). 다시 한번 소리와 단어의 반복이 이 노래에서 시적 리듬을 만든다.

왕의 대관식을 위한 취임 연회는 고대 근동에서 흔히 볼 수 있었다. 이 축하 기간에 왕은 자신이 아끼는 신하들에게 종종 선물을 주곤 했다(시편 2:8을 보라). 여기서 **주 여호와**(아도나이 엘로힘 ['ădōnāy yĕhwih], 이런 경우들에 랍비들은 '아도나이 엘로힘'으로 읽음-역주)께서는 그 어떤 것보다 훨씬 좋은 선물을 내려주실 것이다. 그 선물을 받을 사람들은 새 시대로 안내할 것이라고 알려진 이들이다.

- **모든 민족의 얼굴을 가린 가리개** … (문자적으로 '그 덮는 것[할롯⟨hallôt⟩, 2회]의 표면', 그 나라의 덮는 것[맛세카⟨massēkâ⟩, '담요', 2회])를 **제하시며**(발라 [bāla'], '삼키다')
- **사망을 영원히 멸하실 것이라**(계 20:14; 21:4을 보라)
- **모든 얼굴에서 눈물을 씻기시며**(사 65:19; 계 7:17; 21:4)
- **자기 백성의 수치를 온 천하에서 제하시리라**(7-8절)

'덮는 것'의 반복(개역개정 7절의 가린 가리개로 번역된 히브리어 본문은 할롯 할롯[hallôt hallôt]으로 반복되어 표현됨-역주)은 다음의 하나를 의미할 수 있다.

첫째, 할롯(즉, '민족의 가리개')이란 단어를 설명해 주는 어휘일 수 있다.

둘째, 강조하기 위한 것일 수도 있다.

셋째, 일부 학자들이 할롯(*ballôt*)를 수동 분사인 할룻(*ballût*)으로 수정하여 '덮는 덮개'로 읽어야 한다고 주장하듯이 그것은 잘못 필사된 단어일 수도 있다(Roberts 2015: 320을 보라).

모든 민족(문자적으로 '백성들', 7절) 위에 있는 가리개(할롯[*ballôt*])는 영적으로 눈멀게 하는 '베일'(veil, 즉, 고후 3:15-16)에 대한 것이 아니라 슬픔의 표시로 자신을 덮는 관습에 대한 것이다(즉, 삼하 15:30). 죽음이 더 이상 없으므로 슬퍼할 필요가 없다.

자기 백성의 수치(문자적으로 '비난')는 유대인들이 포로로 흩어져 있는 동안 다른 나라들이 그들을 멸시할 때 겪었던 혹독한 고통과 굴욕을 가리킨다. 결국, 하나님이 그들을 그 땅으로 다시 모아서 그분의 영원한 왕국을 세우실 것이고, 그때 그들을 변호하실 것이다.

죄의 비참한 결과를 없애 주는 이러한 선물들은 **여호와께서 말씀하셨기 때문에**(키[*kî*]) 반드시 그들이 받게 될 것이다.

〈9-12〉 그날에 죽음과 하나님의 백성이 받은 치욕이 제거된 것은 그들이 하나님을 헛되게 믿었던 것이 아니라는 것을 입증할 것이다. 이는(힌네[[*hinnēh*]], 그들의 주의를 집중하기 위해 사용됨; NIV, 참으로) 우리의 하나님이시라 우리가 그를 기다렸으니(NIV, 믿었으니) 그가 우리를 구원하시리로다. 계단식 평행법(stair-step parallelism)으로 기록된 단어들을 사용하여, 그분의 남은 자들은 자신들의 구원을 기뻐하며 하나님께 찬양을 돌릴 것이다(필자의 번역):

확실히 이분은 우리의 하나님이시다. 우리가 그를 기다려왔다
       우리를 구원하실;
이분은 여호와이시다. 우리가 그를 기다려왔다.
      우리가 그의 구원을 기뻐하며 즐거워하자.

그 기다림은 길었지만, 하나님의 놀라운 구원은 그 기다림에 대한 보상 이상이다(25:1을 보라).

10절은 여호와를 기다리는 자들과 기다리지 않은 자들의 차이를 강조한다. 하나님의 손이 이 산(즉. 시온산)에 나타나시리니/모압이 … 밟힐 것인즉. 여기서 모압은 하나님을 대적하는 모든 나라를 나타낸다. 그러나 모압 사람들은 하나님의 백성을 조롱하고 약탈했으므로 그분의 특별한 징벌을 받을 만했다(습 2:8을 보라). 짓밟히는 그 이미지는 앗수르에게 이스라엘이 지배당했을 때 또한 사용되었다(사 10:6을 보라).

마트벤([*matbēn*], 여기에만 나옴, 초개)은 마드메나([*madmēnâ*], 여기에만 나옴, 거름물)와 비슷하게 들린다. 이것은 또한 모압에 있다고 알려진 성읍 이름 맛멘(*Madmen*, 렘 48:2)에 대한 언어유희일 수도 있다.[18]

이스라엘 사람들이 비록 하나님의 택한 백성이지만, 다른 모든 나라와 다르지 않다고 주장하면서 모압은 여호와를 믿는 이스라엘을 조롱했다(겔 25:8을 보라). 이제 상황이 바뀌었다. 이스라엘은 변호를 받고 모압은 굴욕을 당한다.

모압 사람들은 하나님이 내리신 징벌의 파도(11절)에서 벗어나기 위해 헤엄치려고(사하[*śāhâ*], 2회) … 손을 펼 것이나 아무리 노력해도 소용이 없다. 그들은 그 손이 능숙함에도 불구하고 삼켜지고 낮아지게 될 것이다. 능숙함이나 '기술'을 의미하는 아르봇([*'ārbôt*], 여기에만 나옴)이라는 단어는 이 구절의 앞부분을 기반으로 제안되었다(*HALOT* 1.83을 보라).

그들의 성벽의 높은 요새(문자적으로 '강화된 요새'= 페트라?)로 특징지어지는 모압의 교만과 강력한 위치는 그들의 성벽이 무너지면 갑자기 뒤집힐 것이다. 유사한 단어들의 반복은 강조하기 위한 것이다. 누르실 것이라/헐어/땅에 내리시되(문자적으로 '땅에 닿다')/ 진토에 미치게 .

---

18) 톰슨(J. A. Thompson)은 마드메나(*madmēnâ*)는 디몬(Dimon)이며, 뒤에 나오는 '멤'(*mēm*)은 바로 앞에 나오는 '멤'(*mēm*)의 중복이라고 제안한다(1980: 703).

클레멘츠(Clements)는 이 단락에 대해 포로 후기 연대를 제시하지만(1980a: 210), 시편 83편은 모압이 다른 나라들(특히, 앗수르, 8절)과 동맹하여 이스라엘을 멸망시키려고 한 훨씬 더 이른 연대를 암시한다. 모압은 과거에 주요한 적이었고, 유다 역사의 상당 부분 동안 계속 그래왔으므로 미래의 멸망에 대한 하나님의 약속은 마땅한 것이다.

의미

이 장은 그분의 남은 자를 경이롭게 구원하신 여호와를 찬양하는 노래이다. 오래전부터 세워진 자기 백성을 구원하려는 하나님의 계획은 모든 사람에게 나타나게 될 것이고, 반면에 그분의 백성을 대적하여 싸웠던 자들은 징벌받게 될 것이다.

하나님은 그분의 남은 자를 위해 가장 좋은 음식과 음료가 준비된 풍성한 연회를 마련하실 것이다(6절; 계 19:7-9을 보라). 그분의 선물들은 비할 데 없이 좋을 것이다. 애도를 의미했던 '가리개'가 제거되고, 죽음이 없어지고, 모든 눈물이 사라지고, 백성의 치욕이 더 이상 없을 것이다. 모압으로 묘사된 이스라엘의 오랜 적들은 멸망되어 다시는 일어나지 못할 것이다. 이 구원의 몇 가지 요소는 하나님이 이 창조의 역사를 마치실 때를 기록한 요한계시록에서 강조된다.

(3) 신뢰의 노래(26:1-21)

문맥

이사야 24-25장은 하나님과 그분의 백성을 대적하는 자들의 미래 멸망에 더 초점을 맞추지만, 이사야 26-27장은 하나님의 미래 구원이 그분의 백성에게 미치는 영향을 강조한다. 이사야 26장의 장르에 관해서는 거의 일치하지 않지만, 하나님을 믿는 최소한 두 가지 이유를 제시하는 신뢰의 노래로 특징지어질 수 있다.

첫째, 여호와는 영원한 반석이시다(4절);

둘째, 그분은 교만한 자들을 낮추셔서 그들을 땅에 던지신다(5절).

이 노래는 이전 장에서 언급된 회복의 시간을 묘사하는 그날에라는 어구(예, 27:1, 2)로 시작한다. 그날에 유다에서 이 신뢰의 노래를 부를 것이다. 차일즈(Childs)는 25장과 26장 사이에 있는 흥미로운 차이점을 지적한다. '25장은 죽음이 제거된 생명을 말하는 반면(즉, 25:8), 26장은 죽음의 고통을 당한 후에도 얻게 되는 생명의 부활에 대한 약속을 말한다(즉, 26:19, 2001:190; 필자의 부록).

26장은 두 부분으로 구성되어 있다.

- 1-6절: 여호와를 신뢰하는 축복을 묘사한다.
- 7-21절: 의인과 악인의 결과를 대조한다. 20-21절의 종말론적 성격은 이것이 임박한 성취가 아닌 미래의 약속들임을 알려 준다.

⟨1-3⟩ 그날에라는 어구는 하나님이 그분의 백성 유다 땅을 구원하시고 보호하실 때를 가리킨다(또한, 25:9을 보라). 예루살렘은 25:2에 언급된 이방인의 성읍과 대조적으로 하나님에 의해 요새화된 안전한 장소(즉, 견고한 성읍)가 될 것이다. 이 성읍에는 구원의 성벽들과 성곽들이 있다. 오직 여호와의 임재만이 무너질 수 없는 진정한 보호를 제공할 수 있기 때문이다.

성읍의 이름은 절대로 언급되지 않지만, 하나님이 지키겠다고 약속하신 성읍은 시온뿐이었다. 이 성읍은 **의로운 나라**(2절)가 들어갈 수 있고 (즉, 문들을 열고) 안전하게 지낼 수 있는(**평강하고 평강하도록 지키시리니**, 3절) 곳이 될 것이다. 2절의 마지막 어구인 **신의를 지키는 … 나라**(문자적으로 '신실함을 계속 지키는 자')는 이 믿음의 지속성을 강조한다.

백성들은 전에 경험하지 못한 방식으로 안전을 누리게 될 것이다. 주께서 **심지가 견고한 자**(문자적으로 '[하나님을 향한] 성향이 확고한 자들')를 **평강하고**

평강하도록(문자적으로 '평강, 평강'; 이 반복은 최상급을 암시함; Williams§ 16a) 지키시리니(NIV, 당신이 완전한 평화로 지킬 것이다). 이처럼 충만한 만족은 그들이 진정으로 신뢰할 수 있는 유일한 자인 주를 신뢰하기 때문(키[*kî*])이다.

〈4-6〉 3절에 대한 자연스러운 응답으로 저자는 그분이 영원한(문자적으로 '영원들'[복수]; 시 18:31-34을 보라) 반석이시기 때문에(키[*kî*]) 여호와를 영원히(문자적으로 '영원까지', 4절) 신뢰하라고 공동체를 향해 명령한다.

영원한이라는 단어는 반석의 품질, 상태 또는 특성을 나타내는 추상적 복수형(abstract plural; Williams § 7)이거나 또는 강조의 복수형(plural of intensity; Williams § 8)이다. 어느 것이든 반석의 변하지 않는 특성을 강조한다.

여호와의 축약형(야[*yāh*])과 연장형(여호와[*yāhweh*])이 여기에서 사용되며, NIV는 이 강조점을 잘 포착하여 번역했다. 여호와, 여호와 자신이 영원한 반석이기 때문이다(for the LORD, the LORD himself, is the Rock eternal.).

여호와를 신뢰할 수 있는 두 번째 이유(키[*kî*])는 그분이 높은 데에 거주하는 자(즉, '교만하고 강한 자들', 5절)를 낮추시고, 솟은 성을 심지어 진토까지 낮추실 것이기 때문이다(25:12을 보라). 솟은(문자적으로 '접근할 수 없는') 성(NIV, 성읍)은 일반적으로 접근할 수 없다고 생각되는 모든 성읍을 의미한다(높은 데에 거주하는 자라는 평행 단위를 보라).

6절에서 발(레겔[*regel*])이라는 단어가 반복되는 것은 중복오사(dittography)의 예가 아니라, 오히려 강조하기 위한 것이며 문법적으로 마지막 평행 단위와 균형을 이룬다. 여호와께서는 그처럼 강력한 성읍들을 정복할 수 있는 능력이 거의 없는 자들(즉, 빈궁한 자와 곤핍한 자)을 사용하여 이 모든 것을 성취하신다. 하나님이 개입하심으로 그들은 그렇게 할 수 있다.

〈7-9〉 7-21절에는 이제 하나님을 의지하는 의인을 묘사하는 신뢰의 노래가 이어진다. 정직하신 여호와께서는 의로운 자들의 길/첩경(문자적으로 '마찻길')을 **평평하게**(NIV, 메샤림[*mêšārîm*], 추상적 복수형, Williams § 7) 그리고 **평탄하게**(문자적으로 '길을 정돈하다.'4회) 만드신다. 하나님은 모든 장애물이나 방해물을 제거하셔서 그들이 시온으로 쉽게 돌아갈 수 있도록 하신다.

7절은 첫 번째 어구가 **야샤르**(*yāšār*)라는 단어의 변화형으로 끝나고(즉, 메샤림[*mêšārîm*], '똑바른, 매끄러운'), 그다음 어구는 하나님, 즉 정직하신 주를 의미하는 야샤르의 호격으로 시작한다. 여기에 끝과 시작 부분에 흥미로운 언어유희가 있다.

이스라엘 백성은 하나님의 율법들에 계속 순종하면서, 그분의 구원을 인내하며 기다리고 있다. NIV, **예**(문자적으로 '정말로'), **여호와여 당신의 율법들**(문자적으로 '심판들')**의 길에서 걸으면서 우리가 당신을 기다립니다**(8절, 개역개정은 여호와여 주께서 심판하시는 길에서/우리가 주를 기다렸사오니-역주). 그들은 그분의 **이름과 명성**(NIV; 개역개정은 이름과 기억-역주)을 존중하는데, 이 어구는 이스라엘이 갈망하는 대상인 하나님의 인격을 표현한 것이다. 따라서 그 백성들은 여호와께서 자신의 변함없는 성품 때문에 그들을 구원하실 것이라고 믿으며 확신에 찬 희망 속에 기다린다.

9절의 도치된 구문은 하나님에 대한 남은 자의 깊은 사모함을 강조한다. **밤에 내 영혼이 주를 사모하였사온즉**. 그것의 평행 어구(**내 중심이 주를 간절히 구하오리니**)를 문자적으로 읽으면 '내 영혼조차 내 한가운데서 일찍 당신을 찾는다'이다. 남은 자는 하나님의 심판을 고대한다. 왜냐하면, 세상이 정의의 참된 기준뿐만 아니라 하나님의 율법들을 따름으로써 얻게 되는 유익을 배울 것이기 때문이다. **세계의 거민이 의를 배움이니이다**.

〈10-11〉 악인들은 하나님이 그들에게 보여 준 모든 은혜를 거절했고 계속해서 하나님을 거역한다(**악인은 은총을 입을지라도 의를 배우지 아니하며**). 악인들은 종종 자비와 회개를 나약함의 표시로 본다. 저자는 공의롭고 정의로운 환경에서(문자적으로 정직한 자[네코호트⟨nĕkōḥôt⟩, 7회]의 땅에서) 조차 그들이 죄에서 돌이키지도 않고(문자적으로 [그들이] 불의를 행하고, 3회) 여호와의 위엄을 인정하지도 않는다고 확신한다.

악인은 임박한 심판의 표징으로 주의 손이 높이 들릴지라도 그것을 보지 못한다. 그들은 하나님이 자기 백성을 구원하시는 것을 볼 때까지는(문자적으로 '백성을 위한 [하나님의] 열심') 부끄러워하지 않을 것이다. 그들의 눈은 열리겠지만, 그때는 너무 늦을 것이다. 저자는 그 결과를 강조하면서 다음과 같이 말한다. '확실히', 불이 주의(하나님의) 대적들을 사르리이다.

⟨12-15⟩ 이 구절들은 하나님이 자기 백성을 구원하실 것이라는 분명한 확신을 보여 준다. 주께서 우리를 위하여 평강을 베푸시오리니(샤파트 [šāpaṭ], 4회)(12절), **평강**이라는 단어가 일반적으로 훨씬 더 넓은 의미(즉, '온전, 건강, 완전, 번영, 구출, 구원')가 있다고 하더라도 여기서는 그들의 구원을 의미한다.

저자는 이스라엘은 무력하고, 하나님의 계획들은 좌절될 수 없음을 깨닫는다(주께서 우리의 모든 일도 우리를 위하여 이루심이니이다). 그러나 그분이 과거에 행하신 일들은 이스라엘의 미래를 미리 맛본 것에 불과하다.

선지자는 이러한 확신에 대해 두 가지 이유를 가지고 있다.

첫째, 여호와께서는 이스라엘 나라가 그분을 잊도록 허락하지 않으셨다. 다른 주들(아도님['ădōnîm]=앗수르, 바벨론, 바사 등)이 그들을 관할하였(바알[ba'al])지만 이스라엘은 여전히 여호와가 그들의 하나님이라고 주장한다(문자적으로 '당신 안에서만 우리는 당신의 이름을 기억한다').

둘째, 이스라엘은 이 다른 주들이 멸망 받고, 그들의 모든 기억을 없이(14절) 하신 후에도 오랫동안 계속 존재할 것이다(15절).

14절의 히브리어 원문에서 처음 두 어구의 강조된 어순(문자적으로 '[그] 죽은 자들은 살지 못할 것이다. [그] 영들[레파임⟨rĕpā'îm⟩, '유령들, 죽음의 그림자들']은 일어나지 못할 것이다')은 결과의 확실성을 나타낸다. 여기서 죽은 자들은 하나님이 멸망하게 하신 나라들을 가리킨다(13절). 이스라엘은 그 나라들 모두보다 오래 존재하게 될 뿐만 아니라, 하나님은 이스라엘의 경계들(문자적으로 '땅끝까지 멀어지게 하다.' 15절)을 확장하셔서(예언적 완료 [prophetic perfects]) 자신을 영화롭게 하실 것이다.

주께서 이 나라를 크게 하셨나이다라는 어구를 반복하는 것은 중복오사(dittography)가 아니라 피봇 평행법(pivot parallelism)이다(Watson 1994:214-215). 이사야서는 이스라엘의 확장된 미래를 반복해서 묘사한다. 그 미래에는 모든 나라에서 온 사람들이 이스라엘의 구성원이 될 것이고, 이스라엘의 능력과 권위로 세상을 지배하게 될 것이다(54:2-3을 보라).

⟨16-19⟩ 이스라엘의 영광스러운 미래와 대조적으로 우리는 이제 그들이 징벌받았던 때를 되돌아본다. 과거, 현재, 미래 사이의 빈번한 전환은 이사야 24-27장에 전형적으로 나타난다. 이스라엘이 고난 가운데 하나님께로 돌이켰을 때, 그들은 너무 연약해서 간신히(차쿤[ṣāqûn], 여기에만 나옴; 개역개정은 간절히-역주]) 기도로 속삭였다(NIV). 라하쉬(laḥaš)라는 단어는 '속삭임'(whisper)으로 가장 잘 번역된다. 그러나 오스왈트(Oswalt)는 그것을 '고통/훈육'으로 읽음으로써 "곤경 [가운데] 그들은 당신의 훈육으로 인해 겸손해졌다"라고 번역한다(1986: 483-484).

그들의 고통은 잉태한 여인이 산기가 임박한 것처럼 극심했으나 세상을 구원하려는 그들의 노력은 바람을 낳은 것같이 효과가 전혀 없었다. 다음의 두 가지 요소가 세계의 거민을 출산하지 못하였나이다(나팔[nāpal], 문자적으로 '떨어지지 않았다')라는 어려운 어구를 어느 정도 설명해 준다.

첫째, 그것의 평행 어구가 구원을 나타낸다(땅에 구원을 베풀지 못하였고).
둘째, 고대 근동에서 관례적으로 사용하던 분만용 의자(birthing stools)는 출산을 기다리는 산파의 손에 아이가 '떨어지도록' 했다.

이스라엘은 열방을 하나님께로 인도하는 그들의 임무에 실패했고(즉, '땅에 구원을 베풀지 못하였고, 출 19:6을 보라), 사람들을 하나님께로 이끌기보다는 오히려 그분에게서 멀어져 방황하게 했다.

궁극적 응답은 하나님은 자기 백성이 불순종하지만 그 백성의 남은 자를 구원하시려는 그분의 목적을 성취하신다는 것이다. 이스라엘의 **죽은 자들은 살아나고/그들의**(문자적으로 '나의'= 하나님의) **시체들**(네벨라[*nĕbēlâ*], '몸' =집합적)**은 일어나리이다**(즉, 하나님께 속한 몸들이 일어날 것이다). 이스라엘의 시체들이 살아날 것이다. 그러나 하나님의 궁극적 목적이 성취되기 위해서는 구원이 세상에 임해야만 할 것이다(18절). 무에서 세상과 생명을 창조하신 이스라엘의 전능하신 하나님은 이미 흙으로 돌아간 시체라 할지라도 반드시 부활시키실 수 있다.

그러나 이스라엘이 할 수 없었던 일(즉, 세상에 구원을 가져옴, 18절)을 하나님은 이스라엘의 남은 자를 통해 이루실 것이다. 여기서 이스라엘은 마른 **티끌**(즉, 세상)에 생명의 수분을 제공하는 **빛난**(NIV, 아침) 이슬로 묘사된다(19절). 18절의 마지막 어구(세계의 … 출산하지[나팔〈*nāpal*〉] 못하였나이다)에서처럼, '떨어지다'(나팔의 히필형, 문자적으로 '떨어지게 하다')라는 동사는 땅의 **죽은 자들**(레파임[*rĕpā'îm*], '영들', 10회)**을 내놓으리로다**라고 말할 때 다시 사용된다.

주의(남성 단수형) **죽은 자들은 살아나고**(19절)라는 어구는 하나님의 회복된 왕국에서 살기 위해 부활하게 될 이스라엘의 남은 자를 가리키는 것이 틀림없다. 그들의 몸이 흙으로 돌아갔기 때문에 땅이 그들을 낳는다고 한다(창 3:19을 보라).

〈20-21〉 이 구절들은 다시 한번 온 땅에 대한 더 확대된 징벌로 돌아간다. 하나님의 참백성(즉, 남은 자)은 하나님의 징벌이 끝날 때까지 보호받기 위해 지시받는다. 이것은 비유적으로 실내에 숨어 있는 것(네 밀실에 들어가서 네 문을 닫고)으로 묘사된다. 여기서 우리는 세 가지 사실을 알게 된다.

첫째, 하나님은 악인을 징벌하실 것이다.
둘째, 그분의 백성은 어떻게든 이 징벌을 모면하고/보호받게 될 것이다.
셋째, 그 징벌(즉, 그분의 분노)은 단지 **잠깐** 있게 될 것이다(문자적으로 '약간의 때에 따라').

21절은 그분의 백성이 숨어야(하바[*bābā*], 여기에만 나옴)만 하는 이유를 설명한다. 왜냐하면(키[*kî*]), 적당한 때에 우주의 주인이 악인을 징벌하기 위해 돌아올 것이기 때문이다. 하나님의 백성은 그분이 악인에게 내리시는 징벌에서 벗어나야 한다. 그들은 그분의 **분노**(문자적으로 '분개')가 다할(문자적으로 '지나가다', 이 이미지는 애굽의 유월절 밤 사건들을 연상케 함) 때까지 숨어야 한다.

그 땅 거주민들의 죄악이 곧 드러날 것이다(즉, 그 처소에서 나오사[요체 〈*yōṣē*〉]는 임박한 행동을 암시하는 분사). 이 징벌의 정의는 **땅이 그 위에 잦았던 피**(복수형=대규모 유혈 사태)를 **드러낼 것이기** 때문에 모든 사람에게 명백해질 것이다. 하나님께 부르짖는 아벨의 피처럼 땅이 그것을 기록하여 공의가 이루어질 것이다. **땅이 … 그 살해 당한 자를 다시는 덮지 아니하리라.**

하나님은 누구도 멸망하는 것을 원하지 않지만(벧후 3:9을 보라), 그분은 공의로우시기에 악인을 반드시 벌하셔야만 한다. 하나님은 징벌하는 중에도 자비로 남은 자를 보존하신다(노아, 롯, 애굽의 히브리인 장자 등).

의미

이 노래는 24-25장에 설명된 미래의 징벌과 회복의 시간에 관해 더 자세히 설명하는 세 구절(26:1; 27:1, 2) 가운데 첫 번째 구절이다. 이것은 하나님이 신뢰를 받아야 하는 두 가지 이유를 강조하는 신뢰의 노래이다.

첫째, 그분은 자신을 신뢰하는 사람들에게 영원한 반석이시다.

둘째, 그분은 교만한 자를 낮추실 것이다.

첫 번째 주제는 의인의 길을 설명하는데(7-9절), 이것은 악인의 길(10-14절)과 대조된다. 악인들이 심판받는 이유는 그들의 무자비한 잔인함과 잔혹한 피 흘림 때문이다. 땅은 기록을 남겼고 그들의 죄를 모든 사람에게 폭로할 것이다(21절).

하나님의 나라는 징벌을 통과해서 지나갔고(16-18절), 그 과정에서 일부는 그들이 온 세상에 구원을 가져오는 데 실패했다는 것을 깨달았다

(18절). 따라서 하나님이 친히 남은 자를 구원하셔야만 했다(15, 19-20절).

(4) 세상으로 퍼져가는 이스라엘의 구원(27:1-13)

문맥

이 섹션(이사야 24-27장)의 마지막 장은 이스라엘이 핵심 역할을 하게 될 그 세상을 위한 하나님의 미래 계획을 계속 묘사한다. 이사야 5장에서 파괴되고 버려진 포도원은 이제 완전히 변화되어 하나님의 보살핌과 보호를 받는다. 그곳에는 맛있는 열매가 풍성할 것이다.

26장에서처럼 그날에라는 어구는 27장에서 중요한 단위들을 소개하는 데 사용된다. 그 단위들은 하나님이 의인들과 악인들 모두에게 보응하실 심판과 회복의 날에 대해 말한다.

학자들은 이 장이 다음과 같은 단위들로 나누어진다는 데 일반적으로 동의한다. 1, 2-5, 6-11절 그리고 12-13절. 대부분이 그날에라는 어구로 시작한다(1, 2, 12, 13절; 24-26장에서 사용된 것보다 27장에서 더 많이 사용됨). 그날에는 24-27장에서 자주 반복되는 주제로 하나님이 자기 백성을 보호하고 악인을 징벌하실 여호와의 날을 의미한다.

2-5절에 나오는 1인칭의 신적 연설(divine speech) 다음에 그 신탁에 대한 저자의 설명(6-11절)이 이어진다. 마지막 두 절(12-13절)은 이 장과 전체 섹션을 끝맺는다(이사야 24-27장).

주석

〈1〉 그날에는 날랜(바리아[*bāriaḥ*], '피하는', 4회) 뱀과 꼬불꼬불한(아칼라톤[*'ăqallātôn*], '몸부림치는', 여기에만 나옴) 뱀과 바다에 있는 용으로 묘사된 리워야단(Leviathan)¹⁹⁾이 징벌받을 것이다. **리워야단**이라는 이름은 구약에 여러 번 나온다(욥 3:8, 시 74:13-14, 104:26 등을 보라). 욥기 41:1은 그것을 여호와께서 창조하신 강력한 피조물 가운데 하나로 제시한다. 여기 1절에서 그것은 바다에 있는 용(NIV, 바다의 괴물)으로 묘사된다.

리워야단의 정체는 불확실하지만, 이스라엘에서 그것은 사악함, 혼돈, 사탄 또는 이 셋의 조합을 대표하게 되었다. 어떤 경우이든, 하나님은 크고 강한 칼로 리워야단을 죽일 수 있는 최고의 권세를 가지신 분으로 분명히 묘사된다. 요한계시록에 따르면, 하나님이 큰 용을 죽여서 '불타는 유황 못'에 던지실 것이다(계 20:2, 7-10).

〈2-3〉 **그날에**(분명히 리워야단이 죽임을 당하는 그날과 같은 날, 종말론적 미래 사건임) **너희는 아름다운**(헤메드[*ḥemed*]) **포도원을 두고 노래를 부를지어다**라는 어구는, 5:1-7의 쓸모없는 포도원과 대조되는 아름답고 거룩하게 보호된 포도원을 묘사하는 또 다른 노래(25, 26장에 있는 것들과 유사함)를 소개한다. 하나님은 한 번도 이스라엘을 돌보지 않은 적이 없으셨지만, 그들이 징벌받았을 때는 한동안 돌보지 않으셨다고 느꼈다.

일부 학자는 여기에 **요메르**(*yō'mēr*, '그가 말할 것이다')와 같은 뭔가 누락된 요소가 있다고 제안한다. 그 이유는 **그날에**라는 어구와 '노래하라'는 지시 사이에 논리적 비약이 발견되기 때문이다.

그러나 이 노래는 운문체의 특성이 있으므로 비약이 아니다. 더 중요한 것은 희귀한 단어인 **아름다운**(헤메드[*ḥemed*], '기쁜', 6회; NIV, '수확이 풍성한')이 올바르게 사용되었는지이다. BHS는 헤메드(*ḥemed*)를 '포도주'를 의미하는 헤메르(*ḥemer*, 달렛과 레쉬는 히브리어 정방형 문자에서 매우 유사함)로 수

---

19) 최고 신(chief god)과 바다/혼돈 괴물(sea/chaos monster) 사이의 전투 이야기들은 고대 근동 전역에서 상당히 잘 알려져 있다. 바벨론 전통에서 마르둑(Marduk)은 바다 괴물 티아맛(Tiamat)을 죽인다. 우가릿 전통에서 바알(?)은 바다 괴물 로탄(Lotan)을 물리친다(*ANET* 138); 히타이트 전통에서 폭풍의 신은 용 일루양카스(Iluyankas)를 죽인다(*ANET* 125-126).

정할 것을 제안한다. 그러나 '포도주의 포도원'이라는 어구가 되어 그 어색함이 거의 개선되지 않는다.

여호와 자신(즉, 하나님과 이스라엘의 인격적이며 언약적인 관계를 나타내는 이름)이 포도원을 보호하고 있다.

- 나 여호와는 포도원 지기가 됨이여
- 때때로(NIV, '계속해서') 물을 주며
- 밤낮으로 간수하여/아무든지 그것을 해치지 못하게(문자적으로 '누군가 그것을 방문하지 못하도록') 하리로다

밤낮으로 무엇인가를 지키는 것은 지속적인 보호를 나타내는 극단법(merism)이다. 이사야 5장의 포도원과 다르게 하나님은 이 포도원을 끊임없이 돌보시고 보호하신다.

〈4-5〉 어떤 학자들은 나는 노함이 없나니(문자적으로 '진노가 내게 있지 않다.' 4절)라는 하나님의 단호한 말씀이 여기에서 적절하지 않다고 생각하여 수정하려고 한다. 그러나 그 말씀은 그대로 의미가 있다. 5장의 포도원과는 대조적으로, 하나님의 진노가 누그러져서 그분의 포도원에 대한 사랑만 남아 있다.

하나님의 소중한 포도원에 한 원수가 해로운 잡초들을 뿌리는 것으로 묘사되어 있다. 이것은 전쟁에서 흔히 볼 수 있는 일반적 관행이다. 문자적으로 찔레와 가시를 '내게 가져오는 자', 찔레와 가시라는 어구는 이사야서에만 나오며(5:6; 7:23, 24, 25절 등), 포도나무에서 귀중한 영양분과 수분을 빼앗아 가는 무가치한 잡초를 가리킨다.

하나님은 그것들을 완전히 뿌리 뽑으실 것이다(문자적으로 '나는 그것들을 짓밟고[파사〈pāsa〉, 여기에만 나옴] 그것들을 모두 한 번에 태울 것이다[추트〈sût〉, 여기에만 나옴]'). 5:6의 포도원에서 찔레와 가시가 자라도록 허락한 것과는 대조적으로, 하나님은 이 포도원이 위협을 받을 때 그것을 특별히 돌보신다.

4절과 5절 사이의 관계에는 문제가 있다. 게제니우스(Gesenius)는 5절을 시작하는 오(*ô*)를 '그러면 … 이 일어날 것이다'를 의미하는 오 키(*ô kî*)의 축약형으로 읽어야 한다고 주장한다(GKC § 162a). 따라서 5절은 하나님이 잡초를 뿌리 뽑으실 때 베푸시는 특별한 보호를 묘사할 것이다.

'그러면 그것(즉, 포도원)이 내 피난처에서 강해지는 일이 일어날 것이다, (그리고) 평화가 거기에 나와 함께 있을 것이다(이 어구는 반복됨)'.

가능성이 낮은 5절의 또 다른 번역은 다음과 같다.

'또는(그렇지 않으면) 그(즉. 이스라엘을 대적하기 위해 하나님께 찔레와 가시를 드린 자, 4절)가 피난처를 얻기 위해 하나님께 돌아오게 하며, 그들(문자적으로 '그')이 나와 화친하게 하라'.

하나님의 백성을 대적하는 원수는 누구나 하나님의 원수라는 논리이다. 첫 번째 해석은 이스라엘에 대한 하나님의 보호라는 주제가 계속되는 반면, 두 번째 해석은 이스라엘의 원수들에게 하나님께로 돌아와 그 안에서 피난처를 구하라는 제안이다.

나와 화친하며 나와 화친할 것이니라라는 어구의 반복은 본질적으로 강조이지만, 히브리어 원문의 어순에 따라 각 어구의 강조점이 다르다. 첫 번째 어구에서는 **나와**라는 단어에 중점을 두지만, 두 번째 어구에서는 **화친**이라는 단어에 중점을 둔다. 화친으로 번역된 **샬롬**(*šālôm*)이라는 단어는 온전, 번영, 복리(well-bing), 평화 및 안전을 포함하는 풍부한 개념이다.

〈6〉 언젠가 이스라엘(문자적으로 야곱)은 번영할 것이다. 뿌리를 내리고 싹이 나고(추츠〈*sûṣ*〉, 9회) 꽃이 피고 궁극적으로 열매를 맺을 것이다. 후일에(하바임[*habbā'im*], '그 오는 [날들]')이라는 표현은 이례적이다. *BHS*의 편집자들은 본문을 바 하욤 베[*bā' hayyôm wĕ*], '그날이 온다. 그리고') 또는 하야민 바임(*hayyāmin bā'im*, '그날이 오고 있다')로 수정할 것을 제안한다. 그러나 사본적 증거가 거의 없어서, 이렇게 수정된 내용들과 원본 사이의 의미는 거의 차이가 없다.

이 구절은 과거에 이스라엘이 겪었던 징벌을 바라보고(26:16을 보라) 또 그 **결실**(테누바[*tĕnûbâ*], '모든 종류의 소출', 7회)로 **지면을 채우리로다**라고 말하며 회복된 그 나라를 마음에 그려본다. 테누바(*tĕnûbâ*, 열매)라는 드문 단어는 문자적이거나 비유적일 수 있지만, 여기에서 그것은 아마도 땅을 채우는 영적 과일(즉, 남은 자)일 것이다.

〈7-9〉 보기 드문 어휘와 예상치 못한 시제, 인칭, 성의 변화들에도 불구하고, 7-11절의 가장 중요한 메시지는 분명하다. 이스라엘은 죄가 완전히 정화될 때까지 징벌받을 것이다.

7절의 두 질문에 대한 가정된 대답은 '예'이다. 이스라엘은 그들의 패역과 완고함으로 인해 적들이 받았던 것과 같은 징벌을 정말로 많이 받았다. 같은 어근을 가진 단어들은 징벌의 형평성을 전달하는 데 도움이 된다(즉, 때리는 자가 때림을 당하고, 살해하는 자가 살해당함). 악인이 하나님 자기 백성 가운데 하나라고 할지라도, 하나님의 징벌에서 면제될 수 없다.

NIV 8절에 따르면 이스라엘의 징벌은 **전쟁**(베삿세아[*bĕsaʾssĕʾâ*], 여기에만 나옴)과 **포로**(문자적으로 '그녀를 보냄')의 모습으로 나타난다, 그 전쟁과 포로의 모습은 그들을 그 땅에서 몰아내는(하가[*hāgâ*], '제거하다', 2회) **맹렬한 폭풍**(문자적으로 '바람')으로 묘사된다.

동풍 부는 날에라는 어구는 동쪽에서 맹렬하게 불어오는 뜨거운 바람을 떠올리게 하는데, 이것은 동쪽에서 오는 앗수르와 바벨론을 비유적으로 일컫는 말이다. 또는 가능성은 작지만, 그것은 이스라엘이 포로로 '날려간'(잡혀간) 방향을 가리키는 '동쪽으로 부는 것'을 의미할 수 있다.

긴 징벌 과정은 **야곱의 불의**에 대해 이뤄진 속죄의(문자적으로 '그러므로 이것에 의해') 수단이었다. 그것은 남은 자가 하나님께로 돌아가서 그분의 계획을 수행하기 전에 치러야 할 '**온전한 값**'(결과; NIV, 온전한 열매, 문자적으로 '모든 열매')이었다. 이것은 징벌 자체가 그들의 죄에 대한 빚을 갚았다는 것을 의미하지 않는다. 그렇다면 그리스도의 희생이 필요하지 않았을 것이다. 그러나 그 징벌은 하나님을 믿는 믿음을 낳았다.

그들의 변화된 마음의 증거는 그(즉, 야곱)가 거짓 신들의 모든 제단(제단의 모든 돌을 부서진 횟돌[기르⟨gir⟩, 여기에만 나옴] 같게 하며)과 **아세라**(아세라의 상징들)와 **태양상**(NIV, '분향단')을 파괴할 때 나타날 것이다(대하 34:4, 7을 보라). 그 의미는 이스라엘이 마침내 마음을 다해 여호와께 헌신할 것이라는 의미이다. 그들은 더 이상 우상을 숭배하지 않을 것이다.

⟨10-11⟩ 황폐한 견고한 성읍의 정체는 전혀 명확하지 않다. 10절을 시작하는키(*kî*)(NIV에는 번역되지 않음)는 10절이 회복을 묘사하는 9절과 대조(즉, '그러나 견고한 성읍은 … ')를 이룬다는 신호를 준다. 따라서 10절은 예루살렘의 회복 이전 기간을 언급하며 8절에 있는 사건들(즉, '전쟁과 포로로 잡혀감')에 대한 추가 설명을 제공한다. 징벌의 이유는 11절에 나온다(백성이 지각이 없으므로/그들을 지으신 이가 불쌍히 여기지 아니하시며).

다른 나라들이 예루살렘을 철저히 파괴하여 예루살렘은 완전히 **버림받은 광야**와 같을 것이다(10절). 놓아먹이는 송아지가 땔감용으로 쓰일만한 것들만 남겨질 때까지(즉, 이스라엘이 끌려가기까지) 마른 나뭇가지들을 벗겨 먹을(문자적으로 '그것의 가지들[사잎⟨*sāʿip*⟩, 2회]을 끝내다.') 정도로 예루살렘은 황폐해질 것이다.

여인들이 와서 그것을 불사를 것이라(문자적으로 '그것들이 빛을 내도록', 어떤 것을 불태우는 것을 묘사하는 독특한 단어)라는 어구에서 '빛'이라는 단어의 미묘한 역할이 있을 수 있다. 이스라엘 백성에게는 참빛(즉, 하나님에 대한 참지식)이 없으므로 하나님이 그들을 멀리하실 것이다.

이 이미지의 아이러니는 이스라엘이 한때 숭배했던 송아지들이 한때는 이스라엘의 수도였던 곳에서 지금은 먹이를 먹고 있다는 사실이다(Oswalt 1986: 496을 보라). 이스라엘은 '지각이 없는 백성'이었다. 그러므로 그들을 지으신 이이며 조성하신 이가 그들을 불쌍히 여기지 아니하시며 … 은혜를 베풀지 아니하시리라. 그러나 다음 두 구절에서 알 수 있듯이 이것은 이스라엘의 마지막이 아니다.

⟨12-13⟩ 이사야 24-27장에는 미래의 사건들에 대한 묘사가 나온다. 이것에 맞는 결론은 남은 자가 시온산에서 하나님께 예배하기 위해 돌아온다는 것이다. 12절을 시작하는 와우(*wāw*)는 12절과 10-11절의 황폐함이 대조('그러나')를 이룬다는 것을 암시한다. 그날에라는 어구는 분명히 하나님이 이스라엘을 타작하실(야흐봇[*yaḥbōṭ*], '이길 것이다', 5회) 때인 1-2절의 미래 종말론적 날과 동일하다.

따라서 미래에는 엄청나게 많은 하나님의 백성들이 다 함께 모여들 것이다. 그것은 하나님이 남은 자를 하나하나 모으시는 추수로 묘사된다(마 24:30-31의 유사한 이미지를 보라). 그 추수에는 바벨론의 국경(즉, 유브라데[NIV, 시내, 쉽볼렛⟨*šibbolet*⟩, 이 의미로만 나옴])으로부터 애굽의 와디(나할[*naḥal*], '시내' 즉 와디 엘-아리쉬[Wadi el-Arish], 일반적으로 성경 시대에 이스라엘과 애굽 사이의 국경)까지 빠지는 사람이 없을 것이다. 이것은 이스라엘 땅이 솔로몬의 통치 기간 중 도달했던 가장 먼 국경을 나타낸다. 그때는 솔로몬이 아람-레바논 지역에 사는 사람들과 동맹을 맺었을 때이다.

13절은 같은 사건을 묘사한다. 그날에 큰 나팔(쇼파르[*šôpār*], '숫양의 뿔')을 불리니. 큰이라는 단어가 나팔을 수식하지만, 그것은 그 모양이 크다는 것이 아니라 소리가 크다는 것을 나타낸다. 그것은 앗수르와 애굽까지 들릴 것이기 때문이다. 이 나팔 소리는 전투를 벌이기 위해 군대를 소집할 때 불었던 것과 비슷하다(삿 6:34). 여기에서 하나님은 앗수르와 애굽의 접경 땅으로 흩어지거나 나누어진 이스라엘 사람들에게 시온산으로 돌아오라고 부르고 있다(11:11-12을 보라).

다음의 두 가지 요소는 바벨론 포로에서 돌아오는 것이 아닌 미래에 함께 모이는 것을 가리킨다.

첫째, 그 문맥은 의로운 남은 자들이 회복되고 악인들이 징벌받는다는 것이다.

둘째, 그 남은 자는 앗수르 땅에서 멸망하는 자들과 애굽 땅으로 쫓겨난 자들로 묘사된다.

이 미래에도 **예루살렘 성산**(즉, 시온산)은 여호와를 '예배함'의 중심이다 (문자적으로 '그들이 여호와께 엎드려 절할 것이다'). 여기서 강조점은 예루살렘으로 돌아가는 것뿐만 아니라 여호와를 예배하는 것으로 돌아가는 것이다. 이 예배자들은 정화된, 순종하는 사람들을 암시한다.

의미

하나님의 전능하신 능력은 악을 멸하실 때 드러날 것이다. 악의 배후 세력인 리워야단을 멸하실 때 더 구체적으로 드러날 것이다. 구원 과정에서 하나님이 계속 집중해서 보셨던 이스라엘은 마침내 하나님이 의도하셨던 대로 열방의 빛이 될 것이다. 하나님은 자기 백성을 구속하기 위해 징벌을 사용하여 남은 자가 그분께로 돌아오게 하실 것이다. 이 남은 자들은 앗수르와 애굽 모두에서 돌아올 것이다. 그것은 바벨론에서 돌아오는 것보다 범위가 더 넓음을 의미한다.

3) 유다에 관한 예언들: 심판과 회복 신탁들(28:1-33:24)

28-33장의 연대와 구조에 관해서는 일치하지 않는 점이 많이 있다. 그러나 최종 정경 형태에서는 그 장들은 정교하게 만들어진 중심교차대구법(즉, 13-39장)의 중앙에 있는 것처럼 보인다. 이 장들은 북왕국의 멸망 전부터 주전 701년 예루살렘이 구원받을 무렵까지의 사건들에 관한 것이다(Childs 2001:199를 보라).

28-33장에는 아홉 개의 심판 신탁과 아홉 개의 회복 신탁이 번갈아 나온다(표 0.9를 보라). 이 부분의 핵심 주제는 이스라엘이 인간적 동맹이나 자신들의 독창성이 아니라 하나님의 능력으로 구원받게 된다는 것이다.

몇몇 학자는 묵시적 분위기 때문에 33장은 34-35장과 함께 묶여야 한다고 제안하지만, 그 장은 28-32장의 파괴-회복 주제와 더 밀접하게 관련되어 있다.

(1) 첫 번째 심판-회복 주기: 에브라임의 술 취한 자들에 대한 화(28:1-4), 그분의 백성 중 남은 자를 위한 구원(28:5-6)

문맥

이 섹션은 두 개의 단위로 구성되는데, 첫 번째는 '화' 신탁(1-4절)이고, 두 번째는 회복 신탁(5-6절)이다. 이 첫 번째 '화' 신탁은 사마리아의 교만한 지도자들이 곧 강력한 앗수르 군대에 제압될 것임을 보여 준다. 회복 신탁은 오직 하나님만이 그들을 구원하실 수 있음을 보여 준다.

주석

① **심판 신탁(28:1-4)**

⟨1-2⟩ 이 첫 번째 화(호이[hôy]) 신탁은 사마리아를 기름진 골짜기(문자적으로 '기름들의 골짜기', 복수형을 사용하여 비옥함을 강조함) 꼭대기에 놓인 관(NIV, '화환')과 쇠잔해 가는 꽃으로 묘사한다. 1-4절은 두 개의 평행 판들(panels)에 배열되어 있다(표 28.1을 보라). 이 판들은 다음의 추가된 두 가지 내용을 제외하고는 서로 균형을 이룬다.

- 술(NIV, '포도주')에 빠진 자(괄호로 묶을 수 있음, 1절)
- 발에 밟힐 것이라(괄호로 묶을 수 있음, 3절)

2절은 북왕국을 징벌할 하나님의 대리자(즉, 앗수르 사람들)가 폭풍처럼 강하고 힘이 있다고 설명한다. 4절은 그들이 얼마나 빨리 파괴당할 것인지에 대한 예를 제시한다. 보는 자가 그것을 보고(NIV, '사람들이 그것들을 보자마자'; 이 표현은 신속하고 거의 자동적인 반응을 암시함) 따서 먹는 무화과처럼.

사마리아 거민들은 자기 성읍을 크게 자랑했다. 에브라임의 술 취한 자들의 교만. 에브라임은 주전 7세기 후반의 북이스라엘에 대한 일반적인 이름이었다. 그때 규모가 훨씬 축소된 북왕국은 에브라임 고지대에 국한되었다.

¹ 에브라임의 술취한 자들의 교만한 면류관은 화 있을진저	³ 에브라임의 술취한 자들의 교만한 면류관이 (발에 밟힐 것이라)
영화로운 관같이 … 쇠잔해 가는 꽃 같으니	⁴ 그의 영화가 쇠잔해 가는 꽃이
기름진 골짜기의 꼭대기에 세운 (술에 빠진 자)	그 기름진 골짜기의 꼭대기에 있는
² 보라 주께 있는 강하고 힘 있는 자가 … 손으로 그 면류관을 땅에 던지리니	여름 전에 처음 익은 무화과와 같으리니 보는 자가 그것을 보고 얼른 따서 먹으리로다

[표 28.1] 이사야 28:1-4의 평행 구절들

오므리는 그의 왕국의 위대함을 드러내기 위해 기름진 골짜기의 꼭대기에 사마리아를 세웠는데(왕상 16:24을 보라), 이곳이 포도주와 기름 생산의 중심지가 되었다. 그러나 주전 8세기 중반 이후, 그것은 슬프게도 쇠퇴한 상태에 있는 **쇠잔해 가는**(노벨[*nobēl*], '가라앉은, 시든') 꽃이었다. 그 나라의 지도자들은 퇴폐적이었고(즉, 술취한 자들 … 술에 빠진[할루메⟨*hălûmê*, '홀딱 반한', 8회] 자), 그 나라의 아름다움은 시들었다.

여호와께서 그분의 강하고 힘이 있는 도구인 앗수르를 보내 사마리아를 철저히 멸망시키실 것이라는 선언이 이루어졌다(보라[힌네⟨*hinnēh*⟩=독자에게 경고하기 위해]). 이것은 이 구절의 연대를 주전 722/721년 이전으로 잡는 데 도움이 된다. 앗수르의 파괴력은 우박, 바람, 비, 홍수와 함께 대혼란을 일으키는 격렬한 폭풍(제렘[*zerem*], 9회; 이사야에서 7회)으로 묘사된다.

A 보라 주께 있는 강하고 힘 있는 자(암미츠[*'ammiṣ*], 6회)가

    B 쏟아지는 우박같이, 파괴하는 광풍같이

    B′ 큰물이 넘침같이(NIV, '휘몰아치는 비와 범람하는 폭우같이')

A′ 손으로(문자적으로 '그의 손에 의해'= 그의 힘) 그 면류관을 땅에 던지리니(문자적으로 '그가 정착했다'= 예언적 완료)

교차대구법(chiasm) 형태로 기록된 앗수르에 대한 묘사는 매우 정확하다. 세계 최초의 전문적 군대로서 그들은 많은 나라를 황폐하게 했다.

〈3-4〉 사마리아는 발에 밟힐 것인데, 이것은 주전 722/721년 앗수르 사람들이 그 성읍을 멸망시켰을 때 성취된 사건이다. 그들은 **여름**(NIV, '추수') 전에 처음 익은 **무화과**(빌쿠라[*bikkûrâ*]는 여기에만 나옴; 빌쿠림[*bikkûrîm*], '맏이'와 닮음)에 비유된다. 무화과는 1년에 두 차례 수확할 수 있다.

  첫째, 브레바 수확(breva crop; 즉, 여기에서 언급된 무화과)은 전년도에 자란 무화과를 봄에 따는 것이다.

  둘째, 주된 수확은 새해에 자라서 늦여름이나 초가을에 무르익은 무화과를 따는 것이다. 사마리아는 지도자들이 위험을 깨닫고 하나님께 부르짖지 않으면 순식간에 무너질 것이라는 경고받는다.

② **회복 신탁**(28:5-6)

〈5-6〉 그날에라는 어구는 1-4절의 화 신탁과 매우 유사한 용어들을 사용하는 회복 신탁의 시작을 알린다. 만군의 여호와께서 자기 백성의 남은 자에게 영화로운 면류관이 되며 아름다운 화관(체피라[*sĕpîrâ*]는 이 의미로 여기에만 나타남)이 되실 것이라.

  보기 드문 단어인 **체피라**(*sĕpîrâ*, 화관)는 '운명'이나 '끝'을 의미할 수도 있으므로(겔 7:7, 10을 보라) 언어유희를 만든다. 그것은 화 신탁에서 언급된 대로 북왕국(즉, 사마리아)에는 '끝'(체피라)이 되겠지만, 하나님의 남은

자에게는 화관(체피라 즉 '영광의 순간'에 대한 비유)이 될 것이다.

하나님이 그분의 남은 자에게 참된 아름다움과 자랑의 근원이 되실 날이 오고 있다.

첫째, 그 남은 자가 그들의 **영화로운 면류관**으로 묘사된 여호와를 자랑할 것이다.

둘째, 심판 때에 하나님 앞에 앉는 자들을 위해서는 공정하고 올바른 재판관이 있을 것이다(재판석에[문자적으로 '재판 안에' 또는 '재판 앞에'] 앉은 자에게는 판결하는 영이 되시며).

셋째, 하나님이 전쟁에서 그들을 도우실 것(즉, 성문에서 적들을 돌아서게 하는 자, NIV)이기 때문에 그들은 힘의 근원을 갖게 될 것이다.

이전 섹션에서는 사마리아의 결과가 멸망(즉, 주전 722년)이었다. 이와 대조적으로 이번 섹션에서 그들의 적들이 **성문에서 돌아섰을 때** 예루살렘이 승리했다(6절). 이스라엘은 갈망했지만, 사마리아가 놓쳐버린 그 영광은 궁극적으로 남은 자를 위해 여호와께서 성취하실 것이다.

의미

하나님은 북왕국의 교만과 오만을 벌하기 위해 강대한 나라 앗수르를 부르실 것이다. 한때 이스라엘의 영광스러운 꽃으로 여겨졌던 사마리아가 시들기 시작했고 곧 멸망할 것이다. 그러나 하나님이 그분의 남은 자의 참 아름다운 근원이 되실 날이 오고 있다. 그분은 진정한 정의와 절대적 보호를 제공하실 것이다.

(2) 두 번째 심판-회복 주기: 영적 지도자들에 대한 벌(28:7-15), 남은 자를 위한 구원 (28:16-17)

문맥

두 번째 신탁(7-17절)은 첫 번째 신탁을 기반으로 하여, 현명한 결정을 내릴 수 없는 이스라엘의 부패한 영적 지도자들(즉, 제사장들, 선지자들)을 대상으로 한다. 이 지도자들의 위치는 이스라엘인지 유다인지 아니면 둘 다인지 불분명하다.

일부 학자는 이 신탁이 예루살렘의 징벌과 멸망에 대해 말하고 있기에 이 신탁의 늦은 연대를 주장한다. 그러나 이 추론은 너무 단순하다. 포로 이전의 선지자들도 유다가 그들의 길을 바꾸지 않으면 멸망할 것이라고 경고했기 때문이다(호 1-3장; 암 6:1-7; 미 3:12을 보라).

이 종교 지도자들은 하나님의 메시지를 분별할 수 없는 무능한 술 취한 자로 묘사된다. 그들은 슬기로운 동맹으로 하나님의 징벌을 피할 수 있다고 생각하지만, 그분은 그들이 피하지 못할 것이라고 경고하신다. 그들의 상태에 대한 오스왈트(Oswalt)의 평가는 정확하다.

"자신의 양심을 불에 그을린 종교 지도자보다 더 완고하고 냉소적인 사람은 세상에 없다"(1986: 509).

이 신탁에는 두 섹션이 있다.

- 7-15절: 술 취한 선지자들과 제사장들에 대한 심판
- 16-17절: 시온에서의 진정한 정의의 회복

주석

① 심판 신탁(28:7-15)

〈7-8〉 저자는 하나님의 사자가 되어야 하지만, 술에 너무 취하여 하나님의 말씀을 들을 수 없는 선지자들과 제사장들을 놀라움과 아이러니(문자적으로 '그리고 이것들 또한')로 질책한다. **비틀거리며 환상을 잘못 풀며 재판**(펠릴리야[pĕlîlîyâ], 여기에만 나옴])할 때에 실수하나니(푸크[pûq], 2회). 그들은 **포도주에 빠져**(문자적으로 '포도주가 그들을 삼켰다[발라〈bālaʿ〉, 7회]') 있었기 때문에 그들의 환상과 재판은 하나님의 메시지가 아니라 알코올로 인한 웅얼거림이다.

그 후에 그 이미지는 충격을 주기 위해서 생생한 묘사(graphic)로 바뀐다. 그들이 술을 마시던 상들은 **토한 것**(키[qîʾ], 3회)과 **더러운 것**(초아[ṣōʾâ], 7회)으로 덮여서 깨끗한 곳이 하나도 없다. 이것은 성전 뜰에서 자주 보였던 모습이기 때문에 더욱더 충격적이다. 그 나라에 참된 영적 지도력이 절실히 필요한 시대였음에도 불구하고, 백성들을 이끌어야 할 자들이 오히려 그들 자신의 오물에 빠져들고 있다.

〈9-10〉 저자는 좌절감을 느끼며 두 가지 수사학적 질문을 던진다.
첫째, 그가 누구에게 지식을 가르치려는가
둘째, 누구에게 도를 전하여 깨닫게 하려는가
그 대답은 '방금 젖을 뗀 아이들에게'(문자적으로 '우유로부터 떼어 낸 자', 전치사가 연계형 사슬[construct chain]을 방해하는 매우 특이한 문법 구조[GKC § 130a]) 하라는 것 같다. 7-8절의 복수형 동사들은 하나님이 이 술에 취한 지도자들을 가르치실 때 단수로 바뀌었다. 고대 근동에서 젖을 떼는 것은 일반적으로 3세에서 5세 사이에 이루어졌으며, 이 나이 때의 아이는 선과 악에 대한 가장 기본적인 도덕적 이해만 가지고 있다.

아이러니하게도 하나님은 '어린아이들', 즉 부패한 제사장들과 예언자들에게 그분의 메시지를 전달하셔야만 한다. 그 제사장들과 예언자들은 하나님의 방법으로 교육받아야만 하지만, 그렇지 못하기 때문이다.

10절의 정확한 의미에 대해서는 거의 일치하지 않는다. 대저 경계에(문자적으로 '명령을 위해서') 경계(차브[ṣaw], 아마도 미츠바[miṣwâ], '명령'의 축약형)를 더하며 경계에 경계를 더하며(2회 반복됨) 교훈(문자적으로 '선[line]을 위하여')에 교훈(문자적으로 '선'[line]])을 더하며 교훈에 교훈을 더하되(2회 반복됨) 여기서도(문자적으로 '거기') 조금, 저기서도 조금 하는구나 하는도다.

그 어휘들은 다음 중 하나로 이해될 수 있다.

첫째, 선지자의 거룩한 메시지를 조롱하려고 횡설수설함(Childs 2001: 207)

둘째, 신적 명령들을 모방하기 위한 '명령들'(미츠바[miṣwâ])이라는 단어의 축약형(Oswalt 1986:512; Wildberger 2002: 17)

셋째, 고대 문자들의 이름들(*HALOT* 3.1009)

넷째, 어린이를 가르치는 교사를 모방하여 내는 소리의 반복(Clements 1980a: 228)

다섯째, 배설물과 구토에 대한 유아 용어(Emerton 2001: 51-54; Roberts 2015: 351).

이 구절은 교사들이 학생들을 훈련하기 위해 사용했던 짧은 시(poem)이거나, 또는 아이들을 가르치기 위해 교사가 반복해서 소리 내는 것을 저자가 모방한 것이다. 정확한 의미가 무엇이든 간에, 요점은 하나님이 사악한 선지자들과 제사장들을 어린아이처럼 '차례차례'(line upon line), '여기서 조금, 거기서 조금' 가르쳐야 한다는 것이다. 이는 유쾌하지도 않고 빠르지도 않은 지루한 과정이다.

⟨11-13⟩ 그 제사장들과 선지자들이 그들의 일을 하지 않을 때, 하나님은 그 종교 지도자들을 가르치시기 위해서 훨씬 더 엄중한 조치들(즉, 잔인한 앗수르 사람들)을 하실 것이다. 그러므로(키[kî], '결과적으로 '; Williams § 450) 더듬는(NIV, 외국의) 입술과 다른(NIV, 이상한) 방언으로 그가 이 백성에게

말씀하시리라(즉. 가르친다).

더듬는(NIV, 외국의)으로 번역된 히브리어 명사는 시편 35:16과 호세아 7:16에서 '조롱, 조소'를 의미한다. 관련된 동사(어근이 같은 동사-역주)도 그 의미를 전달한다(왕하 19:21을 보라). 그러나 여기에서 평행 어구인 다른 방언(NIV, 이상한 방언)은 그것이 알려지지 않은 언어임이 분명하다.

12절을 시작하는 그들에게(NIV, 누구에게)라는 말은 하나님이 안식을 지시하셨을 때 듣지 아니하였던(문자적으로 '그들이 기꺼이 듣기를 원하지 않았다') 제사장들과 선지자들을 가리킨다. 이것은 아마도 지친 이스라엘에 쉼을 가져다주려는 하나님의 율법들에 대한 언급일 것이다(즉, 곤비한 자에게 안식[마르게아〈margēʾâ〉, 여기에만 나옴]을 주라).

그 제사장들과 선지자들은 하나님이 이스라엘에 대해 가지셨던 계획들 안으로 백성들을 인도하지 않았기 때문에, 그분은 전략들을 변경하여 신중하게 징벌을 집행하실 것이다.

10절에서 반복되는 다음 어구들은 그 징벌의 짜임새 있는 본질을 강조하기 위해 짧고 들쭉날쭉하게 쓰였다. 경계(차브[ṣaw])에 경계를 더하며 경계에 경계를 더하며(이 구절에서 2회) 교훈(카브[qaw])에 교훈을 더하며 교훈에 교훈(이 구절에서 2회)을 더하고 여기서도 조금(제에르[zēʿêr], 3회), 저기서도 조금 하사. 이번에는 징벌을 분명히 내리실 것이다. 아무도 피하지 못할 것이다.

앗수르에 의한 징벌은 논리적으로 진행된다. 그들은 뒤로 넘어져(즉, 방심하다가 넘어지고) 부러지며(즉, 패배하게 되고). 마침내 올무에 걸리며 붙잡히게 될 것이다(즉, 궁극적으로 앗수르로 옮겨짐). 앗수르는 점령하고 정복한 나라의 사람들을 일반적으로 추방했다. 만약 이스라엘이 그들의 선지자들의 모습을 통해 교훈을 얻을 수 있었다면, 그들의 길은 훨씬 순탄했을 것이다. 고통은 종종 아주 가혹한 교사이다.

〈14-15〉 그러므로라는 단어는 7-13절에 대한 논리적 결과를 소개한다. 그들은 하나님의 온유한 메시지를 듣지 않았기에 더 엄한 책망을 듣게 될 것이다. 오만한 자(문자적으로 하나님의 방법들을 조롱하는 '경멸[라촌⟨lāṣôn⟩, 3회]의 사람들')라고 불리는 예루살렘의 통치자들은 그들을 향한 하나님의 메시지를 들을 것이다.

15절은 그들이 어떻게 하나님의 메시지를 조롱했는지 설명한다. 우리는 사망과 언약하였고(문자적으로 '언약을 자르다') 스올과 맹약하였은즉(호제[ḥōzeh], 이 의미로 여기에만 나옴). 저자는 진실을 보여 주기 위해 지도자들의 입에 말을 넣어준다. 그들은 앗수르를 물리치기 위해 다른 나라들과 동맹을 맺었지만, 소용이 없을 것이다.

저자는 통치자들을 위해 다시 말한다(16절). 통치자들이 정확하게 말하지 않았기 때문이다. 우리는 거짓을 우리의 피난처로 삼았고 허위 아래에 우리를 숨겼음이라. 이 어구는 이러한 거짓된 희망들에 대해 두 개의 다른 단어를 사용한다. 카잡(kāzāb, '거짓')과 쉐케르(šeqer, '허위')이다.

만약 이 구절의 문맥이 주전 701년경이라면, 이 언약은 아마도 히스기야가 산헤립(Sennacherib)과 싸울 때 구스 왕 디르하가(Tirhakah)와 맺은 동맹을 가리킬 것이다(왕하 19:9; 사 37:9을 보라). 이 동맹은 이스라엘에게 구원에 대한 큰 희망을 주었다. 넘치는(쇼텝[šôṭēp]) 재앙(숕[šôṭ], 유사하게 소리 나는 단어들)이 밀려올지라도 우리에게 미치지 못하리니.

그러나 하나님이 이스라엘을 징벌하기 위해 보내신 앗수르 사람들에게 대항하는 데 애굽은 거의 도움이 되지 않았을 것이다. 그러므로 이사야가 이스라엘을 조롱할 수 있는 것은 그들이 보호받기 위해 그들의 하나님께 돌아오는 대신 애굽 사람들을 의존하기 때문이다.

② **회복 신탁(28:16-17)**

⟨16-17⟩ 이 구절은 앞의 7-15절에 나오는 심판과 대조되는 회복의 메시지를 포함한다. 16절을 시작하는 그러므로(라켄[lākēn])라는 단어는 동맹에 잘못된 희망을 건 지도자들에 대한 여호와(문자적으로 '주[아도나이⟨ădōnāy⟩] 여호와[yĕhwih]')의 반응을 소개한다. 보라(힌네[hinnēh], 그들의 주의

를 끝기 위해 사용됨) **내가 한 돌을 시온에 두어**(문자적으로 '내가 본다, **시온에** 한 돌이 세워진다', 도치된 구문[문장 속 '시온에'의 위치-역주]은 강조를 위한 것임). 하나님이 시온에 두신 그리고 그들이 의지해야만 하는 돌은 다음과 같이 묘사된다.

- **시험한** (보한[*bōḥan*], '입증된', 여기에만 나옴) **돌**
- **귀하고 견고한**(문자적으로 '견고하게 세워진') **기촛돌**(문자적으로 '모퉁이')

학자들은 그 돌을 다가오는 하나님의 의로운 통치(Childs 2001:209-210), 하나님 자신(Clements 1980a:231), 하나님에 대한 신뢰(Roberts 2015:353-355), 하나님에 대한 믿음(Wildberger 2002:42 등)이라고 다양하게 주장했다. 최선의 대답은 이 모든 생각을 결합하는 것이다. 하나님이 이사야서를 시작할 때부터 계속 발전시키는 대단히 중요한 주제는 그분이 자신을 믿는 자들을 위해 시온에 그분의 왕국을 건설하신다는 것이다.

이 시험을 통과한 안전한 돌(즉, 하나님과 그분의 다가오는 왕국)에 의지하는 사람은 결코 다급하게 되지 않을 것이다(NIV, 결코 공황 상태에 빠지지 않을 것이다). 하나님이 시온에 '요새' 또는 '피난처'를 세우실 때 **정의를 측량줄**(카브[*qāw*], 10절을 보라) 그리고 **공의를 저울추**(미쉬켈레트[*mišqelet*], 2회; 왕하 21:13을 보라)로 사용하실 것이다(17절).

정의와 공의에 대한 하나님의 기준들에 일치하지 않는 사람들은 그들의 은신처(문자적으로 '거짓의 피난처', 17절)에서 쓸려나갈(야아[*yā'â*], 여기에만 나옴) 것이다. 그들의 허술하게 건설된 피난처를 씻어내는 우박과 물의 이미지는 그들이 맺은 동맹들과 조약들의 약점을 잘 보여 준다.

의미

하나님의 심판을 피할 수 있다고 생각한 지도자들은 하나님보다 한 수 앞서지 못할 것이다. 그들이 현명한 행동이라고 여겼던 것은 하나님의 징벌을 촉발할 뿐이다. 그러나 희망의 메시지가 있다. 하나님이 시온에 그분의 왕국(즉, 귀중한 모퉁잇돌, NIV)을 세우실 것이다. 그분을 의지하는 자들은 이 왕국에 참여하여 안전을 누리고 나머지는 그분의 징벌을 받을 것이다.

(3) 세 번째 심판-회복 주기: 유다의 정치 지도자들에 대한 벌(28:18-22); 지혜로운 농부의 비유로 묘사된 남은 자를 위한 구원(28:23-29)

문맥

하나님의 백성을 향한 세 번째 심판-회복 주기는 여러 번에 걸쳐 넘치는 재앙이 닥쳐올 때 죽음/스올과 맺은 그들의 언약(15절)이 어떻게 완전히 무효화 될 것인지를 묘사한다. 앞의 신탁과 밀접하게 일치하는 이 신탁은 (농부에 관한) 희망적인 비유 때문에 균형을 이룬다. 이것은 하나님이 필요 이상으로 심판을 내리지 않으심으로써 백성을 안심시키기 위한 것이다(23-29절).

① **심판 신탁(28:18-22)**

⟨18-19⟩ 유다의 지도자들이 하나님의 심판을 피할 것이라고 자랑스러워했던 언약(15절)은 이제 아무 가치가 없고 무효가 된다. 사망과 더불어 세운 언약이 폐하며(쿠파르[*kuppar*]) 스올(NIV, 죽음의 영역)과 더불어 맺은 맹약(하주트; *ḥāzût*, 5회; 이 의미로만 나옴])이 서지 못하며. 폐하며(쿠파르[*kuppar*])라는 동사는 문자적으로 '가려지다, 속죄하다, 징벌에서 면제되다'를 의미한다. 여기는 그 단어가 '끝내다, 취소하다'로 번역된 유일한 곳이다.

일부 학자는 쿠파르를 수정할 것을 제안하지만, 이 읽기는 맹약이 서지 못하여라는 평행 어구에 의해 지지받는다. 하나님과 생명의 언약을 맺은 그 나라가 이방 나라들과 연합하여 사망과 더불어 세운 언약을 선택한 것이다.

지도자들의 잘못된 믿음 때문에 그들은 하나님의 심판을 피할 수 없을 것이다. 그 백성들은 여러 번 휩쓸고 지나가는 재앙으로 **밟힘을 당할 것**(미르마스[*mirmās*], '짓밟는 곳', 7회; 이사야서에서 4회)이다. **아침마다 지나가며 주야로 지나가리니.** 앗수르가 주전 732, 722, 701년에 그 땅을 침략함으로써 **오직**(NIV, 순전) 두려움을 일으키는 이 재앙의 도구가 되었다. 만약 이스라엘 사람들이 이 경고를 이해하고 믿었다면, 그들은 두려워했을 것이다. 앗수르는 잔인한 적이었다.

〈20-22〉 이 구절들은 이제 편안하고 안락했던 시대는 지나갔다는 것을 이스라엘에 경고하는 비유로 시작한다. 하나님의 심판을 피하려고 다른 나라들과 맺은 동맹들에 의존하는 것은 비효율적이라는 것이 입증될 것이다. 그것은 마치 **침상**(맛차[*maṣṣāʾ*], 여기에만 나옴)의 길이가 너무 짧아서 편안하게 **잠들지**(사라[*śāra*], '쭉 펴다', 3회) 못하거나 **이불**(맛세카[*massēkâ*], 2회; 25:7을 보라)이 너무 작아서 적당한 온기를 제공하지 못하는 것과 같다(문자적으로 '그 덮는 것이 모여 있기에는 너무 비좁았다').

21절은 그들이 맺은 동맹들이 왜 만족스럽지 못할 것인지를 설명한다. **대저**(키[*kî*], '때문에') 여호와께서 브라심 산에서와 같이 일어나시며. 이 산은 아마도 하나님이 블레셋 사람들을 쳐부수셨던 바알브라심(Baal-perazim; 삼하 5:17-25)을 가리키며, 기브온 골짜기는 하나님이 가나안 사람들을 물리칠 수 있도록 우박들을 내리고 낮을 길게 하셨던 곳(수 10:10-11)을 가리킬 것이다.

두 경우 모두 하나님은 자기 백성을 보호하기 위해 기적적으로 역사 속에 개입하셨다. 여기서 그분은 단지 자기 백성을 징벌하기 위해 일어나실 것이다. 하나님의 사역은 **비상할 것이며 기이할 것이다.** 그분은 자기 자녀들을 데려오기 위해 그와 같이 가혹한 수단들을 자주 동원하지 않으시기 때문이다.

선지자는 그들이 하나님의 징계를 조롱하면 할수록 징벌은 더욱 가혹해질 것이라고 경고한다. 그러므로 너희는 **오만한**(리츠[*lîṣ*], '비웃다, 경멸하다,

조롱하다', 8회) 자가 되지 말라 너희 결박(모세르[môsēr], '끈들', 5회=하나님의 징계, NIV, 사슬들])이 단단해질까(NIV, 더 무거워질까) 하노라. 그 백성들은 하나님의 말씀을 듣지 않거나 도움을 구하지 않음으로써 하나님을 '경멸'한다. 그들의 행위들은 하나님의 주권과 권세를 조롱한다.

그러나 이스라엘이 하나님께로 돌아감으로써 징벌의 가혹함을 줄일 기회를 얻을 수 있다. 이것이 바로 하나님이 그들에게 왜 경고하시는지에 대한 이유이다. 그러나 전능하신 여호와('주[아도나이⟨'ădōnāy⟩] 여호와[yĕhwih]')는 온 땅을 멸망시키기로 작정하신(즉, 결정된) 것을 그 선지자에게 알려 주셨다. 그리고 그분은 단지 자신의 계획을 성취하는 범위 내에서만 징벌하신다는 것을 분명히 보여 주실 것이다. 온 땅(에레츠['ereṣ], NIV, land)이라는 어구는 '온 세상(NIV, earth)을'로 번역할 수도 있지만, 이 문맥에서는 그럴 것 같지 않다.

② **회복 신탁**(28:23-29)

⟨23-29⟩ 전통적 지혜 형식의 이 연설에서, 하나님은 그분의 지혜로운 말씀을 들으라고(또는 더 구체적으로 고려하라고) 그 나라에 간절히 요구하신다. 너희는 귀를 기울여 내 목소리를 들으라.

농부는 왜 쉬지 않고(문자적으로 '하루 종일') 쟁기질과 써레질만 하는가? 또 왜 심지 않는가?

저자는 이렇게 두 개의 수사학적 질문을 던진다. 이것은 그들을 징벌하시는 하나님의 목적을 청중이 이해하도록 돕기 위해서이다.

첫째, 비록 징벌이 그런 방식일지라도 끝없이 계속되지는 않을 것이다(24절).

둘째, 비록 징벌이 심각하더라도 그들이 받아야만 하는 것보다 더 큰 손해를 입히지 않을 것 이다(27절).

셋째, 징벌로 목적을 이룬다(25, 28a, 29절).

농부가 계속 쟁기질을 하면서 씨를 뿌리지 않는다면 아무것도 자라지 않을 것이다. 엄청난 시간 낭비이다. 쟁기질은 그 자체가 목적이 아니라 더 중요한 목적, 즉 농작물을 수확하기 위한 수단이다. 마찬가지로 하나님은 이스라엘 나라를 계속 징벌하지는 않으실 것이다. 징벌은 그 자체가 목적이 아니라 그 나라를 회복시키는 수단이기 때문이다.

다음으로 저자는 종자/곡물의 손상을 방지하기 위해 각 농작물에 대해 어떤 맞춤형 파종 기술이 필요한지 설명한다.

소회향(케차흐[*qeṣaḥ*], 2회, 둘 다 이 구절에 나옴)과 **대회향**(캄몬[*kammōn*], 2회, 둘 다 이 구절에 나옴)은 땅 표면에 흩뿌리고, **소맥**(소라[*śôrâ*], 여기에만 나옴)은 줄지어서 심고, **대맥**(세오라[*śeʿōrāh*])은 정한 곳(니스만[*nismān*], 여기에만 나옴)에 심고, **귀리**(쿳세메트[*kussemet*], 3회)는 그 가에 심는다. 귀리(쿳세메트[*kussemet*])란 단어는 아마도 밀의 일종일 것이다.

농부가 자기 농작물을 돌보는 방법은 하나님이 자기 백성을 올바른 방법으로 돌보시는 것과 같다. 징벌과 자비를 적절한 양으로 혼합하여 사용함으로써-그분의 백성을 자기에게로 돌아오게 하신다.

그러나 '타작 기계'(하루츠[*hārûṣ*], 3회, threshing sledge)를 사용하면 **소회향**과 **대회향** 알곡이 으깨져 버린다. 알곡을 모으려면 작대기로 떨면 충분하다. 반면에 빵을 만들기 위해서는 낟알을 으깨서(두크[*dûq*], 여기에만 나옴) 가루로 만들어야 한다. 충분히 갈고서 특정 시점에서 맷돌질을 멈추어야 한다. 그렇지 않으면 가루가 엉망이 될 것이다(문자적으로 '그렇지 않으면 그의 수레바퀴와 그의 말들이 그것을 다 부수지는[하맘⟨*hāmam*⟩, 신 2:15을 보라] 못할 것이다). 24-28절의 이미지는 농작물을 심고 기르는 농부의 슬기로운 판단력을 강조하기 위한 것이다.

하나님이 자기 백성을 징계하기 위해 돌보시는 일에 대해 이스라엘 백성을 교육하기 위한 것이다. 따라서 이 이미지는 하나님이 자기 백성을 그들의 유익을 위해 훈육하시는 그 돌봄을 이스라엘 사람들에게 가르치기 위한 것이다.

29절은 만군의 여호와께서 그분의 지혜로 농부에게 곡식을 돌보는 방법을 가르치셨다고 선언한다. 이 지혜는 광대하며, 그의 경영은 기묘하다.

그때에도 남은 자만 돌아올 것이다. 다른 많은 사람이 목숨을 잃을 것이다. 로버츠(Roberts)는 농부가 다양한 작물을 특별히 관리하는 것을 농부가 아닌 사람이 이상하게 여길 수 있는 것처럼, 하나님이 이스라엘을 다루시는 것을 다른 나라들이 지켜보는 것도 이와 비슷하다고 말한다 (2015:359).

의미

하나님의 백성은 그분의 징벌을 피할 수 없을 것이다. 비록 그것이 가혹하고 필연적으로 반복될지라도, 하나님은 결코 필요 이상으로 더 많은 징벌을 내리지 않으실 것이다. 지혜로운 농부처럼 하나님은 남은 자를 거둘 수 있을 때까지 신중하게 그리고 체계적으로 심판하실 것이다.

(4) 네 번째 심판-회복 주기: 아리엘에 대한 징벌(예: 예루살렘; 29:1-4), 원수들로부터의 아리엘 구원(29:5-8)

문맥

네 번째 심판-회복 주기는 다윗이 진친 성읍인 아리엘에 대한 화(호이 [hôy]) 신탁으로 시작된다. 그 성읍에 대한 언급이 처음에는 모호하다. 그곳이 다윗이 정착한 도시이고 8절에서 시온산으로 확인되는 성읍이기 때문에 대부분 그것을 예루살렘으로 이해한다(이후 논의를 보라). 29장에서 다가오는 심판에 대해 예루살렘에 경고하는 '화 신탁'은 에브라임(즉, 사마리아)이 하나님의 경고에 주의를 기울이지 않았다는 비난을 받은 28:1-6에 상응할 수 있다. 이스라엘(28장)도 유다(29장)도 그들이 왜 징벌받게 되는지 이해하지 못한다. 율법과 그것의 종교의식들을 외적으로 계속 고수하는 것이 교만의 근원이 되어서, 갖추어야만 했던 진정한 마음의 태도에는 눈이 멀어 버렸다.

이 심판 신탁은 다시 두 부분으로 구성된다.

- 1-4절: 예루살렘의 다가오는 징벌을 묘사하는 화 신탁
- 5-8절: 하나님이 예루살렘의 적들을 징벌하신다는 희망의 메시지

이 둘은 균형을 이루고 있다.

비록 하나님은 이스라엘이 (앗수르에 의해) 침략당할 것이라고 선언하셨지만, 그분은 또한 포위망과 망대들로 이스라엘을 에워싸고 있는 분으로 묘사되어 있음을 주목하라. 내가 너를 사면으로 둘림을 치며 너를 에워 대를 쌓아 너를 치리니(3절).

포위망/망대들과 구원에 대한 묘사는 앗수르가 예루살렘을 공격했을 때 하나님이 개입하셔서 앗수르의 군대를 전멸시키셨던 주전 701년의 사건들과 일치한다. 이 시점에서 그 구원은 정화된 남은 자를 하나님께로 다시 이끄는 데 효과가 없었다. 따라서 더 많은 징벌이 다가올 것이다.

주석

① 심판 신탁(29:1-4)

〈1-2〉 이 '화 신탁'은 아리엘에 닥칠 징벌에 대한 경고로 시작된다. 슬프다 아리엘이여 아리엘이여/다윗이 진친(하나[*ḥānâ*], '진을 치다, 포위하다') 성읍이여

아리엘('*ărî'ēl*)이라는 이름의 문자적 번역은 '하나님의 사자(lion)'를 의미하지만, 에스겔 43:15-16에서처럼[20] '아리엘'('*ărî'ēl*)이 '제단 화로'나 우르우엘(uruel, '엘[El]의 성읍'; '평화의 성읍'을 의미하는 '우루살리마'[urusalima]와 시

---

20) 따라서 겔 43:15a의 '하르엘'(*har'ēl*)이란 형태는 그 구절의 후반부와 다음 구절에서 발견되는 '아리엘'('*ărî'ēl*)의 오염된 형태이다.

작하는 소리가 유사함)을 의미한다는 것도 그럴듯하다. 2절은 약간의 빛을 비춰 준다. 내가 아리엘을 괴롭게(추크[ṣûq], '괴롭히다, 압제하다')) 하리니/그가 슬퍼하고 애곡하며/내게 아리엘(NIV, 제단 화로)과 같이 되리라.

여기서 제단 화로는 포위 공격 후 '불타는 곳'을 의미한다. 이 단락에서 '아리엘'(ʾărîʾēl)은 '하나님의 사자(예루살렘이 위치한 지파인 유다를 사자[lion]라고 부르는 창 49:9을 보라)를 의미하기도 하고, 앗수르 사람들이 예루살렘을 공격한 후 불타는 장소를 나타내는 '제단 화로'를 의미하기도 한다. 두 가지 모두 언어유희가 포함되어 있을 가능성이 매우 크다.

1절 말미에 징벌의 이유를 암시하는 어구들이 있다. 아리엘은 자신을 보호하기 위해 하나님보다 형식적 제의에 의존했다. NIV, 해에(알[ʿal], '위에') 해를 더하라/그리고 너의 축제 주기를 계속하게(나캎[nāqap], '돌다') 하라(개역개정은 해마다 절기가 돌아오려니와-역주). 아리엘 성읍은 다윗이 진친 성읍(아마도 그가 수도로 정한 성읍)으로 더 설명된다. 그러나 3절의 대조된 내용을 고려할 때, 그것은 다윗이 공격하기 위해 진을 쳤던 장소를 가리킬 가능성이 더 높다(칠십인역을 보라, 다윗이 진을 친 성읍; 즉 다윗이 예루살렘을 함락; 삼하 5:7).

이스라엘 사람들은 계속해서 희생 제물들을 드리고 종교적 절기들을 지켰음에도 불구하고, 하나님은 아리엘이 공허한 마음으로 제의들을 지킨 것 때문에 아리엘을 둘러서 진을 치셨다.

예루살렘은 슬퍼하고(타아니야[taʾăniyâ], 2회) 그리고 애곡(아니야[ʾăniyâ], 2회; 애 2:5을 보라) 했다. 유사한 소리로 들리는 두 단어는 그들이 겪는 고통의 표현에 강렬함을 더하는 비슷한 의미가 있다. 단어들의 언어유희로 표현된 놀라운 반전으로, 하나님은 예루살렘에 대한 판들을 뒤집을 것이다. 제단 위에 주도면밀하게 제물들을 드렸어도 예루살렘은 제물들을 태우기 위한 제단처럼 될 것이다(내게 아이엘[NIV, 제단 화로]과 같이 되리라).

⟨3-4⟩ 다윗이 한때 예루살렘을 포위하려고 진을 쳤던 것처럼 이제는 여호와께서 앗수르를 도구로 사용하여 예루살렘을 향해 진을 치실 것이다. 주전 천년에 앗수르와 바벨론 사람들이 사용했었던 전형적 전쟁 도구들인 포위 망대들(메추라[*mĕṣurâ*], '요새 성읍들')과 포위 벽(뭇찹[*muṣṣāb*], 여기에만 나옴)으로 앗수르는 예루살렘을 둘러쌀(칻두르[*kaddûr*], '원처럼', 여기에만 나옴) 것이다.

4절은 그 성읍이 거의 죽은 상태이고, 남아 있는 힘이 거의 없는 것처럼 묘사한다.

- 낮아져서
- 땅에서 말하며
- 네 말소리가 나직이 티끌에서 날 것이라(샤하흐[*šāḥaḥ*], 이 의미로 2회)
- 네 목소리가 신접한 자의 목소리같이 땅에서 나며
- 네 목소리가 티끌에서 지껄이리라(차팝[*ṣāpap*], 4회, 이사야서에 모두 나옴)

한때 시끄럽고 거만했던 자들은 겸손하게 속삭이게 될 것이다. 이 어구들은 또한 패배한 적의 머리 위에 자기 발을 올려놓고, 얼굴을 땅에 뭉개버리는 승리한 전사의 이미지를 떠올리게 한다(*ANEP* 345, 393을 보라).

② **회복 신탁**(29:5-8)

⟨5-8⟩ 화 신탁은 심판에서 희망으로 바뀐다(5절의 시작 부분의 그럴지라도를 보라): 아리엘의 대적의 무리(문자적으로 '낯선 자들')는 순식간에(문자적으로 '즉시, 바로') 갑자기 멸망할 것이다. 그들은 세미한 티끌(아박['*ābāq*], 5회)과 날려 가는 겨처럼 하찮게 여겨질 것이다.

만군의 여호와께서 아리엘을 변호하실 것이다(문자적으로 '네가 방문을 받을 것이다', 6절). 그분은 자연의 강력한 재해들로 묘사된 징벌을 이스라엘의 적들에게 내리실 것이다. 우레(라암[*ra'am*])와 지진(라아쉬[*ra'aš*])과 큰 소리

(콜 가돌[*qôl gādôl*])와 회오리바람(추파[*sûpâ*])과 폭풍(세아라[*sĕʿārâ*])과 맹렬한 불꽃으로. 문법 구조는 비슷하게 소리가 나는 두 개의 단어인 베라암(*bĕraʿam*, '우레로')과 우베라아쉬(*ûbĕraʿaš*, '그리고 지진으로')를 포함하고 있다.

두 단어는 와우(*wāw*, '그리고')로 연결되어 있고, 앞의 두 단어를 설명하는 베콜 가돌(*weqôl gādôl*, '즉, 큰 소리')이라는 어구가 뒤따라 나온다(베콜 가돌의 베[=와우]-역주)는 앞의 단어들을 설명하는 경우가 있다. Williamson § 434). 다음 단위(7절)는 이 구조를 반영한다.

아리엘과 그 요새(메초다[*mĕṣôdâ*], 3회)를 공격하는 자들은 승리를 맛보길 기대하지만, 슬프게도 실망할 것이다. 그들의 실망은 먹고 마시는 꿈을 꾸다가 깨어났을 때 여전히 배고프거나 목마르다는 것을 깨닫게 되는 사람의 실망으로 묘사된다. 8절의 마지막 어구는 그 환상이 의미하는 바를 설명한다. 시온산을 공격하는 무리가 … 그와 같으리라(켄[*kēn*]). 즉, 그 무리가 그 성읍을 패배시킬 수 없어서 빈손으로 물러가게 될 것이다.

이것은 주전 701년의 사건들과 맥락을 같이 한다. 이때 앗수르는 정복한 나라들의 포로로 자신의 군대를 증강 시켰고, 하나님이 어느 날 밤에 개입하여 이 승리를 낚아채실 때까지 그들은 예루살렘 정복이 보장된다고 생각했다(왕하 19:32-37; 사 37:33-38을 보라).

의미

아리엘에 대한 화 신탁은 예루살렘이 겪을 징벌들 가운데 단지 하나를 설명한다. 하나님의 도구인 앗수르 사람들이 그 성읍을 공격하기 위해 포위하고 망대들을 세울 것이지만, 그 성읍을 구원하기 위해 즉시 하나님이 개입하실 것이다. 하나님의 보호와 사랑의 돌보심이 분명한 주전 701년의 사건은 회개를 불러일으켰어야 했지만 그렇지 못했다(22:12-14을 보라). 유다는 회개하지 않으면 더 큰 징벌을 받게 될 것이다.

(5) 다섯 번째 심판-회복 주기: 눈먼 나라에 대한 심판(29:9-16), 이스라엘의 거듭남 (29:17-24)

문맥

이스라엘이 왜 징벌받는지 이해하지 못한다는 주제가 계속되는 이 다섯 번째 심판-회복 주기에서, 그 백성들은 자신들의 마음은 하나님과 멀리 떨어져 있으면서 입술로는 하나님을 공경하는 것에 대해 심판받는다. 그들이 하나님의 인도를 받는 것을 거절했기 때문에, 하나님은 그 자신들의 선택으로 눈이 멀도록 내버려 두실 것이다. 그 메시지는 28:7-13의 메시지와 매우 유사하다.

하나님은 심판이 다가오고 있다고 경고하시지만, 그들은 눈이 멀어 그 징조들을 읽을 수 없다. 사실상 그들은 자신이 하나님보다 더 지혜롭다고 생각하는 것 같다.

이 심판 신탁은 두 부분으로 구성된다.

- 산문적 비유(11-12절)에 연결되는 두 개의 시적 단위(9-10절과 13-14절) 그리고 하나님의 백성이 그분의 지혜에 의문을 제기함으로 절정에 이른 화 선언(15-16절)을 포함하는 심판 섹션
- 땅과 백성 모두의 갱신을 설명하는 회복 섹션(17-24절)

일부 학자는 9-16절을 원래의 본문(9-10절)과 나중에 추가된 내용(11-12절)의 조합으로 생각하지만, 오스왈트(Oswalt)는 그 부분들이 서로 분리된다면 그것들은 의미가 없게 될 것이라고 주장한다(1986: 531).

주석

① 심판 신탁(29:9-16)

〈9-10〉 백성들이 이사야의 말을 듣는 것을 거부했기 때문에, 그들은 이사야의 예언이 이루어질 때 충격을 받을 것이다. 너희는 놀라고(마하[māhāh], '지체되다'=마소라 본문]) 놀라라(타마[tāmāh]) 너희는 맹인이 되고(샤아[šā'a']) 맹인이 되라(샤아[šā'a']).

9절의 첫 번째 단어인 히트마메후(hitmahmĕhû, '지체되다')는 단어 중간에 'mh'의 중복오사(dittography)가 포함되어 있기에 실제로는 히트탐마후(hittammāhû, '놀라다')로 읽어야 한다(모든 역본에 의해 지지됨). 이것이 정확하다면, 그 구절에는 두 가지 언어유희가 포함되어 있다. '놀라고 놀라다'와 '눈이 멀고 눈이 멀다'라는 어구는 둘 다 같은 히브리어 동사의 다른 형태이다.

술 취한 자들처럼 비틀거릴지라도 그들의 행동은 포도주나 독주 때문이 아니라 영적 인도가 부족하기 때문이다. 하나님을 향해 눈이 먼 것은 그들 마음의 완악함을 나타낸다. 그들은 눈에 보이지 않는 하나님과 그분의 군대를 의지하기보다 오히려 확실하게 눈에 보이는 애굽 군대를 의지한다.

그들이 영적으로 눈이 먼 것은 하나님이 하신 것이다. 여호와께서 깊이 잠들게 하는(타르데마[tardēmâ], 7회) 영을 부어 주사. 그들의 선지자들(비유적으로 그들의 눈이라고 함; 문자적으로 너희의 눈들을 감기셨음이니[아참〈'āṣam〉, 3회])이나 그들의 선견자들(그들의 지도자라고 함)은 하나님의 음성을 듣지 않는다. 계속해서 하나님의 말씀을 듣는 것을 거부함으로써 자신들의 마음을 완악하게 만드는 자들이 어느 시점에서 더 이상 그분의 말씀을 듣지 못하게 될 수도 있다는 생각은 충격적이다.

〈11-12〉 이 두 구절은 10절의 실제적인 예이다. 이사야의 계시(하주트[*ḥāzût*]; 5회)는 다음 두 가지 이유 가운데 하나로 인해 아무도 읽지 못하는 봉인된 책의 말들과 같을 것이다. 글 아는 자(문자적으로 '그 책을 아는 자')는 그 책이 봉해졌으니 읽지 못하고, 글 모르는 자(문자적으로 '책을 알지 못하는 자')는 나는 글을 모른다 할 것이기에 읽지 못한다.

두루마리는 끈이나 가죽의 조각으로 둘레를 묶은 다음 진흙이나 밀랍으로 도장을 찍어 봉인했다(*ANEP* 265을 보라). 봉한 두루마리는 그 책을 받은 사람만 열어야 했다. 비록 이 신탁이 모든 사람에게 주어졌음에도 불구하고, 그들은 모두 그것을 읽지 않고 순종하지 않을 핑계를 찾았다.

〈13-14〉 이 구절은 문제(13절)와 해결책(14절)을 간략하게 설명한다. 문제는 백성들이 하나님과 언약적 관계에 있지만, 일방적이라는 것이다. 겉으로 그들은 말(문자적으로 입술)로 하나님을 공경하는 것처럼 보였다. 그들은 사랑과 신뢰가 부족했고, 그들의 마음이 하나님을 멀리 떠났다는 사실을 부인했다(13절).

사람의 계명으로 가르침을 받은(NIV, 단지 사람의 규칙들에 근거한) 그들의 예배는 기계적이고 제의적(ritualistic)이며 마음이 없는 예배였다. 종교 지도자들이 가르치는 이러한 전통들에는 율법의 정신이 없었다. 칠십인역의 읽기가 그 개념을 잘 포착한다. 그들의 경외는 공허하다(밭테히[*wattĕhî*, '그것이 있다'] 대신 베토후[*wĕtōhû*, '공허']로 읽음). 단순히 율법을 준수하는 것만으로는 충분하지 않다. 하나님은 자신의 자녀들과 서로 사랑하는 관계를 기대하셨다. 이것은 현시대에도 우리에게 엄중한 경고로 작용해야 한다.

해결책으로(14절) 하나님은 백성들을 깨우셔서 자신이 진정으로 누구인지 보여 주실 것이다. 내가 이 백성 중에 기이한(팔라[*pālā*'], '충격') 일 곧 기이하고(팔라[*pālā*'], '능력을 보이다') 가장 기이한(펠레[*pele*'], 즉 강조를 위한 유사한 단어의 중복) 일을 다시 행하리니. 와츠(Watts)가 그것을 잘 말한다.

"하나님은 자신의 거룩하고 두려운 임재를 느낄 수 있도록 기이한 일로 개입하셔야만 한다"(2005a: 454).

다시(NIV, '한 번 더')라는 말은 하나님이 그분의 백성들을 징계하기 위해 개입하신 것이 이번이 처음이 아님을 강조한다. 그들이 하나님의 참모습을 새롭게 보게 된다면, 그들의 지혜와 지식은 아무것도 아닌 것처럼 보일 것이다. 그들의 지혜는 없어질 것이다. 하나님께는 백성들의 주의를 집중시키는 놀라운 방법이 있다. 우리는 모두 훈련이나 고통을 통해 가장 잘 배우는 것 같다.

〈15-16〉 자기의 계획을 여호와께 깊이 숨기려 하는 …/그들의 일을 어두운 데(마흐샤크[*maḥsāk*], 7회)에서 행하는 자들에게 화가 선언된다. 그들의 양심은 그들의 행위가 하나님을 기쁘게 하지 않는다는 것을 깨달을 만큼 충분히 작동하고 있다.

그러나 그들은 실제로 하나님께 그 행위를 숨길 수 있다고 생각할 정도로 순진하다. 누가 우리를 보랴 누가 우리를 알랴. 그들의 행동은 그들이 하나님의 편재하심(시 139:7-12을 보라)과 전지하심(대상 28:9을 보라)을 얼마나 제대로 이해하지 못하고 있는지를 반영한다.

그들의 사고 과정들은 뒤집혀 있다(NIV, 너희가 일들을 뒤집었다[합케켐 〈*hapkĕkem*〉, '너희의 외고집', 2회]; 개역개정은 너희의 패역함이 심하도다-역주): 그들은 자신들을 창조주 하나님과 동등하게 생각한다(토기장이를 어찌 진흙같이 여기겠느냐, 16절).

고대 근동의 다른 어떤 신도 우주 전체를 창조했다고 말해지지 않는다. 창조의 각각 다른 여러 부분은 각각 다른 신들의 작품으로 생각되었다. 이와 대조적으로, 성경 본문은 여호와를 유일한 창조주로 묘사한다.

그분은 자신의 기쁨을 위해 모든 것을 만드셨다. 그들은 창조주로서 자신들을 다스리는 하나님의 권위와 권리를 인정하는 대신에 그분의 권위에 도전한다. 빚음을 받은 물건이 자기를 빚은 이에 대하여 이르기를 그가 총명이 없다고 하겠느냐. 하나님의 악한 백성은 결코 그분을 앞서지 못할 것이다. 토기장이는 여전히 진흙을 마음대로 다룰 수 있다.

이것은 주전 701년에 히스기야가 앗수르에 대항하기 위한 지원을 요청하기 위해 사절단을 애굽으로 보냈을 때의 사건에 대한 언급일 가능성이 아주 크다(30:2-7을 보라). 이스라엘이 틀림없이 앗수르를 격퇴하기 위한 교묘한 책략이라고 여겼던 것을 하나님은 뒤집어 놓으실 것이다. 그분은 애굽 군대를 파괴하고 이스라엘을 징벌하기 위해 앗수르를 사용하실 것이다.

② 회복 신탁(29:17-24)

⟨17-21⟩ 17절은 약하고 무력한 사람들이 악한 지도자들의 압제에서 풀려날 미래 회복 시간으로의 중요한 전환점을 나타낸다. 둠(Duhm)의 때 이래로, 일반적으로 17-24절은 포로기 이후에 추가된 것이라고 주장해 왔다. 그 주된 이유는 다가올 구원에 대한 찬란한 예언들이 포로기 이전의 예언에서는 주로 발견되지 않기 때문이다.

그러나 선지자를 멸망의 메시지만 전하는 자로 제한하는 것은 포로기 이전 시대에 시온신학이 이미 절정에 달했다는 사실과 다른 8세기 선지자들이 그들의 예언에 구원의 메시지들을 포함했다는 사실을 무시하는 것이다(미 4-5장을 보라).

17절의 해석에는 문제가 있다. 오래지 아니하여(문자적으로 '아직 조금, 조금') 레바논이 기름진 밭(학카르멜[hakkarmel], '비옥한 들판')으로 변하지 아니하겠으며 기름진 밭(학카르멜, '비옥한 들판')이 숲으로 여겨지지 아니하겠느냐. 학카르멜(hakkarmel)의 의미는 기름진 밭(32:15-16을 보라), 즉 과수원 또는 나무농원(tree plantation, 10:18을 보라), 갈멜산(그것은 관사와 함께 종종 갈멜산을 의미함, 왕상 18:42)일 수 있다.

이 구절을 '레바논이 과수원(학카르멜, 즉 좋은 과수원)으로, 갈멜산(문자적으로 '그 갈멜')이 숲으로 변할 것이다'라는 번역은 멋진 평행구조를 보여 준다. 심지어 학카르멜(hakkarmel)과 카르멜(karmel)이라는 언어유희까지 나타난다. 그러나 학카르멜이 같은 구절에서 두 가지 다른 방식으로 번역되어야 할 것 같지는 않다. 따라서 우리는 이전 번역이 정확하다고 믿는다. 이스라엘의 북쪽 이웃인 레바논은 큰 백향목으로 유명했으며, 역사의 특정 시점에서는 이스라엘 영토에 포함되었다.

사람들은 그들이 살았던 어둡고 캄캄한 데와 대조되는 영적 갱신의 시간을 경험할 것이다(8:22-9:1을 보라). 그날에(즉, 회복의 날, 17절) 못 듣는 사람(헤레스[*ḥērēš*], 9회)이 책(문자적으로 '두루마리', 11절을 보라)의 말을 들을 것이며/어둡고(오펠['*ōpel*], 9회) 캄캄한 데에서 맹인의 눈이 볼 것이며.

이사야의 메시지는 그의 생애 동안 건조하고 단단한 땅에 떨어졌지만, 과거에 영적으로 멀었던 눈을 뜰 수 있도록 그것이 받아들여질 땅에 떨어질 때가 올 것이다.

이 구원으로 인한 도덕적, 사회적 개혁의 결과로 찬양이 넘쳐흐를 것이다(17-18절). 겸손한 자에게 여호와로 말미암아 기쁨이 더하겠고(19절). 이스라엘의 거룩하신 이라는 칭호는 이사야서에서 흔히 볼 수 있으며 하나님의 행위들이 공의롭다는 것을 강조한다(표 0.4를 보라).

이 기쁨의 이유(20절을 시작하는 키[*kî*])는 사회의 가난하고 약한 자들을 이용했던 무자비한 압제자들이 사라질 것이기 때문이다. 이는 강포한 자가 소멸했으며(아페스['*āpēs*], 5회) 오만한 자가 그쳤으며 죄악의 기회를 엿보던 자(문자적으로 '사악한 짓을 하려고 기다리며 누워 있는 자들')가 다 끊어졌음이라.

21절은 이 압제자들의 비열함을 더 자세히 설명한다.

- 그들은 부당하게 송사로(문자적으로 '말로') 사람에게 죄를 씌우며
- 그들은 성문에서 판단하는 자(문자적으로 '결정하는 자'; NIV, 변호인)를 올무로 잡듯 하며(코쉬[*qôš*], '미끼를 놓다', 여기에만 나옴);
- 그들은 헛된 일로 의인을 억울하게 하느니라(문자적으로 '그들이 의인들에게 공허하게 쭉 뻗는다')

이전에 이 압제자들 아래 있었던 사람들의 마음은 그들의 구원과 새로 찾은 자유에 대한 기쁨으로 가득 차게 될 것이다. 이스라엘 역사의

여러 시점에서 하나님이 구원을 베푸셨을 때 느꼈던 이 기쁨은 궁극적으로 하늘에서 우리가 받게 될 미래의 기쁨을 미리 맛보는 것에 불과하다(계 22:1-5).

〈22-24〉 그러므로는 죄악의 기회를 엿보던 자가 제거된 결과를 소개한다(20절). 과거에 아브라함을 구속하신 여호와께서는 야곱과의 언약을 계속 이어 간다는 것을 보여 주실 것이다. 또한, 여호와는 그 자신을 위해 경건한 자녀들을 낳게 하실 것이다(즉, 내 손이 그 가운데에서 행한 것). 과거에 야곱이 그분의 자녀들을 부끄러워(또는 '창백해져야'[하와르⟨hāwar⟩], 여기에만 나옴) 할 이유가 있었지만, 이 모든 것이 미래 회복의 날에는 바뀔 것이다.
야곱의 족속은 진정으로 하나님을 경외하고 그분을 기쁘시게 하는 방식으로 사는 법을 배웠을 것이다.

- 내 이름을 거룩하다 하며(즉, 하나님의 이름을 위해 참된 헌신을 하며)
- 야곱의 거룩한 이를 거룩하다 하며(이 칭호로만 나옴)
- 이스라엘의 하나님을 경외할 것이며

아브라함을 구속하신 여호와라는 어구는 이스라엘을 구속하려는 하나님의 계획이 명성이 자자한 그들의 조상 아브라함까지 거슬러 올라간다는 것을 상기시켜 준다.
24절은 야곱의 자녀들에게 일어난 극적 성품의 변화를 설명한다. 마음이 혼미하던 자들도 총명하게 되며 원망하던 자들(라간[rāgan], 7회)도 교훈(레카흐[leqaḥ], '통찰', 9회)을 받으리라. 잘못을 범한 자들은 하나님의 진리를 알고 받아들일 것이다. 호전적인 자들은 가르침을 받아들임으로써 '통찰력'이나 '지혜'를 얻게 될 것이다(32:3-8을 보라). 이 갱신은 그들의 이전 행동과 완전히 반대다.
첫째, 전에는 하나님의 계시를 알 수 없었지만(10-12절), 지금은 그들이 진리를 안다.

둘째, 그들의 마음이 한때 하나님에게서 멀리 떨어져 있었고 예배에 성실하지 못했으나(13절) 이제는 하나님을 거룩하게 한다.

셋째, 한때 지혜가 부족했으나(14절) 그들이 이제는 교훈을 받아들인다.

의미

이 신탁은 눈먼 지도자들에 의해 하나님에게서 점점 더 멀어지는 그 나라에 대한 묘사로 시작하여, 오직 하나님만이 할 수 있는 일인 그 나라를 돌이키시는 것까지 묘사한다. 처음에 백성들은 그들의 예배에서 하나님을 향하여 불성실하고 냉담했다. 교만한 마음으로 그들은 자기들이 하나님보다 더 많이 안다고 생각했다. 그러나 변혁의 시간이 올 것이다. 땅이 회복되어 열매를 맺게 될 것이다.

이 변화는 백성에게도 미칠 것이다. 무자비한 자들이 더 이상 없을 것이며, 눈먼 자와 귀가 안 들리는 자도 하나님께 반응하게 될 것이며, 하나님의 백성은 진리와 정의로 그분을 섬기게 될 것이다.

저자는 하나님이 택하신 나라(즉, 하나님을 믿는 자들)의 조상이 되도록, 이교도였던 아브라함을 그의 생애 동안 빚어 가신 것을 예로 사용한다. 이와 같은 역전은 전능하고 주권적인 하나님만이 성취하실 수 있다.

(6) 여섯 번째 심판-회복 주기: 패역한 자녀들에 대한 화(30:1-17), 그러나 하나님이 구원의 날을 가져오실 것임(30:18-33)

문맥

여섯 번째 심판-회복 주기는 이스라엘의 죄를 더욱 구체적으로 언급하면서 애굽과의 동맹을 비난한다. 이 신탁은 이전의 신탁들과 같은 구조로 되어 있다. 고발(1-17절)에 이어서 회복(18-33절)이 뒤따른다. 고발 섹션은 몇 개의 더 작은 단위들(1-5절, 6-11절, 12-14절, 15-17절, 일부 학자는 약간 다른 곳에서 구분하지만)로 구성되는데, 모두 유다가 보호받기 위해 여호와를 의지하는 대신 한때 그들을 노예로 삼았던 나라, 즉 애굽과 맺은 동맹을 중심으로 한다.

회복 섹션에는 두 개의 시적 단위(poetic units; 즉, 18절과 27-33절)가 있고, 그 중앙에는 하나님의 구원을 설명하는 서사 단위(narrative unit; 19-26절)가 들어가 있다. 앗수르의 패배는 31절에 구체적으로 언급되어 있다.

학자들 대부분은 이 신탁이 주전 701년에 앗수르가 예루살렘으로 진격할 무렵의 역사적 시기를 가리킨다는 데 동의한다. 애굽에서 이스라엘을 돕기 위해 애굽의 군대 사령관(나중에 바로[pharaoh]가 됨)인 디르하가(Tirhakah 또는 타하르카[Taharqa], 주전 690-664년)를 보냈지만, 주전 701년 앗수르 사람들에게 패배했다. 아이러니하게도 이스라엘이 그들을 구원해 주기를 바랐던 애굽과 이스라엘 간의 동맹은 헛수고였다는 것이다. 애굽은 주전 701년에 이스라엘을 거의 지원하지 않았다.

하나님이 이스라엘에 자기 능력과 보호하심을 분명히 나타내셨기 때문에 주전 701년의 사건들은 이스라엘을 가르치는 데 결정적인 역할을 했다. 그러나 이스라엘 백성은 너무나 완악하여 그들을 향한 하나님의 자비와 긍휼도 깨닫지 못했다. 보호받기 위해 애굽을 의지하지 말라는 이 분명한 메시지는 그들의 모든 완악한 마음을 더욱 분명하게 만들었다. 또한, 이것은 믿는 남은 자의 모습을 더욱 주목하게 할 것이다.

주석

① 심판 신탁(30:1-17)

<1-3> 패역한 자식들(NIV, 고집 센 아이들)을 향한 이 화(호이[hôy]) 신탁은 하나님이 자기 백성이 분명히 불순종했음에도 불구하고 여전히 그들과의 관계를 유지하신다는 것을 의미한다.

계교를 베푸나와 맹약을 맺으나(문자적으로 '덮을 것을 짜다', 맛세카[*massēkâ*], 2회)라는 평행 어구는 동맹을 봉인하는 것과 관련된 행동을 설명한다. 그러나 하나님은 애굽과의 동맹(즉, 나로 말미암지 아니한)을 승인하지 않으셨기에 그것을 축복하실 수 없었다.

그들을 설득하려는 선지자의 용감한 노력에도 불구하고, 그들은 하나님의 징벌을 피해 보려는 시도로 애굽 사람들을 불러들였다. 그러나 그들은 그것 때문에 결국 **죄에 죄를** 더했다. 오스왈트(Oswalt)는 '죄에 죄를 더하는 것'이 먼저 아하스가 앗수르와 동맹을 맺어 그들이 가나안에 머물게 만든 것과 그 후 히스기야가 앗수르를 몰아내려고 애굽과 동맹을 맺은 것을 의미할 수 있다고 제안한다(1986: 545).

2절에 있는 하나님의 말씀들은 아이러니로 가득 차 있다. 그들이 바로의 세력(마오즈[*mā'ôz*]=비슷하게 소리 나는 라오즈[*lā'ôz*]와의 언어유희) 안에서 스스로 강하여지려 하며(라오즈[*lā'ôz*], '피난처를 구하다.' 5회]) 애굽의 그늘에 피하려 하여(문자적으로 '애굽의 그늘에 있는 피난처') 애굽으로 내려갔으되 나의 입에 묻지 아니했도다. 호루스(Horus) 신은 바로의 수호자로서 날개로 그를 감싸는 모습으로 자주 묘사된다.

이스라엘은 하나님과 상의하지 않고 이 일을 했다(문자적으로 '그들은 내 입에 묻지 않았다'; '입'이란 단어가 강조를 위한 어순은 아님, 히브리어 원문에는 '입'이란 단어가 문장 맨 앞에 있음-역주). 아마도 그들은 그들이 좋아할 만한 대답을 하나님이 하지 않으시리라는 것을 알았기 때문일 것이다.

헤하수트(*heḥāsût*, '쉼터', 여기에만 나옴; NIV에서 누락 됨)가 라흐소트(*laḥsôt*, NIV, 피난처) 대신 나타나는 것을 제외하고 2절과 거의 같은 단어들을 사용하여 3절에서는 그들의 잘못된 희망의 결과를 미리 경고한다. 애굽은 앗수르로부터 유다를 보호하지 못할 것이다. 그들이 신중하게 세운 계획은 그들에게 **수치와 수욕**(NIV, 불명예)을 안겨 줄 뿐이다.

애굽과 구스를 통일한 왕 디르하가(또는 누비아[Nubia], 왕하 19:9; 사 37:9)는 앗수르를 치려고 왔지만, 산헤립의 사신인 랍사게가 자랑했던 것처럼 순식간에 패배해 버렸다(사 36:6을 보라). 그 후 산헤립은 예루살렘으로 행군을 재개했다. 모든 능력의 근원인 하나님은 그분의 백성들을 간절히 돕기 원하셨다.

그런데 그들이 오직 자신과 같은 인간이나 거짓 신들에게만 도움을 구하고 있으니 얼마나 하나님의 마음이 아프셨겠는가?

그들은 여호수아 시대에 동맹을 맺기 전에 하나님께 묻지 않았기 때문에 큰 고통을 겪었던 선조들에게서 아무런 교훈도 얻지 못했다(수 9장).

〈4-5〉 유다는 도움을 요청하기 위해 애굽에 사절들을 보냈다. 그 고관들이 소안에 있고/그 사신들이 하네스에 이르렀으나.

훗날 타니스(Tanis)라고 불리게 된 성읍 소안은 애굽과 유다의 국경에 위치한다. 이 성읍은 주전 1069-716년경까지 제21왕조와 제22왕조 동안 하애굽(Lower Egypt)의 수도였다. 하네스(ḥānēs, 여기에만 나옴)는 나중에 헤라클레오폴리스(Heracleopolis)로 불렸으며, 나일강 하류(즉, 오늘날의 파이윰[Fayyum] 근처)에 있는 섬에 위치했다. 그곳은 주전 1069-747년경까지 제3 중간기 시대(the Third Intermediate Period)에 중요한 정치적 성읍이었다.

5절은 애굽이 유다에게 가져올 **수치**(호비쉬[hobîš]; 마소라는 '히브이쉬' [hib'îš], '취하게 하다')와 **수욕**을 반복한다. 애굽은 동맹국으로서 쓸모없어졌다. 그런데 그 동맹이 산헤립을 더 화나게 했고, 결국 유다에게 더욱 가혹한 징벌을 가져오게 되었다.

〈6-7〉 이 구절들은 1-5절에서 유다에게 주어진 화 메시지를 다시 한번 언급한 것이다. 일부 학자는 새로운 도입부 때문에 6-7절이 추가된 것으로 보기도 한다. 그러나 이것은 1-5절의 생각을 논리적으로 이어 가는 것이다. 6절에서는 사절들이 가축과 함께 위험한 네겝 광야를 통과하여 애굽을 향해 가는 모습이 보인다. 앗수르 사람들은 이미 그 지역에 있었고, 사절들이 이 경로로 갈 수밖에 없도록 그들이 해안 경로를 차단했을지도 모른다.

네겝 짐승들에 대한 경고라는 어구에서 경고(맛사[*maśśā*], '짐, 신탁')라는 단어는 애굽을 위한 사절들의 선물을 운반했던 '짐을 지는 짐승들'(즉, 당나귀, 낙타)에 대한 언어유희일 수 있다. 이 표현은 이스라엘이 처음 광야를 통과한 여정을 연상시킨다.

쌍을 이루는 단어들이 강조를 표현한다. 위험과 곤고(추카[*ṣûqâ*], 3회), 수사자와 암사자(라이쉬[*layiš*], 3회), 독사(에페['*ep'eh*], 3회)와 날아다니는 불뱀(사랖[*śārāp*], 14:29을 보라). 유대 사절들은 애굽의 도움을 받기 위해 기꺼이 이러한 위험들을 감내했다. 유다의 보물들은 무익한 민족(문자적으로 '[그들에]게] 이익이 되지 않을 민족')인 애굽으로 옮겨졌다. 이 의미는 애굽이 앗수르를 대항하는 데 거의 도움이 되지 않으므로 유다의 돈이 낭비될 것이라는 뜻이다.

무익하니라(7절)라는 단어는 '완전한 무가치함'에 대한 이사일의 (hendiadys)이다(문자적으로 '헛됨'과 '공허함'). 이런 이유로 하나님은 애굽을 가만히 앉은(문자적으로 '그들이 중단하고 있다'; HALOT은 '헴'[*hem*]과 '샤벧'[*šābet*] 이란 단어를 결합하여 '함마쉬밭'[*hammāšbāt*], 즉, '침묵하고 있었던' 라합[3.1193]으로 읽을 것을 제안) 라합(문자적으로 '맹렬함', '밀려듦')이라고 부르신다.

고대 근동에는 신들이 제압하려고 고군분투했던 라합이라고 불리는 바다 괴물에 관한 유명한 전설이 있었다. 그러므로 이스라엘 사람들이 라합을 두 가지, 즉 대양이나 바다에 대한 하나님의 승리(51:9을 보라) 또는 애굽(시 87:4을 보라)에 대한 은유로 자주 사용한 것은 놀라운 일이 아니다.

〈8-9〉 이제 초점은 그들이 애굽과의 동맹을 의존했던 것으로부터 동맹을 맺었던 그들의 자세들로 약간 옮겨 간다. 이사야는 다음과 같이 말한다. 이제 가서 백성 앞에서(문자적으로 '그들 앞에서') 서판에 기록하며 책에 써서. 그렇게 함으로써 애굽과의 동맹이 무가치한 것으로 드러난 후(후세에, 문자적으로 '이후의 날까지'), 모든 사람이 여호와께서 이미 그들에게 이것을 알려 주심으로써 그것이 영원한 증거(witness)가 되게(NIV; 개역개정은 영원히 있게 하라-역주; 마소라 독법의 '에드'['ēd, '증거'] 대신 '아드'[ad, '…까지'라고 읽음) 하신 것을 알게 될 것이다.

서판이라는 단어는 일반적으로 '돌판들'로 사용된다(출애굽기 24:12을 보라); 그러나 그것은 이 단락에서 '책, 두루마리'(세페르[sēper], 당시 두루마리들은 파피루스로 만들어졌고 반영구적 기록들임)와 병행하여 사용된다.

대저(키[kî]) 이는 패역한 백성이요라는 어구에서 이 백성들은 선지자들의 말 듣기를 반복적으로 거부했던 자들이다(9절). 다음과 같은 이유로 그들의 징벌은 정당하다. 그들은 패역한 백성이며 거짓말 하는(케하쉼[keḥāšîm, 여기에만 나옴) 자식들이고, 여호와의 법(토라[tôrâ])을 듣기 싫어하는 자식들이기 때문이다. 오스왈트(Oswalt)는 한 민족에 대한 그처럼 부정적인 진술이 그들 자신의 역사에 기록되는 것이 얼마나 이례적인지를 지적한다(1986: 551).

〈10-11〉 그 백성들은 우리에게 바른 것(네코호트[nĕkōḥôt], '올곧은, 옳은, 의'; 그 구문은 강조된 것임)을 보이지 말라는 말로 선견자들(로임[rōʼîm])과 선지자들(호짐[ḥōzîm], '환상들을 가진 자들'-선지자에 대한 일반적인 단어가 아님)을 꾸짖고 무시한다. 백성들이 설령 이런 말을 직접 하지 않았다고 해도 그들의 행동은 그들의 진심을 드러낸 것이다.

그들은 이미 마음을 정했고 하나님의 진노에 대해 듣거나 멸망의 길에서 돌이키기를 원하지 않았다. 그들은 오히려 선지자들이 거짓된 것(마하탈라[mahătallâ], '속임수', 여기에만 나옴)을 보이고, 그들의 미래에 대한 진실보다 부드러운 말(할로코트[ḥălāqôt])을 하는 것을 선호했다.

선지자들의 말을 냉혹하게 무시한 것에 대한 평행 진술에서 백성들은 그 선지자에게 이스라엘의 거룩하신 이를/우리 앞에서 떠나시게 하라(문자적으로 '우리의 얼굴들로부터 그치라')고 말한다. 이스라엘의 거룩하신 이라는 용어는 저자가 이 책에서 여호와에 대해 사용하는 주요 호칭 가운데 하나이다(표 0.4를 보라). 그들이 하나님을 거부하는 것이 이보다 더 명확할 수는 없다. 그들은 하나님의 어떤 부분도 원하지 않고, 그분이 요구하시는 거룩함도 원하지 않는다.

〈12-14〉 이러므로는 9-11절에 나오는 그들의 행동들에 대한 하나님의 반응을 소개한다. 너희가 이 말을 업신여기고 압박(문자적으로 '잔인함')과 '허망'(문자적으로 '구부러져서 그것에 기대어 있는 것')을 계속 의지했기 때문에 이스라엘은 곧 징계받게 될 것이다. 이스라엘의 거룩하신 이라는 칭호는 하나님과 그분의 백성 사이에 강한 대조를 이룬다. 거룩하신 이는 그들의 노골적인 죄에 대한 책임을 물을 것이다.

저자가 13절에서 언급한 이 죄악은 선지자의 말(12절)을 거부하는 것이다. 그들의 지속적인 거부는 무너지려고 터진(바아[baʿâ], 2회) 담으로 묘사되며, 언제든지 무너질 가능성이 있어서 파괴적인 결과를 초래할 것이다. 지혜롭게 지켜본 자가 무너지려고 터진 담의 위험성을 깨닫는 것처럼, 백성들도 애굽과 동맹을 맺을 때 그 위험성을 깨달았어야만 했다.

그것이 순식간에(문자적으로 '순간적으로 갑자기') 무너지면, 토기장이가 그릇을 깨트림같이 산산조각(메킷타[měkittâ], '파편', 여기에만 나옴)이 날 것이다. 그 조각들은 너무 작아서 아궁이에 숯을 옮기거나(문자적으로 '벽난로에서 불을 낚아채다'), 물웅덩이(게베[gebeʾ]; 2회; '저수지'를 의미할 가능성이 큼)에서 물을 뜰 수도 없을 것이다. 이것은 철저한 파괴에 대한 묘사이다.

〈15-17〉 12절에서 이 말을 언급하고 나서 15-18절은 그들이 징벌받는 이유(키[kî], 15절)를 제시한다. 그들은 구원에 이르게 될 회개와 안식(NIV)에 참여하기를 거부했다. 회개(슈바[šûbâ], 여기에만 나옴)라는 단어는 아마도 '돌아오다'라는 동사 '슈브'(šûb)와 관련이 있을 것이다.

하나님은 그분의 패역한 자녀들에게 잠잠하고 신뢰하여 그분께 돌아오고, 또한 유다가 구원받을 수 있도록 그분의 힘을 의지하라고 요청하셨다. 15절에 나오는 하나님의 이름들은 먼저 그분의 주권(즉, 주 여호와; NIV, 주권자 여호와)을 강조한 후에 그분의 성품(즉, 이스라엘의 거룩하신 이)을 강조한다는 점에 주목하라.

백성들은 하나님의 제안을 거절한다. 그것을 너희가 원하지 아니하고 (NIV, 그것 가운데 아무것도 가질 수 없었을 것이다, 15절). 그들은 말들을 타고 도망함으로써(문자적으로 '말들 위에서 우리가 도망할 것이다', 문장 맨 앞의 '말들'이란 단어는 강조를 위한 것이 아님) 그분의 징벌을 피할 수 있다고 계속 생각한다. 그들은 탈출을 시도할 것이지만(문자적으로 '따라서 [말들] 위에서 너희가 도망할 것이다') 실패할 것이다(문자적으로 '따라서 [즉, 똑같이 빠른 말들] 위에서 그들[앗수르 사람들]이 너희를 재빨리 추격할 것이다').

이스라엘 사람들은 자신들이 전문적으로 훈련된 앗수르 사람들보다 지혜로워서 그들을 능가할 수 있다고 스스로 착각하고 있었다. 그들의 기발한 재주는 그들을 구할 수가 없었다. 오직 하나님만이 그들을 구원하실 수 있다.

한 사람(앗수르 사람)이 꾸짖은즉 천 사람(이스라엘 사람들)이 도망할 것이다. 앗수르 사람들은 적들을 공포에 떨게 하는 데 있어서 대가(masters)가 되었다. 그것에는 그럴 만한 이유가 있다. 그들이 무자비하게 징벌했기 때문이다. 다섯이 꾸짖은즉/너희가 다 도망하고라는 어구는 이스라엘의 군대가 앗수르 군대보다 수가 적음(즉, 오천 명)을 암시한다.

이 부분의 주된 생각은 산꼭대기의 깃대로 묘사된 것처럼, 앗수르의 침공이 극소수의 생존자만을 남기게 된다는 것이다. 그런데도 이 이미지는 멸망된 이후에도 예루살렘이 어느 정도 남아 있을 것이라는 아주 작은 희망을 준다.

② 회복 신탁(30:18-33)

〈18〉 17절과는 대조적으로 18절에서는 회복의 메시지가 시작된다. 그러나 여호와께서 기다리시나니 이는 너희에게 은혜를 베풀려 하심이요. 하나님은 이스라엘이 부르짖는 순간 자비를 베풀 만반의 준비가 되어 있으시다. 구약에서 하나님이 사람을 기다리신다고 표현한 것은 이것이 유일하다. 일반적으로 사람들이 하나님을 기다려야 한다(합 2:3을 보라). 그런데 하나님도 때때로 우리가 은혜를 받을 수 있는 준비가 될 때까지 우리를 기다리신다.

대저(키[*kî*]) 여호와는 정의의 하나님이심이라라는 어구는 하나님이 왜 긍휼을 베푸시려고 기다리셔야 하는지에 대한 근거를 제공한다. 하나님을 거역하는 나라에 복을 쏟아붓는 것은 불공평할 것이다. 그러나 그분을 신뢰하는 사람들을 위한 격려가 있다. 그(즉, 하나님)를 기다리는(즉, 18절의 첫 어구에서 하나님을 기다리는 데 사용된 동일한 단어) 자마다 복이 있도다.

이 구절에서 생각의 진행은 다음과 같다.

- 여호와의 가장 큰 소망은 은혜를 베푸시는 것이다.
- 그러므로 그분은 자비를 베풀기 위해 행동하실 것이다.
- 그러나 그분은 또한 의로우시기에 먼저 정의를 이루셔야만 한다.
- 그분께 항복하는 사람들(즉, 그분을 기다리는 사람들)은 복을 받을 것이다.

〈19-22〉 19-26절은 18절에서 약속된 회복에 대한 산문적 설명으로, 키(*kî*, '때문에'; NIV와 개역개정에는 없음-역주)로 시작하며 시온에 … 거주하는 백성(즉, 예루살렘의 남은 자)을 향한 것이다. 너는 다시 [참으로] 통곡하지 아니할 것이라라는 어구와 네게 [참으로] 은혜를 베푸시되라는 어구에서 동사들의 형태가 강조된다('통곡하다'와 '은혜를 베풀다'라는 주동사 앞에 각각 같은 어근의 부정사 절대형이 사용되어 그 의미가 강조됨-역주). 저자는 하나님이 단지 이스라엘이 그분을 부르기를 기다리고 계신다고 확신한다. 그가 들으실 때 네게 응답하시리라.

떡과 물이라는 죄수의 한정된 식단(문자적으로 '억압의 떡과 억압의 물'='아주 조금씩')에서 가져온 두 가지 이미지는 하나님이 그들에게 자기에 대해 가르치고, 그들을 자기에게 돌아오게 만드시는 수단이다. 주(아도나이 ['*ădōnāy*], 하나님의 주권을 강조하는 이름)께서 너희에게 환난의 떡과 고생의 물을 주시나.

네 스승은 다시 숨기지(카납[*kānap*], 여기에만 나옴) 아니하시리니라는 어구에서 스승의 정체는 불확실하다. 몇 가지 선택이 제안되었다.

첫째, 하나님(장엄의 복수형, Williams § 8)

둘째, 환난의 떡과 고생의 물

셋째, 하나님이 남은 자를 정화하려고 사용하실 여러 스승(= 이사야, 아람, 앗수르, 바벨론 등)

마지막 두 선택이 가장 그럴듯하며, 그 둘이 함께 일한다(즉, 선지자들은 이스라엘 이 하나님께로 돌아오게 할 고난에 대해 예언했음).

이 단락의 요점은 더 이상 숨겨지지 않을 스승들(즉, 환난의 떡과 고생의 물)이 그 나라를 인도하는 데 사용된다는 것이다. 그들은 예루살렘 백성들에게 분명한 지시를 주어 하나님이 그 백성들에게 무엇을 기대하시는지 알도록 도울 것이다(즉, 이것이 바른길이니 너희는 이리로 가라. 21절).

또 너희가 너희 조각한 우상(칲푸이[ṣippûy], '도금된 우상들', 5회)에 입힌 은과 부어 만든(아푼다['āpuddâ], '덧입힌', 3회) 우상(맛세카[massēkâ], '주물 조각상들')에 올린 금을 더럽게 하여 불결한 물건(다베[dāweh], 문자적으로 '월경 유출', 5회)을 던짐같이 던진다. 종종 하나님의 지시를 따르지 않는 길로 이스라엘을 인도했던 이 거짓 신들은 이제 혐오스럽게 여겨져(나가라) 버려야 할 더러운 물건들(즉, 생리대들)로 취급된다.

⟨23-24⟩ 이스라엘 사람들이 하나님께로 돌아올 때 그분은 다시 한번 그 나라에 복을 부어 주실 것이다. 이러한 복들은 토지의 비옥함과 풍성한 수확에서 명백히 드러날 것이다(즉, 다쉔[dāšēn; '살진, 수분이 많은'; 3회]과 샤멘[šāmēn; '기름진']이라는 용어는 생산성을 강조함). 계절에 따라 비가 내리고, 먹을 수 있는 풍부한 곡식과 가축 떼를 위한 광활한(문자적으로 '넓은') 목초지들(카르[kar], 3회)과 열심히 일하는 소들과 당나귀들이 먹을 충분한 먹이가 있을 것이다.

동물들의 먹이를 묘사하는 데 사용된 단어들은 그것이 최고의 먹이라는 것을 강조한다.

그것은 맛있게 한(하미츠[ḥāmîṣ], '잘 건조된 사료', 여기에만 나옴) 먹이(벨릴[bĕlîl], 3회; 줄기 전체를 포함한 가축용 식품)가 될 것이다.

키(라하트[*raḥat*], '갈퀴', 여기에만 나옴)와 쇠스랑(미즈레[*mizreh*], 2회)으로 까부르게 될 것인데, 이것은 곡물 알갱이를 겨로부터 분리하는 것을 의미한다.

일반적으로 고대 근동에서는 동물들이 가장 좋은 것은 아니더라도 먹을 수 있는 먹이가 충분한 땅에 방목되었다. 이곳의 먹이는 풍부하면서도 아주 좋았을 것이다.

⟨25-26⟩ 그 나라는 이전의 적대국들과의 전투에서 승리할 것인데(즉, 크게 살육[헤렉⟨hereg⟩, 6회]하는 날), 방어를 위해 요새화된 망대들이나 앗수르의 포위 망대들인 그 망대들이 파괴될 것이다. 풍부한 물(문자적으로 시냇물)이 높은 산들(가보아[*gābōah*])과 높은 언덕들(기바[*gibʿâ*])에 흐를 것이다-비슷하게 소리 나는 단어들. 이전에 우상 숭배의 장소였던 언덕들은 이제 여호와에 의해 정화되어 복을 받게 된다.

여호와 자신이 뼈를 상하게(쉐베르[*šeber*]) 하시고 상처(마하츠[*maḥaṣ*, 여기에만 나옴] 맠카토[*makkātô*, 문자적으로 '그의 타격의 상처'])를 주셨지만, 이 회복의 새로운 시대에 그분은 또한 그들을 치료해 주신다. 하나님이 내리시는 징벌은 그 나라를 자신에게로 돌아오게 함으로써 그분이 간절히 바라시던 결과를 가져왔다(1:4-6을 보라).

뒤이어 나오는 회복은 증강된 우주로 묘사되는데, 여기서 비유적 언어를 사용한 것은 완전함을 암시한다. 달빛은 햇빛 같겠고 햇빛은 일곱 배가 되어 일곱 날의 빛과 같으리라('일곱'은 충만함이나 완전한 양을 암시함).

해의 밝기가 일곱 날의 빛과 같으리라라는 추가적 설명은 일광이 길어져 생산성이 향상되었음을 암시한다. 로버츠(Roberts)는 "이것은 그날이 얼마나 영광스럽고 행복할지를 나타내는 시적 과장법(poetic hyperbole)이다"라고 설명한다(2015: 395). 이 풍성한 복에 둘러싸인 남은 자는 그들이 이전에 겪은 고난의 슬픔을 잊어버릴 것이다.

⟨27-28⟩ 27-33절의 평행 단위들은 열방을 향한 하나님의 계획을 시적으로 묘사한다(특히, 28절과 31절을 보라). 27절의 신현(theophany)은 여호와께

서 이스라엘을 구원하기 위해 처소에서 일어나시는 것을 묘사한다.

보라(힌네[*hinnēh*], 심판의 시작을 표시함) 여호와의 이름이 먼 거리에서부터 오되. 이 어구에 나오는 여호와의 이름은 권능으로 임하시는 하나님의 성품과 명성을 나타낸다. 또한, 그 어구는 열방을 징벌하기 위해 여호와의 이름으로 오는 앗수르 군대를 가리킬 수도 있다. 왜냐하면, 그것이 궁극적으로 그가 주전 701년에 이스라엘을 징벌하신 방법이기 때문이다.

네 쌍의 이미지가 그분의 진노의 무서움을 잘 표현한다.

- 그의 진노가 불붙듯 하며/빽빽한(코베드[*kōbēd*], '무거움', 4회) 연기(맛사아 [*maśśāʾâ*], 여기에만 나옴)가 일어나듯 하며
- 그의 입술에는 분노(문자적으로 '분개'= 부당한 대우를 받는다고 느끼는 데서 생기는 분노)가 찼으며/그의 혀는 맹렬한 불같으며
- 그의 호흡은 마치 창일하여(문자적으로 '압도적인')/목에까지 미치는('익사할 것 같은'이 암시됨) 하수 같은즉
- 그가 멸하는(문자적으로 '공허') 키(나파[*nāpâ*], 여기에만 나옴)로 열방을 까부르며/여러 민족의 입에 미혹하는 재갈을 물리리니(문자적으로 '그들이 목적없이 방황하게 만들다').

마지막 두 이미지는 서로를 보완하여 단일 개념을 형성한다. 하나님은 열방을 흔들어 인류의 권력 구조를 불안정하게 하시고, 이어서 멸하는 키로 이방 나라들에서 의로운 남은 자를 걸러내실 수 있다(유사한 이미지에 대해서는 아모스 9:9을 보라). 하나님은 그들이 구원자가 필요하다는 것을 깨닫기를 바라는 가운데, 그들을 몰락시키기 위해 약간의 시간을 사용하신다. 그분은 열방에 공의를 세우려 하신다. 그의 입술에는 분노가 찼으며(27절).

〈29-31〉 이제 그 멍에에서 해방된 남은 자는 큰 기쁨을 경험할 것이며, 그것은 기쁨의 노래로 표현된다. 거룩한 절기를 지키는 밤에 하듯이(문자적으

로 '그 노래가 너희에게 있을 것이다', 도치된 구문은 강조를 위한 것임). 이 축제는 음악(할릴[*hālîl*], '피리.' 5회)과 큰 기쁨을 동반한다. 그 백성들은 참된 마음으로 즐거워하며, 저자가 이스라엘의 반석이라 부른 그들의 든든한 보호자이신 여호와께 기쁘게 나아갈 것이다.

이 구원을 이루실 때 하나님은 포효하는 목소리와 치는 막대기로 묘사된(31절) 앗수르 사람들을 무찌르기 위해(주전 701년) 자기 능력을 행하신다. 앗수르 사람들은 그의 장엄한 목소리를 듣게 될 것이고 혁혁한 진노로 그의 팔의 치심을 보게 될 것이다(30절). 이 분노는 맹렬한 화염과 폭풍(네페츠[*nepeṣ*], 여기에만 나옴)과 폭우와 우박(문자적으로 '우박의 돌들')으로 묘사된다. 그것들은 모두 하나님의 두려운 권능의 표현이다. 여호와는 자신의 권능 있는 목소리만으로도 앗수르 군대를 산산조각 낼 것이다.

⟨32-33⟩ 유다는 하나님 자신이 앗수르 사람들과 싸우실 때 소고를 치고 수금을 타며 기뻐할 것이다. **여호와께서 예정하신 몽둥이**(문자적으로 '토대의 봉'[club of foundation])**를/앗수르 위에 더하실**(마아바르[*maʿăbār*], '등을 가로지름'[crossing of the back], 3회) **때마다/소고를 치며 수금을 탈 것이며.**

이 구절은 이 징벌이 정당하고 공평하다는 사실을 비유적으로 강조한다. 그들이 매를 맞는 것은 모두 마땅하다. 그러나 '토대의 봉'(무사다[*mûsādâ*])은 여기서 거의 의미가 없다. 무사다(*mûsādâ*)가 다른 곳에서 사용된 유일한 경우가 에스겔 41:8인데, 여기서는 '토대를 형성하는 것'을 의미한다. 히브리어 정방형 문자에서 유사하게 보이는 무사다(*mûsādâ*)라는 단어는 아마도 '한 문자만 다른 훈육'을 의미하는 무사라(*mûsārâ*)의 변형일 가능성이 크다.

하나님은 오래전에 몰렉(Molech) 신에게 제물을 바쳤던 곳인, 힌놈의 아들 골짜기(the Valley of Ben Hinnom)에 있는 도벳(Topheth)을 그들이 멸망할 장소로 예비해 두셨다(렘 7:31-32을 보라). **왕**(즉, 앗수르 왕)**을 위하여 마련한 것이라. 그분은 그들을 불과 많은 나무로 가득 찬, 깊고 큰 불구덩이**(NIV; 메두라[*mĕdûrâ*], '나무더미', 2회)**에 던지실 것이다. 이 구덩이는 여호와의 호흡**

으로 불태워질 준비가 되어 있으며, **유황 개천**(고프리트[*goprit*], 7회)으로 묘사되어 있다.

이 이미지들 가운데 특히, 유황 개천은 요한계시록 20:10, 15을 생각나게 한다. 이 이미지는 하나님께 패역한 자들이 '불타는 유황 못'에 던져지는 것으로 묘사되어 있다. 따라서 이 부분은 여호와의 타오르는 분노가 쏟아지는 것으로 시작하고 끝난다(즉, 27, 33절).

의미

하나님의 경고를 무시한 이스라엘은 하나님을 의지하기보다 오히려 애굽과 동맹을 맺기로 작정했다. 그래서 하나님은 주전 701년에 하셨던 것처럼 앗수르 사람들을 사용하여 그 나라를 징벌하실 것이다(*ANET* 288을 보라). 그러나 하나님은 이스라엘에 은혜 베풀기를 고대하셨고(18절), 그들이 자신을 부르기를 기다리셨다. 성경 기록에 따르면, 히스기야는 하나님께 부르짖었고, 그 때문에 여호와의 천사가 산헤립의 군대를 멸하기 위해 왔다(37:36을 보라).

그러나 그 나라는 하나님께로 돌아와 그분을 신뢰하기보다 계속하여 패역을 일삼으며(22:13-14을 보라), 그들 자신의 힘을 의지할 수 있다고 생각한다(빠른 말을 타고 피하는 것으로 묘사됨, 16절). 그러므로 하나님은 그들이 아주 적은 수만 남을 때까지 그들을 계속 징벌하실 것이다. 산꼭대기의 깃대같이(17절). 그런데도 하나님은 그들에게 **은혜를 베풀려고** 기다리신다. 그분은 그들이 고통스럽게 부르짖는 것을 듣고 그들을 구하러 오실 것이다.

이스라엘이 바벨론 포로에서 돌아오는 것으로 예표된 이 구원은, 이스라엘의 남은 자가 그분의 강력한 구원에 대해 하나님을 찬양하게 될 마지막 때(계 20:10, 15 참조)에 궁극적으로 성취될 것이다. 패역한 자녀들에 대해 오래 참아 주시는 하나님의 사랑과 인내는 참으로 놀랍다.

(7) 일곱 번째 심판-회복 주기: 믿지 않는 나라에 대한 화(31:1-3), 그러나 하나님은 예루살렘을 보호하고 이스라엘을 다스릴 의로운 왕을 세우실 것임 (31:4-32:8)

> 문맥

28-33장(표 0.9를 보라)의 중심교차대구법(palistrophe)의 중앙 부분에 있는 이 일곱 번째 심판-회복 주기는 계속해서 하나님의 계획을 반복하여 말한다. 이전의 심판 신탁들과 마찬가지로 두 부분으로 되어 있다. 하나는 이스라엘이 하나님 대신 애굽을 의지한 것으로 인해 앗수르의 징벌을 받게 될 것이라는 '화 신탁'(31:1-3)과 뒤따라 나오는 광범위한 '회복 신탁'(31:4-32:8)이다.

역사적으로 이스라엘 사람들이 애굽에 도움을 요청한 경우는 거의 없었다. 그들은 주전 8세기와 7세기 동안에 단 한 번만 그렇게 했다. 31장에서 강조된 행동들은 히스기야가 하나님께 부르짖어 예루살렘이 구원받은 주전 701년의 사건과 잘 일치한다(사 36-37장을 보라). 그러나 이것은 남은 자가 하나님께 돌아와서 하나님이 그들 위에 의로운 왕을 세우실 때인, 훨씬 더 먼 미래로 확장되는 하나님의 궁극적인 계획의 시작에 불과하다.

몇몇 학자는 31장이 더 작은 신탁들로 구성되어 있다고 주장해 왔다(즉, 적어도 1-3절, 4-9절). 차일즈(Childs)는 그것들이 밀접하게 연결되어 있다고 주장하고(2001: 231), 로버츠(Roberts)는 그것들을 이사야 자신이 편집했다고 주장한다(2015: 401).

주석

① 심판 신탁(31:1-3)

〈1-3〉 이 화 신탁은 30:1-5과 평행을 이룬다. 둘 다 주전 701년에 이스라엘이 애굽의 강력한 군사력을 신뢰함으로써 믿음의 부족을 드러낸 사건을 묘사한다. 말, 병거의 많음, 마병의 심히 강함. 애굽 사람들은 태양신 라(Ra)와 라의 딸 아스타르테(Astarte)에게 말들을 바쳤다. 열왕기하 23:11은 이스라엘 왕들이 애굽의 태양신 라에게 말들과 함께 병거 몇 대를 바쳤음을 보여 준다. 요시야는 이방 신들의 영향을 받은 땅을 정화할 때 이 우상들을 파괴했다.

이스라엘은 여호와 대신 애굽을 의지한 것에 대해 징벌받을 것이다. 그들은 … 이스라엘의 거룩하신 이(이스라엘에 대한 하나님의 특별한 관계를 나타내는 칭호)를 앙모하지(문자적으로 '찾다') 않았고, 여호와께서도 지혜로우신즉 재앙을 내리실 것이라(2절). 오만하게도 그들은 애굽의 도움을 받는 것이 지혜로운 전략적 정치 관계임을 보여 준다고 생각했다.

더 지혜로우신 하나님은 악행 하는 자들의 집(NIV, '사악한 나라')이라고 불리는 유다와 행악을 돕는 자들이라고 불리는 애굽에 재앙을 내리실 계획이다(2절). 하나님은 그의 말씀들을 변하게 하지 아니하실(문자적으로 '그분의 말들을 그분은 철회하지 않으실 것이다', 도치된 구문은 강조를 위한 것임) 것이기에 그분의 계획은 가장 확실하게 이루어질 것이다. 애굽 사람들은 바로가 죽으면 신성을 얻는다고 주장했다. 그런데 애굽 사람들은 이제 바로가 단지 죽을 수밖에 없는 사람(mere mortals, NIV)이라는 선언을 듣게 된다.

애굽은 또한 여호와의 징벌에 대항하여 이스라엘을 도왔다. 그것 때문에 참하나님(엘['ēl])의 지시하심을 따라 애굽은 고난을 받게 될 것이다. 여호와의 능력은 단지 그의 손을 펴시면 돕는 자도 넘어지며라는 표현으로 강조된다. 하나님이 앗수르 사람들을 그 땅으로 인도하실 때, 돕는 자(즉, 애굽)도 넘어지며 도움을 받는 자(즉, 유다)도 다 함께 멸망할 것이다. 실제로 주전 701년에 히스기야가 구스 왕 디르하가에게 도움을 요청했을 때, 두 나라 모두 앗수르의 분노를 사게 되었다(왕하 19:9). 예루살렘이 구원받은 것은 오직 하나님의 은혜로운 행위 때문이었다.

② **회복 신탁**(31:4-32:8)

〈4-5〉 이사야는 청중의 주의를 촉구한다. 여호와께서 이같이 내게 이르시되. 하나님의 백성을 완전히 멸절시키기를 앗수르를 사람들이 간절히 원했을지라도(10:5-7을 보라) 하나님이 허락하지 않으실 것이라고 단호하게 말씀하신다. 그러므로 하나님은 예루살렘을 구하러 오신다.

하나님의 보호와 구원은 두 개의 이미지에 비유된다(즉, 카아쉐르[ka'ăšer; '…처럼'] … 켄[kēn; '그렇게']):

- 겁 없이 먹이(예루살렘)를 지키며, 그것을 치려고 여러 목자를 불러왔다 할지라도 그 먹이를 내려놓지 않는 큰 사자(문자적으로 '젊은 사자'; 겔 19:5-6을 보라)
- 예루살렘을 보호하기(가난[gānan], 7회) 위해 머리 위로 날아다니는 새들(즉, 자기 새끼들을 해치려고 하는 모든 것을 공격하는 새들과 유사함)

클레멘츠(1980a: 257)는 여호와가 강림하여 시온산과 그 언덕에서 싸울 것이라라는 어구가 적대적 의미로 이해되어야 한다고 주장한다(29:1-4을 보라). 그러나 문맥의 나머지 부분은 이것을 지지하지 않는다. 5절은 하나님이 그것을 **호위하며**(문자적으로 '변호하며') **건지며** 뛰어넘어 구원하리라라고 말한다. 하나님이 예루살렘을 구원하신 주전 701년의 역사적 맥락은 이 해석을 선호한다.

〈6-9〉 선지자는 심히 거역하던(그토록 큰 반역을 일으킨) 이스라엘 사람들을 향하여 하나님께로 돌아오라고 권고한다. 그 후 그는 이스라엘의 남은 자가 하나님께 돌아와서 그들이 은과 금 같은 값비싼 귀금속으로 만든 것들(문자적으로 '너희 손들이 너희를 위해 만든 것')을 포함한 그들의 우상들을 내버릴 때(즉, 그날에)를 상상한다. 저자는 또한 하나님께로 돌아오는 이 시간을 앗수르 사람들의 멸망과 연결한다. 앗수르는 칼에 엎드러질 것이나 사람의 칼로 말미암음이 아니겠고.

하나님이 주전 701년에 앗수르로부터 이스라엘을 구원하셨음에도 불구하고, 이스라엘 사람들은 상당한 기간 그분께 돌아오지 않았다(22:12-14을 보라). 그러므로 그날에(7절)라는 어구는 궁극적으로 미래의 회복을 언급해야만 한다.

하나님은 주전 701년에 앗수르 사람들을 멸망시키셨다(8절에 나온 것처럼 사람의 칼이 아닌 질병으로). 그러나 그 당시에 앗수르의 젊은이들은 강제 노동을 당하지 않았다(8절). 선지자들에게서 흔히 볼 수 있는 것처럼, 저자의 환상은 가까운 사건들과 더 먼 미래의 사건들을 결합한다(또한, 14:1-2을 보라).

그의 반석은 … 물러가겠고(NIV, 그들의 요새가 무너질 것이다, 9절)라는 어구는 앗수르의 신들이나 그들의 힘과 능력이 사라지는 것을 가리킨다. 어느 쪽이든 그것은 그들을 겁에 질리게(마고르[māgôr], 8회) 만든다. 그의 고관들은 하나님의 군대를 모으기 위해 치켜든 기치(네스[nēs])를 보고 놀랄 것이다(5:26을 보라).

이 신탁은 여호와에 의해 확증되었는데, 여호와의 불(우르['ûr], 이 의미로 5회, 이사야서에서 4회)은 시온에 있고 여호와의 풀무는 예루살렘에 있느니라는 어구는 적들을 향한 하나님의 불타는 진노의 이미지들이다(9절). 차일즈는 '예루살렘은 쓰레기를 태우는 용광로가 된다'라고 말한다(즉, '쓰레기'는 앗수르 사람들을 나타냄, 2001: 234). 하나님은 이스라엘을 정화한 후에 시온산에서 앗수르 사람들을 징벌하실 것이다(10:12을 보라).

〈32장 1-2〉 1-8절이 이사야에 의해 기록되었는지, 그리고 그것들이 메시아적인지 아니면 메시아적이 아닌지에 대해 상당한 논쟁이 있었다.

우리는 그것들이 이사야에 의해 쓰였고, 그는 원종말론적 렌즈(proto-eschatological lens)를 통해 미래 구원자를 바라보았다고 주장한다(즉, 그는 이 구원자를 회복된 미래 세계가 아닌 현재 세계의 맥락에서 본다. 나중에 발전된 종말론보다 시온신학과 더 유사함). 미래 구원자에 대한 이 개념은 오실 메시아의 기초를 놓을 것이다.

회복의 메시지는 회복을 의미하는 두 개의 유사한 개념이 연결되어 이전 섹션에서부터 여기까지 계속된다(그 개념들은 앗수르 사람들로부터의 구원의 때[31:8-9]와 의로운 왕이 다스리는 회복의 때이다). 비록 그들 사이에 오랜 시간의 간격이 있다고 할지라도 말이다(다른 단락들은 미래의 구원자를 언급하기도 함. 9:1-7, 11:1-9 등).

앗수르 사람들로부터의 구원은 의롭게 통치할 왕을 하나님이 세우시게 될 더 큰 구원을 예표한다(32:1-8). 회복 신탁에서 이 부분은 주전 701년에 성취되지 않았다. 이미 왕이 된 히스기야가 그 당시에 왕위에 그대로 남아 있었고, 4-8절에 기록된 변화들도 일어나지 않았기 때문이다.

1절의 짧은 감탄사 보라(헨[hēn])는 미래 구원자의 오심과 함께 일어날 중대한 변화에 대해 주의를 집중시킨다. 이사야서에서 이 의로운 구원자를 특별히 왕이라고 부르는 것은 처음이다. 그 구문은 그가 하나님의 의로운 기준들에 따라(즉, 레체덱[lĕṣedeq]) 통치할 것이며, 그의 명령 아래 방백들이 정의로 다스릴(사라르[śārar], 6회) 것임을 강조한다(즉, 그들의 통치 방식을 강조함).

이 의로운 지도력은 다음의 네 가지 이미지가 제안하는 것처럼 고통에서 해방되는 편안함을 제공할 것이다.

- 광풍을 피하는 곳(마하베[maḥăbē'], 여기에만 나옴, 하바[ḥāba; '숨다']와 가장 관련이 있을 것임)
- 폭우(제렘[zerem], 9회; 이사야서에서 7회)를 가리는 곳
- 마른 땅(차욘[ṣāyôn], 2회; 치온[ṣiyon, '시온']과 비슷하게 들림)에 냇물
- 곤비한 땅에 큰 바위 그늘

⟨3-4⟩ 이 왕이 오면 사람들은 영적으로 둔하거나 완고한 상태에서 변화될 것이다. 보는 자의 눈이 감기지(아마도 샤아[šāʻa], '더러워지다, 눈이 멀다'에서 나옴) 아니할 것이요, 듣는 자가 귀를 기울일 것(즉, 그들이 완전히 깨어 있다. 6:9-10에 나오는 반대의 경우를 보라)이다. 두려움이나 경솔함(즉, 두려운 마음[NIV], 문자적으로 '마음의 조급함')으로 특징지어졌던 사고방식을 가진 사람들은 이제 알게 되고 이해하게 된다(즉, 이제 마음이 맑아지고 분별력이 있다).

어눌한 자(일레김[ʼillēgim], 여기에만 나옴)의 혀가 민첩하여 말을 분명히(차호트[ṣāḥôt], 4회) 하게 될 것이다. 어눌한 자라는 단어는 말을 더듬거나, 거짓말쟁이가 거짓말을 하며 말을 더듬는 것을 의미할 수 있다. 말을 더듬는 원인이 무엇이든지 간에 이 문맥에서 강조하는 것은 올바르고 진실하게 말하는 그들의 새로운 능력에 있다.

⟨5-6⟩ 그 왕의 통치는 사회를 완전히 혁명적으로 바꾸어 의로운 상태로 되돌릴 것이다. 어리석은 자를 다시 존귀하다 부르지 아니하겠고 우둔한 자(킬라이[kîlay], 2회)를 다시 존귀한 자(이 의미로 2회)라 말하지 아니하리니. 사람들은 자신이 누구인지 그 렌즈를 통해 보게 될 것이다(5:20의 반전을 보라).

어리석은 자(나발[nābāl])의 말은 단순히 분별력이 부족하다는 것이 아니다(6절). 어리석은 것(네발라[nĕbālâ], '어리석음')이라는 단어에는 또한 부도덕한 측면이 있다. 어리석은 자의 마음은 사악함으로 기울어지기 때문에(NASB), 그는 하나님을 거스르는 말과 함께 불경한 행위들(호넵[ḥōnep], 여기에만 나옴)도 저지르게 된다.

어리석은 자는 궁핍한 자들에게 먹을 것과 마실 것을 주는 것과 같은 일반적 예의를 지키는 것조차 거부한다. 예를 들어, 그 이름이 '어리석은 자'를 의미하는 나발은 다윗과 그의 부하들에게 음식을 주지 않았다. 그 결과 하나님은 나중에 그를 죽이셨다(삼상 25장).

⟨7-8⟩ 부패한 정부들 아래에서는 도덕적 가치들이 빠르게 왜곡되고 어리석은 자들이 지도자의 자리에 오르게 된다. 악한 자(켈라이[kēlay])와 그들이 사용하는 그릇(켈라이브[kēlāyw], '무기들') 사이에는 언어유희가 있다. 그들의 악한 계획(문자적으로 '악들')은 정의를 왜곡한다. 그들의 중상모략은 정당한 탄원을 하는 고통받는/궁핍한 자를 파멸시킨다. 클레멘츠(Clements)는 "악한 자"를 "악한 정부가 다스리는 시기에 자신의 재능들을 재빠르게 이용한 파렴치한 기회주의자"로 묘사한다(1980a: 260).

이와 대조적으로, 존귀한(나딥[nādîb]) 자는 높은 도덕적 원칙들을 보여주는데, 그 이유는 그들이 존귀한 일(네디보트[nĕdîbôt], 문자적으로 '귀족들'; 나딥[nādib, '존귀한']과 같은 어근에서 유래함)을 계획하나니 그는 항상 존귀한 일에 서기 때문이다.

의미

하나님의 미래 계획들은 앗수르로부터 유다가 구원받는 것(주전 701년)에서 시작하여 사회가 완전히 변화될 미래까지 계속되는 이 섹션에서 더욱 분명해진다. 그때 사람들은 하나님의 명령들을 주의 깊게 듣고 따를 것이며, 진리를 분별할 수 있을 것이다. 그리고 정의로 다스리는 왕과 공정한 신하들이 통치할 것이다. 이스라엘을 향해 하나님이 펼치실 미래는 참으로 영광스럽다.

(8) 여덟 번째 심판-회복 주기: 안일한 여인들에 대한 심판(32:9-14)과 미래에 약속된 축복(32:15-20)

문맥

이 심판-회복 주기는 자기 재물이 안전하다고 느끼며, 하나님을 향해 안일하게 된 이스라엘 여인들과 관련이 있다(3:16-4:1에 나오는 시온의 여인들에 대한 유사한 심판을 보라, 3:16-4:1을 보라). 그들이 받을 징벌은 1년 조금 넘어서야 임할 것이다. 다시 한번 선지자는 가까운 사건과 먼 사건을 하나를 이루는 일부분이며, 동일한 징벌인 것으로 바라본다.

앗수르 사람들은 주전 701년에 이스라엘을 침략했지만, 이스라엘의 궁궐과 성읍들은 주전 586년에 바벨론 포로가 될 때까지는 파괴되지 않았다.

몇몇 학자는 다음의 두 가지 관점에 동의한다.

첫째, 이 단락의 핵심(즉, 적어도 9-14절)은 선지자 이사야 시대에서 나온 것이다.

둘째, 그 단락은 9-14절과 15-20절의 두 섹션으로 나누어져야 한다.

로버츠(Roberts)는 15-18절의 약속들 뒤에 19-20절, 즉 '심판의 말씀'을 후대에 추가한 것이라고 제안한다(2015: 413). 그러나 NIV 번역이 옳다면, 거기에는 추가적인 심판의 말씀은 없다.

주석

① **심판 신탁(32:9-14)**

⟨9-10⟩ 안일한(샤아난노트[šaʾănannôt], '근심 없는', 10회; 이사야서에서 5회) 그리고 염려 없는 이 여인들은 곧(일 년 남짓, 문자적으로 '일 년이 넘는 날들') 포도 수확이 없으며(문자적으로 '끝으로 가다') 열매 거두는 일이 이르지 않을 것이라는 국가적 재앙(문자적으로 '너희가 떨 것이다')에 대해 경고받는다.

이 단락이 섹션의 나머지 부분과 동일한 역사적 배경을 가지고 있다면, 수확물은 가뭄이나 전염병이 아닌 주전 701년의 전쟁으로 초토화될 것이다. 전쟁 중에 포도원들은 관리될 수도 없고 그것들의 열매들을 수확할 수도 없다.

〈11-14〉 선지자는 여인들에게 행동할 것을 촉구한다. 만약 그들이 심판이 곧 임박한다는 것을 참으로 이해했다면, 그들은 안전하다고 생각하는 대신에 떨며, 당황했을 것이기 때문이다.

선지자는 그들에게 벗고(NIV에는 좋은 옷이라는 단어들이 삽입되어 있지만, 히브리어 본문에는 없음, 11절) 베옷을 입으라(문자적으로 '허리에 띠를 두르라', NIV, 누더기들로 자신을 감싸라)고 권고한다. 누더기들(NIV)이라는 단어는 히브리어 본문에는 없지만, '애곡하는' 문맥으로 볼 때 '베옷'(sackcloth)이라는 것을 암시해 준다.

가슴을 치게 될 것이라는 어구는 깊은 애도에 대한 비유적 언어이다 (12절). 12절에는 가슴(샤다임[šādayim])과 밭(세데; śēdê) 사이에 언어유희가 있다. 좋은(헤메드[ḥemed], 9회) 밭과 열매 많은(포리야[pōrîyâ], 4회) 포도나무가 사라질 것이다. 즐거워하는(알리자['allîzâ], '기쁨에 넘치는', 7회) 성읍 대신에 그들의 땅은 황폐하게 될 것이다.

첫째, 붐비는 성읍(문자적으로 '성읍의 군중')과 요새는 버려질 것이다.

둘째, 오벨(오펠['ōpel])[21]과 망대(바한[baḥan], 아마도 느 3:27의 큰 망대)는 영원히 굴혈(메아라[mĕ'ārâ], 여기에만 나옴; NIV, 불모지)이 될 것이다.

비옥한 땅을 경작할 사람이 없어서 그곳은 가시와 찔레(이사야서의 황폐에 대한 일반적인 이미지)가 무성할 것이며, 풀을 뜯는 들나귀와 양떼에게만 유용할 것이다.

이것은 주전 586년 이후의 유다와 예루살렘에 대한 정확한 묘사이기 때문에 빌드베르거(Wildberger)는 이 단락을 이 시기 이후로 간주한다 (2002: 249). 그러나 미가는 또한 유사한 용어로 예루살렘의 멸망을 예언했다(미 3:12). 따라서 이 개념은 이미 주전 8세기에 퍼져 있었을 것이다.

---

21) 오팔(Ophal)의 발굴들: 핀켈슈타인(Finkelstein) 등 2013: 142-164을 보라.

② 회복 신탁(32:15-20)

⟨15-16⟩ 15절에서 시작되는 회복의 신탁은 이 심판이 영원히 계속되지 않을 것이라고 확증한다. 다만 위에서부터 영을 우리에게(저자가 자신을 포함하고 있음을 주목하라) 부어 주실 때까지이다. 구약성경에서 영은 대체로 하나님(즉, 위에서부터) 또는 그분의 존재의 확장으로부터 나오는 능력으로 이해된다. 이것은 하나님의 영이 임하신 다른 경우들을 틀림없이 생각나게 했을 것이다. 예를 들어, 기드온(삿 6:34), 입다(삿 11:29) 또는 삼손(삿 15:14-15) 위에 임하신 것처럼.

하나님의 능력을 광야(NIV, '사막')에서 아름다운 밭(카르멜[karmel])으로 그리고 숲에 이르기까지 땅이 점진적으로 갱신되는 모습으로 표현한다 (29:17을 보라). 땅이 물리적으로 회복될 뿐만 아니라, 그 나라 자체가 정의와 공의의 장소가 될 것이다(1-8절을 보라). 이 이미지들은 땅의 영적 갱신에 대한 비유적인 언급일 수 있지만, 구약에서 종종 물질적인 복과 영적인 복은 함께 간다.

⟨17-18⟩ 공의의 열매(문자적으로 '행위들')와 결과(문자적으로 '일')는 영원한 화평과 평안과 안전(NIV, 신뢰)이다. 앞서 언급한 이러한 특징들은 계속되는 구원의 시대에 가장 큰 감동을 줄 것이다. 하나님의 백성은 화평한 집과 안전한 거처와 조용히 쉬는 곳에 있을 것인데(18절), 11:6-9에 묘사된 평화로운 안전과 유사하다.

⟨19-20⟩ 선지자는 다시 한번 안일한 여인들에게 심판이 다가오고 있음을 상기시킨다. 우박이 그 숲을 부수더라도(개역개정은 그 숲은 우박에 상하고-역주)라는 어구는 번역하기 어렵다.

동사 바라드(bārad), '우박이 내리다'는 구약의 다른 곳에서는 나오지 않으므로 명사 우박(바라드[bārād]; 칠십인역 및 탈굼을 보라)을 잘못 표기했을 가능성이 크다.

베레데트[bĕredet], 상하고는 문자적으로 '우박이 그 숲을 무너뜨릴 때조차'로 번역해야 한다. 이것이 NIV의 번역 근거이다.

19절의 마지막 부분인 그 성읍이 완전히 무너뜨려진다(NIV; 개역개정은 성읍은 파괴되리라-역주)는 문자적으로 '낮음(여기에만 나옴)으로 그 성읍은 낮게 놓였다'이다. '낮음'과 '낮게'는 강조하기 위해 같은 어근에서 가져왔다. 그러나 NIV에서 제안한 것처럼 반드시 완전한 파괴를 의미하지는 않는다.

그 구절의 번역이 어떻든지 간에 핵심은 비록 예루살렘이 굴욕당하는 것이 틀림없을지라도, 이 갱신되고 의로운 땅을 상속받는 자들은 복을 받는다는 것이다(20절). 물 공급이 매우 풍부하여 **모든 물가에 씨를 뿌릴 수 있을 것이다**. 그들의 소와 나귀는 도둑이나 포식자에 대한 두려움 없이 자유롭게 돌아다닐 수 있게 될 것이다(문자적으로 '황소와 나귀의 발을 내보냄').

의미

하나님은 그분의 백성을 엄하게 징벌하실 것이나, 그분이 징벌하셨던 자들에게 그분의 영을 부어 주실 때 분명한 끝이 있을 것이라고 선지자는 다시 한번 계시한다. 역사적으로 이 예언은 주전 701년 앗수르가 징벌을 시작한 때부터 주전 586년 바벨론에 의해 멸망할 때까지 광범위한 시간을 다루고 있다. 회복의 첫 단계는 주전 539년, 즉 남은 자가 그 땅으로 돌아가도록 허락되었을 때 시작되었지만, 그것은 공의와 화평이 편만하여 그 땅의 삶의 방식이 될 때 완전히 완성될 것이다.

(9) 아홉 번째 심판-회복 주기: 파괴자에 대한 심판(33:1)과 남은 자를 위한 회복(33:2-24)

문맥

이 섹션(사 28-33장)의 마지막 심판-회복 주기는 **파괴자**(NIV, 즉, 앗수르, 10:5-7을 보라)에 대한 '화 신탁'으로 시작된다. 화 신탁에서 그 파괴자의 정체가 결코 언급된 적은 없지만, 1절을 시작하는 평행 단위들에 묘사된 것으로 파괴자가 있음을 확인할 수 있다.

NIV, 파괴자,/파괴당하지 않은 너 … 배신자(문자적으로 '속이는 자'),/배신당하지 않은 너(문자적으로 '속지 않은 너')(개역개정은 너 학대를 당하지 아니하고도 학대하며 속이고도 속임을 당하지 아니하는 자여-역주). 다른 어떤 나라도 앗수르를 공격한 적이 없었는데, 그들은 이유 없이 다른 많은 나라를 공격하고 멸망시켰다.

하나님은 앗수르를 사용하여 자기 백성을 징벌하시겠지만, 하나님의 목적이 다 이뤄진 후에는 앗수르 그들도 징벌받게 될 것이다.

파괴자를 징벌하시겠다는 하나님의 약속(1절) 이후 긴 회복 섹션은 여호와를 이스라엘의 왕이자 보호자로 제시한다. 신뢰의 노래 양식(form)으로 기록된 이 회복 신탁은, 시온에 있는 사람들이 누가 거룩하신 하나님과 함께 거할 수 있는가를 물을 때 절정에 다다른다(14절). 그 대답은 하나님의 임재 안으로 들어가는데 요구되는 의로운 성품들을 자세히 설명하는 '입당 예식'(entrance liturgy)의 양식을 취한다(15-16절; 시 15편을 보라).

노래의 나머지 부분은 정의와 공의로 가득 찬 회복된 시온에서 사는 기쁨을 드러낸다(5절을 보라). 가까운 배경은 주전 701년 앗수르의 멸망인데, 이것은 시온을 향한 하나님의 궁극적 보호에 대한 개념을 발전시키는데 도움이 된 사건이다(즉, 시온신학; Roberts 2015: 419-420을 보라).

주석

① 심판 신탁(33:1)

〈1〉 심판 신탁은 단 한 구절이며, 이 시대 앗수르에 대한 적절한 묘사인 학대하는 자(NIV, 파괴자)여 화 있을진저라는 어구로 시작된다. 학대하는 자는 또한 다음의 두 가지 이유로 앗수르에 대한 또 다른 적절한 설명인 배신자(NIV, 문자적으로 '속이는 자')라는 비난을 받는다.

산헤립은 처음에 주전 701년 예루살렘 공격에서 그의 군대를 철수시키는 대가로 큰 조공을 받았다. 그러나 얼마 지나지 않아 그는 자신의 요구사항들을 바꾸어 그 성읍의 완전한 항복을 요구했다(왕하 18:17-37을 보라).

앗수르는 다른 나라들에 징벌을 내리려는 하나님의 의도를 넘어서서 그들을 완전히 멸망시키려고 했다. 이런 의미에서 앗수르는 하나님의 뜻을 '배신한' 것이다. 이제 다른 사람들을 속였던 자들(21:2을 보라)처럼 그들은 징벌로서 바벨론 사람들에게 속임 당할 것이다(NIV, 네가 배신당할 것이다).

바벨론이 결국 앗수르를 따라잡았기 때문에, 앗수르가 세계를 지배하는 데는 한계가 있었다(네가 학대하기를 그치면/네가 학대를 당할 것이며/네가 속이기를 그치면[날라〈nālâ〉, 여기에만 나옴]/사람이 너를 속이리라'). 단어들의 반복(즉, 학대와 속임)은 앗수르 사람들이 바벨론 사람들로부터 정당한 징벌을 받게 된다는 것을 나타낸다.

② 회복 신탁(33:2-24)

〈2-6〉 이 장의 나머지 부분에서 저자는 그 나라가 탄원하도록 인도하며, 하나님께 그분의 능력(문자적으로 '팔'힘을 나타내는 은유적 표현)을 나타내시고 [이] 환난 때에 구원을 베푸시라고 간청한다.

그 탄원은 여호와여 우리에게 은혜를 베푸소서/우리가 주를 앙망하오니(문자적으로 '당신을 위해서 우리가 기다린다', 도치된 구문은 하나님의 구원을 바라는 그들의 탄원을 강조함)로 시작한다.

그 후 저자는 하나님의 능력을 확증한다. 주께서 일어나심(로메무트 [rômēmut], 여기에만 나옴)으로 말미암아(문자적으로 '당신의 일어남으로부터') 나라들이 흩어졌나이다(낲추[nāpṣû], 이 의미로 3회). 그들은 하나님이 과거에 하셨던 것처럼 악한 나라들이 도망가게 해 달라고 그분께 간청한다. 로버츠는 3-5절이 찬양의 노래에서처럼 하나님의 과거 행동에 대한 역사적 회상(비록 비유적 표현이기는 하지만)이라고 주장한다(2015:426-427).

하나님의 군대(즉, 이 경우에 앗수르)가 열방을 공격하고 약탈하는 속도와 철저함을 설명하기 위해 저자는 잘 알려진 배고픈 황충들 이미지를 사용한다. 그것들은 게걸스럽게 먹어 치우는 메뚜기(하실[ḥāsîl], 6회)와 같이, 엄청난 양의 농작물을 황폐하게 만드는 **황충의 떼**(맛샤크 게빔[maššaq gēbîm], 두 단어 모두 여기에만 나옴)같이 공격한다.

그 누구라도 여호와와 견줄 수 없다. 여호와는 앗수르를 사용하여 시온에 징벌을 가함으로써 높임을 받으실 것이며, 시온은 그분이 거기 거하실 수 있도록 그 성읍에 정의와 공의를 가져올 것이다(5절). 하나님이 과거에 그들의 견고한 기초가 되셨듯이 그분은 현재(네 시대에. 6절) 이스라엘 안정(문자적으로 '견고함')의 근원이 되실 것이다.

하나님은 구원과 지혜와 지식이 풍성(호센[ḥōsen], 7회)하시지만, 사람들이 이러한 보물들에 접근하려면 그분께 진정한 경외심을 보여야 한다. 여호와를 경외함이 이 보물의 열쇠이다(NIV; 개역개정은 여호와를 경외함이 네 보배니라-역주).

⟨7-9⟩ 대부분 신뢰의 노래들(예, 시 27, 62)처럼, 이 노래는 하나님의 구원에 대한 절망과 희망 사이를 오간다. 저자는 먼저 다음 다섯 개의 어구로 묘사된 이스라엘의 절망적 시대로 독자들의 주의를 끈다(즉, 헨[hēn], 보라, 7절).

- 그들의 용사(에렐람['er'ellām], 여기에만 나옴)가 밖에서 부르짖으며
- 평화의 사신들이 슬피 곡하며(즉, 평화를 얻기 위해 파견된 사절들은 목적을 이루지 못했음)
- 대로가 황폐하여/행인이 끊어지며(즉, 전쟁의 영향으로 여행이 너무 위험해짐)
- 대적이 조약을 파하고 성읍들(마소라 본문의 아림['ārîm, '성읍들'] 대신에 1QIsa^{a}의 아딤['ādim, '증인들'])을 멸시하며'
- 사람을 생각하지 아니하며(NIV, 아무도 존중받지 못한다)

상황은 끔찍하다. 6절에 언급된 대로 오직 여호와를 신뢰하는 자들에게만 희망이 있다. 우는 사절들(7절)은 다음 중 하나이다.

첫째, 앗수르에 대항하여 애굽의 도움을 얻기 위해 파견된 사람들(즉, 그들은 두려워서 울고 있음)

둘째, 랍사게와 그의 부하들에게 보내진 이스라엘의 대표자들. 그들은 너무 가혹한 항복 조건(즉, 완전한 항복과 아마도 추방)을 받았기 때문에 비통하게 울게 되었다.

이 두 번째가 문맥과 동사들의 단수 형태를 고려할 때 가장 가능성이 크다(문자적으로 '그는 언약을 깨트렸다', '그는 그 증인들을 멸시했다', '그는 다른 사람을 배려하지 않았다'). 산헤립은 처음에는 단순히 조공을 받는 데 동의했지만, 나중에는 마음을 바꾸어 완전한 항복을 요구했다.

전쟁으로 황폐해진 땅은 비슷하게 들리는 두 단어(9절)로 설명된다. 슬퍼하고(아발['ābal]) **쇠잔하며**(움렐라['umlēlâ]; NIV, 마르고 황폐해진다). 이러한 영향들은 **레바논**(즉, 북쪽 해안)에서 **샤론**(즉, 블레셋 사람의 땅 바로 위쪽인 남쪽 해안)까지 그리고 동쪽 경계의 **바산**(즉, 갈릴리 바다의 동쪽 해안)에서 서쪽 경계에 있는 **갈멜산**까지 이른다. 샤론 평야, 바산, 갈멜산의 운명은 이사야 35:2에서 역전되는데, 이곳은 구약성경에서 세 개의 이름이 모두 함께 나오는 유일한 곳이다.

〈10-12〉 10절에서 이제가 세 번 반복되는 것은 오래 기다린 하나님이 예루살렘을 보호하실 준비가 되어 있음을 시사한다. 너희가 겨(샤쉬 [šaš], '마른 풀', 2회; 5:24을 보라)를 잉태하고라는 구문에서 너희의 정체는 둘 중에서 어느 쪽인지 결정하기 힘들다.

이스라엘인가 아니면 이스라엘의 적들인가?

우리는 죄인들이 시온에 있다(14절)는 설명에 근거하여 이스라엘이라고 주장한다. 이스라엘의 최선의 노력은 결국 무익했다(즉, 겨와 짚의 이미지). 사실상 그들이 앗수르 그리고 애굽과 조약을 맺을 때 사용한 호흡은 역효과를 가져왔을 것이다. 이 나라들은 이스라엘 멸망의 근원이 될 것이다(너희의 호흡은 불이 되어 너희를 삼킬 것이며).

이 징벌은 이스라엘(11절)과 열방(문자적으로 민족들, 12절) 가운데서 악한 자들을 멸망시킬 것이다. 그들의 철저한 멸망은 **불에 굽는 횟돌과 불에 사르는 가시나무**로 묘사된다. 우리 자신을 구원하려는 우리의 미약한 시도도 마찬가지로 아무 소용이 없을 것이다. 우리 자신을 구원하기 위해 우리는 우주의 주권자를 반드시 의지해야만 한다.

〈13-16〉 하나님은 먼 데 있는 자들과 가까이에 있는 자들을 막론하고 모든 나라를 부르신다. 그분은 이스라엘을 징벌하심으로써 나타내신 그분의 주권적 권세와 능력을 모든 나라로 인정하게 하신다. 정결하게 하시는 불 앞에 의인만이 설 수 있음을 깨닫기 때문에 시온의 죄인들이 두려워한다.

14b-16절은 '누가'라는 질문 뒤에 '…하는 자'라고 응답하는 고대의 제의 양식(ancient liturgical form)을 따른다(시 15:1-5을 보라). 그 질문은 새로 회복된 예루살렘에 누가 들어갈 수 있느냐는 것이다. 우리 중에 누가 삼키는 불과 함께 거하겠으며/우리 중에 누가 영원히 타는 것(모페데 [môpĕdê], 복수형, 여기에만 나옴)과 함께 거하리요. 삼키는 불과 영원히 타는 것이란 어구들은 하나님이 시온을 깨끗하게 하신 것을 강조한다(4:4을 보라).

그 질문에 대한 분사들로 된 대답(15절)은 하나님이 자기 백성에게 기대하시는 행동들의 지속적인 속성을 나타낸다.

- 공의롭게 행하는(문자적으로 '공의 안에서')
- 정직히 말하는(문자적으로 '진리들 안에서')
- 토색 한 재물을 가증이 여기는(문자적으로 '갈취들' 또는 '부당한 이득들', 2회)
- 손을 흔들어 뇌물을 받지 아니하는(문자적으로 '뇌물을 붙잡는 것에서 그의 손을 흔드는')
- 귀를 막아(아탐['*āṭam*], 10회) 피(복수) 흘리려는 꾀를 듣지 아니하는
- 눈을 감아(아참['*āṣam*], 이 의미로 3회) 악을 보지 아니하는(문자적으로 '악을 바라보는 것으로부터', 악에 참여하는 것을 피한다는 의미)

의로운 삶을 사는 방법에 대해 요약한 이것이 결국 거룩하신 하나님과 함께 살 수 있게 해 준다. 그 백성(문자적으로 '그 자신[강조]')은 높은 곳(즉, 적의 공격이 없는 안전한 곳)에 거주할 것이며, **견고한 바위가 그의 요새**(메차도트[*mĕṣādôt*], '절벽의 요새')가 되는 안전함을 얻을 것이다. 음식과 물이 **끊어지지 않을 것이다**(문자적으로 '신실하게 주어진다'). 여기에서 그것은 아마도 시온에서 거룩하신 하나님과 함께 사는 것을 의미한다(16절; 합 3:19을 보라).

<17-18> 의로운 삶을 사는 사람들의 복들에 대한 묘사는 계속된다. 네(단수 접미사=각 개인이 그를 볼 것이다) **눈은 왕을 그의 아름다운 가운데 보며**(문자적으로 '한 왕을 그의 아름다움 안에서 너의 눈들이 상상할 것이다', 도치 구문은 강조를 위한 것임)라는 어구는 이사야가 6장에서 본 진정한 왕 여호와를 의미한다. 이 해석은 이사야 9, 11, 32장에 묘사된 중재자 왕(intermediary king)을 배제하지 않는다.

그러나 17절에서는 주로 여호와를 가리킨다(또한, 22절을 보라). 그들은 또한 하나님이 거하시는 **광활한**(복수=그것의 거리를 강조함) **땅**(NIV, 멀리 뻗은 땅)을 볼 것이다. 이 땅은 아주 크든지(즉, 멀리 뻗은[NIV]) 또는 멀리 떨어져 있다(NASB). 문법은 후자(즉, '큰 땅'보다는 '먼 땅')를 선호하는데, 이것은 그 왕국이 도래하려면 아직 약간의 시간이 걸린다는 것을 암시한다.

수사학적 질문들에서 알 수 있듯이 그들은 전쟁(문자적으로 두려워하던 것, 18절)을 두려워하거나 고려조차 하지 않을 것이다.

- 계산하던 자가 어디 있느냐(NIV, '그 최고 관리자가 어디 있느냐?'; 문자적으로 '세는 자', 즉 군인들, 말들, 무기들 등 필요한 것의 숫자를 결정하는 것)
- 공세를 계량하던 자가 어디 있느냐(NIV, '세금 수입을 취한 자가 어디 있느냐?'; 문자적으로 '계량하는 자', 즉 전투나 조공에 필요한 돈을 계산함)
- 망대들을 담당하는 관리는 어디 있느냐?(NIV)(문자적으로 '망대들을 세는 자', 즉 성읍을 보호하기 위해 건축하거나 성벽을 강화하기 위해 헐어서 사용해야 할 암석 숫자를 결정하는 것, 22:10을 보라; NASB와 개역개정은 망대를 계수하던 자가 어디 있느냐로 번역함-역주). 여기서 NASB는 전쟁 준비에 대한 번역들이라는 측면에서 더 정확할 수 있다.

⟨19-20⟩ 그들은 강포한(야아즈[yāʿaz], '거만한', 여기에만 나옴) 백성(문자적으로 '오만한 백성 네가 보지 못할'=히브리어 어순상 강조됨)이나 이방 침략자들 즉 방언이 어려워(문자적으로 '깊은', 즉 '이해할 수 없는[복수] 입술') 네가 알아듣지 못하며 말이 이상하여(문자적으로 '혀의 더듬음') 네가 깨닫지 못한(문자적으로 '이해함이 없는') 자에 대해 걱정할 필요가 없다.

이러한 걱정에서 자유로워지는 이유는 무엇일까?

하나님은 시온을 회복하여 그들이 누구의 방해도 받지 않는 거주지로서의 예루살렘을 바라볼 수 있게 하실 것이다. 그곳은 영원히 평안하고 안전한 처소이다. 이 성읍의 영구적 특성은 움직이지도 않고(그 말뚝이 영영히 뽑히지(차안[ṣāʿan], '여행하다', 여기에만 나옴] 아니할) 부서지지도 않는(그 줄이 하나도 끊어지지 아니할) 장막의 이미지로 전달된다. 이것들은 모두 다 장막을 이동할 때 흔히 나오는 동사들이다.

⟨21-22⟩ 21절을 시작하는 키 임(ki ʾim)은 20절과 강한 대조를 나타낸다(Williams) § 447). 여호와는 거기에 위엄(아디르;[addir]) 중에 우리와 함께

계시리니. 흥미를 끄는 단어인 '전능한(mighty, 아디르['addir])을 앞세워서, 저자는 전능자(Mighty One) 하나님이 그들을 보호하실 것이기 때문에 공격을 두려워하지 않고 평화롭게 살 것이라고 설명한다. 예를 들어, 그들의 수로에 군함들(큰(아디르['addir]) 배)이 없을 것이다. 더 이상 그러한 방어가 필요하지 않기 때문이다.

대저 여호와는 우리 재판장이시요 여호와는 우리에게 율법을 세우신 이요 여호와는 우리의 왕이시니 그가 우리를 구원하실 것임이라.

저자가 다시 한번 자신을 백성 중의 하나로 포함한다는 점에 주목하라. 하나님은 그들의 기준들과 법들을 제정하는 **율법을 세우신 이**일 뿐만 아니라, 법적 문제들을 결정하는 그들의 **재판장**이시다. **여호와는 우리의 왕이시니**라는 어구는 6:1-3을 기억나게 한다. 그리고 그분이 자기 백성들 가운데 거하시는 여기에서 그것이 궁극적으로 성취될 것임을 상기시킨다.

⟨23-24⟩ 더 이상 필요하지 않은 그들의 전함들은 더는 항해하지 못할 정도로 결국 파손된다. 네 돛대 줄이 풀렸으니(나타쉬[nāṭaš], '버려졌다') 돛대의 밑을 튼튼히 하지 못했고 돛(네스[nēs])²²)을 달지 못하였느니라. 비록 배들은 버려졌지만, 분배할 수 있는 엄청난 약탈품이 있을 것이다. 때가 되면 많은 재물을 탈취하여 나누리니.

재물을 탈취하여로 번역된 아드-샬랄('ad-šālāl, 문자적으로 '약탈하다', 23절)이란 어구는 여러 가지로 번역될 수 있다.

첫째, '약탈의 약탈품'(아드['ad]): 창세기 49:27, 스바냐 3:8을 보라. 그러나 이것은 의미가 중복되어 불필요하고 가능성이 없어 보인다.

둘째, '눈먼 자가 나눌 것이다'를 의미하는 '입베르 샬랄 힐렉(iwwēr šālāl ḥillēq, 이것은 평행 어구와 상응함)의 손상된 본문.

---

22) 네스(nēs)라는 단어는 일반적으로 '표준' 또는 '깃발'을 의미한다. 여기와 겔 27:7에서만 이런 의미로 나온다.

셋째, '많은 약탈품이 나누어질 때까지'.

넷째, '그래서 그것(즉. 전리품)은 약탈이 많아질 때까지 나누어졌다.' 문법과 평행 어구는 이것이 가장 가능성 있는 선택임을 암시한다.

어떤 번역이든 관계없이 그들은 낡은 배들을 가지고 있음에도 불구하고 많은 약탈품을 모을 것이다. 저는 자도 모을 수 있을 정도로 쉽게 모을 수 있다.

하나님은 질병으로부터 육체를(그[NIV, 시온; 20절 참조] 거주민은 내가 병들었노라 하지 아니할 것이라), 그리고 죄로부터 영을(거기에 사는 백성이 사죄함을 받으리라[문자적으로 '들리다, 옮겨 가다'], 65:17-25을 보라) 완전하게 보호해 주실 것이다. 이러한 약속들은 미래에 궁극적으로 성취되기를 여전히 기다리고 있다(Roberts 1979: 240-253을 보라).

의미

이전의 신탁들과 동일한 요소들을 많이 가지고 있는 이 '화 신탁'은 또한 하나님이 앗수르를 물리치고 그분의 나라를 회복하는 것을 말한다. 저자는 이 구원을 하나님이 자신의 백성을 위해 이루실 더 큰 구원의 한 부분으로 보고 있다. 그러나 이스라엘의 모든 사람이 아니라 남은 자만이 회복될 것이 분명하다(14절을 보라. 시온의 죄인들이 두려워하며).

그날에 의인은 하나님에 의해 보호와 양육을 받지만, 악인은 멸망할 것이다. 하나님이 자기 백성과 함께 거하시므로 그들은 다시는 전쟁과 질병에 대해 두려워하거나 걱정할 필요가 없다. 가장 중요한 것은 그들의 죄악(즉, 내적인 비뚤어짐 또는 방자함)이 용서되고 하나님과의 교제가 회복된다는 것이다. 이 궁극적 회복은 주전 701년에 앗수르에 대한 승리가 있었을지라도 미래의 사건으로 남아 있다. 영광스러운 미래는 여전히 죄 사함을 받은 하나님의 진실한 자녀를 기다리고 있다.

4) 다가오는 심판과 회복(34:1-35:10)

이사야 13-39장에 걸쳐 있는 이 중심교차대구법 네 번째 부분의 메시지는 이사야서의 나머지 부분과 일치한다. 하나님과 그분의 백성을 거부함으로 하나님께 반역했던 모든 나라에는 보복하시는 날이라고 불리는 심판의 때가 있을 것이고, 시온에서 살게 될 하나님의 백성을 위해서는 회복의 때가 있을 것이다. 이사야 34:8은 이 두 행위를 시온의 송사를 위하여 신원하시는 해라고 언급한다.

34-35장은 둘째 이사야에 의해 기록되었다고 종종 주장된다(Scott 1933:178-191; Pope 1952:235-243). 최근의 몇몇 학자는 그것이 이사야서의 첫 부분과 두 번째 부분의 교량 역할을 하는 편집비평적 층(redactional diptych)을 형성한다고(즉, 이 두 장의 대조적 예언이 상호 보완적임) 주장한다 (Beuken 1992: 78-102; Childs 2001: 253).

우리의 견해로는 이 편집비평적 층(34-35장)이 13-39장의 중심교차대구법 안에 있는 24-27장(작은 묵시록)과 평행을 이룬다. 두 섹션(34-35장과 24-27장) 모두 하나님의 예언과 관련된 종말론적 사건과 미래 사건을 묘사하고 있으며, 일부는 신약 요한계시록의 예언들과 매우 유사하다(표 0.9를 보라).

(1) 여호와의 보복의 날(34:1-17)

문맥

34장은 하나님이 악인에게 쏟아부으실 심판 신탁이다. 이 심판에 대한 네 가지 이유가 제시되는데, 각각은 키(*ki*, '때문에'; 2, 5, 6, 8절)절로 시작한다. 작은 묵시록처럼 이사야 34-35장은 묵시문학(apocalyptic literature)보다는 원묵시(proto-apocalyptic)로 간주해야 한다. 왜냐하면, 그것이 다가올 미래의 새 하늘과 새 땅을 세우는 것과는 대조적으로 현 세상을 배경으로 하나님의 징벌과 회복을 묘사하고 있기 때문이다.

주석

〈1-3〉 이 단위는 열방을 향해 하나님의 징벌이 그들에게 곧 쏟아부어질 것이라는 선지자의 일반적인 외침으로 시작한다. **열국이여 너희는 나아와 들을지어다 민족들이여 귀를 기울일지어다.** 다음에 나오는 어휘들은 전면적인 파괴를 반영한다. 열국, 민족들, 땅과 땅에 충만한 것, 세계와 세계에서 나오는 모든 것(체에차임[ṣe'ĕṣā'îm], 11회; 이사야서에서 7회). 땅(에레츠['ereṣ])과 세계(테벨[tēbēl])라는 용어는 세상 전체를 의미하는 일반적 단어 쌍이다(시편 90:2을 보라).

여기에 긴급함이 있다. 죄와 심판에 대한 하나님의 태도를 설명하는 일반적 단어 쌍인 하나님의 **진노와 분노**(렘 32:37을 보라)가 더 이상 억제되지 않을 것이다. 마소라 본문은 파괴와 죽음을 이미 일어난 것으로 나타낸다(완료적 의미). 그러나 문맥은 그것들이 미래의 사건들임을 암시한다.

따라서 동사는 아마도 "예언적 완료"(prophetic perfects, 저자의 마음속에 성취된 사실들로서; Williams § 165)로 이해되어야 할 것이다. NIV는 단순히 동사를 미완성된 행동으로 번역한다는 점에 유의하라. **그는 그들**(즉. 그의 적들)**을 철저히 파괴할 것이며**(하람[ḥāram], 문자적으로 '금지 아래에 두다'),/**그는 그들을 학살에 넘겨주실 것이다**(NIV). 어떤 것을 금지 아래에 두었다고 말할 때, 그것은 제물로 '여호와께 바쳐진다는 것'이다. 이것은 일반적으로 철저히 파괴된다는 것을 의미한다. 황폐의 심각성은 3절에 묘사되어 있다.

- **그 살육당한 자는 내던진 바 되며**(샬락[šālak], 일반적으로 죽은 사람의 몸을 처리하는 것을 언급할 때 사용됨)
- **그 사체의 악취가 솟아오르고**(베쉬[bĕ'š], 3회)
- **그 피에 산들이 녹을 것이며**(마사스[māsas], '녹다, 약해지다', 이 의미로 여기만 나옴; NIV, 젖을 것이며)

그 누구도 존경받을 만한 장례를 치르지 못할 것이라는 사실에서 그들의 굴욕이 얼마나 큰지 알 수 있다(왕상 16:4을 보라). 아마도 그들이 사랑하는 사람들 가운데 아무도 그들을 매장할 수 없을 것이다.

〈4-7〉 4절에 있는 이미지들은 이 멸망의 범위를 묘사하는데, 이것은 심지어 피조물에까지 영향을 미친다.

- **하늘의 만상**(문자적으로 '하늘의 만군들')이 **사라지고**(문자적으로 '썩다, 녹다, 부패하다')(즉, 별들과 행성들이 더 이상 빛을 내지 않거나, 그것들의 빛이 현저하게 줄어든다)
- 장엄하게 확장된 **하늘들이 두루마리같이 말리되**(즉, 그것들이 끝장이 날 것이다)
- **포도나무 잎이 마름 또는 무화과나무 잎이 마름같이 별들이 하늘에서 떨어질 것이다**

미래의 심판들에 관한 유사한 이미지들을 위해서는 마태복음 24:29과 요한계시록 6:12-14절을 보라.

많은 사람이 이 이미지들을 시적 과장법(poetic hyperbole)이라고 생각하지만, 분명한 것은 그 황폐가 모든 피조물에 영향을 미칠 만큼 광범위할 것이라는 점이다. 이사야 65장의 뒷부분에서 하나님은 새 하늘과 새 땅을 창조한다고 하시는데, 여기서 일어나는 일의 분명한 반전이다.

5절은 하늘에 대한 하나님의 심판이 만족 되었음을 의미하는 하나님의 **칼이 하늘에서 족하게 마셨을 때**(키 [kî], Williams § 445)인 심판의 미래 시점을 묘사한다. 하늘에서의 이러한 파괴는 인간의 죄의 흔적을 지우려는 것일 수 있다(즉, 지구가 홍수로 멸망된 것처럼). 그러나 타락한 천사들(즉, 마귀; 마 25:41; 계 12:7-9)을 포함한 천군(4절)을 언급했을 가능성이 더 크다. 인간이 하늘에 미치는 영향은 땅에 미치는 것에 비하면 미미하기 때문이다.

하나님의 징벌이 하늘에서 끝나면 그분은 땅으로 돌아와서 '나의 멸망(헤르미[*ḥermî*])에 바쳐진 백성'(NIV는 내가 완전히 멸망시킨 백성이라고 읽음)이라고 묘사된 에돔을 완전히 멸망시키실 것이다. 헤르미(*ḥermî*)라는 단어는 2절에서 열방에 쏟아지는 하나님의 진노를 묘사하기 위해 사용된 동사(하람[*ḥāram*])의 명사형이다. 이 용어는 에돔이 하나님께 반역하고(또는 반역하거나) 그분의 백성에게 해를 끼친 모든 나라를 대표한다는 것을 암시한다(8절을 보라: 시온의 송사를 위하여 신원하시는 해라).

에돔을 향한 하나님의 징벌 중요성을 강조하는 몇 가지 요점이 있다.

첫째, 힌네(*hinnēh*, '보라')라는 단어는 중요한 어떤 일이 일어날 것이라고 청중의 주의를 끄는 역할을 한다(보라 이것이 에돔 위에 내리며).

둘째, 도치된 구문(문자적으로 '에돔 위에 그것[즉, '내 칼']이 내려올 것이다 … 심판을 위하여')은 하나님의 심판이 확실함을 강조한다.

셋째, 평행 어구는 에돔에 대한 하나님의 심판이 그들의 멸망임을 강조한다. 그것은 동일한 히브리어 전치사를 사용하여 에돔을 하나님이 멸하시는 백성과 동일시한다(문자적으로 '에돔 위에[알〈*'al*〉] … 나의 징벌에 바쳐진 백성 위에[알〈*'al*〉]').

넷째, 비슷하게 들리는 단어들 '하르비'(*ḥarbî*, '나의 칼')와 '헤르미'(*ḥermî*, '나의 파괴') 사이에 재미있는 언어유희가 있다.

에돔 사람들은 에서의 후손이기는 하지만, 광야에서 방황하는 동안 그들의 친척인 이스라엘 사람들이 그들의 땅을 통과하는 것을 허용하지 않았다(민 20:14-21). 이런 긴장들은 역사의 많은 부분에 걸쳐서 계속되었으며, 에돔이 예루살렘을 멸망시키라고 바벨론을 부추겼을 때 절정에 이르렀다(시 137:7). 그들은 심지어 유다의 몰락으로부터 이익을 얻은 것으로 보인다(옵 11-14절을 보라).

하나님의 칼(헤레브[*ḥereb*]) 이미지는 에돔이 받는 징벌을 희생 제물의 용어들로 묘사하기 위해 6절에서 다시 선택된다. 여호와의 칼이 피 곧 어린 양과 염소의 피에 만족하고(문자적으로 '가득 차다') 기름 곧 숫양의 콩팥 기름으로 윤택하니(문자적으로 '떨어뜨리다') 이는 여호와를 위한 희생이 보스라에 있고,

보스라(Bozrah)는 사해에서 남쪽으로 27마일 떨어진 곳에 자리한 에돔 사람들의 주요 성읍이었다.

기운이 세고 힘이 있는 것으로 알려진 들소의 이미지(7절)는 에돔과 싸워 함께 멸망할 다른 나라들을 나타낸다. 송아지(젊은 전사들의 이미지)와 수소(성숙하고 노련한 지휘관들을 의미)라는 어구는 에돔의 전체 군대를 나타내는 극단법(merism)을 형성한다. 에돔은 전쟁 때문에 피와 땀으로 가득 차게 될 것이다. 그들의 … 흙이 기름으로 윤택하리라(NIV, 그 먼지가 기름에 젖게 될 것이다).

⟨8-11⟩ 여호와는 시온을 대신하여 복수(나캄[nāqām], '복수, 보복, 보응'; 8절)하기 위해(즉, 시온의 송사[립⟨rib⟩, '법적 소송']를 위하여) 이 파괴를 가하신다. 평행 어구들인 하나님의 보복(나캄[nāqām])하시는 날과 신원(실루밈[šillûmîm], '보상, 지불')하시는 날은 에돔이 시온에 보인 잔혹함과 관계가 있다(즉, 하나님의 택한 백성을 조롱하고 그들의 몰락에서 이익을 얻음; 시 137:7, 옵 11-14절).

에돔의 땅은 역청(제페트[zepet], 3회)과 불타는 유황(고프리트[goprît], 9절)으로 변하여 완전히 쓸모없게 될 것이다. 유사한 용어들이 소돔과 고모라의 멸망을 묘사하는 데 사용된다(창 19:24-9). 에돔을 향한 징벌은 끝이 없을 것이다.

- 멸망의 불은 낮에나 밤에나 꺼지지 아니하고
- 그 연기가 끊임없이 떠오를 것이며(문자적으로 '영원히 그것의 연기가 치솟을 것이다', 도치된 구문은 강조를 위한 것임)
- 세세에 황무하여(하라브[hārab]는 명사 헤레브[hereb, '칼']와 관련될 수 있음)
- 그리로 지날 자가 영영히 없겠고(10절)

그 땅에는 들새들을 제외하고는 아무도 살지 않을 것이다. 카아트(qāʾat, 당아새[NIV, 사막 올빼미], 5회), 킵포드(qippôd, 고슴도치[NIV, 소리 올빼미], 3회), 얀숲(*yanšôp*, 부엉이[NIV, 큰 올빼미], 3회)이라는 용어들은 모두 추측한 것이다(11절). '오롭('*ōrōb*, '까마귀')의 의미에 관해서는 더 합의할 것이 많이 있는데, 그것은 주로 잠언 30:17과 솔로몬의 노래(외경) 5:11 때문이다. 저주받은 땅에 대한 비슷한 이미지는 시편 102:6과 스바냐 2:14에서 볼 수 있다.

하나님이 에돔에 드리우실 **혼란**(토후[*tōhû*], '황무지')의 줄과 **공허**(보후 *bōhû*])의 **추**(아브네['*abnê*, 문자적으로 '돌들')는 창세기 1:2의 창조 이전의 혼돈과 공허(토후 바보후[*tōhû wābōhû*])의 모습을 연상시키는 용어들로 에돔의 멸망을 묘사한다. 에돔은 앗수르, 바벨론, 그리스, 마침내 마카비 사람들(Maccabees)에 의해 멸망되었다. 오늘날 요르단(Jordan)은 한때 에돔 사람들이 살았던 지역의 많은 부분을 차지하고 있다.

〈12-15〉 에돔의 귀인들과 방백들은 다스릴 것이 아무것도 없을 것이다(문자적으로 '거기에는 왕국이 없다'). 에돔의 궁궐들과 견고한 성들은 이제 사람이 살지 않는 폐허가 되었다. 땅은 **가시나무**(시로트[*sîrôt*], 6회), **엉겅퀴**(킴모스[*qimmôs*], 3회), **새품**(호아흐[*ĥôaḥ*], 9회)이 우거진 광야로 변할 것이다. 그 땅은 **승냥이**(jackals), **타조**[owls](문자적으로 '타조의 딸들', 미 1:8을 보라), **들짐승**(desert creatures), **이리**(hyenas), **숫염소**(wild goats), 심지어 (아크['*ak*, 강조) **올빼미**(night creatures, 릴리트[*lilit*], 여기에만 나옴, 14절; 후기 유대 문헌에서 이 단어는 어린이를 납치하고 남자를 유혹하는 것으로 믿어지는 여자 악마였음)에게나 적합할 것이다(괄호 안은 NIV). 한적한 그 땅에서 **부엉이**(owl)와 **솔개**(falcon)는 제집처럼 편안함을 느끼며 짝짓기를 하고 새끼를 키울 것이다(15절).

15a절에 묘사된 행동들로 볼 때 희귀 단어인 **키포즈**(*qippôz*, 부엉이, 여기에만 나옴)인 것 같으며, 그것은 '나무 뱀'을 의미하는 것처럼 보인다. 그러나 문맥은 다음과 같은 일을 하는 어떤 종류의 새라고 제안한다(NIV).

- **둥지**(NIV)**를 짓다**(즉, 카난[*qānan*]은 새와 함께 나옴; 개역개정은 거기에 깃들이고-역주)

- 알을 낳아(말랏[mālaṭ], 아마도 '안전을 위해 피하다'. 그러나 만약 그것이 알을 낳는 것을 의미한다면, 이 의미로는 여기에만 나옴)
- 알을 까서(문자적으로 '깨뜨림')
- 그녀의 날개 그늘 아래에(문자적으로 '그녀의 그늘 아래') 그녀의 어린 새끼들을 돌본다(다가르[dāgar], '모으다', 2회; 개역개정은 그 그늘에 모으며-역주)

⟨16-17⟩ 이스라엘 사람들은 이 예언이 기록된 대로 정확하게 이루어졌는지 확인하기 위해 너희는 여호와의 책(세페르[sēper])에서 찾아서 읽어 보라는 말을 듣는다. 많은 논쟁이 여호와의 책이라는 어구에 초점을 맞추었는데, 문맥상 그것은 예언이 기록된 두루마리를 암시한다(30:8을 보라). 일부 학자는 그것이 이사야의 초기 예언들을 담고 있는 두루마리라고 믿는다(Childs 2001: 257; Roberts 2015: 437).

예언의 정확성은 이것들(즉, 방금 언급한 동물들) 가운데서 빠진 것이 하나도 없고 제 짝(문자적으로 '여자와 그녀의 짝')이 없는 것이 없으리니에 의해 입증될 것이다. 결국, 명령하신 이는 하나님 자신(문자적으로 여호와의 입)이며, 그분의 영(즉, 그 자신=강조함)이 그것들(즉. 15절의 동물들)을 함께 모을 것이다.

그것들을 위하여 제비를 뽑으시며라는 어구는 그것들을 위하여 몫을 할당하셨다는 의미이다(17절). 여기에서 그 개념은 하나님이 '제비를 뽑거나' 또는 에돔 땅에서 각자의 몫을 받도록 동물들을 위하여 할당된 영역들을 결정하셨다는 것이다. 로버츠는 이것을 "재산의 공동 분배에 대한 이스라엘의 전통적인 전문용어"라고 부른다(2015: 437, 민 26:55-56을 보라).

평행 어구 줄을 띠어 그 땅을 그것들에 나누어 주셨으니(문자적으로 '그분의 손이 측량줄로 그 땅을 나누신다')는 하나님이 정확하게 분배하신다는 것을 의미한다. 그 동물들은 상속받은 땅에서 대대로 영원히 살 것이다. 이것이 하나님께서 내리실 심판이다.

의미

하나님은 죄에 대한 그분의 정의로운 징벌 기준들(즉, 시온의 송사를 신원하시는 해, 8절)과 합당하고 일관된 방법으로 모든 피조물(즉, 하늘과 땅)을 향해 심판을 내리실 것이다. 이스라엘의 영원한 적인 에돔은 하나님의 심판을 마땅히 받아야 하는 사람들을 대표한다(즉, 여호와께서 열방을 향하여 진노하시며, 2절).

여리고가 하람(*ḥāram*, '멸망에 바쳐짐')이었고 그것이 여호와께 드려진 것처럼(수 6:17-19), 에돔이 단지 하나님의 심판의 '첫 열매들'일 뿐인지 궁금하다. 에돔의 징벌은 너무 광범위하고 철저해서 그것은 결코 다시는 재건되지 못할 것이다. 에돔 사람들은 다시는 패역할 기회를 얻지 못할 것이다.

(2) 시온의 미래에 대한 축복(35:1-10)

문맥

34장에서 하나님은 자신의 의로운 기준을 거역하는 모든 자에게 심판을 쏟아붓는 보복의 날이 광범위하게 미치는 영향들에 대해 말하고 있다. 반면에 35장의 구조는 찬양의 노래(1-2절을 보라)인데, 이것은 하나님께로 돌아와 이 심판에서 벗어나는 사람들을 위한 희망과 기쁨의 밝은 등불이다.

최근 학자들(Beuken 1992: 78-102; Childs 2001: 253)은 이사야 34-35장이 이사야서의 두 부분 즉, 1-33장과 36-55장을 연결하는 편집비평적 경첩(redactional diptych, 즉 대조적이면서 보충적인 두 단위를 포함하는 문학 구조)이라고 주장해 왔다. 경첩 구조(diptych structure)를 지지하기 위해 인용된 증거에는 34장과 35장 사이를 연결하는 어떤 표시들도 없다는 점이 포함된다. 그 두 장의 내용은 대조적이다.

35:4(겁내는 자들에게 이르기를 굳세어라, 두려워하지 말라, 보라 너희 하나님이 오사 보복하시며 갚아 주실 것이라 하나님이 오사 너희를 구원하시리라)는 심판과 구원의 주제를 연결한다.

우리는 경첩 구조의 개념에 동의하지만, (표 0.9에 나온 것처럼) 중심교차대구법(palistrophe)의 관점에서 그것의 기능을 바라본다. 이 중심교차대구법 안에서 그것(34-35장)은 '작은 묵시록'(사 24-27장)의 미래 사건들과 대칭을 이룬다. 따라서 중심교차대구법 구조는 두 단락(즉, 사 24-27장과 34-35장)이 미래의 사건들을 언급한다는 사실을 설명한다. 이 두 장은 하나님의 원수들을 향한 보복과 하나님의 남은 자의 회복이라는 대조되는 주제를 담고 있다(34:8/35:4). 반전되는 다른 특정한 이미지들에는 34:9/35:6b-7a; 34:2/35:2가 포함된다.

시온은 평화롭고 안전한 피난처(즉, 육식 동물이 없음, 9절), 영영한 희락의 장소(10절)로 묘사되며, 구원받은 자만이 살게 된다. 이 장의 어떤 이미지들은 이사야서의 뒷부분에도 나온다. 대로(35:8; 40:3); 광야에서 물(35:6; 43:19; 44:3). 에돔은 불타고 그을린 황무지가 될 것이며, 반면에 이스라엘은 물이 잘 공급되는 녹음이 우거진 지역이 될 것이다.

주석

⟨1-2⟩ 이사야 34:8에 나오는 멸망의 최종적 이유는 또한 아라바(Arabah)가 기뻐할 이유이기도 하다. 하나님이 시온을 구하러 오실 것이다. 기뻐하며(예수숨[$yĕsusûm$])로 번역된 단어는 '그것들'을 의미하는 멤($mēm$)으로 끝나는데, 34장에서부터 35장까지 계속되는 '그것들'(34:17)은 사막 동물을 가리킨다. 이것은 경첩 구조의 개념에 힘을 실어 준다.

광야와 메마른 땅, 사막이라는 용어는 모두 하나님이 정화하게 하신 후 회복되기 전의 이스라엘 땅을 가리킨다. 하나님이 땅을 회복시키실 때, 사막은 봄비와 함께 피는 아름다운 보라색 사막 크로커스꽃(crocus, 하밧첼레트[$hăbaṣṣelet$], 2회)처럼 피어 기쁨을 드러낼 것이다.

이스라엘의 회복(rejuvenation)은 무성한 해안 지대들로 묘사된다(2절).

- 레바논(문자적으로 '그 레바논')의 영광(우뚝 솟은 백향목으로 유명함)
- 갈멜(문자적으로 '그 갈멜'; 초목과 생산성으로 잘 알려진 산맥)과 샤론(문자적으로 '그 샤론'; 지중해 연안을 따라 있는 평원으로 무성한 초목과 생산성으로 잘 알려짐)의 아름다움

33:9에서 시들고 있던 바로 그 지역이 이제 꽃을 피우고 있었다. 방금 그 땅의 회복을 묘사하는 데 사용되었던 영광과 아름다움이라는 단어가 이제는 여호와께 적용된다. 왜냐하면, 그것들(즉, 이 지역들)이 우리 하나님의 영광과 아름다움을 볼 것이기 때문이다(2절).

⟨3-4⟩ 이 명령들은 하나님이 오사 너희를 구하실(4절) 것이기 때문에 약한 자들(즉, 약한[라포트[*rāpôt*], 4회) 손과 떨리는(문자적으로 '비틀거리는') 무릎을 가진 자들과 두려워하는 자들을 격려하며 그들에게 기뻐하라고 청중들을 권면한다.

하나님의 보복이나 보응은 그분의 거룩하심과 공의를 배경으로 이해되어야만 한다. 자신에게 대항하여 의도적으로 패역하는 죄를 하나님이 징벌하지 않으신다면 그분은 의롭지 않으신 것이다. 하나님은 유일하고 참되신 완전한 재판장이시기 때문에 정당한 공의를 행하실 수 있는 유일한 분이시다.

⟨5-8⟩ 그날의 결과로 맹인의 눈이 밝을 것이며 못 듣는 사람(헤레쉬[*ḥērēš*], 11회; 이사야서에서 5회)의 귀가 열릴 것이다. 그들은 이제 진실을 보고 들을 것이다. 저는 자(달라그[*dālag*], 4회)는 사슴처럼 될 정도로 아주 완벽하게 변화된다. 말 못 하는 자(일렘['*illēm*], 6회; 이사야서에 2회)의 혀가 노래할(NIV, '기뻐 외칠') 것이다.

광야와 사막 지역에 풍부한 물과 시내가 솟아날 정도로 자연이 변화될 것이다. 뜨거운 사막(샤랍[šārāb], '타는 땅', 2회)은 못(아감['ăgam], 8회; 이사야서에서 6회)으로 바뀌고, 메마른 땅(침마온[ṣimmā'ôn], 3회)은 원천(맙부에[mabbû'ê], 3회)으로 변할 것이다. 이전에 승냥이(불모의 광야에 서식하는 것으로 알려져 있음, 34:13을 보라)의 눕던 곳에는 풀(하치르[ḥāṣîr], 3회)과 갈대와 부들(고메[gōme'], 4회)이 날 것이다. 갈대와 부들(NIV, '파피루스')은 모두 물 속이나 물 근처에서만 자란다. 따라서 그것은 물이 풍부한 땅을 묘사한 또 다른 그림이다.

8절의 이미지는 이 회복이 의인만을 위한 것임을 분명히 한다. 시온으로 돌아가는 자들이 걷게 될 **거룩한 길**이라는 대로가 있을 것이다. **오직 구속함을 입은 자들을 위하여 있게 될 것이라**(문자적으로 '그러나 그것은 그 길을 걷는 그를 위해서[이다]', 즉 정의 안에서 걷는 자들). **깨끗하지 못한**(즉, '도덕적으로 그리고 종교적으로 불결한') **자와 우매한 행인**(NIV, '사악한 바보들')이 그 길에 접근하는 것이 허락되지 않기 때문에 거룩한 길을 걷는 그들을 방해할 수 없을 것이다.

우매한 행인은 지혜와 훈계를 멸시하는 도덕적으로 타락한 사람이며(잠 1:7을 보라), 그들은 도덕적으로 순수한 자들을 조롱한다(잠 14:9). 그런 사람은 일반적으로 완고하여 변화 받기를 거부한다(잠 27:22).

이러한 은유들은 이전에 하나님을 향한 그들의 무감각함 대신에 이스라엘에서 참된 영성의 새로운 상태가 되는 것을 묘사한다. 예수님은 그 당시 이스라엘 사람들을 가르치실 때 '영적인 완고함 vs 회복(거듭남)'이라는 이사야식 주제들을 선택하셨다(마 13:14-16).

⟨9-10⟩ 이 대로는 또한 위험한 동물들(사자[이스라엘에서 가장 위험한 동물 중 하나], 사나운[페리츠⟨pĕrîṣ⟩, '난폭한', 6회] 짐승, 9절)이 없기에 안전할 것이다. 그것은 오직 **구속함을 받은 자들**(9절)과 **여호와의 속량함을 받은 자들**(10절)만을 위한 것인데, 두 용어 모두 시온에 들어갈 남은 자를 묘사한다(2:2을 보라). 그들이 한때 경험했던 슬픔은 **영영한 희락과 기쁨**으로 대체될 것

이다(10절). 10절의 말씀들은 51:11에서 반복되는데, 둘 다 아주 먼 미래의 시간을 의미한다.

의미

34장은 에돔의 미래와 하나님을 대적하는 자들의 범위가 확장되는 것을 묘사한다. 이와 대조적으로 35장에서 우리는 하나님이 시온으로 돌아오는 남은 자인 그분의 백성에게 베푸실 구원, 회복, 기쁨, 축복을 보게 된다. 구속받은 자들은 무성한 초목과 풍부한 물로 회복된 땅을 지나 시온으로 가는 길을 방해받지 않고 안전하게 걷게 될 것이다. 시온에 들어감으로써, 그들은 오직 하나님만이 주시는 위로와 영원한 기쁨을 얻게 될 것이다.

5) 이사야 서사; 이음새(36:1-39:8)

[부록: 그들의 문학과 역사적 상황에서의 이사야 서사]

피터 아크로이드(Peter Ackroyd)는 36-39장이 제1 이사야서와 제2 이사야서 사이의 편집비평적 교량이라고 주장한다. 즉, 이것은 많은 다른 사람에 의해 채택된 견해로 제1 이사야서의 징벌 메시지와 제2 이사야서(1982: 3-21)의 회복 메시지를 연결한다는 것이다(1982:3-21). 우리는 이사야 35장과 이어지는 36-39장의 자료 사이에 명확한 문학적 연결이나 자연스러운 흐름이 없다는 데 동의한다.

그러나 이사야 서사들은 28-33장에서 시작하여 34-35장으로 이어지는 심판과 뒤따라 나오는 회복의 유사한 주제들이 계속된다. 임박한 심판의 위협은 36-37장에서 볼 수 있지만, 37:14에서 히스기야가 하나님 앞에 산헤립의 편지를 펼쳤을 때 회복의 주제로 바뀐다. 하나님은 차례로 앗수르 사람들을 멸망시킬 것이라고 약속하신다 (37:36-38).

이사야 13-35장 전체는 열방에 대한 하나님의 주권을 강조하고 있다. 그리고 여기서 하나님의 주권은 당대에 가장 강력한 나라를 향해 나타난다. 그러나 이스라엘은 그의 은혜로운 구원에 감사하지도 않고 그들의 죄악 된 행동에 대해 후회하지도 않는다. 오히려 그들은 하나님의 구원을 무시하고 서로 말하기를 내일 죽으리니 먹고 마시자라고 한다(22:12-14을 보라). 그러므로 하나님은 바벨론 사람들의 손에 의해 이스라엘이 더 많은 징벌을 받을 것이라고 경고하신다(39:6-7). 그래서 결국 이스라엘은 바벨론 포로로부터의 구원이 필요하게 될 것이다(40-48장에 묘사됨).

우리는 이사야 서사들(36-39장)이 이사야 13-39장의 중심교차대구법의 마지막 섹션이며, 이 섹션이 이른바 열방에 대한 예언(13-23장)과 평행을 이룬다고 주장한다. 이사야 13-23장과 36-39장 두 섹션 모두 하나님의 백성에게 해를 끼친 나라들에 대한 하나님의 징벌을 묘사하고 있다(표 0.9를 보라).

두 섹션 사이의 연결점은 앗수르를 향한 짧은 신탁(14:24-27)으로, 이 신탁은 하나님의 백성을 대적하는 나라들을 향해 하나님이 하실 일을 요약하고 있다. 26절이 핵심인데, 하나님의 백성을 대적하는 자들은 모두 앗수르와 같이 징벌받을 것이라고 규정하고 있다. 이것이 온 세계를 향하여 정한 경영이며 이것이 열방을 향하여 편 손이라. 그리고 이사야 36-37장은 이스라엘을 향한 앗수르의 무자비함과 뒤따라 나오는 앗수르의 멸망에 대해 자세히 설명한다.

열왕기하 18-20장과 이사야 36-39장 사이의 관계에 대해 중요한 논쟁이 있어 왔다. 이사야 36-39장의 역사적 사건들은 열왕기하 18:13-20:21에 나온다. 그런데 이사야서의 기록에는 열왕기하 18:4-16의 내용이 빠져 있는데, 이것은 히스기야를 부정적으로 보이게 하는 'A-기록'(A-account)이라고 불린다(Childs 1967: 70-73). 왜냐하면, 히스기야가 산헤립에게 항복하고 조공을 바치기 위해 성전 문에서 금을 가져간 모습을 보여 주기 때문이다(표 36.1을 보라).

> **평행구들**
>
> 이사야 36:1-39:8과 열왕기하 18:13-20:21은 약간의 변형들만 있는 평행 구절이다.
> - 열왕기하의 산문은 히스기야의 이름의 축약형(히즈키야[*hizqiyâ*])을 더 일반적으로 사용한다. 이사야는 일관되게 더 긴 형태인 '히즈키야후'(*hizqiyâhû*)를 사용한다.
> - 히스기야의 항복은 열왕기하 18:14-16에만 나온다.
> - 히스기야의 기도는 이사야 38:10-20에만 있다.
> - 열왕기하 18:17만이 최고 사령관(다르단[tartan])도 왔다고 언급한다.

[표 36.1] 사 36:1-39:8과 왕하 18:13-20:21의 평행 구절들

처음에는 열왕기하 18-20장이 원래 이야기이고 이사야 기록이 그것으로부터 차용되었다는 데 폭넓은 합의가 있었다. 이것은 스테이드(Stade; 1886: 156-192)와 둠(Duhm; 1922: 227-240)[23]이 나머지 발전된 산문들의 원본(original version)이 'A-기록'이라고 주장할 수 있게 해 주었다. 이 편집 비평적 산문들은 일반적으로 두 가지 기록으로 나뉜다(즉, B^1=왕하 18:13-19:9a; B^2=왕하 19:9b-37).

최근에 스멜릭(Smelik; 1986: 70-92)과 자이츠(Seitz; 1993a: 47-57)는 이 견해에 의문을 제기하며, 열왕기하 기록보다 이사야 기록이 먼저라고 제안한다. 그것은 므로닥 발라단의 방문이 이사야 36-39장의 문맥과 아주 잘 일치하기 때문이다. 열왕기하 18-20장과 이사야 36-39장의 기록 사이에 약간의 차이점들이 있는 것은 열왕기하와 이사야서의 저자들/편집자들 모두가 그들의 산문들을 다듬기 위해 세 번째 자료(third source)를 사용했다는 것을 보여 준다. 학자들은 이 의견에 상당히 동의한다(Childs

---

23) 클레멘츠(Clements argues)는 A-기록이 앗수르의 기록들에 의해 확인된 바와 같이 실제 사건들을 반영하고, B-기록이 패배를 여호와의 승리로 바꾼 후기 미드라쉬적 확장(later midrashic expansion)이라고 주장한다(1980b).

2001: 262; Roberts 2015: 443).[24]

존 브라이트(John Bright)와 다른 학자들은 두 차례 진군이 있었는데, 한 번은 주전 701년에 다른 한 번은 그 이후에 있었는데(2000: 298-309), 성경 기록에서 두 진군은 하나로 묶여 있다고 주장해 왔다. 그러나 이 주장을 뒷받침할 증거는 거의 없다.

이사야 36-39장 사이의 연대와 관련성에 대해서도 많은 논쟁이 있어 왔다. 36장과 37장은 사고의 명확한 연대기적 흐름을 포함하고 있지만, 38장과 39장은 주전 701년의 사건들(즉, 그날에)과 느슨하게 연결된다. 예를 들어, 39장에 언급된 므로닥-발라단(Marduk-Baladan, 마르둑-아팔-이디나 2세[Marduk-apal-iddina II])은 주전 703-702년에 앗수르에 대항하여 바벨론의 반군을 이끌었지만, 주전 702년에 패배하여 엘람으로 도피했다. 따라서 히스기야를 방문한 날은 이 날짜보다 이전에 있었음이 틀림없다.

이 장들에서 가장 그럴듯한 사건들의 순서는 다음과 같다.

1. 히스기야의 병과 회복을 묘사하는 38장은 주전 701년경의 사건들과 관련이 있다는 일반적인 설명으로 시작한다. 히스기야의 기도(사 38:9-20; 왕하에는 없음)는 그 산문의 연대를 혼란스럽게 한다.
2. 므로닥-발라단은 히스기야가 병이 들었다가 이제 회복되었다는 소식을 듣고 방문한다(사 39장). 그때에라는 어구는 38-39장 사이를 더 명확하게 연결한다. 므로닥 발라단은 이 방문을 통해 히스기야가 산헤립에 대항하여 반역하도록 부추겼고, 그로 인해 산헤립의 침공이 일어났을 가능성이 있다.
3. 산헤립이 유다를 공격하기 시작한다. 히스기야가 항복하고 조공을 바친다(왕하 18:14-16).

---

[24] 이사야서의 이 기록과 열왕기하의 기록 사이에는 약간의 차이가 있다. 그러나 우리의 목적은 이사야의 기록을 해석하는 것이므로 우리는 단지 그 기록들의 중요한 차이점을 강조하기 위해 열왕기하에서 평행되는 부분을 가져올 것이다.

4. 산헤립은 이미 받은 조공에 더하여 무조건적인 항복을 요구하기 위해 처음으로 그의 사신들을 예루살렘으로 보낸다(왕하 18:17-37; 사 36:2-22).
5. 히스기야는 하나님이 그들을 구원해 주시도록 이사야에게 메시지를 보내 예루살렘을 위해 기도해 달라는 요청을 한다. 하나님은 산헤립이 앗수르로 돌아가 그곳에서 죽을 것이라고 응답하신다(왕하 19:1-7; 사 37:1-7).
6. 애굽이 자기를 치러 오고 있다는 소식을 들은 후 산헤립은 다시 히스기야의 완전한 항복을 요구하는 편지를 예루살렘으로 보낸다(왕하 19:8-13; 사 37:8-13).
7. 히스기야가 직접 이 편지를 하나님께 보여 드린다. 이사야는 산헤립이 그 성읍을 해치지 못하고 그가 왔던 그대로 집으로 돌아갈 것이라는 하나님의 응답을 전한다(왕하 19:14-34; 사 37:14-35).
8. 산헤립은 애굽을 무찌르고 그의 군대를 예루살렘으로 이동시킨다.
9. 하나님이 자신의 천사를 보내 185,000명의 앗수르 군인들을 죽이고, 그 후 산헤립은 앗수르로 돌아간 후에 죽는다(왕하 19:35-37; 사 37:36-38).

그러므로 36-39장 사이의 연결은 연대순이 아니라 문학적이다. 유다의 추방에 대한 경고는 이사야서 1-39장 끝에 배치되어 바벨론에서 귀환하는 것을 묘사하는 이사야서 40-66장을 연결하는 다리 역할을 한다.

우리는 36-39장의 연대가 일반적으로 주전 701년의 배경에 잘 들어맞는다고 믿는다. 로버츠가 주장하는 것처럼, 이 산문들이 기록된 사건들보다 훨씬 더 늦은 연대라고 볼 필요는 없다(2015: 444). 그러나 이 자료가 어떻게 배치되었고 왜 그렇게 된 것인지에 대해서는 아직 명확한 합의가 이루어지지 않았다. 우리의 견해는 긴 중심교차대구법(13-39장)이 이 책에서 이 장들(36-39장)의 위치를 설명한다는 것이다.

[역사적 배경]²⁵⁾

> 주전 705년에 사르곤(Sargon)이 죽은 후, 반역의 물결이 앗수르 제국 전역에 퍼졌다. 산헤립은 그 도전에 정면으로 맞서서 체계적으로 그들을 진압했다. 므로닥-발라단이 이끄는 바벨론의 반역을 진압한 후, 산헤립은 지중해를 향해 서쪽으로 나아간 후 다시 남쪽으로 진군하여 시돈과 두로 본토를 정복했다. 몇몇 페니키아 성읍, 아스돗, 암몬, 모압, 에돔을 포함한 다른 지역들은 그의 권위에 재빠르게 복종했다.
>
> 산헤립은 계속해서 아스글론과 에그론과 유대의 요새들을 공격하기 위해 나아갔다. 블레셋, 애굽, 에티오피아 연합군은 엘테케(에그론 남쪽)에서 산헤립에 맞섰지만, 결국 패배하고 말았다. 그후 산헤립은 유다를 완전히 멸망시키기 위해 그곳으로 향했다. 이 무렵에 유다의 요새들 대부분은 파괴되었다. 예루살렘은 남아 있는 몇 안 되는 성읍들 가운데 하나였다(*ANET* 287-288).

(1) 예루살렘의 구원(36:1-37:38)

문맥

언급한 바와 같이, 이사야 서사는 연대순으로 제시되지 않는다. 오히려 그 서사는 앗수르 군대가 도착하여 그들이 패배하는 시점에서 시작된다. 이 이사야 서사는 여기에 기록된 사건들로 이끌었던 그 사건들로 돌아가기 전에 이 장들이 열방을 향한 여호와의 권위를 어떻게 나타내는지에 대해 제일 먼저 초점을 맞춘다.

---

25) 서론의 자세한 역사적 상황도 참조하라.

주석

〈1-3〉 히스기야가 조공을 바치는 것을 중단하기로 한 것에 대한 반응으로, 산헤립은 히스기야왕 즉위 제14년에 유다로 진군했다(표 36.2를 보라). 산헤립은 유다의 모든 견고한 성에 대한 공격을 시작하여(1절; *ANET*[288]은 46개 성읍을 언급함) 순차적으로 점령했다.

그는 히스기야에게 매우 많은 조공을 요구한 후, 라기스에서 대군(문자적으로 '무거운 군대')과 함께 그의 사령관 세 명을 예루살렘으로 보내 히스기야와 그의 군대가 완전히 항복하도록 협박했다. 열왕기하 18:17에 따르면, 이 세 사령관은 다르단(Tartan; '최고 사령관', 왕 아래에 있는 가장 높은 관리), 랍사리스(Rab-saris; '고위 관리', 왕 아래에 있는 두 번째로 높은 관리), 랍사게(Rabshakeh; '야전 사령관')였다.

히스기야가 요청한 조공을 잘 바치고 있었는데, 그는 왜 이렇게 했을까?

의심할 여지 없이 산헤립은 히스기야가 협박을 받을 때만 항복하고 기회가 주어진다면 다시 반역할 것임을 인식했을 것이다. 또한, 산헤립에게는 애굽을 격퇴한 지금이 완전한 항복을 받아낼 더없이 좋은 기회였다. 다르단은 지금 앗수르의 최고 사령관이지만, 이사야 36장의 기록에는 랍사게(*rab-šāqēh*, 야전 사령관)만 언급되어 있는데, 이것은 아마도 그가 히브리어를 할 줄 알았기 때문에 그가 모든 말을 했다는 것을 의미할 것이다.

야전 사령관은 라기스(앗수르가 예루살렘으로 진군하기 전에 마지막으로 함락된 요새 성읍)에서 와서 **윗못 수도 곁 세탁자의 밭 큰길에 서 있었다**(2절), 윗못은 예루살렘의 주요 물 공급원들 가운데 하나였다(이사야는 약 30년 전인 주전 735년에 여기에서 아하스를 만났음. 7:3을 보라).

> **히스기야의 통치 제1년의 연대가 다름**
>
> 호세아 제3년에 히스기야가 통치하기 시작함(왕하 18:1)
> =주전 727년
> 히스기야가 주전 727년에 아하스와 공동 통치를 시작함
> 산헤립이 주전 701년에 예루살렘을 침공함(왕하 18:13),
> 히스기야 통치 제14년=주전 715년
> 히스기야가 주전 715년에 단독 통치를 시작함

[표 36.2] 히스기야가 언제부터 통치하기 시작했는가?

히스기야는 야전 사령관을 만나기 위해 신하 몇 명을 보냈다(3절).

즉, 고위 관리인 힐기야의 아들이며, 왕궁의 감독자(문자적으로 '그 집 위에')였으며, 최근에 셉나(Shebna)를 대신한 엘리아김(22:15-25을 보라)과 공공 법령들과 문서들을 공포하는 서기관 셉나(아마도 같은 셉나), 그리고 **아삽의 아들 사관**(함마즈키르[hammazkîr], 문자적으로 '그 기억하는 자') 요아가 그들이다.

⟨4-6⟩ 그의 메시지에서 대왕, 앗수르 왕으로 불리는 산헤립은 히스기야를 조롱한다. 네가 믿는 바 그 믿는 것(빝타혼[biṭṭāhôn], 3회)이 무엇이냐(4절). 2인칭 단수형 네가는 히브리어로 산헤립의 메시지를 선포하는 야전 사령관이 산헤립에 대항하여 반역하는 히스기야의 지혜에 의문을 제기하며 그에게 구체적으로 말하고 있음을 나타낸다. 이것은 산헤립이 더 잘 알아야만 한다는 것을 암시한다(10:7-13을 보라).

히스기야가 새로운 왕 산헤립의 힘을 과소평가했다는 것은 의심의 여지가 없다. 산헤립은 사르곤 2세가 죽은 후 앗수르에 반기를 들었던 나라들을 신속히 물리쳤다.

5절에서는 랍사게가 계속해서 히스기야를 몰아세운다. 내가 말하노니 네가 족히 싸울 계략과 용맹이 있노라 함은 입에 붙은 말(문자적으로 '오직 입술

들의 말들'; NIV, 오직 공허한 말들)뿐이니라(강조를 위해 도치된 구문). 이 시점에서 화자의 정체성에 대해 두 가지 견해가 있다.

첫째, 마소라 본문에 따르면 산헤립이 말하고 있다(아마르티['*āmartî*], 문자적으로 '내가 말한다').

둘째, *BHS*(비평주), 1QIsaᵃ, 몇몇 다른 히브리어 사본과 열왕기하 18:20은 히스기야가 말하는 것을 의미하는 NIV의 독법 '네가 말한다'를 지지한다.

우리는 문맥이 마소라 본문의 독법을 지지한다고 생각하는 두 가지 이유가 있다.

첫째, 네가 이제 누구를 믿고 나를 반역하느냐라는 5절의 마지막 어구의 말들은 분명히 산헤립의 말이다. 그 사령관은 단순히 그의 대변인이다.

둘째, 문맥에서 직접 동사들은 2인칭 단수이다. 서기관은 이 동사들을 1인칭 단수형으로 바꿀 이유가 거의 없었을 것이다. 그것은 여기서 그 본문의 읽기를 더 어렵게 하기 때문이다.

산헤립의 사령관은 반역을 진압하기 위해 파견된 앗수르 군대를 이스라엘 군대만으로는 이길 수 없다는 것을 알고 히스기야에게 도전한다. 보라 네가 애굽을 믿는도다 그것은 상한(NIV, 쪼개진) 갈대 지팡이와 같은 것이라(6절; 겔 29:6-7을 보라). 애굽은 너무 잘 부러져서 쪼개지는 지팡이에 비유된다. 누군가 그것을 지팡이로 짚으면 손을 찔리게 되는 갈대와 같을 것이다.

상한 갈대는 디르하가에 잘 어울리는 그림인데, 그가 산헤립을 치러 나왔을 때 쉽게 패배하여 히스기야에게 아무런 도움이 되지 못했다(왕하 19:9; 사 37:9을 보라). 디르하가는 누비아 또는 구스 출신으로 주전 690년에서 664년경까지 애굽의 바로였다, 그러나 그가 바로의 대리자로 이곳에 왔기 때문에 애굽 왕 바로라고 불렸을 것이다. 그는 왕이 되기 전에 히스기야를 도우러 온 적이 있는 것으로 보이는 유명한 장군이었다.

⟨7-8⟩ 그 사령관은 또한 이스라엘의 하나님이 기꺼이 도와줄지 그리고 도와줄 능력이 있는지 질문한다. 앗수르의 정탐꾼들은 히스기야가 높은 곳(문자적으로 '그의 높은 곳들')에 있는 예배 장소를 파괴해 버리고, 모든 유다 사람들에게 예루살렘의 제단에서 예배하도록 지시했다고 산헤립에게 보고했을 것이다. 너희는 이 제단 앞에서만 예배하라. 산헤립은 히스기야의 이런 행동들이 여호와를 모욕하여 여호와께서 그를 대적하실 것으로 생각했다.

혹시 네가 내게 이르기를 우리는 우리 하나님을 신뢰하노라(7절)라는 어구에서 단수형과 복수형 사이의 미묘한 변화는 야전 사령관이 그 백성들과 그들의 왕 사이에 분열을 일으키려는 것을 암시한다(Roberts 2015: 453). 산헤립의 도전은 그 당시 다른 앗수르 사람들의 정치적으로 과장된 선전(propaganda)과 비슷하다(Machinist 1982: 719-737).

그가 몰랐던 것은 히스기야가 하나님의 율법에 명시된 것을 따르고 있었다는 것과 파괴된 산당에서 우상 숭배를 여호와께서 싫어하신다는 것이었다(왕하 18:3-6을 보라). 앗수르의 사고방식은 진정으로 위대한 신은 많은 아름다운 신전과 제단을 지음으로써 영광을 받는다는 것이었다. 즉, 신의 우상들이나 표상들이 많을수록 신이 더 커진다는 것이다(10:10을 보라). 그러므로 앗수르의 눈으로 본 히스기야의 행동들은 신성모독에 해당했을 것이다.

그 사령관은 히스기야를 향하여 산헤립에게 복종하라고 요청하는 것으로 보인다. 내 주 앗수르 왕과 내기(히타렙[hit'āreb], 이 의미로 2회)하라라고 하며 마음껏 조롱하는 것으로 보인다. 내가 네(히스기야)게 말 이천 필을 주어도(문자적으로 '나로 주게 하라') 너는 그 탈 자를 능히 내지 못하리라(8절). 그 사령관은 심지어 간청의 불변화사(나[nā'], '제발 간청한다')를 사용하여 말들을 타 보라고 권한다. 이것은 히스기야가 그의 간청을 받아들여 군대가 앗수르 사람들에 의해 완전히 학살되는 것을 막아야 한다는 것을 암시한다.

〈9-10〉 그 사령관은 조롱하는 어조로 계속 말한다. 그런즉 네가 어찌 내 주의 종(아브데['abdê], '종들') 가운데 극히 작은 총독(페하[pehâ], '통치자', 그의 직업군인들 가운데 한 명을 언급하는 것은 아님) 한 사람인들 물리칠 수 있으랴. 그 의미는 산헤립의 군대가 너무 잘 훈련되어 있어서 설령 이스라엘에 상당한 양의 말들과 병거들이 제공되더라도 그들보다 압도적으로 우세하다는 것이다.

그의 주장의 절정은 산헤립이 여호와의 허락을 받았다는 것이다. 여호와께서 내게 이르시기를 올라가 그 땅을 쳐서 멸하라 하셨느니라(10절) 공격을 개시하기 전에 신들에게 물어서 신들이 그 행동을 용인하고 지원할 것인지 확인하는 것이 일반적인 관습이었다. 아마도 산헤립에게는 여호와께서 이 전투를 용인하셨다고 생각할 만한 좋은 징조가 있었을 것이다.

〈11-12〉 이스라엘 사절들은 그 사령관에게 히브리어(예후디트[yĕhûdît], 아마도 유대 히브리어; 느 13:24을 보라)가 아닌 아람어(아라미트['ărāmît])로 그들에게 말하도록 요청했다(문자적으로 '말하라, 제발, 당신의 종들에게'). 그것은 성 위에 있는 백성(11절)이 그 사령관이 말하는 것을 듣고서(문자적으로 '백성의 귀들에') 두려워하거나 싸울 의지를 잃지 않도록 하기 위해서이다.

아람어는 관리들이 사용하는 무역 언어였다. 일반 사람들은 그것을 알아들을 가능성이 적었다. 그렇지만 이것은 이스라엘 사절들의 순진함을 보여 준다. 히스기야와 듣고 있는 모든 사람을 위협하는 것이 그 사령관의 분명한 목표였기 때문이다.

내 주께서 이 일을 네 주와 네게만 말하라고 나를 보내신 것이냐 너희와 함께 자기의 대변(헤레[here'], 3회)을 먹으며 자기의 소변을 마실 성 위에 앉은 사람들에게도 하라고 보내신 것이 아니냐(12절).

히브리어 구문은 그러한 질문의 아이러니를 강조한다. 소변(샤인[šayin], 2회)이라는 단어는 이곳과 평행 단락인 열왕기하 18:27에만 나타난다. 그러나, 케레(qĕrê) 읽기(즉, '읽히는 것')는 오줌(문자적으로 '발들의 물들')에 대한 완곡어법(euphemism)이다. 두 단락 모두 그들의 절망적인 상황을 강조하려고 의도적으로 랍사게가 원래 사용한 저속한 용어들을 기록했을 수 있지만, 불쾌감을 다소 덜 주기 위해 케레 읽기를 포함시켰을 수도 있다.

무자비하고 잔인한 앗수르의 명성은 그의 말에 신빙성을 더해 주었다. 항복을 받아 내기 위해서는 포위된 성의 백성들의 음식과 물 공급을 차단하는 것이 일반적이었다. 다행히도 예루살렘은 히스기야의 수로(tunnel) 덕분에 안정적인 물 공급은 유지할 수 있었지만(대하 32:3-4을 보라), 더 큰 문제는 결국 식량이 고갈된다는 것이었다.

〈13-15〉 그 사령관의 마지막 책략은 히스기야가 앗수르의 공격을 성공적으로 물리칠 수 있는 능력이 있는 것처럼 그 백성들에게 오도했다고 말함으로써 이스라엘의 지도력에 대한 의심의 씨를 뿌리는 것이었다. 너희는 히스기야에게 미혹되지 말라(14절). 그의 목표는 앗수르와의 전쟁이 헛된 것이며 그들이 항복하면 산헤립이 자비를 보일 것이라고 확신시키는 것이었다.

그러나 그 사령관은 히스기야를 조롱할 때뿐만 아니라(그가 능히 너희를 건지지 못할 것이니라, 14절), 히스기야의 하나님을 조롱할 때도(히스기야가 너희에게 여호와를 신뢰하게 하려는 것을 따르지 말라, 15절) 심각한 잘못을 범한다.

그 야전 사령관은 백성들이 여호와를 신뢰하게 된 주된 동기부여자가 히스기야라고 확신하는 것 같다. 그는 그 왕이 그분의 백성들을 설득하기 위해 무엇이라고 말했을지 추측한다. 여호와께서 반드시 우리를 건지시리니 이 성이 앗수르 왕의 손에 넘어가지 아니하리라(문자적으로 '결코 주어지지 않을 것이다') 할지라도(즉, 강조적으로 진술됨).

〈16-17〉 그 사령관은 항복하도록 가능한 한 최선을 다한다. 너희는 내게 항복하고(문자적으로 '나와 함께 복을 만들다'; NIV, 나와 함께 평화를 이루고) 내게로 나아오라 그리하면 너희가 각각 자기의 포도와 자기의 무화과를 먹을 것이며 각각 자기의 우물 물을 마실 것이요(16절). 그들이 항복하면 내가 와서 너희를 너희 본토와 같은 땅에 옮기기까지 그들은 자기 땅에서 계속 번영할 수 있다(17절).

그는 그들이 앗수르로 추방될 것이라고 말하면서도 그것을 약속의 땅과 유사하게 묘사한다. 곡식과 포도주와 떡과 포도원이 있는 땅(17절). 열왕기하 18:32에는 기름 나는 감람과 꿀이 있는 지방이라 너희가 살고 죽지 아니하리라라는 어구가 추가되어 있다. 만약 위협이 효과가 없다면, 확실히 이 유혹으로 그들이 항복하도록 설득해야만 한다.

⟨18-20⟩ 백성들이 아무런 반응이 없자 그 사령관은 여호와를 다른 모든 신에 비유하면서 여호와를 향한 그들의 믿음을 계속해서 약화시킨다. 열국의 신들 중에 자기의 땅을 앗수르 왕의 손에서 건진 자가 있느냐(18절).

그 후 그 사령관은 신들이 앗수르 사람들에 의해 함락되는 것을 보호하지 못한 성읍들을 열거한다(19절). 하맛(주전 734년), 아르밧(주전 705년), 스발와임(주전 705년), 사마리아(주전 722년). 열왕기하 18:34의 기록은 그 목록에 헤나(Hena)와 아와(Ivvah)를 추가한다. 그는 사마리아를 분명히 언급했는데, 아마도 사마리아가 유다와 같은 하나님을 예배한다고 공언했음을 알고 있었을 것이다.

그의 결론적 발언은 조롱에서 신성모독으로 바뀌었다.

여호와가 능히 예루살렘을 내 손에서 건지겠느냐(20절).

⟨21-22⟩ 히스기야가 앗수르 사람들에게 대답하지 말라고 명령했기 때문에 백성들은 잠잠했다(21절). 그럼에도 불구하고 그 사령관의 말은 아마도 앗수르가 바라던 효과를 냈을 것이다. 그 신하들이 산헤립의 메시지를 히스기야에게 보고하러 갔을 때, 그들은 슬픔과 괴로움의 표시로 옷을 찢었다(22절).

⟨37장 1-4⟩ 신하들의 보고를 듣고 히스기야는 겉옷을 찢고 굵은 베를 입는다(문자적으로 '베로 자신을 가렸다', 슬픔의 분명한 표현). 히스기야는 심각

한 곤경에 처해 있다. 앗수르 사람들은 진군하여 공격할 준비가 되어 있었지만, 애굽의 도움은 없었다. 더 이상 돌이킬 곳이 없어 그는 하나님께 여쭙기 위해 여호와의 전(베트[bêt], '집')으로 들어갔다(1절). 그는 또한 엘리아김, 셉나, 제사장들 중 어른들에게 굵은 베옷을 입혀서 이사야에게 보내어 예루살렘에 있는 남은 자가 살아남을 수 있도록 기도해 달라고 요청한다.

히스기야는 나라가 직면한 이 심각한 위기를 해산 중에 죽는 것처럼 두려운 **환난과 책벌과 능욕의 날**(3절)이라고 말한다. 아이를 낳으려 하나 해산할(문자적으로 '터뜨릴') **힘이 없음 같도다**(Roberts는 이것이 일반적 격언일 수 있다고 제안한다. 2015: 456). 그 나라가 비참한 처지에 놓이고 그에게 구원할 능력이 없는 것은 바로 다름 아닌 히스기야 때문이었다.

도움을 받지 못해 절망한(울라이['ûlay]. '아마도', 4절 시작 부분에서 그의 불확실성을 강조함) 히스기야는 이사야를 부른다. 그 선지자의 하나님(당신의 하나님 여호와, 4절)이 앗수르 야전 사령관이 살아 계신 하나님을 훼방한 것을 들으시고 그를 **견책하실까**(호키아흐[hôkiaḥ]는 종종 그것에 대한 법적 의미가 있음, 4절)하는 희망 때문이다. '훼방하다'(하랖[ḥārap])라는 동사는 '조롱하다, 모욕하다'를 의미하고 '신성 모독하다'(가닾[gādap])라는 단어와 병행하여 사용한다(왕하 19:22//이사야 37:23을 보라). 아마도 하나님은 그 앗수르 사람이 하나님의 능력에 대해 얼마나 잘못 평가하고 있는지를 보여주기 위해 행동하실 것이다.

히스기야는 이사야에게 이 남아 있는 자를 위하여 **기도하라**(문자적으로 '기도를 들어올리다')라고 호소한다(4절). 다른 성읍들은 이미 패배해 버렸으므로 그는 이제 예루살렘에 대해 언급한다. 히스기야는 이사야가 항상 옳았다는 것을 깨닫는다(8:7의 이사야가 아하스에게 보낸 메시지를 보라).

〈5-7〉 3절에서 그 신하들이 이미 도착하여 이사야에게 말하고 있었음에도 불구하고(그들이 이사야에게 이르되) 5절에서 히스기야왕의 신하들이 이사야에게 나아가매(NIV, 왔을 때)라고 말하는 것은 사건들의 순서에 있어서 명백한 어색함을 5절에서 드러낸 것이다. 이와 같은 어색함은 이 본문과 평행을 이루는 열왕기하 19:3-5에도 나타난다.

로버츠(Roberts)는 서술자가 히스기야의 신하들이 그의 메시지를 이사야에게 전달하는 기록(3-4절)을 쓸 때 서술자 자신이 앞서간다고 믿는다(2015: 456). 더 나은 선택은 와우(wāw)를 이전 절(clause)에서의 생각의 흐름을 다시 시작하는 재개의(resumptive) 와우(wāw)로 읽는 것인데, NIV에 유사하게 번역되어 있다(Williams § 440).

하나님은 참으로 그 앗수르 사람의 조롱을 들으시고 이사야를 통해 응답하신다. 너희가 들은 바 앗수르 왕(산헤립)의 종들(문자적으로 '소년들, 젊은이들')이 나를 능욕한(가닾[gādap], 7회) 말로 말미암아 두려워하지 말라(6절). 앗수르 사자들을 종들(나아레[naʿărê, '소년들, 젊은이들']; '종들'을 의미하는 '아브데'[abdê]가 아님)로 언급한 것은 앗수르 왕국에서 그들의 지위를 과소평가하는 것이다(유다의 지도자들에 대해 같은 용어가 사용되는 3:4을 보라, 네아림[nĕʿārîm], '소년들, 젊은이들').

하나님은 산헤립으로 하여금 그의 고국으로 돌아갈 것이며, 그를 칼에 죽게 하리라라는 보고나 소문에 관해 두려워하게 하실 것이다(7절; 문자적으로 '내가 영[루아흐〈rûaḥ〉]을 그 속에 둘 것이다'). 에살핫돈의 연대기(The Annals of Esarhaddon)는 산헤립의 형제들이 그에 관한 소문들을 그들의 아버지에게까지 퍼뜨렸다고 언급한다. 이것은 여기에서 언급된 소문일 것이다(ANET 289을 보라). 소문이 무엇이든지 간에 하나님이 주도하시는 계획은 37-38절에서 분명히 성취된다.

〈8-9〉 그 서사가 가정하는 것은 히스기야가 산헤립에게 항복하지 않아도 된다고 이사야의 메시지가 격려해 주었다는 것이다. 라기스를 함락시키고 지금 북쪽으로 7마일 떨어진 립나를 공격하고 있던 산헤립에게 히스기야의 응답을 전하기 위해 그 사령관은 예루살렘을 떠났다. 앗수르의 군대는 라기스와 같은 견고한 성을 먼저 함락시킨 다음 그 주변의 더 약한 성읍들을 점령하는 것이 일반적이었다.

립나에 있는 동안 산헤립은 **구스 왕 디르하가**의 적대적 책동들에 관해 보고를 받았다(9절). 이 누비아 왕은 일반적으로 주전 690-664년으로 거슬러 올라가므로 그를 왕으로 언급하는 것은 시대착오적이다. 주전 701년 누비아 왕인 그의 아버지 셰빗쿠(Shebitku)는 그를 군대 사령관으로 보내어 엘드게(Eltekeh)에서 산헤립과 싸우게 했을 것이다. 그는 단지 훗날 왕이 되었다는 이유만으로 '왕'이라고 언급된다. 그것이 독자들이 그를 왕으로 알게 되는 방식이다. 그러나 전투가 시작되기 전에 산헤립은 그의 사절들을 예루살렘에 다시 한번 보내 항복을 촉구한다.

〈10-13〉 그 사령관은 여호와에 대한 히스기야의 신뢰를 약하게 하려고 다시 여호와를 모독한다. 너는 네가 신뢰하는 하나님이 하는 말에 속지 말라(10절). 산헤립의 메시지는 첫 번째 메시지의 많은 부분을 요약하는 편지 형식으로 다시 나온다(14절을 보라). 하나님이 히스기야를 속이도록 놔두어서는(문자적으로 '그에게 잘못된 희망들을 주다') 안 된다고 말하는 것이다. 이 시점에서 산헤립은 전투에서 디르하가와 맞서기 전에 예루살렘의 완전한 항복을 확보하기를 희망하고 있다.

다시 한번 그는 앗수르가 공격했던 다른 모든 나라를 멸망시켰다고 선언한다. (한네[hinnēh], '보라') 앗수르 왕들이 모든 나라에 어떤 일을 행하였으며 그것을 어떻게 멸절시켰는지(하람[hāram], '멸망에 그들을 바침') 네가 들었으리니 네가 구원을 받겠느냐 나의 조상들이 멸하신 … 그 나라들의 신들이 그들을 건졌더냐'. 그 후 그는 항복한 특정 성읍들을 나열한다.

고산(아다드-니라리 3세[Adad-nirari III], 주전 808년)과 **하란**(사르곤 2세[Sargon II]), 레셉 및 들라살에 있던 에덴 자손(디글랏 빌레셋 3세[Tiglath-pileser III]). 이 구절의 강조점은 이 나라들의 신들이 앗수르로부터 그들의 성읍들을 보호할 수 없었다는 것이다.

그 후 그는 자신이 패배시킨 다른 여러 성읍의 왕들이 어디에 있는지 물음으로써 그것을 히스기야왕을 향한 메시지로 국한 시킨다. **하맛**(사르곤 2세에 의해 주전 720년경에 완전히 파괴됨); **아르밧**(티글랏 빌레셋 3세에 의해 주전

720년경에 파괴됨), **라이르**(*La'ir*, 불확실함; 개역개정에는 없음-역주), **스발와임**(사르곤 2세에 의해 주전 720년경에 파괴됨), **헤나**(불확실함), **이와**(불확실함). 우리가 확인할 수 있는 성읍들 가운데 몇몇은 왕이 살해되거나 성읍이 함락되었고 성읍 자체가 파괴되었다. 히스기야는 아마도 이러한 앗수르의 정복에 대해 잘 알고 있었을 것이다.

라이르에 대한 언급은 복잡하다. NIV는 그것을 별도의 성읍으로 나열하는 반면, 일부 번역판에서는 그것을 **스발와임**(문자적으로 '스발와임 성읍에'; LXX; NASB; NRSV; ESV; 개역개정)과 함께 읽는다. 로버츠는 라이르가 앗수르의 성읍인 '라히루'(*Laḥiru*)일 가능성이 있다고 주장하지만, '라히루'라는 이름의 성읍은 많이 있었다(2015: 467).

⟨14-16⟩ 히스기야는 그 편지(핫세파림 [*hassĕpārîm*], 복수)[26]를 가지고 즉시 성전으로 가서 여호와 앞에 그것을 펴놓았다(문자적으로 히스기야는 '그것을 여호와 앞에 펼쳤다'). 히브리어 본문이 단수(편지)와 복수(편지들) 사이를 왔다 갔다 할지라도, 매번 진군할 때마다 아마 편지가 한 통씩 있었을 가능성이 크다(비록 랍사게가 각 편지를 자기 생각대로 각색했을지라도). 따라서 이 시점에서 히스기야는 여호와 앞에 그것이 편지든지 편지들이든지 모두 펼쳐놓을 수 있었다.

믿음이 확실히 새롭게 된 그는 이사야에게 중보적 기도를 요청하는 대신 하나님께 직접 간구한다. **그룹**(삼상 4:4을 보라) **사이에 계신**(문자적으로 '[사이에] 앉은', 그러나 엄밀히 말하면 전치사가 없음) **이스라엘의 하나님 만군의 여호와여 주는 천하 만국에 유일하신 하나님이시라 주**(문자적으로 '당신 자신', 강조됨)**께서 천지를 만드셨나이다**(16절).

---

26) 히브리어 본문 이사야 37:14과 열왕기하 19:14에서 첫 번째 나오는 편지는 모두 복수형이다. 그 후 두 번째 나오는 편지는 열왕기하에서는 '그것들'(복수)로 언급되는 반면에 이사야에서는 '그것'(단수)이라고 말한다. 이후 세 번째 나오는 편지는 이사야와 열왕기하에서 모두 '그것'(단수; 여호와 앞에 그것을 펴다)이라고 언급된다.

여호와라는 이름은 이스라엘의 인격적인 하나님의 이름이다. 히스기야는 하나님의 주권과 능력을 선언한다. 그분은 세상의 창조주이시며 모든 나라를 다스리는 주권자 하나님이시며, 유일하신 참하나님으로 암시된다.

⟨17-20⟩ 히스기야는 하나님께 산헤립의 신성모독을 들으시라고 호소한다. 여호와여 귀를 기울여 들으시옵소서 여호와여 눈을 뜨고 보시옵소서 산헤립이 사람을 보내어 살아 계시는 하나님을 훼방한 모든 말을 들으시옵소서. 산헤립은 한 나라를 앗수르의 손에서 건져낼 수 없는 우상들과 하나님을 같은 부류로 간주함으로 그분을 모욕했다. 그 우상들과 여호와의 차이점은 그분은 살아 계셔서 산헤립의 조롱을 들으시며 어떤 행동이든지 취하실 수 있다는 것이다.

히스기야는 앗수르 사람들이 사실상 엄청난 힘을 발휘하여 산헤립이 그의 편지에서 열거한 모든 나라(문자적으로 '모든 땅들과 그들의 땅들', 왕하 19:17의 여러 민족과 그들의 땅이 아마도 더 좋은 읽기일 것임)를 황폐하게 했다는 것을 강조하기 위해 과연(암남['āmnām])이라는 어구를 사용한다. 히스기야는 앗수르 사람들이 이 나라들과 그들의 신들을 파괴할 수 있었다고 확신한다. 그 신들은 장인들이 나무와 돌로 만든 쓸모없는 조각상으로 앗수르의 침략을 물리칠 힘이 없었기 때문이다.

19절의 두 번째 부분에서 히브리어 본문은 강조하기 위해 그러므로 멸망을 당하였나이다라는 어구를 문장의 맨 끝에 배치했다. 그러나 히스기야는 유일하시고 살아 계신 하나님께 예루살렘을 구원하여 천하 만국이 주만이 여호와이신 줄을 알게 해 달라고 호소하며 탄원한다. 이것은 매우 설득력 있는 주장이다(시 115:1-18을 보라). 여기에서 구원은 이스라엘을 구하는 것뿐만 아니라, 앗수르와 땅의 모든 나라에 여호와께서 다른 신들과 진정으로 다르다는 것을 확인시켜 주는 것이다.

이사야 본문은 주만이 여호와(NIV, 당신, 여호와, 유일한 하나님입니다(20절)라고 읽는 반면 열왕기하 19:19은 주 여호와가 홀로 하나님(NIV, 당신, 당신 홀로, 여호와, 하나님입니다)이라고 훨씬 더 강조한다.

히스기야는 출애굽기 32:11-12에 나오는 모세의 호소처럼 하나님이 그분의 영광을 드러내 주시기를 부르짖고 있다. 하나님께는 그분의 이름 곧 그분의 주권이 중요하고, 그분의 이름이 열방 가운데서 높임을 받는 것이 중요하다. 그러므로 열방이 하나님을 믿지 않을 이유가 없다.

⟨21-25⟩ 히스기야가 기도한 후, 하나님은 신성모독을 포함한 산헤립의 범죄들과 그 결과로 그가 받게 될 심판을 선포하기 시작하셨다(22-29절). 고대 이전 시대(pre-classical period)에는 전형적으로 하나님이 왕과 의사소통하기를 원하셨을 때 그분의 사자(messenger)를 통해 말씀하셨다. 이처럼 하나님이 히스기야에게 직접 말씀하시는 대신에 그분의 사자 이사야를 통해 계속 말씀하신다는 것에 주의하라(Holladay 1970: 29-51).

22절에서 앗수르(즉, 그=그 왕)를 향한 하나님의 선포를 번역하는 방법에 대해서 약간의 논쟁이 있지만, 다음 몇 구절들에서 하나님은 앗수르를 징벌할 네 가지 이유를 설명하신다.

첫째, 앗수르는 이스라엘을 조롱했다. 문자적으로 '그녀(즉, 앗수르; 여성형은 그 나라 전체를 나타냄)가 너(즉. 이스라엘)를 멸시하며 시온의 처녀 딸인 너를 조롱한다'(히브리어 원문은 '시온의 딸 처녀'가 주어인지 목적어인지 모호하지만, 저자는 그것을 목적어로 간주함-역주). 이 개념은 평행 어구에서 강화된다. 문자적으로 '그녀(즉. 앗수르)는 예루살렘의 딸인 네 뒤에서 그녀의 머리를 흔들었다'(즉. 조롱함; 시 109:25을 보라; 22절).

둘째, 산헤립이 이스라엘을 조롱한 것은 사실상 이스라엘의 하나님을 조롱한 것이었다. 네가 훼방하며 능욕한 것은 누구에게냐 … 곧 이스라엘의 거룩하신 이(즉, 그들을 보호하는 자; 23절)에게니라. 앗수르는 하나님을 무력하다고 가정하며, 거만하게 대하고 오만하게 말함으로써 이스라엘의 거룩하신 이를 조롱했다. 그뿐만 아니라 하나님의 성읍인 예루살렘을 그 나라가 공격한 것은 그에 대한 개인적인 모독이었다.

셋째, 앗수르는 심지어 사자들이 하나님을 조롱하는 것까지 허용했다. 네가 네 종(문자적으로 '네 종들의 손[단수]을 통해')을 통해서 주를 훼방하여(24절). 선지자는 6절에서 했던 것처럼 그들을 '소년들'이 아니라 이제 '종들'이라고 부른다. 하나님은 그 왕에게 그의 종들이 살아 계신 하나님을 조롱하도록 허락한 책임을 물으신다.

넷째, 그 왕은 앗수르의 막강한 능력에 대해 몇 가지 오만한 주장을 펼쳤다.

- 산들은 그의 허다한 병거 부대에 장애가 되지 않았다.
- 그는 레바논의 천연자원들을 약탈했으며, 아무리 멀리 떨어져 있더라도 가장 좋은 삼나무들과 향나무들을 베어 냈다.
- 그는 우물을 파거나, 또는 애굽의 경우처럼 관개시설 전체를 말려 버린다고 주장하며, 그 자신이 사용하기 위해 나라들의 물 공급원을 빼앗았다.[27]

내 발바닥으로 애굽의 하수를 말린다는 말은 흙 관개 수로들을 발로 여는 방법을 의미하거나 나일강에서 농작물에 물을 대기 위해 발로 수문을 여는 어떤 방식을 말한다.

⟨26-29⟩ 산헤립은 이 모든 일을 자신의 지혜와 능력으로 결정하고 이루었다는 잘못된 가정하에 행동했다(24-25절). 어떻게 그가 이런 실수를 했는지! 1인칭을 사용하여, 하나님은 오래전에 그 앗수르 사람의 행동들을 작정한 이가 바로 자신임을 히스기야에게 알려 주신다. 이 일은 내가 상고부터 정한 바로서 이제 내가 이루어(26절).

---

27) 산헤립은 팔레스타인에서 애굽을 물리쳤지만, 애굽 안으로는 진출한 적이 없었기 때문에 이 과장된 주장은 아무런 근거가 없다.

본문 주석 | I. 정죄(1:1-39:8)   413

상고라는 어구는 영원 전부터 세우신 하나님의 계획(51:9을 보라)이나 이사야의 이전 예언들(주전 740년경; 애 2:17을 보라)을 가리킬 수 있다. 산헤립은 견고한 성읍들을 헐어 돌무더기가 되게(샤아[šāʾâ], '폐허로 만들다', 7회) 하였지만(26절), 그의 행동들은 모두 하나님의 더 큰 계획의 일부였다.

27절의 다음 어구들은 그가 정복한 일들의 결과를 설명한다.

그 주민들이 힘이 약하여(문자적으로 '손의 짧음')
  놀라며 수치를 당하여
  들의 풀같이
    푸른(예렉[yereq], 8회) 나물같이   교차대칭구조
    지붕의 풀같이
(그들은=생략) 자라지 못한 곡초[28]같이 되었느니라

산헤립이 점령할 수 있도록 이 성읍들의 힘을 빼신 분은 하나님이셨다. 그들이 앗수르에게 굴욕을 당하도록 허용하신 것도 바로 하나님이셨다. 앗수르는 하나님이 세우신 계획을 효율적이고 효과적으로 수행했다. 앗수르 자신이 주도적으로 세운 계획이나 그 나라의 힘으로 한 것이 아니었다(10:13-15을 보라).

여호와의 전지하심과 섭리에서 벗어날 수 있는 것은 아무것도 없다. 네 거처(문자적으로 너의 앉음)와 네 출입과 네가 나를 거슬러 분노함(문자적으로 '네 자신이 어떻게 흥분하는지'; 히트파엘 어간, 오직 2회; 창 45:24을 보라)을 내가 아노라(28절).

그러므로 산헤립의 오만함(샤아난[šaʾănān], 10회; 이사야서에 5회; 그러나 다른 곳에서는 '평화로운 또는 안락한'을 의미함) 때문에, 하나님은 그가 왔던 것

---

28) '들판들'을 의미하는 쉐데마(šĕdēmâ)라는 단어는 여기에서 거의 의미가 없다. 평행 구절인 왕하 19:26에 나오는 '태워진'을 의미하는 쉐데파(šĕdēpâ)라고 읽는 것이 더 이해가 된다.

과 같은 방식으로 그를 앗수르로 다시 돌아가게 하실 것이다(문자적으로 '네가 그곳에 왔던 그 길로 ', 29절). **내가 갈고리**(하흐[*ḥāh*], 8회; 에스겔서에 5회)**로 네 코를 꿰며 재갈을 네 입에 물려.**

앗수르 사람들은 포로들의 코 연골이나 아랫입술에 갈고리들을 달아 물리적으로 제압하고 포로로 끌고 갔는데(암 4:2-3을 보라), 이것은 소를 모는 데 사용되는 고리와 유사하다. 이 이미지들은 통제 불가능한 앗수르 나라를 하나님이 굴복시키고 통치자 산헤립을 그의 땅으로 돌아가도록 이끄는 모습을 묘사한다. 앗수르로 돌아가는 주요 경로는 오직 하나였다. 유브라데(Euphrates)강을 따라 니느웨로 돌아가는 큰 간선로(약 700마일).

〈30-32〉 하나님은 히스기야가 그 시기를 알 수 있도록 **징조**(오트['*ôt*])를 주셨다. 징조가 기적적으로 일어날 필요는 없지만, 여기서는 그렇지 않다. **올해는 스스로 난 것**(사피아흐[*sāpiaḥ*], '저절로 파종된 식물들', 4회]; 농작물을 심을 시간이 없을 것을 의미함)**을 먹을 것이요 둘째 해에는 또 거기에서 난 것**(샤히스[*sāḥîs*], '저절로 파종된 식물', 여기에만 나옴)**을 먹을 것이요.**[29]

그 징조는 2년의 작물 주기에 걸쳐 전투가 벌어지기 때문에 파종할 수 없지만, 3년째 되는 해에는 일반적인 파종-수확 주기를 재개할 수 있음을 의미한다. 그 징조의 의미는 앗수르가 더 이상 위협이 되지 않기 때문에 이스라엘이 곧 정상적인 생활을 다시 할 수 있다는 것이다.

산헤립의 연대기(Sennacherib's annals)에 따르면, 그의 예루살렘 포위는 단지 1년 동안 지속되었다. 따라서 통상적으로 전쟁이 봄에 시작했다면, 이스라엘 백성은 그해에 곡식을 심을 수 없었을 것이다. 그런데 그 전쟁은 이듬해 봄까지 1년 동안 계속되어 농사를 짓지 못하다가 3년째 되는 해에 다시 심고 거둘 수 있게 되었다(30절).

그 후에 문자적 이미지에서 비유적 이미지로 대체된다. 하나님은 **유다 족속 중에 피하여 남은 자**(펠레타트[*pĕlēṭat*])**는 번성할 것**(아래로 뿌리를 박고

---

29) 왕하 19:29의 평행 기록에서는 사히쉬(*sāḥîs*)라고 읽는데, 그 단어는 여기에만 나온다.

위로 열매를 맺을 것, 31절)이라고 약속하신다. 이 **남은 자**(남은 자[쉐에리트 ⟨šĕ'ērît⟩]와 피하는 자[펠레타⟨pĕlêṭâ⟩, '탈출한 자들]라고 부름)는 예루살렘에서 올 것이다. 그들은 하나님이 다윗에게 하신 약속(32절; 삼하 7장을 보라)과 이사야에게 확증하신 약속(사 4:2-6을 보라) 때문에 구원을 받았다.

만군의 여호와의 열심(즉. 대의[cause]를 향한 열정)이 **이를 이루리라**라는 어구는 구약에서 단 3회 나오며, 그 각각은 하나님이 앗수르에게서 이스라엘을 구원하신 것과 관련하여 나타난다(왕하 19:31; 사 9:7; 37:32). 여기에서 그 어구는 이 좋은 소식을 확증하고, 히스기야가 하나님을 신뢰하도록 격려하는 역할을 한다.

⟨33-35⟩ 산헤립의 연대기는 이렇게 주장한다. '내가 예루살렘, 그의 왕궁 안에 갇힌 자로 만든 그(히스기야)는 마치 새장 안의 새 한 마리 같도다. 내가 성문을 떠나는 자들을 막으려고 토담(earthworks)으로 그를 둘러쌌도다'(ANET 288). 토담(성읍을 둘러싸고 있는 흙무더기)은 식량과 보급품이 성읍으로 들어오는 것을 막고 사람들이 성읍을 떠나는 것을 막기 위해 세워졌다. 이것은 33절에 있는 성경 기록을 뒷받침한다.

그가 이 성에 이르지 못하며 화살 하나도 이리로 쏘지 못하며 방패를 가지고 성에 가까이 오지도 못하며 흉벽(솔렐라[sōlĕlâ], 문자적으로 '공격 경사로 ', 11회)**을 쌓고**(문자적으로 '쏟아붓다') **치지도 못할 것이요.**

산헤립은 토담을 쌓고 성읍을 정복하는 과정의 첫발을 내디뎠지만, 다음 단계인 흉벽 건설에는 이르지 못했다. 흉벽 장비가 성읍의 성벽을 뚫을 수 있을 만큼 가까이 다가갈 수 있도록 흉벽은 성읍의 성벽 옆에 흙으로 건설되었다(함락의 여러 단계에 대해서는 겔 4:2을 보라). 이것은 성읍 점령의 단계들 가운데 마지막이었다.

이제 하나님은 산헤립을 그가 오던 길로 그의 집으로 보낼 것이라고 거듭 말씀하시고, 또한 그는 예루살렘에 들어가지 못할 것이라고 덧붙이신다(34절). 하나님은 자신과 다윗을 위해 예루살렘을 보호하실 것이다. 하나님이 히스기야를 위해서라고 말하지 않았음을 주목하라. 이 구원의 약속은 더 멀리 하나님이 다윗에게 하신 약속의 기초로까지 거슬러 올라간다.

일부 학자는 앗수르 연대기의 기록과 명백하게 일치하지 않는다는 것에 근거하여, 이것을 후대의 비역사적 이야기라고 일축했다(Clements 1980a: 287-288). 그러나 앗수르의 기록에 의문을 제기할 몇 가지 합당한 이유가 있다.

첫째, 역사적 연대기는 왕의 패배를 기록하지 않는다.

둘째, 예루살렘에 대한 산헤립의 이른바 승리에 대한 묘사는 다른 앗수르 왕들이 자신들의 승리를 묘사하는 것에 비해 다소 미약하다(Roberts 2015: 472을 보라).

셋째, 히스기야는 앗수르에 대한 반역을 일으킨 후에도 왕위에 남아 있었는데, 이것은 앗수르의 일반적 의례가 아니었다.

넷째, 산헤립의 연대기는 예루살렘이 결코 함락되었다고 말하지 않는다. 단지 그가 히스기야를 예루살렘에 갇힌 자로 만들었다고 말한다(*ANET* 288).

다섯째, 니느웨에 있는 산헤립 왕궁의 벽을 장식하는 부조들은 수도인 예루살렘이 아닌 이차적으로 중요한 성읍이었던 라기스를 함락시켰다는 것을 보여 준다.

⟨36-38⟩ 이 구절들은 산헤립의 패배와 그의 군대가 멸망한 것에 대해 자세히 설명한다. 여호와의 사자(angel)가 앗수르 진영에서 잠든 군인 185,000명을 죽였다(36절). 갑작스러움을 암시하는 이 밤에라는 어구가 열왕기하 19:35에 기록되어 있다. 이 예기치 않은 대량 학살은 **본즉 시체뿐이라**(문자적으로 '보라, 그들 모두 시체들이었다')라는 어구에 의해 특징지어진다.

그 본문에서 여호와의 사자가 앗수르 군대를 어떻게 멸망시켰는지에 대해 명확하게 드러나지는 않지만, 그것에 대한 다른 증거가 있다.

첫째, 애굽에서 산헤립이 패배한 것에 대해 헤로도토스(Herodotus)가 한 설명에 의하면, 들쥐들이 밤 동안에 그의 군인들의 화살통, 활시위, 방패 손잡이를 갉아 먹었다(『역사』[Hist.] 2.141)는 것이다. 다음 날 그 군대는 도망갔다. 그의 기록은 분명히 난해한 점들이 있지만(예컨대 산헤립이 애굽에 갔다는 증거가 없음), 이 기록은 산헤립이 예루살렘에서 패배한 것에 대한 각색된 설명일 수 있다(Montgomery, Gehman 1951: 497-498).

둘째, 이사야 10:16은 앗수르의 건장한 전사들(특히, Roberts 2015: 471-474을 보라) 사이의 **쇠약해지는 질병**(NIV, 라존[*rāzôn*], 3회; 시 106:15을 보라)과 **그의 영화 아래에 불이 붙는 것**(즉, 고열을 의미함)을 언급한다.

셋째, 이사야 10:18은 그 멸망을 **병자가 점점 쇠약하여 감** 같을 것이라고 한다. 이것은 설치류가 옮기는 것으로, 감염된 벼룩들에 의해 전염되는 흑사병, 아마도 가래톳 흑사병(bubonic plague)과 같은 어떤 것을 암시한다. 치료하지 않으면 흑사병은 치사율이 약 30-90 퍼센트로 치명적이다.[30]

산헤립은 **떠나 돌아가서**, 즉 니느웨로 가서 그곳에 **머물다가**(37절), 약 20년 후인 주전 681년에 **니스록**(아마도 니누르타[Ninurta]) 신전에서 경배할 때 그의 두 아들인 **아드람멜렉**(아마도 아드라밀리수[Adramilissu])과 **샤레셀**(아마도 [나부]-샤르-우추르; [*Nabu*]-shar-*uṣur*)에게 죽임을 당했다(바벨론 연대기 [Babylonian Chronicle] 3.34-38; *ANET* 309를 보라). 결국, 무력한 그의 신은 그를 보호하지 못했다. 산헤립의 두 아들은 **아라랏**(우라르투[Urartu])으로 도피했고, **에살핫돈**(아카드어, 아슈르-아-잇디나[*Aššur-aḫ-iddina*], '그 [신] 아슈르가 한 형제를 주었다')이 왕이 되었다.

---

30) 가래톳 흑사병은 14세기에 약 5천만 명의 유럽 사람들을 죽인 그 흑사병이라고 생각된다(2020년 2월 4일에 접속한 'Bubonic Plague', Wikipedia, ⟨http://wikipedia.org/wiki/Bubonic_plague⟩).

의미

이 섹션은 하나님이 그분의 소중한 자녀들을 보호하기 위해 개입하신 주전 701년을 둘러싼 사건들을 설명한다. 이 본문의 초점은 지나치게 교만한 이방 통치자 vs 세상을 다스리는 한 분이신 참하나님이다.

하나님의 명성과 다윗에 대한 그분의 약속(삼하 7장)이 위험에 처해 있었다. 그러므로 앗수르의 도전에 대한 하나님의 반응은 엄하여 산헤립의 군대를 멸절시키고(사 10:19을 보라), 그 왕이 불명예스럽게 니느웨로 퇴각하도록 만들었다. 하나님은 예루살렘을 구하실 뿐만 아니라, 하나님의 영광과 주권을 훼손하려는 어떤 언어적 공격도 신성모독이며 혹독한 징벌을 받게 된다는 것을 산헤립으로 알게 하셨다.

(2) 히스기야의 질병과 치유(38:1-22)

문맥

37장의 산문은 산헤립의 패배와 그의 따른 죽음으로 끝나는 반면, 38장은 하나님이 앗수르의 공격으로 포위된 유다를 구하시기 전 히스기야가 병들었던 때로 시간을 거슬러 올라간다.

앞서 언급했듯이 히스기야의 질병과 치유는 36-39장에서 연대순으로 볼 때 먼저 일어난 일들 가운데 하나이다. 히스기야의 치유에 대한 기록은 이사야서보다 열왕기하에서 조금 더 자세하게 설명되지만, 이사야서의 두드러진 특징인 히스기야의 감사의 노래(10-20절)는 열왕기하에는 나타나지 않는다. 이 감사의 노래는 해석하기 어려운 희귀한 단어들과 읽기들로 골치 아플 뿐만 아니라 산문 자체에도 연대기적 어려움이 있다.

수명을 연장하게 된 히스기야의 기도가 의도하지 않은 결과를 초래했다는 점은 주목할 만한 가치가 있다. 유다의 가장 사악한 왕으로 판명된 므낫세가 이 15년 안에 태어났다는 것이다.

주석

〈1-3〉 이 섹션은 그때에라는 시간에 대한 일반적인 언급으로 시작하는데, 이러한 사건들의 정확한 연대를 결정하는 것은 어렵다. 기적 또는 징조 이야기들은 엄밀하게는 연대순이 아님에도 불구하고 때때로 함께 연결된다(왕하 2:19-25; 4:1-44의 엘리사 이야기를 보라).

우리는 히스기야가 병들어(할라[*ḥālâ*], '병에 걸리다, 쇠약하다') 죽게 되니(문자적으로 '히스기야가 죽을 정도로 병들었다'[정도의 부정사 연계형; Williams § 275])라고 들었다. 이것은 '여호와께서 나를 강하게 하셨다'라는 히스기야의 이름과 흥미로운 대조를 이룬다. 이사야는 그에게 네 집에 유언하고(문자적으로 '네 집에 명령하다', 1절) 죽을 준비를 하라고 말했다. 하나님은 히스기야에게 그 당시에 아들이 없었기 때문에 은혜롭게도 후계자를 선택할 시간을 주셨다.

히스기야가 얼굴을 벽으로 향하고 여호와께 기도했다(2절). 얼굴을 벽으로 향하고라는 어구는 하나님과 독대하여 다른 방해 요소들을 차단하고 싶어 하는 갈망을 의미한다. 히스기야는 이 순간까지 자신이 헌신했던 것을 하나님께 상기시켜 드린다.

여호와여 구하오니[31] 내가 주 앞에서 진실과 전심으로(문자적으로 '나뉘지 않는 마음으로') 행하며 주의 목전에서 선하게 행한 것을 기억하옵소서(문자적으로 '선을 당신의 목전에서 내가 행하였나이다'; 강조를 위한 어순, 3절).

히스기야는 이 구절에서 자신의 경건함을 강조한다. 그리고 자신이 신실하게 전심으로 헌신한 것을 하나님께 상기시켜 드린다. 그의 기도에는 죽음에 직면하여 참회한 흔적은 없다. 하나님의 명예가 위태로워 보인다. 의롭고 사랑이 많으신 하나님이 어떻게 자신의 경건한 종의 말을 듣지 않으실 수 있을까?

---

31) 이 구절은 안나(*ānnâ*)로 시작하는데, 이것은 종종 열렬한 요청 앞에 나온다(느 1:5을 보라).

그의 간청이 얼마나 간절한지는 간청의 불변화사들(particles of entreaty; 3a절)인 **아나**('ānnâ, '내가 애원한다')와 **나**(nā', '내가 기도한다') 그리고 그의 엄청난 눈물에 의해 강조되어 나타난다. '심히 통곡하는' 행위는 부수적인 히브리어 명사 '울음'(문자적으로 '그가 울음을 울었다'; NIV, [그가] 비통하게 울었다)의 추가와 **가돌**(gādôl, '큰'; 즉, '큰 울음과 함께')의 추가로 강조된다.

〈4-6〉 하나님의 응답은 그분이 의인의 기도를 들으신다는 것을 보여 주는데, 열왕기하 20:4에 따르면 그분은 신속하게 응답하신다. '이사야가 그 궁궐의 중간 뜰을 지나가기도 전에'[32] 하나님은 그 왕에게 전할 메시지를 그에게 주셨다. **네 조상 다윗의 하나님 여호와**라는 칭호는 하나님이 히스기야의 조상 다윗에게 한 약속을 지키신다는 것을 강조한다.

하나님의 응답에서 우리는 그분이 히스기야의 요청에 개인적 관심을 기울이시는 것을 볼 수 있다. **내가 네 기도를 들었고 네 눈물을 보았노라 내가 네 수한에 십오 년을 더하고.** 히스기야의 비통함에 마음이 움직이신 하나님은 두 가지 약속으로 응답하셨다.

첫째, 하나님은 히스기야에게 15년을 더 살게 해 줄 것이며, 암시적으로 그를 치유해 주실 것을 드러내신다. 이 치유에 대해서는 열왕기하 20:5에 명시되어 있다.

둘째, 하나님은 예루살렘을 앗수르로부터 구원하실 것이다(5-6절).

6절의 시작 부분에 있는 도치된 구문은 강조된 것이다. **너와 이 성을 앗수르 왕의 손**(문자적으로 '손바닥')**에서 건져내겠고.** 추가적 강조를 위해 하나님은 다음과 같이 약속을 반복하신다. **내가 또 이 성을 보호하리라**(가난 [gānan], 8회; 4회는 이사야서에 나옴-37:35을 보라). 이것은 하나님이 아직 예

---

32) 중간 뜰(middle court)은 케레(qěrê) 읽기를 반영하는 반면, 성읍(city)은 케티브 kěthîb 읽기를 따른다. 희귀한 단어인 티코나(tîkōnâ)는 '가운데'(midst)가 아니라 '중간'(middle)을 의미하기 때문에 우리는 케레 읽기를 선호한다. 그리고 그 문맥은 응답이 신속히 왔다는 것을 암시한다. 그러나 개역개정에는 케티브 읽기, 즉 성읍 가운데로 번역되었다(역주).

루살렘을 구원하지 않으셨음을 가리킨다.

⟨7-8⟩ 이 시점에서 이사야서와 열왕기하의 평행 단락들은 그 내용이 서로 어긋난다. 열왕기하 20:7에서 이사야는 그 종들에게 '무화과 반죽을 준비하라'라고 지시하지만(이에 대해서는 이사야 38:21에서 논의할 것임), 이사야서는 그 징조를 설명한 후에 히스기야가 자신이 치유된 것에 대해 하나님을 찬양하는 노래로 이어진다(38:9-20).

이사야 서사에서 분명하게 어려운 점은 이사야가 이미 징조가 무엇인지 확실히 말했는데도(7-8절) 그 후에 히스기야가 다시 징조를 요청한다는 것이다(22절). 이것은 히스기야의 노래가 그 서사에 삽입되었음을 암시한다(연대에 대한 추가 논의는 38:1-22의 문맥 섹션을 보라).

7절은 그 징조의 목적이 하나님이 약속한 것을 반드시 행하신다는 것을 확증하는 것임을 분명히 말한다. 히스기야의 생명을 연장하고 예루살렘을 보호하시는 것이다. 징조 자체에는 해의 정상적 움직임과는 반대 방향으로 아하스의 해시계에 있는 그림자가 기적적으로 움직인 것이 포함된다.

클레멘츠(Clements)는 주전 689년 1월 11일에 있었던 이 일식이 이 특이한 징조를 초래했다고 제안한다(1980a: 291). 그러나 이 일식은 이 시점보다 더 늦게 발생한 것 같다. 그리고 어떻게 그림자가 해시계 반대 방향으로 되돌아가도록 했는지 설명하기 어렵다.

열왕기하 20:10의 평행 구절에는 히스기야가 그림자가 움직일 방향을 선택할 수 있었다는 세부 사항이 포함되어 있다. 해시계의 그림자가 앞으로 나아가는 징조는 정상적인 시간의 흐름과 관련이 있다.[33] 그러나 해시계의 그림자가 다시 돌아오는 것은 자연법칙에 어긋난다.

---

33) 애굽 해시계의 예는 2020년 2월 4일에 접속한 Wikipedia, ⟨https://en.wikipedia.org/wiki/ History_of _timekeeping_devices_in_Egypt⟩ 애굽의 시간 측정 장치의 역사 (History of Timekeeping Devices in Egypt)를 보라.

그림자가 십도를 나아가기는 쉬우니 그리할 것이 아니라 십도가 뒤로 물러갈 것이니이다. 이것은 하나님이 이미 나아간 그림자를 십도 뒤로 움직이게 하심으로써 그날에 시간을 더해 주셨다는 의미이다. 그러므로 이 징조는 하나님이 히스기야를 위해 행하실 일에 상응한다. 즉, 하나님은 징조로 주어진 그날의 길이를 연장하신 것처럼 그의 생명을 연장하실 것이다.

〈9-11〉 하나님께 드리는 이 감사의 노래는 유다 왕 히스기야(즉, 대리자나 저작권의 라메드[lāmed]; Williams § 280; '레히즈키야후'['히스기야에 의해']-역주)가 병들었다가 그의 병이 나은 때에 기록한 글이라고 정의된다(9절). 10절의 시작 단어인 내가 말하기를(문자적으로 '나 자신이 말했다', 강조되었음)은 아마도 '나는 나 자신에게 말했다'이거나, 또는 '내가 생각했다'를 의미할 것이다.

히스기야는 자신이 곧 죽을 것이라는 사실을 알고 애통하며, 자신의 생명을 급작스럽게 빼앗기게 되었거나 도난당했다고 생각한다(즉, 나의 여생을 빼앗기게[어근 파카드〈pāqad〉의 드문 사용]되리라; 문자적으로 '나의 삶 중간[데미〈dĕmî〉, 여기에만 나옴]에서'). 데미(dĕmî)라는 단어는 '닮음'을 의미하는 다마(dāmâ)와 관련이 있을 수 있는데, 이것은 삶의 한 부분이 다른 부분(즉, 삶의 중간 지점)과 '닮았다'라는 것을 암시한다. 이것은 그의 죽음의 정확한 시간에 대한 구체적인 언급이 아니라 너무 이른 나이에 죽는 것에 대한 시적 표현이다.

히스기야는 죽음이 가져올 변화를 다음과 같이 묘사한다.

첫째, 현 세상을 떠나 스올(죽음)의 문 뒤에 갇힌다.

둘째, 남은 생애 동안 가졌던 모든 열망을 상실한다(나의 여생을 빼앗기게 되리라).

셋째, 땅이 아닌 스올의 관점에서 여호와를 뵙는다.

넷째, 지상에서 계속 사는 사람들과의 교류가 단절된다(내가 세상의 거민 중에서 한 사람도 다시는 보지 못하리라).

죽음은 스올의 문 뒤에 갇힌 것으로 묘사된다. 유사한 어구들에 대해서는 '죽음(마베트[māwet])의 문들'(욥 38:17), '죽은 자의 영역의 깊음'(욘 2:2), '음부(하데스)의 문들'(마 16:18)을 보라.

그는 생각하기를(문자적으로 '내가 말했다') **여호와**(문자적으로 야[Yah], 여호와의 축약형, 여기에 2회 나옴)를 **산 자의 땅에서 뵙지 못할 것이라고 한다**(11절). 암시적으로 스올은 땅에서 일상의 흐름을 빼앗긴 죽은 자들의 장소이다.

내가 다시는 여호와(즉, 야[Yah])**를 뵙지 못하리니와 산 자의 땅에서 다시는 여호와**(즉, 야[Yah])**를 뵈옵지 못하겠고**라는 두 어구는 첫 번째 어구를 두 번째 어구에서 보충하여 바꾸어 말함으로써 계단 평행(stair-step parallelism)을 이룬다(Watson 1994: 150-156). 이것은 여호와께서 스올에 계시지 않는다는 뜻이 아니라 히스기야가 산 자들의 땅에서 여호와를 다시 뵙지 못할 것이라는 의미이다(즉, 그는 곧 죽는다는 것이다).

그와 비슷하게 **내가 세상의 거민 중에서 한 사람도 다시는 보지 못하리라**라는 어구는 그가 스올에서 그의 동료 인간을 보지 못한다는 것이 아닌, 현세에서 더 이상 그들과 함께 살지 못한다는 것이다. 11절의 마지막 단어인 하델(ḥādel, 문자적으로 '중단')은 음위전환(metathesis; 즉, 필사자의 오류로 인해 뒤바뀐 두 문자)의 예로 할레드(ḥāled, '세상')로 읽어야 한다.

〈12-14〉 히스기야의 애가는 계속된다. **나의 거처**(도리[dôrî], 여기에만 나옴; NIV, '나의 집')**는 나를 떠나 옮겨졌고**(문자적으로 '추방된')(12절). 그는 다음 이미지에서 자신의 짧은 삶을 묘사한다.

첫째, 양 떼를 따라 이동하면서 한곳에서 결코 오래 머물지 않는 **목자의 장막과 같다**(12절).

둘째, 마치 직공이 그날의 작업이 다 끝났을 때 일거리를 베틀에서 꺼내서(킾파드티[qippadtî], 내가 내 생명을 말았도다[오직 여기에만 나옴]) 그것(달라[dallâ], 문자적으로 '직물에 매달린 실', 2회; 아 7:6에 나오는 문자적으로 '네 머리의 머리카락'을 보라)을 잘라내는 것과 같다.

조석간에(문자적으로 '낮부터 밤까지') 나를 끝내시리라(12절)라는 어구에서 동사 샬람(šālam, 끝)은 다양한 의미가 있지만, 이 문맥에서는 '끝내다'를 의미한다(왕상 9:25을 보라).

13절의 첫 어구 내가 아침까지 견디었사오나(샤바[šāwâ])는 번역하기가 어렵다. 샤바(šāwâ)는 NIV가 번역한 것처럼 '참을성 있게 기다린다'라는 의미가 아니다. 더 나은 번역은 시편 131:2의 '내가 고요하고 평온하게 했다'처럼 '내가 자신을 안정시켰다'라는 의미이다.

그럼에도 불구하고 다음 구절의 끝은 히스기야가 하나님이 그의 고통을 없애고 그를 도우러 오시기를 갈망했다는 것을 분명히 한다(문자적으로 '나를 위한 담보물이 되다', 14절; 창 44:32을 보라). 이것은 하나님이 그에게 말씀하신 대로 그를 보호해 주실 것임을 의미한다(5절).

죽음이 임박했음을 알고 히스기야는 자신의 슬픔을 다음과 같이 여러 이미지로 표현한다.

첫째, 사자가 먹잇감을 죽이기 전에 먹잇감의 모든 뼈를 부러뜨리듯이 하나님은 그의 뼈를 부러뜨리셨다(즉, 문자 그대로가 아니라 비유적으로 '그의 건강을 상하게 하심', 13절).

둘째, 그는 자신의 외침들/신음들(아찹쳅['ăṣapṣēp], '내가 울었다', 4회, 모두 이사야서에 나옴; 29:4을 보라)을 날카롭고 구슬픈 제비(수스[sûs])와 학(아구르['āgûr])(두 용어 모두 2회 나옴; 렘 8:7을 보라)의 울음과 슬피 우는 비둘기(요나[yônâ])(14절)의 울음에 비유한다.

다음 어구도 역시 어렵다. 내 눈이 쇠하도록(달랄[dālal], '작아지다'; 이것은 이 동사가 눈을 가리키는 유일한 곳임) 앙망하나이다(NIV, 내가 하늘을[문자적으로 '높음들을'] 바라보았다). 히스기야는 약해진 상태에서 하나님께 부르짖고 있는 것 같다.

⟨15-17⟩ 히스기야는 하나님이 이 질병을 작정하셨으니 자신은 그 문제에 대해 아무 말도 할 수 없다는 것을 깨달았다. 주께서 또 친히 이루셨사오니 내가 무슨 말씀을 하오리이까(15절).

다음 어구 내가 종신토록 방황하리이다(NIV, 내가 겸손하게 걸을 것이다)에 대해 많은 수정 사항들이 제안되었다. 마소라 본문에서 '걷다'라는 동사의 형태는 '천천히 걷거나 행진하다'(여기와 시 42:4에만 나옴; '하나님의 집으로 [행렬을 따라] 가곤 했던 방법')를 의미할 수 있다. 또는, 더 일반적인 동사 '방황하다'(즉, '종신토록 내가 방황하다')를 의미할 수 있다.

두 경우 모두 합리적인 번역이라고 생각한다. 어떤 경우이든지 15절의 마지막 어구는 그가 견뎌낸 고뇌(즉, 내 영혼의 고통[문자적으로 '쓴 맛']으로 말미암아)가 그의 영혼을 겸손하게 만들었다는 것을 암시한다.

16절도 역시 번역하기 어렵지만, 히스기야와 같은 시련이 사람들로 하여금 하나님께로 돌이키고 회복되게(할람[ḥālam], 이 의미로 2회; 욥 39:4을 보라) 한다고 설명한다. 사람이 사는 것이 이에(문자적으로 '이것들 때문에') 있고 내 심령의 생명도 온전히 거기에 있사오니(16절). 이것이 히스기야가 보옵소서(힌네[hinnēh]) 내게 큰 고통(문자적으로 '쓴 맛')을 더하신 것은 내게 평안을 주려 하심이라(17절)라고 말할 수 있는 이유이다.

하나님의 사랑(하샼[ḥāšaq], 이스라엘에 대한 하나님의 사랑으로 일반적으로 사용됨, 신 7:7을 보라) 때문에 그는 멸망(벨리[bělî], '닳아 빠짐')의 구덩이에서 구출되었고 그의 죄가 용서받았다. 주께서 내 모든 죄를 주의 등 뒤에 던지셨나이다. 이 비유적 표현은 하나님이 더 이상 히스기야에게 그의 죄를 묻지 않겠다는 의미이다.

〈18-20〉 히스기야는 죽은 자들이 주를 찬양할 수 없다고 하나님께 호소한다(문자적으로 '스올이 감사하지 못한다'[not Sheol thank you]; 강조를 위해 도치된 구문). 왜냐하면, 그 시점에서 하나님이 질병이나 죽음에서 구원하신다고 기대하기에는 너무 늦었기 때문이다. 구덩이에 들어간 자가 주의 신실을 바라지(사바르[śābar], 10회; 시편에서 5회) 못하되(18절).

히스기야에게 스올은 죽은 영들이 사는 곳이고, 살아 있을 때와 같이 하나님의 복을 더 이상 누리고 찬양할 수 없는 곳인 무덤과 같다. 따라서 히스기야는 장수를 간청한다. 오직 산 자 곧 산 자는 오늘 내가 하는 것과 같이 주께 감사하며(19절).

히스기야는 비록 그 자신은 그의 아들 므낫세에게 이 메시지를 성공적으로 전해 주지 못했음에도 불구하고 부모가 주(하나님)의 **신실**에 대한 지식을 다음 세대에 물려줄 필요가 있음을 지적한다. 또한, 모세도 자신의 명성을 유지하기 원하시는 하나님의 갈망에 호소했다(출 32:11-14). 하나님은 사람들이 그에 대해 어떻게 생각하는지 관심이 있으며, 그 누구에게도 그의 의로움과 신실함에 의문을 제기할 이유를 주지 않으신다. 따라서 사람들은 하나님을 믿지 않는다고 변명할 여지가 없다.

20절에서 **여호와께서 나를 구원하시리니**(문자적으로 '구원할 준비가 되어 있다')라는 히스기야의 확언은 하나님에 대한 그의 새로운 확신을 보여준다. 그는 남은 생애 동안 **여호와의 전에서 다른 사람들과 함께 수금으로 연주하고 노래하겠다**(문자적으로 '우리가 현악기들을 위한 내 음악을 현악기들로 연주할 것이다')고 약속한다. 동사 **나간**(*nāgan*, '현악기로 연주하다')은 명사 **네기나**(*něgînâ*, '현악기로 연주하는 음악', 20절)와 관련이 있다.

〈21-22〉 21-22절은 히스기야가 치유받기 이전 시점으로 돌아간다. 그러므로 치유에 대한 응답으로 히스기야의 찬양 노래 뒤에 그것들을 배치하는 것은 어색하다(더 일관된 사건의 연대기에 대해서는 열왕기하 20장의 평행 산문을 보라). 최종 결과가 여전히 만족스럽지 않지만, 번역자들이 이 명백한 불일치를 완화하려고 시도한 한 가지 방법은 마치 이전의 산문에서 생략된 어떤 것을 회상하는 것처럼 동사를 과거 완료 시제로 읽는 것이다. **이사야가 말했었는데**(had said)…, **히스기야가 요청했었는데**(had asked)…(NIV, NASB, NRSV 등).

그 대신에 열왕기하 20장에 있는 두 가지 약속(즉, 히스기야의 치유와 예루살렘의 구원, 6절) 직후에 징조가 연속해서 나오는 것은 그 징조가 두 가지 약속을 확증하기 위해 주어졌음을 나타낸다. 그리고 그 사건들에 대한 요약된 설명을 반영한 것일 수 있다.

이사야서의 기록은 그 두 사건을 별개의 사건으로 본다. 그리고 히스기야가 징조를 요구한 것은 그의 찬양 노래 끝부분에 구체적으로 언급된 내가 여호와의 전으로 올라가는 것(38:22)으로 응답 됨을 시사한다(우리가 종신토록 여호와의 전에서 노래하리로다, 20절).

스미스(Smith)는 히스기야의 피부병이 그를 부정하게 해서(레 13:18-23) 성전에 들어가는 것을 제한했기 때문에(2007: 652) 그 징조의 중요성을 지적했다. 자이츠(Seitz)는 37장과 38장에서 기도와 예언적 응답 뒤에 징조가 뒤따라 나오는 유사한 구조가 있음을 인식했다(즉, 37:30-32; 38:20-21)(1991: 166-169). 이사야 36-39장은 중간에 히스기야의 찬양 노래가 포함된 중심교차대구법일 가능성이 더 크다(표 38.1을 보라).

앗수르의 위협 (36-37장)	히스기야의 치유와 징조 (38:1-8)	히시기야의 찬양 (38:9-20)	히스기야의 치유와 징조 (38:21-22)	바벨론의 위협 (39장)

[표 38.1] 이사야 35-39장의 구조

이사야는 한 뭉치 무화과(데벨라[dĕbēlâ], '압축된 무화과 덩어리', 여기에만 나옴)를 가져다가 종처(쉐힌[šĕḥîn], '궤양, 염증 부위')에 붙이라(마라흐[mārah], 여기에만 나옴)는 지시를 전달한다. 무화과는 치료 효과가 있는 것으로 알려져 있다. 그런 찜질은 고름을 뽑아 내고 염증을 완화시켰을 것이다.

의미

하나님은 히스기야에게 그가 죽기 전에 그의 집을 정리하라는 경고를 매우 은혜롭게 하셨다. 그 당시에는 왕위를 계승할 아들이 분명히 없었기 때문이다. 히스기야가 하나님께 그의 헌신과 신실한 섬김을 기억해 달라고 간청할 때, 하나님은 히스기야의 생명을 연장하여 이스라엘 역사상 가장 어려운 시기들 가운데 한 시기를 살도록 하셨다.

히스기야는 많은 사람의 생명이 위태로웠던 주전 701년에 무시무시한 앗수르가 공격하는 동안에도 그의 기적적인 치유를 되돌아보며 믿음을 갖기 위해 용기를 냈을 것이다. 그러나 히스기야가 수명을 더 연장해 달라고 요청한 것은 유다 역사상 가장 사악한 왕인 므낫세의 탄생도 가능하게 했다. 따라서 히스기야의 요청을 들어주는 것은 양날의 검과 같았다.

(3) 바벨론의 사절단(39:1-8)

문맥

이사야 서사(사 36-39장)의 마지막 섹션인 이 장(또한, 왕하 20:12-19을 보라)은 연대순으로 배치되지 않았다. 그것은 히스기야의 병과 회복을 바벨론 왕 므로닥발라단(MardukBaladan, 마르둑-아팔-이디나 2세[Marduk-apal-iddina II], 문자적으로 '마르둑이 나에게 상속인을 주었다')의 사절들의 방문으로 연결하는 1절에서 알 수 있다.

이 방문은 주전 703-702년 이전 어느 시점인, 그(므로닥-발라단)의 재위 마지막 해에 이루어졌을 것이다. 이것은 아마도 주전 701년 앗수르의 공격으로 포위된 사건들로 이어졌을 것이다. 그 기록은 두 섹션이 함께 연결되는 바벨론 포로 귀환(이사야 40-48장)의 배경이 된다.

39장에 있는 므로닥-발라단의 방문은 다음 두 가지 이유로 포위되기 전에 일어났다는 것을 알 수 있다.

첫째, 히스기야가 그에게 자신의 막대한 모든 재물을 보여 준다. 그러나 주전 701년경에 히스기야는 산헤립에게 너무 많은 조공을 요구받아서 성전과 보물 창고들의 은과 성전 문들에서 금을 벗겨 바쳐야 했다(왕하 18:14-15).

둘째, 역사적으로 므로닥-발라단은 이미 바벨론에서 반란을 일으켰고, 주전 703-702년 왕위를 되찾기 위해 앗수르에 대항하여 싸울 동맹국이 필요했다. 히스기야를 방문하기 위해 사절을 보낸 그의 목적은 의심할 여지 없이 앗수르의 지배에 맞서 싸우기 위해 동맹을 맺는 것이었다. 그 결과 히스기야는 산헤립에게 조공을 바치지 않았고, 이로 인해 주전 701년에 포위를 당했다.

바벨론 사람들에게 이스라엘의 막대한 부를 보여 준 것에 대한 이사야의 책망은 히스기야가 앗수르에 대항하여 바벨론과 연합하는 것을 막기에 충분했을 것이다. 바벨론과의 연합이 일어나지 않았기 때문에, 언젠가 바벨론이 이스라엘로 돌아와서 그들을 포로로 잡을 것이라고 히스기야와 그 나라에 경고했다.

그 후 이사야 40장은 약 150년 후인 주전 539년에 바벨론 포로에서 돌아오는 것을 묘사한다. 따라서 39-40장은 이 예언들의 성취를 하나님의 권능과 주권을 입증하는 것으로 보게 될, 바벨론 포로로 잡혀갔던 미래 세대에게 훨씬 더 큰 의미가 있을 것이다.

⟨1-2⟩ 바벨론 왕이 보낸 사절들의 이 중요한 방문 시기가 전적으로 명확한 것은 아니다(즉, 그때에).[34] 히스기야의 병과 뒤이은 회복 소식을 듣고 발라단의 아들 바벨론 왕 므로닥발라단이 히스기야에게 글과 예물을 보냈다(1절).

므로닥발라단은 약 주전 722년에서 710년 사이에 바벨론의 왕이었으며, 그 후 다시 주전 703년에서 702년까지 9개월 동안 통치했다. 그가 앗수르의 확장에 함께 저항할 동맹국을 찾았던 것은 이 9개월 중의 어느 시점이었다. 그는 히스기야에게 징조를 보여 주고 그를 그토록 심각한 병에서 고치는 데 큰 권능을 나타내신 하나님에 대해서 듣고 매우 흥미를 느꼈을 것이다(대하 32:31을 보라). 이 강력한 하나님의 도움을 받은 히스기야와 반앗수르 동맹을 맺는 것은 매우 유용할 것이다.

---

34) 형용사 하히(*hahi*, '저것', 모세오경과 여기에서 197회 사용됨)는 남성형과 여성형 모두를 나타내는데, 아마도 그것이 수식하는 단어의 성이 불확실함을 보여 주는 것 같다.

그들이 예루살렘에 도착하자 히스기야가 사절들로 말미암아 기뻐서(문자적으로 '그들에 관해 기뻐했다') 그의 보물 창고들(베트 네코토[*bêt nĕkōtōh*], 여기와 평행 구절인 왕하 20:13에만 나옴)을 그들에게 보여 주었다. 그 산문은 히스기야가 은, 금, 향료, 귀한 기름(문자적으로 '그 좋은 기름')으로부터 모든 무기고(문자적으로 '그릇들의 집'; 22:8을 보라)에 이르기까지 모든 것을 바벨론 사절들에게 보여 주었다는 사실에 특별히 주목한다.

히스기야가 궁중의 소유와 전 국내의 소유를 보이지 아니한 것이 없는지라(2절; 대하 32:24-31의 평행 기록을 보라). 이것은 히스기야가 그의 왕국을 자랑스러워하고 사절들에게 깊은 인상을 주기 원했다는 것을 명백하게 암시한다. 아마도 히스기야는 므로닥발라단이 동맹국인 유다가 얼마나 가치 있는지 알기를 바랐을 것이다.

⟨3-4⟩ 이사야는 하나님의 말씀을 가지고 히스기야에게 온다. 이사야는 히스기야 자신의 입술에서 그를 비난할 정보를 끌어내기 위해 일련의 질문을 던진다(예, 그 사람들은 무슨 말을 하였으며 어디서 왕에게 왔나이까). 히스기야는 첫 번째 질문을 피하고 단순히 그들이 바벨론에서 왔다고 대답한다.

그들이 왕의 궁전에서 무엇을 보았나이까라는 질문에 대한 히스기야의 대답에서 우리는 그의 교만(대하 32:25, 31을 보라)과 멀리 떨어진 이방 통치자에게 자신의 재산으로 깊은 인상을 남기려는 무분별한 결정을 본다. 그는 자신이 수집한 모든 보물을 보여 주었다고 고백한다(히스기야가 그들에게 모든 것을 보여 주었다는 것을 강조하기 위해 그들이 내 궁전에 있는 것을 다 보았나이다 내 창고에 있는 것으로 보이지 아니한 보물이 하나도 없나이다라고 다시 말함).

⟨5-7⟩ 그 후 이사야는 히스기야에게 만군의 여호와의 메시지를 선포한다. 그는 먼저 히스기야의 온전한 주의를 끌기 위해 보라(힌네[*hinnēh*])라고 한 후 바벨론이 유다의 보물과 그 나라의 백성을 빼앗을

날이 올 것이라고(문자적으로 '날들이 오고 있다') 그에게 말한다. **바벨론**이라는 이름은 강조를 위해 어구의 맨 끝에 위치한다.

그 후 바벨론이 유다의 부를 얼마나 철저하게 약탈할 것인지에 대한 묘사가 나온다.

- 네 집(NIV, 네 궁궐)에 있는 모든 소유
- 네 조상들이 오늘까지 쌓아 둔 것(아차르['$āṣar$], 5회)
- 남을 것이 없으리라(6절)

그 결과는 훨씬 더 개인적이다. 히스기야 자신의 후손들(강조를 위해 세 가지 다른 방식으로 언급됨)이 영향을 받을 것이다. 네게서 태어날 자손(문자적으로 '아들들') 중에서 몇이 사로잡혀 바벨론 왕궁의 환관(즉, 고위 관리들)이 되리라. 히스기야는 자신의 교만이 가져올 파괴적인 결과를 전혀 예상하지 못했음이 분명하다.

그 예언은 시간이 지남에 따라 여러 번의 침략으로 성취되었을 것이다(주전 605년, 598년, 586년; 왕하 24:10-17을 보라). 다니엘과 그의 친구들이 포로로 끌려가 바벨론 왕국에서 섬기도록 훈련을 받았을 때 이 예언의 일부가 성취되었을 것이다(단 1:1-6).

⟨8⟩ 그 예언을 듣고 히스기야는 당신이 이른 바 여호와의 말씀이 좋소이다(문자적으로 '좋다 여호와의 말씀이'; '좋다'라는 단어를 강조함)라고 대답한다. 그의 추론은 내 생전에는 평안과 견고함이 있으리로다라는 것이다. 이 반응은 히스기야가 냉담하고 이기적이며, 자신은 그 나라에 초래한 심판에 영향을 받지 않을 것이라는 생각하는 결론으로 이끌 수 있다.

그는 그것이 그의 생전에 일어나지 않을 것이라는 생각에 안도감을 느낀다. 그러나 이사야가 한 예언에 대해 좋소이다라고 말한 그의 평가를 바라보는 또 다른 방법이 있다.

'좋은'(토브[tôb])이라는 단어는 '적합한' 또는 '잘 맞는'을 의미한다. 이 경우에 히스기야는 자신이 신실하고 전심으로 하나님께 헌신했기 때문에(즉, 38:3), 그 나라가 자신이 왕으로 다스리는 동안 징벌받고 포로로 잡혀가지 않는 것이 공평하고 정당하다고 생각한다. 열왕기하 20:19의 마지막 어구는 이러한 해석을 뒷받침해 준다. 만일 내가 사는 날에 태평과 진실이 있을진대…(문자적으로 '나의 날들에 평화와 진실이 있어서는 안 되는가?').

39장은 40-48장으로 연결하는 유용한 다리 역할을 한다. 이사야서의 전반부에는 바벨론에 대한 언급이 거의 없으며, 당시 그들의 주요한 적이었던 앗수르에 초점을 맞추고 있다. 따라서 39장의 서사는 이사야 40-48장의 사건들과 앞으로 약 150년 후 바벨론에서 이스라엘의 포로들이 귀환하는 것을 준비한다.

의미

39장의 사건들은 이사야 서사(사 36-39장)에서 연대순으로 가장 초기에 속하며, 나머지 사건들을 위한 무대를 설정한다. 므로닥발라단이 보낸 사절들은 앗수르에 대항하여 바벨론과 유다가 동맹을 맺게 하려고 그곳에 있었던 것 같다. 히스기야는 자신의 막대한 부와 무기로 그들에게 깊은 인상을 주려고 했다.

이사야는 히스기야가 그의 궁궐에 있는 모든 것을 바벨론 사절들에게 보여 주기 전에 여호와의 뜻을 구하는 대신 교만하게 행동한 것이 얼마나 잘못이었는지 지적한다(수 9장에 나오는 유사한 죄를 보라).

교만은 패망의 선봉이요(잠 16:18)라는 말은 얼마나 진실한가?

II. 위로(40:1-66:24)

이사야서의 두 번째 부분인 40-66장은 처음 39장의 내용과 완전히 다른 일련의 역사적, 해석적 문제를 다루고 있다는 데 만장일치로 동의한다. 바벨론 포로로 끌려갈 악인들에 대한 징벌을 강조하는 대신, 이사야로부터 거의 150년 후인 주전 539년경에 포로에서 돌아올 의로운 남은 자에 대한 격려의 메시지가 분명하게 보인다. 책의 통일성, 연대, 저자에 대한 자세한 내용은 서론을 보라.

1. 구원의 약속(40:1-48:22)

40-48장은 바벨론 포로에서 자기 백성을 구원하기 위해 이방 왕인 바사(Persia)의 고레스(Cyrus)를 사용하실 수 있다는 점에서 하나님이 모든 민족에 대한 주권자임을 강조한다. 앗수르 사람들과 바벨론 사람들은 정복한 민족들을 그들의 제국 내에서 재정착시켰다.

시간이 지남에 따라 결국 그들이 현지 생활 방식과 종교를 선택하도록 함으로써 그들을 그 나라에 동화시키려고 했다. 한편, 고레스는 이러한 정책들과 반대로 그의 제국을 통합하려고 했다. 그는 또한 포로들이 고국으로 돌아가 예배 장소를 재건하도록 허용함으로써 가능한 한 많은 신을 달래서 비위를 맞추려고 했다.

이사야 40-48장은 고국으로 돌아갈 수 있게 된 하나님의 백성을 위한 위로의 메시지로 시작하여 이 책의 주요 주제들을 반복하는 이음새로 끝난다.

- 이스라엘이 심판받았다(48:17-19).
- 이스라엘이 구원을 받을 것이다(48:20-21).
- 악인이 징벌받을 것이다(48:22).

남은 자의 회복은 더 이상 주요 주제가 아니다. 이 시점에서 하나님은 믿는 이스라엘만을 다루시기 때문이다. 악인에 대한 징벌은 **악인에게는 평강이 없다**(48:22)라는 후렴구로 강조된다. 그러므로 그 회복은 믿는 남은 자를 위한 것이다. 이 섹션에는 아홉 개의 단위가 포함되어 있으며, 그 가운데 하나는 첫 번째 종의 노래(42:1-7; 표 0.10을 보라)이다.

1) 포로들을 위한 위로의 메시지(40:1-31)

포로들은 예루살렘으로 돌아가도록 허락받기 전에 적어도 47년 동안 (어떤 사람들에게는 그보다 더 긴 기간 동안) 바벨론에 있었을 것이다. 그러나 주전 538년에는 이스라엘 사람들 가운데 약 오만 명만이 돌아왔을 것이다(Kaiser와 Wegner 2016: 571-587을 보라). 어떤 사람들은 이스라엘로 돌아가서 다시 시작하기 위해 수십 년 동안 얻은 모든 것을 희생하기를 원하지 않아서 바벨론에 남았을 것이다. 예루살렘으로 돌아온 주된 이유는 성전을 재건하는 것이었기 때문이다. 따라서 바벨론을 떠나기로 선택한 사람들은 자신의 행복보다 하나님과 그분의 성전을 더 중시하는, 하나님을 경외하는 의로운 남은 자들이었다. 40장은 이스라엘 백성들에게 하나님이 여전히 그들을 위한 계획이 있으시다고 격려하는 것으로 이사야서의 후반부를 시작한다. 사실상 그들의 포로 생활이 끝나가고 있으며 그들은 고국으로 돌아갈 수 있게 될 것이다. 많은 사람에게 구원의 희망이 희미해졌기 때문에, 선지자는 두 가지 사실을 그들에게 확신시켜 준다.

첫째, 하나님은 그들을 사랑하시며 그들을 기꺼이 구원하실 것이다.

둘째, 세상을 창조하시고 모든 피조물을 다스리는 그 하나님이 그들을 포로에서 구원해 주실 수 있다.

이 장은 두 개의 단위로 구성된다.

- 1-11절: 하나님이 그분의 의로운 남은 자를 예루살렘으로 다시 데려오실 날을 묘사한다.
- 12-31절: 이스라엘의 하나님이 위대하심을 확증하는 세 개의 논쟁 신탁(12-20절, 21-26절, 27-31절)을 중심으로 구성된다. 그 신탁들은 하나님이 이스라엘을 그 땅으로 반드시 다시 데려오실 것이라는 사실에 대해 설득력 있는 증거를 제공하기 위한 것이다.

(1) 남은 자와 함께 귀환하시는 하나님에 대한 선언(40:1-11)

문맥

이 섹션은 포로들을 격려하기 위한 것으로 그들의 포로 생활이 거의 끝났으며, 그들을 고국으로 데려오기 위해 그들의 하나님이 위대한 전사로서의 능력과 목자로서의 부드러움을 모두 나타내실 것이다.

우리 하나님의 말씀은 영원히 서리라(8절)라고 했기 때문에 그들은 이 구원을 의심할 필요가 없다. 그분이 그것을 선언하시면, 그것은 반드시 일어날 것이다.

주석

〈1-2〉 마지막으로 1-39장에서 징벌에 대해 엄중하게 경고하신 후에, 하나님은 위로의 메시지를 주신다. 너희는 위로하라 내 백성을 위로하라(강조를 위해 반복함). 화자는 하나님의 명령을 수행할 그분의 사자들에게 말할 때 동사 위로하다의 복수형을 사용한다. 언뜻 보기에 여기에서 하나님이 말씀하시는 것처럼 보이지만, 너희의 하나님이 이르시되라는 이 어구는 이름 없는 대변인이 있음을 의미한다.

이 구절들의 어휘는 자기 백성을 향한 하나님의 사랑의 모습을 강조한다. 그분은 마음에 닿도록(NIV, 부드럽게; 창 34:3을 보라) 말씀하시며, 그들을 내 백성이라고 부르시고, 자신을 너희의 하나님이라고 칭하신다. 이 문맥은 하나님이 말씀하시는 백성이 정화의 과정을 거친 남은 자임을 분명히 알려 준다.

첫째, 그 노역의 때가 끝났고(문자적으로 '채웠고'). 즉, 포로 생활이 끝났다. 스미스(Smith)가 지적했듯이 이스라엘이 바벨론 포로기 동안 고된 노동을 하도록 강요받았다는 증거가 거의 없기 때문에, 노역이라는 어구는 '필수적인 노동'으로 번역하는 것이 더 잘 어울린다(2009: 94).

둘째, 그 죄악이 사함을 받았느니라라는 어구는 하나님께 패역한 것에 대한 징벌이 끝났다는 것을 의미한다.

셋째, 그의 모든 죄로 말미암아 여호와의 손에서 벌을 배(키플라임[*kiplayim*], '두 겹', 3회)나 받았느니라. 여기서 그 이미지는 양쪽의 무게를 똑같이 하는 평형 저울에 관한 것이다. 다시 말해서, 이스라엘은 자신이 받아야 할 것보다 더 많은 고통을 겪지 않았고, 자신이 받아야 할 죗값보다 더 적게 지불함으로써 그 죄책감이 줄어들지 않았었다(즉, 어느 쪽이든 공평하지 않은 하나님을 암시할 것임). 그러나 이제 그 죗값을 두 배나 받음으로써 이스라엘의 죄에 대한 징벌은 충분히 만족되었다.

이 구원 신탁은 미래의 구원을 예언하지만, 여기에 사용된 동사들은 구원을 완성된 행위(즉, 예언적 완료)로 묘사한다. 낙담한 나라를 향해 하나님이 이제 그들을 위로하실 것이라고 확신시키는 것은 어려운 일이다. 그러므로 하나님의 사자들은 설득력 있게 말할 필요가 있다.

〈3-5〉 정체를 알 수 없는 화자(외치는 자의 소리)는 오실 왕 하나님을 위해 필요한 준비를 알리는 전령이나 선구자 역할을 하는 하나님의 사자들 가운데 한 사람이다. 전령들을 사용하는 것은 고대 근동에서 일반적이었다. 이러한 준비들에는 모든 장애물을 치우고(문자적으로 '그 길을 되돌아 가다'), 계곡들을 높이고 언덕들을 낮추는(4절) 일이 수반된다.

이스라엘로 돌아가는 길은 광야(미드바르[midbār])나 사막(아라바[ʿărābâ])을 가로지르는 것이다. 이것은 문자 그대로 이스라엘과 바벨론 사이의 황무지에 대한 언급일 수 있지만, 여행의 어려움에 대한 비유적인 언급일 가능성이 더 크다.

일반적으로 고대 근동의 여행자들은 강을 따라서 사막의 가장자리로 돌아서 갔다. 그러나 이 여정은 이러한 목적을 위해 특별히 만들어진 대로(메실라[mĕsillâ], 일반적으로 주변 땅 위로 솟아 있음)로 사막을 직접 가로질러 목적지를 향해 가는 것으로 묘사된다.

그 선언은 여호와께서 머지않아 오신다는 것을 암시한다. 고르지 아니한 곳(아콥[ʿāqōb], 이 의미로만 나옴)이 평탄하게 되며와 험한 곳(레카심[rĕkāsîm], 여기에만 나옴)이 평지가 될 것이요라는 두 어구는 하나님의 오심을 막을 수 없다는 것을 의미한다. 여호와께서 남은 자를 구원하신 것을 열방이 볼 때 그분의 영광이 모든 사람에게 나타날 것이다(문자적으로 '모든 육체가 그것을 함께 볼 것이다'). 그분의 오심은 여호와 자신이 친히 보증하신다(여호와의 입이 말씀하셨느니라).

와이브레이(Whybray)와 다른 학자들은 3-8절이 이사야의 두 번째 소명과 사명을 나타낸다고 믿는다(1975: 48). 그러나 이 구절들은 다른 소명 이야기들과 크게 다르다(Oswalt 1998: 48; Childs 2001: 295-297을 보라).

⟨6-8⟩ 6절의 시작 부분에서 화자의 정체는 모호하다. **외치라**라고 말하는 소리가 들린다. 이것은 3-5절에서 외친 사자의 음성이거나, 또는 단수 명령 외치라는 선지자가 하나님의 메시지를 선포해야 함을 나타낼 수도 있다. 그 다음 어구는 NIV가 **그리고 내가 말했다**(문자적으로 '그리고 그가 말했다', 6b절)라고 번역했는데, 이것은 칠십인역과 1QIsa^{a}와 일치한다.

그러나 불명확하고 정체가 확인되지 않은 화자를 다시 언급하는 마소라 본문의 읽기가 선호된다. 8절에서 **우리 하나님**에 대한 언급은 이 구절들 전체에서 화자가 선지자이거나 또는 화자가 다시 선지자로 변경된다는 것을 나타내는 가장 좋은 표시이다.

그 후 선지자는 전능하신 여호와의 기운이 그들 위에 불 때(즉, 그들을 시험하심) 들의 풀과 꽃처럼 일시적이며 멸망하기 쉬운 인간과 달리, 하나님의 말씀은 언제나 신뢰할 수 있다는(영원히 서리라) 메시지를 선포한다. 이것은 포로로 잡혀간 자들에게 중요한 메시지이다. 인간의 능력이 그렇듯이 강력했던 바벨론제국은 이제 사라져 가지만, 구원에 대한 하나님의 메시지는 실현될 것이다. 하나님은 언제나 믿을 만한 분이시다.

⟨9-11⟩ NIV는 9절의 첫 구절을 **시온에 좋은 소식을 가져오는 당신으로** 번역하지만, 히브리어 본문은 시온이 좋은 소식의 전달자임을 시사한다. 승리의 좋은 소식을 전하는(문자적으로 '너의 목소리를 힘껏 높여라') 군대 전령처럼 시온은 유다의 성읍들을 향해 **너희의 하나님을 보라**(NIV, 너희 하나님이 여기 계신다)라고 선포한다.

청중의 관심을 집중시키기 위해 **보라**(힌네[*hinnēh*])라는 감탄사와 함께 선지자는 주 여호와께서 예루살렘에 도착하는 환상을 선포한다. 그리고 그분은 **상급**(세다로[*śědārô*], '보상, 삯, 급료')과 **보응**(페울라타[*pĕ'ullātâ*], '보상, 일')이라 불리는 그분의 남은 자를 데리고 오실 것이다. 여기서 그분은 자신의 남은 자를 적국의 영토에서 집으로 데려옴으로써 큰 승리(즉, 상급과 보응은 전쟁의 전리품을 나타냄)를 얻으시고 **그의 팔로 통치**하신다.

여호와는 그의 팔(NIV, '강력한 팔')로 다스리는 위대한 전사(그분의 권능에 대한 환유, 10절)와 자신의 양 떼를 우리로 인도하며 양들을 그분의 팔로 모아 그의 심장 가까이(NIV, NIV는 적당한 뉘앙스를 전달함) 안으시는 온유한 목자(11절)로 묘사된다. 하나님이 자신의 백성을 온유하게 돌보신다는 놀라운 이미지이다.

의미

심판에서 회복으로의 중대한 전환에서 하나님은 이제 그분의 자녀들을 예루살렘으로 다시 데려오는 데 관심을 돌리신다. 강력한 전사이자 사랑이 많은 목자로 묘사된 하나님은 이스라엘의 의로운 남은 자를 구원하겠다는 자신의 약속을 지킨다는 것을 증명하실 것이다.

(2) 하나님은 그분의 택한 백성을 기꺼이 회복시키고 고국으로 데려오실 수 있음 (40:12-31)

문맥

이 섹션에 있는 세 가지 논쟁 신탁(12-17절, 18-26절, 27-31절)은 이스라엘 하나님의 위대함을 보여 주며, 그분이 이스라엘을 그 땅으로 다시 데려오실 것이라는 설득력 있는 증거를 제공하기 위한 것이다. 논쟁 신탁(disputation oracle)은 양쪽의 공통된 근거에서 시작하여 수사학적 질문을 통해 논쟁의 여지가 있는 점을 증명하는 논증의 한 형태이다.

저자는 여기에서 일련의 수사학적 질문들(12, 13, 14, 18, 21, 25, 27, 28절)로 자신의 주장을 펼치고 다음 두 가지 주요 질문을 제시한다.

첫째, '하나님이 우리를 구원하실 수 있는가?'(12-26절)
둘째, '하나님이 기꺼이 우리를 구원하실 것인가?'(27-31절)

주석

① 하나님의 위대하심(40:12-17, 첫째 논쟁 신탁)

⟨12⟩ 선지자는 자신과 동시대 사람들 사이에 공통적 근거를 놓는 것으로 시작한다. 그의 첫 번째 수사학적 질문들은 하나님이 우주의 창조주라는 사실에 동의한다. 누가 바닷물을 헤아렸으며 … 하늘을 쟀으며 땅의 티끌을 담아 보았으며 … 산들을 달아 보았으랴. 명백한 답은 우주를 창조한 이인 '유일하신 하나님'이시다. 인간의 관점에서 볼 때 광대한 것도 하나님의 손안에서 손쉽게 측량되고 다루어진다.

장인이 작업대에서 작은 우주를 만드는 것처럼, 하나님은 **손바닥**(소알 [*šōʻal*], 3회)으로 바다를 재고, **뼘**(문자적으로 '폭', 엄지손가락과 새끼손가락 끝 사이의 길이와 같음; 또는 반 규빗[약 23센티미터])으로 하늘을 재시며 **땅의 티끌을 되**(샬리쉬[*šālîš*], '삼 분의 일', 에바[약 12리터]의 삼 분의 일과 동일함)에 담아보신다. 그분은 심지어 저울(펠레스[*peles*], 2회; *ANEP* 639에 나오는 저울을 보라)로 광대한 산들의 무게도 달아 보실 수 있다.

⟨13-14⟩ 13절은 하나님의 전능함에서 그분의 무한한 지혜로 이동한다(누가 여호와의 영을 지도하였으며[타켄⟨*tākēn*⟩, '추측하다, 결정하다', 즉 그의 사고 과정). 하나님은 **모사**가 필요하지 않으시다. 그분은 세상의 건축가이실 뿐만 아니라 모든 지식, 지혜, 정의의 궁극적 기원이시다.

에누마 엘리쉬(Enuma Elish; *ANET* 60-72)로 알려진 창조 신화에서 창조 신인 마르둑(Marduk)은 스스로 세계를 창조할 수 없어서, 그의 아버지 에아(Ea)의 도움이 필요했다. 그러나 여호와는 누구와도 상의하지 않았으며, 아무도 그분께 지혜(빈[*bîn*], '분별'; 테부노트[*tĕbûnōt*, 복수], '이해들')나 정의(문자적으로 '공의의 길')를 가르치지 않았다. 우리는 이 위대하신 하나님을 경이롭게 여길 수밖에 없다.

⟨15-17⟩ 보라(헨[hēn],=강조) 땅에 있는 나라들의 힘과 자원들을 합하여도 하나님에 비하면 아무것도 아니다. 그것들은 단지 통(델리[dĕlî], 2회)의 한 방울(마르[mar], 여기에만 나옴) 물이나 저울의 작은 티끌(샤하크[šaḥaq]; 이 의미로만 나옴)과 같다. 땅의 무수한 섬들도 하나님에 비하면 떠오르는 먼지(다크[daq], 소리와 의미가 앞에 나오는 '티끌'과 비슷함)처럼 하찮다.

16절은 하나님의 무한한 가치에 시선을 돌린다. 심지어 레바논의 광활한 백향목 숲들과 모든 동물로도 그분께 합당한 제사를 드릴 수 없다(문자적으로 '충분하지 않다'). 하나님에 비하면 이 땅의 강대국들은 아무것도 아니다. 그것들은 없는 것(에페스[ʾepes], '아무것도 아님')같이, 빈 것(토후[tōhû], '공허')같이 여겨진다. 그것은 만일 창조가 단지 여호와의 손의 작은 산물에 불과하다면, 하나님은 분명히 바벨론을 통치하실 것이고 이 위대한 구원을 가져오실 수 있다는 의미이다.

② **하나님께 대적할 자가 없음**(40:18-26, 둘째 논쟁 신탁)

⟨18-20⟩ 다음 질문은 여호와가 단지 많은 신 가운데 하나라는 가정을 다룬다. 그러면 너희가 하나님(엘[ʾēl=하나님에 대한 일반적인 셈어 이름)을 누구와 같다 하겠으며. 이스라엘을 둘러싼 나라들의 규범과도 같은 다신론(polytheism)은 여러 해 동안 많은 이스라엘 사람들을 유혹해 왔다. 선지자는 다시 한번 일반적 근거를 제시함으로써 자신의 논증을 시작한다. 이번에는 이스라엘의 전통, 즉 하나님은 어떤 우상보다 크시다는 것이다(시 97:9을 보라).

선지자는 여호와가 아닌 다른 신을 신뢰한다는 생각을 비웃는다. 소위 신이라고 불리는 다른 모든 신은 모든 단계에서 사람이 만든(문자적으로 '새긴') 무생물인 형상(데무트[dĕmût]) 또는 우상(페셀[pesel])에 불과하다. 먼저 밑받침은 일반적으로 청동으로 주조하고(문자적으로 '쏟아붓고') 그다음에 금이나 은을 입히고(41:7을 보라) 그 위에 은 사슬을 만들어(문자적으로 '제련하여') 장식한다. 우상이 화려할수록 그것이 가진 효능은 더 커졌다.

금이나 은을 감당할 수 없는 사람(메숙칸[mĕsukkān], '너무 가난한 사람', 여기에만 나옴)은 나무 우상을 조각하기 위해 숙련된(문자적으로 '현명한') 장인(문자적으로 '조각사')을 고용할 수 있었다(20절; 이 구절에는 몇 가지 어려운 문제가 포함되어 있지만[Williamson 1986: 1-20을 보라], 전체적 의미는 분명하다).

그 경우 그 사람은 먼저 썩지 않는(라캅[rāqab], 2회) 단단한 나무 조각을 찾고, 나무 조각가를 고용하여 그것을 쓰러지지(문자적으로 '비틀거리지') 않는 안정적인 조각상으로 만들 것이다. 쉽게 쓰러지고 땅에서 일어나지 못하는 신보다 더 나쁜 것이 어디 있겠는가. 이 명백한 아이러니가 그러한 대상을 살아 계신 하나님과 비교하는 어리석음을 부각시킨다.

〈21-24〉 21절의 수사학적 질문에는 모욕적 어조가 있다. **너희가 알지 못하였느냐/너희가 듣지 못하였느냐**(문자적으로 '확실히 너희가 알지, 그렇지 않냐? 확실히 너희가 들었지, 그렇지 않았냐?'). 저자는 여호와께서 땅을 주권적으로 다스리신다는 것을 어떻게 그들이 알지 못할 수 있는지 의아해한다(21-26절). 이것은 **태초부터**(문자적으로 '머리로부터') 그리고 **땅의 기초**(모사다[môsādâ], 6회)가 **창조될 때부터** 선언된 진리이기 때문이다.

선지자는 계속해서 21절에서 그가 암시했던 전통을 선포한다. 창조는 하나님이 **땅 위 궁창에 앉으셨을 때**(22절) 그분의 영광을 공개적으로 나타낸다(시 19편을 보라). 여기서 **궁창**(후그[ḥûg], '하늘, 지평선'; NIV, '원')이란 단어는 창공(창 1:6) 또는 땅을 둘러싸고 있는 것처럼 보이는 지평선을 의미한다.

여호와께서는 하늘을 차일(도크[dōq], 여기에만 나옴)처럼 펴거나 **천막같이 치셨고**(마타흐[māṭaḥ], 여기에만 나옴), 그분께 땅의 거주민들은 마치 메뚜기(하가빔[ḥăgābîm], '메뚜기의 한 종류')처럼 보인다. 그들의 하찮음은 하나님의 위대하심, 장엄하심과 완전히 대조된다. 그분의 주권은 이 세상의 모든 통치체제에 미치고 있다. 그분은 통치자들(문자적으로 '고위 관리들'과 '판사들')을 세우시고 단지 입김으로 그들을 무(아인['ayin], '아무것도 아님', 토후[tōhû], '공허')로 돌려보내신다(23-24절).

그들 통치의 연약함은 싹을 틔우기 시작하는 묘목들로 묘사된다(그들은 겨우[아프 발⟨*'ap bal*⟩, 문자적으로 '결코 아직'] 심기고는 그 파멸의 속도를 강조한다). 어린 식물들은 매우 취약하다. **하나님이 입김을 부시니**(나샤[*nāšap*], 2회) **그들은 말라**.

⟨25-26⟩ 선지자는 18절에서 물었던 질문을 반복하는데, 이 질문은 마치 이제 여호와께서 말씀하시는 것처럼 표현되었다. **거룩하신 이가 이르시되 그런즉 너희가 나를 누구에게 비교하여 나를 그와 동등하게 하겠느냐**. 거룩함은 하나님의 본질적 성품의 일부이며, 거룩하지 않은 사람의 어떤 본성은 하나님의 임재 앞에 있을 때 예리하게 깨닫게 된다(6:3-5을 보라). 여기서 강조점은 하나님은 사람과 동등하지 않다는 것이다.

그 백성들은 **높은 곳**(마롬[*mārôm*]='하늘')을 바라보아야 한다. 하나님이 **수효대로 만상을 이끌어내시고**(NIV, 창조하셨고; 바라[*bārā'*], 이사야서에서 21회, 구약의 다른 어떤 책보다 많음), **하나도 빠짐이**(문자적으로 '설명되지 않음이') 없기 때문이다. 여기서 그 의미는 하나님이 모든 별을 하나하나 다 창조하였고 세고 계신다는 것이다. 대조적으로 인간은 별들을 셀 수도 없다(창 15:5을 보라).

하나님은 잘 훈련된 군대처럼 날마다 천체들(bodies of heaven)을 정렬하고, 각각의 이름을 불러서 행군 명령을 내리신다. 하나님의 전능하심 때문에 그것들 가운데 그 누구도 감히 '퍼레이드에'(on parade) 나오지 않을 수 없다. 다시 말해서, 강조점은 만약 여호와께서 온 하늘을 존재하게 하실 수 있다면, 그분은 확실히 자기 백성을 돌보실 수 있다는 것이다.

바벨론의 많은 신은 천체들과 관련이 있었다.[1] 그러므로 이것은 그들에게 특별한 의미가 있었을 것이다. 여호와께서 이 천체들을 마음대로

---

1) '천상의 삼인조'(Triad of Heaven)에는 하늘과 관련된 최고의 신인 안(An)과 바람, 공기, 땅 및 폭풍과 관련된 신인 '엔릴'(Enlil), 그리고 물, 지식, 놀이, 공예 및 창조의 신인 엔키(Enki)가 포함되어 있다.

부르시고, 해와 달과 별을 지정된 위치에 두셨다는 사실은 그것들이 그분께 종속되어 있음을 보여 준다.

③ 하나님이 그분의 백성을 돌보심(40:27-31, 셋째 논쟁 신탁)

〈27-28〉 선지자는 수사학적 질문들을 계속한다. 어찌하여 네가 말하며/네가 이르기를/내 길은 여호와께 숨겨졌으며. 야곱과 이스라엘이라는 평행 용어는 이스라엘 나라 전체를 가리키거나, 또는 남아 있는 남은 자를 가리켜야만 한다. 북왕국은 오래전에 추방되었기 때문이다.

이스라엘은 언약적 보호에 대한 그들의 정당한 주장을 여호와께서 무시하신다고 불평한다. 내 길은 여호와께 숨겨졌으며 내 송사(문자적으로 '정의')는 내 하나님에게서 벗어난다(NIV, 무시당했다). 이 불평은 바벨론의 포로 된 입장에서 이해하기 쉽다. 여기서 문제가 되는 것은 하나님의 능력이 아닌 이스라엘을 구원하려는 하나님의 의지이다.

선지자는 21절과 유사한 수사학적 방식으로 응답한다(28절).

'확실히 너희는 알지, 그렇지 않냐?

확실히 너희는 들었지, 그렇지 않았냐?'

그 후 그는 이 우주의 창조주이신 여호와는 결코 피곤하지 않으시며(시 121:3-4), 그 지혜의 깊이는 측량할 수 없다(문자적으로 '그의 이해력에 대한 탐색함이 없다')는 이스라엘의 전통을 상기시켜 준다. 분명히 이스라엘은 하나님이 누구신지와 그분의 본성이 어떠한지를 잊어버렸다. 하나님은 능력에 제한이 없어서 이스라엘을 지켜보는 데 지치지도 않고, 시간에 쫓겨 행동하지도 않으신다. 하나님은 계속해서 자기 나라를 돌보고, 적절한 때에 그들을 구원하실 것이다.

〈29-31〉 하나님은 자신의 약속들을 지킬 수 있게 하는 두 가지 속성을 가지고 계신다. 바로 전능하심(omnipotence)과 전지하심(omniscience)이다. 그러므로 이스라엘은 단지 그들에게 인내할 힘을 주시는 여호와를 기다리기만 하면 된다. 심지어 그들 중 가장 강한 자(즉, 젊고 힘센 자)라도 바벨론 포로기 동안은 피곤하고 견디기 어려울 것이지만, 오직 여호와를 앙망하는 자는 새 힘을 얻을 것이다. 하나님의 능력은 사람들의 연약함을 통해 나타난다(고후 12:9을 보라).

앙망(카바[qāwâ])이라는 단어는 '확신과 신뢰 속에 기다린다'라는 의미이다. 이 앙망은 그들에게 독수리가 날개치며 올라감 같을 것이요 달음박질하여도 곤비하지 아니하겠고 걸어가도 피곤하지 아니한 지칠 줄 모르는 힘의 모든 이미지이다(58:11을 보라). 때때로 하나님은 우리가 통제할 수 없는 상황들을 경험하도록 허락하신다. 우리는 단순히 하나님이 변화를 가져오실 때까지 기다려야만 한다(합 3장의 유사한 메시지를 보라).

의미

예언자는 이스라엘 사람들이 할 것이라고 예상되는 두 가지 중요한 질문에 능숙하게 대답한다.

'하나님이 그들을 구원하실 수 있을까?'

'하나님이 기꺼이 그들을 구원하실까?'

두 가지 모두에 대한 단호한 대답은 '예!'이다.

40년 이상 바벨론 포로 생활을 한 후에 이스라엘 사람들은 희망을 내려놓기가 쉬웠을 것이다. 그러나 선지자는 하나님을 기다리는 사람들이 그들의 상황을 극복할 수 있는 놀라운 능력을 받아서, 자신들을 고국으로 데려오실 하나님을 신뢰하게 될 것이라고 확신한다.

2) 하나님이 행하신 구원의 예(41:1-29)

문맥

이 장은 중심교차대구법의 두 번째 섹션(표 0.10을 보라)이며, 이사야 46-47장에 나오는 '하나님의 징벌'과 평행을 이룬다. 이 장은 일반적으로 다음과 같이 나뉜다.

- 1-17절: 재판
- 8-13절, 14-16절: 두 개의 구원 신탁
- 17-20절: 공동의 약속
- 21-29절: 거짓 신들에 대한 재판

하나님은 재판에서 사용하는 언어로, 40:27에 나오는 불평에 관해 자신의 계획을 선포하심으로 응답하신다. 해안 지대, 심지어 온 세상(40:5)이 하나님이 자신의 특별한 나라를 어떻게 구원하실 것인지를 보고 경외할 것이다. 전능하신 하나님만이 이방 왕을 사용하여 자기 백성을 구원하실 수 있다. 누가 그런 일을 상상이나 했겠는가.

주석

(1) 하나님은 이스라엘을 귀환시키기 위해 고레스를 사용하실 것임(41:1-4, 첫째 재판 연설)

〈1-2〉 섬들(즉, 지중해 주변의 먼 해변들; 민족들[레움밈〈$lĕ'ummim$〉]이라는 단어와 평행)은 이스라엘의 변호에 조용히 귀를 기울일 것을 요구받는다. 가까이 나아오라 그리고 말하라(즉, '그들의 변호를 개시하다')/우리가 서로 재판 자리에 가까이 나아가자.

내 앞에 잠잠하라라는 말은 증거가 너무 설득력이 있어 말이 필요 없다는 것을 암시한다. 그들에게 힘을 주실 하나님의 계획에 대해 그들은 새롭게 이해하게 될 것이다(문자적으로 힘[코아흐⟨kōah⟩, 육체적, 지적 힘을 모두 포함함]을 새롭게 하라). 백성들은 하나님의 심판이 공평한지 판단하기 위해 하나님의 말씀을 집중해서 들으려고 함께 모였다.

2절은 바벨론이 멸망하기 직전(주전 539년)에 고레스가 매우 신속하게 행한 일을 묘사한다. 그때 하나님은 그를 사용하여 많은 나라를 멸망시키셨다. 하나님은 고레스를 동방에서 일으켜(문자적으로 '일깨워서') 공의로 부르실 것이다.

고레스를 향한 하나님의 부르심은 의롭고 합당한 결정이었는데, 고레스는 의롭고 공정한 통치자였기 때문이다. 즉, 자신들에게 반역한 자들을 더욱더 잔인하게, 특히 이스라엘을 과도하게 가혹하게 다루었던 바벨론 사람들을 징벌하는 데 하나님은 고레스를 사용하실 것이다.

고레스는 왕들을 굴복시켰고 그의 칼과 그의 활(그의 전체 군대에 대한 환유)로 나라들을 멸망시켜 티끌과 같이 만들었다(삼하 22:43을 보라). 그들은 바람에 불리는(나답[nādap], 8회) 초개같이 그 앞에서 도망칠 것이다.

⟨3-4⟩ 하나님이 지시하신 대로, 고레스는 효율적으로 그리고 자기에게 손해가 되지 않게(문자적으로 '평화롭게') 새로운 지역(문자적으로 '그의 발들로 그가 가지 않았던 길[로]')을 정복해 간다. 그 후 저자는 이 일을 누가 행하였느냐 누가 이루었느냐라고 수사학적 질문을 던진다. 하나님이 친히 대답하신다. 나 여호와라 처음에도 나요 나중 있을 자에게도 내가 곧 그니라(44:6을 보라). 이 모든 것이 처음부터 하나님의 계획이었다.

여호와는 맨 처음(문자적으로 '머리')에 계셨고, 마지막 인간 세대가 끝난 후에도 계속 존재하실 것이다(즉, 처음에도 … 나중 있을 자에게도). 내가 곧 그니라는 어구는 그분이 유일하고 영원한 하나님이시라는 것을 의미한다. 그러므로 그분이 홀로 모든 것을 계획하셨다(43:10, 13을 보라).

(2) 하나님이 놀라운 구원을 가져오실 것임(41:5-16)

⟨5-7⟩ 나라들이 땅끝에서부터 와서 이 하나님이 행하신 일을 기이하게 여겼다. 그러나 그들은 두려워하며 나아온다. 그들의 두려움은 정당한데, 그것은 하나님이 그들에게도 고레스를 보내실 수 있다는 것을 깨달았기 때문이다. 따라서 그 나라들은 서로 협력하고(문자적으로 '그의 친구를 돕다') 힘을 내라(하자크[hāzaq])고 격려한다.

장인들(즉, 목공, 문자적으로 '조각사'; 금장색, 문자적으로 '제련사', 망치로 고르게 하는 자[팥티쉬⟨paṭṭiš⟩, 3회], 매질꾼[파암⟨pa'am⟩, 이 의미로만 나옴])은 그들의 신들에게 비호를 받고, 고레스를 물리치는 데 도움을 얻기 위해 점점 더 멋진 우상을 만들면서 서로를 격려한다.

우상들을 세울 때 그들은 우상들이 쓰러지지(문자적으로 '흔들리다', 7절, 40:18-20을 보라) 않도록 못을 박는다. 여기에 명백한 아이러니가 있다. 그 나라들은 참되고 살아 계신 하나님의 말씀을 듣고도 그들은 자기 손으로 만든 우상들, 즉 다른 사람을 구하는 것은 물론이고 자신이 쓰러지는 것을 막을 능력조차 없는 우상들에게로 돌아간다.

⟨8-9⟩ 이 구원 신탁(8-20절)에서, 여호와께서는 열방으로부터 이스라엘을 돌아오게 하셔서 그들의 운명이 주변 나라들의 운명과 다르다는 것을 재확인시키신다. 그분은 애정을 표현하는 몇몇 용어를 사용하여 이스라엘을 다음과 같이 부르며 자신이 돌본다는 것을 표현하신다.

- 나의 종 이스라엘아
- 내가 택한 야곱아(즉, 하나님과 그들의 관계는 열방 가운데에서 유일함)
- 나의 벗(문자적으로 '나의 사랑하는 자') 아브라함의 자손아

고대 근동에서 두 당사자 사이의 우정은 종종 그들의 후손들에게 존중되고, 계속되었다. 따라서 이스라엘은 하나님이 그분의 친구인 아브라

함에게 부여하신 것과 동일한 특혜를 받게 되었다.

하나님은 이스라엘에게 **땅끝에서부터 … 땅 모퉁이**(여기에만 나옴; 즉, 바벨론 포로)에서부터 그들을 모아서(문자적으로 '붙잡다') 그들의 땅으로 돌려보낼 것을 확언하셨다. 이 확실한 약속은 다음과 같이 사랑이 담긴 용어들을 추가하여 그 의미를 강화한다. **너는 나의 종이라/내가 너를 택하고 싫어하여 버리지 아니하였다.** 나의 종과 내가 너를 택하고라는 어구들은 강조를 위해 이 두 구절에서 반복된다.

하나님은 이스라엘의 현재 상황에도 불구하고 이스라엘을 거부하지 않으셨고, 하나님이 했다는 것을 많은 사람이 믿도록 만드셨다(40:27을 보라).

⟨10-12⟩ 이스라엘이 하나님의 선택을 받았으므로 그분은 **두려워하지 말라, 놀라지 말라**(샤타[šātaʼ], 2회, 이 단락에 모두 나옴; 10, 23절을 보라, 구원의 신탁의 특징적인 어구)고 그들에게 말씀하신다.

하나님은 개인적인 확실한 약속들을 다음과 같이 추가하신다.

- **내가 너와 함께 함이라.** 그들은 전능하신 하나님이 그들의 편에 계실 때 두려워할 필요가 없다.
- **나는 네 하나님이 됨이라.** 그들은 하나님의 개별적인 관심을 받고 있다.
- **내가 너를 굳세게 하리라 참으로 너를 도와주리라.** 하나님은 그들에게 힘과 능력을 주실 것이다.
- **나의 의로운 오른손으로 너를 붙들리라.** 그분은 그들을 도우실 것이다.

하나님의 **의로운 오른손**은 그분의 능력(오른손이 더 강하다고 생각되었음)과 그분의 공의와 공평에 대해 말한다. 이스라엘은 하나님을 자신의 보호자로 삼기에, 이스라엘의 원수들은 그곳에서 완전히 사라질 것이다(문자적으로 '다투는 사람들은 아무것도 아닌 것처럼 될 것이다. 너를 대항하는 전사는 존재하지 않는 것처럼'). 그들과 전쟁을 벌일 사람은 아무도 남아 있지 않을 것이므로 이것은 완전한 구원의 모습이다.

〈13-14〉 그들이 원수들을 두려워할 필요가 없는 이유(키 [*kî*], '때문에')가 반복된다(10절 참조). 하나님이 친히 이스라엘의 오른손을 붙잡고 그들을 도우실 것이다. 하나님은 자신이 그들을 도울 것이기 때문에 두려워하지 말라고 두 번이나 말씀하신다.

그러나 하나님은 또한 다른 나라들이 경멸하던 그들의 연약함과 아주 작은 체구(즉, 버러지 같은 너 야곱아)의 실체를 잘 아신다(시 22:6을 보라).

평행 어구인 **이스라엘 사람들**(문자적으로 '이스라엘의 남자들[메테〈*mĕtê*〉]', 14절)의 번역에 대해 중요한 논의가 있어 왔다.

어떤 학자들은 **메테**(*mĕtê*)가 '사람들의 수'를 의미하는 창세기 34:30과 유사하게, '적은 사람들'을 의미하는 관용적 표현으로 이해한다.

다른 학자들은 **레쉬**(*rēsh*)를 빠뜨렸다고 가정하여 본문을 **림마**(*rimmâ*, '구더기')로 수정한다. 이것은 합리적인 평행 어구를 제공한다. 이런 변경을 뒷받침하는 사본적 증거가 거의 없기에 마소라 본문의 읽기를 따라야 한다. 따라서 **이스라엘 사람들**이라는 어구는 **버러지 야곱**과 평행을 이루어 그들의 낮아진 상태를 나타낸다.

흥미롭게도 이스라엘 나라의 성(gender)이 13절에서는 남성(아마도 백성 각각의 모임으로서의 이스라엘을 강조함: 하나님이 그들 각자를 붙들어 주실 것임)이고, 14절에서는 여성(아마 한 나라로서의 이스라엘을 강조함: 하나님이 나라로서의 그들을 보호할 것임)으로 변화한다. 이스라엘의 거룩하신 이는 그들의 구속자이시다(고엘 [*gōʾēl*], '가까운 친척', 절박한 상황에서 다른 친척을 돕고 보호하는 것이 그의 의무임 [레 25:47-49을 보라]). 따라서 이스라엘은 두려워할 것이 아무것도 없다. 하나님이 친히 그들을 보호해야 할 의무가 있다고 여기시기 때문이다.

본문 주석 | II. 위로(40:1-66:24)   451

〈15-16〉 **보라**(힌네[*hinnēh*])라는 단어는 예상치 못한 진전을 소개한다. 여호와께서는 이스라엘을 날카로운 새 **타작기**(threshing-sledge, 모락[*môrag*], 3회)처럼 만들 것이다. 그것의 **많은 이**(바알 피피요트[*ba'al pipiyôt*], '입들의 주인'; 피피요트[*pipiyôt*]는 아마 '입'이란 단어의 중복일 것임)는 심지어 산들을 작은 쭉정이 조각으로 쪼개서 바람에 날려 아무것도 남지 않게 할 정도로 아주 위험하게 만들어졌다. 그 은유는 명확하다. 모든 장애물, 방해들이나 적들이 제거될 것이다.

이스라엘은 이스라엘의 거룩한 이인 그들의 여호와로 기뻐할 수 있을 것이다. 그들의 거룩하고 의로운 행위들은 여호와가 그들의 모든 찬양을 받기에 합당하시다는 것을 보여 주었다.

[부가 설명: 타작기]

> 타작기는 이빨 역할을 하는 못들이나 칼날들이 부착된 판으로 구성된다. 당나귀들이나 소들이 타작마당을 따라 그것을 끌면 낟알이 상하지 않고 짚이 잘린다. 그런 다음 곡식과 짚에 바람을 불게 하면, 바람이 짚과 껍질을 날려 버리고 무거운 낟알을 남긴다.

(3) 포로들의 귀향 행진(41:17-20)

〈17-18〉 이 섹션은 여호와께서 여러 차례에 걸쳐 이스라엘 백성에게 물을 공급하셨을 때인 이스라엘의 출애굽 사건을 연상시킨다(출 15:22-25 등을 보라). **가련하고 가난한 자**라는 어구는 도움을 갈망하며 바벨론 포로 생활을 하던 이스라엘 사람들을 가리킨다. 그것은 그들에게 물을 갈망하며 사막을 방황했던 그들의 조상을 상기시켰을 것이다.

물을 구하되/물이 없어서라는 어구는 비유적으로도, 문자적으로도 읽을 수도 있다. 갈증은 극도의 고뇌 또는 영적 고통에 대한 일반적 은유이므로(시 42:1을 보라), 이것은 포로기 동안의 영적 고난에 대한 언급일 수 있다(사 55:1을 보라). 또는 그것은 포로 귀환자들을 위한 물 부족에 대한 문자적 언급이 될 수도 있다.

　어느 쪽이든 하나님은 광야에서 그들의 조상들에게 하신 것처럼, 그 나라의 필요를 풍성하게 공급하실 것이다. 헐벗은 산에 강을 내며(문자적으로 '열다') 골짜기 가운데에 샘이 나게 하며 광야가 못이 되게 하며 마른 땅이 샘 근원이 되게 할 것이며. 이러한 다양한 물 근원의 이야기를 종합하면 그것은 풍부함을 나타낸다.

　〈19-20〉 하나님은 또한 백향목과 싯딤나무와 화석류 등 다양한 나무 그늘을 마련해 주실 것이다. 이들 대부분은 사막에서 자연적으로 자라지 않는다. 사막을 통과하는 길은 그늘과 물이 있는 오아시스처럼 된다. 하나님의 풍성한 공급으로 인해 그 나라의 눈이 열릴 것이다. 이스라엘은 이것이 하나님의 손에서 나온 것임을 보고 알게 될 것이다. 그들은 이 모든 일을 행하신 여호와의 위대하심을 헤아리며(문자적으로 '마음에 새기다') 깨닫게 (문자적으로 '통찰력을 갖다') 될 것이다.

(4) 하나님의 마지막 주장: 그분은 미래를 예언하시기 때문에 참하나님이심 (41:21-29, 둘째 재판 연설)

　〈21-23〉 1-7절에 묘사된 재판 장면으로 돌아가는 이 구절들은 8-20절에 있는 구원 신탁을 구성하는 데 도움이 된다(Childs 2001: 320). 여호와는 거짓 우상들에게 마지막으로 가장 강력한 도전을 하시며, 소송하라(문자적으로 '가까이 오다') 그리고 확실한 증거(아추모트[āṣumôt], 여기에만 나옴)를 보이라고 하시며 그들로 하여금 여호와께 맞서게 하신다. 여기서 선지자는 하나님을 야곱의 왕으로 언급하여 이스라엘 백성에게 그분이 그들을 위해 싸우고 계심을 상기시킨다.

　그 후 하나님은 우리가 마음에 두고 그 결말을 알아보리라라고 하시며, 우상들에게 과거의 사건들(이전 일; 42:9 등을 보라)을 이야기하라고 도전하신다. 다시 말해서, 하나님은 역사 속에서 신(들)이 어떤 역할을 했는지 확인하기를 원하고, 그리고 그 후에 그 사건들의 목적과 전체 계획 속에서 그들이 수행했던 역할을 설명하기 원하신다.

그분은 또한 그들에게 뒤에 올 일을 알게 하라고 도전하신다. 진정으로 신성한 존재들만이 역사를 통제하거나 인도할 수 있으며 미래의 사건을 예측할 수 있다. 하나님은 행동을 취해 보라고 그들을 경멸적으로 자극한다. 선이든 악이든 어떤 행동(즉, 우리가 함께 보고 놀라리라[샤타⟨šātaʾ⟩, 2x]). 그것들은 아주 작은 움직임도 수행할 힘이 없는 무생물이라는 것을 충분히 잘 알고 계시기 때문이다.

화이브레이(Whybray)는 이 구절의 심한 비아냥거림에 주목한다. "그들이 정말로 살아 있다는 증거라면 무엇이든지 환영할 것이다!" (1975: 69).

이와는 대조적으로 여호와께서는 이스라엘 나라를 그들의 땅으로 돌아오게 하려고 한 구원자를 보낼 것이라고 구체적으로 가리키면서 자신의 계획을 이제 계시하셨다(41:2-4을 보라).

⟨24-26⟩ 신들의 침묵이 그들 자신에게 불리한 증거를 말하고 있다. 24절을 시작하는 **보라**(헨[hēn]; NIV, 그러나)라는 단어는 하나님이 변론하심으로서 드러나는 결론을 강조하게 만든다. 여호와는 하나님이시며 우상들은 **아무것도 아니다**. 그들의 일들은 **허망하다**(아파[ʾāpaʿ], 여기에만 나옴; BHS는 그것이 에페스[ʾepes], '아무것도 아님'에 대한 필사자의 오류라고 제안하는데, 이것은 가능성이 있음).

그 증거와 하나님의 변론을 들은 후에도 여전히 우상을 찾아 섬기는 자는 **가증하니라**(문자적으로 '너희가 선택해 왔던 가증한 것'). 가증이란 히브리어 단어는 강조를 위한 마지막 어구의 첫 번째 단어로 배치되며, 도덕적으로 혐오스러운 것을 나타낸다. 그러므로 무가치한 존재를 믿기 위해 참하나님을 배척하는 것은 가증한 것이다.

신들이 계속 침묵하고 있을 때, 여호와께서는 자신의 재판 사건을 살펴보신다. 그분은 이스라엘을 구원하기 위해 북쪽과 동쪽에서 어떤 사람을 데리고 올 것이라고 예언하셨다. 여호와께서는 그들의 지휘자(orchestrator) 외에는 아무도 알 수 없는 이러한 역사적 사건들(예, 고레스)을 예언할 수 있는 능력을 근거로 자신이 신성하다고 주장하신다.

다음의 몇 가지가 북방에서 오게 되는 사람과 해 돋는 곳에서 오게 되는 사람이 고레스를 가리킨다는 증거로 제시된다.

첫째, 고레스는 실제로 북쪽과 동쪽에서 왔다. 동쪽에서 서쪽으로 이동한 군대는 유브라데강을 따라 북쪽으로 이동한 다음 이스라엘로 내려왔다.

둘째, 고관들(세가님 [sĕgānim], 25절)이라는 단어는 고레스가 패배시킨 바벨론의 '지방 총독들'을 지칭하는 아카드어에서 가져온 차용어이다(작스 [Saggs] 1959: 84-87).

셋째, 고레스는 토기장이가 진흙(티트 [tit], 2회; 25절)을 밟음같이라는 이미지에 맞게 바벨론을 신속하고 철저하게 무찔렀다.

넷째, 27절은 고레스가 오는 것이 이스라엘에게는 기쁜 소식이면서, 동시에 바벨론에게는 달갑지 않은 소식임을 알려 준다.

내 이름을 부르는 자라는 어구(25절)는 아마도 여호와의 성전을 재건하고 그분을 다시 예배하라고 지시하는 고레스를 의미할 것이다(대하 36:23; 스 1:2-3). 그러나 그 어구는 '그가 내 이름으로 불릴 것이다'(9:6을 보라, '그의 이름이 불릴 것이다')로 번역하는 것이 더 적절할 것이다. 고레스는 결코 여호와만을 예배한 적이 없다. 그는 선한 이교도로서 모든 신을 두려워했다. 이사야 45:5은 고레스가 여호와를 알지(NIV, 인식하지) 못했다는 것을 분명히 한다.

26절에서는 누가 처음부터 이 일을 알게 하여 우리가 알았느냐라고 질문한다. 뒤에 오는 세 절(clause)은 모두 '참으로 아무도 없었다'(아프 엔 ['ap 'ēn])로 시작하는데, 이것은 아무도 이것을 할 수 없었다는 의미이다. 하나님만이 홀로 그것을 미리 말씀하고 그것을 이루실 수 있다((즉, 알게 하는 자도 없고/들려주는[문자적으로 '선포했던'] 자도 없고). 여호와께서 이 사건들을 미리 말씀하지 않는다는 관점을 유지하는 것은 자신이 거짓 신들보다 우월하다는 그분의 주장을 약하게 만든다.

〈27-29〉 27절은 26절의 수사학적 질문들에 대한 답을 제공한다. 내가 비로소 시온에게 너희는 이제 그들을 보라(문자적으로 '보라, 그들을 보라') 하였노라. 이것은 이스라엘이 그 일들을 일어나게 하신 이가 누구인지 알 수 있도록 하나님이 약 150년 동안 예언하셨던 사건들을 의미한다.

27절과 28절은 관련되어 있다. 바벨론으로부터 구원받을 것이라는 메시지는 기쁜 소식이 되었을 것이다(27b절). 그러나 하나님이 그들 가운데서(문자적으로 '그들에게서조차', 즉 '백성 가운데서') 그 나라를 구원할 지도자(문자적으로 '조언자')를 찾으실 때 적합한 사람이 없었다.

NIV는 그 신들 가운데서 아무도 조언해 줄 자가 없다로 읽는다. 그러나 히브리어 본문의 문자적 읽기는 '그들 가운데에서조차 한 사람도 없다'이다. 이것은 하나님이 신들이 아닌 이스라엘 나라 안에서 구원자를 찾고 계신다는 것을 암시한다. 하나님이 구원자를 찾지 못하실 때 바사(Persia)를 바라보고 거기서 한 구원자를 일으키실 것이다.

각각의 종의 노래 앞에(새로운 섹션을 시작하는 49:1-9을 제외하고) 28절과 유사한 진술이 있다. 이것은 하나님이 자신이 하겠다고 말씀하신 것을 그 누구도 할 수 없음을 확증시켜 준다(즉, 41:28; 50:2, 51:18, 아마도 59:16): 내(하나님)가 본즉 한 사람도 없으며. 그래서 하나님은 자신이 택한 구원자를 데려오신다.

전쟁 때에 믿을 만한 조언을 할 책사(counsellor)를 찾는 경우가 많지만, 여기서 하나님은 내가 물어도 … 대답할(문자적으로 '말을 되돌려 줄') 조언자를 찾을 수가 없으셨다. 이전 시대에 거짓 선지자들은 이스라엘을 위한 평화와 좋은 소식을 선포했다(미 3:5을 보라). 여호와께서는 그것들을 모두 거짓이라고 선언하신다. 오직 여호와 자신만이 그들을 구원하실 수 있다.

의미

바벨론제국 전역에 사는 유대인들에게 정말 놀라운 사건들의 전환이 일어난다. 그들은 집으로 돌아갈 수 있게 될 것이다. 이스라엘 사람들 가운데 아무도 그들을 포로에서 구원할 수 없었을 것이다.

그러나 하나님이 이방왕 고레스를 일으켜 자기 백성들이 고국으로 돌아갈 수 있도록 하실 뿐만 아니라, 성전을 재건할 재정적 수단도 마련하실 것이라고 누가 상상이나 했겠는가. 그것을 성취하는 것은 고사하고 우상이나 거짓 선지자 그 누구도 이것을 예언할 수도 없었다는 것은 분명한 사실이다. 오직 참되시고 살아 계신 하나님만이 하실 수 있었다.

[부록: 종의 노래]

이사야 42:1-9; 49:1-12; 50:4-11 그리고 52:13-53:12은 이것들을 별도의 단위들로 분류하는 것이 정확한지에 대한 논쟁이 계속되고 있음에도 불구하고, 종종 종의 노래들로 분류되었다. 약 1940년대부터 다른 학자들은 이 노래들을 이사야 40-55장의 문맥에 속하는 것으로 간주했으며, 해당 장들 안에서 분리된 단위로 간주하지 않았다(Snaith 1944-5: 79-81; Blenkinsopp 2002: 76). 또한, 일부 학자는 그것들이 다른 저자에 의해 쓰였다고 생각한다(즉, 제2 이사야[Whybray 1975: 71]; 또는 후기 저자/편집자[Blenkinsopp 2002: 209-212]).

이 노래들 모두가 같은 사람을 가리키는 것인지에 대한 논쟁이 있기는 하지만, 하나님이 종을 통해 자기 백성을 어떻게 구원하실 것인지를 묘사한다. 그 종은 이스라엘, 이스라엘의 남은 자, 왕실 인물(고레스, 여호야김, 미래의 다윗), 그 선지자(이사야, 제2 이사야), 제2 모세, 또는 메시아(Rowley 1965: 7-20의 설문 조사[survey]를 보라)로 다양하게 정의되었다. 이스라엘은 여러 단락에서 하나님의 종이라고 말해지지만(41:8 등을 보라), 또 다른 곳에서는 종의 정체성이 분명하지 않다(42:1-7; 49:5-7 등). 종의 노래에서 종을 이스라엘로 인식하는 것은 명백한 모순으로 이어질 수 있다.

예를 들어, 42:3에서 그 종이 꺾지 않을 상한 갈대는 바벨론에서 포로 생활을 하는 곤고한 이스라엘을 가리킨다. 따라서 그것은 그들을 구원하는 종이 될 수 없다. 마찬가지로 49:5에서는 그 종의 임무가 이스라엘을 하나님께로 돌아오게 하는 것이라고 말한다.

이스라엘이 어떻게 자신을 하나님께로 돌아오게 할 수 있는가?

그러므로 종의 정체성이 책의 두 번째 부분 전체에서 일정하게 유지되지 않는다는 것이 우리의 견해이다(표 42.1을 보라).

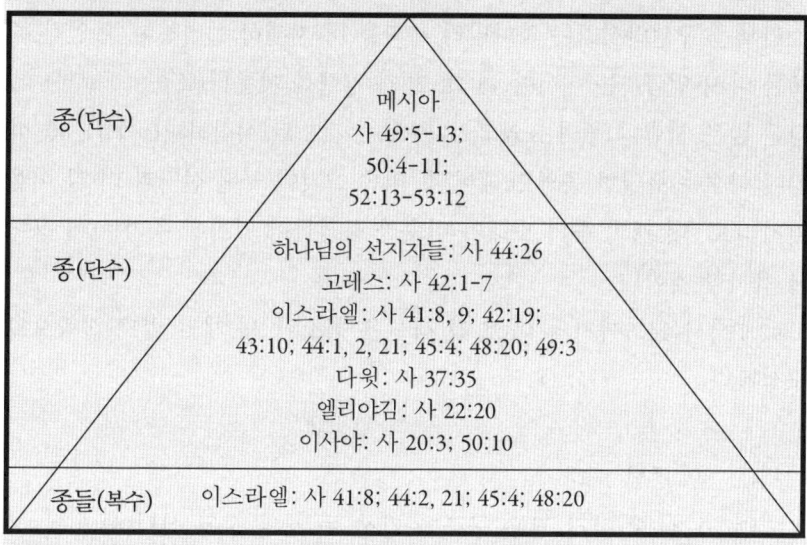

[표 42.1] '종'이란 단어의 용례

우리는 첫 번째 종의 노래에서 그 종은 그들을 구원할 이스라엘 밖에 있는 그 누구, 즉 고레스를 가리키는 것이라고 믿는다. 그러나 이후에 나오는 세 개의 종의 노래는 육체적 구원자와 영적 구원자 모두를 가리킨다. 고레스는 이스라엘 사람들을 그들의 땅으로 돌아가게 할 수 있었고, 또한 그들이 성전을 재건할 수단을 제공할 수 있었다. 그러나 그는 그들의 마음을 회복시킬 수는 없었다.

> 하나님은 이스라엘을 다시 자신에게로 데려올 수 있는 구원자를 찾기 위해 다른 곳을 찾아보셔야만 했다. 그래서 마지막 세 개의 종의 노래는 오실 메시아가 가져올 구원을 나타낸다. 종의 노래들은 각각의 문맥(40-48장과 49-57장)이 상당히 다르기에 서로 다른 지시 대상들을 의미할 가능성이 있다.

3) 하나님이 그분의 구원 계획을 설명하심(42:1-44:5)

중심교차대구법(palistrophe)의 세 번째 부분인 이사야 42:1-44:5은 이스라엘을 구원하시려는 하나님의 계획을 더 자세히 설명하며, 동일한 주제를 다시 언급하는 이사야 45:18-25과 평행을 이룬다(표 0.10을 보라). 42장은 많은 사람이 종의 노래라고 부르는 것으로 시작하며(1-9절), 40-48장에 나오는 유일한 종의 노래이다. 비록 그것이 구원 신탁과 더 잘 어울릴지라도, 네 개의 종의 노래가 비슷한 특성들이 있기에 우리는 이 용어를 유지할 것이다.

42:1에서 44:5까지의 다소 긴 섹션은 최소한 세 개의 별도 신탁으로 구성된다.

- 42:1-9: 종의 노래
- 42:10-44:5: 각각 같은 구조를 가진 두 개의 구원 신탁(42:10-43:13 그리고 43:14-44:5).

자기 백성 이스라엘을 구원할 방법에 관한 하나님의 계획이 다시 한 번 선포된다. 그분의 주권은 그분이 이교도인 고레스왕을 통해 그들을 구원하고 성전을 회복하실 때 드러날 것이다.

(1) 첫 번째 종의 노래(42:1-9)

문맥

이 첫 번째 종의 노래에서 하나님은 세상에 구원과 정의를 가져올 수 있도록 자기 종에게 능력을 주셨다. 이 단락에서 그 종은 메시아, 고레스, 이사야, 이스라엘, 남은 자 등으로 다양하게 확인되어 왔다.[2] 어떤 학자들은 이것이 제2 이사야에 의한 것이라고 제안한 반면(Blenkinsopp 2000: 207, 212 등을 보라). 다른 학자들은 왕실 인물이라고 생각한다(Williamson 1994: 132-134 등).

마태는 이 첫 번째 종의 노래의 처음 네 절(즉, 42:1-4)을 인용한 후에, 예수님이 그분의 공생애 기간에 이 성경 구절을 '성취하셨다'고 설명한다(마 12:15-22).

42장에서 이스라엘은 그들이 포로 중에 쇠약해져 있을 때 **상한 갈대와 꺼져가는 심지**로 묘사된다(3절). 고레스가 포로들을 풀어 주었고, 이사야 40-48장은 전체적으로 하나님이 고레스를 통해 성취하신 일에 초점을 맞추고 있다. 그러므로 이것은 42장에서 이스라엘을 구원할 종도 고레스라고 가정할 충분한 이유가 된다(또한, 고레스가 구체적으로 나의 종이라고 불린 41:9을 보라).

이 노래는 두 부분으로 구성된다.

- 42:1-4: 종에 대한 묘사
- 42:5-9: 하나님의 위대하심을 나타내기 위해 종이 사용되는 방법

---

[2] 이 단락 및 다른 종의 노래들과 관련된 좋은 참고 문헌을 원하다면 Oswalt 1998: 113-115; Childs 2001: 409-410; Smith 2009: 152-156을 보라.

주석

① 종에 대한 설명(42:1-4)

〈1-2〉 하나님은 1절에서 공식적으로 종을 나타내신다. 나의 종을 보라. 나의 종이라는 칭호는 구약성경에서 각각 특별한 목적을 위해 하나님의 부르심을 받은 몇몇 사람에게 적용된다(창 26:24의 아브라함; 민 12:7의 모세 등).

하나님은 택한 사람을 붙드시고(문자적으로 '잡다, 붙잡다') 그를 기뻐하시고 그분의 영이 그 위에 머물게 하신다(11:2; 61:1을 보라). 여기서 생각할 것은 하나님의 영이 그에게 특별한 과업을 수행할 수 있는 능력을 주신다는 것이다. 그가 이방에 정의를 베풀리라라는 어구는 아마도 이전의 부당한 추방 정책을 뒤집고, 포로가 되었던 사람들이 집으로 돌아갈 수 있도록 허용한 고레스의 칙령에 대한 언급일 것이다.

그 종이 그 소리를 거리에 들리게 하지 않는다는 사실은 그가 과시하지 않고 조용한 방식으로 정의를 실현할 것임을 암시한다. 고레스는 자신의 통치를 위해서 어떤 지원도 준비할 필요가 없었다. 사실 그가 그 성읍을 함락시킨 지 두 주 후에 바벨론으로 들어갔을 때, 사람들은 그를 열렬히 환영했다. 그들이 다시 바벨론의 수호신인 마르둑을 섬기는 것을 허락받았기 때문이다.

〈3-4〉 두 개의 이미지는 종의 유약함(gentleness)을 묘사한다.

- 상한(라추츠[$rāṣûṣ$], '으스러진, 멍든') 갈대를 꺾지(샤바르[$šābar$]는 라추츠[$rāṣûṣ$]보다 더 심각한 손상을 나타냄) 아니하며. 상한 갈대는 종종 연약함을 나타내므로(36:6을 보라), 상한 갈대를 다루는 것은 세심한 주의가 필요하다.
- 꺼져 가는(케헤[$kēheh$], '흐릿한, 약한', 7회, 그러나 이 의미로 단 한 번만 나옴) 등불(피쉬타[$pištâ$], 3회)을 끄지 아니하고.

두 이미지 모두 바벨론 포로기 동안에 이스라엘 나라가 겪는 열악한 상태를 묘사한다. 그러나 하나님은 그 나라와 그 남은 자들이 희미한 등불처럼 꺼지도록 내버려 두지 않으실 것이다.

하나님은 1절에 언급한 대로 그 종을 사용하여 이스라엘을 구원하시고 정의를 시행하실 것이다. 하나님은 자신이 의도하신 모든 것을 성취하시고 이 땅에 정의를 확립하실 때까지 **쇠하지 아니하며**(문자적으로 '약해지다'; 앞 절의 꺼져가는이란 단어와 관련됨) **낙담하지**(문자적으로 '구부러지다'; 3절의 상한 갈대와 관련됨) 않으실 것이다.

'정의 확립'이라는 이 개념은 특히 포로들이 고국으로 돌아갈 수 있도록 허용하거나(표 42.2를 보라) 더 일반적으로는 바사 국법(Persian laws)의 공정성을 의미할 수 있다. 섬들이 그 **교훈**(토라[*tôrâ*])을 앙망하리라(문자적으로 '기대하여 기다릴 것이다')라는 어구는 후자의 해석을 지지한다.

고레스의 칙령

아슈르(Ashur)와 수사(Susa), 아가드(Agad), 에쉬눈나(Eshnunna), 잠반(Zamban)의 성읍들, 메-트루누(Me-Turnu), 데르(Der)와 구티족(Gutians)의 지역에 이르기까지 나는 티그리스(Tigris) 건너편에 있는 (이) 신성한 성읍들로 돌아갔고, 그곳의 성소들은 오랫동안 폐허로 있었고, 그 안에 거하여 (왔던) 그리고 그들을 위해 영원한 안식처로 세워진 형상들은 … 내가 그들의 신성한 성읍들에 다시 세운 모든 신이 날마다 벨(Bel)과 느보(Nebo)에게 나를 위해 오래 살기를 기원해 주고, 그들이 나를 (그에게) 천거해 주기를; 나의 주인, 마르둑(Marduk)에게 … (*ANET* 316).

[표 42.2] 고레스의 칙령

② 종이 하나님의 위대하심을 드러내는 데 사용됨(42:5-9)

⟨5-7⟩ 여호와의 메시지가 전달되기 전에, 다음 세 어구는 그분이 왜 이 선언을 할 권한이 있는지 설명한다.

첫째, 그분은 하나님(하엘[*hā'ēl*], '그 하나님')이시다. 여기서 관사는 그분이 소위 다른 신들보다 우월하다는 것을 암시한다. 엘('*ēl*)이라는 단어는 고대 근동 전역에서 신에게 일반적으로 사용되던 용어인 반면, 여호와는 하나님의 고유한 언약적 이름이다.

둘째, 그분은 거기에 있는 모든 것을 창조하셨다. 그분은 하늘을 '펼치셨고' 문자적으로 땅을 '쳐서, 두드려내셨다'.

셋째, 그분은 모든 백성에게 호흡(네샤마[*nĕšāmâ*]='생명의 호흡', 창 2:7을 보라)과 생명(문자적으로 '영')을 주셨다.

이 창조적이고 주권적인 하나님이 의로 그 종을 부르신 것이다.

일부 학자는 하나님 여호와께서 이같이 말씀하시되라는 도입 어구가 새로운 단위의 시작을 알려 준다고 생각했다. 우리는 그 대신에 그 어구가 여호와께서 약속한 것을 행하실 수 있는 능력이 있다는 것을 확실하게 해 준다고 주장할 것이다. 그 종을 언급하기 위해 6절에서 단수형 너를 사용한 것은(나 여호와가 의로 너를 불렀은즉 내가 네 손을 잡아 너를 보호하며 너를 세워…) 종의 노래가 계속되고 있음을 확인시켜 준다.

이 단락이 정말로 고레스를 언급한 것이라면, 하나님은 고레스가 이스라엘을 바벨론 포로에서 구원할 것이라고 이미 열방에 선포하신 것이다(41:2-4, 25을 보라). 그러므로 열방이 이 일이 일어나는 것을 볼 때, 그들은 기적적 방법으로 여호와가 자기 나라를 구원하는 전능한 하나님 이심을 알게 될 것이다.

나 여호와와 나는 여호와이니라는 단어들(6, 8절에 각각)이 앞뒤에서 괄호 역할을 하여 종의 사명을 표현한다.

첫째, 나 여호와가 의로 너를 불렀은즉은 하나님의 공의를 올바르게 행할 고레스를 하나님이 부르시는 것이 합당하다는 의미이다.

둘째, 하나님이 그를 붙드시고 인도하실 것이다(내가 네 손을 잡아, 6절).

셋째, 하나님이 그를 보호하실/지키실 것이다(너를 보호하며).

넷째, 하나님이 그를 통해 자기 백성을 구원하기로 작정하셨다(너를 세워 백성의 언약이 되게 하리니, 문자적으로 '그에게 합의로 주다'; 또한 49:8을 보라). 그 종(즉, 고레스)은 하나님과 그분의 백성이 맺은, 하나님이 그들을 구원할 것이라는 계약을 성취할 것이다.

다섯째, 그 종은 이스라엘을 구원하여 여호와가 참하나님이심을 드러내는 이방의 빛이 될 것이다. 그 종은 영적으로 눈이 먼 그들의 눈을 뜨게 하는 수단이 될 것이다.

여섯째, 그는 흑암에 갇힌 자들을 자유롭게 할 것이다(7절; 49:9; 61:1을 보라). 6-7절에서 흑암과 빛의 대조를 주목하라. 이제 이방 나라들은 여호와가 주권자 하나님이심을 믿을 수 있는 충분한 이유를 갖게 될 것이다. 하나님은 신뢰할 만하며(6b-7절), 자신을 섬기도록 인도하실 수 있기 때문이다(신 4:5-8의 이스라엘에 대한 하나님의 약속을 보라).

49:9에서 유대인 포로들은 잡혀 있는 자, 흑암에 있는 자라고 일컬어진다. 따라서 여기에서 언급된 내용은 아마도 문자 그대로 포로의 속박으로부터의 해방을 가리키는 것 같다.

그러나 또한 그들의 문자적 해방은 영적 속박, 즉 그들을 가두었던 불신앙으로부터의 해방을 묘사한 것이기도 하다. 그들은 이제 자신들의 하나님과 다시 새롭게 된 영적 친밀감을 자유롭게 경험할 수 있다. 그들이 당한 끔찍한 곤경들이 역전된 것은 멀었던 눈이 떠지고 어두운 감옥(문자적으로 '감금의 집', 7절)의 속박에서 해방되거나 탈출하는 것으로 극적으로 묘사된다.

42:18-19에서 하나님의 종 이스라엘은 그 나라를 불쌍한 종으로 만든 못 듣는 자들과 맹인들로 일컬어진다. 42:1-9에서 그 종은 이스라엘의 멀어진 눈을 밝히는 데 도움이 될 것이다. 그의 구원은 하나님이 여전히 그들을 사랑하고 돌보신다는 것을 그들이 알도록 도와줄 것이다.

⟨8-9⟩ 이 섹션의 절정으로 하나님은 자신이 누구인지를 그 나라에 강조하여 상기시켜 준다. 나는 여호와이니 이는 내 이름이라. 그분은 그들을 구원하시고 이 행위에 대한 모든 찬송과 영광을 받을 권리를 주장하실 것이다. 그분은 자신의 영광을 누구와도 나누지 않으실 것이며(문자적으로 '내 영광을 나는 다른 자에게 주지 않을 것이다'; 이 어구의 구문은 아주 강조적임), 특별히 무가치한 우상(페실림[pĕsilim], '조각한 형상들')과 나누지 않으실 것이다.

여호와는 지금 일어난 일(즉, 하나님의 백성들이 벌을 받은 것)을 전에 예언한 일이라고 선언하시는 분이다. 그분은 이제 그 일들이 일어나기 전에 (그 일이 시작되기 전에라도) 새 일(즉, 하나님의 백성들이 구원받을 것)을 선언하신다. 그것은 고레스를 통한 구원이 일어나기 전에 그것이 선포될 필요가 있었음을 암시한다.

의미

이전의 몇몇 구절에서 이미 약속했듯이, 하나님은 자신의 종을 사용하여 열방에 공의를 가져오실 것이다. 하나님의 계획은 너무나 놀랍기에 오직 그분만이 그것을 이룰 수 있지만, 그분은 자신이 할 수 있다는 것을 이스라엘에게 확신시키셔야 할 필요가 있었다.

하나님은 이 종 고레스를 사용하여 자기 백성들을 구원함으로써 자신의 능력을 나타내시고 영광을 얻으실 것이다. 그분은 포로 된 자들을 온유하게 대하실 것이며(즉, 상한 갈대를 꺾지 않고) 그들이 자신들의 땅으로 돌아갈 수 있도록 허락하실 것이다.

(2) 두 개의 구원 신탁(42:10-44:5)

구원 신탁은 42:1-9에 나오는 종의 노래를 기초로 하여 하나님이 참으로 이 위대한 구원을 가져오실 수 있다고 그 나라를 격려한다. 이 신탁들은 여호와가 그분의 적들을 이기신 분이라는 선언으로 시작하고(42:10-13; 43:14-21), 이스라엘의 부족한 순종과 하나님의 징계에 대한 설명이 뒤따른다(42:14-25, 43:22-28).

징계가 끝난 후, 그러나 지금(NIV, 베 앝타[wěʿattâ])이라는 어구는 절정에 이른 때, 즉 하나님이 그분의 백성들을 구원하기 위해 개입하실 때를 소개한다(43:1-13; 44:1-5). 각 신탁에서 하나님은 자신이 보기에 그들이 고귀하다는 그 가치를 선언함으로써 자기 백성들에게 두려워하지 말라고 권면하신다(43:1, 5; 44:2, 8). 하나님은 그들을 창조하셨고, 자신의 소유라고 부르셨으며, 그들과 함께 있겠다고 약속하셨다(43:1-2, 44:21). 하나님은 그들을 사랑하고 구속하실 것이기 그분이 보시기에 그들은 존귀하다(43:1, 4, 7; 44:22-23).

베스터만(Westermann)은 그 노래 42:10-13을 "종말론적 찬미가"(eschatological hymn of praise)라고 부른다(1967: 102). 그러나 그것은 비교적 단기간에 일어날 일(즉, 그들이 바벨론 포로에서 해방됨)에 대한 찬미가로 이해하는 것이 좋다.

구원 신탁들에는 두 가지 독특한 요소가 있다.

첫째, 하나님이 이스라엘 백성을 구원하실 때 그들이 하나님의 증인이 된다(43:10-13).

둘째, 이스라엘을 향한 하나님의 소유권에 관한 것이다(44:5).

① 첫 번째 구원 신탁(42:10-43:13)

문맥

종의 노래에서 선포된 하나님의 구원에 대한 합당한 응답은 그 나라가 새 노래를 부르는 것이다. 오래된 노래는 슬픔과 징벌의 노래였다. 이 새 노래는 구원과 축복의 노래가 될 것이다. 하나님은 오랫동안 침묵하셨지만, 이제 그분이 자기 백성을 도우러 오실 때이다.

주석

㉮ 여호와께 새 노래로 노래하라(42:10-13)

⟨10-12⟩ 백성들은 여호와께 새 노래로 노래해야 하는데, 이것은 '찬미가'(hymns of praise)의 일반적 권고이다(시 33:3; 40:3 등을 보라). 여호와께서 자신이 그들의 찬양을 받을 자격이 있음을 분명히 보여 주셨기 때문이다.

저자는 하나님을 찬양하는 이 새 노래가 **땅끝**까지 전파되기를 기대한다. 서쪽의 바다와 섬들을 향해(41:1을 보라), 그리고 **광야**(게달은 아람-아라비아사막에 있는 한 지파; 21:17 참조), **셀라**('바위'; 페트라를 가리킬 수 있음)와 동쪽의 산꼭대기까지.

12절의 히브리어 본문은 다음과 같은 문자적 번역에 따라 교차대구법으로 배열된다.

A 그들로 주게 하라
    B 여호와께 영광을
    B´ 그리고 섬들에서 그의 찬양을
A´ 그들로 선포하게 하라

⟨13⟩ 여호와는 열정적으로 전투에 임하게 될 **용사**(깁보르[*gibbôr*], '군대 영웅')와 **전사**(문자적으로 '전쟁들의 사람', 출 15:3을 보라)로 묘사된다. 그분은 전쟁의 외침을 불러일으키고 그 대적을 크게 **치실**(가바르[*gābar*]; 이것은 깁보르[*gibbôr*]와 관련됨) 것이다. 그분의 외침에 대한 강조점이 NIV 번역에 반영되지 못했다. 문자적 읽기는 '그분은 외치실 것이다, 반드시 그분은 포효하실 것이다(차라흐[*ṣāraḥ*], 2회)'이다.

㈁ 하나님은 오래 침묵하셨지만, 이제 권능으로 임하실 것임(42:14-17)

⟨14-15⟩ 이 섹션은 42:9의 전에 예언한 일과 새 일에 대해 더 자세히 묘사한다. 하나님은 신적 독백(divine monologue)을 시작하신다. 내가 오랫동안(메올람[*mēʿôlām*], '오래전부터') **조용하며**(하샤[*ḥāšâ*]) **잠잠하고**(하라쉬[*ḥāraš*], 하샤[*ḥāšâ*]와 비슷하게 들림) **참았으나**(문자적으로 '내가 자신을 억제했다'). 그 나라가 포로가 되어 징벌받는 동안 하나님은 이스라엘을 도우러 오지 않으셨다. 그러나 이제 그분은 더 이상 침묵하지 않으실 것이다. 그분은 자신을 억제하지 않으실 것이다.

그분은 자신의 갑작스럽고 강렬한 행동을 이제 해산하는 여인에 비유하신다. 그것은 갑자기 나타나 억제할 수 없기 때문이다(문자적으로 '그러나 이제 나는 출산하는 여자처럼 신음할 것이며[에페⟨*ʾepʿeh*⟩, 여기에만 나옴], 헐떡거리고[에슘⟨*ʾešōm*⟩, 여기에만 나옴] 숨이 막힐 것이다[에샆⟨*ʾešʾap*⟩, 이 의미로 4회]'). 새로운 어떤 것, 이스라엘의 구원이 곧 태어날 것이다.

포로들의 귀환을 방해하는 어떤 장애물이 있을지라도 그것은 제거될 것이다. 하나님은 산들과 언덕들을 **황폐하게**(문자적으로 '마르다') 하며 그 모든 **초목들**(즉, 초목도 여정에 방해가 될 수 있음)을 마르게 하며(문자적으로 '시들게 하다') 강들이 섬이 되게 하며 못들을 마르게 할 것이며.

⟨16-17⟩ 포로들은 무력하고 희망이 없는 상태에 있게 될 것이기 때문에, 하나님은 내가 맹인들을 그들이 알지 못하는 길로 이끌며라고 말씀하신다. 하나님의 특별한 보살핌과 보호는 그들이 이제까지 알고 있는 어떤 것과도 다를 것이다. 하나님은 그들 앞에 있는 어둡고 험한 길을 밝고 평탄하게 만드실 것이다. 하나님이 이 일을 이 일을 행하여라고 말씀하신다.

17절은 차일즈가 제안하는 것처럼(2001: 333) 편집비평적 확장이 아니라 자연스러운 결과이다. 히브리어 문장의 구조는 독자들로 하여금 그것이 누구를 가리키는지 알아내기 위해 그 구절의 두 번째 부분까지 기다리도록 요구한다. 즉, 우상들을 계속하여 신뢰하는 이스라엘 사람들(여기의 동사들은 분사들임). 그러나 이스라엘이 일단 하나님의 크신 구원을 경험하면 무가치한 우상들을 신뢰한 것을 부끄러워하고(41:21-29을 보라) 참하나님 여호와께로 돌아올 것이다.

㉰ 이스라엘이 여호와께 돌아오기를 바라면서 선지자가 그들을 꾸짖음(42:18-25)

⟨18-20⟩ 하나님은 눈먼 사람과 귀먹은 사람에게 보고 들으라고 하며, 그들을 이스라엘이라고 밝히신다. 맹인이 누구냐 내 종이 아니냐 누가 내가 보내는 내 사자같이 못 듣는 자겠느냐. 이스라엘은 하나님과 언약(NIV; 개역개정은 '충성된'-역주)을 맺는 특권을 누렸지만(문자적으로 '[나와 함께] 화목한 자', 19절), 그 말씀에 따라 살지 않아 맹인과 못 듣는 자가 되었다.

이스라엘은 하나님이 행하신 많은 일을 보았으나 여전히 믿지 않았다. 많이 들었지만, 여전히 순종이 부족했다(문자적으로 '귀를 열었으나 듣지 않을 것이다', 20b절). 그러므로 그들은 다른 나라들보다 더 많은 죄를 지을 것이다. 얼마나 역설적인가. 여호와께서는 눈먼 종과 귀먹은 사자(messenger)의 섬김을 받으신다.

⟨21-22⟩ 자신의 의(그의 의로 말미암아, 21절)에 항상 기초를 두었던 하나님의 계획은 그분의 교훈(또는 '율법')을 높이고 그것을 크게 하며 존귀하게 하려는 것이었다. 하나님의 율법은 항상 그 백성의 안녕을 위한 것이었다. 그분의 지도를 따르면 그들은 번영하고 의미 있는 삶을 살 수 있었다. 그러나 모든 기회가 주어졌음에도 불구하고, 이스라엘은 하나님의 계획에 복종하지 않아 징벌받았다.

하나님의 백성이 **도둑맞으며 탈취를 당하며**(역사적으로 그들은 주전 701년에 산헤립과 586년에 느부갓네살에 의해 도둑맞으며 탈취를 당했다) 다 **굴**(후르[ḥur], '구멍', 2회) **속에 잡히며 옥**(문자적으로 '감금의 집')**에 갇히도다**(파하흐[pāḥaḥ], 여기에만 나옴)라고 묘사된다. 이 구절의 후반부의 용어들은 투옥을 암시하며, 비유적으로 바벨론 포로를 의미한다.

이스라엘 백성들은 **노략을 당하되 구할 자가 없었다**. 그들을 위해 일어서서 그들을 **되돌려 주라**고 말할 사람이 아무도 없었다. 강력한 전사이자 바벨론제국의 주권적 통치자였던 느부갓네살 왕이 이스라엘 사람들을 그들의 땅에서 쫓아냈을 때의 경우가 그러했다.

⟨23-25⟩ 선지자는 수사학적이고 예리한 질문들을 던진다.

너희 중에 누가 이스라엘이 노략을 당하여 그들을 건져낼 자가 없을 것이라는 소식에 **귀를 기울이겠느냐**?(23절)

그 후 이스라엘을 약탈자들(메싯사[mĕšissâ], 6회)에게 넘기신 자가 누구냐(24절)라고 묻는다. 이 마지막 질문에 대한 대답은 명백해야만 한다. 여호와께서 그렇게 하셨다. 그 질문들은 서로 관련이 있으며, 그들이 생각하도록 하기 위한 것이다. 이스라엘은 하나님의 율법에 순종하지 않기로(문자적으로 '그들은 그분의 길들에서 걷기를 원하지 않았다') 의도적으로 선택함으로써(24절) 계속해서 불순종했다. 따라서 하나님은 그들을 징벌해야만 하셨다.

하나님이 그들에게 **맹렬한 진노**(문자적으로 '그분의 분노의 진노', 25절)를 쏟으시고, 그들이 **전쟁의 위력**(에주즈[ʿĕzûz], 5회)에 완전히 소멸되었을 때에조차도 그들은 자신들에게 쏟아지는 징벌에 주의를 기울이지 않았다

(문자적으로 '그것을 마음에 두지 않았다'). 가혹한 징벌 속에서도 이스라엘 백성은 하나님을 향한 마음이 완악했다.

㉣ 하나님이 이스라엘을 구원하실 것임(43:1-13; 셋째 재판 연설, 43:8-13)[3]

〈1-2〉 42장 끝부분에서 이스라엘은 계속 불순종하여 하나님이 그들을 징벌하셔야만 했지만 이것이 마지막 말씀은 아니다. 큰 전환점에서(NIV, 그러나 지금 이것은 여호와께서 말씀하신것이다) 이제 하나님은 이스라엘에게 확신을 주는 말씀을 하시며, 그분의 나라를 향한 자신의 사랑에 관해 많은 말씀을 하신다.

첫째, 그분은 이스라엘의 창조주이시며, 이스라엘을 지으신 분이며, 이스라엘을 자신의 나라로 만드는 일에 특별한 주의를 기울이셨다.

둘째, 이스라엘은 하나님이 그들을 구속하셨기 때문에(키[kî]) 두려워할 필요가 없다. 즉, 그분은 그 나라를 자신의 것으로 되찾아 오셨다.

셋째, 이스라엘은 그분이 택하신 나라이다. 내가 너를 지명하여 불렀나니

---

3) 골딩게이(Goldingay)와 페인(Payne)은 43:1-7에서 교차대칭구조(chiastic structure)를 주장했다(실제로는 중심교차대구법[palistrophe]이라고 불리는 확장된 교차대구법[chiasm]).

  1 창조하고 부르고 지으신 이로서의 여호와(두려워하지 말라)
    2 여정에 관한 여호와의 약속(내가 너와 함께 함이라)
      3a 이스라엘과의 관계 속에서의 여호와
        3b 여호와는 이스라엘을 위하여 다른 민족을 포기하시는 이
          4a 여호와는 이스라엘의 연인
        4b 여호와는 이스라엘을 위하여 다른 민족을 포기하시는 이
      5a 이스라엘과의 관계 속에서의 여호와(두려워하지 말라, 내가 너와 함께 함이라)
    5b-6 여정에 관한 여호와의 약속
  7 창조하고 부르고 지으신 이로서의 여호와

이 구조는 중요한 반복을 설명한다(2006: 271-272).

너는 내 것이라.

넷째, 하나님이 어려운 상황(물 가운데로 지날 때)에도 그들을 보호해 주실 것이다.

이 단락 전체에 걸쳐 사용된 단수형 인칭대명사(너[네])는 하나님과 각각의 이스라엘 사람들 사이의 밀접한 관계를 나타낸다.

범람하는 물과 불타는 불을 '지나가며'라는 이미지는 바벨론에 포로가 된 것을 잘 나타내지만, 그들이 완전히 제압당하거나(강을 건널 때에 물이 너를 침몰하지 못할 것이며) 멸망하지는 않을 것이라는(불꽃이 너를 사르지도 [카바⟨kāwâ⟩, 3회] 못하리니) 희망을 준다. 이스라엘이 하나님께 등을 돌렸음에도 불구하고, 그분은 계속해서 인자하심(lovingkindness)을 나타내신다.

⟨3-4⟩ 이스라엘이 두려워할 필요가 없는 두 번째 이유(키[kî])는 여호와께서 그들을 대신하는 속량물로 다른 나라들을 주실 것이기 때문이다. 내가 애굽을 너의 속량물(즉, 이스라엘의 석방을 위해 지불한 값)로, 구스(애굽의 남쪽)와 스바(에티오피아의 일부)를 너를 대신하여 주었노라. 사실상 고레스의 후계자인 캄비세스(Cambyses)는 궁극적으로 애굽을 정복할 사람이 되었을 것이다. 네 하나님, 이스라엘의 거룩한 이, 네 **구원자**라는 세 개의 이름은 그분과 이스라엘과의 밀접한 관계를 강조한다.

속량물에 대한 이미지는 때때로 한 사람의 생명을 대신하여 그 값을 지불할 수 있다고 규정한 이스라엘 민법에서 나왔다(출 21:30을 보라). 여기에서 하나님은 이스라엘을 위한 **속량물**(코페르[kōper])을 주신다. 이 문맥에서 '뇌물'(암 5:12을 보라) 또는 '속량물'(시 49:7을 보라)을 의미하는 **코페르**(kōper, 16회)라는 단어는 이스라엘을 구원하기 위해 치른 값비싼 대가와 하나님 보시기에 고귀한 그들의 가치를 모두 강조한다(Childs 2001: 335).

하나님은 그들을 결단코 버리지 않고, 그들을 보호하실 능력이 있음을 분명히 하신다. 그분은 그 나라가 자신에게 패역했음에도 불구하고, 여전히 이스라엘의 구원자(포로에서 구원된 것과 관련이 있음)이시다.

하나님은 이스라엘을 향한 그분의 크신 사랑 때문에 다른 나라들을 이스라엘 대신 주실 것이라는 자신의 약속들을 반복하신다. 네가 내 눈에 보배롭고 존귀하며 내(문자적으로 '내 자신')가 너를 사랑하였은즉(4절).

〈5-7〉 하나님의 임재가 이스라엘에게 약속되어 있기에, 5절은 (지금) 두려워하지 말라라는 일시적인 금지로 시작한다. 자기 백성을 아들들과 딸들이라고 부르는(6절) 하나님의 특별한 사랑과 언약 관계로 인해 하나님은 그들의 상황에 반응하고 그들을 구원하신다.

화이브레이(Whybray)는 "여호와를 이스라엘의 아버지라고 생각하는 것은 새로운 것이 아니었다(예: 호 11:1). 그러나 여기와 7절에서 더욱 분명하게 인격적으로 언급한 내용이 더 있다. 각각의 이스라엘 사람은 여호와의 아들이나 딸이다"라고 말한다(1975: 83; 출 4:22을 보라).

여호와께서는 땅끝에서 이스라엘의 자손들을 모으실 것인데, 이것은 그 귀환이 바벨론 포로 생활에서 귀환하는 것에 국한되지 않음을 시사한다. 하나님은 자신의 영광을 위해 이스라엘을 창조하셨다(7절). 그러므로 그분의 영광은 그들을 구원하심으로 나타날 것이다.

〈8-10〉 재판 연설이 계속되면서 하나님은 눈이 있어도 보지 못하고 귀가 있어도 듣지 못하는 백성(즉, 이스라엘)을 이끌어내라고 말씀하신다. 차일즈는 '이끌어내다'가 법정에서 재판하기 위해 소환하는 것을 의미하는 전문 용어라고 주장한다(창 38:24을 보라; 2001: 335).

비록 보지 못하고 … 듣지 못하는 이스라엘이지만, 그들은 여전히 여호와께서 그들을 구원하신 방법을 다른 나라들에 증언하는 증인이 될 수 있어야만 한다. 하나님은 그들의 증언을 듣도록 열방을 모으신다. 다른 어떤 신도 이스라엘을 구원할 수 없다(10절).

하나님은 이스라엘의 해방을 예언한 신들이 누구인지 확인하고 그것을 증명할 증인을 불러오라고 열방에게 도전하신다(9절). 열방의 침묵은 그들도 그들의 신들도 하나님이 이스라엘의 구원을 예언하고 성취하신 일을 할 수 없다는 것을 증명한다.

내가 그인 줄 깨닫게 하려 함이라 나의 전에 지음을 받은 신이 없었느니라 나의 후에도 없으리라라는 하나님의 선언은 유일신론(monotheism)에 대한 명백한 진술이다. 대부분의 고대 근동 종교들에서 신들은 다른 신들을 창조했다. 그러나 여호와의 경우는 그렇지 않다. 그분만이 주권을 가진 하나님이시다. 하나님 이전에는 어떤 신도 존재하지 않았으며, 그 뒤에도 없을 것이다(10절).

〈11-13〉 여호와께서는 이사야 40-48장(41:4, 13, 42:6 등)에서 약 18회 '나는 여호와다'라는 (또는 이와 유사한) 선언을 하신다. 나, 곧 나는 여호와다라는 그분의 단호한 선언은 이스라엘을 구원한 이가 오직 자신이시며, 너희 중에 다른 신(이방 신)(12절)이 아님을 강조한다.

하나님의 마지막 진술은 그분의 계획을 요약한다.

- **내**(문자적으로 '내 자신')**가 알려 주었으며**(즉, [그것을] 예언했으며)
- **구원하였으며**(즉, 실제적 구원)
- **보였고**(즉, 그분이 그것을 성취하신 분임을 이스라엘에 선포하셨다)

하나님의 신성과 주권에 대한 가장 강력한 진술이 12절에 있다. 나는 하나님(엘['ēl])이니라라는 가장 높은 하나님에 대한 일반적 셈어 단어(Semitic word)를 사용한다. 그분은 이스라엘이 이 모든 사실에 대해 증인이 되어야 한다고 다시 상기시킨다. 태초부터(문자적으로 '한 날부터'; 즉, 첫째 날부터) 나는 그이니. 다시 말해서, 그분의 영원성은 그분의 능력을 확증한다. 여호와는 참하나님이시므로 그분의 행위들은 좌절되거나 번복될 수 없다.

내 손에서 건질 자가 없도다 내가 행하리니 누가 막으리요. 이 수사학적 질문에 대한 대답은 분명히 '아무도 없다'이다. 하나님은 이른바 신들이라 불리는 자들에게 그들의 신성을 나타내보라고 도전하셨고, 그들의 침묵은 그럴 수 없다는 것을 증명한다. 그분은 참하나님이시며, 이스라엘 나라가 그분의 증거요 증인이다. 그 누구도 이스라엘의 구원을 예언할 수도 없었고, 그것을 이룰 수도 없었다.

의미

이 구원 신탁은 하나님의 계획을 더 자세히 설명한다. 오직 전능하신 주권자 하나님만이 바사 왕 고레스를 통해 바벨론에서 이스라엘을 구원하실 수 있다. 하나님은 자신이 참하나님이심(43:10)을 이스라엘로 깨닫게 하려고 이 놀라운 일을 성취하실 것이다.

당시에 하나님께 눈멀었던 이스라엘 백성은 바벨론에서 구원을 받은 후에(43:10-13), 그분의 증인이 되어 다른 나라들에게 하나님의 능력과 신실하심을 선포할 수 있는 능력을 얻게 될 것이다. 그들은 걱정할 필요가 없다. 그들의 하나님 여호와는 그 누구도 막을 수 없는 전능하고 영원하신 하나님이시기 때문이다.

② 두 번째 구원 신탁(43:14-44:5)

문맥

이 구절들은 43:8-13에 나오는 재판 장면에 적절한 결론을 묘사한다. 다른 나라를 포로로 잡았던(the captor) 바벨론이 이제는 포로(the captive)가 될 것이다. 이전의 구원 신탁과 마찬가지로 이 신탁도 여호와의 원수인 바벨론의 패배를 선언하는 것으로 시작하고(43:14-21), 이스라엘의 불순종과 그분에 대한 하나님의 징벌에 대한 묘사가 뒤따른다(43:22-28). 그러나 그 단락은 여호와께서 이스라엘을 구원하실 것이기에 두려워하지 말라고 권고하는 것으로 끝난다(44:1-5).

주석

㉮ 하나님이 이스라엘을 구원하실 것임(43:14-21)

〈14-15〉 여호와께서 바벨론 사람들을 물리치실 뿐만 아니라, 그들은 자신들이 자랑하던 바로 그 배들에 실려 가게 될 것이다. 갈대아 사람(Chaldeans, 일반적으로 NIV에서는 바벨론 사람들[Babylonians]로 번역됨)이라는 이름은 구약에서 80회(이사야서에서 7회) 사용되었는데, 메소포타미아 하류에 정착하여 신바벨론제국(NeoBabylonian Empire)을 세운 민족을 가리킨다.

하나님은 바벨론으로 가서 도망자들을 쫓듯이 그 나라 백성들을 뒤쫓으실 것이다. 보기 드문 단어인 **바리힘**(bārihim)의 의미에 대해 많은 논쟁이 있어 왔다. 그 단어는 더 일반적인 동사인 **바라흐**([bāraḥ], '도망하다') 및 형용사인 **바리아흐**(bāriah, '도망하는', 27:1을 보라)와 관련되어 있기에 **도망자들**(NIV, 4회, 15:5을 보라)을 의미할 가능성이 가장 크다.

하나님은 이스라엘과의 특별한 관계 때문에 그들을 잔인하게 다루었던 바벨론 사람들을 징벌하실 것이다. 이 관계는 이 두 절 전체에 걸쳐 표현되며 강조된다.

- 너희의 구속자요 이스라엘의 거룩한 이
- 너희(이스라엘)를 위하여
- 나는 여호와 너희의 거룩한 이요/이스라엘의 창조자요 너희의 왕이니라

〈16-18〉 16-21절의 언어는 두 번째 출애굽의 모티브를 암시한다. 하나님이 모세와 그 백성들을 위해 바다 가운데 길을 내시고(출 14장) 바로와 그의 큰 군대를 멸하신 것처럼 자신의 자녀들을 포로에서 구해 낼 때, 하나님은 다시 한번 자신의 큰 권능을 나타내실 것이다.

하나님은 **병거와 말과**[4] **군대의 용사**(reinforcements)로 잘 무장된 애굽의 군대를 물리치셨다. 갈대 바다를 건널 때 바로의 군대가 멸망된 것처럼, 바벨론 군대는 무너져 다시 일어나지 못할 것이다. 하나님은 이스라엘 나라에게 이전 일을 기억하지 말며 옛날 일을 생각하지 말라(즉, 42:9; 43:9 등에 언급된 징벌들)고 지시하신다.

〈19-21〉 이스라엘은 그들의 포로 생활이 비참하다는 것에 주목하고 있는 반면에, 하나님은 이제 그분이 하려고 하시는 새 일, 즉 그들을 고국으로 돌아가게 하는 일에 그들의 주의(보라, 힌네[*hinnēh*])를 돌리신다. 정말로(아프['*ap*]=강조됨, 마소라 본문에는 있지만 NIV에는 없음; 개역개정은 반드시-역주) 하나님은 **광야에 길을/사막에 강을 내서** 그들의 여정을 준비하고 그들의 필요들을 공급할 것이다.

첫 번째 출애굽 때 하나님은 자기 백성을 광야로 인도하기 위해 문자적 의미의 길을 만드신 것이 아니라 낮에는 '구름 기둥'으로 밤에는 '불기둥'으로 분명히 인도하시고 안내하신다는(출 13:21) 비유적 의미의 '길을 내셨다'.

사막에 강을 내리니라는 어구는 축복이나 영적 갱신의 비유적 표현일 수 있지만, 출애굽 하는 동안 하나님은 이스라엘이 필요로 할 때 문자적 의미의 물을 공급해 주셨다.

다음에 나오는 **장차 들짐승 곧 승냥이와 타조**(문자적으로 '타조들의 딸들')**도 나를 존경할 것이라**는 어구는 두 가지 방식으로 읽을 수 있다.

첫째, 비유적 의미로 이스라엘에 대한 하나님의 공급하심을 지켜보는 나라들을 가리키는 것으로(수 2:9-11과 유사) 읽는다.

---

4) 레닌그라드 코덱스(Codex Leningradensis)의 "병거들과 말들"이라는 어구에는 오류가 포함되어 있다. 그 단어들 사이의 '마켑'(*maqqeph*, 즉 '말들의 병거들')이나 '와우'(*wāw*, 즉 '병거들과 말들') 중 하나는 삭제되어야 한다. '마켑'이 아마도 문제일 가능성이 크다.

둘째, 문자적 의미로 하나님이 자기 백성에게 물을 공급하심으로 사막의 야생 동물조차 유익을 얻을 것이라고 읽을 수 있다. 후자의 설명은 아마도 첫 번째 출애굽에 더 잘 부합할 것이다.

하나님이 자신을 위해 지으신 나라인 이스라엘은 구원을 받을 것이며, 그것에 대한 자연스러운 결과로 마침내 그들은 하나님 찬양을 선포할 것이다(41:16b를 보라).

⑭ 이스라엘의 불순종과 그에 대한 징벌(43:22-28)

〈22-25〉 22절은 새로운 논증으로 시작하는데, 이것은 화이브레이가 재판 연설이라고 제안하는 것이다. 그는 "이 연설에서 여호와께서는 이교도의 신들과 그 숭배자들이 아닌 자신의 백성들을 소환하셔서, 자신들의 징벌이 부당하다는 그들의 주장에 맞서 자신을 변호하신다"라고 주장한다(1975: 89; 43:26을 보라).

21절에서 하나님이 자신을 찬양하도록 하기 위해 창조하신 바로 그 백성들이 22절에서 그분을 부르지 않는다(문자적으로 '아직 나를 너희가 부르지 않았다'=강조적 어순). 그들은 구원을 위해 하나님께 부르짖는 대신에, 그들이 포로로 끌려간 것에 대해 하나님을 비난하고 그분이 자신들을 다루시는 방식에 지쳤다고 불평한다.

이러한 비난은 완전히 근거가 없다. 그 후 하나님은 이스라엘의 신실하지 못함을 그들이 여호와를 따르는데 곤비해졌다(야가[*yāga*'], 29회, 사 40-66장에 12회, NASB의 번역이 올바름; NIV는 히브리어 본문에 나타나지 않는 부정어[negation]를 잘못 삽입했음[너희는 나를 위해 곤비하지 않았다])라고 묘사하신다. 하나님은 이스라엘 사람들이 바벨론에 있을 때 그들에게 무거운 짐을 지우지 않았다는 것을 분명히 하시며, 이스라엘 백성들의 불평을 정면으로 반박하셨다. 나는 제물로 말미암아 너를 수고롭게 하지 아니하였고 유향으로 말미암아 너를 괴롭게 하지 아니하였거늘(즉, 여호와께 희생 제물을 드릴 성전이 없었음). **유향**(레보나[*lěbōnâ*], 아마도 '향', 23절)과 **향품**(문자적으로 '향신료 갈대', 24절; 이것은 수입품이었음)은 예레미야 6:20에 따르면 여호와께서 요청하지 않으신 불필요한 사치품이었다. 여기에 언어유희가 있다. 너는 나를 위하여 돈으로 향품(카네[qāneh])을 사지(카나[qānâ]) 아니하며.

그들은 (그들의) 희생의 기름으로 나(즉. 하나님)를 흡족하게 하지 아니하였다(문자적으로 '그리고 너희 희생 제물들의 기름으로 너희가 나를 만족하게 하지 않았다', 도치된 구문은 강조를 위한 것임). 하나님은 희생 제물에서 기름의 일부를 요구하셨다(출 29:13, 22을 보라), 여기서 하나님이 반드시 과도한 양을 요구하셨다고 암시된 것은 아니다(즉, 라바[rāwâ]의 히필형, '적시게 하다').

그 표현은 그들이 바벨론의 신들에게 이런 사치스러운 희생 제물들을 바쳤다는 것을 암시한다. 결과적으로 그들은 하나님께 (그분이 마땅히 받으실) 그들의 가장 좋은 것을 드리는 대신에, 가장 나쁜 것(즉, 그들의 죄들)을 하나님께 드리는 꼴이 되었다. 이런 죄들은 하나님을 모독하는 것이었다.

이스라엘은 자신들이 용서받을 자격이 있다는 것을 보여 주기 위해 아무것도 하지 않았지만, 그럼에도 불구하고 하나님은 그들 중 남은 자를 용서하셨다. 나 곧 나(즉, 매우 강조함)는 나를 위하여 네 허물을 도말하는(죄를 없애는 지속적인 행동을 암시하는 분사) 자니. 그분은 자신을 위해, 그분의 자비 때문에 그렇게 하신 것이지, 이스라엘이 행했던 어떤 것에도 근거한 것이 아니다. 마지막 어구의 구문은 강조된 것이다(NIV, '너희 죄들을' 내가 결코 기억하지 않을 것이다[영구적 금지, Williams § 396]).

⟨26-28⟩ 이 구절들에서 여호와께서는 그들의 결백을 지지하기 위해 그들의 반론에 기꺼이 귀를 기울이신다. 너는 나에게 기억이 나게 하라/… 너는 말하여 네가 의로움을 나타내라(문자적으로 '네가 의롭게 될 수 있도록 네가 말하라). 반박이 나오지 않을 때, 하나님은 그들이 받았던 징벌을 정당화하는 사건에 대한 사실 여부를 검토하신다.

모든 이스라엘 사람을 후손으로 둔 이스라엘의 첫 조상인 야곱 때로부터 죄는 꾸준히 증가해 왔다(호 12:2-4을 보라). 하나님이 그 백성들을 자신에게 더 가까이 인도하도록 보내신 사람들(너의 교사들[멜리침⟨mĕliṣim⟩, 4회, 모두 다른 의미로 사용됨])조차도 그분께 반역했다(즉, 그분의 제사장들, 레위 사람들, 일부 선지자 등).

그들이 반론을 제기하지 않기에 여호와께서는 자신이 제시한 증거에 따라 행동하셨다. 그분은 (그들의) 성소(코데쉬[qōdeš], '거룩한 곳'=예루살렘 제사장 그룹의 지도자들)의 어른들(문자적으로 '방백들')을 욕되게(할랄[ḥālal], '모독하다') 하셨다. '방백들을 모독한다'라는 것은 하나님 앞에서 그들의 신성한 지위를 빼앗는 것을 의미한다. 그분은 또한 야곱이 진멸(헤렘[ḥērem]) 당하도록 내어 주며 이스라엘이 비방거리(긷두핌[giddûpîm], '명예훼손, 학대', 2회)가 되게 하셨다.

㉰ 이스라엘의 구원: 구원 신탁(44:1-5)

⟨1-2⟩ **그러나 지금**(NIV, 1절)이라는 단어는 과도기임을 알려 준다. 이스라엘이 과거에 지었던 죄들에 대한 반복적 언급으로부터 이사야가 이미 선언한 주제를 다시 살펴보는 이 구원 신탁으로 넘어가는 과도기이다(41:8, 9, 43:10 등을 보라).

하나님은 이스라엘 사람들이 그분의 종들이며(**나의 종 야곱**, 1절) 그분이 그들을 모태에서부터 택하셨다(렘 1:5을 보라)고 확실하게 말씀하신다. 그러므로 **여수룬**(= 이스라엘 나라)은 두려워할 필요가 없다. 하나님이 그들을 택하셨기 때문이다. **여수룬**(예수룬[yĕšurûn,'정직한'], 4회; 나머지 3회는 모두 신명기에 나옴)이라는 용어는 **야곱**(이스라엘)과 평행을 이루고 있으며, 아마도 바벨론에서 돌아온 남은 자를 가리킬 것이다.

이사야 44:2에 나오는 이스라엘의 상황은 신명기 33:26과 거의 비슷하다. 모세의 찬양을 불러일으킨 사건들은 이사야 44장의 역사적 상황에 상응한다. 이사야는 하나님에 대한 보기 드문 칭호를 사용하여 하나님이 그들을 애굽에서 구원하고, 광야에서 방랑했던 시절 동안에 보호하고, 약속한 땅에 정착시키셨던 때를 효과적으로 상기시킨다.

그러므로 그 이름은 이 동일한 하나님이 그들을 바벨론에서 구원하고, 광야를 통해 데려와서, 그들의 고국으로 돌려보내실 것이라고 이스라엘을 격려하기 위한 것이다. 두 상황 모두 하나님을 찬양하기에 합당한 이유들이다.

〈3-5〉 저자는 목마른 자에게 물을 주며 마른 땅에 시내(노젤림 [nozĕlim], '흐르는 것들')가 흐르는 이미지를 사용하여 하나님의 영(즉, 그분의 능력)이 그 나라의 남은 자에게 부어지는 것을 묘사한다. 그들은 풀 가운데에서 솟아나기(문자적으로 '풀 사이에서 싹이 트다')를/시냇가의 버들같이 할 것이라. 이 두 이미지는 남은 자가 열방에 흩어져 있으면서도 왕성하게 번성할 것임을 암시한다. 이 복은 그들의 후손에게까지 미칠 것이다(나의 복을 네 후손에게 부어 주리니).

5절은 이 남은 자들을 두 그룹으로 나누는 것이 가능하다.

첫째, 한 그룹은 승인(assent)에 의해 들어온, 여호와를 믿는 이방인들 같은 자들이다(즉, 나는 여호와께 속하였다 할 것이며). 이스라엘의 번영을 보고 일부 이방인들은 개종자들이 되기를 갈망할 것이다.

둘째, 또 다른 그룹은 승인에 의해 들어왔을 뿐만 아니라 이스라엘에 속해 있는 그룹이다. 그들은 야곱의 이름으로 자기를 부를 것이며 이스라엘의 이름으로 존귀히 여김을 받을 것(예칸네 [yĕkanneh], '누군가에게 영예로운 이름을 주다'[HALOT 2.483])이며 참된 신자들이다. 그들은 나는 여호와께 속하였다라고 선언하거나 그들의 손에 여호와의 것(NIV)이란 말을 써서(56:3, 6-8을 보라) 여호와께 충성과 참된 헌신을 나타낼 것이다.

확실하지는 않지만, 손에 적힌 글을 문자 그대로 받아들여야 하는 것처럼, 그들의 구두 선언도 문자 그대로일 것이다. 아무튼 그들의 헌신이 가장 중요한 문제이다. 사람들이 이스라엘, 특히 그들의 하나님과 연합하는 영광을 누리게 된다는 것은 구원 신탁들의 새로운 요소이다.

의미

두 번째 구원 신탁(43:14-44:5)에서 하나님의 구원은 너무나 놀랍기에 그분의 백성들은 이전의 징벌을 잊어버릴 것이다. 하나님은 그들이 출애굽한 것을 상기시키는 용어들을 사용하며(즉, 바다 가운데 길을 내시고[43:16], 병거와 말을 ⋯ 이끌어내어[43:17]) 그들의 운명을 바벨론의 운명과 대조시키신다.

바벨론과는 다르게(43:17을 보라) 이스라엘은 꺼져 가는 심지가 되지 않을 것이다(42:3을 보라). 하나님은 이스라엘에게 그분의 영을 부어 주실 것이며, 그분은 기꺼이 충성하는 의로운 남은 자를 일으키실 것이다(44:5).

4) 참하나님은 사람들에 의해 창조될 수 없음(44:6-23)

문맥

이사야 44:6-23은 사람이 신들을 창조할 수 있다는 망상과 다시 관련짓는다. 이 단위의 내용은 이사야서의 일반 주제이다. 그 단위는 여호와를 모든 사람을 창조하신 유일하신 참하나님으로 제시하는 45:8-17의 중심교차대구법(palistrophe)과 대조되는 평행을 이룬다(표 0.10을 보라).

이 재판 장면에서 여호와께서는 그들의 우상들과 관련하여 열방에 도전하신다. 어리석게도 우상들을 믿는 모든 나라는 수치를 당할 것이라고 그분은 세 번이나 말씀하신다. 이전의 두 구원 신탁과 마찬가지로 증인들은 하나님의 약속이 성취되었다는 것과 두려워할 필요가 없다는 것을 확인하도록 부름을 받았다. 그들이 두려워할 필요가 없는 것은 하나님이 그들을 보호하실 것이기 때문이다.

이것은 이사야 40-48장에서 우상들의 무익함을 설명하는 세 번째 단락이다. 우상들에 대한 이러한 묘사는 이 신탁을 받는 사람들이 그들의 우상들이 단순히 신들의 표상(representations)이 아니라, 실제적 신들의 화

신(embodiment)이라고 믿는다는 것을 암시한다.

여기에서 우상 숭배의 어리석음은 하나님의 위대하심에 대한 선언들 사이에 위치한다.

첫 번째는 하나님의 탁월함(pre-eminence)을 나타낸다. 나 외에 신이 있겠느냐/… 내가 알지 못하노라(44:8).

두 번째는 그분의 돌보심을 강조한다. 이스라엘아 너는 나에게 잊혀지지 아니하리라(44:21).

주석

(1) 우상이 아닌 여호와(44:6-8)

〈6-7〉 하나님은 먼저 자신이 누구인지 선언하신다. 그분의 개인적 이름 이스라엘의 왕인 여호와, 선택함으로 그분의 역할을 나타내는 이름 이스라엘의 구원자, 그분의 전능하심을 나타내는 이름 만군의 여호와, 그분의 영원성을 표현하는 이름 처음이요 마지막(41:1을 보라).

그분은 유일한 하나님으로 존재하시며(나 외에는〈빌아다이[$bil'\bar{a}d\bar{a}y$], '내 옆에, 나를 떠나서는', 16회; 이사야서에서 6회] 다른 신이 없느니라), 이스라엘의 구원을 예언하고 모든 것이 발생하도록 움직이게 하는 유일한 분이시다.

다시 한번 하나님은 무슨 일이 일어났고 무슨 일이 일어날지 선언하심으로써 이른바 신이라 불리는 모든 자에게 그들의 신성을 변호해 보라고 도전하신다. 나에게 설명할(문자적으로 '그것을 배열하다') 자가 누구냐 있거든 될 일과 장차 올 일을 그들에게 알릴지어다(41:22-23을 보라). 여호와께서는 이스라엘(즉, 영원한[올람〈$'\bar{o}l\bar{a}m$〉] 백성)을 자기 백성으로 세우실 때부터 그들을 인도해 오셨다. 그들은 한 나라로서 처음부터 하나님의 행동들을 증거할 수 있어야만 했다.

⟨8⟩ 하나님이 이스라엘 사람들의 길을 지도하고 인도해 오셨기 때문에, 그들은 **두려워할**(티르후[*tirhû*], '두려움으로 마비되다'[*HALOT* 2.437], 여기에만 나옴) 필요가 없었다. 이전에 그들은 여호와 외에는 다른 신이 없다는 것을 증언하는 여호와의 증인으로 부름을 받았다(즉, 43:10, 12).

그분은 자신이 그들을 구원할 것이라고 **예로부터**(문자적 '그때부터', 그 사건이 있기 오래전이라는 의미) 선언하셨기 때문에 이제 그들에게 자신이 유일한 하나님이심을 확인하라고 다시 한번 요청하신다. 그 후 그분은 다시 한번 자신이 유일한 신이라고 선언하신다. 나 외에 신(엘로아흐[*ĕlôah*], 60회)이 있겠느냐. 하나님은 그들의 유일한 반석(추르[*ṣûr*], '바위, 암벽')이시며 그들이 의지할 수 있는 흔들리지 않는 기초이시다.

(2) 우상 숭배의 무익함(44:9-20)

⟨9-11⟩ 44:9-20의 주요 주제는 우상을 만드는 자들(문자적으로 '우상들의 조성자들')에 대한 정죄이다. 이런 형상을 만드는 자들은 **허망**(토후[*tōhû*], '공허, 무')하다. 생명 없는 재료들을 가지고 자신들의 손으로 우상을 만들었으니, 우상은 본연의 신적 지위도 없고, 예배를 받아야 할 어떤 것도 아님을 모든 사람이 알아야 한다.

우상들과 달리 여호와는 미래의 사건들을 선언하시고, 아무도 예상하지 못했던 어떤 것, 즉 바벨론 포로에서 이스라엘을 구원한 것으로 자신이 유일한 하나님이심을 이제 증명하셨다.

그러나 이스라엘 나라는 맹목적이고 수치스럽게 그들의 우상을 붙들었다. 그들(이스라엘)이 원하는 것들은 무익한 것이거늘(문자적으로 '그들은 이익을 내지 않는다'). 그들의 **대장장이들은 사람일 뿐이라**(암시적임=인간이 어떻게 신을 창조할 수 있겠는가?). 우상들을 지지하는 사람들(문자적으로 '그들 자신의 증인들')은 **보지도 못하며 알지도 못하니**(즉. 그들 자신의 무지에 눈이 멀어서 거짓을 믿기로 선택함) 그러므로 수치를 당하리라.

11절의 시작 부분에 있는 **보라**(헨[*hēn*])는 결론에 주목하도록 이끈다. 우상을 만드는 모든 사람(문자적으로 '그리고 그들의 동료들')의 결과는 같다. 그들은 자신들을 도와줄 수 없는 어떤 것을 믿었기 때문에 **수치를 당할 것**이고 굴욕으로 고통당할 것이다(9, 11절).

〈12-17〉 우상을 만드는 것에 대한 전체적인 묘사는 인간이 만든 것이 신적 능력이 있다고 믿는 모순을 설명하기 위한 것이다. 자신의 손으로 휘두르는 도구들과 직접 채굴하거나 심고 자라게 한 재료들로 우상을 만드는 자들(즉, 단순한 인간들)의 한계에 초점을 맞추면서 하나님은 우상을 만드는 과정을 차례차례 살펴보신다.

첫째, 우상은 장인들이 만든다. 철공은 철로 연장(문자적으로 '대장장이의 철 도끼'; 마아차드[*ma'ăṣād*], 2회)을 만들고 **숯불**(페함[*peḥām*], 3회)로 일하며 **망치**(막카보트[*maqqābôt*], 이 의미로 4회)를 가지고 그것을 만들며.

11절에서 우리가 상기한 바와 같이, 장인들은 단지 인간에 불과하기에 이것은 그들이 특별한 능력이 있지 않다는 것을 의미한다. 사실상 장인들은 일하다 보면 배가 고파지고 기력이 쇠하여 진이 빠진다(12절). 그들이 먹고 마시는 것을 중단하면 그 과정은 중단된다(12절). 왜냐하면, 그 모든 것이 사람의 힘에 달려 있기 때문이다.

목공(문자적으로 '나무들의 조각가')은 **줄**(카브[*qaw*])로 나무 조각을 재고, **붓**(체레드[*śered*], 여기에만 나옴)으로 윤곽을 그리고, **대패**(막추아[*maqṣu'â*], 여기에만 나옴; '조각칼')로 자르고, **곡선자**(메후가[*měḥûgâ*], 여기에만 나옴)로 그것을 표시한다. 참 아이러니하게도, 일꾼은 사람의 아름다움을 따라 사람의 모양을 만들어 내지만, 그것은 초자연적 힘은 고사하고 생명조차도 없다. 그것은 단지 **집**(NIV, 성지 같은 곳, 13절)에 '앉아 있는' 조각상이다.

장인들은 일반적인 재료들을 사용한다. 대장장이는 일꾼들이 채굴한 재료인 금속을 두들겨 만든다. 목수는 상록수(cypress), 상수리나무(oak), '전나무'(['ōren], 여기에만 나옴)와 같은 이스라엘의 일꾼들이 심고 키운 나무들을 목재로 사용한다(14절); 백향목은 때때로 특별한 우상들을 만들기 위해 레바논에서 수입되었다.

아프(['*ap*], '심지어')라는 단어는 15절에서 아이러니를 만들기 위해 2회 사용된다. 나무의 한 부분으로 (심지어) 불을 피워(나삭[*nāśaq*], 3회) 떡을 굽기도 하고, 고기를 구워 먹고 하는 똑같은 그 사람이 그 나무의 나머지로 (심지어) 신상 ('엘['*ēl*] 또는 '페셀[*pesel*], 우상')을 만들어 경배한다. 그 앞에 엎드리기도 (사가드[*sāgad*], 4회) 하는구나라는 15절의 마지막 어구는 이사야서에서만 나오는데, 주로 이 단락에서 사용된다.

여기에서 대조가 두드러진다. 따뜻하게('우르['*ûr*], 불', 이 의미로 5회, 4회는 이사야서에 나옴) 하려고 불을 지피고, 빵을 굽고, 식사를 준비하기 위해 (문자적으로 '먹을 고기를[강조적 어순] 그가 굽는다[찰라⟨*ṣālâ*⟩, 3회]') 사용하는 똑같은 그 나무를 향해 보호해 달라고 예배하고 기도한다. 너는 나의 신이니 나를 구원하라(17절).

이 모든 것은 6절에서 여호와께서 이스라엘 사람들에게 자신에 대해 선언하신 것과 확연하게 다르다. **나는 처음이요 나는 마지막이라/나 외에 다른 신이 없느니라**. 어떻게 인간이 땅에서 나오는 자연적이고 물리적 재료들로 초자연적인 것(신)을 창조할 수 있겠는가.

⟨18-20⟩ **왜 사람들은 이러한 행동들의 모순을 볼 수 없을까?**

눈과 마음이 모두 **가려져**(타하흐[*ṭāḥah*], '보는 것으로부터 더럽혀진'는 여기에만 나옴) 있기 때문이다. 다시 말해서, 그들은 느끼고 이해할 수 없고 또 기꺼이 그렇게 하려고 하지도 않는다.

우상 숭배자들은 자신의 행동들을 반성하는 데 시간을 쓰지 않는다(마음에 생각도 없고, 문자적으로 '아무도 그의 마음에 그것을 돌려주지 않는다'). 그들이 잠시만 생각해 보면 음식을 요리하는 데 사용하는 나무가 그들이 우상으로 만드는 것과 같은 나무, 즉 **가증한 물건**(문자적으로 '혐오')이라는 것을 깨닫게 된다는 것을 암시한다. 후자(가증한 물건)의 어구는 도덕적 분노를 표현한다. 특히, 그들이 살아 계신 하나님을 섬겨야 할 때 나무 조각에 엎드려 경배하는 것은 가증한 일이다.

우상을 숭배하는 자들은 그렇게 하는 것을 거부할 수 없고, 자신이 속고 있다는 것조차 깨닫지 못한다(20절). 그는 재(즉, 무가치한 찌꺼기)를 먹고, 그런 사람들은 그들의 마음이 그들을 잘못 인도한다(문자적으로 '속이다'). 그들은 자신들이 믿는 거짓말을 포기하기는커녕 깨닫지도 못한다(나의 오른손에 거짓 것이 있지 아니하냐 하지도 못하느니라).

(3) 이스라엘아, 깨어나라(44:21-23)

〈21-23〉 43:10에서 시작된 하나님과 이스라엘의 관계라는 주제를 선택하여, 하나님은 더 이상 우상 숭배에 속지 말고 무엇이 중요한지 기억하라고 그 나라에 촉구하신다.

- 이스라엘아 … 너는 내 종이니라(2회)
- 내가 너를 지었으니(문자적으로 '형성하였으니')
- 너는 나에게 잊혀지지(나샤[nāšâ], 6회) 아니하리라(문자적으로 '너야말로 나에 의해 잊히지 않을 것이다'=강조적 어순; NIV, 나는 너를 잊지 않을 것이다)
- 내가 네 허물을 빽빽한 구름같이 … 없이 하였으니
- 내가 너를 구속하였음이니라(문자적으로 '자신의 것으로 되찾다')

첫 번째 어구의 반복(21절)은 강조를 위한 것이지만, 각 어구의 표현은 약간 다르다. '나의 종은 너다'(my servant you are)는 주인 됨을 강조한다. '나에게 종은 너다'(a servant to me you are)는 하나님의 종들로서의 그들의 역할을 강조함(즉, 나에게).

그 후 하나님은 이스라엘을 향해 자신에게로 돌아오라고 촉구하신다(22절). 두 개의 이미지는 그분이 얼마나 철저하게 그들의 죄들을 도말하고, 그들을 구속하여 그분께 돌아오게 할 수 있으신지를 나타낸다.

내가 네 허물을 빽빽한 구름(문자적으로 '어두운 구름')같이, 네 죄를 안개(문자적으로 '구름')같이 없이(문자적으로 '닦아내다') 했다. 둘 다 태양을 가리거나 사라지게 한다.

23절은 하나님을 찬양하는 노래로 42:10-12 및 다른 찬양 시편들과 유사하다. 피조물은 하나님을 향한 찬양이 우렁차게 터져 나오도록(파차흐[*pāṣah*], 8회, 7회는 이사야서에 나옴) 부르심을 받았다. 키([*kī*], '때문에')라는 단어는 이 큰 기쁨의 이유를 나타낸다. 하나님은 이스라엘을 구속하여 자신의 영광을 나타내셨다(문자적으로 '이스라엘로 자신을 영화롭게 하였다'). 이 구원은 예언적 완료(prophetic perfects)로 묘사된다. 즉, 저자는 이 결과에 대한 확신으로 가득 차서 그것을 완료된 행동으로 설명한다.

의미

여호와는 '하나님'이라는 이름을 받기에 합당한 유일한 분이시다. 다른 이가 없다. 그분의 백성은 이 사실을 가장 잘 증언하는 사람들이다. 하나님이 말씀하신 **내가 알지 못하노라**는 진술은 우리가 그분의 전지하심을 기억할 때 더욱 놀랍다. 이 참되신 하나님은 자신이 미래를 알고 있음을 증명하셨다. 그러므로 그분의 백성은 결코 걱정할 필요가 없다.

그러나 우리의 눈멂은 믿을 수 없을 정도로 계속될 수 있다. 우상을 만드는 사람들의 비유는 땅에 있는 어떤 것, 특히 사람이 만든 어떤 것도 결코 하나님께 다가갈 수 없고 대신할 수 없다는 것을 가르치기 위한 것이다.

이 하나님은 이스라엘에 대한 그분의 위대한 사랑을 상기시키며 그들을 잊지 않으신다. 하나님은 그들이 다시 한번 그분과의 친밀한 관계를 경험할 수 있도록 기꺼이 그들의 죄를 제거해 주신다. **너는 내게로 돌아오라 내가 너를 구속하였음이니라**(44:22).

5) 여호와가 주권자이심(44:24-45:7)

문맥

이사야 44:24-45:7은 중심교차대구법(표 0.10을 보라)의 중앙에 위치하는데, 여호와의 가장 위대한 업적들 가운데 많은 부분을 언급하며, 여호와의 권세와 주권을 보여 준다(즉, 나는 여호와라 이 모든 일들을 행하는 자니라[45:7]; 나는 만물을 지은 여호와라[44:24]; 점치는 자들을 미치게 하며[44:25]; 그의 사자들의 계획을 성취하게 하며[44:26]; 고레스를 데려와 이스라엘을 구원하심[44:28]).

이사야 40-48장에서 우상들은 13회 언급된다. 이 섹션 이전에서 6회(40:18-20; 41:5-7, 21-24, 29; 42:17; 44:9-20), 이 단락 이후에서 6회(45:16, 20-21, 46:1-2, 5-7, 47:12-15, 48:5). 이 섹션의 핵심에서 하나님은 나는 여호와라 나 외에 다른 이가 없나니 나 밖에 신이 없느니라(45:5-6)라고 선언하시는데, 이것은 이 섹션에서 3회(45:5, 6, 21) 반복된다. 우상들은 이스라엘에 구원을 가져올 능력이 없다.

마찬가지로 하나님이 자신의 백성들을 구원하기 위해 고레스를 데려오신다고 7회 말씀하시는데, 3회는 44:24 - 45:7 섹션 앞(41:2-4, 25 26; 42:1-9)에 나오고, 3회는 그 섹션 뒤(45:13; 46:11; 48:14-15)에 나온다. 그러나 가장 자세한 묘사는 이 섹션의 핵심에서 발견된다(44:28-45:4). 중심교차대구법의 절정은 하나님이 자신의 나라를 구원하기 위해 사용하실 종으로 특별히 고레스를 언급하셨을 때이다.

주석

(1) 사람들이 예루살렘에 거주할 것임(44:24-28)

⟨24⟩ 언약을 지키시는 하나님에 대한 개인적 이름인 **여호와**는 자신이 이스라엘의 **구속자**(사 40-66장에서 13회 사용됨)요, 이스라엘을 다시 사서 구원하는 분이심을 찬양의 노래에서 반복하신다.

그분은 **모태에서**(문자적으로 '모태로부터')부터 이스라엘을 조성함으로 그들을 친밀하게 아시고, 자신의 나라가 되도록 그들이 출생하기 전부터 준비하고 계셨다. 그들의 역사는 하나님이 아브라함을 부르셨을 때와 애굽에서 이스라엘을 한 나라로 발전시키셨을 때로 거슬러 올라간다. 그러나 여기서 그 나라의 시작은 아마도 시내산에서 여호와와 언약을 맺었을 때일 것이다.

하나님은 자신만이 이 놀라운 일을 하실 수 있다는 것을 강조하기 위해 이사야 44-45장에서 **나는 여호와**(또는 하나님)라라고 10회(44:24; 45:3, 5, 6, 7, 8, 18, 19, 21, 22) 선언하신다. 24절은 또한 창조에 나타난 하나님의 위대하심과 능력을 언급한다. 하나님만이 만물을 지은 분이시다. 그분은 위로 **하늘을 펴셨으며, 아래로 땅을 펼치셨다**(문자적으로 '두들겨 냄').[5] 전체적으로 볼 때, 이 구절은 여호와는 신뢰할 수 있는 분이라는 것을 이스라엘에게 재확인시켜 준다.

⟨25-28⟩ 여호와께서는 창조 속에서 자신이 한 역할로부터 이동하여, 역사 속에서 자신이 한 활동을 설명하신다. 그분은 헛된 말을 하는 자들(받딤[baddim], 이 의미로 2회; NIV, 거짓 선지자들)의 징표를 폐하며(파라르[pārar],

---

5) 우리는 24b절의 케티브(kĕthib) 읽기를 따르기로 한 NIV의 선택에 동의한다. 나 스스로(by myself) 땅을 펼친 자. 나로부터(from me)로 읽는 케레(qĕrē)가 아닌 이 읽기가 평행 단위와 잘 일치한다.

'부수다, 파괴하다') 그들을 바보처럼 보이게 만드신다[6](25절). 이와 대조적으로 여호와는 그의 종(=이사야; 26절)의 말(NIV, 그의 종들의 말들)과 그의 사자들의 계획(아차트['āṣat], '모략')을 확증하신다.

하오메르([hā'ōmēr], '그 말하는 자')라는 단어를 사용하여 하나님은 이사야가 예언한 약속들이 확실함을 확증하신다.

첫째, 예루살렘에 사람이 거주하게 되고 유다의 나머지 성읍들도 재건될 것이다(즉, 포로들이 돌아올 것이다, 26절).

둘째, 하나님의 명령에 따라 **깊음**(출라[ṣûlâ], 여기에만 나옴)이 마를 것이다. 이것은 바벨론에서 포로들이 방해받지 않고 귀환하는 것에 대한 언급으로, 그들이 애굽에서 기적적으로 탈출한 것을 떠올리게 한다(27절).

셋째, 고레스가 예루살렘과 성전을 재건할 것이다. 요세푸스(Josephus; *Ant.* 10.1-2)에 따르면, 고레스가 이사야서에서 이 단락을 보게 되었고 포로들을 예루살렘으로 돌려보내기 시작했다. 그러나 이것은 주어진 상황을 고려할 때 가능성이 작다. 네 **기초가 놓여지리라**(28절)라는 어구는 성전 전체를 가리키는 제유법(synecdoche)이다.

고레스는 44:28에서 처음 이름으로 명시된다. 그는 내 **목자**라고 불리는데, 이 어구는 고대 근동에서 자애로운 통치자에게 자주 사용되었다. 여기에서 그것은 고레스가 비록 이방 통치자일지라도, 하나님의 백성을 위해서 하나님의 선한 의도들을 수행할 것임을 암시하는데(내 목자라 그가 나의 모든 기쁨[문자적으로 '내 갈망']을 성취하리라), 이것은 이스라엘 사람들에게 충격적인 개념이었을 것이다.

---

[6] 그리고 그것을 터무니없는 것으로 바꿔버린다라고 NIV처럼 번역하기 위해서는 마소라 본문의 읽기 사칼(*sākal*, '성공하다')을 '어리석게 행동하다'인 사칼(*sākal*)로 수정해야만 한다. 게제니우스(Gesenius)가 언급했듯이(GKC § 6k) 때때로 치찰음(sibilants)이 상호 교환되기 때문에, 이 수정은 매우 그럴듯하다.

[부가 사항: 고레스 2세(대왕)(주전 559-530년경)]

아케메네스 왕조(Achaemenid dynasty)에 속한 고레스(히브리어/아람어 코레쉬[*kôreš*]) 2세(대왕)는 바사제국(Persian Empire)의 창시자이다. 그는 그가 살아 있는 동안에 그 당시 알려진 세계의 대부분을 지배했는데, 그의 제국은 서쪽의 애굽과 에게해(Aegean Sea; 헬레스폰트[Hellespont])에서 동쪽의 인더스강(히말라야 산맥에서 파키스탄을 거쳐 아라비아해[Arabian Sea]로 흐르는 강)까지 뻗어 있었다.

그는 주전 559년 아버지 캄비세스 1세(Cambyses I)가 사망하자 왕위에 올랐다. 주전 550년경에 고레스는 그의 지배자였던 아스티아게스(Astyages; 주전 585년부터 550년까지 메대제국[the Median Empire]의 왕)를 정복한 후, 성경 저자들이 "메대와 바사"(the Medes and the Persians)라고 부르는(단 5:28을 보라) 두 나라를 하나의 강력한 제국으로 통합하는 놀라운 업적을 이루기 시작했다.

그는 이 업적을 이루기 위해 여러 가지 전략들을 사용했다.

첫째, 그는 신중하게 메대 문화를 관찰했다.

둘째, 그는 메대의 '엑바타나'(Ecbatana)에 왕궁들(royal residences) 가운데 하나를 세웠다.

셋째, 그는 여러 메대 사람을 지방 정부의 고위직에 임명했다.

고레스는 자신이 정복한 땅의 관습, 문화 및 종교를 존중했으며, "모략의 다양성, 명령의 통일성"(Diversity in counsel, unity in command)이라는 격언을 따랐다고 한다(Roberto 2013: 304, pl. 3).

고레스는 계속해서 리디아(Lydia)의 왕 크로이수스(Croesus)를 정복하고 심지어 앗수르까지 진군했지만, 주전 539년이 되어서야 마침내 바벨론제국을 격퇴했다.

헤로도토스(Herodotus)에 따르면 고브리아스(Gobryas)가 이끄는 바사 사람들은 유프라데강을 우회하여 바벨론에 진입했다(『역사』[*Hist.*] 1.189-191년). 일부 사람은 이 설명에 의문을 제기하지만, 그들은 바벨론 군대의 저항 없이 하룻밤(주전 539년 10월 16일[12일?]) 만에 성읍을

> 함락시킬 수 있었다(*ANET* 316). 17일 후 고레스가 그 성읍에 들어갔을 때 사람들은 그를 향해 환호하며 기뻐했다. 왜냐하면, 바벨론 사람들은 바벨론의 전통신인 마르둑(Marduk)보다 신(Sin)을 공공연하게 선호했던 나보니두스(Nabonidus) 통치하에서 불만을 품었기 때문이다.
> 고레스 칙령(주전 538년)은 포로들이 고국으로 돌아가 그들의 신들을 섬기는 것을 허락했다. 따라서 이스라엘 사람들은 여호와를 위해 성전을 재건하려고 예루살렘으로 돌아왔다(대하 36:22-23; 스 1:1-3; *ANET* 316).

(2) 하나님은 고레스를 사용하여 그분의 백성을 구원하심(45:1-7)

〈1-3〉 44:24-45:7 섹션의 핵심에는 하나님이 고레스에게 말씀하시는 왕실 신탁(royal oracle)이 있다(45:1-5). 여호와께서 그의 기름 부음을 받은 고레스에게 이같이 말씀하시되.

기름 부음은 일반적으로 하나님이 주신 특정한 과업을 위해서 특별한 준비를 하는 것을 의미한다. 기름 부음을 받는 사람은 제사장(출 28:41), 선지자(왕상 19:16), 왕(삼상 10:1)이다. 그러나 차일즈가 지적한 바와 같이 다른 어떤 곳에서도 이처럼 지명된 이방 왕은 없다(2001: 353). 고대 근동에서 발견된 고레스의 비문(sylinder)에서는 고레스가 마르둑에 의해 선택되고 임명되었다고 주장하는 내용이 나타난다(*ANET* 315-316).

고레스는 그의 목적들을 이루기 위해 하나님의 인도와 지시를 받을 것이다(즉, 내가 그[고레스]의 오른손을 붙들고). 오른손은 존귀(시 110:1을 보라)와 능력(시 80:17을 보라)의 자리로 여겨졌다. 하나님은 그 앞에 열국을 항복하게 하며/… 왕들의 허리를 풀어 …(그분이 그들을 무장해제시키실 것이라는 의미). 그분은 또한 그 앞에 문들을 열고 성문들이 닫히지 못하게 하리라(1절). 즉, 하나님은 고레스가 지역마다 들어가서 권력을 잡고 주권적으로 그들을 다스리도록 허락하실 것이다.

하나님은 고레스에게 2절에서 말씀하기 시작하시는데, 고레스의 길을 평탄하게 하려고(문자적으로 '산들[하두림〈hădûrîm〉, 여기에만 나옴]을 곧게 하다') 그보다 먼저 갈 것이라고 알려 주신다.

하나님은 놋문을 쳐서 부수며 쇠빗장을 꺾고라고 하시는데, 이것은 바벨론의 성벽에 줄지어 있는 백 개의 청동문을 의미하는 것이다(헤로도투스, 『역사』[Hist.] 1.179). 하나님은 또한 고레스에게 바벨론의 창고들에 숨겨둔 큰 재물들을 주실 것이다. 네게 흑암 중의 보화와 은밀한 곳에 숨은 재물을 주어(3절). 고레스가 하나님(즉, 네 이름을 부르는 자)께 쓰임 받고 있음을 보여 주기 위해 이런 모든 복이 베풀어질 것이다.

〈4-5〉 하나님은 고레스를 선택하여 그의 이름을 부르고 그에게 칭호(카나[kānâ], 4회)를 주셨지만, 고레스는 하나님께 영광을 돌리지 않았다(너는 나를 알지 못하였을지라도). 이것을 행하는 하나님의 목적은 택하신 백성을 구원하시려는 것이다(나의 종 야곱 … 을 위하여, 4절).

이 구절들에서 얻을 수 있는 중요한 교훈은 하나님이 행하는 것을 사람들이 알지 못하더라도 하나님은 사람들을 사용하여 자신의 목적을 성취하실 수 있다는 것이다. 그분은 여호와 외에는 다른 이가 없느니라고 하셨기 때문에 이것을 하실 수 있다. 나는 여호와라는 하나님의 선언은 5절, 6절, 7절 각각 나온다(5절과 6절에는 다른 이가 없느니라라는 말이 들어 있고, 7절에서는 나는 여호와라 이 모든 일들을 행하는 자니라라고 결론짓는다).

고레스는 일반적으로 그의 승리를 그의 신들에게 돌렸기 때문에, 여호와께서 자신을 인도하고 있다는 사실을 이해했는지 의심스럽다. 그러나 고레스는 백성들에게 호의를 베풀기 위해 가능한 한 많은 신을 달래고자 했다(고레스의 비문을 보라).

〈6-7〉 이스라엘을 구원하는 궁극적인 목적은 전 세계에 걸쳐 하나님의 영광을 나타내기 위해서이며(해 뜨는 곳에서든지/지는 곳에서든지='모든 곳'을 의미하는 극단법[merism]), 어떤 신도 여호와와 비교할 수 없다는 것을 열방에게 보여 주기 위해서이다(나밖에 다른 이가 없는 줄을 알게 하리라/나는 여호와라 다른 이가 없느니라, 6절).

그 후 그 단락은 창조주이신 하나님을 선포함으로 시작하여 그것으로 결론짓는다(7절). 그분의 창조적 능력들 가운데 언급된 것은 좋은(샬롬 [šālôm, '평화로운'], 고레스와 이스라엘이 겪을 일에 대한 언급) 상황과 나쁜(라[rā ʿ], '악', '재앙'], 바벨론에 대한 결과) 상황을 만드시는 능력이다.

또한, 이 구절은 '하나님은 악을 창조하신다'로 번역될 수 있기에 도덕적으로 순결하신 하나님이 악을 창조하실 수 있는지에 대한 질문이 종종 제기된다. 그러나 7절은 단순히 하나님이 좋은 상황들이나 어려운 상황들을 만드실 수 있다고 말하는 것이다. 사람들이 상황들에 대처하기 위해 선택하는 방법은 도덕적으로 '선' 또는 '악'이 될 것이다. 예를 들어, 아담과 하와는 이상적인 상황에 있었지만, 하나님께 불순종하는 쪽을 선택했다.

의미

이사야 44:28-45:7은 하나님의 논증을 절정에 이르게 한다. 하나님은 이른바 다른 어떤 신이라고 불리는 자들보다도 위대하시다. 왜냐하면, 그분은 바사의 이방 왕 고레스를 통해 이스라엘을 구원하실 것이기 때문이다.

여호와께서 이스라엘의 역사를 통틀어 그들을 인도하고 보호하셨음에도 불구하고, 그들은 계속해서 그분을 거역하고 다른 신들을 따랐다. 그러나 하나님은 어떤 우상이나 신도 자신과 비교할 수 없다고 단호하게 말씀하신다. 그분은 태초부터 존재하셨고 앞으로도 계속 존재하실 것이다. 그분은 인간의 일들을 지도하셨고 계속 그렇게 하실 것이다. 하나님이 고레스를 사용하신 것은 그 누구도 하나님과 비교할 수 없다는 주장을 강력하게 드러내는 것이다.

6) 참하나님은 창조주이심(45:8-17)

문맥

이사야 44:28-45:7의 절정 이후에, 하나님은 자신이 아닌 다른 누군가를 의지하는 것이 어리석음을 다시 한번 지적하신다. '참하나님은 창조주이시다'라는 45:8-17의 섹션은 '사람이 참하나님을 창조할 수 없다'라는 44:6-23에 대응하며 유사한 주제를 가지고 있다(표 0.10을 보라). 우상들은 결코 고레스를 데리고 와서 이스라엘 백성을 구원할 수 없었다. 전능하고 전지하신 하나님만이 그렇게 하실 수 있으며, 고레스는 어떤 비용이나 보상도 요구하지 않을 것이다.

(1) 하나님의 지극한 능력(45:8-13)

〈8-10〉 하나님은 무엇이든 할 수 있다고 확언하신 후(즉, 나는 평안도 짓고 환난도 창조하나니, 7절), 자신의 궁극적 계획은 이 땅에 정의를 가져오는 것임을 계시하신다.

하늘은 하나님의 의를 뿌리라(문자적으로 '뚝뚝 떨어뜨리다')는 권고를 받는다. 땅은 구원을 싹트게 하고 공의도 움돋게 할 것이다(8절). 모든 피조물은 하나님의 의와 구원으로 가득 차게 될 것이다. 왜냐하면, 하나님이 이 일을 창조하였(바라[bārāʾ])기 때문이다(문법적으로 히브리어 본문의 구절 끝에 있는 '그것'[개역개정은 이 일-역주]은 '구원'[예샤〈yeša'〉]을 의미한다는 것에 주의하라).

땅을 가득 채우는 의와 구원에 대한 이 놀라운 묘사(8절)와 대조적으로 두 가지 화(호이[hôy]) 신탁이 뒤따른다(9, 10절). 그것들은 각각 자신들을 만든 자에 대해 논쟁하는 사람들의 어리석음과 오만함의 예들을 포함한다. 자기를 지으신 이와 더불어 다툴진대(문자적으로 '다투는 자에게') 화 있을진저.

다투는 자는 질그릇 조각 중 한 조각(헤레스[*hereś*], '토기 그릇, 질그릇'(단수)) 같은 자에 비유된다. 헤레스 하르세 아다마(*hereś ḥarśê 'ădāmâ*), **흙의 항아리들 가운데 토기 항아리**(NIV는 항아리들[jars]을 질그릇들[potsherds]로 읽음)라는 어구는 다른 곳에서는 나타나지 않지만, 연계형 사슬(밑줄 친 단어들)은 항아리가 만들어지는 재료(즉, 진흙)를 나타낸다.

헤레스(*hereś*)를 '토기 항아리'로 번역하든 '질그릇'으로 번역하든 그 이미지는 동일하게 유지된다. 이것은 다른 사람들 사이에서 자신의 자랑스러운 주장을 뒷받침할 특별한 능력이나 힘이 없는 평범한 사람을 가리킨다.

그 이미지는 질그릇들(즉, 인간)이 토기장이(하나님)의 판단에 질문을 제기하는 것으로 계속된다. 즉, 너는 무엇을 만드느냐 또는 네가 만든 것이 그는 손이 없다(문자적으로 '너의 작품이 [말하기를] 그것[단수 접미사는 '너의 작품' 또는 하나님을 가리킬 수 있음]에는 손이 없다')라고 말한다. 후자 어구의 수수께끼 같은 성격은 다양한 해석을 가능하게 한다.

첫째, 쌍수형인 손(야다임[*yādayim*])은 토기장이의 숙련된 작업을 나타낼 수 있다. 그러므로 그 '진흙'은 토기장이의 능력에 의문을 제기하고 있다.

둘째, 손은 (항아리에 있는) '손잡이들'이나 (대야/그릇에 있는) '발'과 같을 수 있다. 따라서 '진흙'은 토기장이가 그것을 만들기 위해 선택한 방법에 대해 의문을 제기하고 있다.

쌍수형 손은 오직 물리적인 사람의 손을 나타내므로 첫 번째 선택이 가장 그럴듯해 보인다. 그러나 평행법(parallelism)은 토기장이가 그릇을 어떻게 만들었는지에 대해 진흙이 의문을 제기하고 있다는 두 번째 선택을 지지한다.

진흙이 토기장이에게 말하기를 '너는 무엇을 만들고 있느냐?'
또는 당신의 작품이 (토기장이에게 말하기를), '그것에 손이 없다'

어느 쪽이든지 하나님의 피조물은 구체적이지는 않지만, 그분의 행동들에 대해 불평하고 있다. 그들은 하나님이 그들 모두가 아닌 이스라엘의 남은 자에게만 구원을 가져다주신 것에 대해 불만을 가질 수 있다.

또는 그들은 하나님이 어떻게 그렇게 하실 수 있는지, 즉 고레스를 선택하여 그들 가운데 많은 사람을 멸망시킨 것에 대해 더 많이 항의하고 있을 수도 있다(Childs 2001: 351을 보라). 남은 자들 가운데 어떤 이들조차 이교도를 사용하여 그들을 구원하신 하나님의 선택에 의문을 제기할 것이다.

두 번째 화(10절)는 9절에 있는 화와 같이 하나님을 향해 불평을 계속한다. 아버지에게는 무엇을 낳았소 하고 묻고 어머니에게는 무엇을 낳으려고 해산의 수고를 하였소 하고 묻는 자는 화 있을진저. 진흙이 토기장이의 행위들에 의문을 제기한 것처럼, 부모는 자녀에게 생명을 주었다는 이유로 질문을 받고 있다. 다시 한번 일부 사람들은 하나님이 자신의 나라를 구원하는 방법에 대한 그분의 행동들에 의문을 제기한다.

⟨11-13⟩ 비록 하나님의 행위들에 도전하는 사람들에게 '화'가 선언되었지만, 이제 하나님은 그들에게 은혜롭게 설명을 하신다(너희가 장래 일을 내게 물으며 또 내 아들들과 내 손으로 한 일에 관하여 내게 명령하려느냐, 문자적으로 '그들은 내 자녀와 관련된 일들에 대해 내게 질문한다'). 하나님의 백성이 질문하고 있는지 아니면 진술하고 있는지에 관한 약간의 논쟁이 있지만, 문맥상 질문이 더 잘 어울린다.

하나님의 칭호들은 하나님이 자신의 나라에서 의를 구현할 성품(즉, 이스라엘의 거룩하신 이)과 권세(즉, 이스라엘을 지으신 여호와)를 가지고 계심을 드러낸다. 첫 번째 단계는 그들을 바벨론에서 구원하는 것이다.

하나님은 자신의 능력을 선언하시며, 땅과 사람과 하늘과 그 안에 있는 모든 것을 창조하셨다고(문자적으로 '내가 그들의 만군에게 명하였다', 여기서 '만군'은 하늘에 있는 모든 것을 의미함) 힘주어 말씀하신다. 그러므로 하나님은 자기 백성을 자유롭게 하려고 분명히 한 개인 고레스를 일으키실 수 있다.

내가 공의로 그(NIV, 고레스)를 일으킨지라. 이 어구는 '의를 가져오다'를 의미하거나, 또는 하나님의 의로운 계획에 대한 언급이다.

하나님은 예루살렘을 재건하고(문자적으로 '그 자신이 내 성읍을 건설할 것이다') 포로들을 다시 데려오려는(13절) 여호와의 계획을 성취할 수 있도록 그(고레스)의 모든 길을 곧게 하실 것이다(즉, 방해받지 않음). 고레스는 하나님께 갚음(문자적으로 '선물, 뇌물')이나 값을 요구할 생각 없이(문자적으로 '대가를 위한 교환이 아님') 모든 것을 성취할 것이다.

갚음이라는 단어는 아람-에브라임 동맹을 파괴하기 위해 앗수르 사람들에게 돈을 지불한 자신을 매우 현명하다고 생각했던 아하스왕을 생각나게 한다. 그러나 앗수르는 결국 아하스로부터 상당한 대가를 받았을 뿐만 아니라, 유다까지도 점령할 수 있었다. 그러나 나중에 하나님이 바사를 사용하여 이스라엘을 구원하실 때는 아무런 조건도 없었다. 하나님은 그들의 해방을 위해 특별한 조공을 지불할 필요가 없으셨다.

(2) 여호와께서 자신이 참하나님임을 입증하셨기 때문에 지혜로운 사람들이 그분께 돌아올 것임(45:14-17)

〈14-15〉 14-17절은 단순히 고레스를 통한 이스라엘의 구원에 의해서만 성취되지 않고 더 먼 미래로 확장될 것이다. 다시 한번 이 예언적 관점에서 선지자는 사건들 사이에 시간이 얼마나 짧은지 혹은 긴지를 구별하지 못할 것이다. 하나님은 애굽의 소득과 구스가 무역한 것과 시바의 종들로 자신의 백성들을 부요하게 하실 것이다. 시바 사람들은 그들의 키가 크다는 것을 암시하는 표현인 '측량의 사람들'(즉, '평범하지 않은 측량')로 묘사된다.

이 동일한 세 나라가 43:3-4에서 이스라엘 대신 대속물로 고레스에게 약속되었다. 그러나 궁극적으로 그들은 이스라엘에게 복종하여 이스라엘의 하나님을 공경할 것이다.

- 그들이 너(이스라엘)를 따를 것이라
- 사슬(짙킴[ziqqîm], '족쇄', 4회)에 매여 건너와서
- 네게 굴복하고 간구하기를

그러므로 이스라엘은 이 나라들과 하나님 사이의 중재자(mediator)가 될 것이다. 여기서 그 용어는 차일즈가 제안한 것처럼(2001: 351-352) 바벨론에서 이스라엘과 함께 포로가 되는 것이 아니라, 이스라엘에게 포로가 되는 것과 복종하는 것을 암시한다. 그들은 여호와가 이스라엘에게 구원을 가져오실 유일한 자라고 인정할 것이다. 하나님이 과연 네게 계시고 그 외에는 다른 하나님이 없다 하리라(14절).

주는 스스로 숨어 계시는 하나님이라는 어구(15절)는 두 가지 중 하나로 해석할 수 있다.

첫째, 이스라엘이 하나님을 버리고 죄를 고집할 때 하나님은 '그분의 얼굴을 숨기셨다'(재귀형).

둘째, 이스라엘이 포로로 잡혀 있는 동안에 이스라엘은 하나님을 '볼 수 없었지만'(수동형), 적절한 때에 하나님은 그들을 대신하여 행동하심으로써 그들이 그분을 다시 볼 수 있게 되었다.

둘 다 사실이다.

⟨16-17⟩ 우상들을 의지하는 자들(문자적으로 '우상들[치르⟨ṣîr⟩, 여기에서만 이 의미로 나옴]의 조각가들')은 수치를 당하고 굴욕을 당할 것이며(문자적으로 '그리고 심지어 굴욕을 당한다', 강조함), 여호와를 의지하는 자들은 결코 (NIV, 영원히 지속되는 시대까지; 문자적으로 영원히, 강조됨) 수치를 당하지 않을 것이다. 그 대신에 이스라엘은 여호와께 구원을 받아/영원한 구원을 얻으리라고 말한다.

영원한 (복수형) 구원이라는 어구(17절)는 '항상 구원받음'을 의미하며, 영원히(문자적으로 '영원[복수형] 영원히'= 모든 시간 동안) 부끄러움을 당하거나 욕을 받지 아니하리로다와 평행을 이룬다.

의미

하나님이 일하시기 위해 선택하시는 방법에 의문을 제기하는 것은 어리석은 일이지만, 이 단락에서 불평하는 사람들은 바로 그렇게 했다. 하나님은 인류를 포함한 우주를 창조한 이가 자신이라고 선언하심으로써 자신의 행동을 변호하신다. 그러므로 하나님은 고레스를 그분의 종으로 사용하여 그분이 의도하신 모든 것을 성취하실 수 있다(예컨대, 포로들을 해방하시고 그분의 성읍과 성전을 재건하심).

하나님은 고레스의 봉사에 대해 그에게 대가를 지불하거나 보상을 할 의무가 없으시다. 왜냐하면, 단지 종들은 그들의 주인들에게 순종하는 것이 의무이기 때문이다.

그러나 이스라엘이 바벨론으로부터 구원받은 것은 시작에 불과하다. 심지어 하나님은 더 큰 일을 하실 것이다. 애굽 사람들과 구스 사람들과 시바 사람들이 이스라엘 하나님의 능하신 일들을 보고 와서 이스라엘에게 복종할 것이다. 여호와를 의지하는 자들은 결코 굴욕을 당하거나 수치를 당하지 않을 것이다. 이것은 그 당시에 그랬던 것처럼 오늘날에도 마찬가지다.

7) 하나님이 자신의 계획을 더 자세히 설명하심 (45:18-25)

문맥

이 섹션은 42:1-44:5에 해당하는데, 이스라엘을 구원하기 위한 하나님의 계획을 설명한다(표 0.10을 보라). 그분의 계획은 공개적으로 선포되고, 다른 나라들이 이스라엘 하나님의 위대하심을 보고 그분께 나아오도록 정의에 기초를 두고 있다. 앞에서는 암시만 됐던 새로운 요소가 이 섹션에서는 명시적으로 소개된다.

하나님의 구원 계획은 이스라엘만을 위한 것이 아니라 훨씬 더 광범위하다. 그것은 전 세계로 확장될 것이며(45:22), 언젠가 모든 사람이 하나님 앞에 엎드려 그분을 유일한 하나님으로 인정하게 될 것이다(45:23-24).

이 섹션은 또한 논쟁 연설(disputation speech; 21절을 보라)을 포함하고 있다. 여기서 하나님은 자신이 한 것처럼 열방의 신들이 미래를 결정할 수 있다는 것을 보여 주도록, 그들의 신들에게 간청해 보라고 열방에게 다시 한번 도전하신다. 그 후 하나님은 자신이 유일한 하나님이며, 때가 되면 그렇게 인정될 것임을 반복하여 말씀하신다.

주석

〈18-19〉 이 섹션(45:18-25)의 도입부(45:18)는 중심교차대구법에서 대칭되는 섹션(42:1-44:5)의 도입부(42:5)에 부합한다. 두 도입부는 매우 유사한 용어들을 사용하여 하나님을 세상의 창조주로 묘사한다.

사 42:5   하늘을 창조하여 펴시고
              땅과 그 소산을 내시며
              땅 위의 백성에게 호흡을 주시며 땅에 행하는 자에게 영을 주시는
              하나님 여호와께서 이같이 말씀하시되
사 45:18   대저 여호와께서 이같이 말씀하시되
              하늘을 창조하신 이 그는 하나님이시니
              그가 땅을 지으시고 그것을 만드셨으며 그것을 견고하게 하시되
              혼돈하게 창조하지 아니하시고 사람이 거주하게 그것을 지으셨으니
              나는 여호와라 나 외에 다른 이가 없느니라

이 섹션의 시작 부분에 있는 단어 키(*ki*, 때문에)는 뒤따라 나오는 진술의 확실성을 강조하기 위해 "진실로, 정말로"(Williams § 449)로 번역되어

야 한다. 천지의 창조주이신 여호와께서는 태초로부터 모든 피조물에 대한 목적을 가지고 계셨다. 혼돈(토후[tōhû], 문자적으로 '폐기물 장소'; 창 1:2을 보라)하게 창조하지 아니하시고 사람이 거주하게 그것을 지으셨으니.

여호와는 피조물이 자신에 의해 '창조되고, 지어지고, 만들어지고, 견고하게 되었다'는 사실을 강조하신다. 그러므로 그분은 피조물의 목적을 선언할 권리가 있으시다(그분은 사람이 거주하게 그것을 지으셨으니). 다른 자에게는 이 권리가 없음을 분명히 하기 위해 그분은 다른 신이 없다고 다시 선언하신다. 그분만이 홀로 **여호와**이시다.

하나님은 자신의 어떤 행위들도 **감추어진 곳**(세테르[sēter], 여기에만 나옴)과 **캄캄한 땅**[7]에서 행하지 않았다. 오히려 여호와께서는 자신의 약속들을 지키신다는 것을 공개적으로 모든 나라가 알게 하셨다(즉, 나 여호와는 의(NIV, 진리)를 말하고, 19절).

〈20-22〉 NIV는 이전 예언들과 의미를 일치시키기 위해 20절을 두 문장으로 나눈다. 하나님은 모든 나라로부터 참된 남은 자를 모으신다(문장 1). 그러나 무가치한 우상들을 믿는 자들은 여전히 있다(문장 2). 이 어구들을 결합한 마소라 본문의 문법은 그들이 같은 그룹에 속해 있음을 암시한다. 그러므로 하나님은 '구원하지 못하는' 무가치한 우상들을 여전히 붙잡고 있는 모든 나라로부터 **피난한 자들**(문자적으로 '생존자들', 즉 바사의 공격에서 살아남은 자들)을 부르고 계신다.

다음 절(21절)은 볼 수도, 들을 수도, 구원할 수도 없는 나무 우상을 가지고 다니는 것이(20절) 얼마나 헛된 일인지 선포한다. 대조적으로 여호와를 신뢰하는 것은 매우 지혜롭다. 여호와께서는 오래전에 그분의 의도를 선언하셨고, 그분의 계획은 성취되었다.

---

7) 혼돈(토후[tōhû]) 중에 나를 찾으라라는 평행 어구는 앞 구절(18절)처럼 '폐기물 장소(즉, '사람이 거주할 수 없는 장소')에서 나를 찾으라'로 읽어야 한다.

그 후 하나님은 **이전부터 그것**(즉, 이스라엘의 구원; 17절을 보라)을 알게 한 자가 누구냐라고 수사학적 질문을 하신다. 하나님은 이루어진 이 구원을 예언한 자가 자신임을 선언하면서 자신의 질문에 대답하셨다. 여호와께서는 자신에게는 경쟁자가 없고(나 외에 다른 신이 없나니[문자적으로 '하나님이 다시 있지 않다']), 자신이 참으로 의로운 하나님이며 참된 구원자임을 증명하셨다.

그 후 그분은 모든 곳에 있는 모든 사람(땅의 모든 끝, 22절)에게 말씀하시면서 자신에게로 돌이켜(즉, 믿음으로) 구원을 받으라고 촉구하신다. 그분은 유일하신 참하나님이시기 때문이다. 구원을 받으라(야샤[yāša'])라는 단어는 '구조되다'를 의미하는데, 추후에 있을 영적 구원의 가능성을 열어 준다. 새 시대로 들어가는 이 중요한 단계에서 이방인들조차 여호와께로 돌이킬 수 있다(22절).

⟨23-25⟩ 내가 나를 두고 맹세하기를(즉, 하나님은 취소할 수 없는 맹세로 선언하심, 도치된 구문은 강조를 위한 것임)이라는 할 수 있는 가장 강력한 단어들을 사용하여 여호와께서는 언젠가 모든 사람이 자신에게 무릎을 꿇을 것이며, 모든 사람이 자신이 유일한 하나님이심을 고백할 것이라고 확증하신다(단 7:13-14을 보라).

만약 열방이 과거 여호와의 신탁들을 살펴본다면, 그분이 자신의 말씀을 지키신다는 것을 분명히 알게 될 것이다. 그 결과 모든 사람은 그분이 유일하신 참하나님이시며, 오직 여호와 안에만 의로움(복수형; NIV, 구원)과 권능이 있음을 인정해야 할 것이다.

다음 어구는 누가 여호와께 순복할 것인지를 더 분명히 한다. **무릇 그에게 노하는 자는 부끄러움을 당하리라**(24절). 그들은 반드시 그분을 영적 구원자로 받아들이지 않더라도, 그분이 참하나님이심을 인정하지 않을 수 없다. 그러므로 구원은 보편적인 것이 아니라 적절한 선택을 하는 자들을 위한 것이다.

그러나 여호와를 의지하는 이스라엘 자손은 다 의롭다 하심을 받을 것이다. 그들 역시 그분이 유일하신 참하나님이심을 보고 인정할 것이며, 그들을 구원하신 주권자 하나님을 자랑할 것이다. 그분의 백성은 마침내 열방의 빛이 될 것이다. 그들 역시 이제 이 놀랍고 전능하신 하나님이 그들을 구원하셨다는 것을 알게 될 것이다.

바벨론으로부터 이 구원의 유익을 얻기 위해 믿는 남은 자들만이 하나님을 섬기는 일에 많은 관심을 가졌지만, 그 제안은 포로된 모든 이스라엘 사람들에게 열려 있었다. 하나님이 요구하신 희생 제물을 드리려고 예루살렘으로 돌아와 성읍과 성전을 재건하기 위해 믿음으로 나선 남은 자들의 육체적 구원은 그들의 영적 구원의 그림이다.

의미

하나님은 목적을 가지고 세상을 창조하셨고 역사를 통해 자신의 계획을 이루어 오셨다. 이 계획은 비밀스럽게 선언되어 오지 않았기 때문에 그것을 알고 있는 모든 사람은 그것에 대해 책임져야 할 것이다. 다른 신은 없기에 하나님은 자신에게로 돌이켜 구원을 받으라고 열방을 보편적으로 부르신다(22절). 우상들을 좇는 **열방 중에서 피난하는 자들**조차도 언젠가는 여호와를 유일하신 참하나님으로 인정할 것이다. 내게 모든 **무릎이 꿇겠고/모든 혀가 맹세하리라**(23절).

하나님께 반역한 자들은 언젠가 부끄러움을 당할 것이지만, 여호와를 의지하는 자들에게는 이 섹션이 얼마나 큰 격려가 될까!

그들은 변호를 받을 것이고, 약속을 지키고 자기 백성을 구원하시는 전능하신 하나님을 자랑할 것이다.

8) 하나님이 징벌하신 예: 바벨론의 신들 vs. 이스라엘의 하나님(46:1-47:15)

문맥

이사야 46-47장은 바벨론 신들의 멸망을 묘사한다. 중심교차대구법에서 이것은 41:1-29의 여호와께서 자신의 백성을 구원하신 것에 대한 설명과 평행을 이룬다(표 0.10을 보라). 여호와가 유일하신 참하나님으로 인정받고, 열방에 구원을 주시는 이전 섹션과는 대조적으로 여기에서는 이 거짓 신들이 부끄럽게도 짐승들과 가축 떼의 등에 실려 포로로 끌려갈 것이다(46:1-2).

그런 무능한 우상들에 비교되다니 여호와께 얼마나 수치스러운 일인가!

이사야 46-47장은 설득하는 어조라기보다 정죄하는 어조인 논쟁 연설로 시작한다(Childs 2001: 359). 그러나 47장에서는 애가처럼 들린다. 그럼에도 불구하고 그 진리가 일부 이스라엘 사람들로 하여금 한낱 우상들을 의존하는 잘못을 깨닫게 할 것이라는 데 희망이 있다.

학자들은 특정한 세부 사항들이 주전 539년의 사건들과 일치하지 않기 때문에, 46-47장의 역사적 정확성에 의문을 제기해 왔다. 예를 들어, 46:1-2은 그들의 우상들은 짐승과 가축에게 실려서(문자적으로 '그들의 형상들은 동물들과 짐승들을 위한 것이다') 포로로 잡혀갔다고 말한다. 그러나 우리는 바사(Persia)가 바벨론 사람들이 그들의 신들을 계속 숭배하도록 허용했다는 것을 안다.

그러나 다른 예언들과 마찬가지로 저자는 사건들 사이의 시간 차이를 깨닫지 못한 채 여러 시대의 사건들을 결합했을 가능성이 있다. 나보니두스(Nabonidus)의 기록은 산헤립이 21년 동안 아슈르(Ashur)에 머물렀던 마르둑(Marduk)을 어떻게 옮겨갔는지 묘사한다(ANET 309). 나보니두스는 또한 자신의 통치 기간에 자신의 신인 신(Sin)을 바벨론으로 가져와서 마르둑 대신 숭배하게 했다고 언급한다(ANET 312). 고레스는 나보니두스가 원래 신들은 창고로 보내고 대신에 그 신들의 모조품들을 세웠다고 주장한다(*ANET* 315).

또 다른 명백한 불일치는 47:11에 있는 바벨론의 멸망에 대한 예언이다. 그러나 그 성읍은 주전 539년에 멸망되지 않고 함락되었다. 쇼아[*šô'â*], '파괴 또는 폐허'라는 단어(11절)는 이 문맥에서 재앙(NIV에서처럼)으로 더 잘 번역될 것이다. 역사적으로 바사의 바벨론 정복은 확실히 파국을 초래한 사건으로 평가된다. 또한, 이 장의 시적 특성으로 인해 이 두 사건을 비유적으로 해석할 수도 있다.

46장은 세 섹션으로 나뉜다. 1-2절은 벨과 느보 우상들의 굴욕을 묘사한다. 나머지 두 섹션인 3-11절과 12-13절은 모두 내게 들을지어다(들으라)라는 권고로 시작하며, 하나님이 그들을 구원하신다는 것을 믿도록 이스라엘을 격려한다.

47장은 네 섹션으로 구성된다. 처음 두 섹션(1-4, 5-7절)은 포로로 잡혀가기 전에 쓸쓸히 '앉아 있는' 바벨론의 이미지로 시작한다. 다음 두 섹션(8-11절, 12-15절)은 바벨론에 대한 혐의를 묘사한다. 그 후 이사야 46-47장은 바벨론에 대한 불길한 경고인 너를 구원할 자가 없으리라로 끝맺는다.

주석

(1) 바벨론 신들의 예(46:1-4)

〈1-2〉 이 섹션의 시작은 굴욕을 받은 주요 바벨론 신들의 슬픈 상황을 한탄한다. 벨은 엎드려졌고 느보는 구부러졌도다(카라스[*qāras*], 2회, 이 문맥에 모두 나옴). 이것은 높아진 모든 것이 여호와의 위엄 앞에서 낮아지게(즉, 겸손하게) 될 것이라는 2:9-22과 유사하다.

벨은 일반적으로 신바벨론 시대(Neo-Babylonian period)에 바벨론의 수호신이자 만신전(pantheon)의 우두머리인 마르둑과 동일시된다. 느보(일반적으로 마르둑의 아들인 나부[*Nabû*]로 기록됨)는 바벨론의 자매 도시인 보르시파(Borsippa)에서 숭배되었다. 그는 글과 지혜의 신이자 특정 신들에게 권위를 부여하는 운명의 명패들을 지키는 신이었다. 왕의 이름들인 느부갓네살과 나보니두스는 둘 다 신성한 이름 느보를 포함한다.

패배하여 굴욕당한 소위 신이라 불리는 것들은 짐을 지고 가는 짐승들에 의해 운반되었다(문자적으로 '그것들은 동물과 짐승을 위하여 있다'). 그것들은 **피곤한 짐승**에게 무거운 짐이 되었다. 피곤한이라는 말은 무리를 짓는 동물을 지치게 하는 무거운 짐을 가리키거나, 이 우상들이 바사 사람들에게서 그들을 구출할 수 있다는 믿음을 잃어버린 우상 숭배자들을 가리킬 수 있다.

비극적인 아이러니로 이런 소위 신이라 불리는 것들은 자신을 숭배하는 사람들을 보호하는 것은 물론이고, 운반되는 것에서조차 자신들을 구할 수 없었다(그 짐을 구하여 내지[문자적으로 '탈출하지'] 못하고). 포로로 끌려가는 이 수치스러운 행진은 벨이 길거리 행진을 마친 후 그의 사원으로 돌아오는 승리의 바벨론 신년(아키투[*Akitū*] 행렬과 크게 대조된다.

⟨3-4⟩ **내게 들을지어다**라는 말씀으로 하나님은 끊임없이 그들을 지원했다고 확실히 말씀하며, 이스라엘의 주의를 바벨론의 무능하고 타락한 우상으로부터 자신에게로 돌리게 하신다. **배에서 태어남으로부터**(문자적으로 '배로부터'; 즉, '자궁', 3절) **내게 안겼고**(문자적으로 '너를 짐으로 짊어진 자'). 그 후 그 약속은 이스라엘 전체에 적용되지 않고 단지 남은 자에게만 적용되지만, 그분은 그들의 평생에(노년에 이르기까지, 4절) 그들을 구원하고 지탱하겠다고 약속하신다.

그 대조는 분명하다. 바벨론의 신들은 자신이나 다른 사람을 위해 행동할 힘이 없기에 짐을 나르는 짐승들에 의해 '운반되는'(나사[*nāśā'*]) 반면(1-2절), 여호와께서는 이스라엘 나라를 출생할 때부터 짊어지고(나사[*nāśā'*]) 계신다(3-4절). 하나님은 강조를 위해 **내** (문자적으로 '나 자신', 강조적임)가 너희를 품을 것이다(NIV)라는 약속을 반복하신다(4절).

(2) 여호와와 비교할 자가 없음(46:5-13)

⟨5-7⟩ 여호와께서는 너희가 나를 누구에게 비기며…(40:25)라는 질문으로 다시 한번 자기 백성에게 도전하신다. 이 문장에서 강조하기 위해 '비교하다'에 대한 세 가지 다른 단어가 사용되었다. 다마(*dāmâ*, '…처럼 되다'), 샤바(*šāwâ*, '…처럼 만들다'), 마샬(*māšal*, '비교하다').

6절에서는 우상들을 만드는 데 드는 비용을 다음과 같이 묘사한다.

- 사람들이 주머니에서(문자적으로 '가방으로부터', 키스[*kîs*], 6회, 아주 종종 '무게들'을 의미함. 신 25:13을 보라) 금을 쏟아 내며(핫잘림[*hazzalim*], '풍부한', 여기에만 나옴).
- (그들은) 은을 저울(카네[*qāneh*], 측정에 사용되는 '갈대, 막대', 하지만 이 구절에서 갈대/막대는 저울의 접시를 고정하는 막대기임)에 달아 은의 무게를 잰다.
- 도금장이(문자적으로 '제련사')에게 주고 그것으로 신(엘[*'ēl*])을 만들게 하고.

일단 우상이 만들어지면 그들은 엎드려(사가드[*sāgad*], 5회 모두 이사야서에 나옴; 그러나 그것의 아람어에 해당하는 용어는 11회 나옴) 그것에게 심지어(아프[*ap*], 그들의 행동이 믿을 수 없음을 강조함) 경배한다. 위에서 언급했듯이, 사람들의 어깨에 메고 다니는 우상은 바벨론의 '아키투'(Akitu) 축제에 대한 언급일 수 있다.

아마도 하나님은 사람들이 쓸데없이 값비싼 은과 금으로 우상들을 만들어서 가지고 다니며 경배한다는 그 사실을 그들이 간파하기 원하신다. 왜냐하면, 이스라엘 사람들이 계속해서 우상 숭배에 빠졌기 때문이다 (6-7절, 44:12-20을 보라). 그러나 아무리 시간과 돈을 아낌없이 쏟아붓더라도 우상은 결코 도와 달라는 부르짖음에 응답하거나 고난에서 구하여 내지도 못한다(7절).

⟨8-11⟩ 8-11절에서는 논쟁 연설이 계속되는데, 여기서 하나님은 이스라엘 백성이 오랜 역사 동안 패역했고(문자적으로 '범법자들') 유일하신 참하나님과의 언약 관계에도 불구하고 우상을 좇았다고 비난하신다. 하나님은 이스라엘에 우상은 누구도 구원할 수 없다는 이 일을 기억하고 … **마음에 두라**(베히트오샤슈[*wĕhit'ōšāšû*], '마음에 그것을 지키라', 여기에만 나옴)라고 촉구하신다.

기억하라라는 단어는 종종 '적절한 행동을 취하다'라는 의미를 내포하는데, 이 경우에는 우상을 버리고 전심으로 하나님을 섬기는 것이 될 것이다. 하나님은 자신이 예언하신 **옛적 일**(즉, 그들의 징벌; 9절; 43:18-19을 보라)이 지나갔음을 기억하라고 그들에게 촉구하신다. 그러한 사건들이 일어났던 것처럼 확실히 그들의 구원도 올 것이다. 이것은 믿음과 신뢰를 격려하기 위해 여러 번 반복된 개념이다.

그 확인을 바탕으로 양측이 동의해야만 하는 진술이 나온다. **나는 하나님이라 나 같은 이가 없느니라**(문자적으로 '다른 이가 없다'). 그분의 탁월하심은 그분이 처음부터 끝까지 모든 것을 알리시고 그분의 목적 달성에서 벗어나지 않는다는 사실에 의해 확인된다(**나의 뜻**[즉, 계획]**이 설 것이니/내가 나의 모든 기뻐하는 것을 이루리라**, 10절).

이것은 이사야 40-48장에서 하나님이 고레스를 사용하여 자신의 백성을 구원할 계획을 설명하는 다섯 번째이다. **내가 동쪽에서 사나운 날짐승**(아이트[*'ayit*], 6회)**을 부르며 나의 뜻을 이룰 사람**(문자적으로 '내 계획의 사람')**을 부를 것이라**(11절). '확실히'(아프[*'ap*])라는 단어는 11절에서 강조를 위해 3회 사용되었으며(NIV에는 그 가운데 어떤 것도 포함되지 않음; 개역개정에는 '반드시'로 2회 나옴), 여호와께서 고레스를 사용하여 자신이 이전에 정하신 사건들을 행하실 것임을 강조하신다(**내가 말하였은즉 반드시 이룰 것이요 계획하였은즉 반드시 시행하리라**, 11절).

〈12-13〉 하나님은 공의에서 멀리 떠난 완악하고 패역한 이스라엘 백성을 구원하셔서 이스라엘에 자신의 **공의**를 가깝게 하며 **구원**을 베푸실 것이다. 여기서 공의와 구원은 하나님이 자신의 공의로 인해 이스라엘에 구원을 가져오신다는 의미에서 서로 연결되어 있다. 13절은 교차대구법(chiasm)을 형성한다.

A 내가 나의 공의를 가깝게 할 것인즉 그것이 멀지 아니하나니
    B 나의 구원이 지체하지 아니할 것이라
    B´ 구원을 시온에 베풀리라
A´ 내가 나의 영광인 이스라엘을 위하여

마지막 어구에서 영광이라는 단어는 첫 번째 어구에서 하나님의 공의를 묘사한다. 내가 나의 공의를 가깝게 할 것인즉이라는 어구는 이스라엘이 계속해서 불의를 추구하고 있음에도 불구하고 하나님은 이스라엘을 구원하시려는 계획을 계속 이루실 것이라는 뜻이다.
얼마나 은혜로우신 하나님이신가!

(3) 바벨론에 관한 조롱의 노래(47:1-15)

〈1-3〉 성읍을 여성으로 지칭하는 고대 근동의 관습에 따라, 바벨론은 1절에서 **처녀 딸 바벨론**으로 의인화된다. 아마도 바벨론이 결코 정복된 적이 없다는 의미에서 '침략자' 또는 처녀로 간주되지만, 그것은 곧 바뀔 예정이었다. 따라서 네가 다시는 곱고 아리땁다 일컬음을 받지 못할 것이라고 조롱을 받을 것이다. 바벨론의 극도의 교만과 이스라엘에 대한 잔인한 압제 때문에 바벨론은 굴욕을 당할 것이다(즉, 그 보좌에서 내려와서 땅의 티끌 가운데 앉게 됨, 1절).

바벨론은 자신의 너울(참마[ṣammâ], 처녀성의 표시, 4회)을 벗고 노예들이 하는 노동(곡식을 맷돌로 가는 일)을 준비하라는 명령을 받게 된다. 리델보

스(Ridderbos)에 따르면, 맷돌로 곡식을 가는 것(문자적으로 '손 방앗간')은 "노예 소녀들이 수행하는 가장 힘든 작업 가운데 하나"였다(1986: 422).

바벨론은 더 수모를 당하여 **치마**(쇼벨[*šōbel*], '길게 흘러내리는 드레스', 여기에만 나옴)를 걷어 **다리**(쇼크[*šōq*], '허벅지', 야하지 않은 모습)를 드러내고 강을 건너게(포로로 추방됨을 의미함) 될 것이다. 바벨론은 정복되어 추방당하고 고된 노동을 하게 될 것이지만, 이보다 더 큰 굴욕을 경험하게 될 것이다. 포로로 끌려갈 때 **속살이 드러날** 것이다(3절). 그 여왕은 이제 완전히 비참해졌다.

화이브레이는 정확하지는 않지만, 그 나라를 약화하려는 이 조롱이 실제로 파괴가 일어나기 전에 기록되었다고 주장한다. 고레스가 그 성읍을 점령했을 때 그것을 완전히 파괴하지는 않았다(1975: 118-119). 또한, 그 조롱은 결코 '완전한 파괴'를 의미하지 않는다. 비유적 이미지들은 단지 굴욕과 패배를 묘사한다.

사람을 아끼지 아니하리라(문자적으로 '내가 한 사람도 깨닫지 못하게 한다' [*HALOT* 3.910])라는 어구는 하나님이 자신의 백성을 잔인하게 다룬 바벨론에게 복수하실 때 지도자들로부터 일꾼들에 이르기까지 온 나라가 징벌받게 된다는 것을 나타낸다(3절). 바벨론에 포로가 되었지만 언젠가는 왕족의 지위에 올라가게 될 이스라엘 나라와 다시 한번 대조되고 있다(49:23을 보라).

이사야서의 다른 곳과 마찬가지로 여기서 관점이 각 절마다 바뀌므로 누가 말하고 있는지 알기가 어렵다. 예를 들어, 1인칭 대명사가 47:3b과 6절에서는 여호와를 의미하지만, 3인칭으로 기록된 4절에서는 저자의 말을 반영한다.

〈4-7〉 그 조롱은 바로 예언 신탁으로 이어진다. 저자는 바벨론에 대한 하나님의 징벌을 설명하면서 세 가지 칭호를 결합한다. 우리의 구원자, 만군의 여호와, 이스라엘의 거룩한 이(4절).

딸 갈대아(NIV, 바벨론 사람들의 왕비 성읍)[8]인 바벨론은 포로를 암시하는 이미지인 흑암으로 들어갈 것이며, 다시는 여러 왕국의 여주인이라 일컬음을 받지 못할(즉, 더 이상 다른 나라들을 통치하지 못할 것임) 것이다. 우선 바벨론은 잠잠히(두맘[*dûmām*], 2회) 앉으라라는 말을 듣는데, 이것은 바벨론이 불평이나 논쟁을 하지 말고 이 정당한 징벌을 받아야 한다는 것을 의미한다.

그 후 하나님은 바벨론에게 징벌을 내리는 두 가지 주된 이유를 언급하신다.

첫째, 하나님이 바벨론 사람들을 사용하여 자신의 백성들을 징벌하셨을 때 그들은 필요 이상으로 잔인하고 가혹했다. 네가 그들을 긍휼히(라하밈[*raḥămîm*], '자비들'[복수형], 6절; 시 137:8-9을 보라) 여기지 아니하고 늙은이에게 네 멍에(올['*ōl*], '동물의 멍에'; 이 이미지는 '짐' 또는 '힘든 일'을 나타냄)를 심히 무겁게 메우며. 이스라엘의 나이 든 사람들이 강제 노동을 하도록 강요받았다. 이처럼 고대 근동에서 나이가 든 사람들을 강제 노동에 몰아넣는 것은 지나치게 잔인하다고 여겼다.

둘째, 바벨론의 무자비한 오만함은 그들을 신성모독으로 이끌었으며, 그들의 모든 원수 위에 영원한 여왕이 될 것이며, 따라서 여호와의 영원한 주권과 맞대결할 것이라는 잘못된 주장을 했다. 내가 영영히 여주인이 되리라(7절; 또한 8, 10절을 보라). 여호와께서 바벨론의 행동들과 교만들에 책임을 물으실 것이다. 그러나 바벨론은 이 일을 마음에 두지도 아니하며 그들의 종말도 생각하지 아니하였도다(7절). 하나님이 바벨론을 징벌하셔서 그를 권좌에서 몰아내실 수 있다는 생각을 그들은 미처 하지 못했다.

---

8) '비트-야킨'(Bit-Yakin)으로 알려진 지역의 지도자인 마르둑-아팔-잇디나(Marduk-apal-iddina) 2세(성경의 므로닥발라단)는 주전 721-710년과 주전 703-702년에 바벨론을 통치했다. 그는 갈대아의 왕이었기 때문에 그 당시 바벨론 나라는 때때로 갈대아(Chaldea)로, 그 백성은 갈대아인(chaldeans)으로 불렸다(*IBD* 1.258).

⟨8-9⟩ 그러므로(8절)라는 단어는 하나님이 바벨론을 추가적으로 정죄하신다는 것을 알려 준다.

첫째, 하나님은 바벨론이 쾌락(아디나['ădînâ], '쾌락 추구, 방종', 여기에만 나옴)을 사랑하는 자(NIV)라고 비난하신다.

둘째, 바벨론은 자신이 안전하다고 잘못 판단하여 아무도 감히 자신을 공격하지 못할 것이라는 생각을 한다(문자적으로 '안전하게 거주함').

셋째, 바벨론은 그 누구도 자신의 궁극적인 힘에 도전하지 못할 것이라는 망상에 빠져 있다. 나뿐이라 나 외에는 다른 이가 없도다(8절; 또한 10절과 44:6; 47:7의 하나님의 주장을 보라). 이 자랑은 주권을 둘러싼 여호와의 주장에 대한 또 다른 도전이었다.

넷째, 바벨론은 자신이 손해와 패배에 면역이 되어 있다고 생각한다. 나는 과부로 지내지도 아니하며 자녀를 잃어버리는 일도 모르리라. 고대 근동에서 아이가 없는 과부(쉐콜[šĕkôl], 2회)는 물질적 지원과 보호 및 명예를 사실상 상실했다.

하나님은 한때 여러 왕국의 여주인(5절)이라고 불렸던 바벨론이 결코 예상하지 못했던 바로 그 일이 그에게 속히 임할 것이라고 선언하신다. 바벨론은 한 날에 갑자기 함락될 것이다. 바벨론에 대한 징벌은 가혹할 것이며(문자적으로 '완전히'), 그 나라를 아끼는 사람도 아무도 없을 것이다. 바벨론의 무수한 주술(케셒[kešep], 5회)과 많은 주문(헤베르[heber], 이 의미로 4회)이 구원을 가져오지 못할 것이다.

⟨10-11⟩ 바벨론은 자기 생각에 속아 징벌받지 않고 행동할 수 있다고 생각했다(즉, 네 지혜와 네 지식이 너를 유혹하였음이라[문자적으로 '너를 잘못된 길로 이끌다']). 바벨론은 자신의 행동이 눈에 띄지 않고(나를 보는 자가 없다) 도전받지 않는다고 생각했다(나뿐이라 나 외에 다른 이가 없다[문자적으로 '그리고 다른 한 사람도 없다']). 나뿐이라는 신성모독적 자랑은 하나님 자신의 정당한 주장과 놀랍도록 유사하다(43:11; 44:6, 8을 보라).

그러나 여호와는 바벨론의 사악함, 특히 이스라엘을 잔인하게 대하는 일을 잘 알고 계셨고, 그에게 책임을 물으실 것이다. 하나님의 심판은 그것이 떠나도록 '요술을 부리거나'(샤흐라[šaḥrāh]; 논쟁의 여지는 있지만, 이것이 여기에서 가장 가능성이 큰 의미임, 11절), **몸값**(NIV)을 제공함으로써(문자적으로 '속죄하다'; 이 문맥에서 '진정시키다'의 뉘앙스를 가질 수 있음; 창 32:20을 보라) 피할 수 없었다.

재앙(문자적으로 '악'), **손해**(호바[hōwâ], 2회), **파멸**(쇼아[šō'â], '고난, 파괴')로 묘사되는 그들의 징벌은 갑자기 그들에게 닥칠 것이다. 바사 사람들은 사실상 빠르게 바벨론을 점령했다. 하룻밤 사이에(헤로도투스, 『역사』[Hist.] 1.189-191을 보라).

〈12-13〉 저자는 그들의 많은 신을 부르는 것에 대한 불확실성과 무익함으로 바벨론을 조롱한다(즉, 혹시 유익을 얻을 수 있을는지, 혹시 놀라게 할 수 있을는지, 12절). 그들의 **주문과 주술**은 다른 나라들 사이에서 두려움을 불러일으킬지 모르지만, 참하나님이신 여호와께는 영향을 미치지 못할 것이다. 특별한 능력으로 유명한 점성가들이 말했거나 행했던 어떤 것도 임박한 심판을 피하게 할 수 없다는 것을 알기 때문에, 저자는 바벨론 사람들에게 그들(문자적으로 '별들에 의해 보는 자들')과 의논해 보라고 촉구한다.

〈14-15〉 보라(힌네[hinnēh])라는 단어는 주의를 집중시키며 결론으로 이끈다. 바벨론의 점성가들은 불에 탄 초개처럼 무력하다. 그 불꽃의 세력에서 **스스로를 구원하지 못할 것이라**(14절). 그 불꽃은 따뜻함과 빛의 안락함을 제공하는 불꽃이 아니다(문자적으로 이것들은 그들의 따뜻함을 위한 석탄들[가헬레트⟨gaḥelet⟩, 2회]이 아니다. 이것은 그것 앞에 앉아 있어도 되는 불이 아니다). 이것은 아무것도 남기지 않고 그들을 무섭게 소멸시키는 불이다. **너를 구원할 자가 없으리라**(15절).

본문 주석 | II. 위로(40:1-66:24)   515

의미

하나님은 이스라엘을 보호하시고 또 구원자를 데려오셨지만, 바벨론의 신들은 이스라엘 백성을 구원할 힘이 없다. 그 대조가 이보다 더 두드러질 수는 없다. 한편으로 이스라엘의 하나님은 역사를 통제하시고, 심지어 이방 왕을 사용하여 자신의 뜻을 행하기도 하신다. 다른 한편으로 사람이 만든 우상들은 전적으로 무력하여 나귀들 등에 실리는 것에서조차 자신들을 구원할 수 없다. 강력하고 무적인 바벨론은 사실상 하나님을 거역할 수 없다. 그래서 그들은 하나님의 위대함을 이스라엘에게 나타낼 뿐이다.

9) 신실하지 못한 이스라엘을 꾸중하시지만, 그래도 구원을 약속하심 (48:1-22)

문맥

이사야 40-48장에 있는 중심교차대구법의 마지막 섹션인 48장은 40장의 주요 주제이기도 한 이스라엘을 위한 여호와의 구원 약속에 다시 한 번 초점을 맞추고 있다(표 0.10을 보라). 이 장의 끝부분에는 이사야서의 세 가지 주요 주제를 요약하는 이 책의 또 다른 이음새(48:17-22)가 있다.

- 이스라엘이 심판받았다(과거).
- 이스라엘이 구원을 받을 것이다(48:20-21).
- 악인이 징벌받을 것이다(48:22).

1-39장의 이음새들에 나타나는 남은 자의 주제는 더 이상 40-66장의 이음새들에 나타나지 않는다. 하나님이 믿는 남은 자들(즉, 이스라엘로 돌아가는 자들)에게만 말씀하시기 때문이다.

이 이음새는 이사야 40-66장의 첫 섹션을 닫고, 이 책의 메시지의 많은 부분을 요약하는 후렴으로 끝난다. 여호와께서 말씀하시되 악인에게는 평강이 없다 하셨느니라(48:22; 57:21 66:24을 보라). 17절에 있는 이음새의 도입부는 43:14에서 시작하는 구원 신탁의 서문과 거의 동일하다. 둘 다 하나님의 세 가지 이름, 즉 여호와, 너희의 구속자, 이스라엘의 거룩하신 이를 포함하고 있으며, 그 각각은 하나님과 이스라엘 관계의 중요성을 상기시켜 준다.

48장에는 세 섹션이 있다.

- 1-11절: 샤마(šāma'; '듣다' 또는 '경청하다')라는 단어로 시작하는 논쟁 신탁
- 12-16절: 샤마(šāma')로 시작하는 재판 연설
- 17-22절: 여호와께서 이르시되라는 말로 시작하는 신적 선언

48장은 하나님이 오래전에 자신의 계획을 선포하셨다는 것을 이스라엘 사람들로 깨닫게 한다. 그 계획은 심판(즉, 처음 일들, 3절)으로 시작하여 회복(즉, 새 일, 6절)으로 끝난다. 하나님은 이스라엘이 처음에 순종했더라면, 많은 징벌을 받지 않았을 것이라고 한탄하신다. 좋은 소식은 그들이 언젠가는 끝없는 평화와 공의를 얻게 된다는 것이다(18절). 우리는 또한 종종 우리의 삶에서 '만약 ⋯ 했더라면'(if only)이라고 한탄할 때가 있다.

주석

(1) 이스라엘의 완고함(48:1-11)

⟨1-2⟩ 저자는 온 이스라엘에 대한 소환으로 이 신탁을 시작한다. 이스라엘의 이름으로 불리며 유다의 가계(밈메[*mimmê*], '물들', 아마도 정액을 암시함)에서 나온 너희(NIV; 개역개정은 너희는 이스라엘의 이름으로 일컬음을 받으며 유다의 허리에서 나왔으며-역주).[9] 이 어구의 더 가능성 있는 읽기는 1QIsa^a, *BHS*, 미쉬나(Mishnah)를 따라 유다의 '허리에서'(밈메에[*mimmēʿê*], 즉 문자 하나의 차이)이다. 비록 이스라엘이 주전 931년에 유다에서 나뉘었지만, 그들의 동일한 기원은 두 가지 읽기 모두에서 강조된다.

저자는 그들이 여호와의 이름으로 맹세하며 이스라엘의 하나님을 기념하면서도(자카르[*zākar*], '고백하다, 찬양하다'; 26:13을 보라) 진실이 없고 공의가 없도다라고 말하면서 그들의 위선적 행동들을 비판한다.

이스라엘 사람들은 자기 자신을 거룩한 성 출신(문자적으로 '…로부터')이라고 말하며 여호와를 믿는다고 주장한다. 그들은 이스라엘의 하나님을 의지한다 하며 그의 이름이 만군의 여호와라고 하나 … 그들의 모든 종교적 말과 행동은 조롱이다. 그들은 여호와께 순종하기를 거부하기 때문이다. 그것은 마치 그들이 그분에게 순종하겠다는 약속은 하지 않고 언약적 관계의 모든 혜택만을 바라는 것과 같다.

⟨3-5⟩ 하나님은 이스라엘이 하나님의 말씀에 순종하지 않을 것을 아시고, 처음 일들(즉, 그들의 반역적인 행위에 대한 징벌)을 오래전에 선언하셨다는 것을 상기시키신다(신 28:15-28의 하나님의 경고를 보라). 비록 하나님이 오래전부터 처음 일들(즉, 징벌들)을 경고하셨지만, 그것을 행할 때가 되면

---

[9] '유다/이스라엘의 물들'이라는 어구의 다른 예는 없다. 따라서 히브리어 문자 '아인'(*ayin*)이 빠진 것으로 보인다.

갑자기 오는 것처럼 보일 것이다. 내가 홀연히 행하여 그 일들(즉, 심판을 의미함)이 이루어졌느니라(3절).

하나님은 이스라엘의 완고함을 그 당시 가장 잘 알려진 금속에 비유하셨다. 네 목은 쇠의 힘줄이요 네 이마는 놋이라(4절). 그분은 그들의 우상들(오쳅['ōṣeb, '거짓 신', 오직 이 의미로만 나옴], 페셀[pesel, '신의 형상'], 네셐[nesek, '금속 조각상'])이 하는 모든 주장을 약화시키기 위해 자신의 행동들을 사전에 충분히 알리고 이러한 징벌을 내리셨다(5절).

〈6-9〉 그 나라가 처음부터 반역했음에도 불구하고(모태에서부터 네가 배역한 자라 불린 줄을 내가 알았음이라, 8절) 하나님은 고레스를 통하여 바벨론으로부터 그들을 구원하셨다. 이와 관련하여 내가 새 일 곧 네가 알지 못하던 은비한 일(문자적으로 '보호된 일들')을 네게 듣게 하노니라고 이스라엘에 설명하신다. 하나님은 이스라엘이 가나안 땅에 들어갈 때부터 반역에 대한 징벌을 경고하셨지만, 구원에 대한 메시지는 이사야 시대에만 나타났다.

하나님은 이스라엘이 하나님의 계획을 처음부터 알고 있었다고 생각하거나, 또는 우상들이 그것을 그들에게 드러냈다고 생각하며, 스스로 속이지 못하도록 그들을 구원하는 일의 세부 사항인 새 일(즉, 네가 과연 듣지도 못하였고 … 네 귀가 옛적부터 열리지 못하였나니)을 숨기셨다. 왜냐하면, 하나님은 그들이 얼마나 배신적인지 알고 계셨기 때문이다(문자적으로 '나는 너희가 매우 믿을 수 없게 행동한다는 것을 알고 있기 때문이다'[강조적 단어 배열; 바가드〈bgd〉의 부정사 절대형 + 본동사; 개역개정은 정녕 배신하여-역주]).

새 일(복수형, 6절)이라는 어구는 이스라엘의 구원과 고레스 치하에서 이스라엘 나라로의 귀환을 둘러싼 모든 사건을 가리킨다. 이러한 은비한 일 … 지금 창조된 것이요 옛 것이 아니라(6-7절)라는 것은 하나님이 새로운 계획을 시작하신다는 의미가 아니라, 하나님의 계획이 단지 이제 구체화되고 있다는 뜻이다.

6절에서 2인칭 단수형(네)과 복수형(너희) 사이의 특이한 전환은 집단인 그들(복수형)이 구원을 선포할 수 있도록 각 사람(단수형)이 지금 그 구원에 대해 들었다는 것을 강조한다.

이스라엘의 역사 전반에 걸친 끊임없는 반역은 여호와께서 그들을 멸망시키실 충분한 이유가 되었다. 그러나 하나님은 **내 이름**(즉, 그분의 명성, 9절)**을 위하여**(이 어구는 이사야서의 다른 곳에는 나오지 않지만, 겔 20:8-9을 보라) 그 나라를 향한 자신의 크나큰 인내를 보여 주셨고(내가 노하기를 더디할 것이며, 문자적으로 '나의 분노를 오래 참았다' 그리고 평행 어구 내가 참고[하탐⟨ḥāṭam⟩, '억제하다', 여기에만 나옴], 9절) 그들이 계속해서 한 나라로 존속하도록(문자적으로 '너를 잘라내지 않도록') 하셨다.

하나님은 오직 남은 자들만이 할 수 있는 어떤 것, 즉 하나님께 돌아올 모든 기회를 이스라엘에게 주셨다. 이 남은 자들은 그들의 가족들과 집을 떠나 황폐한 땅으로 돌아가, 성전을 재건하여 하나님이 요구하시는 제사를 드림으로써 하나님께 대한 믿음을 나타냈을 것이다. 만일 하나님이 반역한 이스라엘의 남은 자들을 참회개로 인도하신다면, 그분은 참으로 은혜롭고 두려운 하나님이시다.

⟨10-11⟩ 감탄사 **보라**(힌네[hinnēh])는 은을 연단하는 불과 다르게 고난과 시련을 통해 그 나라를 연단하는 여호와의 인내심을 강조한다. **너를 고난의 풀무 불에서 택하였노라**는 어구(10절)에서 마소라 본문의 읽기 베하르티카(bĕḥartîkā, '내가 너를 선택하였다')는 베한티카(bĕḥantîkā, '내가 너를 시험하였다', 즉, 히브리어 자음 1개를 바꿈)로 읽어야 한다. 이 읽기는 1QIsaᵃ에 의해 지지되며, 앞의 어구와 평행을 이룬다. 하나님은 수치를 당하지 않도록 **나를 위하여**(강조를 위해 반복됨, 11절) 그렇게 한다고 말씀하신다(어찌 내 이름[문자적으로 '그것']을 욕되게 하리요).

하나님은 그분의 백성이 포로로 끌려가도록 허용하셨기에 분명히 그분의 이름은 더럽혀졌다(출 32:11-14, 광야에서의 모세를 보라). 그분은 이제 자신의 이름의 영광을 회복하기 위해 그들을 포로에서 해방시키실 것이다

(즉, 내 영광을 다른 자에게 주지 아니하리라, 11절). 하나님은 다른 나라들이 자신을 연약하고 우유부단한 하나님으로 생각하여 자신의 능력과 선하심에 의문을 제기하지 않도록 그분의 영광을 힘을 다해 지키신다.

(2) 구원의 약속(48:12-16)

〈12-14〉 이 신탁의 시작 부분에서 들으라는 부름을 반복하면서 자신에 대해 선언하신다. 나는 그니 나는 처음이요 또 나는(문자적으로 '심지어 나는') 마지막이라. 다시 말해서, 그분은 전 역사에 걸쳐서 결과를 아는 영원한 하나님이시다.

나는 그니(12절)라는 어구는 그분이 세상을 창조하셨고, 만물을 주권적으로 통치하신다는 것을 암시한다(41:4; 43:13을 보라). 과연(아프['*ap*]) 내 손이 땅의 기초를 정하였고 내 오른손이 하늘을 폈나니(타파흐[*tāpaḥ*], 여기에만 나옴) 내가 그들을 부르면 그것들이 일제히 서느니라(13절).

14절에서 저자는 하나님이 바벨론 사람들에 대한 그분의 계획을 행하려고 고레스를 사용하실 것이라고 이스라엘(즉, 너희는 다)에게 설명하기 위해 하나님에 대한 1인칭 서술을 중단한다. 그들은 '그들(신들) 가운데 누가 이 일들(즉, 6절의 새 일)을 선언하였느냐'라는 수사학적 질문을 듣고 숙고해야 한다. 암시적 대답은 아무도 이것을 할 수 없었다는 것이다.

이름은 언급되지 않았지만, 고레스가 등장하는 것은 이번이 일곱 번째이다. 문맥은 누가 언급되고 있는지를 분명하게 보여 준다. 여호와가 사랑하는 자(NIV, 선택한 동맹)는 나의 기뻐하는 뜻(문자적으로 '그분의 기쁨')을 바벨론에 행하리니 그의 팔이 갈대아인(NIV, 바벨론 사람들)에게 임할 것이라.

〈15-16〉 하나님의 능력과 진실하심은 나 곧 내가 말하였고라는 그분의 진술에서 강조된다. 고레스가 바벨론 사람들을 징벌하고 포로들을 석방하여 그들의 고국으로 돌아가게 하는 그 길(NIV, 그의 임무)이 형통하리라 (15절).

16절의 끝에서 주 여호와가 3인칭으로 언급되면서 인칭의 변화가 있다. 이제는 주 여호와께서 나와 그의 영을 보내셨느니라. 화자(즉, 나)의 정체성에 대한 의견이 다양하다. 이사야, 고레스, 다른 선지자. 리델보스(Ridderbos)는 다른 선지자라고 주장하지만(1986: 431), 이사야서에는 다른 선지자에 대한 언급이 없다.

16절의 각 어구는 이사야와 쉽게 관련될 수 있다.

첫째, 하나님의 영이 이사야에게 임하여 **모여 들으라**(14절 참조)라고 백성들을 권면할 수 있는 능력을 주셨다.

둘째, 그분의 메시지들이 공개적으로 선포되었다(즉, 비밀히 말하지 아니 하였나니).

셋째, 그는 고레스에 관한 여호와의 메시지를 선포했고 그것의 진실성을 확인할 수 있었다(즉, 그것이 있을 때부터 내가 거기에 있었노라).

넷째, 그는 하나님의 메시지들을 여러 번 선포했다. 이제는 주 여호와께서 나와 그(하나님)의 영을 보내셨느니라(Firth, Wegner 2011: 233-244을 보라). 이사야와 하나님 사이에 화자의 갑작스러운 변화의 다른 예들은 5:2-3; 6:8; 8:1-3; 10:12에 나온다.

일부 학자는 16절이 구약의 삼위일체에 대한 진술이라고 주장하지만(Chafer 1948: 1.301; Grudem 2020: 271-272), 이것은 이사야가 의미했던 바가 분명히 아니다. 하나님의 계시 가운데 이 시점에서 삼위일체의 개념은 아직 계시되지 않았다. 그의 영은 하나님에게서 나오는 능력에 대한 언급이었다. 적어도 이것이 구약의 저자가 그것을 이해한 방법이다. 그러므로 이 어구는 '여호와께서 그분의 영(하나님의 능력)으로 임하셔서 나(이사야)를 보내셨다'로 가장 잘 번역된다(Firth, Wegner 2011: 233-244).

(3) 회한과 회복의 메시지(48:17-22, 이음새, 후렴구: 여호와께서 말씀하시되 악인에게는 평강이 없다 하셨느니라)

⟨17-19⟩ 17절은 이 섹션(사 40-48장)을 끝내는 이음새의 시작을 표시한다. 16절의 사자는 이제 1인칭으로 여호와의 메시지를 전한다. 다시 한번 하나님은 이스라엘과 자신의 관계를 강조하기 위해 세 개의 이름 즉, 43:14(또한 44:24; 45:11을 보라)에서처럼 **여호와, 너희의 구속자, 이스라엘의 거룩하신 이**를 동일하게 사용하여 자신을 언급하신다. 그분은 그 나라를 위해 무엇이 최선인지 알고 그들을 인도하시는 분이다(17절).

이스라엘이 하나님의 명령에 **주의하였더라면**(루[lû'], 가상의 과거 조건을 나타내지만, 하나님의 열망을 강조하는 불변화사) 그리고 순종했더라면 그들은 끝없는 **평강**(샬롬[šālôm])과 **공의**(치다카[ṣidāqâ]; NIV, 번영); 모래 알(마아[māʾâ], 여기에만 나옴)처럼 셀 수 없는 많은 후손; 하나님의 임재로 인한 끝없는 보호(즉, 그의 이름이 내 앞에서 끊어지지 아니하겠고 없어지지 아니하였으리라)로 엄청나게 복을 받았을 것이다.

강, 바다 물결의 끊임없는 움직임, 모래 알갱이들처럼 많은 자손, 끊임없이 하나님의 임재 안에 있는 이스라엘의 이미지들 이 모든 것은 이스라엘이 불순종으로 인해 상실한 풍요를 나타낸다.

율법은 억압적인 것이 아니라 그들이 번영하는 데 필요한 지침을 제공했다. 하나님의 명령을 따르지 않기로 선택함으로써 그들은 죄와 우상숭배에 빠졌으며, 궁극적으로 포로로 잡혀가게 되었다.

⟨20-22⟩ 이 섹션(40-48장)은 이스라엘이 바벨론 포로에서 탈출을 시작했던 곳에서 끝난다. 너희는 바벨론에서 나와서 갈대아인[10](NIV, 바벨론 사람들)을 피하고(20절). 바벨론 사람들이 고레스에게 패했을 때, 포로들을 고

---

10) 이 구절이 지적하는 바와 같이, 주전 626년경에 그들은 신바벨론제국(Neo-Babylonian Empire)과 동의어가 되었다.

국으로 돌려보내는 것을 허락한 고레스의 호의적인 정책에 따라 이스라엘 사람들은 **즐거운 소리를** 지르며 떠났다.

20-21절은 여호와께서 이스라엘 나라를 어떻게 **구속하셨는지**(20절)를 묘사하는 구원의 노래이다. 21절은 이스라엘이 광야를 여행하는 동안 하나님이 그들에게 풍성한 양식을 주셨음을 상기시켜 준다. 그들의 경험은 하나님이 반석에서 물을 나오게 하신 첫 번째 출애굽에 비유된다(출 17:6).

이사야 40-66장의 첫 부분은 이 문맥에서 이스라엘의 악한 자들에게는 구원이 없다는 것을 의미하는 **여호와께서 말씀하시되 악인에게는 평강이 없다 하셨느니라**(22절)라는 후렴구로 끝난다. 이 후렴구가 이 책에서 더 진전되면서(즉, 57:21; 66:24), 악인의 최종적 멸망과 관련하여 더 넓은 의미를 취하는 것으로 보인다. 구원의 본질에는 영적 차원이 있다. 오직 여호와를 두려워하고 경외하는 자들만이 구원을 받을 것이다.

57:21의 유사한 후렴구는 하나님에 대해 다른 이름을 사용한다('여호와', 48:22; '내 하나님'[엘로힘⟨ *ēlōhîm*⟩, 57:21). 하나님의 언약적 이름인 여호와라는 이름을 사용한 것은 그분이 이스라엘과의 언약적 관계에 근거하여 그들을 구원하실 것임을 강조하기 위한 것일 수 있다.

의미

48장은 불순종에 대한 징벌과 순종에 대한 축복(신 8장) 두 가지를 모두 포함한다. 그리고 여호와께서 이스라엘 사람들을 돌보신다는 사실을 계속하여 상기시키는 것을 강조함으로써 이 섹션을 마무리한다.

이스라엘 사람들은 계속해서 우상 숭배와 죄에 빠져드는 완고한 백성임을 거듭거듭 보여 주었다. 하나님은 그들의 마음이 변화되기를 간절히 원하셨다. 하나님은 이스라엘 사람들이 순종했더라면 그들의 지나온 삶이 매우 달라졌을 것이라고 한탄하신다(18-19절).

이스라엘 사람들이 회개하지 않았을 때, 그분의 공의는 징벌을 요구했으며, 그들은 바벨론으로 끌려갔다. 하나님은 이것을 그들이 고난의 풀무에서 시험을 받았던 것으로 설명하신다(10절). 그러나 자신의 이름이 나라들 사이에서 불명예스럽게 되는 것을 방지하기 위해, 그분은 고레스를 사용하여 자신의 백성을 구원하실 것이다. 그러면 모든 나라가 하나님이 이스라엘의 참구속자이심을 알게 될 것이다(17, 20절).

그럼에도 불구하고 하나님께 계속해서 반역하는 사람들이 있을 것이다. 하나님은 그들에게 평강이 없을 것이라고 선언하신다. 평강이 없다는 표현은 두 가지 차원을 가지고 있다.

첫째, 단기적으로 그들이 바벨론에서 구원받지 못할 것이다.

둘째, 영적 차원에서 그들은 하나님과의 관계를 상실하여 영원한 징벌을 경험할 것이다.

이스라엘이 자신의 죄에 대해 충분히 징벌을 받은 후(40:2), 여호와께서는 남은 자들을 포로에서 건져내고, 그들을 그 땅으로 다시 데려오실 것이다(40:10-11). 이스라엘의 구원을 성취하기 위해 여호와께서는 대가나 보상 없이 하나님의 목적을 성취할 이방왕 고레스를 부르실 것이다(45:13을 보라). 고레스는 '메시아적 인물'(messianic figure)로 간주될 수 있다. 이것은 여호와께서 이스라엘을 구원하려는(44:28; 45:13) 자신의 목적(44:28; 48:14-15)을 이루기 위해 그를 부르셨기 때문이다(41:2; 46:11).

하나님은 이 구원을 미리 선언하지 않으셨다. 패역한 이스라엘이 그 구원에 관해 이미 알고 있다고 생각했거나, 그들의 우상들이 자신들을 구원했다고 생각했을 것이기 때문이다. 그 대신에 이 구원은 너무나 놀랍기에 아무도 그것이 주권적이고 전능하신 하나님의 일임을 의심할 수 없었을 것이다. 그러나 모든 이스라엘 사람이 순종하지는 않을 것이며, 순종하지 않는 사람들에게는 평강이 없을 것이다.

하나님은 이스라엘에 대해 비할 데 없는 인내심을 보이며, 그들에게 순종하도록 강요하거나 압박하지 않으신다. 그럼에도 불구하고 그분은 율법에 분명히 명시된 징계를 사용하여 그들을 자기 자신에게로 되돌려 놓으신다. 만약 이스라엘이 순종적으로 살았더라면, 모든 가혹한 대우와 징벌을 피할 수 있었을 것이다(48:18-19을 보라).

2. 시온이 여호와의 종을 통해 회복된다(49:1-57:21)

이사야 49-57장은 이스라엘의 남은 자들에 대한 하나님의 구원을 다시 묘사한다. 다만 이 섹션은 고자들과 이방인들(56:3-8)도 그 구원에 참여할 수 있다고 말함으로써 바벨론으로부터의 구원을 넘어선다. 이 장들은 두 번째 종의 노래를 열고, 이사야 40-66장의 커다란 두 번째 섹션을 형성한다(표 0.11을 보라).

하나님은 잠시 이스라엘에 등을 돌리셨으나, 이제 그들을 구원할 준비를 하고 계신다. 또한, 이사야서의 앞부분에서 이스라엘을 향하고 있었던 멸망이 이제는 그들의 원수들을 향하고 있다.

하나님은 이스라엘을 구원하기 위해 그분의 '종'을 사용하실 것이지만, 이 종의 정체는 다소 모호하다. 이스라엘에서 어느 한 사람도 그들의 구원자로서의 역할을 할 수 없었기 때문에(50:2a; 51:18을 보라), 여호와께서는 그 자신에게 속한 자를 데려오셔야 했을 것이다.

이 섹션의 끝부분에 있는 이음새(57:15-21)는 지극히 존귀하며 영원히 거하시며 거룩하다 이름하는 이가 이와 같이 말씀하시되(15절)라고 시작하며, 이 책의 다른 이음새들과 동일한 세 가지 요소를 포함한다.

- 이스라엘이 심판받았다(57:16-17).
- 이스라엘이 구원을 받을 것이다(57:18-19).
- 악인이 징벌받을 것이다(57:17, 20-21).

내 하나님의 말씀에 악인에게는 평강이 없다 하셨느니라(57:21)라는 후렴구가 이번에는 여호와 대신 내 하나님이라는 칭호가 사용된 것을 제외하고는 이 책에서 한 섹션의 끝을 표시한다. 저자가 57장에서 내 하나님에 대해 언급함으로써 이 능력 있는 하나님과의 친밀한 관계를 강조한다.

이 새로운 섹션(49-57장)에는 시온의 회복과 영화에 관한 또 다른 일련의 신탁들이 포함되어 있다. 이 섹션과 이사야 40-48장 사이의 가장 중요한 차이점 가운데 하나는 40-48장에 널리 퍼져 있는 일부 주제(예컨대, 고레스, 바벨론의 함락, 우상 숭배)가 더 이상 언급되지 않는다는 것이다. 바벨론에서의 출애굽은 여전히 하나님의 놀라운 능력의 증거로 언급되지만, '바벨론'이라는 이름은 더 이상 사용되지 않는다(52:11을 보라). '종'이라는 주제는 이 단락에서 절정에 달하고 이후에는 더 이상 언급되지 않는다.

1) 시온을 회복하실 하나님(49:1-26)

문맥

49장은 두 부분으로 구성된다.

- 1-13절: 이사야의 종의 노래들 가운데 두 번째 종의 노래
- 14-26절: 이스라엘은 하나님이 자신들을 잊었다고 주장하지만, 여호와께서는 자신이 기억하셨다고 이스라엘에게 확신을 주시는 논쟁 신탁

이 흥미로운 종의 노래에서 이스라엘은 먼저 하나님의 종으로 선택된다. 그러나 자신이 하나님의 구원을 성취할 수 없다는 것을 깨닫는다. 그래서 그 후 하나님은 다른 종인 메시아를 보내셔야만 한다.

이어지는 논쟁 신탁(14절)에서 하나님이 자신을 잊으신 것을 시온이 한탄할 때 하나님은 시온을 결코 잊지 않을 것이라고 강하게 안심시키신다(15절). 그 후 그분은 세상의 나라들이 시온의 자녀들을 시온으로 다시 데려올 것이라고 선언하신다(22절). 사실상 그들이 너무 많아서 시온은 곧 공간이 협소하게 될 것이다(20절). 하나님은 또한 시온을 위해 싸우실 것이며, 이전에 시온을 압제했던 자들에 대항하여 보복하실 것이다(25-26절).

주석

(1) 두 번째 종의 노래(49:1-13)

① 여호와의 종은 열방의 빛이다(49:1-6)

⟨1-3⟩ 노래가 시작될 때 그 종은 이방인들(섬들아, 먼 곳 백성들아)에게 그의 중요한 메시지를 들으라라고 간청한다. 그는 여호와에 의해 그분의 종으로 부름받았다. 여호와께서는 이 종이 태어나기 전부터 특별한 계획을 세우셨다(여호와께서 태에서부터 나를 부르셨고 내 어머니의 복중[문자적으로 '허리들']에서부터 내 이름을 기억하셨으며). 종의 부르심에 관한 유사한 용어가 이스라엘(43:1), 고레스(45:4), 예레미야(렘 1:5) 심지어 바울(갈 1:15)에게도 사용된다.

2-3절은 종이 임무를 받는 것을 확인시켜 준다. **날카로운**(즉, 정확하고 치명적인) **칼**과 **갈고 닦은**(바루르[bārûr], '선택된, 구별된, 예리한') **화살**(즉, 하나님이 사용하시도록 준비된 무기)의 이미지는 그가 여호와의 대변자가 되기 위해 특별히 준비된 것을 암시한다. 그는 약속된 때까지 그(하나님)의 손 그늘에 숨겨지고, 그의 화살통에 감추어져 있었기에 그의 준비는 더욱 효과적이었다. 이사야 51:16은 이스라엘을 언급하기 위해 비슷한 용어를 사용한다(내가 내 말을 네 입에 두고/내 손 그늘로 너를 덮었나니).

우리는 3절에서 이스라엘이 하나님의 영광을 나타낼 종이라는 것을 배우게 된다(너는 나의 종이요/이스라엘이라)[11]. 하나님은 세상의 모든 나라 가운데서 이스라엘이라는 특정한 종을 예비하셨다. 하나님의 화살통에는 많은 화살(즉, 나라들)이 있는데, 이 화살은 다른 나라들을 그에게로

---

11) 3절에 대해 제안된 몇몇 번역 가운데서 '그리고 그분이 내게 말씀하시기를, 이스라엘아 너는 내 종이다. 너를 통하여 내가 영광을 받을 것이다'가 히브리어 어구들의 순서와 일반적 히브리어 문법 때문에 선호된다. 그 번역의 어려움은 5절에서 그 종의 임무가 이스라엘을 하나님께로 다시 데려오는 것이라는 점이다.

이끌고, 제사장 왕국이 되는 데 사용되기 때문에 특별하다(제사장은 자신과 백성들 사이에 있는 하나님의 중재자이다. 출 19:5-6).

⟨4-6⟩ 종에 대한 하나님의 분명한 부르심과 그를 통해 일하시겠다는 약속에도 불구하고(3절), 그 종은 자신의 일을 돌이켜보고 아무것도 이루지 못했다고 선언한다. 그는 하나님이 그에게 요구하신 것을 할 수 없었다. 그러나 나는 말하기를 내가 헛되이(리크[riq], '헛되게, 공허하게') 수고하였으며 무익하게(토후[tōhû], '공허, 허무') 공연히 내 힘을 다 하였다 하였도다(4절). 그러나 그는 하나님이 적절한 때에 그를 구원하실 것이라고 확신한다(나의 보응이 나의 하나님께 있느니라, 4절).

이 노래에 대한 가장 일반적인 복음주의적 해석 가운데 하나는 메시아가 자신의 힘을 헛되이 사용했다고 주장할 가능성은 거의 없음에도 불구하고 그것이 메시아를 지칭한다는 것이다. 그러나 이미 언급한 바와 같이 3절은 그 종을 이스라엘이라고 정의한다.

이스라엘이 이 소명을 성취할 수 없다는 것을 깨닫게 되면, 하나님은 그리고(즉, '그래서') 이제 여호와께서 말씀하신다(NIV, 5a절)라는 말로 시작되는 자신의 계획의 다음 단계로 이동 하신다. 그분은 야곱(즉, 이스라엘)을 그에게로 돌아오게 하시려고(5절) 다른 종, 곧 메시아를 일으키실 것이다. 이 구절에 대한 해석은 여러 가지가 있다.

첫째, 어떤 학자들은 그 종이 이스라엘이라고 제안한다(Muilenburg, 1956: 565). 차일즈(Childs)는 그 종이 지금 고통받는 개인의 모습으로 나타난 이스라엘이라는 데 동의한다(2001: 387). 윌리엄슨(Williamson)은 그것이 이스라엘의 남은 자라고 제안한다(Williamson 1994: 150-152).

둘째, 다른 학자들은 그 종을 두 번째 이사야(Whybray 1975: 138; Blenkinsopp 2000: 300) 또는 하나의 선지자로 병합된 모든 선지자(맥켄지 [McKenzie] 1968: 105)라고 주장한다.

셋째, 스미스(Smith)는 이스라엘(땅이든 백성이든)이 하나님이 영광을 받으실 곳이라고 제안한다(2009: 346).

넷째, 어떤 학자들은 그 종이 하나님의 특별한 사자가 되기 위해 이스라엘과 같은 역할을 할 것이라고 제안한다(Oswalt 1998: 291; Motyer 1999: 309).

종의 소명과 사명은 5-6절에 나타난다.

- 태에서부터 나를 그의 종으로 지으신 이시오(1절과 평행; 그 어구는 또한 하나님과의 특별한 관계를 암시함)
- 야곱의 지파들을 일으키며 이스라엘 중에 보존된 자를 돌아오게[12] 할 것이다. 하나님은 그를 영화롭게 하시고(5b절), 그가 맡은 임무를 완수할 수 있게 해 주실 것이다(나의 하나님은 나의 힘이 되셨도다).

이 새로운 종은 이스라엘의 보존된(네치레[$n\check{e}\hat{s}\hat{i}r\hat{e}$]) 자들(즉, 남은 자)을 하나님께로 돌아오게 하는 것보다 훨씬 더 큰 임무를 맡게 될 것이다. 그는 이방인들에게 증인이 될 것이다. 내가 또 너를 이방(문자적으로 '나라들'[복수형])의 빛으로 삼아 나의 구원을 베풀어서 땅끝까지 이르게 하리라(52:10을 보라). 그 종은 단순히 하나님의 구원에 대한 한 증인이 아니라 구원이 되어야(즉, 하나님의 수단이 되어야) 한다. 이스라엘이 처음에 부름을 받은 사명, 즉 다른 나라들을 하나님께로 인도하는 사명은 실제로 이 종이 성취할 것이다.

② 종에 관한 두 개의 추가 신탁(49:7-13)

⟨7⟩ 선지자의 메시지는 여기에서 그 종에 관한 이전의 메시지를 더 설명한다. 이 메시지는 구속자이자 이스라엘의 거룩하신 이(48:17을 보라)라고 불리는 여호와에게서 온 것인데, 이 두 칭호는 하나님과 그분의 백성들의

---

12) 그 어구는 케티브(*kěthib*) 읽기인 로(*lō'*, '아니다') 대신 케레(*qěrê*) 읽기인 로(*lô*, '그에게')를 사용하여 '이스라엘을 그에게 모으다'로 번역해야 한다.

친밀한 관계를 반영한다. 그 메시지는 겉보기에 상반되는 몇 가지 진술로 묘사된 그 종과 관련되어 있다. 그는 이스라엘의 **사람에게 멸시를 당하는 자, 백성에게 미움을 받는 자**(또한, 53:3을 보라)이지만, 다른 나라의 **왕들과 고관들은 그를 존경할 것이다**. 그는 **관원들에게 종이 된 자**이지만, 왕들과 고관들은 그에게 **경배할 것이다**.

관원들에게 종인 된 자라는 어구는 그 문장의 나머지 부분과 어울리지 않는 것으로 보인다. 만약 왕들과 방백들이 그를 영화롭게 할 것 같으면 [13] 그가 어떻게 그들에게 종이 될 수 있겠는가. 이것이 그 종의 당혹스러운 측면들 가운데 하나이다. 그는 지도자들을 섬기고 도울 것이지만, 그들이 기대하는 방식은 아니다. 그는 나중에 53:4-9에서 살펴보게 되겠지만 그들의 죄를 위해 죽을 것이다.

하나님은 자신의 목적을 이루기 위해 그 종을 선택하셨다. 그는 여호와의 신실하심으로 인해 형통하여 열방의 존경을 받을 것이다. 이 약속은 이스라엘의 거룩하신 이 신실하신 여호와께서 확증하신 것이다. 이것은 이사야서에서 여호와는 신실하다고 명시적으로 단언하는 유일한 곳이다. 이스라엘은 그들의 구원에 대해 두려워할 필요가 없다.

〈8-13〉 친숙한 어구인 **여호와께서 이같이 이르시되**로 시작하는 두 번째 신탁(8-13절)은 하나님이 그 종을 사용하여 이스라엘 나라를 회복시키실 것임을 그에게 보증한다(**내가 너를 도왔도다**). 하나님이 계획하신 적절한 때에(**은혜의 때에**), 하나님은 그 종을 **백성**(암 ['am], 단수형, 아마도 이스라엘이나 이스라엘의 남은 자, 42:6을 보라)의 언약으로 삼으실 것이다.

분명히 그 종은 이 언약(베리트[bĕrit], '계약')의 표지가 될 것이다. 즉, 하나님이 주전 586년에 파괴된 지역들을 포함하여 그들의 땅들을 회복시킬 것에 대해 그 종이 하나님과 이스라엘 사이의 보증이 된다는 것을 의미한다. 42:6에서 고레스가 또한 백성들을 위한 언약이 된다고 말하는데,

---

13) 왕들은 일어서고 고관들은 몸을 굽혀 절하며 그 종에게 영광을 돌린다는 점을 주의하라.

그가 이스라엘 백성들을 고국으로 돌아가게 해서 성전을 건축하도록 허락했을 때, 그것은 단지 부분적으로만 구원의 임무를 완수한 것이었다.

이 종은 포로 상태에서 그들을 해방시켜 줄 뿐만 아니라(9절), 그들을 보호하고(10절), 그들이 충분한 양식을 갖도록 하고(10절), 바벨론 뿐만 아니라 여러 곳에서 그들을 데려올 것이다(12절). 돌아오는 자들(즉, 나오라, 나타나라)은 길을 따라 풍부하게 먹거리를 공급받은 가축 떼로 묘사된다. 그들은 이스라엘로의 여정 동안에 양식을 쉽게 찾을 것이다(길에서 먹겠고/모든 헐벗은 산에도 그들의 풀밭이 있을 것인즉, 9절). 그는 그들을 이끌되 샘물 근원(맙부에[*mabbû'ê*], 3회)으로 인도할 것이다(10절).

하나님은 그들이 위험한 불모지 사막 언덕을 여행할 때와 같이 가장 가혹한 조건들(샤랍[*šārāb*], '태양의 뜨거운 열기', 2회) 속에서 그들을 보호하실 것이다. 11절의 비유적 언어는 하나님이 집으로 가는 긴 여정에 있는 모든 장애물을 제거하시고, 그분의 모든 산을 길로 바꾸시며, 낮은 골짜기를 일으키시는(나의 대로를 돋우리니) 것을 묘사한다. 대로들(highways)로 돌아오는 그 이미지는 예컨대, 11:16과 19:23에서 반복된다.

그러나 포로에서 돌아온 이 귀환의 가장 놀라운 측면은 그 범위가 얼마나 먼 곳에서부터 오는 것이냐이다. 포로들은 바벨론뿐만 아니라 다른 지역들에서도 왔다(12절). 먼 곳에서, **북쪽과 서쪽**(문자적으로 '바다')에서, **시님**(Sînîm) **땅에서**(NIV, 아스완[Aswan] 지역에서).

시님(*Sînîm*)이라는 단어는 여기에서만 나오는데, 다음 지역 가운데 하나를 가리킬 수 있다.

첫째, '신'(Sin)이라고 불리는 남쪽 지역('펠루시움'[Pelusium], 겔 30:15)

둘째, '시에네'(*Syene*). 이 단어는 아마도 '세베님'(*sĕwēnîm*)의 필사적 오류일 것이며, 이집트어 '스완'(Swn) 또는 현대 이집트어 '아스완'(*Aswān*)의 변형일 수 있다(1QIsaᵃ를 보라; 겔 30:6);

셋째, 시내 광야의 '신'(*Sin*, 출 16:1).

우리는 고대 애굽의 남쪽 국경에 있는 지역인 시에네(Syene)를 선호한다(Blenkinsopp 2000: 303-304; Smith 2009: 355). 정확한 위치와 상관없이 여기서 핵심은 포로들이 바벨론에서 돌아올 뿐만 아니라 나침반이 가리키는 모든 지점에서 돌아온다는 것이다.

그 신탁은 여호와에 대한 영광스러운 찬양으로 끝난다(13절). 하늘과 땅은 즐거이 노래하라(파차흐[pāṣaḥ], 문자적으로 '터뜨리다', 8회; 이사야서에서 6회)라고 권고를 받는다. 왜냐하면, 여호와께서 그분의 백성, 즉 그의 고난당한 자를 위해 나타내시는 위로(나암[nāḥam])와 긍휼(라암[rāḥam]; 히브리어에서는 두 단어가 비슷하게 들림) 때문이다.

(2) 시온의 회복(49:14-21)

① 하나님이 그분의 백성 이스라엘을 잊지 않으셨음(49:14-21)

⟨14-15⟩ 구원에 대한 기대에서 현재의 포로 상태로 바뀐 이스라엘로부터 우리는 불평을 듣게 된다. 오직 시온이 이르기를 여호와께서 나를 버리시며(14절). 바벨론에 포로로 잡혀있던 이스라엘 사람들은 하나님이 그들을 잊으셨는지 그리고 다시 그들을 위해 일하실지 궁금해했다(40:27을 보라).

여호와께서는 잊지 않았다고 하며 즉시 그들을 안심시키신다. 그분의 나라에 대한 그분의 사랑이 너무 강해서 그분은 그들을 버리시지 않는다. 여인이 어찌 그 젖 먹는 자식(울['ûl], '젖먹이', 2회)을 잊겠으며 … 그들은 혹시 잊을지라도 나(나 자신=강조를 위해)는 너를 잊지 아니할 것이라(15절). 어머니가 아기를 잊을 수 있다 하더라도(거의 있을 법하지 않은 일) 하나님은 이스라엘을 결코 잊을 수 없다고 단언하신다. 하나님의 사랑은 인간의 모든 사랑을 훨씬 능가한다.

⟨16-17⟩ 16절의 극적인 이미지는 예루살렘에 대한 하나님의 사랑과 그분이 얼마나 개인적으로 애쓰셨는지를 강조한다. 보라(힌네[hinnēh]=참으로) 내가 너를 내 손바닥(비어 있거나 평평한 손 안쪽)에 새겼고 너의 성벽이 항상

내 앞에 있나니(*ANEP* 그림 749를 보라).

이 문맥에서 '새기는 것'은 날카로운 물건으로 자르는 것을 암시한다. 비록 이스라엘에게 문신하거나 자해하는 것은 금지되었지만(레 19:28을 보라), 하나님은 이 이미지를 사용하여 그들을 향한 그분의 사랑이 얼마나 영구적인지를 강조하신다. 그분의 새겨진 손들과 이스라엘의 성벽들은 이스라엘의 하나님을 끊임없이 상기시키는 역할을 한다. 그분은 그들을 결코 잊지 않으실 것이다.

16-17절의 이미지는 점진적이다. 시온의 성벽들을 하나님이 지속적으로 돌보는 것으로부터, 그것들을 재건하기 위해 <u>서둘러 돌아가는</u> 시온의 아들들에게로[14] 그리고 마침내 시온의 성벽들을 <u>파괴하고 황폐하게</u> 하는 자들이 떠나는 것으로 점점 이동한다. 히브리어에서 밑줄 친 단어 '서둘러 돌아가는'(미하루[*miharû*])과 '파괴하고/황폐하게'('너의 파괴자들'=메하르사익 [*měharsayik*]; '너의 황폐하게 하는 자들'=마하리바익 [*maḥāribayik*])는 비슷하게 들린다.

⟨18-21⟩ 시온은 사방에서 다시 모이게 될 흩어진 주민들을 지켜볼 준비를 하면서, 회복을 기대하는 가운데 네 눈을 들어(18절, 풀이 죽은 눈은 슬픔을 나타냄)라는 지시를 받는다. 여호와께서는 맹세로(내가 나의 삶으로 맹세하노니) 자신이 시온을 회복하고 그 자녀들이 자신에게로 돌아올 것이라고 확언하신다.

시온이 자식을 잃었을 때(그 땅이 황폐하고 … 파멸을 당하였던 때)에 시온에서 태어난 이 자녀들이 너무 많아 그 땅이 이제 그들을 수용하기에는 너무 좁을 것이다(이제는 주민이 많아 좁게 될 것이며, 19절). 그들은 시온에 자신들을 위한 자리를 마련해 달라고 요청할 것이다(문자적으로 '내가 [여기

---

14) 1QIsaᵃ, 아퀼라(Aquila, 헬라어역) 및 불가타(라틴어역)는 너의 건축자들이 빨리 올 것이라고 읽는다. 그러나 마소라 본문의 읽기 아들들이 더 좋은 의미이다. 왜냐하면, 그것이 재건할 아들들을 가리킬 가능성이 더 크기 때문이다. 어느 쪽이든 전체적 의미에는 거의 차이가 없다.

에] 거주할 곳을 내게로 가까이 이끌라', 20절).

시온은 그들이 모두 어디에서 왔는지 궁금하게 여길 것이다. 누가 나를 위하여 아들을 낳았는고/나는 자녀를 잃고 외로워졌으며/사로잡혀 유리하였거늘(21절).

하나님을 경외하는 시온의 자녀들(그들 가운데 일부는 이스라엘에서 태어남, 그들 가운데 다른 사람들은 하나님께 순종하려는 마음 때문에 이스라엘로 입양됨)은 신부 시온을 장식하여 그녀의 아름다움을 돋보이게 하는 보석들(NIV)과 같을 것이다(18절). 시온의 자손들은 많을 뿐만 아니라, 그 땅을 멸망시켰던(문자적으로 '삼켰던') 사람들이 아주 멀리 떨어져 있어서 이스라엘 사람들은 예루살렘의 폐허를 재건하기 위해 돌아올 때 두려워할 것이 없을 것이다(19절).

이스라엘 자손의 이러한 귀환은 고레스 통치 기간에 시작되었지만, 여기에 언급된 많은 자손은 바벨론에서 돌아온 소수의 남은 자들과 수적으로 맞지 않기 때문에, 미래까지 계속되는 귀환이 제안된다(19:23-25을 보라). 이 귀환은 49:6에서 그 종에게 하신 하나님의 약속이 성취된 것이다.

② 여호와께서 시온의 자녀들을 회복시키심(49:22-26)

〈22-23〉 친숙한 어구인 주 여호와(NIV, 주권적 여호와)가 이같이 이르노라(22절)는 새로운 단위의 시작을 표시하는 반면, 그 내용은 이전 단위의 내용과 대체로 동일하다. 하나님은 그분의 남은 자들을 그들의 땅으로 돌려보내야만 한다는 신호를 주기 위해 그분의 손과 깃발을 들어 이방 나라들에게 손짓하실 것이다.

내가 뭇 나라를 향하여 나의 손을 들고 민족들을 향하여 나의 기치(닛시[nissi]; 11:12을 보라)를 세울 것이라/그들이 네 아들들을 품(문자적으로 '그들의 가슴[호첸〈ḥōṣen〉, 4회])에 안고/네 딸들을 어깨(카텝[kātēp], '어깨, 옆구리'; 22절)에 메고 올 것이며.

두 어구 모두 가까움을 암시한다. 왕들과 왕비들은 그들의 관리인들(오메나이케[*ōmĕnayikē*], '너의 보호자들')이 될 것이다. 이것은 남은 자들이 받게 될 화려한 보살핌의 이미지이다.

이 이방인 통치자들은 이스라엘 하나님의 위대하심에 깊은 인상을 받아, 이스라엘 사람들에게 절함으로 영광을 나타낼 것이다. 그들이 얼굴을 땅에 대고 네게 절하고 네 발의 티끌을 핥을 것이니(23절). 이것은 복종과 존경을 전달하는 행위들이다(*ANEP* 그림 355를 보라).

남은 자들은 포로 구원의 결과와 뒤따르는 사건들로 두 가지를 배우게 될 것이다.

첫째, 여호와께서는 자신의 모든 사역을 총체적으로 다스리는 장엄한 하나님이시다(네가 나를 여호와인 줄 알리라, 23절).

둘째, 그들은 분명히 그들의 모든 희망과 신뢰를 여호와께 둘 수 있다(나를 바라는[문자적으로 '기다리는'] 자는 수치를 당하지 아니하리라, 23절).

⟨24-26⟩ 24절의 수사학적 질문들은 적군들이 얼마나 강한지에 관계없이 이 회복이 일어날 것이라는 새로운 주장을 시작한다. NIV는 24b절에서 **차디크**(*ṣaddîq*, '의로운') 대신에 선호되는 이문(variant reading)인 **맹렬한**(아리츠[*ārîṣ*], 25절, 1QIsaᵃ, 페시타[Peshitta] 및 불가타에 의해 지지됨; 개역개정은 승리자-역주)을 따른다.

이러한 수사학적 질문들을 25절에서 확신을 주는 표현으로 다시 쓰는 것은(즉, 용사의 포로와 두려운 자의 빼앗은 것) 하나님 자신이 그들의 해방을 위해 싸우실 것이기 때문에, 그분이 약속하신 구원을 방해할 수 없다는 것을 확인시켜 준다. 내(나 자신=강조적)가 너를 대적하는 자를 대적하고/네 자녀를 내(나 자신)가 구원할 것임이라(25절).

26절에 나오는 이스라엘의 압제자들이 자기의 살을 먹고 자기의 피를 마시는 모습은 열방을 약하게 만드는 내부 갈등을 암시한다. 이것이 바로 바벨론에서 일어난 내전으로, 바사 사람들이 그들을 정복하고 고레스가 그들의 구원자로 환영받을 수 있었던 이유이다(내전은 또한 부분적으로 바사제국의 몰락에도 책임이 있음). 여호와의 이스라엘 구원은 그분이 참으로 이스라엘의 전능하신 하나님이심을 모든 백성에게 확증하는 것이다. 모든 육체가 나 여호와는 네 구원자요/네 구속자요/야곱의 전능자인 줄 알리라. 하나님에 대한 각 칭호는 이스라엘과의 친밀한 관계를 강조한다(26절).

의미

이 섹션을 시작하는 종의 노래는 하나님이 이스라엘을 구원하기 위해 그 종을 사용하실 것임을 강조한다. 이 종은 이스라엘의 남은 자를 하나님께로 인도할 뿐만 아니라, 다른 나라들의 남은 자들도 인도할 것이다. 이사야 40-41장에서 제기된 동일한 두 질문에 대한 답이 역순으로 나온다.

첫째, 하나님이 기꺼이 이스라엘을 구원하실 것인가?
그 답은 49:11-21에 있다.
둘째, 하나님은 이스라엘을 구원하실 수 있는가?
그 답은 49:22-26에 있다.
다시 한번 두 질문에 대한 대답은 여전히 '예!'이다.
하나님은 강렬한 이미지를 선택하여 이스라엘을 얼마나 사랑하시는지 그들에게 보여 주신다.
첫째, 그들에 대한 하나님의 사랑은 젖먹이는 어머니가 자기 자녀를 돌보는 것보다 더 크다.
둘째, 하나님은 시온을 자신의 손바닥에 새겨서 시온이 항상 자신 앞에 머물도록 하셨다.
이스라엘은 하나님의 축복을 경험할 것이다. 그들은 많은 주민이 어디에서 왔는지 궁금해할 것이다. 그들은 여호와를 섬기기 위해 세계 여러 나라에서 온 이방인들을 포함한 하나님을 경외하는 자들 가운데 남은 자가 될 것이다. 이것은 그 종이 이방의 빛이 될 것이라는 49:6의 성취이다. 그러면 모든 나라가 여호와가 전능한 하나님이심을 알게 될 것이다.

2) 이스라엘의 불순종(50:1-11)

문맥

하나님이 이스라엘을 구원하실 수 있고, 기꺼이 구원하신다고 이스라엘을 안심시키신 후에 두 번째 섹션(즉, 사 49-57장)의 두 번째 부분은 다시 한번 논쟁 신탁으로서 이스라엘의 불순종이라는 주제(표 0.11을 보라)로 돌아간다.

이사야 50:1-11은 두 단위로 나눌 수 있다.

- 1-3절: 하나님은 이스라엘과의 관계를 결코 영원히는 끊지(즉, 이혼의 이미지) 않으실 것이며, 오히려 이스라엘의 많은 범죄로 인하여 한동안 이스라엘을 떠나보내실 것이다.
- 4-11절: 세 번째 종의 노래로 여겨진다.

사자 공식(messenger formula)인 **나 여호와가 이같이 말하노라**는 첫 번째 단위의 시작을 표시한다. 두 번째 단위의 시작은 1인칭으로 화자를 변경하여 알린다. 4-9절에서 종은 하나님의 구원하심에 대한 자신의 소망을 말한다. 그 후 그는 10-11절에서 이스라엘을 향해 선택하라고 요청한다. 여호와를 신뢰하여 구원을 받든지 아니면 그들 자신을 신뢰하여(즉, 다 너희의 불꽃 가운데로 걸어가며: 그들의 거짓 희생 제물의 불을 의미할 수 있음) 징벌 받든지 하라는 것이다.

우리는 이 종의 노래가 또한 하나님이 자신의 백성들의 남은 자를 구원하기 위해 사용하실 메시아(49:5-12에서처럼)를 묘사한다고 믿는다.

주석

(1) 여호와께서는 이스라엘을 거부하지 않으셨지만, 이스라엘은 여호와를 거부했음(50:1-3)

⟨1⟩ 하나님이 이스라엘을 잊으셨다는 그들의 애통한 부르짖음의 맥락에서(49:14을 보라) 여호와께서는 강한 논쟁의 어조를 지닌 두 가지 질문을 이스라엘에게 하신다.

내가 너희의 어미(즉, 이스라엘)를 내보낸 이혼 증서가 어디 있느냐'(남편이 이혼 증명서를 발급함으로써 결혼 생활을 끝내는 방법을 설명하는 신 24:1-4을 보라). 암묵적인 대답은 없다는 것이다. 보기 드문 어구인 이혼(케리투트[kĕrîtût], 아마도 동사 카라트[kārat, '자르다']와 관련됨) 증서(세페르[sēper, '두루마리'])는 단지 3회만 등장한다. 신명기 24:1-4; 이사야 50:1; 예레미야 3:8.

여기에서 하나님은 이스라엘의 남편(선지자들이 자주 사용하는 이미지, 겔 16장, 호 1-3장을 보라)으로 묘사되는데, 그분은 이혼 증서를 발급하여 정식으로 이혼하지 않았기 때문에 이스라엘을 다시 데려오실 수 있었다.

두 번째 질문은 부채 상환과 관련이 있다. 내가 어느 채주에게 너희를 팔았느냐. 고대 근동에서는 남편이 빚을 갚기 위해 자신, 아내 또는 자녀들을 파는 것이 가능했다(출 21:7; 왕하 4:1을 보라). 다시 한번 암시된 대답은 하나님에게는 채무자가 없다는 것이다. 그러므로 이스라엘은 빚을 갚기 위해 쫓겨나지 않았다.

이스라엘이 **내보냄**(슐레하[šullĕḥâ]; 종종 이혼에 사용되는 동사)을 받은 이유(헨[hēn, '보라']이라는 단어로 도입됨; NIV에는 번역되지 않음)는 이스라엘의 범죄로 말미암아 된 것이다. 그 문제는 이스라엘이 스스로 만든 것이었다. 이스라엘은 많은 죄악, 특히 다른 신들을 따르는 일 때문에 하나님으로부터 분리되었다(42:24-25을 보라). 여호와께서는 이스라엘이 단지 그들의 죄들을 버리기만 했다면 그들을 기꺼이 데려가셨을 것이다.

⟨2-3⟩ 논쟁 신탁은 이 구절들에서 계속되는데, 하나님은 이스라엘이 그분을 포기했음을 암시하는 여러 가지 수사학적 질문을 제시하신다.

내가 왔어도 사람이 없었으며/내가 불러도 대답하는 자가 없었음은 어찌 됨이냐. 그 후 그분은 터무니없는 두 개의 질문을 하신다. 내 손이 어찌 짧아 구속하지 못하겠느냐/내게 어찌 건질 능력이 없겠느냐. 이 질문들은 4-11절에 나오는 세 번째 종의 노래를 위한 무대를 마련할 것이다. 이스라엘에는 하나님이 그 나라를 자신에게 되돌리도록 부를 만한 사람이 아무도 없었기 때문에, 그분은 자신의 종을 데려오셔야만 했다.

그러나 하나님은 그 나라를 어떻게 구원할 것인지를 밝히시기 전에, 그들을 구원할 권세가 자신에게 있음을 분명히 하셨다. 하나님은 그들의 주의(힌네[*hinnēh*], '보라, 참으로')를 그분이 자신의 백성을 위해 성취하신 이전의 기적들에 돌리게 하신다. 즉, 갈대 바다 도하(2절; 출 14:15-31을 보라)와 애굽에 큰 흑암(카드루트[*qadrût*], 여기에만 나옴)을 가져오신 것(3절; 출 10:21-23을 보라).

평행 어구에서 덮느니라(케수트[*kĕsût*])라는 단어는 '어둠'을 의미하는 카드루트(*qadrût*)와 비슷하게 들린다. 확실히 이런 종류의 능력이 있으신 하나님은 그들을 바벨론 포로에서 끌어내기 위해 새로운 출애굽을 행하실 수 있다. 그들의 긴 역사 동안 여러 번 하나님이 그 나라를 보호하시고 구원하셨으나 그들은 그분을 배척했다.

(2) 세 번째 종의 노래(50:4-11)

⟨4-5⟩ 그럼에도 불구하고 모든 사람이 하나님의 구원 능력을 의심했던 것은 아니다. 화자의 갑작스러운 변화는 그 종의 여호와에 대한 신뢰와 전적인 복종의 선언으로 여는 세 번째 종의 노래의 시작을 표시한다. 그의 초점은 하나님께 맞춰져 있어서, 그 나라의 다른 이들과 달리 그분의 지시들을 듣고 따른다(나의 귀를 깨우치사 학자들같이 알아듣게 하시도다).

종이라는 용어는 10절까지 언급되지 않았지만, 이 단락이 그를 가리키는 것임에는 의심의 여지가 없다. 이 종의 노래는 50:2에서 하나님의 질문들에 답하고 이스라엘을 구원하기 위한 하나님의 또 다른 기적적인 개입들을 설명한다.

다시 말해서, 이 단락에서 그 종은 메시아, 선지자(일반적으로 두 번째 이사야로 생각됨), 이스라엘, 이스라엘의 남은 자(49:1-7에 대한 논의를 보라)로 다양하게 정의되어 왔다. 우리는 여기서 그 종이 오실 메시아를 가리킨다고 믿는다(49-57장의 다른 종의 노래도 마찬가지인 것처럼).

하나님은 학자들의 혀(문자적으로 '제자들[림무딤⟨limmûdim⟩, 배운 자들], 종의 순종'을 나타냄)로 이 종에게 능력을 주셨다. 예레미야 31:25-26에 있는 예레미야의 사역과 유사하게 그 종의 가르침으로 지친 자들을 위로하여 살아갈(우트['ût], 이 의미로 1회) 수 있게 하려고, 그는 주 여호와(4-5, 7, 9절을 보라)에 의해 사용된다.

매일 아침 하나님은 그분의 종을 깨우시고 가르치시는데, 그분은 하나님의 가르침에 주의 깊게 귀를 기울이고(나의 귀를 깨우치사, 4절; 나의 귀를 여셨으므로, 5절) 그분께 순종한다(내[문자적으로 '나 자신', 강조적]가 거역하지도 아니하며, 5절). 그의 순종은 그 나라의 반역적 행동들과 대조된다(특히, 2절, 내가 불러도 대답하는 자가 없었음은 어찌 됨이냐를 보라).

⟨6-7⟩ 그는 심지어 그 자신이 여호와를 위해 적대적 취급까지 받았다(문자적으로 '나는 나 자신을 제공했다', 6절). 그는 매 맞고 조롱당하고 침 뱉음(문자적으로 '내 얼굴[강조적 어순]을 나는 조롱과 침 뱉음으로부터 숨기지 않았다', 신 25:9을 보라)을 당했고, 굴욕적으로 수염까지도 뽑혔다(느 13:25을 보라). 예수님도 비슷한 유형의 징벌을 받으셨다(매 맞음[마 26:67; 27:26, 30 등], 조롱당함[마 27:27-31, 33-44 등], 침 뱉음을 당함[마 27:30; 막 14:65 등]). 6절의 각 동사는 강조를 표현하기 위해서 구문의 어순대로 배열하지 않았다.

불명예와 굴욕을 당했을 때, 하나님을 신뢰하고 의지하는 것이 어떻게 자신을 도왔는지를 그 종이 설명한다. 주 여호와(NIV, 주권자 하나님)께서 나를 도우시므로/내가 부끄러워하지 아니하고/내 얼굴을 부싯돌(할라미스 [*hallāmîs*], 5회; 즉, 그 당시 알려진 가장 단단한 암석 가운데 하나)같이 굳게 하였으므로/내가 수치를 당하지 아니할 줄 아노라(7절; 렘 1:18-19을 보라). 그 종은 악행 때문에 고난을 받았던 것이 아니기에 부끄러워하지 않는다. 그는 결국 자신이 정당성을 입증받을(즉, 무죄로 선언될) 것을 알고 있다.

〈8-9〉 그 종은 참된 심판자이신 여호와(문자적으로 '주 여호와')가 가까이 계셔서(문자적으로 '가까이에 [있다] 나의 변호인이', 강조적 어순) 언제든지 개입하실 수 있다는 것을 안다. 그러므로 그 종은 그의 반대자(그의 대적[NIV, 고소인], 문자적으로 '나의 심판의 주')에게 재판하자고 도전한다. 그는 자신에 대해 제기된 어떤 혐의도 성립하지 않을 것이라고 확신하기 때문이다. 그의 원수들은 여호와께서 그를 변호하러 오실 때 모두 멸망당할 것이다. 그들은 옷과 같이 해어지며 좀(아쉬['*āš*], 8회)이 그들을 먹으리라(8절).

〈10-11〉 그 종은 두 쌍의 메시지를 전하는데, 하나는 경건한 자들을 위한 것이고, 다른 하나는 경건하지 않은 자들을 위한 것이다. 너희 중에(간접 질문) 여호와를 경외하며 그의 종의 목소리를 청종하는(분사 형태의 뉘앙스) 자가 누구냐(10절). 긍정적으로 응답할 수 있는 사람은 하나님과 참된 관계를 지닌 사람이다. 그들은 하나님에 대한 신뢰를 유지하면서 흑암 중에(복수형은 '극심한 어둠'이나 '역경'을 의미함) 얼마 동안 걸을 준비가 필요하다. 이것은 아마도 그 나라가 하나님께 순종하기를 거부했기 때문에 바벨론에 강제로 포로로 잡혀갔던 사람들에 대한 언급일 것이다. 이 시기는 희망이 거의 없는 참으로 암울한 시간이다.

11절의 시작 부분에서 보라(헨[*hēn*]; NIV, '그러나 지금')는 하나님을 의지하는 자들과 의지하지 않는 자들의 대조를 나타낸다. 또한, 자기 자신을 위해 횃불을 드는 악인들에게 보내는 메시지에 빛의 이미지가 나타난다(문자적으로 '그들이 타는 횃불들[지코트〈*zîqôt*, 여성 복수형〉로 자신을 묶는다', 여기에만 나옴]; 잠 26:18의 유사한 남성형을 보라).

빛은 보통 구약에서 구원의 상징이다. 그러나 악인은 하나님의 빛을 거부하고 어두움 가운데 행하기 위해 창조된 인공적인 빛 가운데 행한다. 불은 아마도 그들을 구원할 능력이 없는 거짓 신들에 대한 예배 의식의 일부였을 것이다. 구원받는 대신에 그들은 **고통**(마아체바[ma ʿăṣēbâ], 여기에만 나옴, 11절)이 있는 곳에 눕게 하는 하나님의 능력과 공의를 경험할 것이다.

의미

이 섹션은 이스라엘 사람들에게 하나님은 그들을 버리지 않으셨지만, 그들의 죄가 그들을 하나님에게서 멀어지게 했다는 것을 상기시키는 것으로 시작한다. 그들은 하나님께 그들의 등을 돌리는 잘못을 저질렀다. 그러나 그분은 과거에 했던 것과 마찬가지로 이스라엘을 구원하실 것이다.

종의 정체는 논란의 여지가 있지만, 그의 사명은 매우 분명하다. 여호와께서 그를 사용하여 이스라엘을 구원하실 것이다. 비록 그들은 한동안 역경을 겪을지라도, 종의 가르침에 순종하는 자들은 그들의 하나님 여호와를 신뢰함으로 구원을 받을 것이다. 반대로 그의 가르침을 거부하고 구원을 위해 자신의 능력이나 거짓 우상들을 의지하는 자들은 징벌받을 것이다.

3) 하나님이 구원을 가져오심(51:1-53:12)

이 단락은 이사야 40-66장(표 0.11을 보라)의 두 번째 섹션(이사야 49-57장)의 세 번째 단위이다. 일반적으로 51:1이 이 단위를 시작하고 네 번째 종의 노래가 이 단위의 끝을 맺는다는 것에 동의한다. 이사야 51:1-53:12은 시온의 회복이라는 주제를 다루며, 앞서 50:10에서 언급한 하나님을 두려워하는 남은 자들을 향한 일곱 개의 신탁이 포함되어 있다. 각 신탁은 권고로 시작된다(51:1, 4, 7, 9, 17; 52:1, 11).

(1) 여호와께서 시온에 위로를 가져오실 것임(51:1-16)

문맥

처음 세 개의 신탁은 이스라엘의 구속자이신 여호와를 바라보라는 권고들을 그들에게 하는 것으로 시작한다.

- 의를 따르며 여호와를 찾아 구하는 너희는 내게 들을지어다(쉬무[šimʻû], '듣다')(51:1);
- 내 백성이여 내게 주의하라(하크쉬부[haqšîbû], '주목하다') 내 나라여 네게 귀를 기울이라(엘라이 하아지누[ʼēlay haʼăzînû], '내게 귀를 기울이다')(51:4);
- 의를 아는 자들아 … 너희는 내게 듣고(쉬무[šimʻû])(51:7).

이 신탁들의 각각은 남은 자들(즉, 의를 따르며, 1절; 내 백성, 4절; 의를 아는 자들, 7절)에게 구원을 위해 그들의 하나님을 바라보라고 권면하고 있다. 네 번째 신탁에서 이 섹션은 절정에 이르는데, 이 신탁은 여호와께 드리는 말씀으로 옛날 옛 시대에 깨신 것같이 깨시라고 촉구한다. 여호와의 팔이여 깨소서 깨소서(우리[ʻûrî], 강조를 위해 2회) 능력을 베푸소서(51:9).

주석

① 너의 과거를 보라(51:1-3)

〈1-3〉 여호와는 위로와 갱신을 위해 자신에게 나아오도록, 의를 추구하는 이스라엘의 남은 자들을 열렬하게 부르신다(1절). 의를 따르며('적극적으로 추구하다'=분사) 여호와를 찾아 구하는 너희는 내게 들을지어다. 그분은 그들에게 영적 뿌리들로 돌아가라고 권고하신다. 너희를 떠낸 반석과 너희를 파낸 우묵한 구덩이('구덩이의 입'[막케베트〈maqqebet〉], 이 의미로만 나옴')를 생각하여 보라(1절). 궁극적으로 반석이나 구덩이는 여호와이다. 그러나 이 문맥에서 반석은 이스라엘 나라가 된 아브라함과 그의 후손들을 가리키고, 구덩이는 이스라엘이 나온 사라의 태를 가리킨다. 여호와께서는 남은 자들을 격려하신다.

그들은 의심할 여지 없이 여호와께 순종하고자 했던 사람이 거의 없다고 낙담해있다. 하나님은 아브라함을 부르셨을 때 그가 혼자였음에도 불구하고(2절) 그에게서 온 나라가 태어났음을 상기시키신다. 여호와께서는 한 사람에게 했던 일을 적은 수의 믿는 남은 자들에게도 분명히 하실 수 있다.

3절에 나오는 세 가지 용어는 시온이 광야가 되었음을 강조한다. 하르보트(*harbôt*, '황폐한 곳들'), 미드바르(midbar, '광야'), 아르보트('*arbôt*,' '사막'). 그러나 이제 하나님은 시온을 긍휼히 여기사 황폐한 땅을 에덴 같게 … 여호와의 동산 같게(겔 36:35) 회복시키셔서 그곳이 기뻐함과 즐거워함과 감사함과 창화하는 소리(짐라[*zimrâ*], '멜로디', 4회)로 가득 차게 하실 것이다. 그날에 이스라엘은 이 위대한 구원에 대해 하나님께 찬양과 감사를 드릴 것이다.

② 하나님의 약속을 기억하라(51:4-6)

〈4-6〉 여호와께서는 남은 자들에게 주의 깊게 귀를 기울이라고 지시하신 후에, 그들이 '그분의 백성'이며 약속된 구원이 임박하고(4-5절) 확실하다는 것을(6절) 친절하게 상기시키신다. 하나님의 율법(4절)과 그분의 공의가 모든 열방에 증거될 것이며, 그들에게 하나님의 의를 깨닫게 할 것이다(내가 내 공의를 만민의 빛으로 세우리라). 열방이 이것을 보면 그들도 이 구원을 얻기를 갈망할 것이다(섬들이 나를 앙망하여 내 팔[능력에 대한 환유]에 의지하리라, 5절).

여기에서는 하나님 자신이 공의와 율법을 세우는 반면, 42장에서는 그렇게 하는 자가 종이다. 이것을 제외하면 이사야 51:4-6은 42:1-4과 비슷하다. 두 단락은 상호보완적이다. 51:4-6은 여호와의 우주적 주권이 나타날 것이라는 확실성을 강조하고, 42:1-4은 그것을 가져오는 대리인, 즉 종을 강조한다.

하나님은 4절의 신탁이 주어진 자들에게 너희는 하늘(샤마임[šāmayim], 아마도 처음에는 위쪽 하늘[즉, 하나님이 거하시는 하늘 너머]과 아래쪽 하늘[즉, 우리가 보는 하늘]을 가리키는 쌍수를 나타냄)로 눈을 들며라고 지시하신다.

그 후 하나님은 하늘과 땅과 땅의 모든 거민이 멸망할 때(즉, 하늘이 연기같이 사라지고[말라흐⟨mālaḥ⟩, '흩어지다', 여기에만 나옴] 땅이 옷같이 해어지며 거기에 사는 자들이 하루살이같이 죽으려니와[케모켄⟨kĕmôkēn⟩, '이와 같이'; 즉, '같은 방식으로']), 하나님의 구원과 의는 영원히 계속될 것이라고(문자적으로 '나의 의는 산산이 부서지지 않을 것이다', 6절) 그들을 격려하신다. 여호와는 그들이 의지할 수 있는 유일한 분이시다.

③ 하나님의 성품을 기억하라(51:7-8)

⟨7-8⟩ 다시 한번 여호와께서는 남은 자들을 권고하시는데(너희는 내게 듣고), 그들은 의를 아는 자들(NIV, 무엇이 옳은지 아는 자들)과 마음에 율법을 가진 자들이다(7절). 그들은 단순한 인간의 비난(NIV)이나 그들의 치욕(닛두파[niddupâ], '학대'는 여기에만 나옴; 겔 5:15의 유사한 형태를 보라)을 두려워해서는(NIV) 안 된다. 왜냐하면, 악인들은 멸망할 것이며, 그들은 다시 한번 좀이나 좀 벌레에 의해 해어진 천으로 묘사될 것이기 때문이다(양털같이 좀벌레가 그들을 먹을 것이나; 나방 애벌레는 케라틴[keratin]을 함유하고 있기에 실크, 양모 및 캐시미어[cashmere]와 같은 동물성 섬유로 만든 직물을 먹음).

왜 그들은 악인들이 최후를 맞이할 것이라고 확신할 수 있을까?

하나님의 의와 구원은 영원하다(문자적으로 레올람[lĕʿôlām], '대대에 걸쳐', 6, 8절). 그러므로 우리는 항상 그분을 의지할 수 있다.

④ 너의 구속자를 신뢰하라(51:9-16)

〈9-11〉 깨소서라는 반복되는 권고(9절에서 3회)는 하나님이 이스라엘 사람들을 위해 일하지 않으셨다는 암묵적인 비난이다. 여호와의 팔이라는 어구는 그분의 힘이나 능력에 대한 제유법(synecdoche)이며, 이 구절에서 전사(warrior)로서의 여호와의 역할을 강조한다(시 93:1을 보라).

선지자는 하나님이 옛 시대에 라합을 멸하시거나(9절), 바다 깊은 곳에 길을 내어 구속받은 자들을 건너게 하신(출애굽 모티브, 10절) 때와 같이 행하시도록 하나님께 호소한다(시 44:1-3, 23 등의 공동 애가[corporate laments]와 유사하다).

어찌 주가 아니시니이까라는 수사학적 질문은 강력한 확언의 역할을 한다. 물론 그런 기적들을 행하신 이는 하나님이셨다. 이스라엘 사람들은 구속받은 자들이라고 불린다. 하나님이 애굽의 속박에서 자신의 소유를 되찾으셨기 때문이다.

라합(Rahab)[15]이라는 이름은 애굽을 은유적으로 언급한 것이다(특별히 30:7을 보라). 그러므로 갈대 바다를 건너는 데서 나타난 하나님의 능력을 묘사하는 문맥에서(10절), 라합을 쪼개는 것은 출애굽 초기에 이스라엘 사람들을 되찾으려고 했을 때 여호와께서 애굽을 멸하신 것을 나타낸다. 평행구조는 라합과 용이 같은 존재임을 시사한다.

다른 곳에서 라합과 용(탄닌[*tannîn*], '용' 또는 '바다 괴물'로도 번역됨, 창 1:21, 욥 26:12을 보라)은 원시 바다와 관련된 혼돈의 힘을 나타낸다(Oswalt 1998: 341-342, Blenkinsopp 2000: 332-333). 51장에서 그들의 결합된 모습은 태초의 혼돈과 애굽 사람들의 패배를 암시할 수 있다. 성경 저자가 청중에게 친숙한 고대 근동의 인기 있는 이미지를 비신화화하는(demythologize)

---

15) '라합'(Rahab)은 여호수아에서 라합(*rāhāb*; 수 2:1, 3 등을 보라), 욥기와 일부 시편에서 라합(*rahab*; 욥 9:13 등을 보라), 이사야서에서 라합(*rahab*; 30:7 등을 보라)으로 표기된다(로마자로 음역된 모음의 길고 짧음에 주의하라-역주).

것은 드문 일이 아니다.

11절은 35:10을 거의 동일하게 반복한 것이다. 선지자는 **구속받은 자들**(게울림[gĕ'ûlîm], 51:10)과 **구속받은 자들**(페두에[pĕdûyê], 11절)로 언급되는 남은 자들에게 여호와께서 과거에 행하신 일을 다시 행하실 것이라는 믿음을 갖도록 격려하기 위해, 이 승리의 때들을 회상하게 했다. 그들은 구원받아 바벨론에서 시온으로 돌아올 것이다. 그러나 그것은 더 먼 미래에도 계속되는 측면이 있다. 영원한 기쁨이 그들의 머리 위에 있고.

〈12-16〉 9-10절의 호소에 대한 여호와의 응답인 12-16절은 하나님이 과거 창조 당시에 하셨던 일과 그분의 백성을 바벨론 포로에서 구원함으로써 하실 일을 비교한다. 여호와를 향하여 명령형으로 두 번 반복된 깨소서라는 어구에 상응하는 **나 곧 나이니라**(강조하기 위해 2회 언급됨, 12절)라는 어구는 그분이 아무런 행동도 하지 않으셨다는 비난을 단호하게 논박한다.

너희를 위로하는 자(문자적으로 '계속하여 위로하다')라는 어구의 분사는 그분이 그들을 위로하는 것을 멈추지 않으셨음을 나타낸다. 위로하는이라는 단어(12절)는 진정시킨다는 말의 개념을 훨씬 뛰어넘는다. 40:1에서 사용된 것과 유사하게, 그것은 여호와께서 자신의 나라를 위해 가져오실 고난의 끝을 가리킨다.

하나님은 자신의 백성이 풀과 같이 신속히 사라져가는 단순한 인간(즉, 심지어 그들을 압제하는 자들)을 두려워하고, 천지를 만드신 창조주의 주권과 권능을 잊어버린 것을 책망하신다(13절). 오스왈트는 그것을 이렇게 요약한다. "인간을 두려워하며 사는 것은 사실상 하나님을 잊어버린 것이다"(1998: 346). 남은 자는 이 강하신 하나님이 그들 편에 계신다면(13절; 2:22을 보라) 포로들이 잊어버리기 쉬운 것(우리 역시 잊어버리기 쉬운 것)을 두려워할 필요가 없다는 점을 상기하게 된다.

남은 자는 이 구절들에서 2인칭 남성 복수 형태로 뿐만 아니라 2인칭 남성과 여성 단수 형태로도 언급된다. 이러한 인칭과 수의 변화는 시편과 선지서의 단일 단락(single passage)에서도 자주 볼 수 있다.

14절은 포로들(초에[ṣōʻeh], '구부러진 자들', 4회; 족쇄들의 무게와 수치로 구부러진 것을 나타냄)이 곧 해방되어 감금으로 자유를 박탈당하는 고통을 더 이상 겪지 않을 것이라고 확언한다. 죽지도 않을 것이요 구덩이로 내려가지도 아니할 것이며/그의 양식이 부족하지도 아니하리라. 감금에 대한 이런 일반적 이미지들은 학대로 인한 영양실조를 암시하거나 전형적으로 감금과 관련된 궁핍에 대한 보다 일반화된 언급이다.

12-16절의 신탁은 피조물을 주관하시는 하나님(바다를 휘저어서 그 물결을 뒤흔들게 하는 자, 10절 참조; 렘 31:35b를 보라)이 포로 생활에서 이스라엘을 불러내셨던 동일한 그 하나님임을 확인함으로써 끝맺는다. 그들은 다음과 같은 이유로 이 구원을 기대할 수 있다.

첫째, 그분의 이름이 전능하신(체바오트[ṣĕbāʼôt]) 여호와이기 때문이다.

둘째, 그분은 네 하나님 여호와라 바다를 휘저어서 그 물결을 뒤흔들게 하는(15절) 창조의 하나님이시기 때문이다.

셋째, 그분은 그들에게 자신의 율법들을 주셨기 때문이다.

넷째, 그분은 자신의 손으로 그들을 보호하셨기 때문이다(16절).

16절은 하나님과 이스라엘의 언약적 관계와 그들에 대한 하나님의 큰 사랑을 강조한다. 그분은 그들에게 다음과 같은 사실을 상기시키기 위해 주의를 기울이신다.

첫째, 그들이 따라야 할 그분의 법령들을 주심으로써(내가 내 말을 네 입에 두고) 삶의 방식을 가르치셨다.

둘째, 타오르는 근동의(Near Eastern) 태양으로부터 보호하는 그림자들처럼(문자적으로 '내 손의 그림자로 [나는] 너를 덮었다') 그들을 보호하셨다.

셋째, 그들을 자신의 백성으로 선택하셨다(문자적으로 '내 백성이다 너는'). 두 경우 모두 역순으로 된 구문이 강조를 나타낸다.

두려움으로 움츠러드는 이스라엘에 대한 묘사(14절) 대신에 너는 내 백성이라는 선언(16절)으로 끝나는 것을 제외하고는, 이 신탁은 13절(하늘을 펴고[문자적으로 '심었다']/땅의 기초를 정하고)과 유사한 하나님에 대한 설명(16절)으로 끝맺는다.

의미

이 섹션은 52장의 네 번째 종의 노래를 위한 길을 준비한다. 남은 자들은 바벨론의 포로로 잡혀간 것이 하나님의 잘못이 아니라, 이스라엘 자신의 잘못임을 알 필요가 있다. 그러나 이제 그들의 징벌은 끝났고, 이제 바벨론이 하나님의 진노를 느낄 차례이다.

이스라엘은 남은 자들이 너무 적다고 걱정할 필요가 없다. 그들은 하나님이 복을 주셔서 번성하게 한 한 사람 즉, 아브라함으로부터 시작된 한 나라로서 곧 다시 번성할 것이기 때문이다. 또한, 이스라엘은 두려워할 필요도 없다. 그들의 하나님, 곧 피조물을 만드신 하나님이 곧 그들을 구원하실 것이기 때문이다.

(2) 여호와께서 그분의 백성을 구원하심(51:17-52:12)

문맥

여호와께서 오셔서 이스라엘을 구원하실 것이라고 확언하신 후, 51:17-52:12의 섹션은 세 개의 추가 신탁들로 구성된다. 각 신탁은 이스라엘에 행동을 촉구하기 위해 반복되는 명령으로 시작한다.

- 예루살렘이여 깰지어다(문자적으로 '스스로 깨어라') 깰지어다 일어설지어다(51:17). 이것은 예루살렘의 심판이 완전하고, 그들을 압제하던 자들이 이제 징벌받을 것이기 때문이다(51:17-23).
- 시온이여 깰지어다 깰지어다 네 힘을 낼지어다(52:1). 이것은 시온이 자신의 구원을 준비해야만 하기 때문이다(52:1-10).
- 너희는 떠날지어다 떠날지어다 거기에서 나오고(52:11). 이것은 이스라엘

이 포로 생활에서 떠날 것이기 때문이다(52:11-12).

주석

① 여호와의 진노의 잔이 누그러졌음(51:17-23)

〈17-18〉 원래 주장한 것처럼(9절) 잘못한 것은 여호와가 아닌 이스라엘이라는 것을 이제 선지자가 보여 주었으므로 그는 다시 한번 깰지어다 깰지어다라고 외친다. 그러나 이번에 그는 주요 성읍인 예루살렘(예루살렘이여 일어설지어다)으로 대표되는 그 나라를 향해 긴 포로 생활(즉, 여호와의 손에서 그의 분노의 잔을 마신 예루살렘이여, 17절; 22-23절을 보라)의 절망에서 깨어나라고 요청한다. 여호와께서 그들을 구원하실 것이기 때문에 이제 그들은 여호와를 신뢰할 때이다.

평행 어구는 문자적으로 '비틀거림의 잔(코스[côs])의 성배(쿱바아트[qubba'at], 2회)라고 읽는다. 이 잔은 취한 사람처럼 비틀거리거나 휘청거리게(타렐라[tar'ēlâ], 3회) 만든다. 그것이 함축하는 의미는 그들이 징벌의 무게에 눌리고 있다는 것이다. 그의 분노의 잔을 마시는 것은 구약에서 심판을 나타내는 일반적인 이미지이다(예, 렘 25:15-27). 그러므로 다 비웠도다(문자적으로 '너는 취했다, 너는 진이 빠졌다'라는 말은 '마지막 한 방울까지 마시다'를 의미하는 이사일의[hendiadys]임)라는 어구는 하나님의 징벌을 온전히 받는 것을 암시한다.

18절은 네 번째 종의 노래(52:13-53:12)에 대한 소개이다. 이 구절은 예언 문학에서 일반적인 것처럼, 2인칭 단수(17절)에서 3인칭 단수(18절)로 예상치 못한 변화가 있음에도 불구하고, 계속해서 예루살렘을 언급하고 있음을 주목하라. 어떤 자녀들의 도움도 없이 술에 취해 비틀거리는 어머니로서의 예루살렘의 이미지(네가 양육한 모든 아들 중에 그 손으로 너를 이끌[문자적으로 '붙잡다'] 자도 없도다)는 예루살렘의 비참한 상태를 나타내는 암울한 모습이다.

고대 근동에서는 아이들이 술에 취한 부모를 돌보는 것이 일반적인 책임이었다(〈아크아트의 이야기〉[Tale of Aqhat], *ANET* 15을 보라). 그들을 하나님의 징벌을 통해 구원으로 인도할 지도자가 없었다(즉, 너를 인도할 자가 없고). 네 번째 종의 노래가 그 해결책을 알려 준다.

⟨19-20⟩ 19절에서 저자는 두 가지 일이 예루살렘성에 닥쳤다고 진술한다.
첫째, 성읍의 건물들과 성벽들의 **황폐와 멸망**
둘째, 비슷하게 소리 나는 단어들, 기근(하라밥[*hārābāb*])과 칼(하헤렙[*hahereb*])에 의한 그 성읍 백성들의 대량 학살
이 단어의 쌍은 거의 완전한 파괴를 나타낸다.

예루살렘이 자신에게 내려진 하나님의 의로운 징벌을 견디는 동안, 그들을 위안할(NIV, 누드[*nûd*], '동정심을 보이다', 렘 15:5을 보라) 자가 아무도 없다(개역개정은 누가 너를 위하여 슬퍼하랴).

이것의 평행 어구는 문자적으로 '어떻게 내가(1인칭) 너를 위로할 것인가'이지만, <u>누가(3인칭) 너를 위로할 수 있는가</u>(개역개정은 누가 너를 위로하랴-역주)라는 NIV의 읽기가 더 선호된다. 왜냐하면, 그것이 이 구절의 앞부분의 누가 너를 위안할 수 있는가(NIV)와 거의 일치하며, 역본들과 1QIsaᵃ에서 나타나는 읽기이기 때문이다(모두 3인칭으로 나타남-역주).

예루살렘의 아들들은 하나님의 징벌의 온전한 무게 아래서(<u>그들에게 여호와의</u>[즉, 여호와로부터의] <u>분노 … 가득하도다</u>) 무력하다(네 아들들이 곤비하여 그물에 걸린 영양[테오⟨*tĕʾô*⟩, 2회; 문자적으로 '그물의 영양']같이, 20절). 영양들은 세계에서 가장 빠른 동물들 가운데 하나이지만, 일단 포획되면 사실상 무력하다.

⟨21-23⟩ 하나님은 포로된 자들을 위한 또 다른 선포, 곧 희망의 말씀을 하신다. 그러므로 너 곤고하며 포도주가 아니라도 취한(쉐쿠라[*šĕkurâ*]는 여기에만 나오며, '독한 음료'인 쉐카르[*šēkar*]와 관련 있음) 자여 이 말을 들으라(21절).

술 취함은 수십 년 동안의 포로 생활이 이 징벌의 무게 아래서 얼마나 그 나라를 비틀거리게 했는지를 다시 한번 나타내는 것에 주목하라. 그들의 하나님 주 여호와(NIV, '주권자 여호와')는 그의 백성의 억울함을 풀어 주시는 자라고 불리며, 진노의 잔을 그들의 손에서 취하여 그들을 압제하는 자들의 손에 넘기셨다(22-23절).

그들은 일찍이 네게 이르기를/엎드리라 우리가 넘어가리라 하던 자들이라(23b절)라는 어구가 정복에 대한 문자적 언급인지 또는 비유적 언급인지 여부는 분명하지 않다. 그러나 앗수르의 암벽 부조는 이 잔인한 대우를 묘사한다(*ANEP* 345). 중요한 메시지는 이스라엘의 징벌이 끝났다는 것이다. 더욱 중요한 것은 그들이 하나님의 진노의 잔(문자적으로 '그 잔의 성배')을 다시는 마시지 않을 것이라는 점이다. 그뿐만 아니라 다음에 그들의 압제자인 바벨론도 징벌받을 것이다.

② 구원을 위해 준비하라(52:1-12)

〈1-2〉 다시 한번 선지자는 강조를 위해 깰지어다 깰지어다(51:9, 17을 보라)라는 명령형을 반복하여 사용한다. 그는 사로잡힌 자가 입는 먼지투성이의 누더기를 벗고, 자유인으로서 입었던 왕비 의복과 아름다운 옷(1절)을 입으라고 시온(쉐비야[*šěbiyâ*, '사로잡힌 자']라고 불림, 여기만 나옴, 2절)을 부른다. 쉐비(*šěbi*)라는 단어는 사로잡힌(captive, NASB)이나 좌정한(sit enthroned, NIV)이라고 읽지만, 이 문맥에서는 '사로잡힌'이 더 나은 것 같다. 예루살렘은 거룩한 성으로서 강하고 영예로운 위치를 회복할 것이다.

최소한 바벨론 사람들에 대한 언급인 할례받지 아니한 자와 부정한 자(1절)는 결코 다시는 시온을 망치거나 더럽히지 못할 것이다. 그 성읍은 자신이 포로로 잡혀간 굴욕을 뒤로하고 떠나라는 말을 들었다. 너는 티끌을 털어 버릴지어다(문자적으로 '먼지로부터 네 자신을 흔들어라'), 일어나 앉을지어다 네 목의 줄(모세르[*môsēr*, '족쇄들'], 3회; 욥 12:18에 나오는 유사한 형태인 무사르[*mûsar*, '쇠고랑들']를 보라)을 스스로 풀지어다(2절).

⟨3-4⟩ 저자는 왜 여호와께서 그 나라를 구원하려고 하시는지 그 이유를 설명하면서 균형 잡힌 시적 표현(1-2절)에서 산문(NASB를 보라)으로 전환한다. 일부 학자는 3-6절을 나중에 추가한 산문으로 간주하는데 (Whybray 1975: 165; Blenkinsopp 2002: 340 등), 이 시를 묵상함으로 영감을 받은 것이다. 그러나 저자가 먼저 시적 신탁을 제시한 다음에, 산문으로 전개하고 설명한다고 주장하는 것이 바람직하고 더 그럴듯하다.

3절을 시작하는 키(*ki*)절은 1-2절에서 지시한 이유들을 설명한다. 이스라엘은 속박 가운데 있으나 하나님은 이스라엘을 구속하실 것이다. 3절은 50:1의 주제를 비틀어서 말한다. 하나님이 이스라엘을 포로로 보낼 때 돈을 받고 팔지 않으셨기 때문에, **돈 없이** 속량하실 수 있다.

위에서 언급한 바와 같이 히브리 사회에서 채무자들은 채권자들의 요구를 들어주기 위해 자신, 아내 또는 자녀들을 종으로 팔 수 있었다. 레위기 25:39-40에서 동료 유대인을 노예로 만드는 것은 법으로 금지되어 있었지만, 그것이 항상 지켜지는 것은 아니었다(느 5:4-5을 보라). 종들은 빚을 다 갚을 때까지 일하거나, 대속을 받거나, 희년이 되어서야 풀려났다. 하나님은 아무에게도 빚을 지지 않으셨기 때문에, 이스라엘을 자유롭게 구속하셨다.

그 후 하나님은 그들의 역사를 다시 살피신다.

첫 번째 출애굽 이전에 이스라엘 사람들은 극심한 기근으로 인해 그들의 땅을 떠나 자진해서 애굽으로 내려갔다. 요셉이 죽은 후 바로가 이스라엘 사람들을 가혹하게 대하자, 하나님(문자적으로 '주 여호와')이 그 백성을 애굽에서 인도해 내셨다.

그 후에는 앗수르 사람들이 그들을 포로로 잡아 억압했다. 공연히(베에페스 아샤코[*bĕʾepes ʿāšāqô*], '아무것도 없이', 4절) **압박하였도다**라는 어구는 다양한 방식으로 이해할 수 있다.

첫째, '이유 없이'에서처럼 '아무것도 없이'. 앗수르 사람들은 이스라엘 사람들을 포로로 잡아갈 이유가 없었다.

둘째, '돈을 지불하지 않고'에서처럼 '아무 것도 없이'. 따라서 이 문맥에서 여호와께는 자신의 나라를 앗수르에 팔아서 청산해야 할 빚이 없었다.

셋째, '제한 없이'. 앗수르 사람들과 바벨론 사람들 모두가 이스라엘 사람들을 가혹하게 대하는 것에 제한을 두지 않았다는 것을 의미한다.

문맥상 그들을 포로로 보내거나 그들을 포로에서 구속하기 위해 돈을 주고받지 않았다는 두 번째 선택이 선호된다(3절).

⟨5-6⟩ 5절은 히브리어로 어색하게 표현된 질문으로 시작한다. 문자적으로 '그리고 이제 여기서 내게 무엇이냐?'. 여호와는 수사학적 질문을 하고 계신다.

내 백성이 까닭 없이(힌남[*hinnām*] , '보상 없이') 잡혀갔으니, 이제 내가 무엇을 해야만 하는가?

그들을 사로잡은 바벨론 사람들은 하나님의 자녀들을 해치고 조롱함으로써(시 137:3을 보라) 하나님의 진노를 불러일으켰다. 그분은 그러한 모욕을 용납하지 않으실 것이다.

일부 학자는 특이한 형태의 예헬릴루(*yĕhêlîlû*; 문자적으로 '그들이 짖다 [NASB를 보라], 개역개정은 떠들며-역주)를 예할렐루(*yĕhalēlû*, '그들이 자랑한다')나 예홀랄루(*yĕhôlālû*, '그들이 모독한다')로 수정할 것을 제안한다(BHS를 보라). 그런데 평행 어구(내 이름을 항상 종일토록 더럽히도다)의 더럽히도다라는 동사의 의미와 유사하게, 이전 평행 어구의 예헬릴루[*yĕhêlîlû*](떠들며)는 동사 할랄(*hālal*, '조롱하다, 조소하다')에서 파생된 베헬릴루(*wĕhêlilû*)여야 함을 강력하게 시사한다(NIV, NEB; 시 102:8; 사 44:25의 유사한 의미를 보라). 히브리어 문자들 사이의 유사성 때문에 혼동이 쉽게 발생할 수 있었을 것이다.

6절에는 5절에 기초한 두 가지 결론이 포함되어 있으며, 각각은 그러므로(라켄[*lākēn*])로 시작한다.

- 그러므로 내 백성은 내 이름을 알리라는 하나님의 행위들로 인해 그들이 하나님의 성품을 알게 된다는 의미이다.
- 그러므로 그날에는 [그들이] 이 말을 하는 자가 나인 줄을 [알리라]/내가 여기 있느니라. 다시 말해서, 그들은 하나님이 자신의 말씀을 지키신다는 것을 알게 될 것이다. NIV는 히브리 본문에서 생략한 그들이 알리라라는 어구를 문장 속에 올바르게 포함시켰다(개역개정도 NIV와 같음-역주).

⟨7-10⟩ 이 구절들은 바벨론 포로에서 구원해 주신 하나님을 찬양하는 노래이다. 네(이스라엘의) 하나님이 통치하신다라는 선언은 이 구원이 하나님의 주권을 입증하는 증거이며, 이사야 40장에 처음 소개된 구원의 희망에 대한 합당한 결론이다.

NIV 7절은 좋은 소식을 전하며 산을 넘는 발이 얼마나 아름다운가(나아[*nāʾâ*], 3회)라는 감탄으로 시작된다. 좋은 소식을 전하며라는 첫 번째 어구는 그 뒤에 나오는 어구에서 복된 좋은 소식을 가져오며(문자적으로 '행복[토브⟨*tôb*⟩]의 좋은 소식을 가져오는 [자]')로 의미가 강화된다. 매우 시적인 이 언어는 그의 메시지가 가져오는 기쁨 때문에, 사람들이 그 익명의 사자(그 사자는 히브리어로 단수형임)를 얼마나 많이 존경하는지 표현한다(40:9-11을 보라).

평화(샬롬[*šālôm*])와 구원(예슈아[*yĕšûʿâ*], 더 나은 번역은 '승리'임)에 대한 그의 선포는 여호와께서 바벨론에 포로가 되어 있던 자신의 백성을 이제 구원하셨다는 승리의 메시지를 시온으로 가져오는 기병을 연상시킨다. 네 하나님이 통치하신다(말락 엘로하익[*mālak ʾĕlōhāyik*], 7절)라는 감탄, 즉 이른바 '즉위 시편'(enthronement psalms, 예, 시 93:1; 96:10)에서 발견된 것과 같은 이 선언은 여호와께서 그들의 진정한 왕이자 온 땅의 통치자이심을 상기시켜 준다. 그들의 희망들과 기대들이 마침내 현실이 되려 한다는 것을 암시한다. 남은 자들은 또한 바벨론에서 그들이 구원받은 것이 여호와 왕국의 출범과 2:2-4 및 4:2-6과 관련된 희망을 알리는 신호라고 믿었을지도 모른다.

파수꾼들은 좋은 소식을 가지고 오는 사자를 가장 먼저 보게 될 것이다. 나머지 백성들이 합류하기 전에 그들의 입에서 즐거운 노래가 터져 나올 (파차흐[*pāṣaḥ*], 8회; 이사야서에 6회) 것이다(9절). 8절은 그들의 찬양에 대한 첫 번째 이유(키[*kî*], '때문에')를 제공한다. 여호와께서 시온으로 돌아오실(또는 '회복하실') 때에 그들의 눈이 마주 보리로다.

이 큰 기쁨에 대한 두 번째 이유는 9절에서 발견된다. 그분이 예루살렘을 구속하셨고(문자적으로 '그들을 다시 샀고'; 즉, 합법적으로 소유하기 위해) 그들을 포로의 슬픔에서 위로하셨기 때문이다. 예루살렘의 폐허에 사는 사람들조차도 노래할 이유가 있을 것이다. 그것은 여호와께서 모든 나라가 보는 앞에서 자기 백성을 구원하셨기 때문이다. 그의 거룩한 팔을 나타내셨으므로라는 비유적 어구(즉, 팔다리를 최대한 사용하기 위해 옷을 걷어 올림)는 행동할 준비를 하는 것을 의미한다.

이 위대한 구원은 이스라엘의 하나님이 얼마나 위대하신지를 나머지 나라들에게 가르치는 데 도움이 될 것이다(땅끝까지도 모두 우리 하나님의 구원을 보았도다).

⟨11-12⟩ 이 섹션은 이스라엘 사람들이 포로로 잡혀있는 땅에서 의기양양하게 떠나는 것으로 끝맺는다. 너희는 떠날지어다 떠날지어다(문자적으로 '벗어나다', 강조를 위해 반복됨) 거기서 나오고. 이 구절들은 52:1-6의 거룩함이라는 주제를 반영한다. 즉, 예루살렘을 할례받지 아니한 자와 부정한 자가 다시는 거기로 들어옴이 없을'(1절) 거룩한 성으로 언급한다.

이 새로운 탈출은 애굽에서의 탈출과 다를 것이다.

첫째, 그들은 황급히(힢파존[*ḥippāzôn*], 3회; 출 12:11을 보라) 떠나거나 도망하지(메누사[*mĕnûsâ*], 2회) 않을 것이다.

둘째, 그들은 부정한 것을 만지지 말고 나와야 하며, 스스로 정결하게 해야 한다. 다시 말해서, 그들은 그들을 더럽힐 어떤 것도 바벨론에서 가지고 나오지 말아야 한다(출 12:35-36을 보라).

예루살렘으로 돌아가는 이 여정은 신성한 종교적 행렬(즉, 성스러운 그릇들은 제의적으로 정결한 제사장들이 옮기게 될 것임; 그 가운데에서 나올지어다 … 스스로 정결하게 할지어다, 11절)과 집으로 돌아가는 정복군의 승리 행진이 될 것이다(여호와께서 너희 앞에서 행하시며 이스라엘의 하나님이 너희 뒤에서 호위하시니, 12절).

느부갓네살이 바벨론으로 가져온 성스러운 그릇들(왕하 25:14-15을 보라)은 이제 고레스의 통치 아래 성전으로 되돌려져서 기능을 회복할 것이다(스 1:7-11; 5:14-15을 보라). 돌아오는 여정 동안 그들은 첫 번째 출애굽 때처럼 안전할 것이다. 여호와께서 자신의 백성을 인도하고, 그들의 뒤에서 호위대 역할(문자적으로 '너의 모임'; 출 14:19을 보라)을 하실 것이기 때문이다.

의미

이스라엘의 징벌이 끝나면, 이스라엘은 다시는 하나님의 **분노의 큰 잔**을 마시지 않을 것이다(51:22). 대신 그 잔은 이스라엘을 괴롭히는 자들의 손에 넘겨질 것이다(51:23). 이스라엘은 사로잡힌 자의 티끌을 털어내고 아름다운 옷을 입어야 한다. 그 이유는 이스라엘이 하나님이 다스리실 시온으로 돌아갈 것이기 때문이다(52:7). 땅끝이 다 이 놀라운 구원을 보고 이스라엘 하나님의 위대하심을 인정할 것이다.

이스라엘이 바벨론에서 구원된 것은 애굽에서 구원된 것과는 다음과 같은 면에서 다르다.

첫째, 그들은 정결하게 되어 여호와의 집의 그릇들을 가지고 나오게 될 것이다.

둘째, 그들은 성급히 떠나지 않고, 도망치지 않을 것이다.

그러나 이 미래의 구원에는 그 백성이 바벨론에서 돌아오는 것과 관련하여 사실이 아닌 요소들이 있을 것이다.

첫째, 하늘이 사라지고, 땅이 쇠약해지고, 거주민들이 죽게 될 것이다(51:6).

둘째, 할례받지 않은 자와 부정한 자들은 다시는 시온에 들어가지 못할 것이다(52:1).

그러므로 이 단락은 바벨론으로부터의 구원이 먼 미래의 구원과 대조되는 '예언적 관점'(prophetic perspective)의 또 다른 예이다. 선지자는 그 두 구원 사건을 시차가 거의 없는 하나의 파노라마 그림으로 인식한다. 물질적 측면과 영적 측면 모두를 갖게 될 이 미래의 구원은 하나님이 주관하시겠지만, 완성될 때까지는 이스라엘의 외부에서 누군가를 보내셔야만 할 것이다(즉, 50:2; 51:18).

(3) 네 번째 종의 노래: 여호와의 종이 굴욕을 당한 후 높임을 받음(52:13-53:12)

문맥

이 노래에는 하나님의 백성이 구원받는 것에 대한 주제가 계속된다(표 0.11을 보라). 51:18의 도입부는 이스라엘 안에는 그 나라를 구원할 자가 아무도 없기에 하나님이 그 자신의 종을 데려오실 필요가 있었음을 나타낸다. 52:13 – 53:12의 소위 네 번째 종의 노래는 다른 노래들보다 그 종에 대해 훨씬 더 자세히 설명한다.

남은 자를 구원하려면 심지어 그 종이 그 나라를 위해 고난을 받고 죽어야 할 필요가 있다고 말한다. 하나님이 고레스를 사용하여 이스라엘 백성을 구원하신 것이 그들에게는 너무나 놀라운 일이었던 것처럼, 이 간고를 많이 겪은(53:3), 이 '고난받는 종'도 그들이 전혀 예상하지 못한 사람이었다.

학자들 대부분은 52:13-15을 네 번째 종의 노래의 필수적인 부분으로 여기지만, 또 다른 학자들은 그것을 이사야 53장과 별개의 편집 단위로 생각한다(Whybray 1975: 169 등). 그러나 52:13 – 53:12의 시가 단일 단위일 가능성이 더 크다.

그 종은 52:13과 53:11에서 모두 언급된다. 또한, 3인칭 남성 단수 동사들과 대명사들이 전체적으로 일관되게 사용된다. 오스왈트는 이 단락이 '각 세 구절씩 다섯 연'(52:13-15; 53:1-3, 4-6, 7-9, 10-12)(1998: 376)의 명확한 문학적 구조로 되어 있다고 지적한다.

세 번째 종의 노래(50:4-11)와의 유사점들은 분명하다. 그 종은 여호와께 순종하며(50:4-5//53:10-12), 매를 맞고 굴욕을 당하며(50:6//52:14; 53:3, 8-10), 하나님의 도우심을 입는다(50:7, 9//53:12). 그 종의 정체가 명시되어 있지는 않지만, 그는 가장 일반적으로 선지자(이사야, 둘째 이사야; Whybray 1975: 169; Blenkinsopp 2002: 356 등을 보라), 이스라엘이나 이스라엘의 남은 자(데이빗슨[Davidson] 1903: 437-439; Childs 2001: 422 등), 또는 메시아(Young 1965-72: 3.348; Oswalt 1998: 407-408 등)로 보인다.

52:13-15에 나오는 2인칭 단수 대명사들은 이스라엘을 집합체로 지칭할 수 있다. 그러나 53:3-6은 그 종을 이스라엘과 구별한다. 그는 멸시를 당하였고 우리도 그를 귀히 여기지 아니하였도다 … 여호와께서는 우리 모두의 죄악을 그에게 담당시키셨도다. 이러한 이유로 인해 그 종을 개인으로 보는 것이 바람직하다. 선지자나 메시아. 초대 교부 시대 이후로, 특히 여러 신약성경 구절이 그리스도와 관련하여 이 시를 인용한 이후(마 8:17; 롬 15:21 등을 보라) 그가 메시아라는 지배적인 견해가 있었다.

〈13-15〉 이 시점에서 인칭과 내용에 분명한 변화가 있다. 1인칭으로 말씀하시는 하나님이 청중의 관심을 종에게로 향하게 하신다. 보라(힌네 [*hinnēh*]) 내 종이 형통하리니(사칼[*śākal*]). 동사 사칼(*śākal*)은 광범위한 의미가 있다. '성공하다, 통찰력을 갖다, 이해하다, 가르치다'(*HALOT* 3.1328-1330). 그 의미는 받들어 높이 들려서 지극히 존귀하게 되리라는 평행 단위에 의해 명확해진다. 따라서 그 종은 사람들의 눈으로 볼 때 성공하고 높이 평가될 자이다.

14-15절은 13절에 나오는 종의 묘사와 극명한 대조를 이루므로, 그의 삶의 다른 시간이나 측면을 언급해야만 한다. 14-15절에는 '…처럼'(카아

쉐르[kaʾăšer] ⋯ '그렇게'(켄[kēn])라는 단어들로 이뤄진 두 부분으로 된 비교가 나온다. 많은 사람이 그(문자적으로 '너', 즉, NIV가 제안하는 대로 종이 아닌 이스라엘)에 대해 깜짝 놀랐던 것처럼(카아쉐르[kaʾăšer]), (그렇게; 켄[kēn]; NIV와 개역개정에는 번역되지 않음) 그의 외모는 어떤 인간보다도 매우 흉했다(미쉬하트[mišḥat], 여기에만 나옴](NIV, 14절).

그리고 그렇게(켄[kēn]) 그가 나라들에 뿌리게 될 것이다(NIV, 15절). 다시 말해서, 자기 땅에서 포로로 쫓겨난 이스라엘 사람들을 보고 열방이 깜짝 놀란 것같이, 그 종의 모습과 많은 나라를 정결하게(뿌리게(NIV)) 하는 그의 능력을 보고 그들은 또 그렇게 기절초풍하게 될 것이다. 그 종이 어떻게 그리고 왜 상하게 되었는지는 분명하지 않지만, 이것은 이전의 종의 노래인 50:6에 소개된 주제의 발전이다.

단수 대명사 '너'(14절)의 지시 대상에 의문을 제기하는 일부 학자는 칠십인역(LXX)과 시리아어역(Syriac) 읽기를 따라서 '그'로 읽는다(개역개정도 '그'로 읽음-역주). 그러나 다음의 두 가지 이유로 '너'(즉, 이스라엘)로 읽는 것이 더 좋다.

첫째, 2인칭 단수형은 종종 가까운 문맥에서 이스라엘을 가리킨다 (51:13, 15-17, 19-23; 52:1-2, 7-8).

둘째, 나라들은 이스라엘에 대한 여호와의 부당한 처사에 놀랐다.

14절의 마지막 두 어구에 나오는 히브리어 전치사 민(min, '⋯보다')은 비교의 의미로 읽어야 한다(Williams § 317). 그의 모양이 타인보다 상하였고 그의 모습이 사람들보다 상하였으므로, 이것은 종이 심각하게 상했음을 강조한다.

얏제(yazzeh, 나자[nāzâ] 어근에서 유래함)를 뿌리다(NIV)로 번역해야 하는지 아니면 놀라게 하다(HALOT 2.683)로 번역해야 하는지에 대한 의견 불일치에도 불구하고, 구약에 나오는 24회 가운데 그것은 '놀라다'를 의미하지 않고, 오히려 의식적 정결을 나타내는 '뿌리다'를 의미한다(출 29:21; 레 4:6, 17 등을 보라). '놀라다'라는 번역은 다음과 같은 이유로 종종 제안된다.

첫째, 평행 단위에서 놀라서 그들의 입을 봉하는(카파츠[qāpaṣ], 7회) 왕들의 반응 때문에(시 107:42을 보라);

둘째, 칠십인역의 읽기 '놀라다, 경탄하다' 때문에.

15b절은 왕들이 놀란 반응을 보이는 이유(키[kî])를 설명한다. 이는 그들이 아직 그들에게 전파되지 아니한 것을 볼 것이요/아직 듣지 못한 것을 깨달을 것임이라. 그들은 그 종이 하는 일 때문에 깜짝 놀랐다. 그는 나라들에 뿌리게 되거나, 또는 나라들을 깨끗하게 할 것이다. 바울은 이방인들에게 복음을 전파하기 위해 로마서 15:21에서 사 52:15을 가져와 적용한다.

〈53장 1〉 선지자가 우리가 전한 것을 누가 믿었느냐라는 수사학적 질문을 던짐에 따라 이제 화자에 변화가 생겼다. 그 메시지를 믿은 자들은 평행 어구에 나오는 **여호와의 팔**(즉, 그분의 능력)이 나타난 자들이다. 따라서 하나님을 믿는 자들은 그분의 구원을 경험하게 될 것이다.

우리가 전한 것이라는 어구는 모든 선지자의 메시지를 가리킬 수도 있지만, 이후에 그 단락에서 복수형(우리)은 적어도 이스라엘과 선지자를 가리킨다(2-3절을 보라). 그 후 6절에서 복수형은 유대인이든지 이방인이든지 상관없이 모든 신자를 향한 메시지를 열게 될 것이다. <u>우리</u>는 다 양 같아서 그릇 행하여 각기 제(<u>우리</u>의) <u>길</u>로 <u>갔거늘</u>(즉, 모든 사람이 하나님에게서 벗어났다) 여호와께서는 <u>우리</u> <u>모두</u>의 죄악을 그에게 담당시키셨도다(6절).

차일즈는 '보는 것' 및 '듣는 것'과 관련된 용어들로 52:15과 53:1이 함께 정교하게 조직된 것을 정확하게 지적한다(2001: 413).

- 이는 그들이 아직 그들에게 <u>전파되지</u> 아니한 것을 <u>볼</u> <u>것이요</u>
- 아직 <u>듣지</u> 못한 것을 깨달을 것임이라(52:15)
- 우리가 <u>전한</u> <u>것</u>을 누가 믿었느냐 여호와의 팔이 누구에게 <u>나타났느냐</u>(53:1; 추가된 강조)

이 구조는 왕들이 듣고 본 것이 그 종이 많은 나라에(를) **뿌리게**(NIV) (또는 정결하게) 할 메시지임을 암시한다. 그 평행 단위는 하나님의 능력을 나타낸다(여호와의 팔이 누구에게 나타났느냐). 그러므로 하나님의 능력은 많은 나라를 깨끗하게 하려고 자신의 종을 보내시는 것에 의해 나타났다.

〈2-3〉 "즉, 심지어"(Williams § 434)로 가장 잘 번역되는 시작 접속사(와우)는 2절을 1절에 직접 연결하여 하나님이 보내신 종에 관한 메시지를 계속한다. 그는 주(즉, 1절에서 가장 가까운 선행사인 여호와) **앞에서 자라나기를 연한 순**(요넥[yônêq]) 같다. 요넥(yônêq; 11회)이라는 단어는 '빨아들이다'를 의미하는 히브리어 동사와 관련이 있지만, 이곳에서는 이 단어가 유일하게 묘목을 가리킨다.

그는 주 앞에서 자라나기를 이라는 어구는 하나님의 눈이 그 종에게 있음을 암시한다. 그는 하나님의 특별한 보살핌을 받고 있다. 그 종은 **마른 땅에서 솟아오르는 뿌리**(NIV, 연한 가지)에 비유되며, 하나님이 친히 구원자를 일으키시기 전까지는 영적으로 메마른 이스라엘 땅에서 구원자를 찾을 수 없다는 점에서 적절한 이미지이다(51:18을 보라).

그 종의 외모는 눈에 띌만한 것이 아무것도 없었다(우리가 보기에 흠모할 만한 아름다운 것[토아르〈tō'ar〉, '용모'; 삼상 16:18에 나오는 문자적인 의미의 '용모의 사람'을 보라]이 없도다, 2절). 그 종의 외모에는 그의 뛰어난 본성이 드러나지 않았다.

대신에 그는 멸시를 받아 사람들에게 버림받았으며(하델[ḥādēl, '다른 사람들을 삼가다', 3회] … 마치 사람들이 그에게서 얼굴을 가리는 것 같았다. 뒤에 나오는 이 히브리어 어구가 어렵지만(문자적으로 '그에게서 얼굴을 숨기는 것과 같이') 일반적인 개념은 사람들이 그 종을 경멸하고 배척하고 그를 **귀히 여기지 아니**(문자적으로 '우리는 그를 고려하지 않았다') 했다는 것이다. 그는 그들이 기대하는 유형의 구원자가 아니기 때문이다.

그 종은 또한 **고통의 사람**(NIV, 개역개정은 간고를 많이 겪었으며-역주)으로 묘사된다. 이것은 그가 **고통에 익숙해질**(NIV, 문자적으로 '질병을 아는 것'; 개역개정은 질고를 아는 자라-역주) 정도로 육체적으로나 감정적으로 많은 고통을 받았음을 의미한다. 여기에 나오는 용어는 이 종이 경험한 것처럼, 다른 사람들에 의해 겪는 고통, 고난, 거절을 표현한 시편 기자의 애가의 용어와 같다(시 22편을 보라).

〈4-6〉 그 종이 그들의 **질고**(문자적으로 '우리의 질병들')와 **슬픔**(문자적으로 '우리의 고통')을 짊어졌다는 것을 깨닫는 그 백성들(우리)과 그 종(그) 사이에 대조가 있다. 선지자가 여기에서처럼 자신을 그의 청중과 동일시하는 것은 드문 일이 아니다(복수형에 주의하라).

화이브레이는 이것이 구약의 나머지 부분에서 유례가 없는 "대리 속죄"(vicarious atonement)이며, 성경의 가르침에 반대된다고 주장한다(1975: 171; Smith의 반론, 2009: 448-449을 보라). 불변화사(아켄['ākēn], '실로 ')와 4절의 도치된 구문은 두 어구 사이의 대조를 높인다.

그(그 자신)는 실로 우리의 질고를 지고 우리의 슬픔을 당하였거늘 vs 우리(우리 자신)는 생각하기를 그는 징벌받아 하나님께 맞으며 고난을 당한다 하였노라. 그러므로 그 문법은 사람들이 그가 그들을 위해 맞았다는 것을 이해하지 못했다는 화이브레이의 입장에 반대한다. '하나님(엘로힘['ĕlōhîm])의/에 의한 맞음'이라는 독특한 어구는 최상급으로 이해될 수도 있지만, 수동태는 분명히 하나님이 징벌을 가하셨다는 것을 선호한다.

종의 묘사에 나오는 어휘는 고통의 대리성과 우리에게 **평화**를 가져다 준 징벌의 정도를 강렬하게 표현한다(5절). 그가 **찔림은**(또는, 상함은) 우리의 허물 때문(민[mîn], 'Williams § 319)이요 그가 상함은 우리의 죄악 때문(민[mîn])이라. 화이브레이는 이 단락이 두 번째 이사야를 의미하고 대리 속죄를 의미하지 않는다고 주장한다.

> 만약에 저자가 그와 같은 죄책의 전가(transference of guilt)를 암시하려고 의도했다면, 그는 교환을 나타내는 불변화사인 "베"(bĕ)를 거의 확실하게 사용했을 것이다. 대신에 저자가 불변화사 "민"(mîn, '때문에')을

선택했다는 사실은 그 종의 가혹한 대우는 백성들이 마땅히 받아야 할 형벌을 위한 대리자(a substitute)로서 받은 것이 아니라 그들의 죄의 결과로 간주했다는 것을 나 타낸다(1975: 175).

전치사 베(*bĕ*)는 화이브레이가 언급한 것처럼 '대체하기 위함'(Williams § 246)을 암시하는 반면, 전치사 민(*min*)은 '때문에'를 의미할 수 있다(Williams § 319). 그런데 이 문맥에서는 그것이 대리성(vicariousness, 즉, '그는 우리의 허물들 때문에 찔렸다')을 전달하기 위한 하나의 효과적인 방식이다.

그 종이 그 나라를 위하여 징계를 받았으나 그 고난은 헛되지 않았다. 그 나라는 그가 상함으로 나음을 받았기 때문이다(5절). 이 구절의 진전은 육체적인 치유가 아닌 죄의 영적 치유를 나타낸다는 것에 주의하라. 그가 찔림은 우리의 허물 때문이요 그가 상함은 우리의 죄악 때문이라 그가 징계를 받음으로 우리는 평화를 누리고 그가 채찍에 맞음으로 우리는 나음을 받았도다.

만약 이것을 그리스도의 완성된 속죄 사역에 기초하여 우리가 요청할 때 하나님이 우리를 고쳐 주셔야만 한다는 육체적 치유로 이해한다면, 신학적 문제가 발생한다. 성경은 하나님이 우리를 육체적으로 고칠 수 있지만, 그렇게 하실 의무는 없다고 분명히 밝히고 있다(고후 12:7-9을 보라).

온 나라의 방자함은 6절에서 확인된다. 우리는 다(문자적으로 화자를 포함하여 '우리 모두') 죄 가운데 방황하는 양으로 적절하게 묘사되었다. 그때 그들의 죄를 그 종에게 지우신 자가 여호와였다는 것을 주목하라. 여호와께서는 우리 모두의 죄악을 그에게 담당시키셨도다(문자적으로 '떨어지게 하다'). 차일즈는 "무엇이 일어났다는 것은 바로 인류 역사의 불행한 비극이 아니라 그분의 백성과 진정한 세상의 구속을 위한 신적 계획의 중심을 실제로 형성했다는 것이다"라고 지적한다(2001: 415).

6절은 선지자(이사야, 예레미야, 에스겔 등)가 수행할 수 있었던 일을 분명히 초월하는 것이며, 예수님만이 홀로 성취하실 수 있었던 것에 대한 아름다운 예이다(눅 23:2-4, 13-16을 보라).

〈7-9〉 이 모든 고통(곤욕을 당하여[나가쉬⟨nāgaś⟩는 육체적인 잔혹함을, 괴로울[아나⟨'ānâ⟩] 때에도는 감정적 고통을 암시함)을 그 종은 불평 한마디 없이 참아냈다. 도살장으로 끌려가는 어린양과 같이. 7절의 나머지 부분은 교차대구법을 형성한다(문자적 번역):

A 그의 입을 열지 아니하였음이여(벨로 잎타흐-피브[wĕlō' yiptaḥ-pîw])
　B 마치 도수장으로 끌려가는 어린양과
　B' 털 깎는 자 앞에서 잠잠한 양같이
A' 그의 입을 열지 아니하였도다(벨로 잎타흐-피브[wĕlō' yiptaḥ-pîw])

예수님이 부당하게 십자가에 못 박히실 때까지 그와 비슷한 태도를 취하신 것을 비교해 보라(마 26:63; 27:12-14을 보라). 그 종은 또한 체포되었을 때 가혹한 대우와 재판을 받았다. 그는 곤욕(오체르['ōṣer], 이 의미로 2회)과 심문을(민[min], '때문에'; Williams § 319) 당하고 끌려갔으나(즉, 징벌받기 위해 끌려갔다, 8절).
그 선지자는 묻는다.
하지만 그의 세대 중에 누가 항의했는가?(문자적으로 '그리고 그의 세대와 함께 누가 그것을 고려했는가?'; NEB, 누가 그의 운명을 생각했는가?; 8절).
그의 세대 가운데 그 누구도 그 종이 죽어 마땅한 하나님의 백성을 대신하여 죽임을 당했다는 사실을 개의치 않는 것 같았다.
화이브레이는 살아 있는 자들의 땅에서 끊어짐은이라는 어구가 임사체험(near-death experience)을 의미한다고 제안한다(애 3:54). 다시 말해서, "그 종은 죽은 자와 같다고 여겨졌다"(1975: 177). '끊어지다'라는 어구는 구약성경에 177회 나오는데, 거의 모두 '죽다' 또는 '누군가를 죽이다'라는 뜻이다. 그래서 스미스(Smith)는 "오직 죽은 사람들만이 삶에서 끊어진다"(2009: 454)라고 주장하는데, 이것은 9절에서 종의 무덤에 대한 언급으로 더욱 뒷받침된다.

8절의 마지막 어구는 해석하기 어렵다. 마땅히 형벌받을 내 백성의 허물 때문이라(문자적으로 '내 백성의 범죄 때문에 타격이 그에게 있었다'). 그가 형벌받았다(NIV, 개역개정은 마땅히 형벌받을-역주)라는 어구의 문자적 해석은 다음 중 하나이다.

첫째, '타격이 그것에게 [있었다]'. 여기서 '그것'은 가장 가까운 가능한 선행사인 '내 백성'을 가리키는 집합 단수 명사이다.

둘째, '타격이 그에게 [있었다]', 여기서 '그'는 그 종(즉, 그 문장의 주어)을 나타낸다.

첫 번째 번역은 그 나라가 죄를 지었고 그 나라가 마땅히 그 징벌을 받아야 했다는 것을 암시한다. 반면에 두 번째 번역은 그 나라가 죄를 지었을지라도 그 종이 징벌받았다는 것을 암시한다. 그 종은 문장의 주어이기 때문에, 징벌받은 자가 바로 그였으며, 여기에 대속의 개념이 함축되어 있음을 추론할 수 있다.

히브리어 원문 9절의 처음 두 어구가 '동의 평행'(synonymous parallelism, NIV, NRSV, ESV)인지 아니면 '반의 평행'(antithetical parallelism, NASB) 인지에 대한 몇 가지 논쟁이 있다. 그 논쟁은 구약에서 부자가 악하다고 여겨지는지 그 여부에 달려 있다.

첫 번째 평행 어구의 쌍은 그 종의 무덤 자리를 설명한다. 그의 무덤이 악인들(레솨임 [rĕšāʿîm])과 함께 있었으며(또는 '있었으나') 그가 죽은 후에 부자(아쉬르 [ʿāšîr])와 함께 있었도다. 단순히 순서가 다른 비슷한 문자들이 나오는 악인들과 부자 사이에 언어유희가 있을 수 있다.

부자는 성경에서 종종 부패한 자로 간주되지만(렘 22:13-17 등을 보라), 아리마대의 부유한 요셉이 악한 자로 여겨졌을 가능성은 거의 없다(막 15:43). 그는 공의회 의원이었음에도 예수님에 관한 '그들의 결정과 행동을 찬성하지 않았다'(눅 23:51).

두 번째 평행 어구의 쌍은 그가 악인과 함께 마땅히 묻힐 이유가 없음을 설명한다. 그는 강포(하마스 [ḥāmās], '폭력 또는 잘못')를 행하지 아니하였고 그의 입에 거짓(미르마 [mirmâ], '사기 또는 속임수')이 없었으나(알 [ʿal], 그 절의 주된 생각에 대한 양보를 나타내는 종속어; Williams § 288b). **입**이라는 단어는 사람 전체에 대한 제유(synecdoche)이다. 이 두 어구가 분명히 동의 평행이기 때문에, 전자의 두 어구도 아마 반의 평행이 아닌 동의 평행일 것이다.

그것이 예외적으로 참혹한 죽음(즉, *HALOT*, '극단적인 죽음에 이르는 것' [2.563])을 나타내려고 의도된 것이 아니라면, 왜 마소라 본문이 '그의 죽음들에'(베모타이브[*bĕmōtāyw*]; 개역개정은 그가 죽은 후에-역주)라는 복수형을 유지하는지 분명하지 않다.

⟨10-12⟩ 10절은 9b절(히브리어 원문)과 대조되며, 그 종이 겪는 고통의 결과를 강조한다. 비록 그가 아무 잘못도 하지 않았지만, 그가 고난을 받아야 하는 것은 사실상 여호와의 뜻이었다. 그는 '으스러지고'(닥코[*dakkʾô*], '매 맞다') '다쳐서'(헤헬리[*beḥĕlî*], '그가 [그를] 아프게 했다'), 자신의 생명을 '속죄 제물'(아샴[*ʾāšām*], 10절)로 바칠 것이다.

이 제물의 결과는 다음과 같다.

첫째, 여호와는 그 고난의 목적이 성취되었다는 의미에서 '기뻐하실' 것이다.

둘째, 그(즉. 그 종)는 그의 씨(즉. 의로운 남은 자)를 보게 될 것이다.

셋째, 하나님은 부활(아마도 가장 유사하게; Young 1965-72: 3.355)에 의해서나 또는 그의 가계를 더 발전시키는 자손에 의해 그의 날을 길게 하실 것이다.

넷째, 하나님의 계획이 진전되어 왔을 것이다(그의 손으로 여호와께서 기뻐하시는 뜻을 성취하리로다, 10절).

베스터만(Westermann)이 관찰한 바와 같이, "그 종을 회복시키시는 하나님의 행위 즉, 그 종의 승귀는 그가 죽은 후 무덤 저편에서 행해진 행위라는 데는 의심의 여지가 없다"(1969: 267).

레위기 4-5장에 따르면, '아샴'(*ʾāšām*, '속죄제')은 의도하지 않은 죄 때문에 드려야 하는 제사였다. 자신의 죄를 깨닫게 될 때 그 사람은 이 희생 제물을 드렸다(레 5:2-7을 보라). 이것은 메시아가 죄인들을 대신하여 처러야 할 바로 그 희생 제물이다. 죄인들은 성령님께서 그들에게 죄를 나타내실 때까지 자신들의 죄를 깨닫지 못할지도 모른다.

여호와는 11절에서 다시 한번 말씀하신다. 11절과 12절은 두 개의 교차대구법을 형성하며, 각 절에는 세 개의 평행 단위가 있다. 그 교차대구법들은 각각 그 종의 사역이 무엇을 성취하는지를 나타낸다. 히브리어 본문의 복잡한 구조를 문자적으로 번역하면 다음과 같다.

[11절]
A 그의 영혼의 고뇌 때문에;
    B 그가 볼 것이다.
    B´ 그가 만족할 것이다
A´ 그의 지식에 의해;
결과: 나의 종, 의인이 많은 사람을 의롭게 할 것이고 그들의 죄악들을 그가 친히 담당할 것이다.

[12절]
A 그러므로(라켄[lākēn]) 내가 그에게 한 부분을 할당할 것이다
    B 많은 사람과 함께,
    B´ 그리고 강한 사람과 함께
A´ 그가 탈취물을 나눌 것이다. 왜냐하면 그가 죽기까지 자신을 비웠고 패역한 자들과 함께 여겨졌기 때문이다.
결과: 그리고 그가 많은 사람의 죄들을 짊어졌고 범죄자들을 위하여 중보했다.

11절은 그 종이 **그가 수고한**(문자적으로 '그의 영혼의 고뇌 때문에'; 이 어구는 '고되고 힘든 것'의 뉘앙스를 전달함) 결과로 만족할 것이라고 설명한다. 칠십인역과 1QIsaᵃ는 그가 볼 것이다(개역개정은 보고-역주)라는 동사 뒤에 빛(오르['ôr, 히])이라는 단어를 추가한다. 이것은 NIV가 따르는 읽기이다. 그는

<u>생명의 빛</u>을 보고 만족할 것이다. 나중에 필사자가 불완전한 문장이라고 생각하여 거기에 오르('ôr)를 추가했을 가능성이 있다.

11절의 마지막 부분은 그 종이 힘든 일을 한 결과를 말한다. **자기 지식으로 (그가) 많은 사람을**(문자적으로 '그 많은 사람'; 비록 의도적으로 모호하긴 하지만, 그들의 죄가 용서받았음을 받아들이는 사람들을 의미함) **대신하여 그들의 죄악을 담당함으로써**(즉, 다시 한번 대속적 개념) **의롭게 하며**. 자기 지식으로라는 어구는 그를 위한 하나님의 계획이 죄를 없애는 것이라는 점을 그가 이해하고 있음을 의미해야만 한다.

12절을 시작하는 **그러므로**(라켄[*lākēn*])라는 단어는 그 종의 신실한 사역(11절)의 결과를 소개한다. **내**(하나님)**가 그에게 존귀한 자와 함께 몫을 받게**(할락[*hālaq*]) **하며 강한 자와 함께 탈취한 것을 나누게**(할락[*hālaq*]) **하리니**(문자적으로 '강한 자와 함께 그가 전리품을 나눌 것이다'[강조하기 위한 어순]). 만약 그의 **탈취한 것**(보통 전투에서 취한 약탈물을 의미함)이 그가 그들의 죄에서 자유롭게 한 자들에 대한 은유라면, 존귀한 자와 강한 자는 그 종에 의해 자유롭게 될 때까지 이 포로된 자들을 붙들고 있었던 사탄과 그의 부하들을 가리킬지도 모른다.

12절은 그 종이 성공적이었던 네 가지 이유로 끝을 맺고 있다.

- 그가 자기 영혼을 버려 사망(문자적으로 '그 죽음')에 이르게 하며
- (그가) 범죄자 중 하나로 헤아림을 받았음이니라(즉, 그는 그들 가운데 하나로 간주되었음)
- 그(자신)가 많은 사람의 죄를 담당하며
- (그가) 범죄자를 위하여 기도하였느니라

각각의 이유는 도치된 히브리어 구문에 의해 강하게 표현된다.

이 이미지들은 상징적으로 동물의 죽음이 죽어 마땅한 인간을 대신하는 희생 제도(sacrificial system)를 상기시킨다. 그러나 그것은 상징적일 뿐 인간의 생명을 완전히 대체할 수는 없었다.

죄를 제거하기 위해 요구된 것은 죄인 대신에 죽어야 할 의로운(즉, 죄 없는) 인간(즉, 그 종)이었다. 그 종은 범죄자들을 대신하여 '중보'(intercede)할 수 있었다. 선지자들이 백성을 위해 중재하는 중보적 역할을 했지만(렘 14:10-16을 보라), **많은 사람을 의롭게 할 수 있는** 데에는 훨씬 못 미쳤다(11절). 오스왈트는 이 사람이 그가 행한 일로 인해 사람들을 의롭게 만들 것이다라고 간결하게 진술한다(1998: 404).

의미

이 노래는 자신의 백성을 위한 하나님의 구원을 묘사하는 앞에 나오는 신탁들의 절정이다. 이 구원은 포로에서 귀환할 때 시작되었지만, 그 나라가 영적으로 회복되어야만 완성될 것이다. 네 번째 종의 노래에 나오는 그 종은 다양한 방식으로 확인되었지만, 신약의 저자들은 이 단락이 메시아 예수를 가리키는 것으로 이해했다(예, 사 52:15=롬 15:21; 사 53:1=요 12:38 등).

이 종은 많은 나라를 정결하게 할 것이다(52:15). 많은 사람의 질고와 슬픔을 짊어지고(53:4), 죄지은 자들 때문에 찔리고(53:5), 죄악들을 제거하고(53:6), 그 자신은 폭력이나 속임수에 가담하지 않았음에도 불구하고(53:9) 범죄를 저지른 자들을 위해 고통받고 죽어서(53:8), 그의 죽음으로 많은 사람을 의롭게 하고(53:11), 범죄자를 위하여 중보한다(53:12). 다른 어떤 종도 이 모든 일을 하지 못했다.

사도 요한은 보라 세상 죄를 지고 가는 하나님의 어린양이로다(요 1:29)라고 말했다.

4) 시온의 영광스러운 미래(54:1-17)

문맥

많은 사람을 위해 고난받고 죽게 될 그 종에 대한 마지막 섹션의 묘사에 이어서, 이 섹션은 종의 죽음이 가져오는 영광스러운 시온의 미래를 이야기한다(표 0.11을 보라). 53:11의 **많은 사람**은 시온의 후손, 즉 그 종이 그들의 죄를 제거함으로써 의롭게 될 자들을 가리킨다.

이 단락은 49:14-23의 주제들과 유사하며, 일반적으로 1-10절과 11-17절의 두 단위로 나뉜다(즉, 많은 자녀에 대한 약속, 49:21//54:1-3; 자손을 수용할 수 있도록 시온의 확장이 필요함, 49:20-21//54:2-3; 이스라엘에 대한 하나님 사랑의 보증, 49:14-19//54:7-8; 회복의 약속, 49:17-19// 54:9-10 등).

1-10절은 명령형들(즉, 무엇을 하라는 명령들)로 시작하는 찬양의 노래인데, 왜 그런지 그 이유(키[*kî*], '때문에')가 뒤따른다. 예를 들어, 1절에서 그들은 노래하라는 명령을 받았는데, 이는(키[*kî*]) 홀로 된 여인의 자식이 남편 있는 자의 자식보다 많음이라.

예언이 선포될 당시에 시온은 남편에게 버림을 받아서(1,6절) 고통을 당하는(7-9절) 잉태하지 못하는 여인으로 묘사되는데, 이것은 바벨론 포로에 대한 은유이다. 그러나 언젠가는 여호와께서 약속하신 대로 시온에 복을 내려 그 부끄러움과 굴욕을 잊게 하실 것이다. 선지자는 미래를 내다보고 그 나라가 영광스럽게 회복되는 것을 본다. 그 성벽은 **홍보석**으로, 그 성문은 **석류석**으로 뒤덮이며, 모든 적은 패배했다.

비유적 의미로 읽을지라도 이 위대한 회복은 바벨론 포로 후의 예루살렘의 회복을 훨씬 능가한다. 이것은 선지자가 둘 사이의 시간적 간격을 의식하지 않은 채, 그 나라가 바벨론에서 예루살렘으로 돌아오는 것과 미래에 훨씬 더 영광스러운 회복 두 가지를 모두 바라보는 '예언적 관점' (prophetic perspective)의 한 예이다. 17절에 있는 신탁의 결론은 시온의 영광스러운 회복을 보증한다. 이는 여호와의 종들의 기업이요 이는 그들이 내게서 얻은 공의니라 여호와의 말씀이니라.

주석

(1) 시온과 맺은 여호와의 평화 언약(54:1-17)

〈1〉 **노래할지어다**(피츠히[*piṣḥî*], '노래가 터져 나오다', 7회)와 **외쳐 노래할지어다**(차할리[*ṣahălî*], 7회)라는 권고는 찬양의 노래(1-10절)로 새로운 섹션을 시작함을 알려 준다. 시온은 남편이 없어서 **잉태하지 못하는 자**(NIV='황폐한 여인'; 개역개정은 홀로된 여인-역주)의 아들들이 **남편 있는 자의 아들들**보다 많을 것이기 때문에 **외쳐 노래해야** 한다.

여호와께서는 시온의 삶에서 두 가지 다른 시기를 비교하셨다. 즉, 포로 되기 이전에 결혼한 여인이 살던 시기와 포로기 동안에 '잉태하지 못하는 여인'이 살던 시기(1절, 49:21을 보라). 그러나 시온은 다시 채워질 것이다. 사실상 시온의 주민(즉, 홀로된 여인의 자식)은 이전보다 더 많을 것이다.

갈라디아서 4:27은 이사야 54:1을 인용하여 그것을 새 예루살렘이 그 어느 때보다 인구 밀도가 높을 때인 새 언약 아래 있는 미래 축복의 시대에 적용한다. 바벨론에서의 포로 생활은 정화 효과가 있어서, 하나님은 믿는 남은 자들을 시온으로 다시 데려오실 수 있게 되었다. 신약의 신자들은 구약의 믿는 남은 자들의 연속이다.

〈2-3〉 모든 자녀를 수용하기 위해 시온은 네(그녀의) **장막터를 넓히라**는 권고를 받는다. 고대 근동의 여인들은 일반적으로 가족 천막을 세우고 유지하는 책임이 있었다. 시온은 자신을 아낌없이 그리고 견고하게 확장해야 한다. **네 장막터를 넓히며/네 처소의 휘장을 아끼지 말고 널리 펴되/너의 줄을 길게 하며/너의 말뚝을 견고히 할지어다**(2절). 시온은 **좌우로**('모든 방향으로'를 의미함) **퍼지며**(파라츠[*pāraṣ*], '발생하다')(3절) 말하는데, 그 이유는 시온의 후손이 많을 것이기 때문이다(창 28:14을 보라). 시온은 그때에 잉태하지 못하기 때문에 믿음으로 행동해야 할 필요가 있을 것이다.

황폐한 성읍들을 사람이 살 곳이 되게 할 것임이라(3절)라는 어구는 시온의 자녀들이 다른 나라를 정복하고 그들이 파괴한 거주민의 성읍들을 차지할 것임을 의미하거나, 또는 이스라엘 땅에서 다른 나라들을 몰아내고 바벨론 포로에서 해방된 후 그들의 성읍에 재정착한다는 것을 의미할 수 있다. 70년의 포로기 이전에 그들의 조상들이 소유했던 땅을 남은 자들이 '상속'할 것이기 때문에 후자가 더 바람직하다.

〈4-5〉 시온은 두려워할 이유가 없다. 시온은 젊었을 때의 수치(즉, 시온의 죄 많은 과거)와 **과부**(알마누트[*ʾalmānût*], 4회) 때의 **치욕**(즉, '불명예')을 잊어버릴 것인데, 그것은 이 문맥에서 아마도 바벨론 포로를 가리키는 것 같다. 시온은 아주 많은 복을 받아서 이전 시기의 굴욕을 잊게 될 것이다. 시온을 지으신 이인 여호와께서 그녀의 **남편**이 되실 것이다.

지으신 이와 **남편**은 둘 다 '장엄의 복수형'(honorific plurals, Williams § 8)인 반면, 만군의 여호와는 단수형이다. 지으신 이, 남편, 구속자, 이스라엘의 거룩한 이는 이전 장들에서 이스라엘의 하나님에 대해 사용된 친숙한 용어들이다. 이런 이름들은 이스라엘과의 특별한 관계를 반영한다. 그들의 하나님은 온 땅을 다스리는 분이시므로 신뢰할 수 있는 분이다.

〈6-8〉 여호와는 거절당하고 버림받은 젊은 아내(문자적으로 '젊음의 여자', 6절)로 마음 아프게 묘사된 고통 중에 있는 이스라엘을 자신에게로 다시 부르실 것이다(문자적 '불렀다', 예언적 완료: 이미 성취된 것으로 묘사됨). 가장 매력 있는 나이에 있는 젊은 아내를 거부하는 것은 특히 가슴 아픈 일이다.

여호와께서는 **잠깐**(문자적으로 '잠시', 즉 바벨론 포로기 동안; 7절) 그 나라를 거부하셨다는 것을 인정하신다. 예레미야서(2장, 5장)와 에스겔서(8-11장, 16장)는 하나님이 그들을 거부하신 것이 얼마나 정당한지를 기록하고 있다. 그러나 그분이 이스라엘에게 느끼는 압도적인 연민(큰 긍휼, 문자적으로 '큰 동정심들'[복수형])이 얼마나 큰지를 보여 주실 것이다.

8절은 하나님의 일시적 거부(문자적으로 '내가 너에게서 내 얼굴을 숨겼다')를 잠깐 분출하는 진노(문자적으로 '분노의 홍수[쉐쳅⟨šeṣep⟩, 여기에만 나옴; 하나님의 진노가 맹렬함을 암시함]로')에 비유한다. 그 뒤를 이어 오직 하나님만이 나타내실 수 있는 **영원한 자비**(올람 헤세드[ʿôlām ḥeṣed])와 **긍휼**(라함[rāham])이 나온다. 징계를 받은 이스라엘을 그분의 은혜로운 팔로 안아 주시고, 그에게 자신이 그의 구속자(즉, '그를 다시 사 주신 이')임을 상기시켜 주신다.

⟨9-10⟩ 여호와께서는 이스라엘을 다시는 버리지 않겠다고 안심시키면서, 왜 자신을 신뢰할 만한지 두 가지 이유(키[kî])를 말씀하신다.

첫째, 여호와는 여기서 자신이 했던 맹세와 그분이 다시는 땅에 홍수를 내리지 않겠다고 약속하며 노아에게 하셨던 맹세를 동일시한다(문자적으로 '노아의 물들 때문에 이것이 [있다]', 9절). 그분은 그와 같은 방식으로 다시는 이스라엘에게 노하지 않으실 것이다.

노아의 홍수(NIV, 노아의 날들)는 사람들이 여호와로부터 가혹한 징벌을 받았던 포로기와 비슷한 시기였다. 마소라 본문은 **노아의 물들**이라고 읽는다. 그러나 단어 구분에 있어서 약간의 변화는 **노아의 날들**처럼(NIV)이라고 읽는 것을 더 선호하게 만든다. 이것은 1QIsaᵃ에 의해 뒷받침된다. 진술의 진실성을 확증하는 가장 강력한 수단 가운데 하나인 맹세는 이제 그들을 향한 징벌이 끝났다는 것을 그들에게 확실하게 보증하기 위한 것이었다.

둘째, 하나님은 **화평의 언약**을 파기하지 않겠다고 말씀하셨기 때문에 신뢰할 수 있다(10절). 안정성과 영속성의 이미지인 산들이 흔들리고(무트[mûṭ]) 옮겨질지라도(무쉬[mûš], 이 두 동사는 비슷하게 들림), 하나님의 **자비**는 네게서 떠나지(무쉬[mûš]) 아니하며, 이스라엘과 맺은 그분의 **화평의 언약**도 흔들리지(무트[mûṭ]) 않을 것이다. 이 언약은 에스겔 37:26의 '화평의 언약'

과 예레미야 31:31-34의 새 언약에 해당한다. 하나님의 **자비**(헤세드[*ḥeṣed*])와 **긍휼**(라함[*rāḥam*])은 이 화평의 언약이 주는 궁극적 혜택이다.

(2) 새 예루살렘(54:11-17)

〈11-12〉 광풍에 요동하여 안위를 받지 못한(51:21을 보라) 성읍으로 묘사된 시온은 바벨론 포로기 동안 시온이 처한 곤경을 설명한다. 안위를 받지 못한이란 어구는 하나님이 시온을 외면하거나 버렸던 기간을 가리킨다. 이것은 광풍에 요동하여로 그려진, 즉 시온의 무너짐과 이스라엘로부터 거주민의 강제 추방을 허락하신 기간이다.

11b절에서 **힌네**(*hinnēh*)라는 단어(보라, NIV에서는 생략됨)는 전환을 나타낸다. 하나님은 시온의 영광(11b-13절)과 보호(14-17절)를 회복하겠다고 약속하신다.

11b절에서 하나님은 친히 시온을 **화려한 채색**(문자적으로 '안티몬[antimony; 밮푹〈*bappûk*〉] 성분이 있는 너의 돌들'; 어떤 단락들은 그것이 눈을 장식하는 데 사용되는 안료라고 제안함[왕하 9:30을 보라], 따라서 이 문맥에서 그것은 그것들을 눈에 띄게 하려고 덧칠한 돌들을 가리킬 수 있음)**으로 네 돌 사이에 더하며**(문자적으로 '아래에 놓다') **청옥**(삽피르[*sappîr*], '푸른 돌의 한 종류', 출 24:10을 보라)**으로 네 기초를 쌓으며 홍보석**(카드코드[*kadkōd*], 2회)**으로 네 성벽**(쉼쇼트[*šimšôt*], '태양들'; 이 의미로만 나옴)**을 지으며 석류석**(엘다흐['*eqdāḥ*], '반짝이는 돌들', 여기에만 나옴)**으로 네 성문을 만들고 네 지경**(게불[*gĕbûl*], '경계')**을 다 보석**(문자적으로 '기쁜 돌들')**으로 꾸밀 것이며**라고 약속하신다.

학자들 사이에서는 그 성읍의 위대한 가치와 아름다움에 대한 이 묘사를 비유적으로 읽어야 하는지 문자적으로 읽어야 하는지에 대해 의견이 분분하다. 보석들과 준보석들로 영화롭게 된 시온이라는 주제는 후기 문헌에서 다루어진다(Tobit 13:16-18; 계 21:19-21을 보라).

⟨13-17⟩ 이제 그 묘사는 성읍의 아름다움으로부터 **여호와의 교훈**을 받고 큰 평안을 경험하게 될 그 성읍 자녀들의 행복한 삶(well-being)으로 옮겨진다(13절). 화이브레이는 그들이 성읍을 건설하는 데 필요한 기술들을 배웠다고 제안하지만(1975: 188), 문맥을 고려할 때 이것은 너무 좁은 식견으로 보인다.

여호와의 교훈을 받을 것이란 주제가 처음 소개된 48:17에 따르면, 그 강조점은 여호와에 의해서가 아닌, 여호와에 관해 가르침을 받는다는 데 있다. 따라서 54:13에서 **여호와의 교훈**을 받을 것이란 어구는 여호와에 관해 가르침을 받는 것을 의미한다고 가정하는 것이 합리적이다. 이 깊은 영적 지식은 그들에게 **평안**(샬롬[*šālôm*])을 가져올 것이다.

14-17절은 회복된 시온을 여호와께서 보호하는 모습을 묘사한다. 그리고 시온은 공의로 세워지고, 다시 한번 그 성읍을 묘사하는 이름인 의의 성읍(1:26을 보라)이라고 불린다. 시온은 더 이상 압제를 당하지 않고, **두려워하지**(즉, '공포'[메힡타⟨*mĕhittâ*⟩, 이 의미로 4회]) **아니할 것이다.** 여호와께서 다시는 어떤 나라도 시온을 치도록 부추기지 않으실 것이기 때문이다(15절).

회복된 시온에 대한 어떤 공격(구르[*gûr*], 4회)도 실패할 수밖에 없다. 여호와가 시온의 보호자이시기 때문에 시온을 공격하는 자는 그 거주민들에게 항복할 것이다(문자적으로 "네 옆에 엎드릴 것이다"[Williams § 286] 또는 "너 때문에 엎드릴 것이다"[Williams § 291]).

위험한 무기들(문자적으로 '그것의 일을 위해 적합한 무기')을 만드는 대장장이('석탄[페함⟨*peḥām*⟩, 3회]을 부채질하는 사람')와 이런 무기들을 사용하는 전사(문자적으로 '파괴자')를 모두 여호와 자신이 창조하셨기(문자적으로 '나 자신이 창조했다'라고 강조적으로 진술함) 때문에 시온은 두려워할 필요가 없다. 그분의 백성을 이길 수 있는 **무기**(NIV, 켈리[*kĕlî*], '기구'; 개역개정은 연장-역주)는 없을 것이며, 그 누구도 법정에서 그들을 정죄할 수 없을 것이다(문자적으로 '재판할 때 너를 대적하여 일어서는 어떤 혀든지 정죄를 받게 될 것이다', 17절).

이는 여호와의 종들의 기업이요 이는 그들이 내게서 얻은 공의니라라는 17절의 마지막 어구들은 전체 장에 대한 결론을 형성한다. 하나님이 자기 백성에게 의롭다 하셨기 때문에, 그들은 더 이상 사로잡히거나 추방될까 봐 두려워할 필요가 없다. 17절은 53:10을 더 발전시킨 것으로, 고난받는 종이 후손들을 얻는다고 말한다. 여기에서 그것은 하나님이 그 후손들을 보호하고 의롭다고 여기신다는 것을 보여 준다.

의미

그 나라를 위해 죽는 종을 묘사한 이사야 53장에 이어서, 여호와께서는 그 종이 형통하고 그분의 백성을 축복할 것이라고 약속하신다. 이 장에서 여호와는 두 번 이스라엘의 **구속자**라고 불리며(5, 8절) 그분이 시작하실 구원을 강조한다. 비록 그들이 바벨론에서 오랜 포로 생활을 견뎠을지라도, 언젠가 수치와 징벌을 받는 것을 결코 다시는 두려워하지 않게 될 것이다.

이제 징벌이 끝났으니 그들은 축복을 기대할 수 있다. 사실상 이 축복의 시기에 이스라엘이 결과적으로 갖게 되는 자녀의 수는 포로가 되기 이전의 수보다 훨씬 많을 것이다. 따라서 이 장은 포로 생활에서 시작하여 영광스러운 회복으로 끝나는 시온과 그분의 백성을 위한 하나님의 계획을 설명한다.

5) 하나님의 은혜로우신 자비(55:1-56:8)

문맥

여호와의 종은 이사야 54장에 묘사된 하나님의 백성을 위한 영광스러운 구원의 길을 예비했다(사 53장). 이제 이스라엘뿐만 아니라 기꺼이 여호와를 찾고자 하는 모든 사람, 즉 구원을 갈망하는 자들에게 이 구원을 베푸실 때이다(사 55-56장, 표 0.11을 보라). 이사야서의 나머지 부분에서는 종의 희생으로 인해 일어날 수 있는 변혁을 강조할 것이다. 오스왈트는 56-66장의 목적을 다음과 같이 요약한다.

> 이 장들은 사람들이 거룩한 삶을 살 수 있게 하실 수 있는 하나님과의 친밀한 관계를 통한 율법의 내면화(internalization)에 관한 것이다(1998: 453).

많은 학자가 56장이 49-55장의 어조와 완전히 다른 새로운 섹션을 시작한다고 주장하지만, 적어도 이러한 견해에 반대되는 네 가지 이유가 있다.

첫째, 이사야서의 후렴 패턴은 55장 이후가 아니라 57:21(또한, 48:22과 66:24을 보라)에서 주된 멈춤이 발생함을 보여 준다.

둘째, 이사야 55장의 세 가지 측면은 이사야 56장까지 이어진다. 선지자는 두 군데 모두에서 화자이다. 하나님은 1인칭 형태로 말씀하신다('나의', '나를', '나'; 55:8-9, 11; 56:1). 각각 키(*ki*, ' 때문에')로 표시된 여호와를 찾는 것의 유익(즉, 55:6)은 다음 장으로 계속된다.

- 그가 너그럽게 용서하시리라(55:7b)
- 이는 내 생각이 너희의 생각과 다르며 내 길은 너희의 길과 다름이니라 여호와의 말씀이니라(55:8)
- 이는 하늘이 땅보다 높음같이 내 길은 너희의 길보다 높으며 내 생각은 너희의 생각보다 높음이니라(55:9)
- 내 입에서 나가는 말도 이와 같이 헛되이 내게로 되돌아오지 아니하고 나의 기뻐하는 뜻을 이루며 내가 보낸 일에 형통함이니라(55:11)
- 너희는 기쁨으로 나아가며 평안히 인도함을 받을 것이요 … (55:12).
- 이는 나의 구원이 가까이 왔고 나의 공의가 나타날 것임이라 하셨도다(56:1)
- 기념물과 이름을 그들에게 주며 영원한 이름을 주어 끊어지지 않게 할 것이

며(56:4-5) …
- 이는 내 집은 만민이 기도하는 집이라 일컬음이 될 것임이라(56:7b)

셋째, 55장과 56장의 주제는 비슷하다.

하나님의 구원(즉, 너희는 기쁨으로 나아가며[55:12]//나의 구원이 가까이 왔고[56:1]), 그리고 남은 자의 모임(즉, 너를 알지 못하는 나라가 네게 달려올 것은[55:5]//여호와께서 나를 그의 백성 중에서 반드시 갈라내시리라 하지 말며[56:3]).

넷째, 이사야 55장의 두 가지 약속이 이사야 56장에서 성취된다. 너를 알지 못하는 나라가 네게로 달려올 것(55:5)이라는 약속이 여호와와 연합하여 … 이방인마다라고 말하는 56:6에서 성취된다. 55:11에 있는 구원의 약속(내 입에서 나가는 말도 이와 같이 헛되이 내게로 되돌아오지 아니하고)은 56장(나의 구원이 가까이 왔고 나의 공의가 나타날 것임이라[56:1])에서 곧 드러난다고 말한다. 즉, 55장에는 구원에 대한 제안이 단순히 묘사되어 있을 뿐이지만, 56장에는 어떻게 구원에 접근하는지가 묘사되어 있다.

이 섹션은 일반적으로 세 부분으로 나누어진다.

- 55:1-5: 첫 번째 신탁은 모든 목마른 자들이 하나님께 나아오도록 격려하는 보편적 구원의 부르심이며, 놀라운 결론으로 끝난다. 너를 알지 못하는 나라가 네게로 달려올 것은.
- 55:6-13: 두 번째 신탁은 하나님을 찾을 수 있을 때 찾으라고 경고하는데, 이것은 하나님을 찾을 수 없는 때가 있을 수 있기에 그들이 그분의 구원을 놓칠 수도 있다는 의미이다. 이어서 이스라엘이 구원을 받을 것이라는 영광스러운 약속으로 끝을 맺는다.
- 56:1-8: 마지막 신탁은 여호와의 구원이 곧 다가온다는 그의 선언으로 시작하고 끝이 난다. 그러나 이 신탁의 마지막에는 55:5의 끝부분에 있는 것과 유사한 놀라운 말씀이 있다. 내가 이미 모든 백성 외에 또 모아 그에게 속하게 하리라.

주석

(1) 여호와께서 영원한 언약을 제시하심(55:1-5)

〈1-2〉 여호와께서는 호이(*hôy*, '오호라'; NIV에 번역되지 않음)라는 감탄사로 청자의 주목을 이끈다. 그리고 일련의 명령법들(오라, 사라, 먹으라[먹되])로 구원에 목말라 하는 자 누구에게나 구원(물, 포도주, 젖으로 묘사됨)을 베푸신다(1절). 그 이미지는 잠언 9:1-9에 나오는 지혜로운 여인을 연상시킨다. 그녀는 와서 통찰력을 얻으라고 어리석은(simple) 자에게 외친다. 너는 와서 내 식물을 먹으며/내 혼합한 포도주를 마시고(잠 9:5).

그것은 또한 고대 근동 물장수들의 외침을 메아리치게 하는데, 한 가지 중요한 차이점이 있다. 여기서 물, 포도주, 젖은 값없이 제공되고, 구원도 값없이 제공된다. 이 제안은 바벨론에서 돌아온 자들뿐만 아니라 모든 목마른 자들에게 적용된다.

이스라엘(=너희)은 만족스럽지 못한 일을 위해 종종 수고하고 돈을 썼다(문자적으로 '은을 달아줬다'). 그러나 여호와께서는 참으로 만족할 만한 것, 즉 참된 영적 양식을 의미하는 '물'과 '떡'을 주신다. 여호와께서는 사람들에게 자신의 제안을 받아들이라고 촉구하신다(듣고 들을지어다[문자적으로 '계속하여 듣다'; Williams § 206], 2절). 그것이 사람들이 현재 가지고 있는 것보다 훨씬 좋기 때문이다(너희 자신들이 기름진 것으로 즐거움을 얻으리라, 문자적으로 '너는 네 영혼의 기름진 것으로 자신을 즐길 것이다').

〈3-5〉 하나님은 그 백성들에게 삶을 위한 자신의 중요한 제안(즉, 너희의 영혼이 살리라, 3절)을 듣고 이해하라고 다시 한번 권고하신다. 그 후 그분은 너희를 위하여 영원한 언약을 맺으리니(문자적으로 '자르다')/곧 다윗에게 허락한 확실한 은혜이니라(3절)라고 선언하신다. 히브리어에 아무런 표시가 없기에 이 두 어구가 어떻게 서로 관련되어 있는지는 확실하지 않다. 그렇지만 NIV의 번역이 정확하다면, 영원한 언약은 다윗에게 허락한 확실한 은혜(문자적으로 '신실한 자비들', 복수형)라고 설명된다.

영원한 언약(베리트 올람[bĕrît 'ôlām])이라는 어구는 구약에서 12회 사용되었는데(24:5 등을 보라), 하나님이 다윗과 그의 후손들을 영원한 통치 왕조로 세우시고(삼하 7:8-17을 보라) 다윗을 세우셨을 때 "다윗에게 베푸신 다정한 자비"(Williams 1978: 31-49)에 비유된다.

하나님은 풍성한 자비(복수형인 '하스데[ḥasdê, '다정한 자비들']로 제안됨)와 여호와와의 영원한 관계에 대한 약속이 있는 다윗 언약에 초점을 맞추신다. 그 언약은 궁극적으로 다윗의 혈통을 통해 오신 메시아에 의해 성취되었다(마 1장을 보라).

4절과 5절의 시작 부분에 있는 **보라**(헨[hēn])라는 단어의 반복(NIV에는 생략되었음)은 하나님의 계획에 주의를 집중시킨다. 한때 하나님은 다윗을 통하여 그분의 영광을 나라들에 나타내려고 역사하셨으나(내가 그를 만민에게 증인으로 세웠고 4절), 이제는 하나님이 이 회복된 나라를 사용하여 다른 나라들을 자신에게로 인도하실 것이다(네가 알지 못하는 나라를 네가 부를 것이며, 5절)-이 모든 것은 하나님이 너(즉, 남은 자)를 **영화롭게 했기** 때문이다.

다윗을 '왕'이라고 부르지 않고, 오히려 **증인**(에드['ēd]), **만민의 인도자**(나기드[nāgîd]), **명령자**(메찹베[mĕṣawwēh])(4절)라고 부름에 주의하라. 이 용어들은 다윗이 단지 진정한 왕인 여호와의 총독(viceroy)이라는 사실을 반영하기 위해 사용되었을 수 있다. 다윗은 다음과 같은 의미에서 증인이었다.

첫째, 다윗이 한 나라를 정복할 때마다 그 승리는 그들에게 그의 하나님의 힘을 보여 주었다(시 18:43-50을 보라).

둘째, 다윗의 동맹들 덕분에 다윗은 많은 나라에 영향을 미칠 수 있었다.

다윗의 역할이 어떻게 이해되든지 간에 저자는 포로들이 그리고 나중에는 의로운 남은 자들이 열방에게 하나님의 증인이 될 것이라는 점을 분명히 한다(44:8을 보라). **너를 알지 못하는 나라가 네게로 달려올 것은**(5절)

이방 나라들이 하나님에 의해 영화롭게 된 이 의로운 나라에 이끌릴 것이다. 하나님의 두 가지 이름(여호와 네 하나님과 이스라엘의 거룩하신 이)은 이스라엘과의 특별한 관계에 주목하게 한다.

(2) 진지한 초대(55:6-13)

⟨6-7⟩ 1절의 초청에 이제 긴박감이 더해졌다. 너희는 여호와를 만날 만한 때에 찾으라/가까이 계실 때에 그를 부르라. 이것은 그분을 찾을 수 없고 그분이 가까이 계시지 않을 때가 있다는 것을 가정한다. 이 부르심은 주로 포로들을 향한 것이지만, 5a절은 또한 이스라엘이 하나님께로 인도하는 열방들을 위한 것이기도 함을 알려 준다. 가까이 계실 때에 그를 부르라라는 권고는 구원의 때가 도래했다는 신호이다.

포로들은 이제 그들의 사악한 길을 버리고 여호와께로 돌이켜 구원받을 준비가 되어 있음을 각자가 개인적으로 나타내야만 한다. 왜냐하면, 그가 너그럽게 용서하실 것이기 때문이다(문자적으로 '크게 용서하실 것이다', 7절). 그렇게 하기를 거부하는 자들은 이 구원에 참여할 기회를 상실할 것이다.

모든 이스라엘 사람이 고레스의 귀환 정책에 따라 이스라엘로 돌아가기로 선택한 것은 아니다. 단지 약 5만 명이 그러한 선택을 했으며, 그렇게 함으로써 그들은 바벨론에서의 상대적 번영을 포기해야만 했다. 바벨론에서 이스라엘 사람들에게 정말 부족했던 것은 여호와를 경배하기 위한 성전이 없었다는 것이다.

고국으로 돌아가는 여정은 멀고, 황폐한 땅에 재정착하려면 시간과 상당한 노동이 필요했을 것이다. 하나님을 따르는 데 충분히 관심을 기울이고, 이러한 희생을 기꺼이 하려는 사람들만이 돌아올 것이다. 따라서 그들은 의로운 남은 자라고 불린다.

〈8-11〉 때문에(키[kî])라는 단어로 시작하는 8절은 하나님이 자신에게 돌이키는 자들을 기꺼이 아낌없이 용서하시는 이유를 제공한다(7절 끝을 보라). 왜냐하면, 하나님은 은혜로우시며 더 큰 그림을 보시기 때문에, 그분은 자신의 목표를 성취하기 위한 가장 적합한 방법을 아시고, 그들의 불순종에도 불구하고 가능한 한 최선의 결과들을 가져오실 수 있다. 악인(7절)은 그들의 길과 생각을 버리고 하나님을 신뢰하라는 권고를 받는다.

A 이는 내 생각이
    B 너희 생각과 다르며
    B′ 너희 길과 다름이니라
A′ 내 길은 (8절)

이 교차대구법에서 하나님은 두 가지 측면에서 악인들에게 도전하신다.

첫째, 하나님은 자신의 길이 그들의 길과 다르다는 것을 그들에게 상기시키신다. 그래서 그분이 구원을 가져오시는 방법은 포로들을 정말로 놀라게 할 것이다. 하늘이 땅에서 볼 때 무한히 높은 것처럼 보이듯이(9절), 하나님의 생각은 우리의 생각보다 무한히 높다. 이것은 여호와께서 이스라엘 나라를 위한 구원의 약속을 실제로 성취하실 것이라는 강력한 확증이다.

하나님의 길과 생각이 함께 그분의 총체적 행위를 형성한다. 인간은 전능하지도 않고 전지하지도 않기 때문에, 그것들을 완전히 이해할 수 있는 능력이 없다.

둘째, 비와 눈이 땅에 수분을 공급하여 씨앗이 싹트고 무성해지는 것처럼(카아쉐르[ka'ăšer]; 40:8의 이미지와 유사함), 그렇게(켄[kēn]) 하나님의 말씀은 그분이 의도하신 모든 것을 이루지 않고는 돌아오지 않을 것이다. (그것이) 나의 기뻐하는 뜻을 이루며(11절).

〈12-13〉 12절의 시작 부분에 있는 키(ki, 즉 '결과적으로')는 앞 절의 결과를 나타낸다(Williams § 450). 하나님께로 향하여 돌아가는 자들의 바벨론 탈출이 있을 것이다. 그들의 출발은 큰 기쁨과 평안으로 특징지어질 것이다. 여호와께서 포로들을 구원하셨기 때문에 심지어 자연도 **노래를 발하고, 손뼉을 칠 것**(마하[māḥā'], 3회)이다.

매우 비유적인 언어는 13절에서 하나님이 새롭게 하시는 이미지들로 계속된다. **가시나무**(나아추츠[naʿāṣûṣ], 2회)와 **찔레**(시르파드[sirpād], 여기에만 나옴)가 좋은 나무들로(잣나무, 화석류[하다스〈hădas〉, 6회; 스가랴 1장에서 3회])로 변형될 것이다. 이것은 창세기 3:18에서 땅이 받았던 저주가 역전되는 것을 암시한다.

그 땅의 비옥함은 하나님의 명성(여호와의 기념이 되며, 문자적으로 '이름을 위해')의 표징이 될 것이며, **끊어지지 않을 것이다**(NIV, 영원히 지속될 것이다). 바벨론에서의 구원은 첫 단계로 볼 수 있다. 만약 하나님이 첫 번째 구원을 성취하실 수 있다면, 그분은 온 땅의 회복을 가져오실 수 있을 것이다.

(3) 하나님의 참된 백성(56:1-8)

〈1-2〉 하나님의 약속된 구원이 가까이 도래했지만, 오직 마음의 자세가 온전한 자만이 그 유익을 누릴 것이다. 진심으로 하나님을 좇는 자들은 예루살렘으로 돌아가 성전을 재건하기로 작정할 것이다. 1절의 사자 공식(messenger formula)은 이렇게 말한다. 여호와께서 이와 같이 말씀하시기를/너희는 정의(즉, 태도)를 지키며/의(즉, 행위)를 행하라.

이 두 가지 긍정적 계명을 지키는 자들에게 하나님의 축복이 부어질 것이다. 이어서 하나님은 그들에게 순종하는 것이 그토록 긴급한 이유를 설명하신다. 이는 나의 구원이 가까이 왔고/나의 공의가 나타날 것임이라(1절). 하나님은 자기 자녀들이 그를 맞이할 준비를 하고, 그들이 하나님의 의를 나타냄으로써 준비되어 있음을 보여 주기를 기대하신다.

그 후에 하나님은 두 개의 부정적 명령을 내리신다. 안식을 지켜 더럽히지 아니하며, 그의 손을 금하여 모든 악을 행하지 아니하여야 하니(2절). 그 나라가 오랫동안 성전 예배를 드리지 못했기 때문에, 포로기 이후에 안식일을 지키는 것이 얼마나 큰 의미가 있었는지 쉽게 알 수 있다.

그것이 여전히 하나님의 율법의 필수적인 부분이었다는 것을 이스라엘 사람들에게 상기시키는 것이 중요했다(포로기 이후에 안식일 준수는 계속해서 문제가 되었음. 느 10:31; 13:16-22을 보라). 손을 금하여 모든 악을 행하지 말라는 다음 명령은 율법의 부정적인 요구사항을 포괄적으로 요약한 것이다.

이 네 개의 계명에 순종하는 것은 참된 정의를 나타내는데, 그것은 합당한 마음 자세와 하나님의 율법에 대한 순종을 모두 포함한다.

⟨3-8⟩ 차순위 회원들(second-class members)로 간주되어 여호와의 총회에 들어가는 것이 금지되었던 타국인들(문자적으로 '타국인의 아들'; 신 23:3의 암몬 족속과 모압 족속에 대한 금지를 보라)과 고자들(신 23:1을 보라)이 이제 환영받는다. 암몬 족속과 모압 족속은 출애굽 기간에 이스라엘을 냉대했기 때문에 금지되었다(민 21-22장). 이들과 다른 타국인들은 자신들이 유대인이 아니었기 때문에 여호와께서 나를 그의 백성 중에서 반드시 갈라내시리라라고 생각했다.

고자는 자신의 이름을 물려줄 자녀를 낳을 수도 없고 영속시킬 수도 없기에 제외되리라고 생각했다. 나는 마른 나무라. 동물들이 흠이 있으면 하나님께 희생 제물로 바치기에 적합하지 않은 것으로 간주되었던 것처럼, 내시들은 자발적이든 아니든 거세되었기 때문에 하나님을 섬기기에 적합하지 않은 것으로 간주되었을 수 있다.

두 그룹 모두 자신이 영구적으로 배제되었다고 생각했다. 그러나 이 두 그룹에서 여호와께 헌신한 사람은 누구나 하나님의 회복된 왕국에서 공개적으로 받아들여질 것이다.

고자들은 안식일을 지킴으로써, 하나님을 기쁘시게 하는 것을 선택함으로써, 그리고 하나님의 언약(즉, 이 시점에서 모세의 언약, 4절; 렘 50:4-5을 보라)을 굳게 붙듦(문자적으로 '움켜잡음')으로써 여호와에 대한 그들의 헌신을 나타내야 한다.

타국인들도 마찬가지로 **여호와와 연합하여 그를 섬기며**(3, 6절), **여호와의 이름을 사랑하며, 그의 종이 되며, 안식일을 지켜 더럽히지 아니하며, 나의 언약을 굳게 지키는**(문자적으로 '움켜잡음') 것으로 여호와께 대한 그들의 헌신을 나타내야 한다(6절).

고자들은 타국인들이 하는 것처럼 하나님을 섬김으로 하나님께 대한 헌신을 나타내지 않는다는 점에 주의하라. 분명히 그들은 하나님과 회복된 관계를 유지할 수 있지만, 여전히 육체적 한계에 묶여 있다.

고자는 자녀를 낳을 수 없기에 후손들보다 더 큰 어떤 것을 받게 될 것이다. 성전(문자적으로 '내 집')[16] 안의 **기념물**(야드[yād], '손')과 **영원한 이름**(5절)이다. 그것은 아마도 기념물에 기록된 이름일 것이다(삼하 18:18). 이 기념물은 후손들보다 훨씬 나을 것이다. 그것은 **영원한**(문자적으로 '끊어지지 않을') 것이기 때문이다.

이스라엘 사람들이든 타국인들이든 고자들이든 하나님을 향한 올바른 마음가짐은 하나님께서 받으실 예배의 전제 조건이다. 하나님은 그분의 **성산**(즉, 시온)으로 그들을 인도하여, 그분의 **기도하는 집**에서 그들에게 기쁨을 주시고(이 어구는 여기에서만 사용됨), **그들의 번제와 희생을 받아들임으로**(7절) 그 예배를 열납하실 것이다.

타국인들과 고자들을 받아들이셨다는 것은 틀림없이 율법을 지키는 이스라엘 사람들을 놀라게 했을 것이다. 그러나 그들은 너를 알지 못하는 나라가 네게로 달려올 것이라는 말씀을 이미 들었다(55:5).

그들의 참된 예배는 7절에서 이는이라는 단어로 소개된 더 놀라운 결과를 가져온다(Williams § 450). **내 집은 만민이 기도하는 집이라 일컬음이 될**

---

16) 성전이나 그것의 경내에 세워진 기념비의 예는 야딘(Yadin) 1972: 71-74를 보라.

것임이라(마 21:13; 막 11:17; 눅 19:46에 인용됨). 이 단락은 아직 사람들을 모으는 일을 마치지 않았다는 여호와의 엄숙한 선언(주 여호와가 말하노니, 8절)으로 끝을 맺는다. 내가 이미 모은 백성(즉, 포로된 이스라엘 사람들) 외에 또 모아 그에게 속하게 하리라. 그것은 아직 남은 자가 많고 많은 나라에서 온다는 것을 암시한다.

의미

하나님은 바벨론의 포로에서뿐만 아니라 영적으로(즉, 너는 공의로 설 것이며, 54:14) 이스라엘을 구원하기 위한 자신의 계획을 설명하셨는데, 이것을 여호와의 종들의 기업이라고 부르신다(54:17). 이어서 그분은 이 구원을 받아들이는 모든 사람에게 그 구원을 주신다(55:1-2).

목마른 자들에 대한 이 일반적인 부르심은 하나님으로부터의 이 영적 구원을 기꺼이 받아들이려는 모든 사람에게 비유적으로 호소하는 것이다. 그 계획은 그들이 여호와께서 그들에게 제공하시는 언약(아마도 새 언약, 55:3)에 동의할 것을 요구한다. 만약 그들이 그렇게 한다면, 하나님이 다윗에게 보여 주신 것과 같은 신실한 자비를 보게 될 것이다.

이 단락의 문맥은 바벨론 포로에서 돌아오는 것으로 시작하지만, 그것은 하나님이 많은 나라에서 의로운 남은 자들, 즉 순종하여 그분을 섬기고 그분을 영화롭게 할 자들을 모으시는 먼 미래의 때까지 확장된다. 그들은 기회가 있을 때 그분께 돌아가야만 한다. '하나님을 부르기'에는 너무 늦은 시점이 있기 때문이다(55:6).

이스라엘이 계속해서 죄 가운데서 방황하고 있기 때문에, 하나님은 그들에게 어떻게 하면 자신의 눈에 의롭게 되는지 일깨워 주셔야만 한다. 그분은 또한 이 의가 이스라엘만을 위한 것이 아니라 순종으로 그분께 돌아오는 모든 자를 위한 것임을 분명하게 하길 원하신다. 이전에 제의적 예배에 참여할 수 없었던 타국인들과 고자들도 이제는 하나님께 기꺼이 받아들여질 것이다.

하나님의 집은 만민이 기도하는 집이 될 것이다. 유일한 조건은 하나님과의 진실한 관계이다. 하나님의 구원이 이스라엘 나라보다 더 많은 사람에게 열려 있다는 개념은 이사야서 두 번째 부분의 가장 흥미로운 전개들 가운데 하나이다

6) 악한 지도자들에게는 희망이 없음(56:9-57:21)

문맥

55:6에서 회개하라는 긴급한 외침(너희는 여호와를 만날 만한 때에 찾으라 가까이 계실 때에 그를 부르라)이 진정으로 이해되기 위해서, 저자는 또한 그렇게 하지 않는 자들의 결과를 설명해야 한다. 그 결과는 이제 이사야서 이 부분(49-57장)의 마지막 섹션에 설명되어 있다(표 0.11을 보라). 와서 하나님의 좋은 것들을 먹으라는 그 부르심(55:1-2)은 들짐승에게 와서 하나님의 제안을 거절했던 자들을 삼키라는 부르심(56:9)과 대조된다.

이 사악한 사람들(악한 지도자들과 일반적인 악인들이 교대로 나오는 단락)은 실제로 먹고 마시지만, 만족하지 못할 것이다. 죄 때문에 눈이 먼 그들은 그들의 죄의 결과로부터 결코 고통을 받을 필요가 없다는 속임수와 언제나 그랬던 것처럼 삶이 계속될 것이라는 속임수에 빠져 있다(내일도 오늘 같이/크게 넘치리라).

그러나 57장에 따르면 이것은 옳지 않다. 우상들을 의지한 악인들은 그것들로부터 도움을 거의 받지 못하지만(13절), 의인들은 평안 가운데 들어갈 것이다(2절). 참으로 하나님은 잠시 자신의 백성에게 진노하셨지만, 결국에는 그들을 구원하실 것이다.

그 후 이 섹션은 다른 섹션들과 유사한 이음새(48:17-22과 66:1-24)로 끝난다. 그것은 지극히 존귀하며 영원히 거하시며 거룩하다 이름하는 이가 이와 같이 말씀하시되(15절)라는 선언으로 시작하고 나서 이 책의 핵심 주제를 요약한다.

첫째, 이스라엘이 심판받았다(57:16-17).
둘째, 이스라엘이 구원을 받을 것이다(57:18-19).
셋째, 악인이 징벌받을 것이다(57:17, 20-21).

그 이음새는 책 후반부의 이사야 이음새에 공통적인 후렴구인 내 하나님의 말씀에 악인에게는 평강이 없다 하셨느니라로 끝을 맺는다(48:22과 확장된 버전인 66:24을 보라).

이사야 56:9-57:21은 두 개의 단위로 구성된다.

- 56:9-57:14: 이스라엘 나라의 죄
- 57:15-21: 여호와께서 겸손한 자를 구원하실 것이다

주석

(1) 이스라엘 민족의 죄(56:9-57:14)

⟨9-12⟩ 9절에는 멸망될(숲 가운데의 모든 짐승들아 와서 먹으라) 이스라엘의 태만한 지도자들(파수꾼이라고 부름, 10절)을 향한 징벌의 주제로 돌아가는 갑작스러운 변화가 나타난다. 짐승들은 일반적으로 하나님의 징벌이나 하나님이 멸망시키는 데 사용하실 적들을 상징적으로 나타낸다. 이 타락한 지도자들은 더 이상 그 나라의 **파수꾼**으로 봉사하는 데 필요한 자질들이 없다(겔 3:17-21을 보라).

첫째, 하나님을 따르는 방법에 대해 무지하다는 의미에서 맹인이다(10절).
둘째, 임박한 위험에 대해 경고할 수 없는 벙어리(일렘[$ill\bar{e}m$], 6회) 개들(즉, 짖을[나바흐⟨$n\bar{a}bah$⟩, 여기에만 나옴] 수 없으며, 10절)이다.
셋째, 누워 있는 자들이요 잠자기(눔[$n\hat{u}m$], 6회. 10절)를 좋아하는 자들인 나태한 사람들이다.
넷째, 탐욕이 심하여(문자적으로 '목구멍의 강함') 족한 줄 알지 못하는(문자적으로 '그들이 풍부함을 알지 못한다', 11절) 개들과 같은 탐욕적인 자들이다.

다섯째, 부패하고 몰지각한(문자적으로 '그들이 분별하는 방법을 알지 못한다', 11절) 자들이다.
여섯째, 회개하지 않는(다 제 길로 돌아가며) 자들이다.
일곱째, 자기를 섬기는(문자적으로 '목적을 벗어나 그 자신의 이익을 위하는 각 사람', 11절) 자들이다.

지도자들은 종종 구약에서 목자들로 묘사되고(민 27:17; 겔 34:5 등) 선지자들은 종종 파수꾼들로 묘사된다(렘 6:17, 겔 3:17 등). 에스겔이 이스라엘의 참목자이신 하나님에 대해 그린 그림(겔 34장)과 달리 이 시점에서는 둘 다 부패했다.

이 지도자들은 회개하라고 경고하는 대신, 친구들을 불러모아 흥청거리려고 그들을 초대한다. 오라 내가 포도주를 가져오리라 우리가 독주를 잔뜩 마시자(12절). 비전이나 방향이 없으면 백성을 유익한 방향으로 인도할 수 없다(잠 29:18을 보라). 설상가상으로 그들은 하나님이 준비하고 계신 징벌에 대해 완전히 눈을 감고, 삶이 지금처럼 그대로 계속될 것이라고 가정한다. 내일도 오늘같이 크게 넘치리라(문자적으로 '나머지가 훨씬 더 클 것이다', 12절).

〈57장 1-2〉 이스라엘의 실패한 지도력의 결과로, 의인(여기서 구문은 '의인'을 강조함)이 죽을지라도 마음에 두는 자가 없다(문자적으로 '그의 마음에 [그것]을 두는 사람이 없다', 1절). 나라가 너무 심하게 침몰하여 의로운 사람들(문자적으로 '헤세드[ḥeṣed, '자비'의 사람들')의 수가 줄어들고, 그들이 죽을수록 행악자들의 수가 증가한다는 것을 아무도 걱정하지 않는다. 의인들은 악한 자들 앞에서 불리어가도다(문자적으로 '악의 면전에서부터 의인들이 모이기 때문에', 1절).

의인들에게 죽음은 평안과 안식(NIV)의 장소로 가는 것으로 묘사된다(모든 악인을 떠나서 그들의 침상에서 편히 쉬리라[문자적으로 '그의 앞으로 곧게 감'], 2절).

〈3-4〉 1-2절의 의인과 3-13a절에 묘사된 우상 숭배자들 사이의 대조가 격렬하게 표현된다. **무당의 자식, 간음자와 음녀의 자식들아 너희**(문자적으로 '너희 자신'= 강조)**는 가까이 오라.** 여호와께서는 자신 앞에서 우상 숭배자들에게 주어진 일을 보고하라고 그들을 부르신다. 그분은 완전히 멸시받는 대상인 그들을 비난하신다. 그들은 우상 숭배와 관련된 주술과 성적인 의식에 참여하여 노골적으로 반역하는 자들이다.

이스라엘 사람들은 이방 신들과 연합하여 언약 관계에 있는 하나님께 불성실함을 드러냈다는 의미에서 간음한 자들이었다. 이와 비슷하게 그들은 도움을 받기 위해 우상을 숭배함(이교적 매춘 행위가 포함됨)으로써 그들 자신을 창녀로 만들어 왔었다.

악인들은 노골적으로 무례한 몸짓으로, 즉 그들은 '**비웃고**'(문자적으로 '네가 입을 크게 벌린다') '**혀를 내밀어**'(문자적으로 '네가 혀를 길게 한다', 4절) 여호와를 조롱한다. 이것은 그들이 하나님의 율법을 떠나 얼마나 멀리 방황했는지를 나타내는 것이다. 그들은 거짓(샤케르[šāqer], '속임수')의 후손인 패역의 자식이다. 즉, 그들은 뻔뻔하게 우상 숭배를 하면서 의로운 척한다.

〈5-8〉 그들의 우상 숭배 행위들에는 다산 의식과 자녀 희생 제사가 모두 포함되어 있는데, 둘 다 포로기 선지자들에 의해 정죄를 받았다. **너희가 상수리나무**(아야일['ayayil], '웅장한 나무'; 이 의미로 3회, 모두 이사야서에 나옴; 5절) **사이 … 음욕을 피우며 네가 높고 높은 산 위에 네 침상을 베풀었고**라는 어구는 땅의 비옥함을 보장받기 위한 바알 숭배의 제의적인 매춘을 의미한다.

우상 숭배를 하던 언덕 꼭대기에는 일반적으로 바알이 땅을 비옥하게 한다는 믿음을 고취 시키기 위해 무성한 정원들을 조성했다. 그래서 **상수리나무 사이**(바엘림[bā'ēlim]이라는 단어는 '신들 사이에서'로 번역될 수도 있지만, 여기서는 그렇지 않은 것 같음)**와 모든 푸른**(문자적으로 '무성한') **나무 아래에서**(5절)라는 언급을 한다.

자녀 희생 제사가 **골짜기**(문자적으로 '와디스[wadis]; 중동에서 우기 때 외에는 물이 없는 계곡'-역주) 가운데 **바위틈**(사잎[*sāʿip*], 4회)에서도 행해졌는데, 특별히 아하스와 므낫세 통치 기간에도 힌놈의 아들(Ben Hinnom) 골짜기에서 자녀들을 희생 제물로 바쳤었다. 이러한 종류의 배교는 특별히 여호와께 가증한 것이었다(렘 7:31을 보라).

그러므로 그들이 우상 숭배를 추구함으로 겪게 될 결과들에 하나님이 그들을 넘겨주신 것은 정당하다(롬 1:18-32을 보라). **골짜기 가운데 매끄러운 돌들 중에 네 몫이 있으니**. 비슷하게 소리가 나는 매끄러운 돌들(할레케[*ḥallēqê*])과 네 몫(헬케크[*ḥelqēk*]) 사이에는 언어유희가 있다.

매끄러운 돌들(6절)은 아마도 바알을 나타내는 '서 있는 돌들' 또는 '기둥들'(맞체바[*maṣṣēbah*])을 의미할 것이며(출 34:13을 보라; Smith 2009: 552), 사람들은 거기에 희생 제물을 바쳤다. **네가 전제와 예물을 그것들**(즉, 매끄러운 돌들)**에게 드리니**. 하나님은 그들의 죄들에 대한 말씀을 잠시 멈추시고, **내가 어찌 위로를 받겠느냐**(문자적으로 '긍휼을 갖다')라는 수사학적 질문을 던지신다. 그 대답은 분명히 '아니오!'이다. 이렇게 사악한 행위들에는 심판이 필요하기 때문이다.

그들의 죄 목록 가운데 다음 죄는 **네가 높고 높은 산 위에 네 침상을 베풀었고라**는 진술이다(7절). 이것은 그들의 우상 숭배에 대한 비유적이며 문자적 언급인데, 여기에는 언덕 꼭대기(즉, 높은 산)에 있는 신들 앞에 경배하며 밤을 지새우는 것이 포함된다. 어떤 학자들이 제안한 바와 같이(Whybray 1975: 202), 이러한 우상 숭배 행위들이 포로기 이후(스 9-10장, 느 9장-10장)에 발생했다는 증거는 거의 없다. 아마도 그것은 미래의 죄들이 무엇일지에 대한 포로기 이전의 예측일 것이다.

그 백성들은 또한 이방의 예배 의식을 그들의 집으로 가져왔다. **네가 또 네 기념표**(지크로넥[*zikrônēk*], '너의 기념, 기억')**를 문과 문설주 뒤에 두었으며**(8절). 8b-9a절은 하나님 대신에 그들과 친밀한 관계를 형성하면서, 모든 우상을 음란하게 추구하는 것에 대해 비유적으로 말한다(즉, 네가 나를 떠나).

그들은 다음과 같이 행동한다.

- 많은 신과의 친밀함을 나타내는 벗고 올라가서 네 침상을 넓히고
- 이방 신들을 경배하는 나라들과의 동맹들과 조약들을 의미하는 그들과 언약하며 또 네가 그들의 **침상을 사랑하여**(대안적 번역: '너는 그들 때문에 너 자신을 베었다', 신들의 동정을 얻기 위한 일반적인 관행; 왕상 18:28을 보라)
- 그들의 거짓 종교의 성적 본능을 묘사하는 이미지인 그 **벌거벗은 것**(문자적으로 '손', 성적 부분에 대한 완곡한 표현[euphemism]으로 남자다움[NASB], 알몸[NIV], 벌거벗음[ESV]으로 읽음)**을 보았으며**

〈9-10〉 이스라엘은 다른 먼 곳 나라들과 동맹을 맺을 때 종종 그들의 신들도 받아들였다. 이스라엘은 애굽(왕하 19:9; 사 37:9)과 바벨론(겔 23:14-17, 40) 같은 먼 나라에 사절들을 보내 도움을 요청했다.

일부 학자는 **멜렉**(*melek*, 마소라 본문에서는 문자적으로 '그 왕에게')을 가나안의 신인 **몰렉**(*Molek*)으로 모음을 바꾸어 번역할 것을 제안한다. 그러므로 **네가 회유하는 선물**(즉, 기름, 향품, 9절)을 **가지고 몰렉**[NIV]**에게 나아가되**(샤팔[*šāpal*], '내려갔다', 이 의미로 3회)라고 번역한다. 그러나 오스왈트는 가나안이 먼 곳 나라가 아니었음을 지적한다(1998: 480).

9절은 이스라엘 사람들이 사절들을 **스올**(NIV, '죽은 자들의 영역')로 보냈다고 서술한다. 이것은 아주 먼 거리로 보냈다는 것을 과장하는 것이거나 또는 이스라엘의 지도자들이 사절들에게 하나님 대신에 인간을 의지한 자신들과 같은 죄를 짓게 했다는 것이다.

그들은 자신들을 대신할 능력이 없는 거짓 신들을 좇는 모든 여정으로 인해 지쳐 있음에도 불구하고, 그 행위를 포기하지 않았다(헛되다[야아쉬〈*yā'aš*〉, 6회] **말하지 아니함은**,10절). 어떻게든 그들은 계속해서 죄를 지을 새로운 에너지를 찾았다(문자적으로 '너는 네 손에서 생명을 찾았다'). 죄의 본성은 참으로 강력한 힘이다.

⟨11-14⟩ NIV는 이스라엘을 향한 하나님의 질문의 뉘앙스를 잘 표현한다. 네가 누구를 그렇게 무서워하고(다아그[dā'ag], 7회) 두려워하여 나에게 진실하지 못하였으며, 나를 기억하지도 않았고(강조된 진술, 문자적으로 '나를 그들이 기억하지 않았다') 이것을 마음에 두지도 않았느냐(즉, 하나님을 진지하게 생각함, 11절).

이스라엘은 종종 인간 왕들을 너무 두려워하여 하나님을 두려워하는 것을 잊어버렸다. 그들은 하나님이 오랫동안 고통을 참은 것(문자적으로 '침묵')을 무능력하신 것으로 착각하여 그분을 경외하지 않았다(문자적으로 '나를 너희가 두려워하지 않았다', 11b절).

아이러니하게도 그들은 여전히 희생 제물들을 바치며 의로운 척하는 몸짓을 했다. 하나님은 그들이 고질적인 우상 숭배자임을 폭로하실 것이다. 네 공의를 내(문자적으로 '나 자신', 강조적임)가 보이리라(12절). 그들이 부르짖을 때에 하나님은 네가 모은 우상들에게 너를 구원하게 하라라고 조롱하듯 응답하실 것이다(13절). 그들의 우상들은 무력하여 아무것도 할 수 없다(기운에 불려 갈 것이다). 그러나 여호와를 의지하는 자들의 결과는 완전히 다르다.

40:3-5에서처럼 13b-14절에서 구원의 약속은 하나님의 백성을 고국으로 데려오는 데 필요한 준비임을 묘사한다. 돋우고 돋우어 (강조하기 위해 반복함) 길을 수축하여(12절). 모든 장애물(밐솔[miksōl], 즉 '방해물')이 길에서 제거되어야 한다(14절), 그러므로 하나님을 의뢰하는(NIV, 피하는) 자들은 상속받을 땅인 시온(나의 거룩한 산)으로 돌아갈 수 있을 것이다(13절).

(2) 여호와께서 겸손한 자를 구원하실 것임; 이음새(57:15-21, 후렴구: 네 하나님의 말씀에 악인에게는 평강이 없다 하셨느니라)

⟨15-17⟩ 15-21절의 이 이음새는 지극히 존귀하며 영원히 거하시며라는 선언으로 시작하여 내 하나님의 말씀에라는 어구로 그 섹션(이사야 49-57장)을 마친다. 다른 이음새들과 마찬가지로 그것은 이사야서의 핵심 주제들

을 요약한다.

- 이스라엘이 심판받았다(57:16-17).
- 이스라엘이 구원받을 것이다(57:18-19).
- 악인이 징벌받을 것이다(57:17, 20-21).

15절의 시작 부분에 묘사된 하나님의 성품은 자신의 말씀을 지키시는 하나님의 능력을 확증하는 역할을 한다. 하나님은 **지극히 존귀한 자**이신데, 이 어구는 그분의 초월성을 묘사하는 6:1에서 가져온 것이다. 즉, 그분은 **영원히 거하시며**(쇼켄[šōkēn], '좌정하신'; 그분의 영원하심을 가리킴) **거룩하다 이름하는**(그분의 거룩하심을 가리킴) 이이시다.

그 후 하나님이 그 백성들을 구원하기 위해 자신이 그들을 대신하여 행동할 것이라고 그들에게 장담하시는 두 가지 이유(키[kî], '때문에')가 있다.

첫째, 그분은 그렇게 할 수 있는 권세를 가지고 계신다. 내가 **높고 거룩한 곳에 있으며**. 비록 두 용어가 동의어일지라도 하늘이나 회복된 시온을 의미할 수 있다.

둘째, 자신의 백성들을 향한 그분의 사랑은 또한 **통회하고**(문자적으로 '으깨진') **마음이 겸손한 자와 함께 하신다**는 사실로 확인된다.

후자의 어구는 하나님께 회개하는 마음을 가진 자들, 잘못을 저지른 것을 슬퍼하는 자들을 가리킨다. 하나님의 임재는 그들을 격려할 것이다. 그분은 그들의 죄들을 용서하심으로 **겸손한 자의 영을 소생**(문자적으로 '생명을 가져오다')시키며 통회하는 자의 마음을 소생시키실 것이다. 만약 이 백성들이 하나님의 거룩한 산을 소유하려면, 하나님의 격려와 용서가 모두 필요하다(13b절).

여호와는 인간의 한계들을 알고 계신다. 그분은 그들의 창조주이시기 때문이다(즉, 내[문자적으로 '나 자신']가 지은 그의 영과 혼(NIV, 바로 그 사람); 16절). 그분은 자기 백성들과 다툴 때와 물러나야 할 때를 아신다. 그래서 적절한 때에 그분의 분노는 가라앉을 것이다.

하나님이 정당한 진노를 나타내셨음에도 불구하고(문자적으로 '내가 진노하여 그를 쳤다. 내가 [내 얼굴을] 숨기고 [그를] 쳤다, 17절), 그들은 여전히 그들의 **탐심의 죄악**(그들의 죄를 대표함)과 자기 마음의 길(NIV, 고의적인 길들)을 계속 쫓았다. 그럼에도 불구하고 하나님은 징벌 내리기를 자제하셔야만 한다. 그렇지 않으면 그들은 **초주검에 이를**(NIV) 것이다(즉, 꼼작 못하게 되어 죽는다).

오직 모든 것을 아는 하나님만이 그분의 피조물의 한계를 아실 수 있다. 그러나 오직 모든 것을 사랑하는 하나님만이 그들이 그 한계들을 넘지 않도록 충분히 돌보실 것이다.

⟨18-19⟩ 이스라엘의 죄는 그들을 향한 하나님의 사랑과 계획들을 방해하지 못했다. **내가 그의 길을 보았은즉 그를 고쳐 줄 것이라**. 그들이 자신들을 구원할 수 없기에 하나님이 개입하셔서 그분의 백성들에게 위로를 다시 얻게 하고, 그들을 고무시켜 그분을 찬양하게 하실 것이다(입술의 열매[눕⟨*nûb*⟩, 여기에만 나옴]를 창조하는 자[NIV, 그들의 입술로 찬양하는]). 이 모든 것은 그들이 받은 이전의 징벌들을 잊게 할 것이다.

어떤 학자들은 여기서 '치유'의 의미를 더 이상 그 나라가 분열되고 흩어지지 않도록 하나님의 백성이 다시 연합되는 것으로 생각한다. 그러나 문맥은 하나님이 그들의 행동들을 보신 후에 치유가 일어난다는 것을 나타내므로(즉, 내가 그의[NIV, 그들의] 길을 보았은즉 그를[NIV, 그들을] 고쳐 줄 것이라), 그것은 오히려 그들의 사악한 길들에서 영적 치유를 받는 것을 의미하는 것 같다. 하나님은 위로(니후밈[*niḥumim*])를 다시 얻게 하실 것이다. 이 보기 드문 복수 명사(3회)는 위로의 추상적 성질을 나타낸다(Williams § 7).

평강이 있을지어다 평강이 있을지어다라는 선언(19절; 반복은 강조를 위해서이거나 또는 최상급 '완전한 평강'를 표현하기 위한 것임; Williams § 16)은 먼 데 있는 자에게든지 가까운 데 있는 자를 위한 것이다. 후자의 어구는 문자적, 물리적 의미로 읽어야 한다. 즉, 가까운 데 있는 자는 예루살렘으로 돌아오기 직전에 예루살렘이나 바벨론에 살았던 이스라엘 사람들을 가리키고, 먼 데 있는 자는 고대 근동 전역에 흩어져 있는 이스라엘 사람들과 이방인들 모두를 가리킨다. 내가 그들을 고치리라라는 하나님의 보증은 그분의 말씀의 시작(18절)과 끝(19절)에서 이 어구를 반복함으로써 확증된다.

⟨20-21⟩ 남은 자들에게는 평안이 있지만, 악인들은 물의 소용돌이가 진흙과 더러운 것을 솟구치게 하듯이 **요동한**(가라쉬[gāraš], 이 의미로 3회) 바다로 묘사된다. 그 이미지는 다음에 나오는 친숙한 후렴구를 생생하게 묘사한다. 내 하나님의 말씀에 악인에게는 **평강**이 없다 하셨느니라. 이 후렴구가 이사야서 두 번째 부분의 두 번째 섹션(49-57장)을 닫는다.

의미

하나님께로 와서 영적 갈증을 해소하라고 그분이 그들을 부르신 것에 이어서(55:1-56:8), 저자는 이제 이 제안을 거부하는 자들에게 일어날 일을 설명한다. 그분은 더 잘 알고 있어야 하지만 오히려 눈이 멀고 말을 못 하는 **파수꾼**(지도자) 이야기로 시작한다. 그들은 거짓 신들을 찾아서 집으로 데려오며, 심지어 그들에게 자신들의 자녀를 바치기도 한다. 그들이 참하나님을 바라보기를 거부하기 때문에, 징벌이 다가올 때 그들은 그것에 의해 빼앗기게 될 것이다(57:13).

이스라엘의 역사를 통해 일관되게 진행된 하나님의 계획은 57:13b에 요약되어 있다. 나를 의뢰하는 자는 땅을 차지하겠고 나의 거룩한 산을 기업으로 얻으리라. 이스라엘이 하나님을 떠나 방황할 때 그들은 그 땅에서 옮겨졌다. 그러나 하나님은 진정으로 통회하고 마음이 **겸손한**(15절) 자들을 결단코 버리지 않고 지키고 보호하셨다. 하나님의 계획에는 이 모든 것을 고려한 분명한 목표가 있었다.

하나님께 항복하여 순종하기로 선택한 자들은 하나님 안에서 피난처를 발견할 것이고, 의로운 남은 자들과 연합하게 될 것이다. 그러나 계속해서 하나님께 반역하는 자들은 결코 **평안**을 누리지 못하고, 대신 계속해서 하나님께서 불쾌해하심을 경험하게 될 것이다.

3. 시온의 영광(58:1-66:24)

이사야서의 마지막 아홉 장은 시온의 미래 영광을 강조하면서, 하나님의 계획의 핵심 요소 전체를 마지막으로 반복한다(표 0.12를 보라). 이사야 58장은 하나님의 백성을 특징짓는 참된 정의의 표시를 설명한다(예: 내가 기뻐하는 금식은 흉악의 결박을 풀어 주며/멍에의 줄을 끌러 주며/압제당하는 자를 자유하게 하며/모든 멍에를 꺾는 것이 아니겠느냐, 58:6).

이것은 59장에서 그분의 백성의 많은 죄에 대한 묘사와 대조된다. 그러나 그 장은 그들의 구속을 가능하게 만드는 이러한 죄들에 대한 진심 어린 고백으로 끝난다(즉, 구속자가 시온에 임하며, 59:20). 이어서 60-62장은 여호와께서 자신의 백성을 위해 가져오실 구원을 묘사한다. 가난한 자에게 아름다운 소식을/… 포로된 자에게 자유를/갇힌 자에게 놓임을(61:1). 시온은 궁극적으로 여호와께서 회복하고 보호하실 것이며, 나(하나님)의 기쁨이 그 안에 있다(62:4; 헵시바[Hephzibah])라고 불릴 것이다.

회복된 시온의 영광과는 대조적으로, 63장은 여호와께서 자신을 거부한 모든 사람에게 그분의 복수를 쏟아붓는 날을 묘사한다(63:1-6). 징벌받은 후 남은 자들은 64장에서 하나님께 기도하면서 그들을 대신하여 행동하고 그분의 큰 권능을 나타내주시기를 간구한다. 원건대 주는 하늘을 가르고 강림하시고…(64:1).

하나님은 65-66장에서 자신의 백성을 항상 사랑하셨고, 그들을 위한 놀라운 계획이 있음을 확신시켜 주심으로써 응답하신다. 그러나 하나님을 거부하기로 선택한 자들에게도 마찬가지로 무서운 결과가 있다.

이 책의 마지막 이음새인 이사야 65-66장은 또한 하나님의 계획에 대한 확장된 설명이다. 그것은 이전 이음새에서 발견된 것과 유사한 주제를 포함한다.

첫째, 이스라엘이 심판받았다(65:1-16). 이스라엘 나라에 대한 하나님의 반복적인 부르심을 강조하지만, 그들은 계속해서 그분을 거부한다.

둘째, 이스라엘의 남은 자가 구원을 받을 것이다(65:8-15, 17-25; 66:7-14, 19-23). 매우 놀랍게도 이 남은 자들은 아주 먼 나라에서부터 모이게 될 것이며(66:19-20) 이스라엘의 남은 자들과 함께 섬기게 될 것이다(66:21).

셋째, 악인이 징벌받을 것이다(65:6-7, 11-15; 66:3-6, 14b-17, 24). 이 주제는 영원한 심판의 무서운 약속을 자세히 설명하는 후렴구에서 크게 확장된다. 그들이 나가서 내게 패역한 자들의 시체들을 볼 것이라 … 모든 혈육에게 가증함이 되리라(66:24).

1) 참회개의 요청(58:1-14)

문맥

이사야서의 마지막 섹션(이사야 58-66장)은 이스라엘을 구원하시고 그분을 거부하는 자들을 징벌하시기 위한 하나님의 계획을 명확하게 설명한다. 58장은 그들의 구원이 늦어진 것은 그들의 위선 탓이라고 한다. 그들의 헛되고 제의적인 금식은 아무것도 이루지 못할 것이다. 하나님은 진심 어린 겸손이 요구되는 참된 금식에만 응답하신다.

이사야 58장이 통일된 전체 단위인지 아니면 편집자가 결합한 개별 단위들(1-3a절, 5-9a절; 이후 삽입된 3b-4절)인지에 대한 논쟁이 계속되고 있다. 어느 쪽이든 3절의 불평으로 인해 백성을 고발하는 것으로 시작하여(1-4절), 하나님이 진정한 금식을 의도하신 것이 무엇인지에 대한 설명(5절-9a절)으로 이어지는 분명한 흐름이 있으며, 두 개의 조건문(9b-12절, 13-14절)으로 끝맺는다. 이 문장들은 사람들이 마음의 진정한 변화를 나타내면 하나님이 약속하신 구원을 가져다주실 것이라고 말한다.

주석

⟨1-4⟩ 여호와께서는 그분의 백성인 야곱의 집(NIV, 후손)의 죄를 선언할 때, 목소리를 아끼지 말라(문자적으로 '네 목으로 부르다')고 선지자에게 권고하신다. 그 부름은 긴급하고 구체적이다. 그 백성들은 정화되어야 할 필요가 있는 그들의 허물(피슈암[piš'ām], '내적 반역'을 의미함)과 죄에 대해 현저하게 눈이 멀었기 때문이다.

선지자의 음성은 사람들의 주의를 끌고 그들에게 과감하게 행동할 필요가 있다는 것을 경고하기 위해 '나팔처럼 귀청을 찢는 듯'(네 목소리를 나팔[쇼파르⟨šôpār⟩, '숫양의 뿔']같이 높여)하게 들린다.

2-3a절은 다음과 같이 주장하는 하나님의 백성들의 종교적 활동을 설명한다.

첫째, 부지런히 하나님을 찾는다(문자적으로 '나를 그들이 날마다 찾는다', 강조를 위해 도치된 구문).

둘째, 하나님의 길을 기뻐한다.

셋째, 그분의 율법들을 따른다.

넷째, 하나님의 공의를 구한다(의로운 판단을 내게 구하며).

다섯째, 하나님을 가까이하기를 원한다.

그러나 이 모든 것에도 불구하고 하나님은 응답하지 않으신다. NIV 읽기는 그들의 행동에 진정성이 없음을 나타낸다. 그들은 내 길을 알기 위해 열심인 것처럼 보인다(NIV, 개역개정은 나의 길 알기를 즐거워함이-역주, 2절).

위선에 대한 유사한 주제에 대해서는 29:13을 보라. 이 백성이 입으로는 나를 가까이하며 입술로는 나를 공경하나 그들의 마음은 내게서 멀리 떠났나니. 그 문제는 예수님의 시대까지 계속되었다. 예수님이 바리새인들을 눈먼 인도자들(마 15:14)과 회칠한 무덤들(마 23:27)이라고 비난하셨기 때문이다.

백성들이 하나님이 그들의 금식을 알아주지 않거나 응답하지 않으셨다고 불평할 때, 그분은 금식이 그들의 삶을 전혀 변화시키지 못했다고 즉시 반박하신다. 그것은 단지 공허한 제의일 뿐이다. 그분은 금식일에 그들이 원하는 대로 하며(문자적으로 '너는 [너의] 기쁨을 찾는다'). 자신들의 일꾼들(NIV, 문자적으로 '고된 노동자들')을 **착취**(NIV, 문자적으로 '압제')한다는(3절) 사실을 그 증거로 제시하신다.

그들의 금식은 겸손한 회개로 이어지기는커녕 오히려 논쟁, 다툼(맞차[maṣṣâ], 이 의미로 3회), 주먹 다툼(악한 주먹[에그롶⟨'egrōp⟩, 2회]으로 치는도다)으로 이어졌다. 여호와께서는 그들의 행동이 얼마나 불쾌한지 분명히 말씀하신다. 너희가 오늘 금식하는 것은 너희의 목소리로 상달하게(즉, 하나님께 들리게) 하려는 것이 아니니라(4절). 그들은 자신들의 마음을 하나님의 마음에 맞추는 대신, 하나님을 조종하려고 금식했음이 분명하다.

⟨5-7⟩ 이어지는 논쟁에서 여호와는 그들이 금식할 때 자신이 기대하는 태도와 행동들의 종류를 설명하신다(문자적으로 '이것이 내가 택한 금식과 같지 않은가?', 5절. 수사학적 질문은 긍정적인 대답을 전제로 함). 진정한 금식은 내적으로는 **자신을 낮추고**(NIV, 문자적으로 '사람의 영혼을 낮추는 날', 5절), 외적으로는 다음과 같은 방법으로 이러한 겸손을 나타내도록 사람들에게 요구한다.

- 그의 머리를 갈대같이 숙이고(카팦[kāpap], 5회)(5절)
- 굵은 베와 재(회개의 일반적인 표시)를 펴는(야차[yāṣa'], '잠자리를 만들다', 4회) 것
- 흉악의 결박(하춥[ḥarṣōb], '끈들', 2회)을 풀어 주며(즉, 모든 사람을 공정하게 대함 6절)
- 멍에의 줄(아굳다['ăguddâ], 이 의미가 유일함)을 끌러 주며(나타르[nātar], 3회; 즉, 속박된 자들을 풀어줌)
- 노숙자(즉, 유리하는 빈민[메루딤⟨mĕrûdim⟩, 3회])에게 음식을 나누어 주고 쉼터를 제공하며, 헐벗은 자에게 의복을 제공함(7절)

히브리어 원문 7절의 시작 부분에 있는 **아니겠느냐**(할로[*hălô*'])라는 어구는 그들이 외국인이든 가족이든 상관없이 도움이 필요한 모든 사람에게 이러한 연민을 구체적으로 표현했어야 한다는 것을(문자적으로 '네 자신의 육체로부터 네 자신을 숨기지 말라', 7절) 알았지만, 그렇게 하는 것을 무시했음을 암시한다.

이스라엘은 고대 근동의 다른 나라들에게 본보기가 되어 하나님의 자비하심을 드러냈어야만 했다. 다른 사람들을 위한 자기 부인은 어렵고 드물지만, 하나님은 자기 백성들에게 그것을 기대하셨다(즉, 네 이웃 사랑하기를 네 자신과 같이 사랑하라, 레 19:18).

〈8-9a〉 이러한 종류의 의롭고 동정심 많은 행동은 하나님의 자녀들에게 또 다른 심오하고 긍정적인 영향을 미친다(8절에서 그리하면(아즈[*ʾāz*]이라는 단어로 도입됨).

첫째, 그들의 **빛이 새벽같이 비칠 것이며**라는 이 비유적 표현은 하나님이 그들을 구원하실 것임을 나타낸다. 새벽(샤하르[*šaḥar*], 8절)이라는 단어는 종종 구원과 승리를 나타내는 이미지로 사용된다(9:2을 보라).

둘째, 그들의 **치유가 급속할 것이다**(문자적으로 '빨리 돋아날 것이다'). 하나님이 자기 백성들의 영적, 육체적 건강을 회복시켜 주실 것이다.

셋째, 그들의 **공의가 네 앞에 행하고** 그들의 길을 평탄하게 인도할 것이다.

넷째, **여호와의 영광이 네**(즉. 이스라엘 사람들의) **뒤에 호위**(문자적으로 '너를 모을 것이다')**할 것이다**. 이 어구는 하나님이 그들과 함께 하고, 낙오자들을 인도하여 포로지에서 돌아오게 하신다는 의미에서 이해해야 할 것이다.

다섯째, 하나님은 그들의 부르짖음에 응답하고 그들과 함께 계실 것이다(즉, 내가 여기 있다, 9a절).

〈9b-12〉 9b절과 10절의 만일(NIV)로 시작되는 진술들은 6-7절에 나와 있는 참된 금식의 특성을 반복하며, 이와 유사하게 강한 인상을 주는 결과들을 보여 준다. 그들은 **멍에**(즉. 짐, 9:4을 보라), **손가락질**(즉, 책임을 다른 사람에게 전가하거나 다른 사람의 실수들이나 잘못들을 지적하는 것), **허망한 말**(문자적으로 '사악함을 말하는 것', 말로 저지르는 광범위한 죄를 가리킴)을 **제하여 버려야 한다**.

그들은 또한 배고픈 자들(문자적으로 '배고픈 자들을 위해 너의 영혼을 주라')과 고통받는 자들을 도와야 한다. NIV의 **네 자신을 쓰다**(spend, 푸츠[*pûṣ*], '주다', 이 의미로만 나옴)라는 읽기는 단순히 돈이나 물질적인 것들을 주는 것 이상의 의미가 있다. 그것은 일반적으로 빈곤을 줄이기 위해 굶주리고 고통받는 사람들을 위해 일한다는 개념을 전달한다.

네 빛이 흑암 중에서 떠올라/네 어둠이 낮과 같이 될 것이며(10b절)라는 두 어구는 시편 23:4과 유사하며, 두려움과 역경에서 구원받는 신적 구원에 대한 비유이다. 빛이 어두움을 정복하고 어두움이 한낮의 빛으로 전환되는 결과로 인해, 이사야 58:10b은 7-8절과 밀접하게 대응된다. 이것은 하나님의 구원하심을 의미하는데, 즉 그들을 인도하고 보호하실 것임을 나타낸다. 다음 두 구절에서 더 자세히 설명한다.

11절과 12절은 가난하고 억눌린 자들을 보살핀 결과를 계속해서 열거하고 있다.

첫째, 그들은 하나님의 지속적인 인도하심을 확신하게 될 것이다.

둘째, 하나님은 그들의 필요를 풍성하게 공급하셔서(문자적으로 '그분은 너의 영혼의 햇볕에 그을린[차호차호트〈ṣaḥṣāḥôt〉, 여기에만 나오는데, 치혜〈ṣiḥēḥ〉, '바싹 마른'〉와 관련이 있음, 5:13] 곳에서 만족할 것이다'), 그들이 **물댄**(라베 [*rāweh*], 3회) **동산 같겠고/물이 끊어지지**(문자적으로 '거짓말하지') **아니하는 샘** 같을 것이다. 이스라엘처럼 메마른 땅에서 생명을 유지하는 데 매우 중요한 물의 이미지는 분명히 백성들에게 반향을 불러일으켰을 축복의 표시였다.

셋째, 하나님은 변화되고 젊어지도록 그들에게 그분의 강한 능력을 주실 것이다(문자적으로 '그분이 너희의 뼈들을 소생시킬 것이다'; 66:14을 보라).

넷째, 파괴되었던 예루살렘과 다른 성읍들이 재건될 것이다(오래[문자적으로 '세대들과 세대들'] 황폐된 곳들을 다시 세울 것이며 너는 역대의 파괴된 기초를 쌓으리니, 12절).

무너진 데를 보수하는 자와 길을 수축하여 거할 곳이 되게 하는 자라고 불리는 자들은 하나님 자신이 아니라 하나님의 백성(문자적으로 '너희 중에서[밈메카⟨mimmekā⟩] 몇 사람', 즉 남은 자, 12절)이라는 점에 주목하라. 이 어구들은 그 성읍이 꽤 오랫동안 파괴되었었지만, 하나님이 자신의 백성들에게 능력을 주어 예루살렘을 재건할 수 있음을 시사한다.

예루살렘 성벽은 주전 445-433년경 느헤미야의 생애 동안 재건되었지만, 그것을 이전의 영광스러운 모습으로 되돌린다는 말은 그들의 미래, 즉 궁극적 회복에 대한 언급일 가능성이 더 크다.

⟨13-14⟩ 결론적인 '만일'로 시작하는 진술은 안식일을 지키고, 그것을 여호와께 구별하는 것의 중요성을 강조한다. 만일 안식일에 네 발을 금하여 내 성일에 오락을 행하지 아니하고(문자적으로 '네가 기뻐하는 것에서 네 발을 돌이키다')(민 15:32-36을 보라). 13절에서는 안식일을 존중한다는 것은 그들이 기뻐하는 일을 하는 것이 아니라 오히려 하나님을 영화롭게 하는 일을 하는 것임을 분명히 한다.

안식일을 지키는 것은 백성들이 여호와께 헌신하는 표징이 되었다(겔 20:12, 20을 보라). 그들은 오랜 포로기 동안 안식일을 지킬 동기가 거의 없었을 것이다. 따라서 포로기 이후에 이런 방식으로 하나님께 영광을 돌리는 것이 왜 그에게 '기쁨'을 가져오는지를 쉽게 알 수 있다.

14절은 사람들이 진정으로 하나님께 순종하고 공경하는 법을 배우면, 여호와 안에서 즐거움을 경험할 것이라고 설명한다. 하나님은 그들에게 내가 너를 땅의 높은 곳에 올리고(신 32:13의 인용)/네 조상 야곱의 기업으로 기르리라고 말씀하신다. 후자의 두 이미지는 오래전에 야곱에게 약속된 대로(창 35:12을 보라) 이스라엘 땅의 풍요로움을 누리며 하나님의 복을 받은 삶을 묘사한다. 이 모든 복은 여호와의 말씀으로 확증된다.

이 장의 전반부에서 그 백성들은 그들의 마음이 하나님에게서 멀리 떨어져 있었음에도 불구하고 하나님을 기뻐하는 것을 겉치레로 보여 주었다(2절; NIV는 열심인 것처럼 보인다라고 읽음). 그들은 이제 진정으로 하나님을 기쁘시게 하는 것이 무엇인지를 안다(6-14절).

의미

하나님은 이스라엘을 향해 진정으로 자신을 경배한다는 것이 무엇을 의미하는지 알려 주신다. 그것은 반드시 마음에서 우러나와 행동으로 나타나야만 한다. 그들은 마음의 내적 순종 없이 하나님이 요구하시는 율법들과 제의들과 희생 제사들의 외적 준수에 빠지기 쉬웠지만, 하나님은 그 이상의 것을 요구하신다.

하나님은 이런 희생 제사들을 합당한 태도로 정기적으로 행하게 하심으로써 그들의 영적 삶이 살아 있고 활력이 넘치게 하셨다. 그분은 계속해서 자신의 복을 순종과 합당한 마음 자세에 연관시키신다. 이스라엘이 가난하고 억눌린 자들을 돌보는 법을 배울 때, 그들은 모든 나라에 하나님의 증인이 될 것이다.

2) 하나님이 구원을 가져오실 것임(59:1-21)

문맥

하나님은 다시 한번 이스라엘에게 자신의 언약으로 준 영광스러운 유산을 상기시키셨지만(21절), 그들의 죄가 그들을 하나님에게서 분리하였다(2절). 그 결과 그들은 회개의 참된 요소들을 상기한다. 이 장은 이사야 58-66장의 메시지에 매우 중요하다. 진정한 회개가 없이는 나중의 장들에서 언급되는 시온의 영광이 일어날 수 없기 때문이다. 또한, 그것은 하나님을 향한 온화하고 수용적인 마음을 요구하기 때문이다.

59장에 논리적 진전이 있음에도 불구하고, 많은 학자가 문학 양식들의 변화와 예상치 못한 화자의 변화를 반영하는 세 개의 별도 단위로 만들어진 것이라고 주장한다(Whybray 1975: 220; Childs 2001: 484; Blenkinsopp 2003: 186). 그러나 선지자들은 원래 종종 그들의 글에서 화자와 문학 형식을 바꾸어 쓰기도 한다.

- 1-8절: 선지자는 비록 하나님이 그들의 죄악 때문에 일시적으로 구원의 손을 거두었지만, 하나님은 그 나라를 구원하실 수 있다고 이스라엘 공동체를 격려한다.
- 9-15a절: 그 백성들의 죄가 그들이 겪고 있는 고통과 비참함을 초래했다는 사실을 인정하는 한 무리의 이스라엘 사람들의 고백 또는 애가이다.
- 15b-21절: 선지자는 여호와께서 그들의 슬픈 곤경을 보셨고 그들이 간절히 필요로 하는 구원을 가져오실 것이라고 백성들을 안심시키며 다시 말한다.

주석

(1) 이스라엘의 죄가 그들을 하나님에게서 멀어지게 했음(59:1-8)

⟨1-2⟩ 하나님이 그들의 금식에 응답하지 않으신다고 백성들이 불평했던 것처럼(58:3), 선지자도 하나님이 그들을 대신하여 행동하지 않으신다는 그들의 불평에 대해 이렇게 말한다. (참으로[헨⟨hēn⟩]) 여호와의 손이 짧아 구원하지(문자적으로 '구원으로부터') 못하심도 아니요 귀가 둔하여 듣지 못하심도(문자적으로 '듣는 것으로부터 너무 무겁다') 아니라.

선지자는 하나님이 행동하지 않으시는 것이 하나님의 무능함을 나타내다는 생각을 날카롭게 책망한다. 그분은 행동하시기 전에 그들이 회개하기만을 기다리고 계신다(50:1-3 참조).

여기서 문제는 그들의 죄가 그들을 여호와로부터 분리하여 여호와께서 그들의 부르짖음에 응답하기를 거절하신다는 것이다. 오직(키 임[*ki 'im*]; Williams § 447) 너희 죄악이 너희와 너희 하나님 사이를 갈라놓았고(2a절). 2b절의 강조된 구문을 문자적으로 읽으면 다음과 같다. '너희 죄들이 (그분의) 얼굴을 너희에게 듣는 것으로부터 숨게 했다.'

이것은 하나님이 그들의 부르짖음에 응답하지 않으신다는 것을 의미한다. 이것은 성경 전체에 걸쳐 중요한 신학적 주제이다. 죄는 우리를 하나님으로부터 분리한다(미 3:4). 차일즈는 "1-8절의 비난들은 이스라엘의 악의 본질을 탐구하는 데 있어서 새롭게 신학적으로 깊이 있는 연구를 하게 한다"라고 말한다(2001:488).

⟨3-4⟩ 3-8절에서 열거되는 그 백성들의 죄들은 이스라엘 역사의 거의 모든 시기에 해당하는 것들이다. 그들은 계속해서 옛 방식들로 되돌아갔기 때문이다. 그들의 손은 피로 얼룩져(문자적으로 '더러워져') 있다(즉, 그들은 피 흘려 학살 한 죄를 지었다). 3절의 평행법에 특이한 점이 있는데, 흥미롭게도 그들의 '행동들'을 의미하는 손에서 손가락으로, 그들의 '말들'을 언급하는 입술에서 혀로 좁아지고 있다.

'그들의 입술의 죄들'(3b-4절)에는 정의와 성실의 문제들을 다루지 않은 죄와 그들의 악한 계획을 부추기는 거짓말을 하는 죄가 포함된다(거짓을 말하며 악행을 잉태하여 죄를 낳으며, 4절). 그들이 끊임없이 악을 묵상함으로써 더 큰 고난과 악을 낳게 된다. 그들은 무의미한 논쟁들을 신뢰한다(NIV, 개역개정은 허망한 것을 의뢰하며-역주)라는 어구(문자적으로 '공허[토후⟨*tōhû*⟩]를 신뢰함'; GKC § 119aa)는 NIV 읽기가 암시하는 것보다 의미가 더 넓다. 그것은 구원을 위해 하나님보다 다른 모든 원천을 신뢰하는 것을 포함한다.

⟨5-6⟩ 독사(치포니[ṣip 'ônî], 3회)의 알을 품으며/거미줄을 짜나니라는 어구에 있는 두 개의 이미지는 그들의 죄들에 대한 계획과 위험을 보여 준다. 알이 부화하는 이미지는 악의적 계획을 세우고 실행한다는 개념을 전달한다. 이 행악자들의 계획들에 참여하는 자들은 죽게 될 것이다(그 알을 먹는 자는 죽을 것이요).

행악자들은 거미가 거미줄을 짜는 것처럼 조심스럽게 죄악된 계획을 짠다. 이런 계획들은 그들의 악한 목적들(즉, 그 짠 것으로는 옷을 이룰 수가 없을 것이요, 6절)을 증진하고 폭력을 조장하는 것 외에는 쓸모가 없다. 화이브레이는 "악인들의 음모는 위험을 인식하지 못하는 부주의한 자들과 또한 그것을 제거하려는 자들 모두를 사로잡는다"라고 주장한다(1975: 221-222).

여기에 있는 이미지는 그들의 죄가 얼마나 위험한지를 보여 준다. 자신과 타인들과 사회 전체에. 선지자가 '독사'와 '거미'의 이미지들을 선택한 목적이 있다. 그것들은 감지하기 어렵고, 독성이 있는 것과 독이 없는 것을 구별하기 어려워서 사람들이 두려워하는 생물이기 때문이다. 분명히 여기에서 언급된 독사들과 거미들은 '해로운' 범주에 속한다.

⟨7-8⟩ 죄 많은 이스라엘이 열심히 죄를 좇아가는 모습이 7-8절에 설명되어 있다. 그 백성들은 **행악하기에 빠르고**, 무죄한 자들을 죽이는 데(문자적으로 '무죄한 피를 쏟다') 신속하고, 죄를 계획하고 좇는다(NIV, 그들은 사악한 계획을 추구한다, 문자적으로 '그들의 생각들은 죄악의 생각들이다', 7절). 그들의 삶은 폭력으로 얼룩져 있다(문자적으로 '폭력과 멸망이 그들의 대로들에 있다', 7절). 그래서 그들은 **평강**(샬롬[šālôm], '평화, 선의, 하나님의 축복', 8절)의 길을 알지 못한다. NIV는 전체 절에서 히브리어 구문의 강조적 어조를 잘 포착한다.

네 개의 각기 다른 히브리어 단어가 그들의 죄 많은 행동의 패턴을 나타낸다. 그 길(NIV, 그들의 길들, 메실로트[mĕsillôt, '고속도로들'], 7절), 길(way, 데렉[derek], 8절), **굽은 길**(paths, 마겔로트[ma'gĕlôt, '오솔길, 마차길'], 8절), 길(roads,

네티보트[*nětibôt*], 8절). 돌이킬 수 없는 그들의 죄의 본성은 너무나 규칙적이고 끈질기다. 그래서 계속해서 밟아 굳건히 만들어지고 포장된 길처럼 그들의 마음을 완고하게 만든다.

사악한 길로 행하는 자는 평강을 결코 알지 못하는데, 이것은 8절의 시작과 끝에서 강조되는 주제이다. 백성들은 죄로 말미암아 완악해져서 어떻게 행하는 것이 하나님을 기쁘시게 하는 길(즉, 평강의 길)인지 더 이상 기억하지 못할 것이다.

(2) 그들의 죄에 대한 인정(59:9-15a)

〈9-10〉 그러므로(알-켄[*'al-kēn*], 9절)라는 단어는 9-15a절을 앞 섹션에 있는 백성들의 죄에 대한 설명과 연결한다. 따라서 여기에 묘사된 백성들의 상태는 그들의 죄의 직접적 결과이다. 이 단락은 저자가 그들의 죄악된 상태의 결과로 고통받는 사람들 가운데 자신을 포함함으로써 죄에 대해 공동으로 고백하는 것이다. 정의와 공의가 그들을 피한다. 이것은 이 섹션의 시작과 끝을 표시한다(9, 14절).

9b-10절은 그들이 바랐던 징벌의 유예와 그들이 받았던 징벌을 대조하는 비유적 언어로 가득 차 있다. 빛/어두움, 밝은 것/캄캄함, 낮/황혼, 강장한 자/ 죽은 자. 그들은 안도감을 찾고 있지만, 그들이 얻는 것은 더 많은 고통뿐이다.

우리가 빛(네고호트[*něgōhôt*], '빛의 반짝임', 여기에만 나옴. 즉, 구원)을 바라나 어둠[들](복수형은 그들이 반복적으로 빛을 찾았으나 오직 어둠만을 발견했음을 암시함)뿐이요. 그들은 캄캄한 가운데에 행하는 맹인같이 어둠 속에 남아 있다. 심지어 그들은 대낮에도 쓸데없이 비틀거리며 돌아다닌다. 우리는 강장한 자(아슈만님[*'ašmannîm*], 여기에만 나옴) 중에서도 죽은 자 같은지라.

〈11-12〉 그들은 곰처럼 부르짖으며(12회; 호 13:8을 보라), 비둘기같이 슬피 울며 그들의 고통을 한탄한다. 그들은 공의와 정의와 **구원**(즉, 하나님의 구원 활동)에서 멀리 떨어진 상태로 쇠약해진다.

12절의 시작 부분에서 키(*kî*)라는 단어는 백성들이 탄식하는 이유를 소개한다. 그들의 죄.

다음은 죄에 대한 세 가지 히브리어 단어가 모두 사용되는 공식적 고백이다.

- 허물(페샤에누[*pěšā'ěnû*], 문자적으로 '우리의 반역')
- 죄(핫토브테누[*ḥaṭṭō'wtênû*], 문자적으로 '하나님의 기준에 우리가 미치지 못함')
- 죄악(아보노테누[*'ăwōnōtênû*], 문자적으로 '우리의 내면의 굽음')

이 세 단어는 시편 32:1-2과 51:2-3에도 나온다.

그들이 자신들의 죄들을 알고 인정했음에도 불구하고(즉, 우리의 죄가 우리를 쳐서 증언하오니[문자적으로 '대답하다'] … 우리의 죄악을 우리가 아나이다, 12절), 이 시점에서 그들은 아직 완전히 회개하지 않았다. 죄를 인식하는 것만으로는 회개한 것이라고 할 수 없다. 공의와 정의가 계속해서 그들을 피해 가고 있기에(9, 14절), 그것은 그들이 죄를 자각하고 있음에도 불구하고, 죄에서 돌이켜 의롭게 살기를 거부한다는 것을 암시한다.

⟨13-15a⟩ 1인칭으로부터 부정사 절대형들로의 전환이 이루어진다. 여기서 그 부정사 절대형들은 그 나라의 죄들을 구체적으로 묘사한다. 우리가 여호와를 배반하고 속였으며(문자적으로 '그분의 지식을 부인함') 우리 하나님을 따르는 데에서 돌이켜 포학과 패역(즉, 다른 사람을 압제할 계획)을 말하며 거짓말을 마음에 잉태하여 낳으니(문자적으로 '마음에서 우러나오는 속임수의 말들').

그들은 그 나라에서 모든 공의와 정의와 진리와 심지어 이런 것들을 추구하는 자까지도 사실상 쫓아냈다(정의가 뒤로 물리침이 되고/공의가 멀리 섰으며, 14절). 이것은 고린도후서 6:14의 빛과 어두움이 어찌 사귀며라는 진리를 보여 주고 있다. 그 후 이스라엘이 최악의 상황에 놓였을 때 하나님이 개입하셨다.

(3) 하나님이 그 나라의 남은 자를 구원하기로 결정하심(59:15b-21)

〈15b-16〉 이 시점에서 그 나라가 완전히 부패했을 때 여호와께서는 그 상황이 어떤지를 살피셨다. 여호와께서 이를 살피시고 그 정의가 없는 것을 기뻐하지 아니하시고(문자적으로 '그것이 그분의 눈에 악했다')(15b절). 하나님이 각 사람의 모든 마음을 살피셨지만, 그분은 중재자가 없음을 이상히 여기셨다(16절; 겔 22:30을 보라). 그분은 백성들을 죄와 불의로부터 멀리 인도할 의지와 능력이 있는 지도자를 찾을 수 없으셨다. 그 백성들을 구원하는 일은 오직 하나님 자신만이 하실 수 있었다.

여기에서 여호와는 이사야서에서 일반적 이미지(42:13; 52:10을 보라)인 신적 전사(divine warrior)로 묘사된다. 즉, 하나님의 **자기 팔**(하나님 자신과 그분의 위대한 권능을 표현하기 위한 제유)과 **자기의 공의**(즉, 그분의 성품의 본질)가 그에게 능력을 부여한다.

어떤 학자들은 59:15b-16이 그것들의 유사성들과 그것들의 문맥들 때문에 63:5에서 차용되었다고 생각한다. 그들은 여호와의 호전적인 행동들이 이스라엘과 싸우는 것(59장; 둠 1922: 463; Whybray 1975: 226)보다 이방 나라들과 싸우는 상황(63장)에 더 적합하다고 주장한다. 그러나 이스라엘의 사악함은 이방 나라들의 사악함과 비슷했다. 사실상 이스라엘은 너무 부패하여 하나님이 그분의 백성을 구원할 사람을 네 번이나 찾았지만, 아무도 찾지 못하셨다(41:27-28; 50:2; 51:18; 59:15b-16을 보라).

우리는 이 단락들의 각각 처음 세 절이 종의 노래를 소개한다고 주장했다. 하나님은 이스라엘 백성들 가운데에서 그 나라를 구원할 자를 아무도 찾지 못했는데, 이것은 그 자신이 구원자를 준비하셔야 한다는 암시였다. 뒤따라 나오는 종의 노래들은 그분이 보내실 종을 묘사한다.

이사야 59:15b-16도 비슷한 용어들로 그분이 구원자를 찾을 수 없다고 말한다. 이것은 61:1-3에 또 다른 (다섯 번째) 종의 노래를 소개한다는 것을 암시할 수 있다. 그러나 다른 도입부들과 달리 59:15b-16과 61:1-3의 예상된 노래 사이에는 큰 간격이 있다. 더 의미심장하게도 59:16b은 하나님 자신이 그 나라를 구원하기 위해 개입하셨다고 진술한다. **자기 팔로 스스로 구원을 베푸시며**. 그러므로 이 경우에 그 나라를 구원하는 종을 묘사하는 종의 노래는 필요하지 않다.

〈17-19〉 하나님이 행동할 준비를 하실 때, 그분은 전투를 위해 옷을 입으시는 것으로 묘사된다. 그분을 보호하는 능력은 **갑옷**(쉬르욘[širyôn], 8회)으로 묘사된 그분의 **공의**와 **투구**(코바[kôbaʽ], 6회; 17절)로 묘사된 구원에서 나온다. 하나님이 **보복**과 **열심**으로 옷을 입었다는 것(문자적으로 '그분은 겉옷[메일〈mĕʽîl〉]처럼 열심으로 자신을 감싸셨다')은 자기 백성에게조차 짓밟혀 왔던 자신의 이름을 변호하기 위해 신속하게 행동할 준비가 되어 있으심을 보여 준다.

하나님이 공의로우며 공평하고 균형 잡힌 징벌을 집행하심으로써 엄청난 죄를 다루셔야만 한다는 것을 우리가 깨달을 때, 복수는 참으로 하나님께 속한 것이라고 할 수 있다.

그 동사들은 18절에서 행동하기로 하신 하나님의 결정 때문에(그들의 행위대로/갚으시되), 15b-17절의 완료된 행위로부터 18-20절의 미완료된 행위로 바뀐다. 하나님은 이스라엘 안에서든지(16절) 이방인들 안에서든지 간에(18절) 모든 원수에게 공의를 집행하실 것이다. **섬들**(문자적으로 '해안들')에게 **보복하실것이며**, 백성들을 그들의 행위에 따라 심판하실 것이다.

18절에서 **케알**(kĕʽal, 즉, '…대로')이 반복되는 것은 하나님이 정확히 행동하신다는 것을 강조한다(그들의 **행위대로** 갚으시되; HALOT 2.827을 보라). 하나님은 그분의 원수들(즉, 그분의 백성들을 대적했던 자들)을 징벌하심으로써, 그분의 백성과 열방을 향해 자신의 정당성을 입증하실 것이다. 그래서 하나님은 모든 사람으로 하여금 책임을 지게 만드는 유일한 참 주권자이시다.

하나님은 행동할 때 능력있게 그리고 신속하게 하실 것이다(급히 흐르는[차르〈ṣār〉, '막혔던'] 강물같이 오실 것임이로다). 그 결과 저 멀리 편만한 나라들이 그분을 두려워할 것이다(서쪽에서 여호와의 이름을 두려워하겠고 해 돋는 쪽에서 그의 영광을 두려워할 것은, 19절). 하나님은 이스라엘을 구원하심으로 영광을 받으실 것이다.

⟨20-21⟩ 여호와께서 이스라엘 나라에 임하셔서 자기 백성들의 남은 자들 곧 자기 죄들에서 돌이켜 회개하는 자들(야곱의 자손 가운데서 죄과를 떠나는 자, 20절)만을 건져 주실 것이다.

내가(문자적으로 '그러나 내가') 그들과 세운 나의 언약이 이러하니로 시작하는 산문(prose) 진술들은 선행하는 절들의 시문(poetry)에서부터 출발한다. 그래서 그 산문 진술들은 거기에 남은 자들과 하나님과의 관계에 대해서 후대에 추가했다는 꼬리표를 붙이도록 일부 사람을 자극한다(Whybray 1975: 228).

그러나 산문 확장들은 이사야서에 자주 나타나며(44:9-20; 45:18 등; NASB를 보라), 반드시 후기 편집자들의 작업인 것은 아니다. 사실상 그분의 남은 자들과 맺은 하나님의 언약은 이미 여러 번 언급되었으며, 하나님의 구원 사역의 중심부이다(54:10; 55:3 등을 보라).

21절에서 두 가지 핵심 개념이 전달된다.

첫째, 하나님의 영이 이 남은 자들 위에 임할 것인데, 이것은 하나님의 능력이 그들을 인도할 것임을 의미한다(61:1을 보라).

둘째, 그들은 그분의 계명들에 순종할 것이다(네 입에 둔 나의 말이 이제부터 영원하도록 네 입에서 … 떠나지 아니하리라; 51:16을 보라).

누구에게 언약이 주어졌는지를 나타내는 3인칭 남성 복수형(그들과 세운 나의 언약) 뒤에 남은 자들이 언급되고, 각각의 구체적인 축복이 묘사될 때 2인칭 단수형이 오는 것에 주의하라(네[남성 단수] 위에 있는 나의 영과 네[남성 단수] 입에 둔 나의 말이 … 네[남성 단수] 입에서 … 떠나지 아니하리라).

화이브레이는 이 절이 "63;14에서 성령님이 하나님의 백성을 인도하신다는 추가적 개념과 함께 요엘 2:28-29에 있는 것처럼 모든 하나님의 백성에게 예언의 선물을 주신다는 약속"을 말한다고 주장한다(1975:

229). 그러나 우리는 그 구절이 믿는 자들(즉, 남은 자들) 안에 살기 위해 임하실 영에 대한 새 언약의 약속을 말한다고 생각한다. 이것은 사도행전 2장에서 성령님이 오순절에 오실 때 확증된 약속이다(욜 2:28-32이 성취되었다고 말하는 행 2:1-21을 보라).

네 입에 둔 나의 말이 … 네 입에서 … 떠나지 아니하리라라는 어구는 여호와께서 그들에게 주신 율법(수 1:8을 보라)에 대해 새롭게 발견된 순종(new-found obedience)을 가리키는데, 이것은 **이제부터 영원하도록**(21절) 계속될 것이다.

의미

이 장의 핵심은 1절에 나와 있다. 하나님은 자신이 능력 있는 자이며 듣는 자라고 선언하신다. 그 의미는 그분이 행동하실 것이기 때문에 사람들이 준비해야 한다는 것이다. 이 장의 대부분은 하나님의 백성들의 부패한 상태를 묘사한다. 그 후 9-15절에서 이스라엘 사람들은 저자와 함께 그들의 죄를 자백하고, 이때 하나님은 그들을 구원하실 것이라고 선언하신다.

그러나 그 나라 안에 그들을 다시 하나님께로 인도할 도덕적으로 적합한 사람이 아무도 없기에 하나님이 이 구원을 이루셔야 할 것이다. 신적 전사로 묘사된 하나님 자신이 그들을 도우러 오신다.

그분은 약속하신 대로 자기 백성들을 구속하실 뿐만 아니라(2:1-4 및 4:2-6을 보라), 또한 이스라엘 사람들과 이방인들을 포함하여 모든 원수에게 공의롭고 정의롭게 보응하실 것이다. 이것은 일시적 구원이 아니라 그 이후로 지속되어 다른 나라들도 그분의 권능이 엄청나게 나타나는 것을 보고 하나님을 경외할 정도로 그분의 영광과 존귀를 나타낼 것이다(19절).

3) 시온의 구속(60:1-62:12)

60-62장은 이전 장에서 언급한 하나님 백성의 구원에 대해 훨씬 더 자세하게 설명한다(표 0.12를 보라). 이스라엘 사람들은 스스로가 하나님께 버림받았다고 생각했지만, 선지자는 예루살렘의 번영과 영광이 모든 사람에게 명백해질 때(60:10; 61:4을 보라)를 예견한다. 정죄하는 말들은 눈에 띄게 없어졌다. 예루살렘의 놀라운 미래에 대한 약속만 있을 뿐이다.

(1) 시온의 미래 영광(60:1-22)

문맥

많은 학자가 이사야 60장을 통일성 또는 적어도 편집적 통일성을 가진 것으로 보는데, 그것은 49:14-23에 그려진 시온의 회복을 반영한 시온의 영광스러운 변혁을 묘사한다. 이 장은 다음 섹션들로 구성된다.

- 1-3절: 서론
- 4-9절: 남은 자들과 자신들의 부를 시온으로 가지고 올 나라들에 대한 묘사(9b절에 결론적 진술이 있음)
- 10-16절: 시온을 존중하는 나라들에 대한 묘사(16b절에 결론적 진술이 있음)
- 17-22절: 시온의 미래 영광에 대한 설명(22b절에 결론적 진술이 있음)

예루살렘의 이 회복이 언제 일어났는지는 분명하지 않지만, 그 묘사는 주전 6세기에 이뤄진 그 성읍의 회복을 훨씬 뛰어넘어 미래의 회복과 합쳐진다.

첫째, 이방인들과 왕들(10절)이 재건 활동에 참여할 것이다.
둘째, 열방이 시온의 빛으로 올 것이다(3절).

셋째, 막대한 재물이 시온으로 옮겨질 것이다(5-9, 11절).
넷째, 여호와의 임재가 시온에 있을 것이다(19-20절).
60장은 예루살렘이 지금은 끝나 버린 이전에 고난받던 시기를 견뎠다고 4회(10b, 14, 15, 20절) 언급한다. 예루살렘에 남은 자들이 모이게 될 것이며(아들들은 먼 곳에서 오겠고, 4절), 그들의 재물(5, 17절)과 가축 떼(6-7절)와 영광(13-16절)이 회복될 것이다. 그들은 하나님이 그들과 함께 계시기 때문에(2b, 19b-20절) 하나님의 보호하심(12절)과 평화(18절)를 누릴 것이다.

① 시온의 물리적 회복 선언(60:1-9)

〈1-3〉 선지자는 예루살렘을 향해 일어나라 빛을 발하라 이는 네 빛(즉, 구원, 하나님의 구원하시는 행위)이 이르렀고라고 촉구하신다. 시온의 물리적 구원이 주로 강조되지만, 영적 구원도 또한 포함되어 있다(21절을 보라). 구약에서 육체적 복과 영적 복은 종종 연결된다. 평행 어구는 이 빛이 **여호와의 영광**(1b절; 2b절에서 유사한 용어들이 반복됨)임을 분명히 한다. 이것은 40:5과 유사한 신현(theophany)이다.

예루살렘은 여호와의 빛을 받을 뿐만 아니라 그분의 빛(즉, 네 광명(제라흐〈zerah〉, '비추는 빛', 여기에만 나옴, 3절)도 반사할 것이다. 열방이 영적 어두움의 이미지인 **캄캄함** 속에 있는 동안, 이스라엘(즉, 남은 자)은 열방을 유일한 참하나님에게로 이끄는 등대가 될 것이다. 예루살렘은 마침내 열방을 여호와께로 이끄시려는 그분의 본래 목적을 성취할 것이다(2:2-4을 보라).

〈4-9〉 열방을 끌어들이는 주제가 계속되면서, 시온의 '자녀들'(즉, 남은 자들; 4절)이 시온으로 돌아가기 위해 함께 모이며(49:18a을 보라), 그들의 여정 가운데 열방의 도움을 받는다(네 딸들은 안기어 올 것이라[아만〈'āman〉, '돌보다', 아마도 '간호를 받다'], 4절).

열방이 이스라엘의 하나님께 영광을 돌리기 위해 바다와 여행하는 대상들을 통해 조공을 가져옴에 따라(이방 나라들의 재물이 네게로 옴이라, 5절) 시온은 막대한 부의 보고가 될 것이다(5-6절). 화이브레이는 민족주의(nationalism)에 대한 언급이(비록 '종교적 민족주의'[religious nationalism]일지라도) 틀림이 없다(1975: 231).

결과적으로 의인화된 예루살렘은 엄청난 기쁨을 경험한다(5절).

- 그때에 네가 보고 기쁜 빛을 내며(나하르[nāhar], 이 의미로 3회)
- 네 마음이 놀라고(파하드[pāḥad], '경외심으로 떨다')
- 기쁨에 부푼다(NIV, 문자적으로 '넓다'; 개역개정은 화창하리니-역주)

'귀향'(즉, 비둘기들이 그 보금자리로 날아가는 것같이 날아오는 자들이 누구냐, 8절)에 대한 간절한 기대감과 함께 열방이 시온에 막대한 부를 가져오므로 그 나라는 문자 그대로 풍요가 쏟아지고 있다. 허다한(문자적으로 '많은 수') 낙타…가 네(이스라엘) 가운데에 가득할 것이며(6절).

미디안(즉, 아카바만[Gulf of Aqaba]의 동쪽), 에바(즉, 아카바만의 동쪽 해안 중간쯤), 스바(즉, 사우디아라비아의 남부 지역; 왕상 10장을 보라)에서 오는 낙타들이 금과 유향을 싣고 올 것이다. 유향은 5천 년 이상 아라비아반도(Arabian Peninsula)에서 거래되어 온 향과 향수에 사용되는 값비싼 방향제 수지이다. 조공을 운반하는 자들은 와서 여호와의 찬송을 선포한다(6절).

아라비아 북부의 게달과 느바욧의 양 무리가 예루살렘으로 쫓겨나 여호와께 희생 제물들로 바쳐질 것이다(7절). 다시스의 배(아마도 대부분 서바나[Spain] 남서부에 위치함)는 특별한 금과 부를 운송하는 것으로 유명했다.

이 모든 재물은 네 하나님 여호와, 이스라엘의 거룩한 이(후자의 칭호는 구약에서 30회 나오는데, 이사야서에서 25회 나옴; 9절)에게 바쳐질 것이다. 그것으로 하나님은 내(그분의) 영광의 집을 영화롭게 할 것이다(문자적으로 '내가 나의 찬란한 집을 아름답게 할 것이다', 7절). 여호와께서 자신의 백성을(즉, 너를, 9절) 영화롭게 하셨기 때문에 이 모든 놀라운 일이 일어날 것이다.

② 시온의 정치적 회복 선언(60:10-14)

⟨10-14⟩ 하나님이 자신의 긍휼(라함[rāham], '사랑, 연민')을 나타내셨기 때문에, 이교도 나라들에 짓밟힌 그 성읍은 이스라엘의 지휘 아래 그들에 의해 이제 다시 회복될 것이다. 이방인들(문자적으로 '외국인들의 아들들', 10절)은 주전 586년 바벨론의 멸망으로 파괴된 성벽을 재건할 것이다.

그러나 자신들을 보호하기 위한 이러한 성벽들이 미래에는 더 이상 필요하지 않을 것이다. 사실상 그들의 문들이 지금 계속해서 열려 있어서 선물들이 엄청나게 밀어닥치는 것을 막지 못할 것이다(이는 사람들이 네게로 이방 나라들의 재물을 가져오며, 11절).

조공 행렬 가운데 있는 왕들은 앗수르 사람들, 바벨론 사람들, 로마 사람들의 관습들과 유사하게 이스라엘과 그들의 하나님께 복종함으로써 그 성읍으로 인도될 것이다(수동 분사). 왜냐하면(키[kî]), 복종하지 않은 나라들은 멸망했기 때문이다(문자적으로 '완전히 폐허가 될 것이다', 12절). 어떤 학자들은 수동 분사를 능동 분사로 수정하지만, 일부는 자발적으로, 일부는 비자발적으로 올 수 있다는 오스왈트의 주장이 옳다(1998: 547).

차일즈는 12절이 산문으로 쓴 것을 나중에 삽입한 것이라는 데에 폭넓은 합의가 있다고 말하지만(2001: 494), 그가 말했듯이 그것을 산문으로 볼 이유는 거의 없다. 이 절은 문자적으로 다음과 같이 번역되는 (생략을 포함한) 평행법일 가능성이 더 크다.

너를 섬기지 않는 나라나 왕국은 망할 것이기 때문에;
[너를 섬기지 않는] 나라들은 완전히 멸망할 것이다.

화이브레이는 여기에서 여호와께 드리는 예배와 이스라엘에 대한 섬김을 구별하려고 한다. "여기서 언급된 것은 여호와께 드리는 예배가 아니라 이스라엘에 대한 섬김이다"(1975: 235). 엄밀하게 말하자면 그가 정확하지만, 그 둘을 구별하기는 어렵다. 하나님의 백성을 섬기는 것은 여호와를 섬기는 행위이다. 그래서 너(즉. 이스라엘)를 섬기지 아니하는 백성과 나라는 **파멸하리니**(12절).

하나님의 성전(문자적으로 '내 성소의 장소')은 그것들의 아름다움과 향기로 유명한 백향목(문자적으로 레바논의 영광), **잣나무**(NIV, 향나무), **소나무**(NIV, 전나무, 티드하르[tidhār], 아마도 '느릅나무', 2회), **황양목**(NIV, 삼나무)으로 장식될 것이다.

내가 나의 발 둘 곳을 영화롭게 하리라(13절)라는 어구는 하나님이 시온에 임재하실 것임을 가리킨다(겔 43:7보라). 나중에 이사야 66:1에서 하나님은 하늘이 하나님의 보좌요 땅이 자신의 발등상 이라고 주장하시는데, 이것은 모두 하나님의 편재하심(omnipresence)을 상징하는 언어이다. 즉, '하늘의 보좌'와 '땅의 발등상'은 하늘에서 땅에 이르기까지 모든 것을 나타내는 극단법(merism)이다.

그러므로 이 절의 주된 의미는 그 성읍이 그곳에 거하기를 원하시는 거룩하신 하나님께 이제 합당하게 거룩하다는 것이다(19-20절을 보라). 주전 539년의 예루살렘 회복은 이 단락에 묘사된 것처럼, 예루살렘이 기다리고 있는 영광의 극히 일부만을 예시한다.

모든 나라, 심지어 이스라엘을 괴롭히던 나라들도 여호와를 주권자 왕으로 인정할 것이다. 하나님의 공의는 너(이스라엘)를 괴롭히던 자의 자손이 몸을 굽혀 네게 나아올 때 나타날 것이다(14절, 49:23을 보라). 그러나 이스라엘이 받게 되는 영예는 오직 하나님과의 관계 때문이다.

③ **시온의 영적 회복 선언**(60:15-22)

〈15-17〉 예루살렘이 비참하고 버림받은 상태(54:6을 보라)에서 영원한 아름다움(리그온[lig'ôn], '광채')의 상태로 변화되었다는 주제가 반복되고 확장된다. 예루살렘이 폐허로 변했을 때 아무도 거기로 통행하지 않았는데, 그것은 보거나 취할 가치가 없었기 때문이다. 그러나 여호와께서는 예루살렘을 대상들과 다른 여행자들이 방문하게 되는 자부심과 기쁨이 넘치는 장소로 다시 만드실 것이다.

네가 이방 나라들의 젖을 빨며/뭇 왕의 젖을 빨고라는 어구들은 시온이 열방과 그들의 통치자들로부터 받을 식량과 부를 가리킨다. 여신의 젖을 먹는다는 고대 근동의 개념은 이 이미지의 배경일 수 있다(Oswalt 1998: 552). 시온의 육체적 부에는 영적 부도 수반된다는 것에 주목하라.

성읍의 기적적인 변화는 여호와께서 그들의 강력한 구원자이시며 그들이 그분과 특별한 관계에 있다는 사실을 이스라엘 사람들이 다시 깨닫도록 만들 것이다(나 여호와는 네 구원자, 네 구속자, 야곱의 전능자인 줄 알리라).

예루살렘이 누리게 될 물질적 풍요와 엄청난 축복은 그것의 재건을 위한 더 우수하고 가치 있는 재료들로 묘사되어 있다. 금을 가지고 놋을 대신하며 은을 가지고 철을 대신하며 놋으로 나무를 대신하며 등등(17절). 예루살렘의 정치적 통치조차도 완전히 새로워질 것이다.

화평을 세워 관원(문자적으로 '감독관')으로 삼으며 공의(NIV, '행복')를 세워 감독(NIV, 통치자)으로 삼으리니. 이것은 화평과 공의가 매우 널리 퍼져서 관원들과 통치자들의 자리를 차지하게 된다는 것을 암시한다. 결국, 하나님이 그들의 통치자로 임하실 것이다.

⟨18-22⟩ 하나님의 임재와 그분의 백성의 완전한 변화는 폭력과 멸망이 그 땅에 설 자리가 없다는 것을 의미한다. 예루살렘의 성벽들을 구원이라고 부르고 그것의 성문들을 찬송이라고 부르는 것은 그 성읍의 새로운 성격을 반영한다.

하나님의 임재는 영원한 빛(오르 올람[*'ôr 'ôlām*], 19-20절에서 2회)을 비추기에 해도 달도 필요 없을 것이다(문자적으로 '너의 달이 모이게 되지 않을 것이다'). 이것은 영적 행복(well-being)의 이미지이다(슥 14:7을 보라).

네 하나님이 네 영광이 되리니라는 어구는 여호와의 백성이 그분을 의지함으로 그분과 맺는 새로운 관계를 암시한다. 육체적, 영적 흑암이 더 이상 없을 것이며, 슬픔의 날도 없을 것이다(즉, 슬픔과 애통이 지나간 일들이 될 것임, 20절).

21-22절에서 저자는 그 성읍의 변화들을 묘사하는 것으로부터 사람들에게 일어나는 변화들로 전환한다. 그들은 모두 **의롭게**(찰디킴[*ṣaddiqim*, 복수형], 아마도 추상 복수형[Williams § 7], 21절) 되어 땅을 영원히 소유할 것이다. 죄는 구약에서 하나님의 백성이 땅을 소유하지 못하는 주된 이유이다. 그러나 이제는 그 백성이 의로우니 그것을 차지하여 지키지 못할 이유가 없을 것이다.

가지(네체르[*nēṣer*], '가지, 싹', 21절)라는 용어는 메시아를 가리키는 것일 수 있다(11:1을 보라). 그러나 이 문맥에서 남은 자들은 하나님이 심으신 **가지**(문자적으로 '그분의 심은 것')[17]이며 성장과 영속성의 이미지이다. 그것이 현실이 되기 위해서 이스라엘은 싹처럼 하나님의 끈질긴 양육이 필요했다. 그 백성의 죄와 다른 나라들의 압제 때문에 그 싹은 죽을 위기에 처했다. 그러나 하나님이 성취하시는 이 회복은 그분께 영광을 가져다줄 것이다.

남은 자들은 이 평화의 시기에 많이 늘어날 것이다. 가장 작은 가족이라도 부족과 강한 나라가 될 것이기 때문이다(22절; 그 반대는 30:17에 묘사됨). 이 약속의 성취는 지체되지 않을 것이다. 적절한 때(즉, 때가 되면)가 되면 하나님이 속히 행하실 것이다(22절).

의미

이 장은 하나님이 놀랍게 자신의 나라를 회복하고 자신의 왕국을 세움으로 이사야 4:2-6을 성취하시는 것을 묘사한다.

그분은 수많은 자녀(4절), 풍부한 재물(5절), 늘어난 양 떼와 소 떼(6-7절), 이방인들에 의한 시온의 재건(10절), 보호(12절), 존귀(13-16절), 화평

---

17) 케티브(*kĕthib*)는 그의 심은 것의 싹으로 읽지만, 케레(*qĕrē*)는 나의 심은 것들로 읽는다. '나의 심은 것들'의 1인칭 단수 어미는 '내가 손들로 만든'이라는 다음 어구로 인해 선호되는 것 같지만, 복수형 '심은 것들'은 어렵다. 그것은 아마도 그들이 애굽에서 나와 심은 것과 바벨론에서 나와 심은 것을 가리킬 수도 있다.

(18절), 그 자신의 임재(19-20절)의 축복을 그들에게 쏟아부으심으로써 자신의 백성들을 영화롭게 하실 것이다. 그 백성들 자신은 의롭다고 여겨질 것이며(21절), 그들의 하나님의 위대하심을 세상의 다른 사람들에게 보여 줄 것이다.

(2) 고통받는 사람들을 위한 좋은 소식(61:1-11)

문맥

그 나라가 회개하고 하나님께로 돌아오면(사 59장), 하나님은 그 나라에 복을 쏟아부어 예루살렘을 회복시키실 수 있다(사 60장). 60장은 회복을 설명하고 때가 되면 나 여호와가 속히 이루리라(60:22)라는 선언으로 끝맺는다. 그 후 61장은 하나님이 이 회복을 가져오실 방법을 설명한다.

이사야 59:16은 이사야 61:1-3을 위한 문맥이다. 하나님은 자신의 백성을 구원하기로 작정하셨지만, 이스라엘에는 육체적, 영적 구원을 가져올 수 있는 자가 아무도 없다. 오직 메시아만이 구원을 성취할 수 있는데, 이사야는 메시아가 오시기 전 그 사이에 하나님의 구원 메시지를 선포할 것이다.

예수님은 1-2절을 찾아서 그것을 채우셨다(플레로오[plēroō], 눅 4:21에 응하였니라로 번역됨-역주)고 말씀하신다(눅 4:18-19을 보라). 그러므로 이사야가 선포해야 했던 메시지(즉, 가난한 자에게 아름다운 소식을 전하게…/마음이 상한 자를 고치며…/포로된 자에게 자유를…, 61:1)는 궁극적으로 예수님에 의해 성취될 것이다. 예수님은 자신의 생애가 아닌 미래의 날을 위해 유보된 우리 하나님의 보복의 날(또한, 여호와의 날이라고도 알려짐)이라는 어구 앞에서 인용을 끝내셨음을 주목하라.

20세기 초에는 1-3절을 다섯 번째 종의 노래(Cannon 1929: 284-288)라고 주장했다. 그러나 둘째 이사야서와 셋째 이사야서 사이의 언어적 차이점들을 논의한 짐멀리(Zimmerli)의 소논문(1950: 110-122) 이후, 이 절들은 셋째 이사야의 사역에 대한 부르심을 정당화하는 것으로 간주되기 시작했다.

보다 최근에 보이켄(Beuken 1989: 411-442)과 차일즈(2001: 503)는 이사야 61:1-3의 화자가 "개인적이자 집단적인 독립체가 될 수 있는 자"인 이사야 53장의 고통받는 종의 화신(embodiment)이라고 주장했다. 그러나 집단적 독립체가 아닌 메시아만이 죄를 없애기 위해 죽을 수 있다.

이 장은 일반적으로 세 섹션으로 구성된 단일 단위로 생각된다. 1-7절, 8-9절, 10-11절. 가장 큰 어려움은 첫 번째 섹션과 마지막 섹션의 화자(들)를 결정하는 것이다. 화자의 정체성을 명확히 하기 위해 탈굼은 1절에 그 선지자가 말했다, 10절에 예루살렘이 말했다라는 어구들을 추가했다. 그러나 1인칭 단수형(10절)은 같은 사람을 가리키는 것으로 이해되어야 할 가능성이 가장 커 보인다.

주석

① 선지자의 소명과 메시지(61:1-3)

⟨1-3⟩ 61장의 시작 부분에서 주제와 대명사들(즉, 1인칭 단수형들)에 갑작스러운 변화가 생긴다. 주 여호와의 영이 내게 내리셨으니/이는 여호와께서 내게 기름을 부으사/가난한 자에게 아름다운 소식을 전하게 하려 하심이라. 61장의 시작과 끝부분에 나오는 주 여호와라는 칭호는 이사야서에서 23회 사용되었다(40-66장에서 12회).

화이브레이는 이 단락에서의 화자와 다른 곳에서 묘사된 종 사이의 유사점에 주목한다.

> 화자는 그 종처럼 자신의 백성에게 희망의 메시지를 전하고 그들의 운명을 회복하기 위해(49:6 참조) 여호와의 영을 받았다고(42:1 참조) 주장한다. 두 번째 종의 노래를 49:6 너머로 확장하는 것으로 간주하는

사람들은 또한 두 가지 유사점에 주목하게 될 것이다. 주의 은혜의 해와 우리 하나님의 보복의 날(2절)은 49:9의 은혜의 때와 구원의 날에 대응하며, 포로된 자에게 자유를, 갇힌 자에게 놓임을 선포함(1절)은 49장 9a절에 대응한다(1975: 239-240).[18]

화자는 신원이 밝혀지지 않았지만, 그는 하나님의 기름 부음을 받았고 특별한 목적을 위해 자신의 권위를 부여받았다고 주장한다. 아름다운 소식을 전하게 하기 위해(1절, 42:1, 45:1을 보라). 그가 받은 기름 부음은 문자적으로(선지자들[왕상 19:16]과 왕들[삼상 16:13]이 때때로 그 직분에 기름 부음을 받았음) 또는 비유적으로(즉, 하나님이 그에게 능력을 주고 특별한 메시지를 주셔서 보내셨다는 의미에서 기름 부음) 이해할 수 있다.

이는(NIV, 왜냐하면, 1절)이라는 단어는 그의 기름 부음 받음과 남은 자들에 대한 하나님의 구원 사이에 밀접한 관련이 있다는 것을 알려 준다. 1b-3절은 화자의 사명을 다섯 개의 부정사구로 묘사한다.

- 가난한 자에게 아름다운 소식을 전하게(즉, 전령으로서 행동하기 위해)
- 마음이 상한 자를 고치며(문자적으로 '마음의 깨어진', 즉 낙심하거나 굴욕 받은 자들을 고치심)
- 포로된 자에게 자유(데로르[děrôr], '해방', 6회)를, 갇힌 자에게 놓임(페카흐-코아흐[pĕqaḥ-qôaḥ], 문자적으로 '열림')을 선포하며
- 여호와의 은혜의 해와 우리 하나님의 보복의 날을 선포하며(은혜의 때가 보복의 때['날']에 비해 더 긴 기간['해']이라는 것에 주목하라)
- 모든 슬픈 자를 위로하되

---

18) 많은 학자가 이 단락이 메시아를 언급한다고 생각한다(Oswalt 1998: 562-563; Childs 2001: 503; Smith 2009: 630-633 등).

갇힌 자들을 위해 **어둠으로부터 놓임**(NIV)으로 번역된 단어(페카흐-코아흐; *pĕqaḥ-qôaḥ*, 여기에만 나옴, 1b절)는 다음과 같은 몇 가지 의미로 생각할 수 있다.

첫째, '열림'을 의미하는 '페카흐코아흐'(*pĕqaḥqôaḥ*)라는 단어(1QIsa^{a}를 보라)일 수도 있다.

둘째, 중복오사(즉, 그 단어의 둘째 부분의 반복)일 수도 있다.

셋째, 보기 드문 동사 형태(*HALOT* 3.960)일 수도 있다.

바로 앞의 평행 어구를 보면, 그것은 아마도 갇힌 자에게 '해방'(liberation)을 의미할 것이다. 여호와의 은혜의 해(그리고 그분의 보복의 날)는 일반적으로 여호와께서 자신의 백성을 구원하시고 악인들에게 자신의 진노를 쏟으시는 여호와의 날로 생각된다(욜 2:11; 사 34:8을 보라).

3절의 세 이미지는 시온에서 슬퍼하는 자에게 다가올 복을 묘사한다.

- **화관** (페에르[*pĕ'ēr*], 머리 장식; 61:10에 있는 기쁨의 표시)을 주어 그 **재**(에페르['*ēper*], 애도의 표시; 이것은 페에르[*pĕ'ēr*, 화관]에 대한 언어유희로, 히브리어 자음은 같지만 순서가 다름)를 대신하며
- **기쁨의 기름**(즉, 향기로운 기름으로 기름 붓는 의례적인 관습; 시 45:7을 보라)으로 그 슬픔을 대신하며
- **찬송의 옷**(마아테[*ma'ăṭēh*], 여기에만 나옴)으로 그 근심을 대신하시고. 여기에 묘사된 의복은 몸 전체를 감싼다. 따라서 이 사람은 찬송에 완전히 둘러싸여 낙심할 여지가 없다.

이 위대한 변혁의 결과로(Williams § 179) 그들(즉, 시온의 거민들)이 의의 나무 곧 여호와께서 심으신 그 영광을 나타낼 자라 일컬음을 받게 될 것이다. 나무들은 영속성과 안정의 상징이었지만, 이 나무들은 정의가 특징이며 여호와의 손에 의해 심겼다. 따라서 시온의 거민들은 하나님의 영광(그 영광, 3절)을 나타내기 위해 정의에 기초를 두고 뿌리를 내릴 것이다(3절).

② 그들의 구원에 대한 설명(61:4-9)

⟨4-7⟩ 3절에서 남은 자들의 영적 회복에 이어 4절에서 예루살렘의 물리적 회복이 뒤를 잇는다. 그들은 오래 황폐하였던 곳을 다시 쌓을 것이며 옛부터 무너진 곳을 다시 일으킬 것이며 황폐한 성읍(NIV, 파괴된 성읍) 곧 대대로(문자적으로 '세대들과 세대들') 무너져 있던 것들을 중수할 것이며.

오래 황폐하였던 곳과 옛부터 무너진 곳(4절)은 아마도 바벨론에 의한 이스라엘의 멸망을 가리키는 것 같다. 황폐한 성읍은 남은 자들에 의해 회복될 때까지 대대로 무너져 있던 상태로 남아 있었다(4b절). 여기서 우리는 선지자가 바벨론 포로 이후(주전 538년경) 예루살렘의 재건에 더하여 시온이 영화롭게 되고 그 거민들이 정결하게 될 먼 미래의 예루살렘을 상상하는 예언적 관점(prophetic perspective)을 보게 된다(4-9절).

한때 이스라엘을 황폐하게 만든 이방 사람(문자적으로 '외국인의 아들들'; 외인이라고도 함, 5절)은 이제 양 떼, 밭들(일카르['ikkār], '농부들', 7회), 포도원들(코렘[kōrēm], '포도원지기', 5회)을 돌보는 이스라엘의 육체노동을 수행할 것이다.

회복된 남은 자들은 여호와의 제사장으로서 영화롭게 될 것이며(6절) 이방 나라들에 의해 지원을 받을 것이다(문자적으로 '그들의 부요함으로 네가 자랑할 것이다[티트얌마루⟨tityammārû⟩, 이 의미로 2회]', 강조를 위한 어순 도치). 이것은 자신의 사유 재산이 없어서 그 나라의 나머지 백성들에게서 양식을 공급받았던 구약의 제사장들과 유사하다. 그들은 너희가 내게 대하여 제사장 나라가 되며 거룩한 백성이 되리라는 출애굽기 19:5-6의 성취인 열방을 위한 중보자들과 중재자들의 역할을 할 것이다.

또 다른 중요한 반전은 이스라엘이 보호받기 위해 다른 나라에 더 이상 조공을 바치지 않을 것이라는 점이다. 그 대신에 열방의 부가 그들에게로 돌아올 것이다(너희가 이방 나라들의 재물을 먹으며, 6절).

이스라엘의 이전 수치와 그들의 영광스러운 회복 사이에 대조들이 다시 그려진다(7절). 그들의 수치는 그들이 유산의 배(7절)를 받을 때 경험하는 영원한 기쁨의 빛 가운데서 잊혀질 것이다.

이사야서에서 보상을 배나라는 어구가 유일하게 나오는데, 구약 전체에 걸쳐 그것은 '갑절의' 또는 '두 배의'(미쉬네[*mišneh*]; 출 16:22을 보라)를 의미한다. 맏아들은 일반적으로 상속 재산의 '갑절의 몫'을 받았다. 이스라엘은 하나님의 맏아들이라고 일컬어진다(출 4:22을 보라).

⟨8-9⟩ 여호와께서는 자신의 행동들에 대한 근거를 간략하게 요약하신다. 무릇(키[*kî*]) 나 여호와는 정의를 사랑하며/불의의 강탈을 미워하여(문자적으로 '미워하는'). 이스라엘은 하나님이 그들에게 내리신 심판과 그에 따른 수치를 마땅히 받아야 했다.

NIV와 ESV 읽기인 나는 강도질과 범법행위(베아블라[*bĕ'awlâ*], 문자적으로 '범죄에')를 미워한다는 '범법행위'라는 단어의 시작 부분에 있는 베(*bĕ*)('…에[in]', '…에 의해[by]' 등)를 번역하지 않은 상태로 남겨 두기 때문에 문제가 된다(NIV와 ESV는 칠십인역을 비롯한 일부 고대 역본들을 근거로 모음을 수정하여 베아블라[*bĕ'awlâ*]라고 읽으라는 BHS 편집자의 견해를 따르고 있지만, 마소라 본문은 베올라[*bĕ'ôlâ*]. 즉 번제물에라고 읽는다.-역주).

만약 마소라 본문이 맞다면, 나는 번제물에 [있는] 강도질을 미워한다(즉, 하나님께 그분의 합당한 것을 하나님께 바치지 않음)라는 어구는 합리적인 해석이다. 이것은 또한 하나님을 불쾌하게 하는 모든 행위를 가리키는 제유법(synecdoche)일 수 있다(1:13을 보라). 어느 쪽이든 문맥에 잘 맞는다.

하나님이 내리신 징벌(즉, 수치 대신에, 7절)에 이어서, 하나님은 공의를 사랑하고 신실하시기에 이제 그분의 백성에게 보상(페울라탐[*pĕ'ullātām*], '그들의 보상')하실 것이다(8절). 보상이라는 단어는 때때로 여기에서처럼 '보상' 또는 '배상'이라는 개념을 전달한다. 그분은 그들과 영원한 언약을 맺음으로써 자신의 약속에 인을 치신다.

언약들 약속들을 확증하는 역할을 하는데, 이 경우에는 이 회복이 영원히(올람['*ôlām*]; 55:3을 보라) 지속되어야 하는 약속이다. 오스왈트는 창세기 12:1-3의 약속이 나중에 아브라함과 맺은 언약(1998: 573)에 의해 확증되었기 때문에, 이 영원한 언약은 아브라함 언약을 의미한다고 주장한다. 그러나 문맥의 미래적 측면(나 여호와는 … 그들에게 갚아주고 그들과 영원한 언약을 맺을 것이라, 8절)을 고려할 때, 그것은 하나님이 그들과 아직 맺지 않으신 새 언약을 가리킬 가능성이 더 크다.

이제 남은 자들이 회복되었으므로, 여호와께서는 그들에게 후손들(제라[zera', '씨'], 체에차[ṣe'ĕṣā', '후손'], 11회, 이사야서에서 7회)을 주는 형태로 복을 부어 주실 수 있다. 고대 근동에서 자녀들은 하나님이 주시는 복의 표징이었다(시 127:3). 열방은 이 후손들에 대해 알 뿐만 아니라(즉, 만민 가운데에 알리리니는 그들이 중요하고 유명해짐을 암시함), 그들이 이스라엘에 대한 하나님의 복의 징표라는 것을 인식할 것이다(무릇 이를 보는 자가 그들은 여호와께 복 받은 자손이라 인정하리라, 9절).

③ 감사의 노래(61:10-11)

〈10-11〉 이 장이 1인칭 단수 형태로 시작했던 것처럼, 하나님의 위대한 구원에 대한 이 개인적인 감사의 노래에서도 이러한 형태들로 끝난다. 일부 학자는 화자가 메시아라고 주장하지만(Motyer 1999: 380; Childs 2001: 506 등), 화자가 시온이나 의인화된 남은 자들이라고 주장하는 것이 더 일반적이다(Oswalt 1998: 574; Blenkinsopp 2003: 230-231 등). 탈굼은 화자를 '예루살렘'으로 암시하지만, 이 절들은 1-3절의 1인칭 단수형들(즉, 이사야[또는 그 저자])과 동일한 화자를 가리키는 것 같다.

만약 그 선지자가 화자라면 남은 자들은 그의 메시지로부터 유익을 얻는 자들이 될 것이다(특히, 1절을 보라. 포로된 자에게 자유를,/갇힌 자에게 놓임을 선포하며). 그들은 4-9절에서 3인칭과 2인칭 복수형들로 언급된다. 그 선지자는 이 구원을 남은 자들에게 선포할 뿐만 아니라, 여호와께서 구원을 성취하실 때 크게 기뻐한다(10절).

그 선지자는 여호와로 말미암아 크게(강조형) 기뻐하며 하나님께 찬양하며 감사한다. 이는(키[kî] 10b절) 그(하나님)가 구원의 옷을 내게 입히시며/공의의 겉옷을 내게 더하심이(야아트[yā'aṭ], 여기서만 나옴)라고 했기 때문이다. 그 선지자는 구원과 정의로 덮이거나 싸여 있게 된다.

그 선지자는 자신의 옷들을 신랑과 신부의 옷들에 비유한다. 신랑이 사모를 쓰며(문자적으로 '신랑으로서 그는 제사장처럼 관모[페에르⟨pĕ'ēr⟩]를 쓰고 행동한다')라는 어구는 의미가 모호하다.

*HALOT*은 마소라의 읽기를 예코넨(yĕkônēn, '세우다')으로 읽을 것을 제안하지만, 오히려 '관모(turban)를 쓰다'가 이 동사의 의미 범위에 들어맞는다(2.465). 이 *HALOT*의 제안은 단 하나의 히브리어 문자의 변경을 요구하므로 가장 합리적인 것처럼 보이지만 그렇지 않다. 관모를 쓴 신랑과 보석(문자적으로 '장신구들', 대부분 귀금속일 것임; 창 24:53을 보라)으로 단장한 신부가 결혼을 준비하는 것처럼 선지자가 그의 사역을 위해 준비하는 것이라고 제안한다.

11절의 시작 부분에 있는 이는(NIV, 키[kî]; 개역개정에는 없음)은 이 큰 기쁨에 대한 또 다른 이유를 제공한다. 하나님(문자적으로 '주 여호와')은 그들에게 구원과 정의를 입혔을 뿐만 아니라 **공의와 찬송이 싹트게 하여 모든 열방이 그것을 보게 하셨다.** 이 영적 재각성의 도래는 60:21의 성취인 비옥한 땅에서 자연적으로 돋아나는 식물에 비유된다.

의미

이스라엘은 그들의 죄들로 인해 심각한 고난과 징벌을 받았지만, 이사야 59장에 나타난 회개는 60-62장에 묘사된 회복의 축복을 받게 한다. 61:1-3에 나오는 화자는 이 위대한 회복을 예언했던 선지자로 보인다. 누가 화자로 확인되든 메시지는 분명하다. 그는 하나님의 기름 부음을 받고 그분의 백성을 위한 구원을 선포하도록 보내심을 받았다.

이 회복은 두 가지 측면을 포함할 것이다. 축복(여호와의 은혜의 해를 선포함)과 징벌(우리 하나님의 보복의 날). 그러나 하나님이 그들에게 복을 부어 주실 때 시온의 슬픔은 기쁨으로 바뀔 것이다. 이 구원은 고난받는 자들에게 좋은 소식을 전하고, 마음이 상한 자들을 싸매 주고, 포로된 자들에게 자유를 선포하며, 갇힌 자들을 자유롭게 하는 것으로 묘사된다. 모든 나라에 그들은 한 나라가 하나님께로 향할 때 경험할 수 있는 풍성한 복의 본보기가 될 것이다.

누가복음 4:16-21에서 예수님은 자신이 이사야 61:1-3을 더 많은 의미로 채웠다(플레로오[*plēroō*])고 주장하신다. 따라서 남은 자들의 귀환과 시온의 재건과 함께 주전 539년에 시작된 하나님의 구원에 대한 선지자의 메시지는 메시아의 오심으로 인해 더 높은 영적 차원을 갖게 되었다.

(3) 시온에 대한 변호(62:1-12)

문맥

시온의 영광은 이사야서 마지막 부분의 주요 주제이다. 여기 62장에서 하나님은 남편이 아내를 부양하듯 이스라엘을 부양하심으로 이스라엘과의 언약 관계를 성취하실 것이다(즉, 61:10-11의 주제를 계속함). 이스라엘은 다시는 아무것도 부족하지 않을 것이다.

일부 학자는 이 장의 단일성에 의문을 제기했는데, 최근에는 학자들 대부분이 이것이 세 부분으로 구성된 단위라는 데 동의하지만, 구체적인 구분들에는 동의하지 않는다. 우리는 다음과 같이 구분하는 것을 제안한다.

- 1-7절: 선지자는 계속해서 시온의 회복을 간청할 것이다.
- 8-9절: 예루살렘에 대한 여호와의 약속은 맹세로 확증된다.
- 10-12절: 하나님이 구원을 위해 준비하신다.

주석

① 선지자가 시온의 회복을 계속 간구하심(62:1-7)

⟨1-5⟩ 하나님께 부여받은 구원과 공의의 자질들에 기초하여(즉, 구원의 옷 … 공의의 겉옷, 61:10) 선지자는 행동하려고 결심한다. **시온을 위하여**(문자적으로 '시온 때문에'; Williams § 366) **잠잠하지 아니하며**. 그는 시온의 구원과 영화가 완성되고 시온이 하나님께 완전히 회복될 때까지 쉬지 않을 것이다.

1절과 6절에서 화자를 식별하는 것은 이사야 61장에서와 같은 어려움에 직면한다. 일부 학자는 1절과 6절의 1인칭 단수형이 여호와를 언급한다고 주장한다(Whybray 1975: 246-247, Oswalt 1998: 578을 보라). 그러나 1절과 6절에서 하나님이 1인칭 단수로 언급되는데, 2, 3절과 4절에서 **여호와**라는 이름으로, 3절과 5절에서 **하나님**이라는 이름으로 불리는 것은 이례적인 일이다.

그런데 학자들은 이제 우리가 선지자 이사야라고 주장해 온 화자가 61장부터 바뀐 것에 대해 문맥적으로 암시가 거의 없다고 주장하는 경향이 있다. 따라서 선지자(즉, 1인칭 단수 형들)는 여호와께서 시온에 구원을 가져오실 때까지 잠잠하지 않을 것이라고 말한다. 그리고 시온의 공의가 열방의 빛이 되어 그들이 하나님께 영광을 돌릴 것이라고 반복한다. **이방 나라들이 네 공의를, 뭇 왕이 네 영광을 볼 것이요**(2절; 60:1-3을 보라).

시온은 아름다운 관과 왕관(차놉[ṣānôp], '왕관, 관모', 4회)으로 명예롭게 될 것이다. 유사하게 바벨론의 비문은 보르시파(Borsippa)를 벨(마르둑)의 작은 왕관(tiara)으로 언급한다(*ANET* 331). 여호와께서 시온을 그분의 손으로 붙드실 것인데, 이것은 시온을 보호하고 인도하며 돌보시는 것을 상징하는 이미지이다(3절, 여호와께 이 왕관을 쓰지 않으신다는 것에 주목하라).

고대 근동에서는 신들이 왕관을 썼다고 말해졌지만, 화이브레이는 여호와께서 이교도 신들처럼 왕관을 썼다는 생각이 유대인들에게 받아들

여지지 않았을 수도 있다고 제안한다(1975: 247).

여호와께서는 60:18b에 나오는 예루살렘의 새 이름/성품과 비슷한, 예루살렘의 새 본성을 나타내는 새 이름을 주실 것이다(2, 4절을 보라). 예루살렘은 더 이상 **버림받은 자**라고 언급되지 않고 **헵시바**(문자적으로 '나의 기쁨이 그녀에게 있음')라고 불릴 것이다. **황무지**(아무도 돌봐줄 사람이 없는 황폐한 상태로)라고 불렸던 그 땅은 **뿔라**(문자적으로 '결혼한')로 바뀔 것이다.

예루살렘의 이전 이름인 **버림받은 자**와 **황무지**는 거민들이 강제로 그 땅을 버리게 된 주전 586년 이후의 시온에 대한 적절한 설명이다. 대조적으로 예루살렘의 새 이름은 예루살렘이 여호와의 소중한 아내임을 의미한다. '나의 기쁨은 그녀에게 있다.' 구약에서 새 이름은 종종 재산이나 지위의 급격한 변화를 의미했다. 예를 들어, 아브람('높은 아버지')은 하나님이 그와 맺은 언약에 따라 아브라함('다수의 아버지', 창 17:5)으로 바뀌었다.

여호와께서는 새 신부와 맺은 언약으로 확증된 관계인, 자신의 새 신부에 대한 기쁨을 나타내실 것이다(54:5을 보라). 마치 청년이 처녀와 결혼함 같이 네 아들들이 너를 취하겠고.

이 문맥에서 '네 아들들'을 문자 그대로 읽는 것이 이상할 수 있다는 점에 주목하라. 그것은 시온의 아들들이 시온과 결혼한다는 뜻으로 네 하나님이 너를 기뻐하시리라(5절)라는 평행 어구와 잘 맞지 않는다(5절). 이러한 이유로 *BHS*의 편집자들은 시편 147:2에서도 여호와에 대해 사용된 명칭인 **보나이크**([*bōnayik*]; '네 건축자')로 읽기 위해 (자음이 아닌) 모음을 수정할 것을 제안한다(바나이크[bānāyik; '네 아들들']를 보나이크[bōnayik; '네 건축자']로 수정함을 의미함-역주).

〈6-7〉 1-7절의 통일성은 1인칭 단수 형태들이 계속되는 것 그리고 예루살렘과 하나님의 특별한 관계라는 주제에 의해 뒷받침된다. 선지자는 6절에서 예루살렘을 대신하여 기도에 대한 긴급한 요청을 전달하면서 말을 계속한다. 그는 두 가지 방법으로 강조한다.

첫째, 도치된 구문을 통해 동사 앞에 너희 성벽 위에라는 어구를 배치함으로.

둘째, 그의 어휘 선택으로(즉, 너희는 쉬지[도미〈*domi*〉, 2회] 말며, 문자적으로 '온종일 밤낮으로').

그는 그 나라의 신속한 구원을 위해 예루살렘 성벽 위에 **파수꾼**(문자적으로 '지키는 자들'; 아마도 오늘날에 '기도의 용사들'과 유사함)을 세우고 하나님이 감당하기 어려울 정도로 쉬지 않고 기도하며 그분의 응답을 재촉하였다(너희 여호와로 기억하게 하는 자들아 너희는 쉬지 말며 … 그로 쉬지 못하시게 하라, 6-7절).

얼마나 사랑스러운 예언자인가!

그는 예루살렘의 구원에 대단히 많은 관심이 있기 때문에, 하나님이 예루살렘을 땅의 찬양이 되게 하실 때까지, 예루살렘을 대신하여 마치 하늘을 폭격하듯이 기도하라고 사람들을 모은다.

② 예루살렘에 대한 여호와의 약속이 맹세로 확인됨(62:8-9)

〈8-9〉 고대 근동에서 맹세는 진술의 진실성을 확인하는 가장 강력한 수단들 가운데 하나였다. 여기에서 하나님은 이스라엘의 징벌이 끝날 것이라는 주장을 입증하기 위해 자신의 전능하심으로 (그 오른 손, 그 능력의 팔) 맹세하신다.

하나님은 신명기 28:30-33의 언약 저주들에 따라 미디안, 시리아, 앗수르, 바벨론(과 다른 나라들)이 과거에 했던 것처럼 어떤 나라도 다시는 이스라엘을 공격하여 약탈하거나 그 곡식을 빼앗지 못할 것이라고 약속하신다. 그 대신 이제는 그들이 곡식을 거두어서 나(하나님)의 성소 뜰에서 먹고 마심으로 인하여 하나님을 찬양할 수 있을 것이다.

이것은 이스라엘 사람들이 성전에서 예물과 희생 제물을 바쳤던 추수 축제들을 연상시킨다(출 23:16을 보라). 그 언약 저주들이 더 이상 이루어지지 않는다는 사실은 이스라엘의 입장에서 그 언약이 결코 다시는 파기되지 않는다는 것을 암시한다.

③ 하나님의 구원을 위한 준비(62:10-12)

〈10-12〉 선지자는 강조를 위한 반복으로 하나님과 남은 자들 모두에게 이 구원을 향해 첫걸음을 내디딜 것을 권고한다. 그는 남은 자들에게 성문으로 나아가라라고 말하고, 하나님께는 백성이 올 길을 닦으시고(문자적으로 '치우다'), 큰길(즉, 돌과 견고하게 채워서 만든 도로)을 수축하고 수축하시라고(문자적으로 '쌓다'), 돌을(문자적으로 '돌에서 돌을') 제하고, 만민을 위하여 기치(네스[nēs], '기준')를 드시라고 촉구한다(49:22을 보라).

바벨론에서 돌아오는 동안 하나님의 보응과 상급은 이스라엘 사람들이었지만, 저자는 이제 이 어구들을 열방에서 돌아온 남은 자들에게 적용한다.

포로들이 바벨론에서 떠날지어다, 떠날지어다라는 말을 들었던 52:11에서 반복해서 명령했던 것처럼, 여기에서 반복되는 명령들은 곧 일어날 일을 강조하고 확증하는 역할을 한다. 여호와께서는 자신의 약속을 지키실 것이다. 그러므로 남은 자들이 돌아오는 것을 위해 예루살렘에 있는 자들은 준비해야 한다. 다시 말해서, 예언적 관점은 선지자로 하여금 두 번째 귀환을 첫 번째 귀환의 연속으로 마음속에 그릴 수 있도록 해 준다.

그들이 바벨론 포로에서 돌아와 모였던 것처럼 깃발은 열방 가운데 흩어진 남은 자들을 다시 되돌리기 시작하라는 열방을 향한 표시이다(49:22, 여기서 유사성은 의도적임).

여호와께서는 자신의 자녀, 딸 시온에게 다음과 같이 말씀하신다. 보라 네 구원이 이르렀느니라/보라 상급이 그에게 있고/보응이 그 앞에 있느니라. 여호와의 선언은 한 가지 흥미로운 변화와 함께 40:10을 연상시킨다. 주 여호와 대신에 오는 이는 네 구원(NIV, 너의 구원자)이다.

이스라엘의 패망을 보았던 모든 나라가 이제 이스라엘의 회복을 보게 될 것이다. 귀환하는 포로들은 거룩한 백성이요 여호와께서 구속하신 자라고 불릴 것이다(12a절). 시온은 또한 자신의 이전 이름인 **버림 받은 자와 황무지**(4절)보다 훨씬 더 호의적인, **찾은 바 된 자와 버림받지 아니한 성읍**이라고 언급될 것이다. 다시 이름의 변화는 남은 자들을 위한 상황들의 변화에 초점을 맞춘다.

의미

이 장은 하나님의 사자인 선지자의 역할에 대한 놀라운 확증이다. 그는 예루살렘의 구원이 일어날 때까지 그것을 계속 선포할 뿐만 아니라(1절), 심지어 구원이 현실이 될 때까지 파수꾼들에게 하나님의 약속들과 시온을 향한 하나님의 인도하심에 관해 그에게 퍼붓듯이 맹렬하게 끊임없이 기도하라고 권고한다.

하나님은 남은 자들이 결코 다시는 약탈을 당하지 않을 것이라고 이미 맹세하셨기 때문에(8-9절), 선지자는 이제 그들에게 하나님의 구원을 준비하라고 권고한다.

선지자는 하나님이 그 당시에 약속을 지키셨던 것처럼 미래의 구원에서도 똑같이 행하신다는 것을 상기시키기 위해, 이스라엘이 바벨론에서 돌아오는 것과 매우 유사한 용어를 사용한다. 이 예언적 관점은 선지자가 미래에 남은 자들의 귀환을 바벨론으로부터 귀환하는 것의 연속으로 볼 수 있게 한다. 열방은 그것을 받을 자격이 없을지라도, 그들은 그것을 보고 말씀을 지키고 구원하시는 하나님께 영광을 돌릴 것이다.

4) 열방에 대한 여호와의 보복의 날(63:1-6)

문맥

61-62장은 여호와의 은혜의 해를 묘사하며, 이것은 63:1-6에서 여호와의 보복의 날로 이어진다. 시온은 62:10-12에서 하나님의 구원을 준비

하라는 권고를 받았고, 이제 63장의 첫 부분에서(표 0.12를 보라) 하나님은 예루살렘이 바벨론에 의해 멸망당할 때 특별히 적의를 보였던 에돔을 멸하러 오신다(시 137:7; 겔 25:12; 욜 3:19; 옵 13-14을 보라).

하나님은 에서의 후손인 에돔에게 가족 관계를 저버린 죄를 묻고 그에 상응하는 징벌을 내리심으로써 이스라엘을 영원한 원수에게서 건져내셨다. 이 섹션은 에돔의 멸망이 철저하게 이뤄진 것을 강조한다. 에돔 사람들은 예루살렘이 바벨론에 의해 멸망된 후 유다를 잔인하게 대한 것 때문만이 아니라, 이스라엘이 약속의 땅으로 가는 길에 자신들의 땅을 통과하는 것을 허락하지 않았던 그 일 훨씬 전부터 시작된 오랜 압제 역사 때문에 이스라엘의 잔인한 적들이 되었다(민 20:14-21을 보라).

이사야 63:1-6은 일반적으로 다음의 두 부분을 포함하는 한 단위로 간주된다.

첫째, 1-3절은 여호와께서 응답하시는 몇 가지 질문(1a, 2절)을 제시한다(1b, 3절)

둘째, 4-6절은 여호와의 행동들에 대해 그 자신이 설명하신다.

어떤 학자들은 이 단락과 59:15b-20 사이의 유사점들을 지적하지만, 63:1-6에서는 34:6에 언급된 에돔의 징벌이 확장된다. 그런데 34:6은 이사야서에서 에돔과 보스라라는 두 이름이 함께 사용된 유일한 곳이다.

주석

⟨1-3⟩ 접근하는 자들에게 도전하는 파수꾼처럼, 1절의 화자는 이스라엘에 접근하고 있는 자의 정체를 묻는다. 에돔에서 오는 이 누구며/붉은(하무츠[ḥāmûṣ], 여기에만 나오는데, '하모츠'[ḥāmôṣ, '압제자']에 대한 언어유희로 기능을 함) 옷을 입고 보스라에서 오는 이 누구냐.

1절에 있는 질문의 둘째 부분(즉, 큰 능력으로 걷는[문자적으로 '초에'⟨ṣōʿê⟩, '속박된, 기울어진, 누운'⟩이지만, 아마도 '초에드'⟨ṣōʿēd, '엄숙하게 걷는'⟩로 읽어야 할 것임] 이가 누구냐)은 첫째 부분(즉, 그의 화려한 의복, 문자적으로 '그의 옷으로 존경받는 자')과 평행을 이루며 그의 권세와 위엄을 강조한다.

그 여행자가 다음과 같이 대답한다. 그는 나이니 공의를 말하는(NIV, 승리를 선포하는) 이요/구원하는 능력을 가진 이니라. NIV는 여기에서 승리로 읽지만, '공의'라는 번역이 징벌받아 마땅했다는 사실을 더 잘 나타낸다.

화려한 의복을 입은 전사로 묘사된 이 인물은 여호와이지만, 정확하게 알 수는 없다. 그는 사해에서 남동쪽으로 약 30마일 떨어진 곳에 있던 고대 에돔의 수도인 보스라 방향에서 온다.

그 파수꾼은 두 번째 질문(2절). 즉 이번에는 붉은 포도주처럼 보이는 그의 옷에 묻은 핏자국에 대한 질문을 던진다. 그 얼룩들의 아이러니는 한때 포도원 경작과 포도를 으깨는 압착기로 유명했던 에돔이 이제는 그 자신이 으깨져서 여호와의 최종 승리의 흔적들을 남긴다는 것이다.

여호와께서는 3-6절에서 파수꾼에게 장황하게 응답을 하시며, 그분이 이스라엘의(그리고 그의) 원수들을 멸하셨다고 설명하시고, 그분이 홀로 에돔을 징벌하셨다는 것을 강조하신다. 내가 홀로 포도즙틀(푸라[pûrâ], 2회; 측정값을 나타내는 학 2:16의 오십[pûrâ]를 보라; 따라서 그것은 포도주틀의 들통이나 통을 지칭할 수도 있다[Smith 2009: 659을 보라])을 밟았는데.

홀로라는 단어는 하나님이 고레스와 같은 중재자를 사용하지 않으신다는 것을 암시한다(즉, 만민 가운데 나와 함께한 자가 없이). 하나님은 악인들이 그분의 자녀들을 잔인하게 대하고 그분을 계속 거부하는 것에 대해 노함을 나타내실 수 있다. 그들을 파괴한 철저함은 여호와의 완전히 더러워진 옷(문자적으로 '내가 더럽힌 나의 모든 옷')으로 묘사된다.

⟨4-6⟩ 원수 갚는 날(짧은 시간을 의미함)이라고 불리는 하나님의 징벌은 에돔의 잔인함 때문에 이스라엘이 원수를 갚는 것이었다. 그것은 문자적으로 '나(하나님)의 마음에'라고 말해지는데, 하나님이 진지하게 생각하신 어떤 것을 의미한다. 그분의 남은 자들을 위한 구속의 해(즉, 긴 시간)가 막 시작되려 했지만, 선지자는 그것을 완성된 것으로 말한다(즉, 바아[bāʾâ], '왔다'; Williams § 165를 보라). 이것은 예언적 완료의 또 다른 예이다

(61:2의 여호와의 은혜의 해라는 어구를 보라).

5절은 하나님이 이스라엘 나라를 두루 살피셨으나 그들을 구원할 의인을 찾지 못했다는 반복되는 주제를 다루고 있다(내가 본즉 도와주는 자도 없고; 또한, 41:27-28; 50:2 등을 보라). 하나님은 이스라엘이 너무 철저하게 부패하여 아무도 에돔에 대한 이 심판을 도울 수 없다는 사실에 실망하셨다(이상하게 여겨, 5절).

오직 여호와 자신의 공의와 능력만이 그것을 수행할 수 있다(59:16을 보라). 하나님은 자신의 계획을 끝까지 완수하는 데 큰 능력(내 팔이 나를 구원하며)과 결단(내 분이 나를 붙들었음이라)을 나타내셨다. 이 문맥에서 나를 **구원하여**라는 어구는 하나님의 정당성을 의미한다. 하나님은 자신의 백성을 학대하거나 악인을 멸하는 데 공정하지 못하셨다는 비난에 대해 무죄하시다.

하나님의 심판은 철저하여 에돔을 넘어 다른 만민에까지 확장된다. **내가 노함으로 말미암아 만민을 밟았으며**(6절). 밟았으며(라마스[*rāmas*], '밟다')라는 단어는 일반적으로 다른 나라들을 멸망시키는 나라들에 사용된다. 이제 나라들이 그들에게 마땅한 징벌을 받고(14:25; 41:25을 보라) 하나님의 공의의 완전한 결과를 느낄 차례이다. 그가 그들의 **선혈이 땅에 쏟아지게 하였느니라**(문자적으로 '그리고 내가 그들의 포도즙을 땅에 떨어뜨렸다'). 궁극적으로 하나님과 그분의 백성은 정당성을 입증받아 공의가 성취될 것이다. 구약과 신약 모두 이것이 성취될 주의 날에 대해 말하고 있다.

의미

여호와는 반복되는 구약성경의 주제(시 137:7; 사 34:5-6 등을 보라)인 이스라엘을 학대한 에돔에 대한 징벌을 지시하는 신적 전사로 묘사된다(합 3:3-15을 보라). 에돔 사람들은 에서를 통해 이스라엘 사람들과 관련이 있었지만(창 36:1을 보라), 애굽에서 탈출하는 동안 이스라엘을 도우러 오는 것을 거절했다(민 20:18).

그러나 이것은 그들의 적대감의 시작에 불과했다. 그들은 또한 바벨론이 예루살렘을 멸망시키도록 부추겼고(시 137:7), 그들의 친척들에게 잔인함을 나타냈기 때문이다(욜 3:19; 옵 13-14). 이스라엘에 대한 끊임없는 적개심 때문에, 에돔은 이스라엘의 영원한 원수들의 모형(picture)이 되었다. 그래서 6절에서 하나님은 그 징벌을 에돔 너머로 확대해 그분의 진노를 만민(복수형)에 쏟으신다.

하나님은 만민에게 회개할 수 있는 충분한 시간과 기회를 주셨지만, 그분은 참으로 공의롭기에 원수 갚는 날이라고 불리는 심판을 영원히 미룰 수 없으셨다. 날이라는 단어는 이 심판이 내가 **구속할**(즉, 자신의 것으로 되찾는) 해라고 불리는 더 긴 해에 비해 짧은 기간의 징벌임을 강조한다. 미래의 언젠가 아마도 머지않아 사악함이 심판받고 남은 자들이 구원을 받을 것이라는 사실을 아는 데 만족해야 한다.

5) 공동 애가: 하나님이 큰 자비를 베풀어 주시길 구함(63:7-64:12)

문맥

다소 느슨하게 구성되어 있기는 하지만, 많은 학자가 63:7-64:12을 공동 애가(communal lament song)로 간주하는데(Westermann 1969: 386-387; Whybray 1975: 255 등), 다음의 네 가지 기본 요소를 포함하고 있다(표 0.12를 보라).

- 서론: 자신의 백성을 향한 여호와의 과거의 은혜로운 행동에 대한 역사적 설명(63:7-14)
- 여호와께 도움을 청하는 호소(63:15-64:5a)
- 죄의 고백(64:5b-7)
- 여호와께 도움을 청하는 마지막 호소(64:8-12)

오스왈트는 이 단락에서 야기되는 것처럼 보이는 불일치를 지적한다. "만약에 그분(하나님)에게 이스라엘의 원수들을 단번에 멸하실(즉, 63:1-7의 그분이 행하신 에돔의 파멸) 능력이 있으시다면 … 왜 이스라엘은 불의의 노예로 남아 있는가?"(1998: 603).

주석

(1) 도입: 과거에 그분의 백성에게 베푸신 은혜로운 행위에 대한 여호와의 역사적 설명 (63:7-14)

이스라엘은 그들의 전 역사 가운데 하나님의 성령을 거역하고 근심하게 하여(10절) 하나님의 원수가 되었다(7-14절). 이 역사적 설명은 하나님과 이스라엘의 관계에서 결정적 전환점을 제시한다.

- 이스라엘을 한 나라로 선택하심(63:7-9)
- 그들의 패역과 징벌(63:10)
- 하나님이 갈대 바다를 가르셔서 그들을 구원하심(63:11-12; Hoffmeier 1999: 214을 보라)
- 광야에서 그들을 인도하시는 그분의 보호와 공급하심(63:14)

〈7-9〉 공동 애가는 저자의 개인적 논평으로 시작하지만(내가 여호와께서 우리에게 베푸신 모든 자비[하스데〈*ḥasdê*〉, 복수형]와 그의 찬송을 말하며 [문자적으로 '기억하다']), 그는 이스라엘에 자신을 포함하기 위해 신속하게 1인칭 복수형으로 전환한다. 7절은 하나님의 '인애'(lovingkindnesses, NASB)에 대한 언급으로 시작하고 끝나는데, 또한 그것은 **많은 자비와 사랑**(문자적으로 '긍휼들')을 의미한다. 하나님은 그 나라에 대해 극도로 인내심이 강하고 자비로운 태도를 보이셨다.

하나님이 이스라엘에 부어 주신 자비를 생각하면서 그분은 아이러니한 어조로 그들은 실로 나의 백성이요 거짓을 행하지 아니하는 자녀라라고 선언하시며, 그들을 건져줄 자인 그들의 구원자가 되셨다. 하나님은 자신이 특별히 큰 자비를 베푸셨던 이스라엘 사람들, 즉 그분의 자녀들에게 높은 기대를 하고 계셨다. 고대 근동에서는 자녀들이 부모에게 순종하지 않는 것은 불명예스러운 일이므로 그분은 그들의 순종을 기대하셨다. 그러나 그들은 습관적으로 이러한 기대들에 부응하지 못했다.

그들이 고난받을 때 언약 관계 때문에 여호와께서도 함께 아파하셨다. 그들의 모든 환난에 동참하사(문자적으로 '그에게 환난이 있었다'). 마소라 본문은 문자적으로 그들의 모든 환난 가운데 환난이 없다(로[lōʾ])라고 읽지만, '케레'(qěrê) 읽기인 그들의 모든 환난 가운데 그에게(로[lô]) 환난이 있었다가 더 가능성이 커 보인다. '없다'(아니다)를 의미하는 '로'(lōʾ)와 '그에게'를 의미하는 '로'(lô)는 히브리어에서 비슷하게 들리며 종종 서로 헷갈리는 경우가 있다.

하나님은 여러 번 그들을 구원하셨다.

- **자기 앞의**(문자적으로 '그분의 얼굴의') 사자로 하여금 그들을 구원하시며
- 그의 사랑과 그의 자비로 그들을 구원하시고
- 옛적 모든 날에 그들을 드시며 안으셨으나(9절)

자기 앞의 사자라는 어구는 광야에서 이스라엘 사람들을 인도하기 위해 하나님이 보내신 천사(출 23:20-23을 보라)나 환난 때 종종 나타난 여호와의 천사(예컨대, 기드온과 마노아에게)를 가리킨다. 여호와께서는 그 나라를 자애롭게 돌보셨고, 때로는 선한 목자처럼 그들을 일으켜 세우고 안아 주셨다(46:3을 보라).

⟨10-14⟩ 10절의 구문은 이스라엘이 저지른 반역의 고의성을 강조한다. 문자적으로 '그러나 그들 자신이 반역했다' 그리고 그에 따라서 주의 성령(문자적으로 '그분의 거룩함의 영')을 근심하게 했다. 그러므로 하나님의 징

계는 더욱 엄격해졌다. 그가 돌이켜 그들의 대적이 되사 친히 그들을 치셨더니.

이스라엘의 사악함으로 인해 의로우신 하나님이 그들을 더 징벌하실 것이라는 사실은 그들에게 놀라운 일이 아니었다. 필요할 때 부모가 그들의 자녀들을 책망함으로써 참사랑을 나타내는 것처럼(잠 3:12을 보라), 하나님의 의로운 심판은 동시에 이스라엘에 대한 하나님의 신실함과 사랑을 보여 주었다.

주의 성령이라는 어구는 구약에서 오직 3회만 나타나는데(사 63:10, 11; 시 51:11), 삼위일체의 세 번째 위격을 가리키는 것으로는 이해되지 않는다(Childs 2001: 524를 보라). 다만 하나님의 거룩하심을 나타내기 위해 그분에게서 나오는 능력으로 이해된다. 하나님은 그들의 면전에서 자신의 거룩한 성품을 보이셨다(언약궤의 시은소 위에서나 구름 기둥과 불 기둥 안에 하나님이 임재하신 것으로 묘사됨, 출 13:21). 그러므로 그들이 죄를 지었을 때 그것은 그분을 근심하게 했다. 성령님의 성품은 이후 신약성경에서 더욱 풍성하게 진전되겠지만, 이 구절이 중요한 기초가 된다.

11-14절에서 백성들은 모세의 시대[19]와 갈대 바다가 갈라진 때부터 시작되는 옛적(올람['ôlām], 11절)을 회상하며 돌아본다. 그의 영광의 팔이 모세의 오른손을 이끄시며 그의 이름을 영원하게 하려 하사 그들 앞에서 물을 갈라지게 하시고(12절).

하나님의 '능하신 팔'(그분의 능력과 힘에 대한 제유법)은 모세에게 능력을 주기 위해(문자적으로 '모세의 오른손에 있게 하려고') 보내졌다. 하나님은 모세의 요청으로 물, 만나, 메추라기를 주시고 보호해 주셨지만, 가장 기억에 남는 일은 갈대 바다를 가르는 일이었다. 다른 나라들은 물을 가르고 왕국들을 멸망시킴으로 그의 이름을 영원하게 하신 이스라엘의 하나님

---

19) 백성과 양 떼의 목자(문자적으로 '목자들')를 바다에서 올라오게 하신 이가 이제 어디 계시냐(11절)라는 어구에서 단수형 '목자'는 모세를 가리키고(이 단락에서 여러 번 언급됨), 복수형 '목자들'은 모세와 다른 지도자들(즉, 장로들 등)을 가리킨다. 모세 시대에는 보통 모세의 대변인인 아론이 뒤에 있었을지라도 모세만을 언급하는 것이 일반적이었다(출 12:1, 21 참조).

을 경이롭게 여겼다(수 2:9-11을 보라).

두 가지 직유가 이스라엘 사람들이 어떻게 바다(테호모트[*těhōmôt*], '깊음', 13-14절)를 건넜는지 설명한다.

첫째, 광야에 있는 말같이 넘어지지 않게란 어구는 이스라엘 사람들이 발이 빠르고 민첩했음을 의미한다.

둘째, 여호와의 영이 그들을 골짜기로 내려가는 가축같이 편히 쉬게 하셨도다라는 어구는 공급과 안식의 장소(즉, 약속의 땅)를 통과하는 그림이다. 그들에게 이 안식과 보호를 주신 것은 여호와의 영(즉, 그분의 능력)이었다.

자신의 백성에 대한 하나님의 은혜로운 공급과 보살핌은 다른 나라들의 존경과 두려움을 얻게 했다.

(2) 여호와께 도움을 청하는 호소

애가의 어조와 강도는 15절에서 선지자가 하나님의 자녀들을 불쌍히 여겨 달라고 하나님께 호소하는 것으로 바뀐다. 그는 다음의 세 가지를 근거로 호소한다.

첫째, 여호와와 이스라엘의 부자 관계(63:15-17)
둘째, 성전과 백성에 대한 그분의 사랑(63:18-19)
셋째, 그분의 명성(64:1-5)

① 여호와와 이스라엘과의 부자 관계를 기초로 한 호소(63:15-17)

〈15-17〉 저자는 과거의 영광스러운 행적들을 이제 막 되짚어 보고 현재에도 하나님께서 이와 유사한 일을 하시도록 요청한다. 그는 여호와께 하늘(제불[*zĕbul*], '하나님의 높은 거처', 5회)에서 내려다보고 그분의 자녀들이 겪는 곤경을 알아주시기를 간청한다(시 80:14-15을 보라). 주의 열성과 주의 능하신 행동(복수형)이 이제 어디 있나이까 주께서 베푸시던 간곡한 자비(복수형)

와 사랑(복수형)이 내게 그쳤나이다(아파크['āpaq], 문자적으로 '억제하다', 이 의미로 6회)(15절).

차일즈는 "선지자가 말한 '나'는 공동체의 '우리' 안에 포함되어 있다"고 주장하는데(2001: 524), 다음 구절(16절)에 의해 지지되는 견해이다. 그러나 우리는 선지자가 7절에서 했던 것처럼 그 나라를 위해 말하고 있거나, 또는 하나님에 대한 자신의 순종을 근거로 죄 많은 그 나라를 대신하여 하나님의 긍휼을 호소했을 가능성이 더 있다고 생각한다.

그 애가는 여호와께서 이스라엘 사람들의 곤경에 무관심하셨다는 것을 암시한다. 선지자는 종종 아버지와 아들의 용어로 묘사되는 언약 관계(즉, 모세 언약)에 기초하여 하나님께 간구한다(신 32:19-20을 보라). 저자는 비록 그들의 조상인 아브라함과 이스라엘(야곱)이 그 자신들의 불순종 때문에 그들을 알아보지 못했을지라도, 하나님과 그의 종들 사이의 아버지와 아들로서의 친밀한 관계를 두 차례 주장한다. (그러나[키⟨kî⟩]) 주는 우리의 아버지시라 아브라함은 우리를 모르고 (비록[키⟨kî⟩], 양보의 의미; Williams § 448) 이스라엘은 우리를 인정하지 아니할지라도.

그는 계속해서 족장들에게 주어진 동일한 약속들을 주장한다. 옛날(올람['ôlām])부터 주의 이름을 우리의 구속자(즉, '그 자신을 위해 그들을 주장했던 자')라 하셨거늘. 하나님의 이름은 그분의 명성과 성품을 나타낸다. 과거에 자기 백성을 구원하신 옛날의 구속자가 오늘날에도 역시 우리의 구속자이시다.

17a절에 있는 두 질문은 모두 하나님이 그들의 마음을 완악하게 하여 그분에게서 멀어지게 하신다고 비난한다. 여호와여 어찌하여 우리로 주의 길에서 떠나게 하시며/우리의 마음을 완고하게(카샤흐[qāšah], 2회) 하사 주를 경외하지 않게 하시나이까. 저자는 모든 행동이 하나님의 손안에 있다는 신적 주권을 매우 강하게 믿고 있다.

하나님은 6:9-11에 언급되었듯이 참으로 마음을 강퍅하게 할 수 있지만, 자신을 영화롭게 하려는 더 큰 목적을 위해서만 그렇게 하신다(예컨대, 하나님이 자신의 백성들을 애굽에서 구원할 때 그분께 더 큰 영광을 돌리도록 바로의 마음을 강퍅하게 하셨다). 하나님의 길들은 우리 길들보다 높지만(55:9), 그 길들은 항상 옳으며 궁극적으로 우리의 유익을 위한 것이다. 따라서 이스라엘은 하나님의 종들이고 그의 기업의 지파이기 때문에 저자는 다시 한번 그들을 돕기 위해 하나님께 호소한다.

② 그분의 성전과 백성에 대한 사랑을 기초로 한 호소(63:18-19)

〈18-19〉 저자는 여호와의 사랑에 근거하여 다음 두 가지를 위해 계속 호소한다.

첫째, 주전 586년의 사건에 대한 언급인, 이스라엘이 그들의 "원수"에 의해 멸망되기 전에 잠시(미샤르[miš'ār], 4회) 소유했던 그분의 성전[20]

둘째, 예로부터 여호와와 특별한 관계가 있었던 그분의 백성(NIV, 우리는 예[올람⟨'ôlām⟩로부터 주의 것).

그러나 이 원수들은 하나님과 특별한 관계에 있었던 적이 결코 없었다(그들은 주의 이름으로 일컬음을 받지 못하는 자 같이 되었나이다[문자적으로 '당신의 이름이 그들 위에 불리지 않았다', 관계성의 부족을 의미함]).

자신의 거룩한 성전이 짓밟혔을 때 하나님이 분노로 반응하실 것이라고 예상했을 것이다. 그러나 그 문제를 바로잡기 위해 하나님이 개입하셨다는 증거는 찾아보기 어렵다. 이 마지막 애가에 따르면, 여호와는 자신의 백성을 버렸다는 비난을 받고 있다.

---

20) 18a절에는 '주의 성소'(문자적으로 '잠시 당신의 [거룩한 백성]이 소유했던 …')라는 어구가 빠진 것처럼 보인다. 그래서 학자들은 일반적으로 본문을 수정할 것을 제안한다. 그러나 그것은 의도적인 생략일 수 있다. 즉, 저자는 18b절에 나오는 '주의 성소'라는 어구가 가정된 것을 의도했다.

③ 하나님의 명성을 기초로 한 호소(64:1-5)

⟨1-2⟩[21] 저자는 하나님이 서둘러 행하시기를 희망하면서 원하건대(루 [lû']=희구법, 강한 열망을 표현함; Williams § 460) 주는 하늘을 가르고 강림하시고(1절)라고 간청한다. 고대 근동의 세계관에 따르면 신들은 눈에 보이는 하늘(sky) 위에 있는 천국(heaven)에 거주했다. 이 구절에서 구름이 여호와와 사람들을 분리하고 있기에 여호와께서는 자신의 구원을 나타내기 위해 이 미미한 칸막이를 찢으시기만 하면 된다(시 18:9을 보라).

저자는 더 나아가 여호와께서 그분의 능력을 나타내시어(주 앞에서 산들이 진동하기를[1절]; 이방 나라들로 주 앞에서 떨게 하옵소서[2절]) 그분의 원수들이 여러 시대를 통해 언급된 그분의 능하신 행동을 직접 경험할 수 있도록(주의 원수들이 주의 이름을 알게 하시며) 권고한다.

저자는 여호와의 구원을 섶(하마심[hămāsîm], 여기에만 나옴)을 사르며, 물을 끓임(문자적으로 '휘젓다', 2절) 같게 하는 불에 비유한다. 이와 같이 그는 하나님이 구원하시는 모습이 열방을 여호와 앞에서 떨게 만들고, 그들이 그 능력을 보고 여호와 앞에서 경외함으로 반응하기를 원한다.

⟨3-5⟩ 저자는 여호와의 이름을 영화롭게 했던 이전의 놀라운 행위들(노라오트[nôrā'ôt], '두려움과 경외를 불러일으킨 행위')을 행해 달라고 그분께 간청한다. 왜냐하면, 여호와는 이스라엘 사람들이 기대했던 그 어떤 것보다도 훨씬 뛰어나셨기 때문이다.

더욱 인상적인 것은 이 전능하신 하나님이 자기를 앙망하는 자를 위하여 이런 일을 행한 자이고(4절; 이와 대조적으로 고대 근동의 다른 신들은 일반적으로 변덕스럽고 냉담한 것으로 여겨짐), 기쁘게 공의를 행하는 자(문자적으로 '기뻐하며 공의를 행함', 이사일의[hendiadys], 5절)와 주의 길에서 주를 기억하는 자(문자적으로 '그들이 당신의 길들에서 당신을 기억한다')를 도우신다는 사실이다. 그분

---

[21] 사 64:1=히브리어 성경 63:19; 절 표시에 있어서 64장 전체가 이런 불일치를 반영한다.

의 백성을 보호하고 공급하신 하나님은 독특하셨다. 이 전능하신 하나님이 일하시는 것을 보는 것은 열방을 위한 놀라운 가르침의 도구가 될 것이다.

이스라엘 사람들은 마땅히 받을 자격이 있지만, 희망이 없는 상황 가운데 있는 자신들을 발견했다(그러나 헨[*hēn*]은 종종 강조적임; *HALOT* 1.251]). 우리가 범죄하므로(문자적으로 '그러나 우리는 오랫동안[올람⟨ 'ôlām⟩; 이 단락에서 '영원히'가 아님] 계속 죄를 지었다') 주(문자적으로 '당신 자신')께서 진노하셨사오며. 우리가 어찌 구원을 얻을 수 있으리이까라는 어구는 번역하기 어렵지만, 그 문맥은 여기에 제기된 질문을 가리킨다(Oswalt 1998: 625을 보라). 가정된 대답은 '우리는 구원받을 수 없다'이다.

④ 죄의 고백(64:6-7)

⟨6-7⟩ 그 나라가 범죄한 정도를 충분히 인식한 저자는 다(3회 사용)와 없으며(문자적으로 '부르는 사람이 없다')라는 강조된 단어를 사용하여 죄가 만연해 있음을 설명한다.

첫째, 무릇 우리는 다 부정한 자 같아서 반드시 하나님과 분리되어야만 한다. 부정한이란 단어는 제의적 부정함을 가리키는 데 자주 사용되지만(레 11:4-38을 보라), 때때로 나병(레 13:11을 보라)이나 성적 배출물(레 15:16-17을 보라)을 의미한다.

둘째, 우리의 의는 다 더러운 옷 같으며는 월경 중에 입는 옷을 가리킨다. 그들의 의로운 행위조차도 완전히 죄가 된다.

셋째, 우리는 다 잎사귀같이 시들므로(반대로 표현한 시 1:3을 보라).

넷째, 우리의 죄악이 바람같이 우리를 몰아가나이다는 그들의 죄가 그들을 지배하여 결국 그들을 징벌로 이끌어 갈 것이라는 뜻이다.

다섯째, 하나님을 찾는 자가 없으며 따라서 그분은 우리의 죄악으로 말미암아 우리가 소멸되게 하셨다.

저자는 우리라는 대명사를 사용하여 죄로 인해 길을 잃고 징벌받아 마땅한 사람들 가운데 자신을 포함한다. 그는 그들이 의롭다고 여기는 행동들조차도 끔찍하기에 그들 자신에게는 아무런 희망도 없다는 것을 깨닫는다.

이스라엘 사람들은 하나님께 부르짖어야 할 그들의 죄악된 상태에 온전한 관심 조차 갖지 않는다(주의 이름을 부르는 자가 없으며, 7절). 그러므로 여호와께서 그들에게 '자신의 얼굴을 숨기시는 것'은 충분히 정당화된다. 하나님이 이스라엘을 향하여 '얼굴을 돌이킨다'라고 말씀하실 때 그것은 이스라엘에 대한 그분의 기쁨과 축복을 의미한다.

그러나 그분이 '얼굴을 돌리면' 그 반대가 되고, 그들은 징벌을 예상할 수 있다. 그러므로 그분은 그들을 죄악의 세력에 넘겨주신다(문자적으로 '우리 죄악들의 손에 넘기다', 7절). 죄는 인간의 삶에 돌이킬 수 없는 손상을 줄 수 있는 강력한 주인이다(롬 1:18-32을 보라). 그러나 여기서 저자는 적어도 그분의 백성의 남은 자에 대한 희망을 품고 있다(8절).

⑤ 마지막 호소(64:8-12)

⟨8-12⟩ 이스라엘의 절망적 상황은 그들의 모범이 되어야 할 저자의 소멸되지 않는 믿음에 의해서 완화된다. 그러나(문자적으로 '그러나 지금') 여호와여, 이제 주는 우리 아버지이시니이다/우리는 진흙이요(8절). 그들은 여호와를 이스라엘과 언약을 맺으신 전능하신 하나님으로 여겨야 하며, 토기장이에 의해 다른 용도의 그릇으로 빚어지는 진흙처럼 그들 자신을 하나님께 복종하는 존재로 여겨야 한다(45:9을 보라).

비록 그 나라가 여호와께 죄를 범했지만, 저자는 하나님이 그분의 자녀들을 돌보실 것이라는 믿음을 유지한다. 그래서 그는 온 나라를 대신하여 하나님께 그분의 진노를 돌이켜 주시길 간청한다. 여호와여, 너무(문자적으로 '아주 많은 정도까지') 분노하지 마시오며/죄악을 영원히 기억하지 마시옵소서(문자적으로 '우리의 죄들을 영원히 기억하지 마소서', 도치된 구문은 강조된 것임)/… 우리는 다 주의 백성이니이다(문자적으로 '당신의 백성은 우리 모두', 9절).

저자는 다시 한번 그 나라의 절망적 상태에 대한 주제를 채택한다 (63:18을 보라). 주의 거룩한 성읍들이(즉, 이스라엘은 하나님의 택하신 나라이므로 그 성읍들이 다 하나님을 위하여 구별되었음)이 광야가 되었으며/⋯ 예루살렘이 황폐하였나이다(10절). 설상가상으로 예배의 중심이던 성전이 가슴 아프게도 폐허 속에 놓여 있다.

우리 조상들이 주를 찬송하던 우리의 거룩하고 아름다운 성전(문자적으로 '집')이/불에 탔으며(문자적으로 '불타기 위해 있었다')/우리가 즐거워하던 곳(마하만데누[maḥāmaddênû], '우리의 소중한 것들'; 즉, 성전과 성물들 그리고 시온 자체)이 다 황폐하였나이다(11절). 선지자가 예견한 것은 주전 586년에 예루살렘과 성전이 파괴된 사건이다.

저자는 마지막 호소에서 두 가지 질문을 던진다.

첫째, 하나님이 가만히 앉아서 그분의 백성과 거룩한 나라에 이런 일이 일어나도록 내버려 두실 수 있을까?

둘째, 하나님은 이스라엘을 계속 징벌하실 것인가?

저자는 하나님께서 마음을 돌이키셔서 그들에게 **심한 괴로움의 징벌을 내리지 않기를** 간구한다(문자적으로 '당신이 위대해질 때까지 우리를 괴롭게 할 것인가', 12절).

너무 많은 것이 이미 파괴되었다(즉, 일이 이러하거늘, 문자적으로 '이것에도 불구하고 당신은 하겠는가'[Williams § 288b]). 분명히 여호께서는 저자가 '가만히'로 묘사한 그분의 진노에서 돌이키셔서 그들을 불쌍히 여기셔야 한다. 다음 장에서 여호와는 애가를 마무리하는 이 마지막 두 질문(12절)에 응답하신다.

의미

63:7-64:12의 공동 애가는 왜 여호와께서 자신의 백성을 구원하기 위해 일어나셨는지에 대한 많은 정당성을 제공한다. 63장은 자신의 백성의

원수들(에돔으로 묘사됨)을 징벌하기 위해 오시는 거룩한 전사이신 여호와를 아름답게 묘사하는 것으로 시작된다. 그 후 애가의 나머지 부분은 하나님이 자신의 백성을 구원하셔야만 하는 이유를 설명한다. 그분은 이스라엘의 아버지요 구원자로서 그들과 특별한 관계가 있다. 그들의 원수들은 그분의 성전을 파괴했다 등등.

하나님은 그분의 거룩한 성읍들(선지자는 이스라엘의 모든 성읍을 하나님께 바쳐진 것으로 봄, 64:10)이 황폐하고 그분의 성전이 파괴된 이스라엘의 비참한 상태를 보고 그들을 구하러 오려고 작정하셔야만 한다. 선지자는 이스라엘이 하나님에게서 멀리 떠나 큰 죄를 지었다고 고백한다. 그러나 그는 또한 하나님이 여전히 그 나라에 대한 약속을 지키시고 그들을 그분께로 되돌리실 것이라고 믿는다.

공동 애가는 두 가지의 가슴 아픈 질문으로 끝난다. 여호와여 일이 이러하거늘 주께서 아직도 가만히 계시려 하시나이까/주께서 아직도 잠잠하시고 우리에게 심한 괴로움을 받게 하시려나이까. 두 질문에 대한 대답은 모두 '아니, 당연히 아니다'이다. 그러므로 이제 여호와께서 행동하실 때이다.

6) 하나님의 궁극적 계획이 그 자신에게 영광을 가져올 것임; 이음새 (65:1-66:24)

이전의 양식 비평 학자들은 이사야 65-66장을 다양한 장르들과 배경들로 구성된 더 작은 단위들의 모음으로 보았다. 그러나 최근에는 이를 편집비평적 문학 단위로 읽는 경향이 있다. 몇몇 학자는 이사야 1장과 이사야 65-66장 사이의 주제의 유사성에 주목했는데, 이것은 이 책의 주제적 통일성을 향한 편집 형태를 가리킨다(서론을 보라). 이사야 65-66장에 나오는 많은 주제는 요한계시록의 끝부분에서도 발견된다(예: 새 하늘과 새 땅; 하나님이 눈물을 닦아 주심; 악인의 멸망). (표 0.12를 보라).

이사야 65-66장에서 하나님은 앞 섹션의 애가(63:7-64:12), 특히 64:12의 마지막 두 질문에 응답하신다. 하나님은 그들이 받는 혹독한 징벌을 계속하실 것인지에 대한 첫 번째 질문에 하나님이 먼저 화해의 길을 가셨으나 백성들이 거절했다고 대답하신다(나는 나를 구하지 아니하던 자에게 물음을 받았으며, 65:1).

여호와의 백성이라고 주장하면서(보시옵소서 … 우리는 다 주의 백성이니이다, 64:9) 그들은 계속해서 이방 신들에게 제물들을 바치고 가증한 제의들을 행했다. [그들은] 곧 동산에서 제사하며/벽돌 위에서 분향하여/내 앞에서/항상 내 노를 일으키는 백성이라/은밀한 처소에서 밤을 지내며 돼지고기를 먹으며(65:3-5).

하나님의 징벌이 심한 괴로움을 받게(64:12) 할 만큼 계속될 것인지에 대한 두 번째 질문에 대한 응답으로, 하나님은 그들의 징벌의 정도가 그들의 죄의 정도에 비례할 것이며, 현재로서는 그들이 아직 충분히 징벌받지 않았다고 응답하신다. 내가 잠잠하지 아니하고 반드시 보응하되(65:6), 내가 먼저 그들의 행위를 헤아리고 그들의 품에 보응하리라(65:7).

하나님이 부르시지만, 그들이 응답하지 않는 이사야 65-66장의 메시지(65:1, 12을 보라)는 이스라엘 역사 전체에 걸쳐 일관된 문제였다. 이사야서의 서두에 언급된 여호와의 계획이 곧 성취될 것이다. 시온은 정의로 구속함을 받고/… 여호와를 버린 자도 멸망할 것이라(1:27-28).

이사야 65-66장 단위들의 세부 사항들과 배열에 관해 학자들 사이에 동의가 거의 없지만(Smith 2009: 665-667을 보라), 그럼에도 불구하고 그것은 평행 단위들로 구성되어 있으며, 그것의 절정은 66장의 시작 부분에서 드러난다.

1 하나님이 부르셨으나 응답하는 자가 적다(65:1-7)
2 하나님이 남은 자를 구원하신다(65:8-25)
3 하나님이 주권자이시다(66:1-2a)
1′ 하나님이 부르셨으나 응답하는 자가 적다(66:2b-6)
2′ 하나님이 남은 자를 구원하신다(66:7-24)

학자들은 이 마지막 두 장이 이 책의 마지막 섹션을 구성한다는 점에 주목했지만, 우리는 이 두 장이 책의 마지막 이음새 역할도 한다고 생각한다. 여기에는 다른 이음새들과 동일한 주제가 포함되어 있고 흥미롭고 새로운 반전도 있다.

첫째, 이스라엘이 심판받았고(65:1-16) 하나님께 대한 그들의 끊임없는 도전에 대해 정당한 징벌받았다.

둘째, 하나님은 악한 자들의 곤경(65:13-16)과는 대조적으로, 남은 자들을 구원하는 데 있어서(65:8-15, 17-25; 66:7-14, 19-23) 파격적으로 그들을 대우하신다. 그 놀라운 반전은 이 남은 자들이 많은 먼 나라들에서 모여들고 (66:19-20) 이스라엘의 남은 자들과 함께 섬기게 된다는 것이다(66:21).

셋째, 악인이 징벌받을 것이다(65:6-7, 11-15; 66:3-6, 14b-17, 24). 익숙한 후렴구는 크게 확장된 형태로 제시된다. 그들이 나가서 내게 패역한 자들의 시체들을 볼 것이라 …(66:24).

(1) 하나님이 그분의 남은 자를 보존하실 것임(65:1-25)

문맥

65장이 시작될 때 하나님은 1인칭으로 말씀하며, 자신의 백성에 대해 가져올 책임을 선언하신다(1-7절). 하나님은 자신이 그 나라의 사악함(즉, 내 앞에서 항상 내 노를 일으키는 백성이라, 3절) 때문에 그 나라를 징벌해야 한다고 분명히 밝히고 있다. 그렇지 않으면 그분은 공의로우신 하나님이 아닐 것이다. 그러므로 6-7절은 임박한 징벌에 대한 경고로 끝난다.

다음 섹션(8-25절)은 유사한 어구들로 시작하고 끝나며(여호와께서 이와 같이 말씀하시되, 8절; 여호와께서 말씀하시니라, 25절), 의로운 남은 자를 아끼시는 하나님의 뜻을 설명한다. 다 멸하지 아니하고(8절). 그래서 하나님은 자신이 보내실 참 종들(나를 찾은 내 백성, 10절)과 정당한 징벌받을 나머지 사람들(나 여호와를 버리며, 11절)을 구별하실 것이다.

17절을 시작하면서 하나님은 '그분의 종들'에게 베풀어 주신 축복을 설명하신다. 하나님은 그들을 위해 새 하늘과 새 땅을 창조하실 것이다. 그 하늘과 땅에서는 더 이상 현재의 하늘과 땅에 관련된 문제가 없을 것이다(즉, 더 이상 슬픔이나 울음이 없음, 19절; 유아 사망이 없음, 20절; 조기 사망이 없음, 20절; 원수들이 없음, 22절 등).

주석

① **패역한 이스라엘이 징벌받을 것임**(65:1-7)

〈1-2〉 64장의 끝에 있는 간청하는 질문에 대한 여호와의 첫 번째 응답은 자신이 이미 이스라엘에게 엄청난 자비를 베풀었다는 것이다. **나는 나를 구하지 아니하던 자에게 물음을 받았으며**(문자적으로 '나는 나 자신이 찾아지는 것을 허락했다)(1절).

1절의 각 어구에서 이스라엘이 '그분의 이름을 부르지' 않았음에도 불구하고 하나님은 주도적으로 이스라엘을 부르신다. 문맥은 그들이 고의적으로 하나님의 도움을 거절하고 대신 거짓 신들에게로 향했음을 시사한다. 그러나 하나님은 자신의 손을 내민 채(문자적으로 '뻗다')로(2절), 간절히 그리고 반복적으로 그들이 자신에게로 돌아오도록 간절히 호소하신다. **내가 여기 있노라 내가 여기 있노라**(강조를 위해 반복됨).

그 그림은 심오한 것이다. 이스라엘을 선택하여 그들과 언약 관계를 맺으신, 이 세상과 온 인류의 창조주이신 주권적인 하나님은 자신에게 돌아와 마음을 다해 섬기라는 사랑의 호소에 응답하라고 그들을 강요하지 않으신다(출 19:1-9).

그분은 그들을 도와주면서 관계를 맺도록 그들을 초대하지만, 이스라엘은 완고한 백성으로(2절) 자기 마음대로(즉 무엇이 최선인지 안다고 생각하는 자기 생각) 자신에게 **옳지 않은 길**(그들을 더 많은 죄와 궁극적으로 징벌로 이끄는 길)로 걸어갔다. 최선의 길들을 알고 계신 하나님은 그들에게서 이 고통을 덜어주길 갈망하셨다. 이스라엘 사람들이 계속해서 반역했기에 사도 바울은 이방인들에게 구원을 제안하는 데 65:1-2을 적용한다(롬 10:19-21을 보라).

⟨3-7⟩ 이스라엘 사람들은 이방 신들을 경배하면서 여호와를 노골적으로 멸시하여 여호와를 노엽게 했다(3절). 2b-5절의 분사들은 계속되는 그들의 죄된 본성을 나타낸다.

- 동산에서 제사하며(문자적으로 '그 동산들'; 종종 풍작을 보장하기 위한 다산 의식의 형태), 포로기 이전 선지자들이 계속하여 정죄했던 희생 제물들(1:29을 보라).
- 벽돌 위에서 분향하여(문자적으로 '벽돌들 위에서 향을 피움'; 아마도 향을 태우기 위해 가열된 벽돌 제단), 일찍이 레위기 26:30에서 정죄했던 관행
- 죽은 자들과 상의하거나(즉, 강령술, 이사야가 8:19에서 정죄했던 관행) 잡신이나 악령에게 꿈('배양'[incubation]이라는 관행)을 통해 신탁을 구하기 위해 묘지에서 몰래 철야 하며(문자적으로 '잘 보호된 곳에서') 밤을 보냄
- 돼지고기(하하지르; *ḥaḥāzîr*, 7회) 및 기타 가증한 것들을 먹는 것, 이것은 특별히 율법에 금지되어 있지만(레 11:7을 보라) 다른 고대 근동 종교들에서는 일반적으로 허용됨(헤스[Hess] 2007:188, 217-218).

엎친 데 덮친 격으로, 이런 금지된 짓들을 저지르는 사람들은 그렇지 않은 사람들보다 자신을 더 거룩하다고 생각한다(즉, 너는 네 자리에 서 있고 내게 가까이하지 말라/나는 너보다 거룩함이라, 5절). 이러한 죄들은 종일 타는 불에서 나오는 성가신 연기와 같이 하나님을 계속 거슬리게 하는 것이다(5절).

하나님은 그들이 마땅히 받아야 할 징벌을 온전히 내리실 것이다. 내가 잠잠하지 아니하고 반드시 보응하되(즉, '완전히 갚다', 6절); 내가 먼저 그들의

행위를 헤아리고 그들의 품(문자적으로 '가슴'; 벗어날 수 없는 가까움을 암시함)에 보응하리라(7절). 하나님은 공의로우시기에 그들은 이 징벌을 피할 수 없을 것이다.

심판의 불가피성은 이것이 내(하나님) 앞에 기록되었으니(6절)라는 사실에 있는데, 이것은 다음과 같은 것을 의미할 수 있다.

- 죄들이 기록된 천상의 책(단 7:10; 계 20:11-15을 보라)
- 그것들에 대한 기록인 이사야의 예언들(8:1-16; 30:8을 보라)
- 여호와와 맺은 언약을 파기한 것에 대한 신명기 27-28장에 나오는 저주들

내가 잠잠하지 아니하고(6절)는 64:12b의 질문에 대한 언급이다. 그러나 그분의 반응은 아마도 저자가 반드시 기대하고 있었던 것은 아닐 것이다. 하나님은 악인에게 징벌을 가하심으로써 '말씀'하실 것이기 때문이다.

이스라엘은 그들이 받은 징벌들에서 교훈을 얻지 못했다. 그들의 죄들은 여러 해에 걸쳐 축적되었으며, 그들의 조상들도 비슷한 사악함을 나타냈다(즉, 너희의 죄악과 너희 조상들의 죄악은 한 가지니, 7절). 예를 들어, 솔로몬은 산당에서 제사를 드린다는 비난을 받았다(왕상 3:3). 하나님은 거짓 신들에 대한 숭배(산 위에서 분향하는 것, 7절)를 자신에 대한 직접적 모욕으로 여기신다(문자적으로 '그들이 나를 모욕했다').

② 하나님이 구원을 가져오실 것임(65:8-16)

〈8-10〉 여호와께서 이와 같이 말씀하시되라는 서문으로 하나님은 이제 64:12에 있는 저자의 두 번째 질문에 답하실 준비가 되셨다. 그 나라는 그들의 반역으로 인해 실제로 징벌받을 것이지만(64:12에서는 그들이 이미 이 징벌의 한가운데에 있다고 가정함), 모든 사람이 멸망하지는 않을 것이다. 여호와께서는 자신에게 복종하는 자를 용서하실 것이다. 나도 내 종들을

위하여 그와 같이 행하여/다(문자적으로 '전체') 멸하지 아니하고(8절).

포도 비유(8절)는 그것의 수확 과정에서 유래하는데, 첫 수확 이후 덩굴에 남아 있는 송이가 여전히 가치가 있기에 나중에 거두게 된다는 것이다. 포도송이에는 즙(핱티로쉬[hattîrôš], '새 포도주')이 있으므로(카아쉐르[ka'ăšer]) 사람들이 말하기를 그것을 상하지 말라 거기 복이 있느니라.

마찬가지로(켄[kēn]) 하나님은 남은 자들(문자적으로 '내 종들', 8-9절)을 보존하려고 그들을 위하여 일하실 것이다. 문법 구조 카아쉐르(ka'ăšer, '그와 같이') … 켄(kēn, '…도')은 강력한 비교를 나타낸다(Williams § 264). 새 포도주는 약 한 달간의 발효 후에 마실 수 있지만, 일반적으로 그것이 숙성될수록 풍미가 더 좋아진다.

내 종들(65:8, 9, 13, 14-15), 그의 종들(56:6; 66:14), 주의 종들(63:17), 여호와의 종들(54:17)이라는 문구는 이사야 후반부에 나오는 의로운 남은 자들을 위한 일반적 표현으로 단수형과 구별된다.

9절의 내가 야곱에게서 씨를 내며라는 어구는 8절 끝에서 하나님이 하신 말씀의 의미를 더 설명한다. 족장들에 대한 약속들은 남은 자들에게서 이루어질 것이다. 야곱(즉, 이스라엘)과 유다(즉, 나의 종들)의 후손들은 안식과 평화의 목초지로 묘사된 땅을 상속받을 것이다(사론은 양 떼의 우리가 되겠고/아골 골짜기는 소 떼[레베츠⟨rēbeṣ⟩, 4회]가 눕는 곳이 되어, 10절).

사론(Sharon)은 주로 양 떼를 방목하는 것으로 알려진 지중해 연안의 비옥한 해안 평야이다(대상 5:16을 보라). 아골 골짜기는 이스라엘의 극동쪽 여리고 근처에 있는 불모의 땅이다. 두 극단의 지점을 함께 취한 것은 온 땅이 여호와를 찾는 자들에게 평화와 안식의 장소임을 나타낸다. 아골('환난'; 수 7:24-26을 보라)이라는 이름은 그것이 평화와 안식의 장소(호 2:15을 보라)로 변형될 것이기 때문에 언어유희 역할을 한다.

⟨11-12⟩ 이제 남은 자들로부터 계속해서 여호와를 거역하는 자들에게 주의가 집중된다. 오직 나 여호와를 버리며. 그들은 하나님의 성산(즉, 시온)을 버리고 대신에 이방 신들에게 거룩한 연회를 여는 것으로 묘사된다.

그들은 갓(NIV, 운수신)에게 상을 베풀며. 운수신은 시리아와 페니키아의 신인 갓의 개인적 이름(이 단어에 붙은 정관사는 그것이 '행운'을 의인화한 것이라는 사실을 제안함; 바알갓[수 11:17을 보라]과 믹달갓[수 15:37을 보라]이란 이름을 보라)이다. 그들은 아마도 '운명의 신'인 므니에게 섞은 술을 가득히 붓는다. 이 단어(므니)에 붙은 정관사 또한 그것이 '운명'에 대한 의인화임을 시사한다.

계속해서 거짓 신들을 쫓는 자들은 하나님이 칼에 붙일 운명에 처할 것이다(마나[mānâ], 운명의 신의 이름[메니⟨měnî⟩, 여기에만 나옴; 개역개정은 므니-역주]과 언어유희). 왜냐하면, 그들은 하나님께 돌아오라는 그분의 호소를 거절했기 때문이다. 내가 불러도 너희가 대답하지 아니하며/내가 말하여도 듣지 아니하고(12절).

12절의 평행 어구(다 구푸리고 죽임을 당하리니)는 문자적으로 '너희가 도살장에 엎드릴 것이다'인데, 이것은 그들이 하나님께 엎드려 경배하지 않으면 죽임을 당한다는 것을 암시한다. 이 어구들은 하나님은 이스라엘을 계속해서 설득했지만, 그들이 고의로 그분을 거부하고 대신에 악한 것(문자적으로 '내 눈들 안에서 악한 것')을 반복적으로 선택하여 그분의 불쾌하심을 초래했다는 것을 드러낸다.

⟨13-15⟩ 주 여호와에 대한 그들의 반응에 기초하여(즉, 이러므로) 하나님은 먹고, 마시고, 기뻐하고, 즐거워 노래하게 될 의로운 남은 자들(즉, 나의 종들)에 대해 악인들과 대조되는 결과를 선언하신다. 반면에 악인(즉, 너희[2인칭 복수])은 극도로 절망하고, 주리고, 목마르고, 수치를 당하고, 괴로움으로(문자적으로 '마음의 고통으로부터' 그리고 '상한 영으로부터', 14절) 울 것이다. 악인에 대한 이와 같은 징벌이 주 여호와에게서 왔다는 사실은 그 선언의 확실성에 무게를 더한다.

악인의 이름은 하나님(문자적으로 '주 여호와'가 택하신 자들[렘 29:22을 보라])이 내리시는 저주로만 사용될 것이다. 반면 그분의 종들은 그들의 새 성품을 나타내는 새 이름(사 62:4; 계 22:4을 보라)을 받을 것이다(이것은 이사야서 2부의 공통 주제임; 56:5; 62:2을 보라).

⟨16⟩ 하나님은 최고로 통치하실 것이다. 그분의 행동과 성품은 더 이상 숨겨지지 않고 모든 사람에게 나타날 것이다. 그것들은 다음 두 가지 이유로 모든 사람에게 명백할 것이다.

첫째, 누구든지 그 땅에서 복이나 맹세를 구하는 자에게는 유일한 참하나님(문자적으로 '진리의 하나님')이신 여호와께서 그렇게 해 주실 것이다.

둘째, 과거의 고난은 완전히 잊히고 하나님의 눈앞에서 숨겨질 것이다(즉, 하나님은 그들의 이전 행위들을 다시 기억하지 않으실 것이다).

③ 의인의 축복: 새 하늘과 새 땅(65:17-25)

⟨17-19a⟩ 17절의 시작 부분에 있는 키(*kî*, '때문에')는 이전 구절과 연결되어 이전 것은 기억되거나 마음에 생각나지 아니할 이유를 제공한다(Williams § 444). 보라라는 단어는 하늘과 땅이 멸망된 후에(51:6을 보라) 하나님이 행하시는 새로운 창조 사역(17절)으로 주의를 이끈다.

어떤 학자들은 하다쉬(*ḥādāš*, '새로운')가 '갱신된'을 의미한다고 제안하지만, 문맥 대부분은 이전에 존재하지 않았다는 의미에서 '새로운'을 암시한다(예컨대, 출 1:8; 수 9:13 등). 어느 쪽이든 저자는 남은 자들이 즐기게 될 세상의 완전한 변혁에 대해 말한다.

문맥에서 이전 것은 더 이상 기억되지 않을 이전 환난(16절)을 나타낸다. 용어들의 연결이 16-17절을 이어 준다. 16절은 환난들이 잊힌다는 것을 긍정적인 용어들로 말하고, 17절은 같은 개념을 부정적인 용어들로 말한다. 이러한 환난들은 예루살렘과 그 주민들을 중심으로 한 하나님의 놀라운 새 창조로 대체되었다(문자적으로 '보라 내가 예루살렘을 창조하기 때문에', 18절; 17a절과 같은 용어임).

하나님은 새롭게 창조된 그 성읍과 그분의 백성을 기뻐하실 것이다. 내가 예루살렘을(문자적으로 '때문에'; Williams § 247) 즐거워하며 나의 백성을(문자적으로 '때문에') **기뻐하리니**. 하나님이 그분의 백성을 기뻐하실 수 있는 유일한 방법은 그들이 깨끗함을 받는 것이다(4:2-6을 보라). 이 새로운 피조물은 이전 피조물의 저주에서 벗어날 것이다(창 3:17).

〈**19b-25**〉 새 예루살렘은 다음과 같은 특징들을 누릴 것이다.

첫째, 이스라엘 사람들이 너무 자주 경험했던 고통과 슬픔과는 대조적으로, 이제 울음이 없을 것이다. **우는 소리와 부르짖는 소리가 그**(예루살렘) **가운데에서 다시는 들리지 아니할 것이며**(19b절).

둘째, 고대 근동에 만연했던 유아 사망이 더 이상 존재하지 않을 것이다. **거기는 날 수가 많지 못하여**(문자적으로 '날들의 유아') **죽는 어린이**('젖먹이') **… 없을 것이라**(20절).

셋째, 장수는 일반적인 일이 될 것이다. **백 세가 못되어 죽는 자**(문자적으로 '백 세의 아들')**는 저주받은 자이리라**(20절; 시 90:10을 보라). 이스라엘에서 장수는 하나님의 축복의 증거인 반면에 짧은 수명은 종종 죄로 인한 것으로 간주된다. 그러므로 이것은 이 새 땅에서 죄의 감소 내지는 제한을 암시한다. 남은 자들의 생명은 키 크고 건강한 나무의 생명에 비유된다(22절). 족장들은 하나님의 약속들이나 사건이 기억에 오래 남기를 원할 때 나무를 심었다(창 21:33을 보라).

넷째, 침략의 두려움이 없을 것이다. **그들이 건축한 데에 타인이 살지 아니할 것이며/그들이 심은 것을 타인이 먹지 아니하리니**(22절; 삿 6장을 보라).

다섯째, 그들은 하나님을 즉시 만나게 될 것이다. **그들이 부르기 전에 내**(문자적으로 '나 자신'; 강조됨)**가 응답하겠고/그들이 말을 마치기 전에 내**(문자적으로 '나 자신'; 강조됨)**가 들을 것이며**(24절). 이것은 여호와께서 자신들의 애가를 듣지 않으셨다는 이스라엘 사람들의 불평을 상기시킨다(40:27; 49:14 등을 보라). 그러나 하나님의 응답에 대한 이미지는 그들이 상상할 수 있었던 그 어떤 것보다도 훨씬 뛰어나다.

여섯째, 자연이 평화롭게 존재할 것이다. **나의 성산에서는** (동물들이) **해함도 없겠고 상함도 없으리라**(25절).

62:8과 유사하게 21-22절은 신명기 28:30에 있는 저주에 대한 반전이다. 내가 택한 자가 그 손으로 일한 것을 길이 누릴 것이며(문자적으로 '낡아질 것이다', 즉, 그들이 수고한 결과들을 그 자신들이 온전히 사용하게 될 것이다, 22절). 그들의 수고가 헛되지 않겠고(문자적으로 '공허함 또는 헛됨을 위하여', 23절). 화이브레이는 고대 유대인들이 생각한 이상적인 삶은 게으름이 아니라 만족스러운 노동이라고 말했다(1975: 278).

그들의 자녀들은 재난(베할라[behālâ], '재앙, 파멸, 공포', 4회; 문자적으로 '재앙을 위해 태어났다')을 당하지 않을 것이다. 이것은 그들이 하나님의 징벌로 생각했던 원인 불명의 죽음에 대한 갑작스러운 공포를 경험하지 않는다는 것을 의미한다. 헛됨(헛되지)과 재난이라는 두 용어에는 "잘 알려진 실체"(well-known substantive)를 나타내는 관사가 포함된다(Williams § 85). 하나님은 그들과 그들의 후손에게 번영과 보호를 베푸실 것이다.

25절은 창세기 3:14을 다른 말로 바꾸어 표현한 뱀은 흙을 양식으로 삼을 것이니라는 구절만 빼고, 11:6-9을 요약한 것이다. 오스왈트는 이 어구가 뱀이 단지 흙을 먹는다는 의미라고 하며 "그렇게 될 때 저주가 완전히 풀릴 것이다"라고 주장한다(1998: 662).

그러나 그것은 창세기 3:14에 나오는 뱀의 굴욕을 비유적으로 표현한 것일 뿐이며, 여기에서도 마찬가지일 것이다. 그러므로 뱀은 흙을 양식으로 삼을 것이니라는 어구가 포함된 것은 하나님께 반역을 시작한 뱀에 대한 저주가 계속 남아 있음을 시사한다.

나의 성산에서라는 표현은 56-66장에 5회 나오지만, 1-39장에는 1회만 나온다. 그것은 여호와께서 다스리시는 영역을 의미하는 시온산을 가리키는데, 이 경우에는 완전히 새로운 피조물이다. 여호와께서 말씀하시니라라는 마지막 어구가 이 예언에 대한 확실성을 더한다.

의미

이사야서 65장은 의로운 남은 자들을 향한 하나님의 계획을 설명하는 가장 중요한 장이다. 하나님은 처음에 온 이스라엘 나라를 선택하셨지만(1절), 그들은 계속해서 하나님을 노엽게 했던 반역하는 백성들이었다(3절). 그러므로 하나님은 징벌을 사용하여(7절) 자신을 섬기는 정결한 나라를 일으키고자 하셨다. 그분은 이 의로운 남은 자들을 추수한 후에 포도나무에 남아 있다가 거두어들인 **포도송이**에 비유하셨다. 그들이 여전히 가치가 있기 때문이다.

하나님은 나의 종이라고 부르는 그분의 남은 자들에게 필요를 공급하고 복을 내리실 것이다. 그러나 나머지 백성들은 그분의 징벌을 받을 것이다. 하나님은 당신의 종들이 거할 새 하늘과 새 땅을 만들고 그분이 맨 처음부터 의도한 것을 누리게 하실 것이다.

저자는 그간 시온이 겪었던 것과 대조되는 미래 시온에 대한 종말론적 희망을 상상하기 위한 단락을 형성한다. 차일즈는 "65장의 약속은 환상적인 상상의 세계로의 묵시적 도피가 아니라 이사야서 전체에 걸쳐서 구체화되는 하나님의 뜻의 성취"라고 지적한다(2001:538).

(2) 여호와께서는 그분의 피조물을 주권적으로 인도하심(66:1-24)

문맥

이 장의 구조에 대해 논쟁이 있어 왔지만, 이사야 65-66장의 절정은 하나님이 자신의 주권을 선언하시는 66:1-2이다. 이 선언의 시작과 끝은 각각 여호와께서 이와 같이 말씀하시되와 나 여호와가 말하노라(히브리어 원문은 2a절이 이 어구로 끝남-역주)라는 어구들로 표시된다. 하나님은 모든 피조물을 다스리는 주권자임에도 불구하고, 회개하고 자신을 경외하는 자들에게는 은혜를 베풀기로 작정하신다.

다시 말하지만, 이 장을 어떻게 나눌 것인가에 대한 중요한 논쟁이 있다. 우리는 66장을 다음과 같은 단위들로 나눈다.

- 1-6절: 하나님은 부르시지만 응답하는 자가 거의 없음
- 7-24절: 남은 자들에 대한 하나님의 구원을 묘사함

주석

① 하나님이 피조물을 부르시지만, 그들은 거의 응답하지 않음 (66:1-6)

〈1-2〉 이 구절들에서 하나님은 이전 섹션(65:17-25을 보라)에서 언급한 변화가 일어날 것이라고 자신의 남은 자들에게 확약하신다. 그들은 두 가지 이유로 이것을 확실히 알 수 있다.

첫째, 하나님은 편재하시고 전능하시다. 하나님 앞에 있는 그 어떤 광대한 피조물도 그분을 포함할 수 없다.

둘째, 그분은 자신의 의로운 남은 자들 곧 심령이 통회하며 내(하나님의) 말을 듣고 떠는 자에게 은혜를 베푸시기로 작정하셨다(57:15을 보라).

여호와께서 이와 같이 말씀하시되(NIV, 이것이 여호와께서 말씀하신 것이다, 1절)라는 어구는 여호와의 지극히 위대하심에 관한 진술을 소개한다. 하늘은 나의 보좌요/땅은 나의 발판이니(시 103:19을 보라). 이 장소들은 하나님의 주권이 나타나는 곳이지만, 뒤따르는 두 개의 수사학적 질문에서 알 수 있듯이 그것들은 결코 하나님을 포함할 수 없다.

첫째, 너희가 나를 위하여 무슨(문자적으로 '이런') 집을 지으랴

둘째, 내가 안식할 처소(문자적으로 '내 안식의 이 장소')가 어디랴

두 질문 모두에 대한 함축된 대답은 하나님을 붙들어 둘 수 있는 그 어떤 것도 건축될 수 없다는 것이다. 2절은 이것이 왜 그런지에 대한 근거를 제공한다. 그분은 모든 것을 만드셨다(문자적으로 '이 모든 것들 나의 손이

만든'[강조적 어순]). 창조주는 자기 자신이 창조한 어떤 것에도 포함될 수 없다.

2b절은 하나님의 편재와 전능에서 돌이켜 그분의 주권으로 초점을 옮긴다. 그분은 전능하고 전지하시지만, 자신이 기뻐하는 자에게 관심을 집중하도록 작정하실 수 있다. 그 후 하나님은 자신이 은혜를 베풀 사람의 두 가지 특성을 단호하게 선언하신다(문자적으로 '그러나 이 사람을 내가 기쁘게 볼 것이다'[강조적 어순]).

첫째, 가난(NIV, 겸손, 즉, 교만과 거만의 반대)하고 **통회**(문자적으로 '깨진', 양심의 가책을 나타내는 자를 의미함)하는 자들의 내적 태도.

둘째, 외적으로 하나님과 그분의 말씀에 대한 경외심과 경배의 태도를 보이는 자들(내[하나님의] 말을 듣고 떠는 자[하레드⟨hārēd⟩, '무서워하다', 6회; 이 단락에서 2회, 66:2, 5]). 이들은 하나님을 찾는 사람들이며(65:10) 하나님이 나의 종들이라고 부르신 자들이다(65:9, 13-15).

⟨3-4⟩ 하나님의 논쟁은 겸손하고 회개하는 자들에 대한 그분의 주권과 특별한 관심으로부터 그 반대 모습을 보이는 이스라엘 사람들로 옮겨 간다. 그들은 자기의 길을 택하며/그들의 마음은 가증한 것을 기뻐한즉(3b절). 앞에 나오는 네 쌍의 히브리어 분사구는 어려운데, 이 이스라엘 사람들의 외적 종교 행위들은 하나님께 가증한 행위들에 비유된다.

각 어구의 첫 부분은 하나님이 정하신 예배의 일부인 희생 행위를 언급한다. 각 어구의 두 번째 부분은 그것을 하나님이 가증하게 여기시는 이교도의 희생 행위에 비유한다.

첫 번째 어구의 쌍은 황소를 제물로 바치는 사람을 다른 사람을 죽이는 사람에 비유한다(문자적으로 '소를 잡는 자, 사람을 치는 자'). 후자는 인간 희생 제물을 가리킬 수도 있지만, 최소한 출애굽기 21:12에 대한 암시이다. 대부분의 영어 번역에서 볼 수 있는 '처럼'(like)이란 단어가 히브리어 본문에 없기에 쌍을 이루는 어구 사이의 관계는 다소 불확실하다.

두 번째 어구의 쌍, 어린양(문자적으로 '희생양')으로 제사 드리는 것은/개의 목을 꺾음과 다름이 없이 하며는 아마도 개들을 희생 제물로 바치는 것으로, 이스라엘 사람들에게는 알려지지 않았지만 다른 고대 근동 문화의 제의 관행에는 포함되어 있었다(Sasson 1976: 199-207; Lobell과 Powell 2010: 26-35).

세 번째 어구의 쌍, 드리는 예물(문자적으로 '선물, 공물, 예물')은 돼지의 피와 다름이 없이 하고에서 밑줄 친 부분은 번역을 매끄럽게 하려고 추가한 것으로 히브리어에는 나오지 않는다. 돼지들은 모세의 율법에 따라 부정하므로(레 11:7을 보라) 하나님께 바쳐서는 안 되었다.

네 번째이자 마지막 어구의 쌍은 분향하는 것(문자적으로 '기억하고 있는 자')은 우상(아본['āwôn], '죄, 불법')을 찬송함(NIV, 예배함)과 다름이 없이 행하는 그들이다. 향(분향, 레보나[lĕbônâ])이라는 단어는 아마도 오만, 예멘 및 아프리카의 뿔에서 온 방향제 수지인 유향을 의미할 것이다. 여기 나오는 표현(문자적으로 '향을 기억하고 있는 자')은 참으로 특이한데, 대개 사람이 향을 태우거나 제사를 드리기 때문이다.

NIV의 기념 향(memorial incense)이라는 읽기는 두 가지 이유로 가능성이 작다.

첫째, 이 문장의 구문에서 분사는 '어떤 것을 행하는 주어' 역할을 하며(즉, '황소를 죽이는 자'), 이 구절의 다른 어구들과 평행을 이룬다.

둘째, 기념(NIV, 아즈카라['azkārâ])이라는 단어는 레위기 24:7에도 나오는데, 철자가 다르다.

더 나은 번역은 '향을 기억하는 사람' 또는 '향을 위해[목적]을 기억하는 사람'(즉, 하나님을 경배하기 위해)이다. 어느 쪽이든 그 어구의 첫 부분에 아즈카라('azkārâ)가 나타나는 것은 그것이 하나님이 명령하신 것임을 암시한다.

3절과 4절의 마지막 두 어구는 백성들의 죄를 묘사하는 언어유희를 형성한다. 그들은 그들 자신의 길을 택하며 그들의 영혼은 그들의 가증한 일을 기뻐했다(3절). 그들은 하나님이 기뻐하지 않는 것(NIV는 '나를 불쾌하게 하는 것'이라고 읽음; 4절)을 택하였다.

두 단어 쌍 모두는 이스라엘의 예배가 혼합주의(syncretistic)가 되었음을 암시한다. 여호와께서는 이 악한 자들에게 각각 그들이 마땅히 받아야 할 징벌과 두려움을 내리실 것이다. 하나님은 그들에게 회개를 촉구하기 위해 자신의 몫을 다하셨다. 내가 불러도 대답하는 자가 없으며/내가 말하여도 그들이 듣지 않고(4절).

〈5-6〉 저자는 그(여호와)의 말씀을 들을지어다라는 어구로 남은 자들(여호와의 말씀으로 말미암아 떠는 자들)의 주의를 끌고자 한다. 저자는 스스로 규례를 정하는 자들(4절)과 하나님을 경외하는 의로운 남은 자를 엄밀히 구별하고 있다. 그들은 하나님의 말씀에 떨고(2절), 그분이 말씀하신 것에 순종으로 응답했기 때문에 그분의 징벌 앞에서 떨 필요가 없을 것이다.

의로운 자들은 그들의 이웃들(문자적으로 '너희 형제들')에게 미움을 받는다. 그리고 의로운 자들은 여호와께 신실하기에(문자적으로 '내 이름 때문에') 이웃들과의 교제에 참여하지 않는다. 악인들이 그들을 조롱하여 **여호와께서는 영광을 나타내사/너희 기쁨을 우리에게 보이시기를 원하노라**(문자적으로 '우리가 당신의 기쁨으로 나타나게 하소서')라고 말한다. 악인들은 하나님이 남은 자들을 구원하신다는 것을 믿지 않는다.

그러나 만약 하나님이 그렇게 하신다면, 그들은 그들 자신을 동등하게 하나님의 자녀라고 생각하기에 구원받기를 기대한다. 그러나 하나님은 조롱하는 자들이 수치를 당할 것이며 남은 자들의 기쁨에 참여하지 못할 것이라고 단호하게 확언하신다.

조롱하는 자들이 수치를 당할 것이라고 언급하자마자 징벌이 시작된다. **떠드는 소리가 성읍에서부터 들려오며/목소리가 성전에서부터 들리니/이는 여호와께서 그의 원수에게 보응하시는 목소리로다**. 6절의 세 어구는 각각 콜(*qôl*, '소리')로 시작한다(문자적으로 '도시로부터 나오는 소란의 소리', '성전으로부터의 소리', '그분의 원수들에게 되갚으시는 여호와의 소리'). 의인을 조롱하고 성전에서 예배하는 것을 금했던 자들은 이제 성전에서 나오는 하나님의 진노를 경험한다.

② 여호와께서 남은 자를 구원하심(66:7-24)

㉮ 시온은 사람으로 가득 찰 것임(66:7-9)

〈7-9〉 악인들에 대한 심판이 진행됨에 따라 의인들의 회복도 시작되는데, 그것은 출산의 용어들로 묘사된다. 시온이 회복되는 것을 자녀를 낳는 어머니로 묘사한 것은 이 책에서 이번이 처음이 아니다(49:18-23; 54:13을 보라).

그러나 여기에서 다른 점이 있다면, 그것은 출산되는 자녀의 수가 많은 것이 아니라 그들이 출산되는 속도가 전례 없이 빠르다는 것이다. 이 속도는 7-8절, 특히 7절의 반복적인 언어, 8절의 수사학적 질문, 7절 끝에 있는 요약 문장에서 강조된다. 남아(문자적으로 '남자')를 낳았으니(말랏[mālaṭ]). 여기서 말랏(mālaṭ, '탈출하다, 구출하다')이 유일하게 '낳다'라는 의미로 사용되었다.

나라가 어찌 하루에 생기겠으며/민족이 어찌 한 순간(문자적으로 '한 때')에 태어나겠느냐라는 수사학적 질문은 '아니오, 한 나라는 하루아침에 완전하고 온전하게 존재할 수 없나이다'라는 대답을 가정한다. 그러나 문맥은 하나님이 하시는 일이 그분의 백성을 참으로 놀라게 한다는 것을 암시한다.

그 나라의 회복은 시민들의 자연 발생적인 탄생을 통한 긴 성장 과정에 의존하지 않을 것이다. 대신에 남은 자들이 다른 나라들에서 모여들어서(18-20절), 하나님의 왕국이 세워지고 매우 빨리 인구가 늘어나게 될 것이다.

하나님은 9절에서 이러한 사건들이 일어날 것이라는 이중적 확언으로 결론을 맺는다. 내(문자적으로 '나 자신')가 아이를 갖도록 하였은즉 해산하게 하지(문자적으로 '깨뜨게 하다') 아니하겠느냐. 이처럼 특이한 사건들에 놀란 저자가 이렇게 외친다. 이러한(문자적으로 '이것과 같은') 일을 들은 자가 누구이며 이러한 일을 본 자가 누구이냐(8절).

㉴ 하나님 계획의 결론(66:10-24, 마지막 후렴구: 그들이 나가서 내게 패역 한 자들의 시체들을 볼 것이라 그 벌레가 죽지 아니하며 그 불이 꺼지지 아니하여 모든 혈육에게 가증함이 되리라)

이 섹션은 여호와의 손은 그의 종들에게 나타나겠고. 그래서 의인들이 기뻐하고 형통할 것이지만, 그의 진노는 그의 원수에게 더하리라라는 14절에서 절정에 이른다. 이어지는 키(*ki*, '때문에')로 시작하는 네 개의 어구(15, 16, 18, 22절)는 이것이 의미하는 바를 묘사한다.

⟨10-14a⟩ 저자는 이제 그의 청중을 이스라엘만이 아니라 이스라엘을 사랑하는 모든 자에게로 확장한다. 예루살렘을 사랑하는 자들이여 다 그 성읍과 함께 기뻐하라. 예루살렘을 사랑하는 자들이나 슬퍼하는 자들은 하나님과 그분의 백성을 아끼는 자들이다. 다시 말해서, 이스라엘과 이방 모두에서 돌아온 남은 자들이다(18-19절).

남은 자들은 회복된 예루살렘에서 평화와 안식을 누릴 것이며, 그들을 사랑하는 하나님이 그들의 필요를 풍족하게 만족시키실 것이다(문자적으로 '그녀의 위로하는[탄훔⟨*tanḥûm*⟩, 5회] 가슴들로 만족하다'). 이는(문자적으로 '결과적으로 '; Williams § 368]) 젖을 넉넉히 빤 것 같이/그(즉. 예루살렘의) 영광(즉, 풍부한 공급)의 풍성함(밋지즈⟨*mizzîz*⟩, 여기에만 나옴)으로 말미암아 즐거워하리라.

12-14a절은 하나님이 회복된 나라에 가져오실 평화와 번영을 다시 언급한다. 예루살렘의 평화는 쉼 없이 흐르는 강물처럼 끝이 없을 것이다. 넘치는 시내가 그 땅을 채우는 것처럼 뭇 나라의 영광(NIV, 부유함)이 예루살렘에 쏟아질 것이다. 하나님은 그분의 남은 자들을 사랑스러운 어머니가 자녀를 돌보는 것처럼 대하며, 양식을 주고(젖을 빨 것이며), 보호하며(옆에 안기며/그 무릎에서 놀 것이라[문자적으로 '놀다, 기뻐하다'], 12절), 위로하실 것이다(내[나 자신; 강조됨]가 너희를 위로할 것인즉, 13절).

하나님의 종들이 이 회복을 경험할 때(너희가 이를 보고, 14절) 하나님의 능력이 나타남으로 그들은 기뻐하고 형통할 것이다(너희 뼈가 연한 풀의 무성함[문자적으로 '싹'] 같으리라). 구약에서 뼈는 때때로 감정이 머무는 자리로 여겨진다(렘 20:9을 보라).

어떤 학자는 이 책이 하나님의 남은 자들의 결정적인 구원으로 끝날 것이라고 예상하지만, 그렇지 않고 오히려 최후의 심판 메시지로 끝맺는다. 우리는 이것이 각각의 이음새가 악인에 대한 심판을 포함하여 이 책의 세 가지 핵심 주제 각각을 통합해야 하기 때문이라고 주장한다.

⟨14b-17⟩ 14절의 끝부분에 갑자기 소름 끼치는 대조가 나타나는데, 그것은 여호와께서 그분의 원수들을 멸망시키겠다는 뜻을 선언하셨기 때문이다. 그의 진노는 그의 원수에게 더하리라. 마소라 본문에서 드물게 사용되는 동사 자-암(zā'am, '저주하다, 꾸짖다')은 단지 모음 부호만을 변경하여 좀 더 일반적인 명사 자암(za'am, '분개, 분노')으로 바꾸어야 한다.

그 후 15절부터 하나님은 이 최종 회복을 위한 하나님의 계획을 묘사하는 네 개의 키(kî, '때문에') 어구(15, 16, 18, 22절)를 소개한다. 그러나 키(ki) 어구 가운데 일부는 NIV에 번역되지 않았다(16, 18절에만 있음).

15절에서 시작되는 현현(theophany)에서 하나님은 병거를 타고 와서 심판을 내릴 때 불(15-17절에서 3회 언급됨)과 칼을 모두 휘두르신다. 보라 여호와께서 불에 둘러싸여 강림하시리니/그의 수레들은 회오리바람(수파[supâ], '거센 폭풍' 또는 '강풍') 같으리로다. 여기에서 특이한 구문(문자적으로 '보라 여호와께서 불과 함께 오실 것이기 때문에')이 강조된다.

그 당시의 병거들은 큰 피해를 줄 수 있는 무적의 무기로 여겨졌다. 여호와께서는 또 다른 현현에서도 그분의 병거를 타시며(시 68:17을 보라), 종종 불(창 19:24을 보라)과 칼(시 7:12을 보라)을 그분의 무기로 사용하시는 것으로 묘사된다.

이 심판은 신속하게(회오리바람 같으리로다; 렘 4:13은 바벨론 군대를 언급하기 위해 이 어구를 사용함) 그리고 맹렬하게(문자적으로 '분노로') 집행될 것이다. 15절은 교차대구법으로 하나님의 심판을 묘사한다.

A 보라 여호와께서 불에 둘러싸여 강림하시리니
　　B 그의 수레들은 회오리바람 같으리로다
　　B' 그가 혁혁한 위세로 노여움을 나타내시며
A' 맹렬한 화염으로 책망하실 것이라

　16절 시작 부분에 있는 두 번째 키(*ki*)는 여호와의 심판의 철저함을 강조한다. 여호와께서 불과 칼로 <u>모든</u> 혈육(문자적으로 '모든 육체')에게 심판을 베푸신즉 여호와께 죽임을 당할 자가 <u>많으리니</u>(16절). 17절은 여호와의 칼로 타격을 받게 될 많은 사람을 더 자세히 보여 준다.
　첫째, 그들은 산당에서 다산의 신들을 경배한다(스스로 거룩하게 구별하며[문자적으로 '자신들을 바치다'] 스스로 정결하게 하고 동산에 들어가서[즉, 그들의 거짓 신들에게 경배하다]).
　둘째, 그들은 부정한 것(문자적으로 '돼지고기와 쥐와 기타 부정한 것들'; 65:4을 보라)을 먹는 자들의 본을 따른다. 하나님의 율법에 대한 그들의 명백한 도전이 단체로서의 멸망을 초래한다. 그 가운데 있는 자를 따라 … 다 함께 망하리라. 이것은 그들이 거짓 지도자에 의해 그릇된 길을 가고 있다는 것을 암시한다.
　종종 17절이 나중에 추가된 이야기라고 주장하기도 하지만, 이것을 뒷받침하는 증거는 거의 없다.[22] 이스라엘의 초창기 역사에서 이스라엘 사람들은 산당에서 우상을 숭배했다. 이 구절의 목적은 이 신속하고 단호한 심판의 이유를 밝히는 것인데, 그의 최종 결론은 **여호와의 말씀이니라**라는 끝맺는 말에 있다.

　〈18-21〉 세 번째 키(*ki*)는 하나님의 계획이 어떻게 자신에게 영광을 가져올 것인지를 설명한다. 이 이야기는 악인들을 멸망시키기 직전에 하나님이 하실 일을 언급하기 위해 한 걸음 뒤로 물러나 있다. 내가 그들(즉,

---

22) *BHS*의 편집자들조차도 이 구절을 시적이라고 생각한다.

악인들)의 행위와 사상을 아노라 때가 이르면 뭇 나라와 언어가 다른 민족들을 모으리니 그들이 와서 나의 영광을 볼 것이며(18절).

그들이 와서 나의 영광을 볼 것이며라는 어구는 쉽게 이해된다. 그러나 이 구절의 첫 부분에는 두 가지 어려움이 있다.

첫째, 문자적 읽기에 뭔가 빠진 것처럼 보인다. '그리고 나, 그들의 행위들과 생각들이 오는(여성 단수 분사)….' NIV는 그들이 계획하고 행한(것 때문에)라는 단어들을 추가하여 명사들을 동사들로 번역함으로써 이 문제를 해결하려고 한다(즉, '그들의 행위들'을 '그들이 행한'으로, '그들의 생각들'을 '그들이 계획한'으로). 많은 학자가 '알고 있는'(knowing)이라는 단어를 추가하여 '그러나 나는 그들의 행위와 생각을 알고 있다'라고 읽는다.

둘째, 다음 구에서 동사 바아(bāʾâ, '오고 있다')는 여성 주어를 요구하는 여성 단수 칼 분사(또는 3인칭 여성 단수 칼 완료)이다. 이 문제를 해결하기 위해 일부 학자는 '때'(에트[ʿēṯ], 여성) 또는 '그것이'(오고 있다)라는 단어를 추가하지만, 문맥에서 그것이 가리키는 여성 명사는 없다.

현재의 히브리어 본문에 대한 강력한 지지가 있기에 가능한 한 수정을 적게 하여 번역하는 것이 유익할 것이다.

첫째, 첫 번째 어구의 명백한 누락을 해결하기 위해 베아노키(wĕʾānōkî, '그리고 나')라는 단어를 베아니(wĕʾānî)+키(kî, '그리고 나는 …때문에')로 나누는 것이 좋다. 이것은 1QIsaᵃ의 매우 그럴듯한 읽기이다. '그리고 나는 그들의 행동들과 생각들 때문에.'

둘째, 다음 어구에서 성의 명백한 불일치를 해결하기 위해 바아(bāʾâ)를 보(bô, '오다, 가다')의 남성 분사 형태에 첨가형(paragogic) 어미 '헤'(hē) 또는 고대형 어미 '헤'(hē)가 더해진 것으로 읽는 것이 좋다(GKC 90f). 남성형으로서의 바아(bāʾâ)의 예는 다음 구절들에 나타난다. 예레미야 43:11, '그(느부갓네살)가 와서(바아[bāʾâ], 케티[kĕṯîḇ] 읽기; 바[bāʾ], 케레[qĕrê] 읽기), 에스겔 7:6, 10; 30:9.

이 두 가지 제안이 모두 옳다면 결과적으로 문자적 번역은 '그리고 나는 그들의 행위들과 생각들 때문에 모든 나라와 방언을 모으기 위해서 곧 온다(분사의 임박한 행동; Williams § 214), 그리고 그들이 와서 나의 영광을 볼 것이다'(NIV와 유사). 이 문맥에서 '하나님의 영광을 보기 위하여'라는 어구는 징벌과 동일시된다. 즉, 그들은 징벌에 나타난 하나님의 능력을 보고 결과적으로 이처럼 권능이 있는 하나님을 경외하게 될 것이다.

누군가 살아남아서 하나님의 영광을 열방에 선포할 것이라는 말 외에 징벌에 관한 구체적인 언급은 없다. 내가 그 가운데 징조를 세워서 그들 가운데에서 도피한 자를 여러 나라 … 로 보내리니 그들이 나의 영광을 뭇 나라에 전파하리라(19절). 그 결과 하나님을 듣지 못한 먼 나라들도 이스라엘의 하나님의 위대하심을 듣게 될 것이다. 이 징조(오트['ôt])의 성격은 구체적으로 명시되어 있지 않지만, 이것은 여호와의 능력이나 활동을 상기시키는 역할을 한다.

생존자들(펠레팀[pĕlêṭim], 5회; 19절)에 대한 언급은 나라들이 피하게 될 어떤 종류의 징벌이 있음을 암시한다. 회개하여 하나님께로 향하는 생존자들은 그분의 권능과 공의의 증인이 될 수 있을 것이다. 하나님의 영광은 단순히 그분의 심판만이 아니라 그분의 남은 자들의 회복이다.

이 생존자들은 알려진 세계의 먼 곳들로 보내질 것이다. 다시스(서부 스페인의 항구)와 뿔(마소라 본문은 풀(púl)로 읽지만, 이 단어는 아마도 풋(pûṭ, '리비아'일 것임)과 룻(궁수들로 유명함)과 및 두발(북부 지역)과 야완(NIV, '그리스'). 궁수로 유명한(모슈케 케쉐트[mōšĕkê qešet], 문자적으로 '활을 당기는 자들')이라는 NIV의 읽기는 예레미야 46:9의 읽기를 따른다. 이것은 활을 잡고(문자적으로 '쥐고') 구부릴(NASB) 수 있는 리디아 사람들을 묘사한다.

목록에 있는 다른 이름들에는 설명이 없기에 일부 학자는 에스겔 38:2, 3 및 39:1과 유사하게 모슈케 케쉐트(mōšĕkê qešet)를 메섹(메쉑[mešek])과 로스(베로쉬[wĕrō'š])로 바꾸도록 제안한다(NASB를 보라). 그러나 여기에 대한 증거가 거의 없기에 상당한 수정이 요구된다.

이 나라들 사이의 공통점은 생존자들이 곧 증언하게 될 여호와의 영광에 대해 아직 듣지 못했다는 것이다. 그들은 또한 너희(즉. 남은 자들의) 모든 형제(NIV, '백성')를 … 예루살렘으로 … 여호와께 예물로 드릴 것이다.

이것을 위해서 그들은 말들, 병거들, 마차들, 노새들 및 낙타들(키르카로트[*kirkārôt*], 여기에만 나옴)을 포함하여 가능한 모든 교통수단을 이용할 것이다.

너희 모든 형제(NIV, 백성)라는 어구는 이스라엘의 남은 자들만을 가리킬 수 있다. 그러나 56:3-8에서 우리는 믿는 남은 자들 가운데 고자들과 이방인들도 포함된다는 것을 배웠다.

이사야 66:21은 **나**(하나님)**는 그 가운데에서**(문자적으로 '그리고 심지어 그들로부터'; 즉, 열방으로부터) **택하여 제사장과 레위인을 삼으리라**라고 말한다. 또한 (NIV, 감[*gam*])이라는 단어는 남은 자들의 일부를 구성하는 다른 제사장들과 레위인들을 하나님이 '추가로' 선택하셨음을 의미한다(Williams § 378).

21절은 놀랍고 새로운 기회를 담고 있다. 처음에는 선택된 소수의 이스라엘 사람들에게만 국한되었던 제사장들과 레위인들의 역할이 이제 이방인들에게 열렸다. 제사장의 역할은 하나님과 백성들 사이의 중개자 역할을 하는 것이었다. 레위 사람들은 백성들에게 하나님의 요구 조건에 대해 가르쳐야 했다. 유대인과 이방인 사이의 장벽이 제거되었음을 이보다 더 잘 설명할 수 있는 것은 없다.

심판에서 살아남은 자들이 다른 나라에서 데려온 이 믿는 남은 자들의 예루살렘 도착(20절)은 **여호와께 드리는 '예물'**(NIV, 소제, 민하[*minḥā*]=경의의 제물; *HALOT* 2.605)에 비유된다. 여기서도 두 그룹(유대인들과 이방인들) 사이의 평등한 지위가 함축되어 있다. 오스왈트는 "그(하나님)에게 이보다 더 귀한 예물이 무엇인지 상상하기 어렵다"라고 주장한다(1998: 689).

그 예물이 (제의적으로) **깨끗한 그릇**에 담겨서 왔다는 표현은 다음의 여러 가지 중 하나를 나타낼 수 있다.

첫째, 그것들은 하나님의 율례들에 따라 가져 온 것이다. 즉, 예루살렘으로 돌아오는 백성들은 이 의로운 남은 자들이 자신에게로 올 것이라고 예언하신 하나님의 명령에 순종하여 그렇게 하는 것이다.

둘째, 예물을 제의적으로 깨끗한 그릇에 담아 가져온 것처럼, 열방으로부터 오는 믿는 남은 자들은 이제 '깨끗하게' 되거나 의롭게 될 것이다.

셋째, 그 예물은 남은 자들을 나타내고 **깨끗한 그릇**은 그들이 돌아오게 되는 수단(즉, 말들, 병거들 등)이다. 이 세 번째 주장은 **깨끗한 그릇**이라는 어구에 의해 지지를 받는다.

이러한 운송 수단들은 하나님의 거룩한 물건들을 나르는 명백한 목적을 위해 거룩하게 구별된다는 점에서 제의적으로 **깨끗한**이라고 일컫는다. 스가랴 14:20-21a절의 유사한 개념을 보라.

〈22-24〉 이 책은 의인들과 악인들의 극적인 대조를 묘사하는 네 번째 키(*kî*)로 끝난다.

첫째, 의로운 남은 자들(22-23절)은 새 하늘과 새 땅과 마찬가지로 하나님 앞에 서게 될 것이다. 내가 지을 새 하늘과 새 땅이 내 앞에 항상 있는 **것같이**(카아쉐르[*ka'ăšer*], 문자적으로 '…처럼') 너희 자손과 너희 이름이 항상(켄[*kēn*]) 있으리라. 하나님은 남은 자들에게 그들의 이름(즉, 평판)과 후손(즉, 혈통)이 모두 하나님 앞에 서게 될 것이라고 약속하신다.

이 새 창조에서 여호와께서는 매주 그리고 매월 정기적으로 '모든 혈육'(콜 바사르[*kol bāśār*]; 민 28:9-15을 보라)에게서 예배를 받으신다. 예배를 위해서 정기적으로 시온으로 순례하는 것은 남은 자들에게 하나님이 그 자신과 긴밀한 영적 관계를 유지하기 위해 세우신 이전 율례들을 상기시켜 줄 것이다. 이제 그 땅에 남아 있는 모든 자는 하나님과 친밀한 관계를 갖게 될 것이다.

둘째, 23절의 사고의 연속으로서 남은 자들이 내(즉, 하나님)게 패역한 자들의 **시체들**을 볼 것이다(24절). 이것은 믿는 남은 자들에게 믿지 않는 자들의 결과를 볼 기회를 제공한다. 이 진술은 이사야서 전체의 결론이자 하나님을 거부한 자들에 대한 징벌을 상기시키는 역할을 한다. 17-18절에서 선언된 심판(다 함께 망하리라 … 그들이 와서 나의 영광을 볼 것이며)은 이제 24절에서 완성된다.

시체들(베피그레[*běpigrê*], 문자적으로 '시체들에')이란 단어는 다소 오해의 소지가 있을 수 있다. 이 구절의 나머지 부분이 계속되고 끝나지 않는 비참한 상태나 결론이 없는 지속적인 징벌의 상태를 암시하기 때문이다. 그 벌레(NIV, 그들을 먹는 벌레들)가 죽지 아니하며 그 불(NIV, 그들을 태우는 불)이 꺼지지 아니하여. 그 벌레들은 항상 먹을 것이 있기 때문에 죽지도 않고 그 불꽃도 꺼지지 않을 것이다. 따라서 그들의 몸이 계속되는 징벌의 대상이 될 것이다(계 20:10을 보라).

나머지 인류(즉, 의로운 남은 자들)는 그것들이 보기에 혐오스럽다는 것을 알게 될 것이다. 가증함(데라온[dērā'ôn], '혐오')이라는 단어는 여기와 다니엘 12:2에만 나타나는데, 여기 문맥과 유사하게 최종 징벌의 문맥에서 '영원한 멸시'에 대해 말한다.

회당에서의 예배에 관한 후기의 랍비 전통에 따르면, 이 책이 부정적인 의미로 끝나지 않도록 공적으로 낭독할 때에 24절 이후에 23절을 반복해야 했다. 많은 비평 학자가 23절이 이 책의 진정한 결론이고, 24절이 불행하게도 나중에 추가된 것으로 생각한다(Childs 2001: 542을 보라).

우리는 24절이 '악인에게는 평강이 없다'라는 후렴구가 확장된 이 책의 마지막 이음새의 중요한 부분이라고 생각한다. 이 책의 끝에 나오는 이 부정적인 이미지는 선택이 필요하다는 것을 독자로 깨닫게 하는 수사학적 효과가 있다.

의미

마지막 섹션(즉, 65-66장)은 하나님이 자신과 자신의 백성 사이에 관계를 시작하셨다는 것을 강조하는 것으로 출발한다. 하나님은 자신을 거역하는 자들을 부르셨다. 그러나 그들은 회개하지 않음으로 징벌을 받게 되었다.

그런데 하나님은 그 가운데서 자신을 위하여 남은 자를 건져내실 것이다. 이 남은 자들은 하나님의 포도원의 이삭인 '하나님의 종들'이라고 불린다. 그들은 기쁨과 축복이 일반적인 일이 되는 새 하늘과 새 땅에서 살게 될 것이다. 수명이 연장되고 자연이 평화로운 상태로 있는 것이 특징인 번영과 평화의 시간이 될 것이다. 미래의 구원자가 이 땅에 가져올 결과(사 11장)와 회복된 하늘과 땅이 있는 시대에 사는 삶 사이에 흥미로운 유사점이 있다.

66장은 독자들에게 어떤 피조물 속에도 담길 수 없는 주권자이신 하나님을 상기시키는 것으로 시작한다. 즉, 하나님은 자신에게로 돌아와 그 명령에 순종하는 자들을 배려하여 그들을 선택하셨다. 그와 대조적으로 자기의 길들을 따르며 하나님의 명령들을 무시하는 자들을 하나님은 징벌하실 것이다. 여호와의 영광이 모든 열방에 선포될 것이다.

그래서 이스라엘 사람들과 이방 사람들을 합한 남은 자들이 모든 열방 가운데서 나올 것이다. 어떤 이방인들은 심지어 제사장들과 레위인들이 되기까지 할 것이다. 이 남은 자들은 여호와를 섬기고 정기적으로 와서 그분께 예배할 것이다. 남은 자들은 하나님께 반역한 자들의 운명을 관찰할 수 있을 것이다. 그들의 시체들은 결코 소멸되지 않을 것이다(계 20장의 마지막 심판처럼).

이사야서는 이스라엘을 향해 회개하고 믿으라고 외치는 것으로 시작한다. 그리고 일부 사람들은 참으로 회개할 것이며(즉, 20-23절에 있는 남은 자들) 악인은 징벌을 받을 것(24절)이라는 확약으로 끝이 난다. 이 두 주제는 책 전체에 걸쳐 반복되며 궁극적으로 요한계시록에서 성취된다.

틴데일 구약주석 시리즈 20

이사야
ISAIAH

2024년 6월 14일 초판 발행

지 은 이 | 폴 D. 웨그너
옮 긴 이 | 김영곤

편　　집 | 전희정
디 자 인 | 서민정
펴 낸 곳 | (사)기독교문서선교회
등　　록 | 제16-25호(1980.1.18.)
주　　소 | 서울특별시 동대문구천호대로71길 39
전　　화 | 02-586-8761~3(본사) 031-942-8761(영업부)
팩　　스 | 02-523-0131(본사) 031-942-8763(영업부)
이 메 일 | clckor@gmail.com
홈페이지 | www.clcbook.com
송금계좌 | 기업은행 073-000308-04-020 (사)기독교문서선교회
일련번호 | 2024-65

ISBN 978-89-341-2698-0 (94230)
ISBN 978-89-341-1462-8 (세트)

이 한국어판 저작권은 알맹2 에이전시를 통해 Inter-Varsity Press와 독점 계약한 (사)기독교문서선교회가
소유합니다. 신저작권법에 의하여 한국 내에서 보호를 받는 저작물이므로 무단 전재와 무단 복제를 금합니다.